Der Nordirland-Konflikt

Historisches Forschungszentrum der Friedrich-Ebert-Stiftung
Reihe: Politik- und Gesellschaftsgeschichte, Band 69

Herausgegeben von Dieter Dowe und Michael Schneider

Johannes Kandel

Der Nordirland-Konflikt

Von seinen historischen Wurzeln
bis zur Gegenwart

Bibliografische Information der Deutschen Bibliothek

Die Deutsche Bibliothek verzeichnet diese Publikation in der Deutschen Nationalbibliografie;
detaillierte bibliografische Daten sind im Internet über http://dnb.ddb.de abrufbar.

ISBN 3-8012-4153-X
ISSN 0941-7621

Copyright © 2005 by
Verlag J.H.W. Dietz Nachf. GmbH
Dreizehnmorgenweg 24, 53175 Bonn
Reihengestaltung: Petra Strauch, Bonn
Umschlaggestaltung: Ursula Härtling, Bonn
Umschlagfoto: dpa Picture-Alliance GmbH
Druck und Verarbeitung: dp Druckpartner Moser, Rheinbach
Alle Rechte vorbehalten
Printed in Germany 2005

Besuchen Sie uns im Internet: *http://www.dietz-verlag.de*

Inhaltsverzeichnis

Vorwort 9

I. Nationalismus und Unionismus: Das historische Erbe 1169-1969

1. 1169 und 1609 – Wie alles anfing... 17
2. Ein Religionskonflikt? 22
3. Der historische Kern des Nordirland-Konfliktes: Englische Eroberungen und die Besiedelung Ulsters vom 12. bis zum 17. Jahrhundert 32
4. Die historischen Wurzeln des Nordirland-Konflikts im 18. und 19. Jahrhundert 43
    4.1. Der irische Nationalismus und die »Britishness« der Protestanten Ulsters 43
    4.2. Der Kampf um das Selbstbestimmungsrecht der irischen Nation ... 46
        4.2.1. Die »United Irishmen« und das »Young Ireland« 47
        4.2.2. Daniel O'Connell und der Kampf um die »Catholic Emancipation« 48
        4.2.3. Die Landfrage und die »Agrarischen Geheimgesellschaften« . 48
        4.2.4. Revolutionärer und konstitutioneller Nationalismus: Die »Fenier« und die »Home Rule League« 50
        4.2.5. »Home Rule is simple Rome Rule«: Entstehung und politische Formierung des Unionismus 53
        4.2.6. »Ulster will fight and Ulster will be right«: Der Kampf um »Home Rule« 1885-1914 57
5. Vom Osteraufstand 1916 bis zum Ausbruch der »Troubles« 1969 60
    5.1. Der Osteraufstand 1916, Unabhängigkeitskrieg und die Teilung Irlands 1921 60
    5.2. Der Bürgerkrieg 1922/1923 70
    5.3. Der »Government of Ireland Act« und die Entstehung des nordirischen Staates 1920-1922 73
    5.4. »A Protestant State for Protestant People«: Nordirland 1922-1945 . 78
    5.5. »Stille Jahre« und/oder »Kalter Krieg« 1945-1963 89

Chronologie 94

II. Die »Troubles«: Vom Ausbruch der Gewalt 1968 bis zum Beginn des Friedensprozesses 1988

1. »Too little and too late« – Terence O' Neills Reformpolitik und ihr Scheitern (1963-1969) 98
2. Die Ursachen der »Troubles«: Diskriminierung der Katholiken und/oder nationalistischer Umsturzversuch? 101
   - 2.1. Diskriminierung 103
   - 2.2. Nationalistische Revolte? Bürgerrechtsbewegung und Republikanismus 108
3. Der Ausbruch der »Troubles« und die Spirale der Gewalt 1968/69 112
4. Die politischen Konsequenzen der »Troubles« von 1968/69 117
5. Die Militarisierung des Nordirlandkonfliktes und das Ende von »Stormont« 1970-1972 124
   - 5.1. »No surrender« – Das unionistisch-loyalistische Lager in der Zerreißprobe 124
   - 5.2. Das moderate nationalistische Lager 128
   - 5.3. Die Spaltung der republikanischen Bewegung und die Entstehung der »Provisional IRA« 129
   - 5.4. »What a bloody awful country!« Politisches Krisenmanagement, Internierung und die Eskalation der Gewalt 134
   - 5.5. »I will defend my area and my country« – Loyalistischer Protest und Paramilitärs 1971/1972. Die Gründung der »Democratic Unionist Party« (DUP) 145
   - 5.6. 30. Januar 1972 – »Bloody Sunday« in Derry 148
6. »Direct Rule«, Sicherheitspolitik und Terrorismusbekämpfung 1972-1988 164
   - 6.1. Anti-Terror-Gesetzgebung 165
   - 6.2. Armee und Polizei im Anti-Terror-Kampf und der »Secret War« 169
     - 6.2.1. Sicherungsmaßnahmen durch reguläre Armee- und Polizeikräfte 170
     - 6.2.2. Einsatz von Spezialeinheiten und Geheimdiensten 171
     - 6.2.3. Das »Supergrass-System« 183
     - 6.2.4. »Collusion« – Loyalistische Paramilitärs, Armee und Polizei unter einer Decke? 189
7. Konfliktmanagement und Friedenssuche in den siebziger und achtziger Jahren 195
   - 7.1. Das Machtteilungskonzept (»Power Sharing«) 196
   - 7.2. Das »Power-Sharing«-Intermezzo und die Sunningdale Konferenz 1973/1974 199
   - 7.3. »Picking up the pieces«: »Constitutional Convention«, Geheimgespräche und Waffenstillstand mit der IRA 215

7.4. Auftakt zum »Langen Krieg«: Die neue Strategie der IRA, »Staff Report« und »Green Book« 1976-1981 220
8. »Iron Lady« versus »Iron Men«: Margaret Thatchers Nordirlandpolitik und die Hungerstreiks 1980/81 229
   8.1. »Dirty Protest«, die Hungerstreiks 1980/81 und der Aufstieg Sinn Féins 232
   8.2. Reaktionen und die politischen Konsequenzen der Hungerstreik-Krise 247
9. Das Anglo-Irische Abkommen 1985 und seine Folgen.......................... 256
   9.1. Verfassungspolitische Diskurse, Verhandlungen und Abschluss am 15. November 1985 256
   9.2. Die Bestimmungen des Abkommens... 264
   9.3. Reaktionen und Bewertungen 269
Chronologie.. 284

III. Nordirland am Rande des Friedens: Der »Peace Process« 1988-2005

1. Die Anfänge des Friedensprozesses 1988 bis zur »Joint Declaration« 1993   289
   1.1. Nationalisten und Republikaner im Dialog: Die Hume-Adams- und SDLP/Sinn Féin-Gespräche 1988 297
   1.2. Unionisten zwischen Fundamentalopposition und Pragmatismus . 301
   1.3. Die Brooke/Mayhew-Initiative und die Allparteien-Gespräche 1991/92 310
   1.4. Die »Joint Declaration« 1991-1993 im Schatten der Gewalt 313
2. Der Weg zum »Good Friday Agreement« 1998 332
   2.1. »Give Peace a Chance« – Der erste Waffenstillstand der IRA am 31. August 1994 und die »Framework Documents« 1995 332
   2.2. Der erste Streit um die »Entwaffnung« (»decommissioning«), Drumcree Eins 1995 und der Aufstieg David Trimbles 340
   2.3. Der Mitchell-Report 1996, Bruch des Waffenstillstandes und Drumcree Zwei 1996 352
   2.4. New Labour's Nordirlandpolitik, der zweite Waffenstillstand der IRA 1997 und Sinn Féins Beteiligung an den Friedensgesprächen.. 365
   2.5. Countdown zum Erfolg 373
3. Das »Good Friday Agreement« 1998 – eine neue Ära für Nordirland? 379
   3.1. Reaktionen, Referenden und »Assemblywahlen« 387
   3.2. Drumcree Vier und das Bombenattentat von Omagh 395
   3.3. Streit um »Decommissioning« und die Regierungsbildung 1998/1999 400
   3.4. Der Friedensprozess in der Krise 2000-2001 405

3.5.	Friedensprozess und Gewalt	414
3.6.	»It's time for acts of completion« – Die Chancen für den Frieden 2002-2005	441
3.7.	Ende der Gewalt – Gewalt ohne Ende? Ein Ausblick.....................	464

Chronologie 489

Abkürzungsverzeichnis 493
Anhänge... 496
Literaturverzeichnis 501
Personenindex 524

> »*The Tragedy was that Northern Ireland (Scottish) Protestants thought themselves like the British. Northern Ireland (Irish) Catholics thought themselves like Eireans (proper Irish). The comedy was that any once-strong difference had long melted away and resembled no one now as much as they resembled each other. The world saw this and mostly wondered but round these parts folk were blind.*« (Robert Mc Liam Wilson, Eureka Street, 1996)

Vorwort

Nordirland gilt als der »Hinterhof Europas«, für den sich jenseits der »grünen Insel« nur wenige interessieren. Seit mehr als drei Jahrzehnten schaut Europa zu, wie dieser Teil Großbritanniens von einem blutigen Konflikt erschüttert wird. 1968 begann, was in Wissenschaft und Presse oft verharmlosend-neutral als »*Troubles*« (»*Unruhen*«) bezeichnet wird. »Neue Kriege« wie auf dem Balkan, die globale Bedrohung durch den internationalen Terrorismus, Afghanistan, Irak, der Nahe Osten oder die instabile Lage in Zentralasien lassen den Nordirland-Konflikt in der Aufmerksamkeit der Medien weit zurücktreten. Was im Norden Irlands vor sich geht, erweckt allenfalls dann verwunderte Reaktionen, wenn in den Nachrichten wieder einmal von einem gescheiterten Versuch berichtet wird, in diesem Teil Europas eine stabile Regionalregierung zu etablieren, oder wenn ältere Herren in dunklen Anzügen, mit Bowler-Hüten und orangefarbenen Schärpen im Juli durch die Straßen von Belfast ziehen und Ausschreitungen provozieren.

Keiner weiß so recht, wie der Konflikt entstand und wer gegen wen streitet. Alle Erklärungsversuche zeigen ein breites Spektrum wissenschaftlicher und politischer Kontroversen. Da ist die Rede von einem »politischen Machtkonflikt« zwischen »Katholiken« und »Protestanten«, von »Bürgerkrieg«, »Religionskrieg«, »Kampf der Kulturen«, »Stammeskrieg«, »kriminellem Bandenkrieg«, »Terrorismus« und »anti-kolonialistischem, anti-imperialistischem Befreiungskampf«.

Die Bilanz ist erschütternd: Über 3.700 Menschen sind bei den Auseinandersetzungen getötet worden, fast 50.000 wurden verletzt und oft für ihr Leben gezeichnet: Zivilisten, Polizisten, britische Armeeangehörige und Mitglieder der verschiedenen paramilitärischen Gruppen.[1] Jeder zwanzigste Bewohner Nordirlands hat persönlich Verletzungen erlitten, ein Fünftel war von Bombenattentaten betroffen, und jeder Fünfte hat in Familie oder Freundeskreis Opfer zu beklagen.

---

1 Maßgebliche Statistik und monumentale Sammlung der Todesfälle ist das preisgekrönte Werk von DAVID McKITTRICK, SEAMUS KELTERS, BRIAN FEENEY and CHRISTIAN THORNTON, Lost Lives. The stories of the men, women and children who died as a result of the Northern Ireland troubles. Edinburgh/London, 2001.[4] Ferner: MARIE-THERESE FAY/MIKE MORISSEY/MARIE SMYTH, Northern Ireland's Troubles. The Human Costs. London, 1999. MALCOLM SUTTON, Bear in mind these dead...An Index of Deaths from the Conflict in Ireland 1969-93. Belfast, 1999.[2]

Kaum zu zählen sind die Fälle von brutaler physischer und psychischer Einschüchterung, von Unterdrückung der freien Meinungsäußerung in den katholischen und protestantischen Gemeinschaften durch Extremisten beider Seiten, von Vertreibung nach dem Muster »ethnischer Säuberungen«, grausamen Körperverletzungen als Folge so genannter »Bestrafungsaktionen« *(»punishment beatings«)*, die von unterschiedlichen paramilitärischen Gruppen exekutiert wurden – ganz zu schweigen von der Gewalt gegen Sachen wie Brandstiftungen, Bombenattentate etc., die das wirtschaftliche und soziale Leben der Unruheprovinz auf Jahrzehnte lähmten. Nach den ruchlosen Attentaten islamistischer Terroristen auf New York am 11. September 2001, wo auf tragische Weise in wenigen Stunden über 3.600 Menschen starben, mag die Zahl der Toten in Nordirland über einen Zeitraum von 30 Jahren nicht allzu dramatisch erscheinen. Aber man muss die Todesrate in Relation zur Bevölkerungszahl sehen. In Nordirland leben 1,6 Millionen Menschen. Wäre der Konflikt in den USA ausgebrochen, hätte er im Verhältnis zur Gesamtbevölkerung 600.000 Menschen das Leben gekostet, in Großbritannien 150.000. Die Zahl der Verletzten beliefe sich auf 5 Millionen beziehungsweise 1 Million.[2]

Nach vielen vergeblichen Anläufen, eine politische Lösung zu finden, kam Ende der achtziger Jahre wieder Bewegung in den Nordirland-Konflikt. Die politischen Parteien in Nordirland, die britische und irische Regierung, unterstützt von den USA und der EU, bemühten sich um ein Ende der Gewalt und einen fairen Interessenausgleich zwischen protestantischen Unionisten und katholischen Nationalisten. Dieser Vorgang wurde hoffnungsvoll als *»Peace Process«* bezeichnet. Im Jahr 1994 erklärte die *»Irish-Republican Army«* (IRA) einen Waffenstillstand, den sie jedoch Anfang 1996 wieder aufkündigte. Tony Blairs »New Labour«-Regierung startete im Juni 1997 einen neuen und ernsthaften Versuch, den Friedensprozess wiederzubeleben. Noch einmal stellte die IRA ihre militärischen Operationen ein, und Sinn Féin, ihr »politischer Arm«, wurde trotz heftiger Gegenreaktionen des unionistischen Lagers in die Friedensgespräche einbezogen. Mit dem so genannten *»Karfreitagsabkommen«* (*»Good Friday Agreement«, GFA*) ging am 10. April 1998 der »lange Krieg« der IRA gegen die Britische Armee zu Ende. Bei zwei Referenden in Nordirland und der Republik Irland im Mai 1998 entschied sich die überwältigende Mehrheit der Bevölkerung für das Abkommen. Nach 26 Jahren direkter Regierung durch London wurde ein neues Regionalparlament (*»Northern Ireland Assembly«*) gewählt und eine Regionalregierung (»Executive«) gebildet, die alle politischen Lager beteiligte. Zum ersten Mal in der Geschichte Nordirlands saßen führende Vertreter der altehrwürdigen Unionistischen Partei (UUP) mit ihren ehemaligen »Todfeinden« aus dem republikanischen Lager, Vertretern der Sinn Féin (SF) Partei, auf der Ministerbank. Die weit auseinanderliegenden politischen Ziele von »Unionisten« und »Nationalisten« haben sich nicht verändert – hier Festhalten an der Union mit dem United Kingdom, dort »Vereintes Irland«. Aber

---

2 ED MOLONEY, A Secret History of the IRA. New York, 2002. S. XIII.

beide Seiten waren bereit, nicht nur miteinander zu reden, sondern auch gemeinsam zu regieren – jedenfalls zeitweise. Von der IRA und den anderen paramilitärischen Gruppen wurden nachprüfbare und nachhaltige Maßnahmen zur »Ausmusterung« der Waffen (»*decommissioning*«) gefordert.[3]

Doch der »Friedensprozess« war komplizierter als erwartet. Viermal hat die britische Regierung das Regionalparlament und die Regionalregierung suspendieren müssen, weil es zu Blockadesituationen kam, die den gesamten Friedensprozess in Frage stellten. Frustration breitete sich aus, und die 1998 noch überwältigende Zustimmung zum »Good Friday Agreement« nahm deutlich ab. Eine vollständige »Entwaffnung« der paramilitärischen Gruppen gelang nicht. Zahlreiche Ankündigungen von IRA und »loyalistischen Paramilitärs« erwiesen sich als Verzögerungstaktik. Nur ein Bruchteil des Waffenarsenals ist bislang »außer Dienst« gestellt worden. Das Zusammenleben der katholischen und protestantischen »communities« ist alles andere als konfliktfrei. Die Segregation der protestantischen und katholischen »communities« hat sich verstärkt und die Kette der brutalen Auseinandersetzungen reißt nicht ab. Immer wieder flammt die Gewalt zwischen den Bevölkerungsgruppen an den Grenzlinien (»*interfaces*«) auf: zwischen katholischen und protestantischen Stadtvierteln. Die eine Seite fühlt sich von der anderen provoziert und auf dem »eigenen« Territorium angegriffen. 37 Mauern aus Beton und Stahl, die so genannten »*Peace Lines*«, trennen in Belfast die verfeindeten Bevölkerungsgruppen.

Der zweite Waffenstillstand der IRA von 1997 hält noch immer, und bemerkenswerte Schritte sind getan, um die Waffen vollständig aus der Politik Nordirlands zu verbannen. Im Juli 2002 gab die IRA sogar erstmalig eine Erklärung ab, in der sie sich zu ihrer Verantwortung für die Tötung Unschuldiger bekannte.[4] Doch der Friede bleibt zerbrechlich, denn weder die IRA noch Sinn Féin konnten verhindern, dass republikanische Splittergruppen (»*Irish National Liberation Army*«, »*Continuity IRA*«, »*Real IRA*«) ihren Kampf gegen den »britischen Imperialismus« gewaltsam fortsetzten. Das schrecklichste Bombenattentat des gesamten Nordirland-Konflikts ereignete sich wenige Monate nach dem »Good Friday Agreement«. IRA und protestantische Paramilitärs »verteidigen« ihre Territorien gegen »die andere Seite« und führen blutige interne Fehden. Vielfach geht es nur noch um die Absicherung krimineller Aktivitäten (Raub, Drogenhandel, Schmuggel, Schutzgelderpressung etc.). Die »privatisierte Gewalt« der Paramilitärs gefährdet nachhaltig eine rasche Befriedung.[5] Ende 2004 scheiterte wieder ein Anlauf, die

---

3 »Decommissioning« muss mit »Außer-Dienst-Stellung« der Waffen übersetzt werden. »Entwaffnung« wird im Englischen mit »disarmament« bezeichnet, doch wurde dieser Terminus bewusst nicht verwendet, da die IRA dies als unakzeptables Eingeständnis ihrer »Niederlage« gesehen hätte.
4 Statement of Apology, 16. Juli 2002. http://cain.ulst.ac.uk/events/peace/docs/ira160702.htm
5 Siehe zu diesem Begriff ERHARD EPPLER, Vom Gewaltmonopol zum Gewaltmarkt. Die Privatisierung und Kommerzialisierung der Gewalt. Frankfurt/Main, 2002.

IRA zur endgültigen Abrüstung und zum Verzicht auf sämtliche paramilitärischen Aktivitäten zu überreden.

Doch es gibt auch Hoffnungszeichen. Die Menschen in Nordirland haben immer versucht, ein »normales« Leben zu führen. Nicht jede Region war in gleicher Weise und zu gleicher Zeit vom Konflikt betroffen. Inzwischen ist der wirtschaftliche Aufschwung nicht mehr zu übersehen. Investoren regen sich. Die Arbeitslosigkeit, die 1986 mit 16,8% ihren Höchststand nach 1945 erreicht hatte, lag Ende 2004 unter 5% und damit sogar unter dem EU-Durchschnitt. In Belfast konnte manche Straßensperre, die die feindlichen »communities« trennte, aufgehoben werden. Konsum und Konjunktur boomen in glitzernden Einkaufszentren (z.B. »Castle Court Shopping Centre«), Kultur und Kunst gedeihen, das beeindruckende Kulturzentrum am Lagan River (»Waterfront«) prunkt mit einem breiten Angebot von Literatur, Musik, Film und Theater. Touristen strömen wieder nach Nordirland und genießen die herrliche Landschaft, von den Mourne Mountains bis zu den Seebädern Portrush und Portstewart. In Belfast bieten Taxiunternehmen »Trouble Tours« durch die Stadt an. Hier können sich Touristen für wenig Geld durch die protestantische Shankill und katholische Falls Road fahren lassen und mit wohligem Gruseln den Erklärungen des Taxifahrers lauschen. Je nachdem, an wen der Besucher gerät, gibt es eine unionistische oder nationalistische Geschichte. In der zweitgrößten Stadt Nordirlands, in Derry, weichen die ehemaligen Elendsviertel in der Bogside und dem Creggan-Bezirk langsam schmucken Einfamilienhäusern. Die tägliche Unsicherheit und Furcht der »heißen« siebziger und achtziger Jahre ist vorbei, wenn es auch hier und da noch einen Bombenalarm (*»Bomb Scare«)* gibt. Die überwältigende Mehrheit der Menschen, gleich welcher Konfession oder politischen Überzeugung, will Frieden, der die Grundlage für wirtschaftlichen und sozialen Fortschritt ist.

Wie soll es weitergehen? In Nordirland scheint nichts sicher und alles im Fluss. In diesem Buch wird versucht, die Ursachen des Nordirland-Konfliktes und seinen komplexen Verlauf bis zur Gegenwart zu erzählen und die Situation der Menschen in Nordirland zu beschreiben. Man kann darüber streiten, wann der Konflikt begann und wie weit man bei der Erklärung zurückgreifen muss: 1169 mit Beginn der normannischen Invasion in Irland? Oder 1886 mit der politischen Formierung eines protestantisch-unionistischen und katholisch-nationalistischen Blocks? 1912 mit der Drohung der Unionisten, sich einer Autonomisierung Irlands (»Home Rule«) mit Gewalt zu widersetzen? Oder 1920 bis 1925 mit der Teilung Irlands in einen Nordstaat (»Northern Ireland«) und einen Irischen »Freistaat« im Süden? 1968 mit dem Ausbruch der legendären »Troubles« in Nordirland? Ich greife weit zurück, weil ich meine, dass der Konflikt nur vor dem Hintergrund der Jahrhunderte währenden Konfrontationen mit England und der internen Auseinandersetzungen der Iren verstanden werden kann.

Mein Buch, das sich in erster Linie auf englische Quellen und Literatur (vor allem seit den achtziger Jahren) stützt[6], erhebt nicht den Anspruch, angesichts der historiographischen Kontroversen irischer und britischer Historiker über einzelne Aspekte der irischen Geschichte, Bewertung von Fakten und Einordnung von Quellen den weisen Schiedsrichter zu spielen. Das wäre vermessen. Es ist aber wohl möglich, Kontroversen zu schildern und Vermutungen über das Gewicht einzelner Argumentationsstränge anzustellen. Auch kommen erst jetzt, nach einer dreißigjährigen Sperrfrist, Regierungsdokumente an die Öffentlichkeit, die bisherige Annahmen korrigieren und neue Einsichten eröffnen können. Über kontroverse Themen des Konflikts muss dann neu nachgedacht werden, z.B. über den Einsatz von Armee, Spezialeinheiten und Geheimdiensten sowie die geheimen Kontakte der britischen Regierung zur IRA.

Die in Deutschland seit Beginn der »Troubles« erschienene (spärliche) Literatur ist nicht mehr auf dem neuesten Stand, obwohl einige Werke von deutschen Autoren sowohl ereignisgeschichtlich als auch analytisch immer noch ihre Bedeutung verteidigen können.[7] *Jürgen Elvert, Michael Maurer* und *Thomas Noetzel* bieten wichtige und hilfreiche Überblickswerke zur Geschichte Irlands, obwohl der Nordirland-Konflikt in ihren Gesamtwerken schon aus Platzgründen nicht umfassend gewürdigt werden konnte.[8] *Peter Neumann* hat die bisher einzige Geschichte der »Irisch-Republikanischen Armee« auf Deutsch vorgelegt.[9] Einige Autoren im deutschsprachigen Raum, die von den siebziger bis in die neunziger Jahre über Nordirland publizierten, ergriffen mehr oder weniger klar politisch Partei für die republikanische Bewegung.[10] Die protestantische, unionistische Position kommt in dieser Literatur sparsam vor und wenn, dann mit deutlich negativer Bewertung. Unionisten werden als fundamentalistische Eiferer dargestellt, als bigotte Protestanten, stur, nicht fähig zu Ausgleich und Kompromiss. Sie hätten, manipuliert vom »Britischen Imperialismus« und »Post-Kolonialismus«, Nordirland 1921/22 als »ihren Staat« (»Orange State«) aus der irischen Nation herausgelöst und unterdrückten die katholische Minorität seit dieser Zeit gnadenlos. Sie müssten aber begreifen, dass der Weg in das Vereinigte Irland in einem Vereinigten Europa *unausweichlich* sei. Nach dieser Lesart stehen der Lösung des Nordirland-Konfliktes

---

6 Unentbehrlicher Führer durch den Dschungel der Literatur ist immer noch: JOHN WHYTE, Interpreting Northern Ireland. Oxford, 1990.

7 Siehe im Literaturverzeichnis vor allem HERMLE (1976, 1979), STADLER (1979), HERZ (1989), RAPP (1987), RAATZ (1990), KÜBLER (1991), BREUER (1994), ELVERT (1994), GALLENMÜLLER (1997), OTT (2005).

8 MAURER (1998), ELVERT (1999), NOETZEL (2003).

9 NEUMANN (1999).

10 Siehe z.B. die im Literaturverzeichnis angegebenen Arbeiten von KRÄMER, KROMBACH, SCHULZE-MARMELING, VIET, SOTSCHEK und WUHRER, sowie die Publikationen der Irland-Solidarität, www.info-nordirland.de, www.irlandinit-hd.de, www.uni-kassel.de/fb5/frieden...

nur noch die Unionisten und die Britische Regierung entgegen. Dies kann vor dem Hintergrund der inzwischen vorangeschrittenen Forschung und der Fülle neu erschienener englischsprachiger Literatur nicht befriedigen. *Die Mehrheit der protestantischen Bevölkerung in Nordirland ist für einen gerechten Frieden und Demokratie, aber nicht bereit, einem vereinten Irland zuzustimmen. Und sie versteht nicht, warum die IRA trotz häufiger Bekenntnisse zur »Entwaffnung«, ihre Waffen bislang nicht »ausgemustert« (»put beyond use«) hat.* Das Beharren auf der Zugehörigkeit zum Vereinigten Königreich auf der einen Seite und die Forderung nach einem vereinigten Irland auf der anderen Seite bestimmten die Konfrontation zwischen katholischen Nationalisten und protestantischen Unionisten in der wechselvollen Geschichte Nordirlands. Es ist meine Absicht, in diesem Buch beide Richtungen, *Nationalisten* und *Unionisten*, zu Wort kommen zu lassen, denn beide vertreten *legitime* Traditionen und Interessen.

Noch einige Bemerkungen zur politischen Sprache, die in diesem Buch verwendet wird. Protestanten und Katholiken benutzen in der Regel für dieselben Gegenstände unterschiedliche Wörter und Begriffe. Sehr leicht kann man einen Protestanten daran erkennen, dass er, wenn er Nordirland meint, entweder von »*Ulster*« oder »*The Province*« spricht. Er will damit andeuten, dass »*Ulster*« einerseits im Ensemble des Vereinigten Königreiches etwas Besonderes, andererseits aber durch und durch »british« ist. Ein Katholik, so er nationalistisch oder republikanisch orientiert ist, wird dagegen von den »*Six Counties*«, dem »*Statelet*« oder – was am wenigsten unfreundlich ist – von »*the North of Ireland*« sprechen. Er will damit auf die Teilung Irlands hinweisen, den Norden als eine Art »Provisorium« kennzeichnen und deutlich machen, dass die Einheit Irlands sein erstrebenswertes politisches Ziel ist. Ich benutze in der Regel den völkerrechtlich korrekten Begriff »Nordirland« (»United Kingdom of Great Britain and Northern Ireland«). Wenn ich auch andere Begriffe verwende, dann lediglich aus *stilistischen* Gründen. Das gleiche gilt für die Stadt im Norden Irlands, die entweder »Derry« (katholisch) oder »Londonderry« (protestantisch) genannt wird.

In diesem Buch wird viel von »Krieg« gesprochen: Krieg der britischen Regierung gegen die IRA und umgekehrt, Guerillakrieg, Bürgerkrieg, »geheimer Krieg«, »schmutziger Krieg« etc. Ich nehme die zeitgenössische Terminologie auf, wie sie in ermüdenden Wendungen und Wiederholungen in der englischen und irischen Literatur zu finden ist. Die Iren beharren darauf, ihren Kampf um die Unabhängigkeit vom Vereinigten Königreich zwischen 1919 und 1921 als »Unabhängigkeitskrieg« zu bezeichnen, während die Briten lange Zeit von »Guerillakrieg« oder »Rebellion« sprachen. Des einen legitimer Befreiungskrieg ist des anderen illegitimer Aufstand. Die bittere und blutige Fehde *zwischen* den Iren von 1921 bis 1923 um die Anerkennung oder Ablehnung des Friedensvertrages mit Großbritannien verdient schon das Prädikat »Bürgerkrieg«. Schwieriger wird die politische Semantik nach dem Ausbruch der sogenannten »Unruhen« von 1968. Können die Bombenattacken und Mordaktionen der IRA, die in erster Linie Zivilisten trafen, als

»Krieg« oder »Freiheitskampf« bezeichnet und also noch mit den Weihen des Völkerrechts (Genfer Konvention, Protokoll I, 1977) ausgestattet werden? Sind die »Kämpfer« der IRA oder der protestantischen paramilitärischen Gruppen »Krieger«, »Freiheitskämpfer« oder nur »Terroristen«? Wir sollten nach dem 11. September 2001 und der globalen Bedrohung durch den islamistischen Terrorismus differenzierter mit dem Begriff »Krieg« umgehen, wie es z.B. Erhard Eppler, Herfried Münkler und Mary Kaldor wiederholt angemahnt haben.[11]

Die IRA und die protestantischen paramilitärischen Gruppen sind terroristische Organisationen, die ihre Gewalt gegen eine legitime Regierung und die Mehrheit der Menschen in Nordirland richten. Die Motive für ihre Gewalt sind nach ihrem eigenen Bekunden historisch und politisch begründet. Selbst wenn man sich mit diesen Motiven auseinandersetzt und legitime Zielvorstellungen (etwa nach einem vereinigten Irland) erkennt, ist der Kampf, den die IRA seit 1922 führt, nicht legitim. Das irische Volk hat die IRA dazu nicht ermächtigt. Genauso wenig ist die politische Gewalt »legitim«, die von protestantischen Paramilitärs mit der Begründung geübt wird, man verteidige die Interessen des protestantischen Ulster gegen die IRA (*For God and Ulster*). Adrian Guelke hat angemerkt, dass es »schwierig« sei, die paramilitärischen Gruppen Nordirlands in den Analyserahmen »Terrorismus« einzuordnen.[12] Das kann an dieser Stelle nicht in extenso ausdiskutiert werden. Nur so viel sei gesagt: Obwohl die paramilitärischen Gruppen Nordirlands auch andere Ausdrucksformen und Methoden ihrer politischen Zielvorstellungen kennen – bis hin zu der Partizipation an Wahlen und der Mitarbeit in Parlamenten durch ihre jeweiligen »politischen Flügel« – bleiben sie terroristische Organisationen im Sinne der Definition, die Peter Waldmann für Terrorismus gegeben hat. Er versteht unter Terrorismus »*planmäßig vorbereitete, schockierende Gewaltanschläge gegen eine politische Ordnung aus dem Untergrund. Sie sollen allgemeine Unsicherheit und Schrecken, daneben aber auch Sympathie und Unterstützungsbereitschaft erzeugen.*«[13] Die terroristische Gewalt bleibt im politischen Kalkül dieser Gruppen als Drohpotential immer präsent. Sie sind erst dann keine terroristischen Organisationen mehr, wenn sie sich endgültig von der Gewalt verabschieden und ihre Waffen verschrotten.

Die Mehrheit der Menschen in Nordirland hat sich wiederholt in demokratischen Wahlen und Referenden für einen Verbleib Nordirlands im Verbund des Vereinigten Königreiches und ein friedliches Miteinander beider Traditionen – Nationalismus und Unionismus – ausgesprochen. Die überwältigende Mehrheit der Menschen in der Republik Irland und in Nordirland weist die Gewalt der

---

11 Siehe EPPLER, Gewaltmonopol; MARY KALDOR, Alte und Neue Kriege. Organisierte Gewalt im Zeitalter der Globalisierung. Frankfurt/Main, 2000. HERFRIED MÜNKLER, Die neuen Kriege. Hamburg, 2002.
12 ADRIAN GUELKE, Political Violence and the Paramilitaries. In: PAUL MITCHELL/ RICK WILFORD (eds.), Politics in Northern Ireland. Boulder/Oxford, 1999. S. 31.
13 PETER WALDMANN, Terrorismus. Provokation der Macht. München, 1998. S. 10.

katholisch-republikanischen und protestantisch-loyalistischen Paramilitärs zurück. Sie wissen, dass die einzige Methode, politische Ziele zu erreichen, der friedliche Wettstreit auf der Basis von Menschenrechten, Demokratie, Rechtsstaat, Pluralismus und Zivilgesellschaft ist. Die Zeit wird zeigen, ob die paramilitärischen Gruppen, allen voran die IRA, bereit sind, diese universellen Grundprinzipien zu akzeptieren und den bewaffneten Kampf aufzugeben.

Abschließend gilt es Dank zu sagen. Ich danke all denen, die mich bei meiner Arbeit in vielfältigen Formen unterstützt haben. In erster Linie nenne ich meinen Schwager William McCormick (✝ 2003), mit dem ich über viele lange Jahre intensive Gespräche zum Nordirland-Konflikt geführt habe und der mich mit seinem besonderen Humor die Situation der Protestanten von Ulster besser verstehen ließ. Er hätte sich über das Erscheinen des Buches gefreut. Ich danke meiner Schwester, Christa McCormick für intensive Diskussionen über ihre deutsche Wahrnehmung eines Konfliktes, den sie als Ehefrau eines »Belfast Man« erlebte. Ich danke meinen nordirischen Verwandten Catherine, Alicia, Mairead, Bob und William Clow sowie Anne McCormick »and the rest of the family«. Ohne ihre uneigennützige Gastfreundschaft hätte ich viele Recherchen nicht unternehmen können, und ich danke für die vielen aufschlussreichen Gespräche und Hintergrundinformationen, die mir die »Alteingesessenen« gaben. Mein Dank geht im Besonderen an John Hope, der mich in die Welt der katholischen »community« einführte, an Reverend John Dunlop und Father Timothy Bartlett, die mir wichtige Aspekte des Konfliktes erläuterten. Ich danke meinen akademischen Kollegen und Diskussionspartnern, allen voran Dr. Bob Purdie, Dr. Paul Dixon, Dr. Robin Wilson, Dr. Stephen Howe, Patrick Roche, Dr. Thomas Hennessey und allen Gesprächspartnern der politischen Parteien und Gruppierungen in Nordirland, insbesondere dem Vorsitzenden der SDLP, Mark Durkan, und dem politischen Berater David Trimbles, Dr. Steven King. Ich danke Peter Heathwood für die Bereitstellung von umfangreichem Videomaterial. Mein Dank gilt ganz besonders den Vertretern der Britischen und Irischen Botschaft in Berlin, die mich mit Materialien und Informationen unterstützten und stets zu Gesprächen über das Thema bereit waren.

Die vorliegende Arbeit ist ein gekürztes Manuskript einer umfassenden Geschichte des Nordirland-Konflikts, die noch der Veröffentlichung harrt. Ich danke meinen Kollegen vom Historischen Forschungszentrum der Friedrich-Ebert-Stiftung, Dr. Dieter Dowe und Dr. Michael Schneider, dass sie die Veröffentlichung in der Reihe »Politik- und Gesellschaftsgeschichte« großzügig unterstützten. Ich danke dem Verlag J.H.W. Dietz, insbesondere Albrecht Koschützke, für die Möglichkeit der Veröffentlichung. Mein Dank gebührt ganz besonders meinen Kolleginnen Irmgard Bartel und Ruth Simon, die mit unermüdlicher Geduld die notwendige Literatur beschafften, sowie meiner Mitarbeiterin Franziska Bongartz, die sich der Mühe unterzog, das Manuskript Korrektur zu lesen.

Dr. Johannes Kandel						im Mai 2005

I. Nationalismus und Unionismus: Das historische Erbe 1169-1969

1. 1169 und 1609 – Wie alles anfing ...

»1169«! »Entschuldigung?« »800 Jahre! Solange kämpfen wir schon für die Unabhängigkeit – Hunger, Schwert, Feuer, Hängen, Erschießungen, Deportation! Das hatten wir schon alles.« So sagt es der republikanische Aktivist Frank Molloy zu dem amerikanischen Rechtsanwalt Paul Sullivan im Polit-Thriller *»Hidden Agenda«*. Beide sind auf dem Weg nach Dungannon zu einem geheimnisvollen Gesprächspartner, der Sullivan über ein finsteres Komplott hoher englischer Regierungskreise und der Geheimdienste gegen die nordirische Bürgerrechtsbewegung informieren will. Sekunden nach den bedeutungsschweren Worten werden sie von einem Auto überholt, aus dem zwei Killer auf sie schießen. Beide sterben im Kugelhagel.

»1169« – ein folgenschweres Jahr und nach Auffassung irischer Nationalisten der erste Akt in der Geschichte eines 800 Jahre währenden Konflikts mit England. Die englische Herrschaft habe den Iren, so der Schriftsteller *Danny Morrison (geb. 1953)*, viele Jahre Spitzenpolitiker der Sinn Féin Partei, *»Massaker, Hungersnöte, Pogrome...allgemeine Enteignung und die Teilung des Landes 1921«* beschert.[1] So sehen es viele Iren noch heute, allen voran die Anhänger der republikanischen Bewegung. Die Geschichte Irlands ist für Betrachter vom Kontinent kompliziert und schwer zu deuten. Das liegt auch daran, dass Geschichte in Irland *»nicht Vergangenheit«* ist, *»sondern die Rechtfertigung der Gegenwart, ein in allen Köpfen spukendes Gestern.«*[2] Die kollektive Erinnerung der Iren ist entlang religiös-politischer Grenzen gespalten, ethnische, religiöse und kulturelle »Identitäten« schöpfen aus den großen Erzählungen der Vergangenheit, historische Mythenbildung gehört zur Folklore und die Politik bedient sich aus dem reichhaltigen Arsenal der Geschichte je nach Standort und Zielen. Geschichte ist Rüstung und Waffe im politischem Parteienkampf. Die Mahnungen kritischer Geschichtswissenschaft zur Nüchternheit, ihre Bemühungen um Revision staats- und parteioffizieller

---

1 DANNY MORRISON, »Troubles«. Eine Einführung in die Geschichte Nordirlands. Münster, 1997. S. 10. Morrison wurde 1990 wegen Mitgliedschaft in der IRA und Beihilfe zu Terrorakten zu acht Jahren Gefängnis verurteilt.
2 REINER LUYKEN, Ein Freilichtmuseum religiöser Apartheid. In: DIE ZEIT, Nr.23, 28. Mai 1998. Mike Cronin schreibt in seiner »Geschichte Irlands«: »History is a ghost to be conjured up and used to justify many different ideas of Ireland, and what it is to be Irish. In this there is no one Irish history.« MIKE CRONIN, A History of Ireland. Basingstoke, 2001. S. XIV.

Geschichtsbilder und ihre Kritik an historischen Mythen und Legenden sind daher nicht sonderlich populär.[3]

Jedes Jahr wiederholen sich in Nordirland die Erinnerungsrituale auf protestantischer und katholischer Seite, nicht selten von Provokationen und Gewalttätigkeiten begleitet. Protestanten marschieren am 12. Juli und feiern mit gewaltigen Umzügen des »Orange Order« (Oranier-Orden) den Sieg ihres »King Billy« (Wilhelm III. von Oranien) über den katholischen König James II. (Jakob II.) im Jahre 1690 am Fluss Boyne. Ihre zentrale Botschaft ist seit Jahrhunderten dieselbe: Nordirland soll britisch bleiben! Ostern zeigen sich in grün-weiß-orange die nationalistisch orientierten Katholiken und erinnern an die »Märtyrer« des Osteraufstandes 1916, jene wagemutigen Männer, die für die Unabhängigkeit Irlands gegen die Engländer kämpften und starben. Katholische Nationalisten signalisieren damit: Wie unsere Vorväter stehen wir für die eine irische Nation in einem (wieder)vereinigten Irland. Jede Seite reklamiert ihren Teil an der irischen Geschichte und ihre besondere »Erzählung«. Es geht um sichtbare Selbstbehauptung und Abwehr der Ansprüche der Anderen. Wer je die Gelegenheit hatte, die sogenannte *»marching season«,* die Zeit der Aufmärsche und Paraden des protestantischen Oranier-Ordens und der republikanischen Gruppen vor Ort mitzuerleben, wird besser verstehen, wie tief »protestantische« und »katholische« Identitäten in ihren jeweiligen Geschichtserzählungen wurzeln. In einer Vielzahl von Symbolen werden diese Identitäten ausgedrückt und demonstriert, z.B. in Fahnen, Standarten, Kleidung, Orden, Marschformationen, Musik, und Wandmalereien (»murals«).[4] Wenn das Jahr 1169 im Kalender des *irisch-katholischen Nationalismus* einen besonderen Platz einnimmt, so sind es für die *nordirischen Protestanten* vor allem die Jahre 1609 und 1690. 1609 begann die legendäre *»plantation of Ulster«,* die *systematische* Besiedelung des nordöstlichen Teils der grünen Insel mit schottischen und englischen Siedlern, die im Gegensatz zur einheimischen *gälisch-katholischen* Bevölkerung *Protestanten* waren und treu zur englischen Krone standen. Dieser politische Akt, der dazu führte, dass auf der »grünen Insel« zwei sehr verschiedene Bevölkerungsgruppen aufeinander trafen, ist der *geschichtliche Kern des Nordirland-Konflikts*. 1690 sicherte der protestantische König Wilhelm III. von Oranien durch seinen Sieg über den katholischen Jakob II. am Fluss Boyne die englische Herrschaft in Irland und die Dominanz der protestantischen Siedler im Nordosten Irlands.

---

3 Das zeigt der sogenannte »Revisionismusstreit« in der irischen Geschichtswissenschaft. D.GEORGE BOYCE/ALAN O'DAY (eds.) The Making of Modern Irish History. Revisionism and the Revisionist Controversy. London/New York, 1996. Siehe v.a. dazu STEPHEN HOWE, Ireland and Empire. Colonial Legacies In Irish History and Culture. Oxford, 2000. S. 76 ff.

4 Zur Einführung siehe vor allem NEIL JARMAN, Material Conflicts. Parades and Visual Displays in Northern Ireland. Oxford, 1997 sowie DOMINIC BRYAN, Orange Parades. The Politics of Ritual, Tradition and Control. London/Sterling,Virginia, 2000.

Die *modernen* Wurzeln des Nordirlandkonfliktes finden wir im 19. Jahrhundert. In diesem Zeitraum beginnt die *politische Formierung* und *Polarisierung* von Katholiken und Protestanten in zwei Lager, religiös-ideologisch und praktisch-politisch: *Nationalismus* und *Unionismus*. Im 19. Jahrhundert wandten sich die *protestantischen Unionisten* aus dem Norden Irlands gegen die *katholischen Nationalisten* und die Britische Regierung. Sie wollten keine irische regionale Autonomie mit einem eigenen Parlament *(»Home Rule«)*, die von den Nationalisten gefordert wurde, sondern in der Union des Vereinigten Königreichs bleiben, die 1800 im »Act of Union« besiegelt worden war. Diese Polarisierung war, vor dem Hintergrund einer langen Konfliktgeschichte zwischen England und Irland, ein entscheidender Faktor, der nach dem Unabhängigkeitskrieg 1919-1921 zur Teilung Irlands beitrug. Der nordöstliche Teil Irlands, »Ulster« genannt,[5] mit den sechs Grafschaften Antrim, Down, Londonderry, Tyrone, Armagh und Fermanagh blieb bis heute Teil Großbritanniens (»*Northern Ireland*«). Die restlichen 26 Grafschaften wurden zum »*Irischen Freistaat*« innerhalb des Commonwealth. 1948 löste der Freistaat alle noch bestehenden verfassungsrechtlichen Bindungen zu England und erklärte sich zur »*Republic of Ireland*.« Nationalisten und Unionisten blieben auch nach der Teilung die politischen Hauptkontrahenten in Nordirland. Während die einen für die Wiedervereinigung Irlands arbeiten, verteidigten die anderen ihr protestantisches Ulster innerhalb des Vereinigten Königreiches. Worum geht es im Nordirlandkonflikt?

Der Nordirlandkonflikt ist aus Sicht der Friedens- und Konfliktforschung ein »langwieriger, festgefahrener Konflikt« *(»protracted conflict«)*.[6] Für die Beilegung oder auch nur die Herstellung besserer Ausgangsbedingungen zur Konfliktlösung müssen die Konfliktparteien zwei Grundvoraussetzungen erfüllen: sie müssen den *politischen Willen zur Konfliktlösung* haben und ein Mindestmaß an *Bereitschaft* aufbringen, *Angst und Misstrauen* gegenüber »der anderen Seite« schrittweise zu überwinden. Daran mangelte es den Konfliktparteien in der über dreißigjährigen Konfliktgeschichte und sie tun sich bis heute schwer, das gegenseitige, tief sitzende Misstrauen abzubauen.

Der Nordirlandkonflikt ist ein langanhaltender *politischer Konflikt zwischen* zwei Bevölkerungsgruppen, die im Blick auf ihre Religionszugehörigkeit als Protestanten oder Katholiken bezeichnet werden. Von 1,6 Millionen Einwohnern Nordirlands sind 43,6 % Katholiken und 53,1 % Protestanten. Der Nordirland-

---

5 Irland bestand im Mittelalter aus den Königreichen Connaught, Leinster, Munster und Ulster. Der Name »Ulster« stammt von dem Herrschergeschlecht der »Ulaidh«, die bis zur Mitte des 5. Jahrhunderts den nördlichen Teil Irlands beherrschten. Ulster umfasste ursprünglich neun Provinzen: Armagh, Antrim, Cavan, Donegal, Down, Fermanagh, Londonderry, Monaghan und Tyrone.
6 Siehe dazu die Analyse von BERNHARD MOLTMANN, Nordirland 1999/2000: Vertrauen mit beschränkter Haftung. Blockaden des Friedensprozesses und Ansätze, sie aus dem Weg zu schaffen. Frankfurt/Main. 2000. (=HSFK-Report 6/2000) S. 2 ff.

konflikt ist kein Religionskonflikt und auch kein Konflikt zwischen unterschiedlichen Ethnien und Kulturen, obwohl Religion, ethnisches Bewusstsein und kulturelle Traditionen die »Identitäten« beider Gruppen und damit die Konfliktgeschichte tief geprägt und dynamisiert haben.[7] Ökonomische und soziale Ungleichheiten zwischen den communities haben den Konflikt zusätzlich aufgeladen. Es geht aber *nicht in erster Linie* um Ethnie, Religion und Kultur. *Protestanten und Katholiken streiten über die politische Verfassung Nordirlands.* Die Protestanten möchten »British« bleiben und zum Vereinigten Königreich gehören, die Katholiken befürworten eher eine Vereinigung des geteilten Irlands und die Zugehörigkeit zur Republik Irland. Es geht um *Staatsbürgerschaft (»citizenship«), nationale Zugehörigkeit (»national belonging«)* und *Loyalität (»allegiance«).* Die *politischen Repräsentanten* der Konfliktparteien sind auf protestantischer Seite die *»Unionisten«* und auf katholischer Seite die *»Nationalisten«.*

- *»Nationalisten«* sind überwiegend *katholische,* Nordiren, die Nordirland als Teil der irischen Nation verstehen. Sie sehen sich mit der Republik Irland eng verbunden, im Blick auf gemeinsame gälisch-irische Traditionen, in Sprache, Geschichte, Religion, ethnischer Herkunft und Kultur und treten politisch für die *Wiederherstellung der Einheit Irlands* ein. Sie begründen dies mit der Existenz einer *einheitlichen irischen Nation,* die auf dem Territorium der Insel Irland von ihrem Selbstbestimmungsrecht Gebrauch macht. Die Schuld für die Teilung Irlands trägt nach ihrer Ansicht England, das Irland über Jahrhunderte als »Kolonie« behandelt habe.[8] England sei auch verantwortlich für den Ausbruch der »Unruhen« (»Troubles«) 1968/69. Das Ende der Teilung Irlands würde auch das Ende der Gewalt bedeuten. Auf welchen Wegen und mit welchen Mitteln diese Einheit erreicht werden soll, ist unter Nationalisten sehr umstritten, wobei wir vereinfacht eine *gemäßigte* und eine *radikale* Richtung unterscheiden können: Die gemäßigte wird politisch von der *Social Democratic and Labour Party* (SDLP) vertreten und die radikale, *republikanische* von der *Sinn Féin* Partei (gälisch: »Wir selbst«) und der ihr nahestehenden *Irish Republican Army (IRA).* Die SDLP hat seit ihrer Gründung 1970 keinen Zweifel daran gelassen, dass die Einheit Irlands nur auf friedlichem Wege mit politischen Mitteln erreicht werden kann unter Berücksichtigung der Identität und Interessen des protestantischen Bevölkerungsteils und ihrer unionistischen »Traditionen«. Sinn Féin und die IRA sehen sich in der Tradition des irischen Republikanismus,

---

7 Stefan Wolff beschreibt den Konflikt treffend als »caused by incompatible conceptions of national belonging«, und verwendet den Begriff »ethnonational« als Kurzbezeichnung, was m.E. aber die ethnische Komponente zu stark betont. STEFAN WOLFF, Introduction: From Sunningdale to Belfast, 1973-98. In: Peace at Last? The Impact of the Good Friday Agreement on Northern Ireland. Editey by JÖRG NEUHEISER and STEFAN WOLFF. New York/Oxford, 2002. S. 1.

8 Siehe die glänzende Analyse des Diskurses in der anglo-irischen Geschichtsschreibung zu den »kolonialen Erbschaften« bei HOWE, Ireland and Empire.

der die Ideen der Französischen Revolution und des Sozialismus aufgenommen hatte und *Gewalt* als Mittel der Politik legitimierte. Diese »*physical force tradition*« reicht von den »United Irishmen« im 18. Jahrhundert bis zur gegenwärtigen IRA. Die Mehrheit der Republikaner hat die Gewalttradition, jedenfalls zeitweilig und taktisch motiviert, verlassen. Sinn Féin bekennt sich *offiziell* seit dem zweiten Waffenstillstand der IRA vom Juli 1997 zu *ausschließlich friedlichen* Mitteln im Einsatz für ein vereinigtes Irland. Die Beziehung der Partei zur IRA, die bislang, trotz immer neuer Absichtserklärungen, zuletzt der Erklärung vom 28. Juli 2005, nicht endgültig abgerüstet hat, bleibt in einer Grauzone. Bei den Wahlen zum Unterhaus am 7. Juni 2001 hat Sinn Féin die SDLP erstmalig in der Gunst katholischer Wähler übertroffen. Sie hat diesen Erfolg bei den Wahlen zum nordirischen Regionalparlament (»Assembly«) am 26. November 2003 und bei den Europawahlen am 10. Juni 2004 bestätigt und schließlich bei den Unterhauswahlen am 5. Mai 2005 eindrucksvoll stabilisiert. Sinn Féin vertritt gegenwärtig die deutliche Mehrheit des nationalistischen Lagers.

- »*Unionisten*« sind in ihrer überwältigenden Mehrheit *protestantische* Nordiren, die sich als »*British*« verstehen. Sie wollen an der geltenden verfassungsrechtlichen Situation nichts ändern, weil sie die Union mit Großbritannien einem vereinigten Irland vorziehen. Die Unionisten verweisen auf ihre Traditionen, die auf die englisch-schottische Besiedelung Ulsters im 17. Jahrhundert zurückgehen. Ihre »Identität« gründet, überspitzt gesagt, in einer doppelten Abgrenzung: »Nein« zur Wiedervereinigung Irlands und *»Ablehnung einer ihnen fremden Lebensweise, der des katholisch-gälischen Irland.«*[9] Die Schuld an der Teilung Irlands trägt für sie der irische Nationalismus, der den eigenen Nationalstaat forderte und aus dem Verbund des United Kingdoms ausbrach. Die Bewahrung ihrer protestantisch-unionistischen Identität sei nur durch die Teilung Irlands möglich gewesen. Sie betonen ihre »Loyalität« zur Union und ihre politisch-kulturelle Selbstbehauptung gegenüber dem katholischen Irland. *»Loyalismus«* ist der älteste *ideenpolitische* Ausdruck dieses protestantischen Selbstbehauptungswillen,[10] »Unionismus« seine *politisch-institutionelle* Verfassung. Die Säulen der protestantischen Interessenvertretung sind seit 1796 der »*Oranier Orden*«, eine politisch-kulturelle Massenorganisation, und seit 1905 die *Unionistische Partei* (»*Ulster Unionist Party*«, *UUP*). Die Unionisten waren im Blick auf ihre soziale Zusammensetzung, religiösen Überzeugungen, ideenpolitischen Orientierungen und praktische Politik zwar nie ein geschlossenes Lager, aber immer dann, wenn ihr protestantisches Ulster von katholisch-nationalistischer Seite bedroht schien, bildeten sie eine einheitliche Abwehr-

---

9 ANDREAS HELLE, Ulster: Die blockierte Nation. Nordirlands Protestanten zwischen britischer Identität und irischem Regionalismus (1868-1922). Frankfurt/Main, 1999. S. 16.
10 JOSEPH RUANE/JENNIFER TODD, The dynamics of conflict in Northern Ireland. Power, conflict and emancipation. Cambridge, 1996. S. 84 f.

front. Doch seit dem Ausbruch der Unruhen (»Troubles«) 1968/69 zeigten sich erste Risse im unionistischen Lager. Seitdem sind die Unionisten in eine Vielzahl politischer Parteien und Gruppierungen gespalten. Von der Entstehung Nordirlands im Jahre 1921 bis 2003 behauptete sich die *»Ulster Unionist Party« (UUP)* als stärkste parteipolitische Interessenvertretung des Unionismus. Schärfster Konkurrent im unionistischen Lager wurde die 1971 vom legendären *Reverend Ian Paisley* gegründete und seitdem geführte *»Democratic Unionist Party« (DUP)*. Der Gegensatz zwischen ihnen wird am deutlichsten in der Haltung zum Karfreitagsabkommen (*»Good Friday Agreement«, GFA*) von 1998. Während die UUP mit David Trimble an der Spitze an seinem Zustandekommen aktiv beteiligt war, lehnte Paisleys DUP das Abkommen als »Betrug« und »Bestechung« der Menschen in Ulster ab. Bei den Wahlen zum nordirischen Regionalparlament am 26. November 2003 hat die DUP erstmalig die UUP übertroffen. Am äußersten Rand des loyalistischen Spektrums agieren seit dem Ausbruch der »Troubles« militante paramilitärische Gruppen, wie z.B. die *»Ulster Volunteer Force« (UVF)* und die *»Ulster Defence Association« (UDA)*, die mit Waffengewalt und Terror protestantische Interessen zu verteidigen meinen.

2. Ein Religionskonflikt?

Seit Ausbruch der »Troubles« 1968/69 berichten die Medien von Konflikten zwischen *»Protestanten«* und *»Katholiken«*. Der Beobachter von jenseits der Irischen See fragt sich mit ungläubigem Gruseln, ob die Zeit in Nordirland stehen geblieben ist, denn im übrigen Europa sind die verheerenden »Religionskriege« seit dem 17. Jahrhundert vorbei. Immer wieder gern erzählt man sich in Irland folgenden Witz: *»Eine Maschine der British Airways befindet sich im Anflug auf Belfast. Aus dem Bordlautsprecher erschallt die Ansage: Meine Damen und Herren, wir werden in wenigen Minuten in Belfast landen. Bitte schnallen Sie sich wieder an und stellen Sie ihre Uhren um dreihundert Jahre zurück!«* Aus anderen Weltgegenden ist man religiös aufgeladene Konflikte gewöhnt und das furchtbare Attentat vom 11. September 2001 hat die Diskussion um die Rolle der Religion als Motiv für Gewalt (der »Djihad« im Islam) neu angefacht. Aber ein Religionskonflikt noch heute – mitten in Europa? Hat die Religion die Gewalt in Nordirland begünstigt? *Religion* und *Gewalt*, das ist ein Thema, das Heerscharen von Wissenschaftlern, journalistischen Kommentatoren und Politikern auf den Plan gerufen hat. Nordirland ist dafür ein klassischer Anwendungsfall und die Positionen könnten nicht kontroverser sein. Doch scheint es einen Konsens darin zu geben, dass in Nordirland die »dunkle« Seite der Religion besonders krass hervortritt. Ein Blick in die Religionsgeschichte lehrt, dass Religion unstreitig zur gesellschaftlichen Gewaltverstärkung, zu Unterdrückung und Ausbeutung, zu Kriegen und Massenmord beigetragen hat. Die Belege hierfür und die gesellschaftlichen Mechanismen, die Religion als gewaltdynamisierendes Moment wirksam werden lassen, sind gut untersucht und brauchen hier nicht weiter entfaltet zu werden.[11] Es gibt aber auch eine »helle« Seite von Religion. Sie stärkt Nächstenliebe, Solidarität, Gewaltverzicht und motiviert zur Übernahme von Verantwortung in der Gesellschaft. Sie fördert Konfliktabbau, Konfliktregulierung, Frieden und Versöhnung. Es hängt von den konkreten historischen Umständen ab, welche Seite der Religion hervortritt. Die Geschichte des Nordirlandkonflikts bietet dafür zahlreiche Beispiele. Die politische und wissenschaftliche Debatte um die Rolle der Religion als Ursache und dynamisierender Faktor im Nordirlandkonflikt ist so alt wie der Konflikt selbst und sie ist nicht entschieden, weil sie gar nicht eindeutig entschieden werden kann. Die Beantwortung der Frage: Ist der Konflikt ein religiöser?, hängt vom *Religionsbegriff* ab, den der Betrachter wählt und der Gewichtung von Religion im Kontext anderer Bedingungsfaktoren wie z.B. Ethnien, Politik und Kultur.

Religion tritt uns in sozialen Ausdrucksformen, in Institutionen, in Traditionen, religiösen Glaubensüberzeugungen und Praktiken entgegen. Religion ist eine bestimmte Art sozialen Handelns und der Interaktion, die sich auf Übermenschliches, Transzendentes bezieht. Religion ist in Anlehnung an neuere religionswissenschaftliche Überlegungen als ein mehrdimensionales »*Konstrukt*« von funktionalen und inhaltlichen Bestimmungen zu beschreiben.[12] Religion ist, unabhängig von ihrer konkreten Gestalt, ein besonders wirksames Bindemittel in Gesellschaften, weil sie elementare Dimensionen individuellen menschlichen Lebens thematisiert (Sinngebung), Handlungsorientierungen bietet (Grundwerte, Ethik, was ist »gut«, was ist »böse«?), Motivationen für soziales Handeln bereitstellt (»soziales Kapital«), Menschen in einer konkreten Gemeinschaft (der Gläubigen) »beheimatet« und den Alltag rituell strukturiert (Kirchenjahr, Feste und Feiern an wichtigen Lebensabschnitten, Begleitung des Lebensrhythmus von Geburt, Erwachsenwerden und

---

11 GEORG BAUDLER, Gewalt in den Weltreligionen. Darmstadt, 2005. MARK JUERGENSMEYER, Terror in the Mind of God. The Global Rise of Religious Violence. Berkeley/Los Angeles/London, 2000. R. SCOTT APPLEBY, The Ambivalence of the Sacred. Religion, Violence and Reconciliation. Lanham/Boulder/New York/Oxford, 2000. WILFRIED RÖHRICH, Die Macht der Religionen. Glaubenskonflikte in der Weltpolitik. München, 2004.

12 Klaus Hock beschreibt verschiedene Dimensionen von Religion: *Ethische und soziale* (Werte, Normen), *kulturelle und* (in engerem Sinne) *rituelle* (Kult, Symbolik), *kognitive und intellektuelle* (religiöses »Wissen«, Lehr- und Glaubenssysteme, Doktrinen, Dogmatiken, Mythologien etc.), *sozio-politische und institutionelle* (Organisationen, Recht, religiöse Experten), *symbolisch-sinnliche* (Zeichen, Symbole, religiöse Kunst, Architektur, Musik) sowie *Erfahrung* (Berufungs- und Offenbarungserlebnisse, Erfahrung des Heiligen, Gemeinschaftserfahrungen etc.) Siehe dazu KLAUS HOCK, Einführung in die Religionswissenschaft. Darmstadt, 2002. S. 20. JACQUES WAARDENBURG, Religionen und Religion. Systematische Einführung in die Religionswissenschaft. Berlin, 1986. Vgl. zum Religionsbegriff die kritische Diskussion bei DETLEF POLLAK, Was ist Religion? Probleme der Definition. In: Zeitschrift für Religionswissenschaft, 3. Jg., 1995, H.2, S. 163 ff.

Tod). Religion deutet die unsichere, »kontingente« Lebenswirklichkeit der Menschen, sie gibt ihnen Halt in der Unübersichtlichkeit ihres Lebens, tröstet bei Krankheit, Leid und Tod und bietet einen feierlichen Rahmen bei frohen Ereignissen (z.B. Taufe, Konfirmation/Kommunion, Trauung). Religion geht in nicht in Politik und Kultur auf, aber sie ist auch ein Teil von ihnen. Sprache, historische Traditionen, regionale und nationale Kulturen, gesellschaftliche und politische Verhältnisse prägen sie. Je nachdem wie eng oder weit der Religionsbegriff gefasst wird, welche Dimensionen von Religion (siehe Anmerkung 12) betont werden, ob man nur eine oder mehrere oder alle in komplexer Verschränkung am Werke sieht, danach wird sich entscheiden, wie »religiös« der Nordirlandkonflikt für den Betrachter ist. Es ist jedenfalls müßig, sich in der Religionsfrage mit simplen Alternativen zu konfrontieren: Religionskonflikt ja oder nein, Hauptauslöser oder Nebenfaktor etc.[13]

Der Soziologe *Steve Bruce* ist bis heute der wohl prononcierteste Vertreter der These vom Religionskonflikt in Nordirland: »*The Northern Ireland conflict is a religious conflict*«, erklärt er knapp und bündig in seiner Studie über die fundamentalistische Ideologie des presbyterianischen Reverend Ian Paisley (»Paisleyism«). Der Konflikt gewinne erst durch die Religion seine »*enduring and intractable quality*«.[14] Der Paisleyismus sei der beste Beleg für die Wirkungsmacht der Religion. Weitere Faktoren seien die religiöse Begründung des Unionismus als Ausdruck protestantischer Identität und die Durchdringung des Protestantismus mit – insbesondere vom »Orange Order« geförderten - Anti-Katholizismus. Das ist alles richtig beobachtet und im Blick auf Ian Paisleys Bewegung auch korrekt. Das Bild von den Wirkungen der Religion ist aber komplexer und schwieriger als es Bruce darstellt. Bruce betont vor allem die kulturelle, sozio-politische und institutionelle Dimension von Religion, denn sein Forschungsgegenstand ist eine soziale Gruppe (die »Free Presbyterian Church«) und eine politische Bewegung (»Paisleyism«). Welche Bedeutung haben andere Dimensionen? Religion gehört in allen ihren Dimensionen zur »fabric« der nordirischen Gesellschaft, doch es ist nicht eindeutig zu sagen, in welchen Quantitäten und Qualitäten sie wirkt. Will man die These von Bruce sachgerecht beurteilen, so muss deutlich werden, was man unter »Religion« versteht. Leider sind weder Bruce noch seine Kritiker, insbesondere McGarry und O'Leary, darin präzise. Man kann nur vermuten, dass sie einem recht engen Begriff von Religion, bezogen auf Theologie und Glaubensinhalte (»*theological beliefs*«), folgen. Verengt auf diese Dimension ist der Nordirlandkonflikt *kein* Religionskonflikt.[15] Aber andere religiöse Dimensionen sind gleichwohl von Be-

---

13 Siehe JONATHAN TONGE, Northern Ireland. Conflict and Change. Harlow, 2002². S. 110 ff.

14 STEVE BRUCE, God Save Ulster: The Religion and Politics of Paisleyism. Oxford, 1986. S. 249.

15 JOHN McGARRY/BRENDAN O'LEARY, Explaining Northern Ireland. Broken Images. Oxford, 1998³, S. 212.

deutung, wenn auch in kaum exakt zu bestimmenden Quantitäten und Qualitäten. Vielleicht könnte es für weitere Untersuchungen des religiösen Charakters der nordirischen Gesellschaft und ihrer Konflikte hilfreich sein, worauf McGarry und O'Leary auch verweisen, von dem Konzept der »*Zivilreligion*« auszugehen.[16] Doch das ist noch Desiderat eines interdisziplinären Forschungsprogramms.

Es lassen sich für Nordirland nur sehr zurückhaltend Daten zu Religion und Religiosität zusammentragen: Religion ist gemessen an dem groben Indikator der Religionszugehörigkeit der Menschen in Nordirland ein gewichtiger Faktor, doch sagt dies wenig über ihren »Sitz im Leben« der Menschen.

Religionszugehörigkeit in Nordirland 1961 bis 2001 (in %)[17]

Konfession	1961	1971	1981	1991	2001
Katholiken	35	31	29	38	40
Protestanten	62	61	55	51	45
Presbyterianer	29	28	24	21	21
Anglikaner (Church of Ireland)	24	23	20	18	15
Methodisten	5	5	4	4	3,5
Baptisten	1	1	1	1	-
Brethren	1	1	1	1	-
Congregationalist	1	1	1	1	-
Free Presbyterian	0	0	1	1	-
Andere protestantische Gruppen	1	2	3	4	6
Atheisten/Agnostiker bzw. keine Angabe	nicht erhoben	nicht erhoben	0	4	14

---

16 Vgl. ROLF SCHIEDER, Civil Religion. Die religiöse Dimension der politischen Kultur. Gütersloh, 1987. Derselbe, Wieviel Religion verträgt Deutschland? Frankfurt/Main, 2001. S. 119 ff.

17 Berechnet nach McGARRY/O'LEARY, Explaining Northern Ireland, S. 179 und der Tabelle KS07a Religion des Zensus von 2001. Die kleineren protestantischen Gruppen, Baptisten etc. sind für 2001 nicht gesondert ausgewiesen, bzw. in »other Christian (including Christian related)« zusammengefasst. Legt man die Tabelle KS07b (2001) zugrunde, die danach fragt, in welcher Religion man *sozialisiert* wurde, ergeben sich etwas andere Zahlen für Katholiken (= 43,76) und Protestanten (= 53,13). Northern Ireland Statistics & Research Agency (NISRA). Northern Ireland Census 2001. Key Statistics. Belfast, 2002. Leider konnte die soeben erschienene umfassende Studie zu Werten und Einstellungen in Nordirland und der Republik Irland nicht mehr berücksichtigt werden: TONY FAHEY/BERNADETTE C. HAYES/RICHARD SINNOTT, Conflict and Consensus. A Study of values and attitudes in the Republic of Ireland and Northern Ireland. Dublin, 2005.

Wir wissen aus verschiedenen Untersuchungen, dass die Religionszugehörigkeit für die Nordiren eine erhebliche subjektive Bedeutung hat und die Kirchen großes Vertrauen genießen. 1991 antworteten auf die Frage, welchen Menschen sie am nächsten stehen, Katholiken und Protestanten etwa gleich. Die Angehörigen der eigenen Religion stehen ganz vorne, allerdings dicht gefolgt von »Klassenzugehörigkeit« und »Rasse«.[18] 1993 veröffentlichte die »Initiative '92« einen umfänglichen Bericht zur Situation der Menschen in Nordirland, der nach dem Vorsitzenden der beratenden Kommission *»Opsahl-Report«* genannt wurde. Der Bericht verarbeitete 554 schriftliche und mündliche Befragungen von mehr als 3000 Menschen, quer durch die ethnischen, religiösen und politischen Lager. Es ist »nur« eine Momentaufnahme, aber ein einzigartiges Dokument der Stimmungslagen, Meinungen und Einstellungen der nordirischen Bevölkerung in den neunziger Jahren. Der Report zeigte, wie groß die Bedeutung war, die insbesondere *Protestanten* der Religion als zentrales Element ihrer Identität einräumten, stärker noch als »Britishness« oder »unionistisch.« Katholizismus erschien ihnen nicht nur als eine Religion, sondern als eine bedrohliche internationale politische Institution, die Hass auf Protestanten predige. Irischer Nationalismus und Katholizismus seien identisch, die Republik Irland ein katholischer Staat. Die katholische Kirche nutze ihre Macht, um Einfluss auf Bildung, Erziehung und das Gesundheitssystem auszuüben. Sie erschwere interkonfessionelle Ehen und wende sich gegen integrierte Schulen, ein Vorwurf, der auf die protestantische Seite zurückfiel, denn auch die protestantischen Kirchen waren nicht gerade eifrige Förderer konfessionsübergreifender Bildungseinrichtungen. Die Katholiken hatten im Gegenzug weniger Probleme mit der Religion der Protestanten und äußerten Unverständnis gegenüber den Ängsten der Protestanten vor der Katholischen Kirche. Sie betrachteten sich als Opfer unionistischer Hegemonie. Die Protestanten würden ihre »Britishness« betonen und die Religion instrumentalisieren, nur um an ihrer Vorherrschaft festzuhalten. Die protestantische Kultur der »marching season« wurde von Katholiken als Beleidigung und Angriff auf ihre Religion und Kultur betrachtet. Daran hat sich bis heute wenig geändert.[19]

Nordirland ist bis heute ein »frommes Land«, wobei man nicht so weit gehen muss wie Reverend Paisley, der einmal mit stolzer Übertreibung betonte, dass es in Nordirland mehr »wiedergeborene Christen« auf einem Quadrat-Kilometer gebe als irgendwo auf der Welt. »Säkularisierungs- und Modernisierungsprozesse« von Religion (z.B. Rückgang von Kirchenbindung, Glaubensverlust, zunehmende

---

18 EDWARD MOXON-BROWNE, National Identity in Northern Ireland. In: Social Attitudes. First Report. Edited by PETER STRINGER/GILLIAN ROBINSON. Belfast, 1991. DUNCAN MORROW, Religion and Nationality in Ulster. In: ELVERT, Nordirland, S. 422 ff. http://cain.ulst.ac.uk/othelem/research/nisas/rep1c2.htm

19 Professor Torkel Opsahl (gestorben im September 1993) war norwegischer Sozialwissenschaftler. A Citizens' Inquiry. The Opsahl Report On Northern Ireland. Editey by ANDY POLLAK. Dublin, 1993², S. 331 ff.

Abkehr von religiösen Werten und Missachtung von Normen) setzten hier später ein und haben nicht die Schärfe angenommen wie im übrigen Europa.[20] Aber auch in Nordirland wächst die Zahl derer, die der Religion im allgemeinen distanzierter gegenüberstehen. Es ist auffällig, dass immer mehr Menschen die *Angabe ihrer Religionszugehörigkeit verweigern*. Im Jahre 1961 waren es 26.400 Personen (= 1,9% der Gesamtbevölkerung von 1,4 Millionen) und im Jahre 2001 bereits fast 234.000 Personen (= 13,88 % der Gesamtbevölkerung). Die Zahl der »Nicht-Religiösen« steigt und von diesen bezeichnen sich 22% als »ein bisschen nicht-religiös«, aber 47% als »sehr« bzw. »extrem« *nicht-religiös*. Trotz dieser Entwicklungen bleiben Religiosität, formale Kirchlichkeit und Glaubensüberzeugungen weiterhin hoch, wenn auch seit 1991 rückläufig.[21]

Hat der Nordirlandkonflikt religiöse Leidenschaften neu angeheizt und wird er von den Menschen selbst als »religiöser Konflikt« verstanden? Im subjektiven Verständnis der Menschen scheint das nicht so zu sein, wie eine Umfrage aus den achtziger Jahren zeigt.

Umfrage 1986: »Was sind Ihrer Meinung die Hauptursachen für die »Troubles«?[22]

Ursachen in der Rangfolge ihrer Nennung (nach Sachgebieten)	Protestanten (in %)	Katholiken (in %)
1. Politische, konstitutionelle	35	32
2. Diskriminierung, Rechte	21	27
3. Gewalt, Terrorismus	16	7
4. Einstellungen/Verhalten	15	15
5. Religion	13	12
6. Soziale, ökonomische	11	15
7. Segregation	5	4
8. Andere	18	15

---

20 Vgl. dazu OTTO KALLSCHEUER (Hg.), Das Europa der Religionen. Ein Kontinent zwischen Säkularisierung und Fundamentalismus. Frankfurt/Main, 1996. DETLEF POLLAK, Säkularisierung – ein moderner Mythos? Tübingen, 2003. HARTMUT LEHMANN (Hg.), Säkularisierung, Dechristianisierung, Rechristianisierung im neuzeitlichen Europa. Göttingen, 1997. FRIEDRICH-WILHELM GRAF, Die Wiederkehr der Götter. Religion in der Modernen Kultur. München, 2004. MARTIN RIESEBRODT, Die Rückkehr der Religionen. Fundamentalismus und der »Kampf der Kulturen«. München, 2001.²
21 Siehe dazu v.a. JOHN BREWER, Are There Any Christians in Northern Ireland?. In: Social Attitudes in Northern Ireland. The Eighth Report. Edited by ANN MARIE GRAY et al., London, 2002. S. 26 f.
22 DAVID SMITH/GERALD CHAMBERS, Inequality in Northern Ireland. Oxford, 1991. S. 68.

In der Wahrnehmung der Menschen waren, jedenfalls im Jahr 1986, *nichtreligiöse*, sondern *politische, wirtschaftliche und soziale Gründe* die Hauptursachen für den Konflikt, nimmt man die Kategorien 1, 2 und 6 zusammen. Religion kommt erst an fünfter Stelle: »*The overwhelming majority of Northern Irish agree, that they are not engaged in a jihad.*«[23] Nun sind Meinungsumfragen immer mit Vorsicht zu genießen und dies ist auch nur eine Momentaufnahme aus den achtziger Jahren. Es kann auch sein, dass sich Menschen geradezu »geniert« haben, Religion als eine Hauptursache des Konflikts zu nennen, denn es wird ihnen in der veröffentlichten Meinung seit vielen Jahren vorgehalten, wie »unmodern«, ja »anachronistisch« und »mittelalterlich«, eine solche Einstellung ist. Es bleibt auch offen, was die Befragten unter »Religion« verstehen. Vielleicht haben sie »Religion« in erster Linie mit Theologie, Doktrin und Glaubenspraxis verbunden und darum geht es im Nordirlandkonflikt sicherlich nicht. Doch ist Religion mit ethnischen, kulturellen und auch politischen Dimensionen so eng verquickt, dass eine Trennung schwer möglich erscheint. Religiöse Praxis ist auch kulturelle Praxis und die bekundete »nationale Identität« der protestantischen und katholischen Bevölkerungsteile ist keineswegs nur politisch-säkular gemeint, sondern verbindet sich, in welcher Wirkungstiefe auch immer, mit Vorstellungen von der Religion als Faktor nationaler Identität. In den politischen und konstitutionellen Gründen für die »Troubles« steckt also gleichzeitig die Religion. Wenn wir in die Geschichte zurückblicken, so ist die Frontstellung von Katholizismus und Protestantismus in Verbindung mit säkularen nationalistischen Ideologien (»Irishness« und »Britishness«) ohne die religiöse Komponente schwer zu erklären und sie wäre ohne Religion auch nicht so scharf und nachhaltig ausgefallen. Religion hat in Irland stets in besonderer Weise als »*ethnic marker*« , als Grenzziehung zwischen dem ethnischen »wir« und »ihr« funktioniert. Die *irische Nation* – das war die *katholische Nation*. Die Protestanten haben zwar nie über alle sozialen und politischen »Identitäten« hinweg eine Identität als »*protestantische Nation*« ausgebildet, wenn man nicht die gelegentlich betonte »Ulsterness« als protestantisch-nationale Identität bezeichnen will, aber sie haben den Gegensatz zum katholischen Nationalismus doch in der Form eines richtungs- und klassenübergreifenden »*pan-protestantism*«, mit z.T. signifikant sektiererischen, fundamentalistischen Zügen, formuliert.[24] Insofern ist die Bedeutung der *sozio-politischen und institutionellen* Dimension von Religion im Verlauf der irischen Geschichte für Katholiken und Protestanten gleichermaßen hoch anzusetzen. Protestanten und Katholiken erleben ihre Gegensätze bis heute offensichtlich am ausgeprägtesten in der kulturellen, sozio-politischen und institutionellen Religionsdimension.

---

23 McGARRY/O'LEARY, Explaining Northern Ireland, S. 195.
24 JOHN FULTON, The Tragedy of Belief. Politics and Religion in Northern Ireland. Oxford, 1991. S. 117.

Die Erfahrungen mit Kirche und anderen Institutionen, die Religion in Nordirland vermitteln, sind von nachhaltiger Wirkung auf das Verhältnis der communities zueinander. Die Kirchen, so eine Untersuchung des »Centre for the Study of Conflict« sind, »*central to Northern Irish life, both historically and in the present. Attempts to ignore or bypass them will always founder on the reality of stubborn belonging which has characterised Protestants and Catholics. But this is not to say that the Northern Irish conflict is religious' in a simplistic sense. In the sense of doctrinal holy war it is not. In another more profound sense, the churches are integral to the experiences and understanding of people in Northern Ireland. They are places and groups which channel, shape and direct the experiences of life in Northern Ireland. Of course this reality cannot be separated from experiences outside the churches in economic, social and political life and in family and community structures.*«[25]

Die *Kirchen* haben bei der historischen Entstehung der heutigen Konfliktformationen eine bedeutende Rolle gespielt. Die Schärfe des protestantisch-katholischen Gegensatzes ist über Jahrhunderte gewachsen und der religiöse Gegensatz war immer mit ethnischen, kulturellen und politischen Faktoren verbunden. Die Kirchen haben in entscheidenden Phasen der irischen Geschichte immer auch politisch Partei bezogen, denken wir z.B. an die »Home-Rule-Bewegung«, die von der katholischen Kirche massiv unterstützt, von den protestantischen Kirchen, wenn auch mit unterschiedlicher Intensität, bekämpft wurde. Der Ausbruch der »Troubles« 1968 führte aber nicht zu einer Verhärtung der kirchlichen Positionen, sondern hat zunächst ein großes Maß an Friedens- und Verständigungswillen mobilisiert, was sicherlich auch Frucht der seit den sechziger Jahren gewachsenen ökumenischen Bewegung war. Die Kirchen kümmerten sich sehr praktisch um die Opfer der Gewalt, die Vertriebenen und Flüchtlinge und packten mutig soziale Fragen an (Wohnungsprobleme, Arbeitslosigkeit, Verwahrlosung). Sie haben sich um Verständigung über die Grenzen der communities hinaus bemüht und beeindruckende Initiativen entfaltet.[26] Sie organisierten ökumenische Gottesdienste, gemischt-konfessionelle Gebetsgruppen, »bible-study-groups« und gemeinsame themenzentrierte Seminare. Sie haben Friedens- und Versöhnungsgruppen von den siebziger Jahren bis heute unterstützt, engagierten sich in der Mediation zwischen Britischer Regierung, IRA und loyalistischen Paramilitärs und begleiteten mit Sympathie und sachkompetenten Kommentaren die vielfältigen verfassungspolitischen Reformvorschläge seit den sechziger Jahren.

---

25 DUNCAN MORROW/DEREK BIRRELL/JOHN GREER/TERRY O'KEEFE, The Churches and Inter Community Relationships. Coleraine, 1994.² http://cain.ulst.ac.uk/csc/reports/churches.htm

26 Siehe als ein Beispiel unter vielen die Studie von DEREK BACON, Revitalising civil society in Northern Ireland: social capital formation in three faith-based organisations (FBO's). Paper presented at the 7th Researching the Voluntary Sector Conference NCVO Headquarters, London, 2001.

Die *römisch-katholische Kirche*, die sich als ein beeindruckendes Netzwerk von spirituellen und diakonischen Aktivitäten präsentiert und Zentrum eines - in Deutschland nur noch rudimentär vorhandenen - »katholischen Milieu« ist, mahnte in zahllosen Erklärungen nach Ausbruch der »Troubles« zu Frieden, Versöhnung und Nächstenliebe, Sie bemühte sich, darin von den protestantischen Kirchenführern unterstützt, der populären These entgegenzutreten, es handele sich um einen Religionskrieg. Es gebe berechtigte soziale und politische Anliegen, die von Bürgerrechtsbewegung vertreten würden und man müsse den Weg der Reform beschreiten. Ein vereinigtes Irland, das die Bischöfe als politische Vision und Fernziel begrüßten, könne nur mit friedlichen und demokratischen Mitteln erreicht werden. Die Eskalation und Militarisierung des Konflikts veranlasste die Kirche, an ihre offiziellen Verdammungen der IRA (ausdrückliche Stellungnahmen 1931 und 1956) anzuknüpfen. Wiederholt verurteilte die katholische Hierarchie scharf und entschlossen die Gewalt der IRA. Ein entschiedener Widersacher der IRA und anderer paramilitärischer Gruppen war z.B. Kardinal Cahal Daly. Kategorisch erklärte er, dass »*no faithful Catholic can claim that there is moral justification for the violence of these organisations.*«[27] Doch es fehlte nicht selten der Hinweis auf die Brutalität der Britischen Armee, was mitunter als Relativierung der terroristischen Gewalt erschien. Auch hielt Daly den Kampf der Iren für »nationale Befreiung« 1916-1921 für moralisch gerechtfertigt, obwohl in diesem Kampf unerhörte Grausamkeiten begangen wurden. Sein Vorgänger im Kardinalsamt, Thomas O'Fiaich, forderte den Rückzug der Briten und fiel durch eine Reihe pronationalistischer Kommentare auf. Eine ausführliche, orientierende theologische Auseinandersetzung darüber, inwieweit die klassische kirchliche Lehre vom »gerechten Krieg« auf die Situation in Nordirland anzuwenden sei, gab es nicht. Die Hierarchie ließ die Priester vor Ort allein. Nur ein sehr kleiner Teil der nordirischen Priesterschaft sah den Kampf der IRA als »gerechten Krieg« und die IRA als »Befreiungsarmee« oder sympathisierte zumindest politisch mit der republikanischen Seite. Einige wenige leisteten aktive Hilfe, indem sie z.B. flüchtige Terroristen versteckten oder ihnen zur Flucht in die Republik verhalfen. Anti-britische Ressentiments waren in der nordirischen Priesterschaft allerdings weit verbreitet. Wieder andere brachen das Beichtgeheimnis, wenn IRA Männer ihnen von bevorstehenden Mordattacken erzählten und warnten die Gefährdeten.[28] Die Kirche verweigerte den »im Kampf gefallenen« IRA Männern nicht die Ehren eines kirchlichen Begräbnisses, gleichwohl drohte sie in Einzelfällen mit Rückzug, sollte republikanische Symbolik während der Begräbniszeremonie zu demonstrativ verwendet werden. In keinem Fall sprach sie eine formelle Exkommunikation von IRA-Mitgliedern aus, allerdings erklärte Kardinal Daly, die Gewalttäter würden

---

27 CATHAL B. DALY, The Price of Peace. Belfast, 1991. S. 52 ff., 196 ff.
28 MARTIN DILLON, God and the Gun. The Church and Irish Terrorism. London, 1998², S. 137 ff. GERALD McELROY, The Catholic Church and the Northern Ireland Crisis, 1969-86. Dublin, 1991. S.134 ff.

sich faktisch selbst exkommunizieren. Doch der Verzicht auf die Androhung und Anwendung des härtesten Disziplinarinstruments der katholischen Kirche empörte ihre protestantischen Kritiker und nährte den Verdacht, die Kirche sympathisiere heimlich mit der IRA.

Die *protestantische Seite* bietet kein so geschlossenes Bild. Verschiedene reformatorische Kirchen (Presbyterianer, Anglikaner, d.h. Church of Ireland, Methodisten etc.) und in ihnen liberale und fundamentalistische Richtungen befinden sich, wie es der anglikanische Erzbischof Robin Eames sagt, *»in endless search for identity«*.[29] Sie stehen in Konkurrenz zueinander, bilden aber auch protestantische Netzwerke von Gottesdienst, Diakonie, sozialen Aktivitäten sowie Freizeitorganisationen und bedienen die protestantischen Milieus. Ein wichtiges Element ihres Zusammenhaltes ist ihr »Anti-Katholizismus«, der pro-ökumenische Tendenzen deutlich überwiegt.[30] Das ist bei der katholischen Kirche nicht anders. Der fundamentalistische Protestantismus, angeführt von Ian Paisleys »Free Presbyterian Church«; hat sich eine politisch schlagkräftige Gefolgschaft verschafft. Für die Wirkungsmacht der Religion spricht auch die Bedeutung und Akzeptanz des »Oranier Ordens« in der protestantischen community. Mag seine politische Bedeutung und Durchsetzungskraft in den Auseinandersetzungen um die Märsche zum 12. Juli in Drumcree seit 1995 und den Auseinandersetzungen um das »Good Friday Agreement« (GFA) 1998 auch gelitten haben (siehe Teil Drei), er ist nach wie vor ein wichtiger Faktor anti-katholischer und anti-nationalistischer Integration des Protestantismus. Sein Netzwerk ist relativ intakt. »Orangemen« sind in den politischen Eliten (Parteien, Verbänden, Vereinen etc.) ebenso vertreten wie bei den Sicherheitskräften. Nach eigenen Angaben waren 35 von 60 protestantischen Mitgliedern der 1998 gewählten nordirischen Versammlung Mitglieder des Oranier-Ordens.[31] Auch die *protestantischen Kirchen* hatten die politische Gewalt nach Ausbruch der »Troubles« verdammt und vielfältige Aktivitäten zur Friedenssicherung und Versöhnung unternommen. Dabei gab es große Übereinstimmung mit der katholischen Hierarchie und den Gemeindepriestern. Auf Gemeindebene wurden große gemeinsame Anstrengungen unternommen, den bedrängten Gemeindegliedern in ganz praktischen Fragen zu helfen. Hier funktionierte Ökumene am besten. Allerdings war es für manchen protestantischen Gemeindepfarrer nicht ganz einfach, dem katholischen Kollegen die Hand zur Versöhnung zu reichen und gemeinsame Projekte zu organisieren, wenn die loyalistisch orientierte Gemeinde dies als einen Akt des »Verrats« an den Grundsätzen der Reformation sah. Die protestantischen Kirchen verteidigten die Verfassung Nordirlands und waren zugleich den sozialen

---

29 ROBIN EAMES, The religious factor. In: DOMINIC MURRAY, Protestant Perceptions of the Peace Process in Northern Ireland. Belfast, 2000. http://cain.ulst.ac.uk/events/peace/murray/eames.htm
30 Vgl. dazu vor allem: JOHN D. BREWER/GARETH I. HIGGINS, Anti-Catholicism in Northern Ireland, 1600-1998. The Mote and the Beam. Basingstoke, 1998.
31 www.grandorange.org.uk

und politischen Reformen aufgeschlossen, wie sie von den Premierministern O'Neill, Chichester-Clark, Faulkner und dann den verschiedenen Britischen Regierungen angestoßen wurden. Ein besonders positives Kapitel der Friedensbemühungen war der Vermittlungsversuch zwischen Britischer Regierung und IRA im Dezember 1974, der als die »Feakle« – Gespräche in die Geschichte eingegangen ist (siehe Teil Zwei). Die protestantischen Kirchen mussten nicht geringe interne Auseinandersetzungen aushalten, insbesondere die Presbyterianische Kirche, in deren Mitgliedschaft sich das politische Spektrum der protestantischen community, von unionistisch moderat bis radikal spiegelte. Gemeinsame Erklärungen zu politischen Fragen wurden im Laufe des Konflikts immer schwieriger, nicht zuletzt wegen des starken fundamentalistischen Flügels innerhalb des Presbyterianismus, der von Paisley und seiner »Free Presbyterian Church« angeführt wird (siehe Teil Zwei). Paisleys religiöser und politischer Fundamentalismus hat sich im Blick auf seine Kommunikationsstrategien in beeindruckender Weise »modernisiert« und ist in Kirche, Gesellschaft und Politik sehr präsent.[32]

Welche Rolle die Religion für den Nordirlandkonflikt konkret spielte, erschließt sich nur in der Entfaltung der historischen Wurzeln.

3. Der historische Kern des Nordirland-Konfliktes: Englische Eroberungen und Besiedelung Ulsters vom 12. bis zum 17. Jahrhundert

Ohne Englands sicherheits- und machtpolitische Interessen hätte es die Konflikte in Irland nicht gegeben. Englands Geschichte ist die Kulisse für das irische Drama. Die Engländer waren Jahrhunderte lang die entscheidende Akteure im Blick auf die Geschicke Irlands:
- im 12. Jahrhundert mit der ersten Landnahme in Irland,
- im 16. Jahrhundert mit der sich fortsetzenden Eroberung und Unterwerfung,
- im 17. Jahrhundert mit der in mehreren Wellen erfolgten Ansiedelung protestantischer Engländer und Schotten (»plantation«),
- im 18. und 19. Jahrhundert als imperiale Macht, die sich mit dem erwachenden irischen Nationalismus auseinandersetzen musste und schließlich bereit war, den Iren begrenzte Autonomie (»Home Rule«) zu gestatten,
- im 20. Jahrhundert nach der Teilung Irlands als Garantiemacht des mehrheitlich protestantischen Nordirland (seit 1972 durch Suspendierung der nordirischen Regionalregierung und Übernahme der direkten Regierungsverantwortung).

---

32 Davon kann sich jeder überzeugen, der die Webseite Paisleys aufmerksam analysiert. www.ianpaisley.com

Im 21. Jahrhundert könnten es die Engländer sein, die mithelfen, das Ende des längsten regionalen Konfliktes in Europa zu erreichen. Noch nie in der Geschichte des Nordirland-Konfliktes sind die Chancen so groß gewesen, zu einer dauerhaften Friedensregelung zu gelangen. Doch der Weg dahin war lang, bitter und blutig. Denn die Iren waren sich selten einig, wie die Geschichte zeigt. Sie hatten sich so hinhaltend befehdet, dass es den Engländern gelang, dauerhaft auf der grünen Insel Fuß zu fassen und bis ins 19. Jahrhundert relativ unangefochten das Banner der Krone Englands wehen zu lassen.

In den Jahren 1169 und 1170 landeten kleinere Gruppen von Kriegern aus Wales unter Führung anglo-normannischer Adliger in Irland.[33] Sie waren Lehensleute des englischen *Königs Heinrichs II. (1133-1189)*. Einer von ihnen, *Richard de Clare, Earl of Pembroke*, (Ehren- und Spitzname: »Strongbow«), war ausdrücklich zur Intervention in Irland aufgefordert worden. Er folgte dem Hilferuf des irischen Clan-Häuptling (»*chieftain*«) *Diarmait MacMurrough*, der seit langem mit anderen Clans um die Oberhoheit im Lande stritt. Strongbow griff in einen lokalen Konflikt ein und installierte sich nach dem Tode MacMurroughs erfolgreich als Herrscher der Provinz Leinster. König Heinrich II. folgte schon ein Jahr später, am 17. Oktober 1171, mit einem gewaltigen Heer. Sein Lehensmann war ihm zu mächtig geworden. Strongbow unterwarf sich, noch bevor Heinrich II. irischen Boden betrat. Die meisten Chefs der irischen Clans fügten sich den überlegenen englischen Waffen und erkannten Heinrich als »*Lord of Ireland*« an. Strongbows Hilfsaktion und die Landnahme Heinrich II. stehen für den Beginn der Jahrhunderte währenden anglo-normannischen und englischen Präsenz in Irland.

Im 12. Jahrhundert ging es um feudale Herrschaft und Machtpolitik und noch nicht um Nation, Nationalismus und Unionismus. Zu diesem Zeitpunkt wird man kaum davon sprechen können, dass sich Strongbow oder Heinrich II. von »nationalen« Intentionen leiten ließen. Eine »englische Identität« der Besatzer entwickelte sich viel später.[34] Die unruhige grüne Insel wurde nur sehr langsam unterworfen. Bis zum Beginn des 16. Jahrhunderts war der Einflussbereich der englischen Krone nicht größer als ein schmaler Landstreifen an der irischen Ostküste, zwischen Dundalk und Dublin. »*Darüber hinaus gelang es nur in den größe-*

---

33 Zur anglo-normannischen Landnahme speziell: RICHARD ROCHE, The Norman Invasion of Ireland. Dublin, 1995.³ Für den eiligen Leser zuverlässige und schnelle Überblicke zur irischen Geschichte auf Deutsch: MICHAEL MAURER, Kleine Geschichte Irlands. Stuttgart, 1998. Ferner: THOMAS NOETZEL; Geschichte Irlands. Vom Erstarken der englischen Herrrschaft bis heute. Darmstadt. 2003. JÜRGEN ELVERT, Geschichte Irlands. München, 1996.² J.C. BECKETT, Geschichte Irlands. München, 1996.⁴ Ferner: MIKE CRONIN, A History of Ireland. Basingstoke, 2001. The Oxford History of Ireland. Edited by R.F. FOSTER. Oxford University Press, 1989. ROBERT KEE, The Green Flag (1972) als Penguin-Taschenbuch in drei Bänden, London, 1989. Umfassend: A New History of Ireland. Auf 9 Bde. veranschlagt. Edited by T.W. MOODY. Oxford, 1976 ff.
34 HOWE, Ireland and Empire, S. 17 und 19.

ren Städten wie Waterford, Cork, Limerick, Galway und in Garnisonen wie Carrickgerus, die Macht der englischen Krone zu behaupten.«[35] Seit 1495 wurde dieses kontrollierte Gebiet als »the English Pale« (= umgrenzter, befestigter Raum) bezeichnet. Hinter dem »pale« war unsicheres Gebiet, Feindesland; hier begann der Machtbereich der gälischen Häuptlinge. Sie verfolgten ihre je eigenen Interessen und überzogen einander mit Krieg, was sie daran hinderte, machtvolle anti-englische Koalitionen zu bilden. So wurde der Siedlungsraum der Engländer nur zeitweise ernsthaft bedroht. Von gälischer Einigkeit oder gar »irisch-gälischem Nationalismus« waren die Eingeborenen aber weit entfernt. Die anglo-normannischen Eroberer und Siedler, als »Alt-Engländer« (»Old English«) bezeichnet, waren *Katholiken* wie die im 5. Jahrhundert christianisierten gälischen Einheimischen auch. Im 14. und 15. Jahrhundert wuchsen sie langsam in die gälische Gesellschaft hinein, heirateten gälische Frauen, gründeten Familien und übernahmen immer mehr von gälischer Lebensweise und Kultur, sehr zum Missvergnügen der englischen politischen Elite, die in Irland die Interessen der Krone durchsetzen wollte. Doch die Versuche, die Assimilationsprozesse zu bremsen und eine »Art Apartheid« in Irland einzuführen *(»Statut von Kilkenny«, 1366)* scheiterten.[36] Die »Old English« verstanden sich zunehmend als katholische *Iren* und vertraten selbstbewusst ihre Interessen gegenüber der englischen Krone. Nach der *Reformation in England* im 16. Jahrhundert wurde ihre Lage schwieriger. Sie gerieten in einen mehrfachen *Loyalitätskonflikt*. Wie konnten sie *politische Loyalität* zum englisch-protestantischen Königshaus unter *Bewahrung irisch-gälischer Kultur* mit der *Treue zum geistlichen Oberhaupt* der römisch-katholischen Christenheit verbinden? Die englischen Kings und Queens seit Heinrich VIII. waren ja auch Oberhäupter der anglikanischen Staatskirche und für sie galt der reformatorische Grundsatz »*cuius regio, eius religio*« (Wes Land, des Religion). Sie forderten die religiöse Einheit ihrer Untertanen. (»*Acts of Uniformity*«). Ernsthafte Konflikte mit dem englischen König und dem Parlament in London brachen auf, da die »Old English«, ungeachtet ihrer anglo-normannischen Herkunft, ihre eigenen, *irischen* Interessen verteidigten. Schon im 13. Jahrhundert erreichten sie die Etablierung eines *irischen Parlaments*, das im irisch-englischen Konflikt bis 1800 zu einem zentralen Instrument der Verteidigung irischer Interessen wurde.

In *Ulster* spitzte sich der Konflikt in der zweiten Hälfte des 16. Jahrhunderts zu. Nach dem Sieg der Reformation in England, gelang es den Tudors *(König Heinrich VIII., 1509-1547 und Königin Elisabeth I., 1558-1603)*, schrittweise die Macht der gälischen Provinzfürsten zu brechen. Die im Zuge der Eroberung Irlands (»*Tudor Conquest*«) ins Land strömenden neuen protestantischen Siedlergruppen waren Angehörige der Anglikanischen Staatskirche (»Church of Ireland«) und besetzten hohe Regierungs- und Verwaltungspositionen. Diese, im Un-

---

35 NOETZEL, Geschichte Irlands, S. 8.
36 MAURER spricht von einer »Art Apartheid«. Kleine Geschichte Irlands, S.55.

terschied zu den normannischen Ur-Eroberern »Neu-Engländer« (»*New English*«) genannten, halfen mit, innerhalb weniger Jahrzehnte ein zentralistisches Feudal- und Regierungssystem zu installieren und englisches Recht durchzusetzen. Sie stabilisierten die englische Herrschaft in Irland. Dies geschah mit einer sehr variablen Politik: durch geschickte Diplomatie, Ausspielen irischer Clan-Rivalitäten, militärische Interventionen, Annexionen und mit einer »*nach frühkapitalistischen Regeln funktionierenden merkantile(n) Durchdringung unerschlossenen Terrains durch private Unternehmer.*«[37] Doch befriedet war die grüne Insel nicht. Immer wieder kam es zu Rebellionen. 1593/94 begann ein großer irisch-gälischer Aufstand unter Führung *Hugh O'Neills (1550-1616)*, dem Oberhaupt des mächtigen nordirischen O'Neill Clans. Trotz spanischer Unterstützung brach er 1603 zusammen (»*Nine Years War*«, *1594-1603*). Die geschlagenen Earls flüchteten 1607 mit 100 anderen gälischen Stammeshäuptlingen ins Exil nach Spanien (»*Flight of the Earls*«). Ihre Ländereien wurden von der Krone konfisziert. 1609/10 veranlasste *König Jakob I. (1603-1625)* die Ansiedlung (»*plantation*«) von schottischen und englischen Bauern, Handwerkern und Grundbesitzern protestantischen Glaubens: »*Ausgehend von der Erkenntnis, daß Landbesitz die Grundlage materiellen Wohlergehens und politischer Macht darstellte, sollte das Aufkeimen neuen Widerstandes rebellischer (katholischer) Nordiren gegen die Macht der Krone durch Konfiskation ihres Grundbesitzes und durch Ansiedlung von politisch zuverlässigen (protestantischen) Neusiedlern auf dem dann herrenlosen Land von vornherein unterbunden werden.*«[38] Schon viele Jahrzehnte vor dieser gezielten Ansiedelungspolitik hatten sich vereinzelt schottische Siedler in Ulster niedergelassen, doch in den nächsten 40 Jahren strömten rund 100.000 - 150.000 protestantische Schotten und Engländer nach Irland, von denen die meisten in Ulster blieben. »*Bei einer Gesamtbevölkerung von ca. einer Million machte das immerhin 15% der Bevölkerung aus. Dieser Anteil stieg bis Mitte des 18. Jahrhunderts auf 27% an.*«[39] Diese Siedler gehörten entweder der *anglikanischen* Staatskirche (»Church of England«, bzw. »Church of Ireland«) oder der

---

37 ELVERT, Geschichte Irlands, S. 163. Siehe zum Ganzen als Überblick: JOHN McCAVITT, An Irish Trilogy. The wars of the seventeenth century and the colonisation of Ulster. In: JÜRGEN ELVERT (Hrsg.), Nordirland in Geschichte und Gegenwart/Northern Ireland - Past and Present. Stuttgart, 1994. S. 27 ff. Standardwerk zum 16. Jahrhundert: COLM LENNON, Sixteenth Century Ireland. The Incomplete Conquest. Dublin, 1994.

38 ELVERT, Geschichte Irlands, S. 183. »Plantation« (= eigentlich »Pflanzung« oder »Verpflanzung«) ist der offizielle historische Begriff für diese gewaltige Besiedelungsaktion, die das ganze 17. Jahrhundert über andauerte. Siehe v.a. MICHAEL PERCEVAL-MAXWELL, The Scottish Migration to Ulster in the Reign of James I. London, 1973. PHILIP S. ROBINSON, The Plantation of Ulster. British Settlement in an Irish Landscape 1600-1670. Dublin, 1984. Kurzer Überblick bei JONATHAN BARDON, A History of Ulster. Belfast. 1992. S. 115 ff. McCAVITT, Irish Trilogy. In: ELVERT, Nordirland, S. 30 ff. Zur Einordnung der irischen »plantation„ in den Kontext der Entstehung des britischen Empire vgl. NICOLAS CANNY (ed.), The Origins of Empire. Oxford, 1998.

39 NOETZEL, Geschichte Irlands, S. 14.

presbyterianischen Kirche an. Die radikal-reformatorischen Presbyterianer verdammten die hierarchische anglikanische Bischofskirche und wollten sich einer Staatskirche nicht beugen. Lange Zeit wurden ihnen die vollen Bürgerrechte verwehrt, was viele in die Emigration trieb. Erst im Laufe des 18. und in der ersten Hälfte des 19. Jahrhunderts erreichten sie rechtliche und politische Gleichstellung mit den Anglikanern.[40] Damit waren die Voraussetzungen für die religiöse und politische Formierung einer *protestantischen Gemeinschaft* gegeben, die sich en bloc von den *römisch-katholischen Iren* deutlich abgrenzte. Die englische Herrschaft nahm seit dem 17. Jahrhundert die Form eines spezifischen *Siedler-Kolonialismus* an.[41] Die Siedler verdrängten eine große Zahl einheimischer Iren von ihren Ländereien. Andere wurden zu abhängigen Pächtern (»*tenants-at-will*«) auf Gütern der jetzt protestantischen Besitzer. 1641 besaßen Protestanten 41% des Landes. Im 17. Jahrhundert wurden *drei* sich überschneidende und sich wechselseitig verstärkende Konfliktfelder in die Geschichte Irlands gleichsam implantiert:[42]

- der **sozio-ökonomische** *Konflikt (Landkonflikt)* zwischen protestantischen Landbesitzern und katholischen Pächtern,
- der *ethnische, kulturelle* und *religiöse* Gegensatz zwischen katholischen Iren gälischer sowie anglo-normannischer Herkunft und den protestantischen (anglikanischen und presbyterianischen) Schotten und Engländern,
- der *politische Konflikt* zwischen den in ihren Rechten beschnittenen »eingeborenen« katholischen Iren und den herrschenden Engländern. Die katholischen »Old English« schwankten zwischen Protest und Akzeptanz der Politik der englischen Regierung und der ihr dienenden »New English«.

Alle drei Konfliktfelder bestimmten für Jahrhunderte die Geschichte Irlands und ihre Auswirkungen sind noch heute zu spüren, obwohl es keine schlichte Konfliktkontinuität vom 17. bis zum 21. Jahrhundert gibt. Dennoch: Im 17. Jahrhundert wurde der Grund für eine in vielfältigen Formen ausgetragene Auseinandersetzung

---

40 Mit dem »Toleration Act„ vom 2. November 1719 begann die schrittweise Gleichstellung der Presbyterianer und anderer »Dissenters« im öffentlichen Leben. Die »Test Akte« von 1673, ein Gesetz, das alle Nonkonformisten (d.h. Nicht-Anglikaner) von öffentlichen Ämtern ausschloss, wurde erst 1828 aufgehoben. Vgl. PETER BROOKE, Ulster Presbyterianism: The Historical Perspective 1610-1970. Dublin, 1987, S. 63 ff. Knappe Zusammenfassung der Geschichte des Presbyterianismus in Ulster bei ANTHONY T.Q. STEWART, The Narrow Ground. Aspects of Ulster, 1609-1969. London, 1977, S. 79 ff.

41 BRENDAN O'LEARY/JOHN McGARRY, The Politics of Antagonism. Understanding Northern Ireland. London, 1997,³ S. 54 ff. PAMELA CLAYTON, Enemies and Passing Friends, Settlers Ideologies in Twentieth Century Ulster. London, 1996. Zur »Identität« der Siedler siehe HOWE, Ireland and Empire, S. 28 f. und 30 ff.

42 In etwas anderer Akzentuierung sprechen RUANE und TODD von einem »*distinctive system of relationships with three interlocking mutually reinforcing levels: a set of socio-cultural and ideological differences; a structure of dominance, dependency and inequality; and a tendency towards communal polarisation.*«. RUANE/TODD, The dynamics of conflict in Northern Ireland, S. 21 f.

gelegt, die im kollektiven Gedächtnis von Protestanten und Katholiken aufbewahrt und unter Berufung auf zwei zentrale historische Ereignisse und Entwicklungen revitalisiert und ritualisiert wird:

- Die **katholische Erhebung 1641** und Oliver Cromwells grausamer Rachefeldzug 1649/50.
- Die »**Glorious Revolution**« 1688 und der Sieg des protestantischen **Königs Wilhelm III.** (»**King Billy**«) **1690 am Fluss Boyne** gegen den abgesetzten katholischen König Jakob II.

1641 entlud sich der lang angestaute Hass katholischer Adeliger und Pächter gegen die Engländer und die ihnen treuen protestantischen Siedler in einer Rebellion, angeführt von mächtigen gälisch-irischen Grundherren (*Phelim O'Neill, Rory O'More*), die in eine Orgie der Gewalt abglitt. Die Führer des Aufstandes verloren rasch die Kontrolle über ihre eigenen Gefolgsleute. Die öffentliche Ordnung brach zusammen, Chaos und Anarchie breiteten sich aus. Nach Schätzungen starben 12.000 von insgesamt 40.000 Ulster-Protestanten auf dem Schlachtfeld, wurden in ihren Siedlungen ermordet oder kamen im Zuge ihrer Vertreibung durch Hunger, Kälte und Krankheiten um. Die Gräuel der katholischen Rebellion, insbesondere das *Massaker von Portadown,* sind im kollektiven Gedächtnis der Protestanten weiterhin lebendig. Am 23. Oktober 1641 hatten Rebellen protestantische Siedler, darunter auch Frauen, Kinder und alte Menschen zu einer Brücke über den Bann getrieben, sie in den Fluss gestürzt und diejenigen, die sich ans Ufer retten konnten, erschlagen oder erschossen.[43] Noch heute, in der Zeit der Paraden und Aufmärsche des Oranier-Ordens von Ostern bis August *(»marching season«),* wird auf dieses Ereignis Bezug genommen: *»Remember Portadown 1641«.* Die »Loyal Orange Lodge« 273 von Portadown zeigt auf einem ihrer Banner die Ermordung der Protestanten am Fluss Bann. Tief hat der Schock der Erhebung die protestantische Einstellung zur katholischen Bevölkerungsmehrheit geprägt. Katholizismus galt nicht nur als Aberglaube und Götzendienst, sondern als Quelle verräterischer, aggressiver Auflehnung gegen den reformierten Glauben und die politische Ordnung. Misstrauen, »ewige Wachsamkeit« und präventive Unterdrückung katholischer Emanzipationsversuche waren die Folge der Erhebung von 1641 und wurden für Jahrhunderte zu mentalen Grundmustern im Verhalten der Protestanten gegenüber den Katholiken.[44]

Die Rache der protestantischen Seite ließ nicht lange auf sich warten. *Oliver Cromwell (1599-1658),* Englands erster und einziger Militärdiktator, der den zu absolutistischer Politik neigenden König Karl I. (1625-1649) auf das Schafott gebracht und den Bürgerkrieg 1642-49 für sich entschieden hatte, führte 1649/50 einen erbarmungslosen Eroberungsfeldzug in Irland gegen die Anhänger der Mon-

---

43 Die Zahlen der getöteten Siedler schwanken zwischen 100 und 380. Vgl. dazu HILARY SIMMS, Violence in County Armagh, 1641. In: BRIAN MAC CUARTA (ec.), Ulster 1641: aspects of the rising. Belfast, 1993, S. 123 ff.
44 BREWER/HIGGINS, Anti-Catholicism in Northern Ireland, S. 26 ff.

archie und die katholisch-irische Bevölkerung. Die Massaker an den Garnisonen von Drogheda und Wexford, die der überlegenen »New Model Army« Cromwells zähen Widerstand geleistet hatten, bleiben bis heute unvergessen.[45] Nach zeitgenössischen Schätzungen kosteten die Rebellion von 1641 und der Cromwell'sche Krieg bis 1652 über 600.000 Iren das Leben. Weitere 144.000 gingen in die Emigration oder wurden als Zwangsarbeiter auf die Westindischen Inseln deportiert.[46] Um die gewaltigen Kosten des Feldzuges bezahlen zu können, hatte das englische Parlament Besitzrechte an irischem Land verpfänden und Kredite aufnehmen müssen. Da dies nicht ausreichte, um Gläubiger und Soldaten entschädigen zu können, wurde irisches Land als Entschädigungsmasse eingesetzt. Im Ergebnis des nun einsetzenden Landverteilungsprozess (»*Cromwellian Land Settlement*«) mussten Tausende von katholischen Landbesitzern und Pächtern ihr fruchtbares und ertragreiches Land im Norden verlassen und in die wilden und schwer zu bearbeitenden Landschaften Clares und Connaughts ziehen (»*To Hell or to Connaught*«). Die Protestanten, so sagte man scherzhaft-sarkastisch in Irland, bekamen das *beste Land* und die Katholiken die *beste Aussicht* (»the best views«). Besaßen Katholiken um 1641 noch ca. 60% des Landes, so sank dieser Anteil bis 1660 auf 8 - 9% (fast vollständig in Connaught und Clare) und sollte erst wieder um 1685 20% erreichen. Jetzt entstand eine neue Elite landbesitzender Protestanten mit besonderen Eigenschaften: *puritanisch, strikt anti-katholisch und anti-irisch*.[47] In der Wahrnehmung der Zeitgenossen gab es eine einfache Gleichung: Katholisch hieß pro-irisch, anti-englisch und potentiell rebellisch. Protestantisch war gleichbedeutend mit pro-Englisch und regierungstreu.

Nach dem Tod Cromwells und der Wiederherstellung der Monarchie in England durch *Karl II. (1660-1685)*, sah sich sein Bruder und Nachfolger *Jakob II.(1685-1689)* bald einer starken adeligen und bürgerlichen Opposition gegenüber. Der König hatte durch eine Reihe von Maßnahmen starke Befürchtungen ausgelöst, England zu Katholizismus und Absolutismus zurückzuführen. Whigs (»Liberale«) und Tories (»Konservative«) waren darin einig, diesen Weg zu verhindern und luden den protestantischen Fürsten *Wilhelm (William) III. von Oranien*

---

45 KLAUS SCHULTE-VAN POL, Fluch über Irland. In: DIE ZEIT, Nr. 33, 12. August 1999. Eine kritische Neubewertung der Rolle Cromwells gegen die »herrschende Meinung« versucht TOM REILLY, Cromwell. An Honourable Enemy. Dingle, 1999.

46 Die Gesamtbevölkerung betrug 1641 rd. 1,4 Mio. 1652 waren es nur noch 850.000, davon 160.000 Protestanten. JAMES LYDON, The Making of Ireland. From Ancient Times to the Present. London/New York, 1998, S. 192. PETER BERESFORD ELLIS, Hell or Connaught. The Cromwellian Colonisation of Ireland 1652-1660. Belfast, 1988. S. 25.

47 JOHN GERALD SIMMS, Jacobite Ireland, 1685-91. London, 1969. S. 4. LYDON, The Making of Ireland, S. 166. Siehe zum Ganzen immer noch wegweisend die bereits 1865 erschienene Arbeit von JOHN P. PRENDERGAST, The Cromwellian Settlement of Ireland. (1865) Reprint, London, 1996. BERRESFORD ELLIS, Hell or Connaught; V.BRADY/R.GILLESPIE (eds.) Natives and newcomers: the making of Irish colonial society, 1534-1641. Dublin, 1986.

(1650-1702) 1688 ein, nach England zu kommen, um die Gefahr für »*religion, liberties and properties*« abzuwenden. In Irland fürchteten die durch die Cromwell'sche Ansiedelungspolitik zu ausgedehnten Ländereien gelangten protestantischen Besitzer um ihre Rechte, da Jakob II. den vormaligen katholischen Besitzern die Hälfte wieder zurückgeben wollte. Sie unterstützten die englische Opposition. Wilhelm III. von Oranien war seit 1672 Statthalter der niederländischen Generalstaaten und mit *Maria*, der ältesten Tochter König Jakob II. aus erster Ehe, verheiratet. Maria war in der Erbfolge die nächste Anwärterin auf den englischen Thron. Als Jakob II. im Juni 1688 in zweiter Ehe ein männlicher Thronfolger geboren wurde, fürchtete Wilhelm eine Schmälerung der Erbansprüche seiner Frau, die Etablierung einer katholischen Thronfolge und die Verbindung seines Schwiegervaters mit dem katholisch-absolutistischen Frankreich. Eine solche Allianz hätte das Gleichgewicht der Mächte in Europa gefährdet und dem Protestantismus schweren Schaden zugefügt. Der »Sonnenkönig« Ludwig XIV. war nicht nur ein gefährlicher expansionistischer Machtpolitiker, sondern zugleich politischer Exekutor einer neuen Welle aggressiver Gegenreformation, die 1685 in der Aufhebung des berühmten Toleranzediktes von Nantes gipfelte.[48]

Am 5. November 1688 landete Wilhelm III. mit einem Expeditionskorps in Torbay und vertrieb Jakob II. aus England, der an den Hof Ludwigs XIV. flüchtete. In der »*Bill of Rights*« 1689 garantierte Wilhelm die Rechte des Parlaments und verwandelte England in eine konstitutionelle Monarchie mit strikter protestantischer Thronfolge *(»Glorious Revolution«).*[49] Es war eine »*Revolution*«, weil sie die Verfassung Englands grundlegend veränderte und sie war »*Glorious*«, weil sie, mit dem »*Glorienschein*« Wilhelm III. versehen, weitgehend ohne Kampfhandlungen verlief. Am 13. Februar 1689 wurden er als König Wilhelm III. und seine Frau als Königin Maria gekrönt. Wilhelm III. trat jetzt, unterstützt von einer europäischen, anti-französischen Allianz (»*Grande Alliance*«), dem französischen König als Hauptkontrahent entgegen. Der Konflikt um das Mächtegleichgewicht und die Selbstbehauptung des Protestantismus in Europa wurde schließlich in Irland entschieden. Jakob II. landete am 12. März 1689 in Kinsale und versuchte mit Hilfe französischer Truppen und seinen irisch- katholischen Anhängern die Macht wiederzuerlangen. William III. von Oranien zog nach Irland und schlug Jakob II. vernichtend in zwei Schlachten (am Fluß Boyne, 1. Juli 1690 und bei Aughrim,

---

48 Das Toleranzedikt von Nantes, erlassen von König Heinrich IV. von Frankreich im Jahre 1598, gewährte den Protestanten (Hugenotten) Gewissensfreiheit, örtlich begrenzte Kultfreiheit, volle Bürgerrechte und rund 100 Sicherheitsplätze.
49 Zu Wilhelm III. von Oranien und der »Glorious Revolution„ siehe v.a.: ECKHART HELLMUTH, Wilhelm III. und Maria II. (1689-1702 und 1689-1694) In: Englische Könige und Königinnen. Von Heinrich VII. bis Elisabeth II. Hrsgg. von PETER WENDE. München, 1998. S. 157 ff.

11. Juli 1691).⁵⁰ Es mindert die Verehrung Wilhelm III. (»King Billy«) in protestantischen Kreisen nicht, dass in seinem Heer Katholiken und in der Armee Jakobs II. Protestanten dienten. Ebenso dürften viele Protestanten nicht wissen, dass Papst Alexander VIII. (1689-91) den Sieg des protestantischen Königs mit einer Messe feierte, denn er gehörte zu den Gegnern Ludwigs XIV. und fürchtete im Falle eines Sieges von Jakob II. eine englisch-französische Dominanz in Europa. Der Sieg Wilhelms III. am Boyne wurde zum wichtigsten Ereignis des Protestantismus in Irland und begründete eine Tradition öffentlicher Feiern mit Märschen und Paraden, die bis heute vom »Orange Order« und anderen loyalistischen Organisationen sorgsam gepflegt wird.

Eine besonders traditionsmächtige Bedeutung erlangte die Belagerung der Stadt *Londonderry* (katholische Bezeichung: »Derry«) durch die Truppen Jakobs II. Am 7. Dezember 1688 forderten Offiziere der gefürchteten »Redshanks« (schottische Söldner aus den Highlands) im Namen Jakobs II. Einlass und Quartier in Derry. Ihr Begehren löste in der Stadt Unruhe und Widerstand aus, denn die Bevölkerung war durch Gerüchte über ein unmittelbar bevorstehendes Massaker an Protestanten verunsichert. Die Erinnerung an die Gräuel von 1641 war noch lebendig. Während die Stadtregierung über das Begehren der schottischen Offiziere noch diskutierte, brachten dreizehn couragierte »*apprentice boys*« *(*Lehrlinge)⁵¹ die Schlüssel der Stadt an sich und verrammelten mit Hilfe der alarmierten Bewohner die Tore. Die konsternierten »Redshanks« zogen sich zurück. Die Bewohner atmeten auf. Doch bald wurde es Ernst. Am 18. April 1689 erschien König Jakob II. unter den legendären »City Walls of Derry« und forderte die Stadt zur Kapitulation auf. Zu dieser Zeit befanden sich rd. 30.000 Flüchtlinge aus Ulster und eine Streitmacht von 7500 Soldaten in der Stadt. Trotzig schallte dem König der noch heute bei loyalistischen Umzügen zu hörende Schlachtruf *»No Surrender«* entgegen und es wurde auf ihn geschossen. Zwei Tage harrte der König vor den Mauern aus. Die Stadt machte keine Anstalten zu kapitulieren und Jakob II. zog sich, unter Zurücklassung eines starken Truppenkontingents, nach Dublin zurück. Jetzt begann die eigentliche Belagerung der Stadt. Der schottische Stadtkommandant in Derry, *Robert Lundy* († 1717), der sich angesichts der katholischen Übermacht unentschlossen, zögerlich und schließlich bereit zur Kapitulation gezeigt hatte, wurde durch eine Rebellion der protestantischen Einwohner Derrys seines

---

50 Die Daten der Schlacht nach dem alten Kalender. Faktenreiche und lebendige Darstellung des Verlaufes bei PETER BERRESFORD ELLIS, The Boyne Water. The Battle of the Boyne, 1690. Belfast, 1989.² JOHN GERALD SIMMS, The war of the two kings 1685-91. In: A New History of Ireland, III, S. 478 ff.

51 Die »apprentice boys« des 16. Jahrhunderts in Londonderry waren mehr als nur eine Gruppe von Lehrlingen. Sie bildeten eine verschworene Gemeinschaft Gleichaltriger, die sich in politischen Debatten auch wortstark meldete. Vgl. SYDNEY ELLIOTT & W.D FLACKES (eds.), Conflict in Northern Ireland. An Encyclopedia. Santa Barbara, 1999. S. 168. (3. Auflage des Standardwerkes Northern Ireland: A Political Directory 1968-1999. Belfast, 1999)

Amtes enthoben und musste fliehen. Vom 18. April bis zum 28. Juli 1689 hielt die Stadt trotz großer Entbehrungen und hoher Verluste (rd. 15.000 Tote) durch Kampfhandlungen, Hunger und Entkräftung gegen die Belagerungstruppen aus und wurde schließlich von einer englischen Streitmacht befreit, die den Belagerungsring zur See durchbrach. Die symbolische Überhöhung dieses historischen Ereignisses zum Mythos des standhaften Protestanten trug zur »Wagenburg-Mentalität« unionistischer und loyalistischer Gruppen bei, die bis heute vom »Orange-Order« und verwandten Gruppierungen sorgsam gepflegt wird.[52] Noch heute wird der Schlachtruf der Protestanten von Londonderry »No Surrender« von Loyalisten und Unionisten gegen das nationalistisch-katholische Lager gewendet. Noch heute führt der demonstrative Aufmarsch der loyalistischen Brüderschaft *Apprentice-Boys Derry«* – jeweils am 12. August – zu heftigen Auseinandersetzungen zwischen Protestanten und Katholiken. Noch heute verbrennt man eine Figur, die den »Kapitulanten« Robert Lundy darstellen soll. Ein »Lundy« ist ein Verräter der protestantischen Sache und zahllose moderate und verständigungsbereite Politiker Nordirlands werden bis heute von extremistischen Gruppen als »Lundies« beschimpft. Und noch heute prangen an Häuserwänden in protestantischen Stadtvierteln die Aufschriften »Remember 1690«, »No Surrender«, »King Billy« und die rote Hand, das Symbol von Ulster und des O'Neill Clans.[53]

Nach 1690 brachen für die katholischen Iren schwere Zeiten an, da die Protestanten mit drakonischen Maßnahmen neue Rebellionen zu verhindern trachteten: Das irische, mehrheitlich protestantische, Parlament verfügte zwischen 1696 und 1728 strenge Strafgesetze (*»Penal«* oder *»Popery Laws«*). Die Gesetze wurden in der zeitgenössischen protestantischen Rhetorik als Selbstschutzmaßnahme und Le-

---

52 Umfassende Darstellung: PATRICK MACRORY, The Siege of Derry. London, 1980. Kurzdarstellung bei BRIAN LACEY, The Siege of Derry. Derry, 1989. Immer noch lesenswert der »Klassiker«: THOMAS B. MACAULAY,The History of England, zwischen 1848 und 1862 erschienen. Edited and Abridged with an Introduction of Hugh Trevor-Roper. London: Penguin, 1986. S. 296 ff. WILLIAM KELLY (ed.), The Siege of Derry. Dublin, 2001. M.D. McGOVERN, The Siege Myth: Rebellion and Loyalty: A Contradiction in Terms ? Protestant Political Culture and the Siege of Derry. PhD, Liverpool, 1994. R.F. FOSTER, Modern Ireland 1600-1972. London, 1989, S.146 f. Siehe auch die knappe Darstellung bei ULLRICH KOCKEL, Mythos und Identität. Der Konflikt im Spiegel der Volkskultur. In: ELVERT, Nordirland, S. 503 ff.

53 Es gibt mehrere Versionen einer frühen Legende zur Entstehung des Symbols der »roten Hand von Ulster«. Hier nur eine: Ein Stück Land jenseits eines Wasserlaufes wurde dem Sieger eines Bootsrennens zwischen verschiedenen Clans versprochen. Wer zuerst seine Hand darauf legen konnte, hatte gewonnen und sollte das Land besitzen. Als das Boot der O'Neills zurückfiel und das Land verloren schien, schlug sich der Clanchef die Hand ab und warf sie auf das Stück Land, um es zu erringen. SEAMUS DUNNE/HELEN DAWSON, An Alphabetical Listing of Word, Name and Place in Northern Ireland and the Living Language of Conflict. Lewiston/Queenston/Lampeter, 2000. S. 231. ROBERT H. CRAWFORD, Loyal to King Billy. A Portrait of Ulster Protestants. Dublin, 1987.

bensversicherung betrachtet, führten aber zu einer langfristigen Festigung der protestantischen Vorherrschaft (»*Protestant Ascendancy*«). Katholiken besaßen am Ende des 18. Jahrhunderts nur noch 5% Landes.[54] Katholiken durften kein Land kaufen und beleihen, Pachtverträge durften nur eine Laufzeit von 31 Jahren haben. Im Erbfall musste das Land unter alle Söhne aufgeteilt werden, es sei denn der Älteste wurde Protestant, dann hatte dieser Anspruch auf das gesamte Erbteil. Katholiken wurden vom öffentlichen Leben ausgeschlossen, hatten weder Wahlrecht zum Parlament noch durften sie sich wählen lassen, öffentliche Ämter blieben ihnen verschlossen, kein Katholik durfte eine Schule eröffnen oder unterrichten sowie an ausländischen Universitäten und Schulen studieren. Katholiken durften nicht Rechtsanwälte werden. Der Dienst in der Armee war verboten. Ein Katholik durfte keine Waffen und ein Pferd im Werte von über 5 Pfund besitzen. Heiratete ein/eine Protestant/in einen Katholiken, so verfiel sein/ihr Erbteil. Die Ausnahmegesetze richteten sich nicht gegen die katholische Religion als solche, sie waren, trotz der martialischen zeitgenössischen Rhetorik, nicht auf Zerstörung des Katholizismus angelegt, sondern sollten seine politische Energie brechen. Der katholische Gottesdienst wurde nicht unterdrückt und katholischer Schulunterricht war weiter möglich, aber katholische Priester mussten sich registrieren lassen und ihre Zahl war auf einen Priester pro Gemeinde beschränkt.[55] Der Zuzug weiterer Priester wurde untersagt. Bischöfen und Erzbischöfen war es unter Androhung von Deportation und Tod verboten, ihren Amtsgeschäften nachzugehen (»*Banishment Act*«, *1697*). 1698 wurden 400 Jesuiten ausgewiesen. Doch trotz dieser Beschränkungen entfaltete die katholische Kirche im Verborgenen intensive Aktivitäten und verstärkte ihre Popularität. Sie erholte sich rasch und wurde im 18. Jahrhundert zu einer machtvollen Institution, einer wahren »Volkskirche« mit starker und autoritativer Stellung des Klerus.[56]

Die Penal Laws haben dazu beigetragen, dass am Ende des 17. Jahrhunderts die späteren Konfliktformationen scharf konturiert wurden. »Katholisch« und »protestantisch« wurden zu Bezeichnungen von klar identifizierbaren ethnischen, religiösen und kulturellen Differenzen. Die politische Konzentration von Katholiken und Protestanten in zwei große Lager vollzog sich im 19. Jahrhundert vor dem Hintergrund der Herausbildung eines spezifischen *irisch-katholischen Nationalismus*.

---

54   1688 befanden sich noch etwa 22% des Landes in katholischer Hand, 1703 nur noch 14% und 1776 schließlich nur noch 5%. ELVERT, Geschichte Irlands, S.273. T.C.BARNARD, New Opportunities for British Settlement: Ireland, 1650-1700. In: CANNY, Origins of Empire, S. 309 ff.

55   Um 1750 gab es rd. 800 Priester in Irland. d.h. die katholische Bevölkerung wurde geistlich keineswegs schlecht betreut. Im Jahre 1731 kam - bei einer Bevölkerung von 1,7 Millionen - ein Priester auf 1000 Personen. LYDON, The Making of Ireland, S.222 f. MARIANNE ELLIOTT, Catholics of Ulster. London, 2000. S. 165 ff.

56   ELLIOTT, Catholics of Ulster, S. 198 ff.

4. Die historischen Wurzeln des Nordirland-Konflikts im 18. und 19. Jahrhundert

4.1. Der irische Nationalismus und die »Britishness« der Protestanten Ulsters

Der *irische Nationalismus*[57] ist, wie alle modernen »Nationalismen«, die Ende des 18. und Anfang des 19. Jahrhunderts entstanden, eine *politische Idee und Ideologie* mit einem zweifachen Nationenverständnis. Iren lebten seit Jahrhunderten auf einem gemeinsamen Territorium und hatten eine gemeinsame Herkunft (keltisch-irisch), Sprache (gälisch), Geschichte, Recht, Kultur und Religion. Hier wird ein *»objektivistisches«, »kulturalistisches«* Nationenverständnis sichtbar, d.h. die Nation wird auf die genannten »objektiven« Faktoren (ethnische Herkunft, Geschichte, Sprache, Kultur, Religion usw.) begründet. Doch politisch wirkungsmächtig und handlungsorientierend konnte ein solches Nationenverständnis erst werden, wenn den Iren die beschriebenen Gemeinsamkeiten bewusst wurden. Sie mussten sich ihrer Zusammengehörigkeit aufgrund der vorliegenden objektiven Bestimmungsmerkmale klar werden (Nationalbewusstsein) und dann ihren Willen zur Zusammengehörigkeit in einem bewussten Willensakt dokumentieren und ihr eine politische Form geben (»nation-building«), die sich als handlungsfähige politische Einheit (z.B. als Staat) erwies. Dieser Auffassung liegt ein weiterer Nationenbegriff zugrunde: ein *»subjektivistischer«*. Die Nation konstituiert sich danach aufgrund politischer Willensentscheidungen, etwa nach dem Rütlischwur: »Wir wollen sein ein einig Volk von Brüdern.« Der französische Historiker *Ernest Rénan* hat die Nation einmal als *»plebiscite de tours le jours«* (immerwährende, alltägliche Volksabstimmung) bezeichnet und damit sehr bildhaft die subjektiv-politische Komponente des Nationwerdens und Nationbleibens umschrieben.[58] Ein »Volk« wird zur »Nation«, in dem es sich als zusammengehörende Gemeinschaft definiert und eine ihm zweckmäßig erscheinende politische Form des Zusammenlebens bestimmt. Dies geschah in Irland in einem langen, vom 18. bis ins 20. Jahrhundert währenden Prozess. Der irische Nationalismus gewann seine Dynamik durch *Abgrenzung* und ein klares *Feindbild*: Feinde waren die Engländer, die Irland, so die These, Jahrhunderte lang besetzt gehalten und unterdrückt hatten. Gegen sie galt es zu kämpfen und die Nationenwerdung durchzusetzen. Der politische Kampf gegen den »Erzfeind England« hat gleichzeitig den Prozess religiös-kultureller Selbstbesinnung weiter voran getrieben, was besonders im gälisch-kulturellen »revival« in den neunziger Jahren des 19. Jahrhunderts sichtbar wurde. Der irische Natio-

---

57 Standardwerk bis heute D. GEORGE BOYCE, Nationalism in Ireland. London/New York, 1995.³
58 ERNEST RENAN, Was ist eine Nation ? (1882) In: Grenzfälle. Über neuen und alten Nationalismus. Hrsgg. von MICHAEL JEISMANN und HENNING RITTER. Leipzig, 1993. S. 290 ff.

nalismus verschränkte in dynamischer Wechselwirkung die »Kulturnation« mit der »Staatsnation«. Gemeinsame *geschichtliche Erfahrungen, Kultur* und *Religion* sollten die entscheidende Rolle spielen. Noch im 18. Jahrhundert verstand sich die dominierende *protestantische* Elite (vertreten durch ein mehrheitlich protestantisches Parlament) als die Verkörperung der »irischen Nation« unter Ausschluss der Katholiken, denen durch die Strafgesetze volle Bürgerrechte verweigert wurden. Im 19. und 20. Jahrhundert wurden Katholiken zum Hauptträger der nationalen Bewegung und des Nationalismus. Der Versuch, eine nationale Identität über ethnische, kulturelle, religiöse politische, soziale und wirtschaftliche, Differenzen hinweg zu schmieden und die Formierung einer säkularen *»politischen Nation«* nach dem Vorbild Frankreichs auf der ganzen Insel Irland einzuleiten, gelang jedoch nicht. Daraus erklärt sich die eigentümliche religiös-kulturelle Prägung der irischen Nationalbewegung und der Charakter der Nationenbildung in Irland als *»Dominanzprojekt«* statt eines *»Integrationsprojekts der Kulturen.«*[59] Nicht »Integration« protestantischer und katholischer »Kulturen« stand auf der Tagesordnung. Religion und Kultur wurden dagegen zu entscheidenden Elemente der *Differenz* und *Trennung* der Menschen, die in Irland lebten. Sie waren entweder die Nachfahren gälisch-katholischer »Ureinwohner« *(»gael«)* oder der protestantischen »Siedler« *(»planter«)*. Religion und Kultur waren zugleich eng verknüpft mit wirtschaftlichen, sozialen und politischen Trennlinien. Das *katholische Irland* stand gegen die Union mit Großbritannien, *Protestanten* stützten sie und erwarteten vom »Mutterland« die Bewahrung ihrer privilegierten Positionen. Es waren *Katholiken*, die um ihre politischen Rechte (Ablösung der schmachvollen Strafgesetze) und die Verbesserung ihrer wirtschaftlichen und sozialen Lage streiten mussten (»Katholikenemanzipation«), *Protestanten* dagegen waren mehrheitlich in den politischen Führungseliten vertreten, bzw. hatten als Grundbesitzer und Unternehmer bessere wirtschaftliche und soziale Lebensbedingungen. *Katholiken* unterstützten in ihrer überwältigenden Mehrheit nationalistische und radikale republikanische Gruppierungen, die für ein selbstregiertes oder ganz unabhängiges, republikanisches Irland kämpften, die *Mehrheit der Protestanten* hielt treu zur Krone und zum United Kingdom. Die *Protestanten* waren stolz, Vorposten des britischen Empires in feindlicher Umgebung zu sein *(»King's Men«)* und betonten ihre *»Britishness«*, die sie als Loyalität zu König, Empire und Verfassung des United Kingdom beschrieben. Sie verstanden *»Britishness«* vor allem als »citizenship« (Staatsbürgerschaft) im United Kingdom. Die Renaissance gälischer Sprache und Kultur *(»Irish Renaissance«, »Gaelic Revival«)* als das Erbe der keltischen »Ureinwohner« war ein Hauptanliegen von *Katholiken, die Protestanten* dagegen fühlten sich – Ausnahmen bestätigen die Regel[60] – eher dem kulturellen Erbe der protestantischen Siedler und

---

59 NOETZEL, Geschichte Irlands, S. 30.
60 Es gab einige große Befürworter der Selbstbesinnung der Iren auf ihre Vergangenheit, gälische Sprache und Kultur, die *Protestanten* und *Unionisten* waren. (z.B. William Lecky, James O'Grady, Samuel Ferguson)

Kolonisten verpflichtet. Religiös-kulturelle Gegensätze wurden zu entscheidenden Trennlinien im Blick auf die nationale Identität. Die *irische Nation* im 19. Jahrhundert - das war die *katholische Nation* unter Ausschluss der Protestanten Ulsters.[61]

So sehr die Protestanten in Ulster ihre Verbundenheit mit dem Empire und ihren Willen, an der Union des United Kingdom festzuhalten, betonten, so wenig haben sie ein »*subjektives Bewusstsein von sich selbst als einer separaten Nation*« entwickelt.[62] Sie zogen den Trennstrich zu den irischen Nationalisten letztlich nicht in Kategorien von Nation und nationaler Identität, obwohl manche politische Rhetorik danach klingen mochte. Die Differenz wurde in erster Linie durch ihre *Loyalität* zur *Krone* und zum *British Empire* markiert. Sie unterschieden zwischen dem »loyalen« und »illoyalen« Irland, zwischen – wie es einer der führenden Unionisten 1884 ausdrückte - »Loyalität« und »Verrat«.[63] Dies war der ideenpolitische *Kern* des Unionismus, verbunden mit einem unterschiedlich stark akzentuierten Regionalismus (»Ulsterness« und »Irishness«), der sich mit »Britishness« durchaus vertrug. »Britishness« war kein homogenes, klar definiertes, statisches Konzept nationaler Identität, sondern schloss eine Pluralität von nationalen Identitäten ein – z.B. als Engländer, Schotte, Waliser und Ire. Es war ein dynamisches Konzept, flexibel und offen für verschiedene Deutungen.[64] »Britishness« war eingebettet in die politische Ordnung des United Kingdom und des Empires: »*Britishness defined a quasi-national and quasi-imperial community additional to, rather than a replacement for, a primary national or communal one – whether English, Welsh, Irish, American, Trinidadian, Gibraltarian. Other groups could be admitted to this inclusivist British identity without dislocating the values of its English core. The peoples of the British Isles and empire perceived themselves as a family of nations completely interlinked by ties of descent and/or commitment to shared symbolism, experiences, and shared cultural reference points.*«[65] »Britishness« schloss politische, religiöse und kulturelle Bestimmungsfaktoren ein. »Britishness« gründete in der *englischen Sprache,* englischen *Lebensweisen* und *Alltagsorientierungen.* »Britishness« war das Bekenntnis zur *konstitutionellen Monarchie* als der Inkarnation englischer historisch-politischer

---

61 SEAN CONNOLLY, Religion and Society in Nineteenth-Century Ireland. Dublin, 1985.
62 JAMES LOUGHLIN, Ulster Unionism and British National Identity since 1885. London, 1995, S. 33. THOMAS HENNESSEY, Dividing Ireland. World War I and Partition. London, 1998, S. 4 ff. PETER GIBBON, The Origins of Ulster Unionism: The Formation of Popular Protestant Politics and Ideology in Ninetenth-Century Ireland. Manchester, 1975, S. 136. DAVID W. MILLER, Queen's Rebels Ulster Loyalism in Historical Perspective. Dublin/New York, 1978, S. S. 108 ff.; ALVIN JACKSON, The Ulster Party. Irish Unionists in the House of Commons, 1884-1911. Oxford, 1989, S. 10 ff.
63 EDWARD SAUNDERSON, Two Irelands: or, Loyalty versus Treason. London, 1884. S. 3.
64 Siehe dazu v.a.: LINDA COLLEY, Britons. Forging the Nation 1707-1837. London, 1996.² BERNARD CRICK (Ed.) National Identities. The Constitution of the United Kingdom. Oxford, 1991.
65 RUANE/TODD, The dynamics of conflict in Northern Ireland, S. 210.

Traditionen und multi-nationaler, multi-rassischer Einheit zugleich (»Commonwealth of Nations«). »Britishness« betonte den *Protestantismus* als religiös-kulturelle »Leitkultur« mit ausgeprägt anti-katholischen Elementen: Gewissensfreiheit als Freiheit von »römischer Tyrannei«! Ein so vielschichtiges Konzept von »British Identity« war für die Protestanten von Ulster sehr attraktiv, weil sich regionales Gemeinschaftsgefühl (als *»Ulsterness«*) und auch national definierte *»Irishness«* darin weitgehend problemlos integrieren ließen. Für das katholisch-nationalistische Irland war dagegen »Britishness« in erster Linie mit Imperialismus, Kolonialismus und tiefgreifenden ethnischen sowie religiös-kulturellen Differenzen (Gälisch contra Englisch, Protestantismus als dominante Herrschaftsideologie gegen den Katholizismus) verbunden.

4.2. Der Kampf um das Selbstbestimmungsrecht der irischen Nation

Der irische Nationalismus suchte die Ablösung vom Vereinigten Königreich mit parlamentarischen und außerparlamentarischen Mitteln herbeizuführen. Es war unter Nationalisten lange Zeit umstritten, welche *politische Form* die irische Nation annehmen sollte:
- *Regionale Autonomie* (»Home Rule«) mit begrenzter politischer Souveränität innerhalb des Vereinigten Königreichs,
- *»Dominium«* mit substantieller Selbstbestimmung und partieller Unabhängigkeit unter dem Dach des »Commonwealth«;
- *Unabhängiger irischer Nationalstaat* – als konstitutionelle Monarchie oder Republik.

Sechs zentrale politisch-soziale Ereignisse und Prozesse aus dem 18. und 19. Jahrhundert haben wirkungsvolle Spuren in der Geschichte Irlands hinterlassen:
- der **Aufstand der »United Irishmen«** 1796-1798 und des »**Young Ireland**« 1848,
- der Kampf um die **Katholische Emanzipation** und die Entlassung Irlands aus der Union mit dem Vereinigten Königreich,
- die **Landfrage**,
- das Ringen des **konstitutionellen Nationalismus** um »Home Rule« 1868-1914,
- die Ausbildung eines **revolutionären Nationalismus** in der »**Fenier**«-Bewegung,
- die politische Formierung des **protestantischen Unionismus** 1885 gegen den katholischen irischen Nationalismus.

4.2.1. Die »United Irishmen« und das »Young Ireland«

Die am 18. Oktober 1791 in Belfast gegründete Gesellschaft der *»United Irishmen«*[66] strebte Parlamentsreformen und die Zurückdrängung des englischen Einflusses auf Irland an, eine im Anfang gewiss nicht revolutionäre Zielsetzung. Dies änderte sich unter dem Eindruck von Aufklärung und französischer Revolution. Spätestens seit 1794 orientierte sich die immer radikaler werdende Gesellschaft politisch an den Idealen der Republik und des Jakobinismus. Ihr spiritus rector, der Dubliner Rechtsanwalt *Theobald Wolf Tone (1763-1798),*[67] forderte die Unabhängigkeit Irlands von England und die Republik für alle Iren, gleichgültig welcher Herkunft und Religion sie seien (*»A union of Irishmen of every religious persuasion«*). Die Bewegung wurde in Ulster von *radikalen Presbyterianern* aus den Mittelschichten unterstützt und auch im Süden waren Protestanten unter den Anhängern stark vertreten. Es sah so aus, als könnten konfessionelle Gegensätze – und bis zu einem gewissen Grade auch wirtschaftliche und soziale – tatsächlich im Kampf für eine säkulare, unabhängige, irische Republik überwunden werden. Wolfe Tone plante mit französischer Hilfe eine Invasion, die scheiterte. Der Aufstand brach 1798 zusammen, Wolf Tone entzog sich der Hinrichtung durch Selbstmord. Es war den United Irishmen nicht vergönnt, die konfessionellen Gegensätze zu überwinden und eine neue irische Identität zu schaffen, denn der säkulare, republikanische Nationalismus, den Tone propagiert hatte, erwies sich als zu schwach.[68] Auch wenn Tone und nach ihm *Robert Emmet (1778-1803), Thomas Davis (1815-1845)* und seine *»Young Irelanders« (1842-48)*, politisch scheiterten, so begründeten sie doch eine fortwirkende militante revolutionär-nationalistische Traditionslinie.

Mit dem *»Act of Union«* 1800, der die Abschaffung des irischen Parlaments und die Integration Irlands in das 1707 gebildete »United Kingdom of Great Britain« verfügte, waren die **Unabhängigkeitsbestrebungen der Iren** im 18. Jahrhundert gescheitert. Der Widerstand gegen diese Union wurde zum Leitmotiv irischer Geschichte im 19. Jahrhundert. Es ging um den politischen Status Irlands im United Kingdom (*»Repeal question«, »Home Rule question«*), um wirtschaftliche und soziale Gerechtigkeit für die irischen Pächter (*»land question«*) und um *nationale Selbstbestimmung* (»**national question**«).

---

66 D.DICKSON/D.KEOGH/K.WHELAN (eds.), The United Irishmen: Radicalism, Republicanism and Rebellion (Dublin 1993) NANCY CURTIN, The United Irishmen: Popular Politics in Ulster and Dublin. Oxford, 1994.
67 TOM DUNNE, Theobald Wolf Tone. Cork, 1982. THOMAS BARTLETT, Theobald Wolf Tone. Dundalk, 1997.
68 BRIAN GIRVAN, The Making of Irish Nationalism: Between Integration and Independence. In: PATRICK J. ROCHE/BRIAN BARTON (eds.), The Northern Ireland Question. Nationalism, Unionism and Partition. Aldershot, 1999. S. 5.

4.2.2. Daniel O'Connell und der Kampf um die »Catholic Emancipation«

Der katholische Rechtsanwalt *Daniel O' Connell (1775-1847)* gründete im Mai 1823 die *»Catholic Association«* und kämpfte mit Unterstützung der katholischen Kirche um politische und soziale Rechte der katholischen Bevölkerung und die Aufhebung der Union mit dem Vereinigten Königreich. Ihm gelang schließlich mit der Verabschiedung des *»Catholic Emancipation Act« 1829* die fast vollständige Gleichberechtigung der Katholiken.[69] Doch die Lösung der drängende Landfrage und die politische Selbstbestimmung der Iren erreichte er nicht. Aber O'Connell's populistische Bewegung hatte erstmalig das katholische Irland politisiert und die Massen mobilisiert *(»monster meetings«)*. Seine Strategie der geschickten Mischung von parlamentarischem und außerparlamentarischem Kampf hat in entscheidendem Maße die Identifikation von Katholizismus, politischer Emanzipation und irischem Nationalismus befördert. *»Irishness«* und *»Catholicism«* wurden in der Wahrnehmung der Menschen identisch. Doch sollte sich diese *»Engführung von katholischer Emanzipation und Staatsbildung als verhängnisvoll«* erweisen, weil sie die Protestanten aus der »katholischen Nation« ausschloss und die konfessionellen Gegensätze vertiefte. O'Connell fand nie Zugang zu den Protestanten Ulsters, die seinen Kampagnen mit offener Feindschaft begegneten.[70]

4.2.3. Die Landfrage und die »Agrarischen Geheimgesellschaften«

Der Kampf der irischen Landbevölkerung um Verbesserung ihrer gedrückten wirtschaftlichen und sozialen Lage begleitete den Kampf um das politische Selbstbestimmungsrecht. Die kleinen Pächter wehrten sich, z.T. mit organisierter Gewalt, gegen ungerechtfertigte Pachterhöhungen, Einhegungen, Zerstörung von Feldern durch das Vieh von protestantischen Landbesitzern, Exmittierungen (*»evictions«*) und die Zehnten, die Katholiken an die anglikanische Staatskirche abführen mussten. Zu einem populären Instrument des Widerstandes wurden die sogenannten *»Agrarischen Geheimgesellschaften«*, deren Hauptaktivitäten zwischen 1760 und 1845 lagen.[71] Mit Brandstiftungen, Vertreibungen, Folter und Mord bedrohten sie

---

69 Umfassend: FERGUS O'FERRALL, Catholic Emancipation: Daniel O'Connell and the Birth of Irish Democracy. Dublin, 1985.
70 NOETZEL, Geschichte Irlands, S.47. GIRVAN, The Making of Irish Nationalism, S. 8 ff.
71 Sie agierten unter phantasievollen Namen, z.B. *»Whiteboys«*, *»Defenders«*, *»Ribbonmen«*, *»Oakboys«*, *»Houghers«*, *»Hearts of Steel«*, *»Rightboys«*, *»Rockits«*, *»Threshers«*, *»Carders«*, *»Terry Alts«*, *»Whitefeet«*, *»Lady Clares«*, *»Molly Maguires«* etc. Vgl. v.a. T.D.WILLIAMS (ed.) Secret Societies in Ireland. Dublin, 1973. ERICH HOBSBAWM, Sozialrebellen. Archaische Sozialbewegungen im 19. Und 20. Jahrhundert. Neuwied, 1962. PETER ALTER, Traditionen der Gewaltanwendung in der irischen Nationalbewegung des 19. Jahrhunderts. In: Sozialprotest, Gewalt, Terror. Gewaltanwendung durch politische und gesellschaftliche Randgruppen im 19. und 20. Jahrhundert. Hrsgg. Von WOLFGANG J. MOMMSEN und GERHARD

rücksichtslose Landbesitzer sowie jeden, der sich das Land von exmittierten Pächtern aneignete oder in irgendeiner Weise gegen ihren Moralkodex verstieß. Die Geheimgesellschaften waren sicherlich keine anti-kolonialen, nationalistischen und revolutionären Widerstandsgruppen, denn ihr Protest war lokal und sporadisch, eher defensiv und ideologisch rückwärts gewandt.[72] Aber sie begründeten eine solidarische, kollektive Identität schaffende Protestbewegung, die gleichwohl auch verhängnisvolle, »sektiererische«, gewalttätige und terroristische Formen annehmen konnte. Die Traditionen der Gewalt in politischen und sozialen Auseinandersetzungen lebten in ihnen fort.

Die **große Hungersnot von 1845-1849** *(»The Great Famine«)*,[73] für deren Ausmaß und Verbreitung die englische Regierung verantwortlich gemacht wurde und die entscheidend zur Entfremdung von Iren und Engländern beigetragen hatte, signalisierte in schrecklicher Weise, dass zur Befriedung Irlands die Landfrage gelöst werden musste. Immer mehr Pächter hatten ihre Pacht nicht bezahlen können, Schulden angehäuft und wurden schließlich »exmittiert«. Im Zeitraum von 1847 bis 1850 hatte sich Zahl der Vertriebenen von 6026 auf 19.949 dramatisch erhöht.[74] Das Elend trieb die Betroffenen zum Zusammenschluss und zur Erhöhung des parlamentarischen und außerparlamentarischen Drucks. 1850 wurde die *»Irish Tenant League«* gegründet – mit zunächst geringem Erfolg, dennoch war die Erfahrung wichtig, dass im Kampf um bessere wirtschaftliche Lebensbedingungen und politische Rechte nur die Selbstorganisation helfen konnte. *Michael Davitt (1846-1906)*, engagiertes und mehrfach inhaftiertes Mitglied der Fenierbewegung (siehe weiter unten), gründete 1879 die *»Land League«*, eine Vereinigung, die u.a. mit den Mitteln des *»boycott«*[75] gegen Pachtwucher und Landvertreibungen stritt. Davitts Ideen von gemeinsamem Landbesitz und Nationalisierung des privaten Landeigentums fanden bei den irischen Pächtern allerdings weniger Anklang. Sie wollten das Land besitzen und selbst kleine »landlords«

HIRSCHFELD. Stuttgart, 1982, S. 162 ff. JIM SMYTH, The Men of No Property. Irish Radicals and Popular Politics in the Late Eighteenth Century. London, 1998.², S. 33 ff. SAMUEL CLARK/JAMES S. DONNELLY (eds.), Irish Peasants: Violence and Political Unrest 1780-1914. Manchester, 1983.

72 HOWE, Ireland and Empire, S. 35.
73 Als ereignisgeschichtliche Erzählung noch immer unentbehrlich: CECIL WOODHAM-SMITH, The Great Hunger: Ireland 1845-49. London, 1962. Zahlreiche Auflagen, zuletzt als Penguin-Taschenbuch, London, 1991. Standardwerk: RUTH DUDLEY EDWARDS/ T.DESMOND WILLIAMS (eds.) The Great Famine. Studies in Irish History 1845-1852. Dublin, 1997.² CATHAL POIRTEIR (ed.) The Great Irish Famine. Dublin, 1995. Zur Lit. allgemein siehe HOWE, Ireland and Empire, S. 38 und S. 249, Anm. 37.
74 MAURER, Kleine Geschichte Irlands, S. 229. FOSTER, Modern Ireland 1600 – 1972, S. 374, schätzt 50.000 Vertreibungen zwischen 1847 und 1850.
75 Charles Cunningham Boycott (1832-1897) war ein englischer Landagent in County Mayo, der sich hartnäckig allen Agrarreformen widersetzte, sodass seine Pächter und sein Gesinde ihn verließen und er völlig isoliert wurde, daher der Name »boycott«.

sein. Doch seine Landagitation erwies sich als sehr erfolgreich. Die »Land League« setzte sich für bezahlbare Pachten ein, forderte Schutz der Pächter vor Exmittierung und ein Reformprogramm, das den Pächtern den Erwerb des Landes als Eigentum ermöglichen sollte. Soziale Unruhen und Ausbruch von Gewalttätigkeiten gegen englische Landbesitzer (»*Land War*«), die breitgefächerten Aktionen der Liga 1879-1881 veranlassten die Britische Regierung zu einer »Zuckerbrot und Peitsche«-Politik: Im zweiten »*Irish Land Act*« 1881 wurde eine deutliche Verbesserung der Lebenslage der Pächter verfügt: Schutz vor Kündigungen, angemessene Pachten und freier Handel. (die drei »Fs«: »*fixity of tenure, fair rents, free sale*«) Zugleich versuchte die Regierung mit Notstandsgesetzen (»*coercion laws*«) den neu aufgeflammten Unruhen auf dem Lande beizukommen. Die Landfrage fand einen ersten Abschluss durch den »*Irish Land Act*« *1903* (auch »Wyndham Act«), der gleichermaßen die Interessen von Pächtern und Großgrundbesitzern zu berücksichtigen versuchte und Landkauf durch die Pächter im großen Stil ermöglichte.

4.2.4. Revolutionärer und konstitutioneller Nationalismus: Die »Fenier« und die »Home Rule League«

Seit Mitte des 19. Jahrhundert bildeten sich zwei Strömungen des irischen Nationalismus aus: eine *militant-revolutionäre*, repräsentiert von den »Fenians« und eine *konstitutionell-parlamentarische*, für die Charles Stewart Parnell und die »Home-Rule Bewegung« stand. Am 17. März 1858 gründete *James Stephens (1824-1901)* eine republikanisch-revolutionäre Geheimgesellschaft, die in Irland als »*Irish Republican Brotherhood*« (IRB), in Amerika als »*Fenian-Movement*« bekannt wurde.[76] Die »Fenians« stritten in Irland, England und Nordamerika gegen die britische Vorherrschaft, für ein unabhängiges, einiges, republikanisches Irland. Sie waren keine breite populäre Bewegung und ihre Anhängerschaft (maximal 54.000 um 1864) war überaus heterogen. Besonders starken Einfluss hatten sie in Städten und größeren Dörfern, im katholischen Kleinbürgertum, bei Handwerkern, Angestellten, Händlern, kleinen Ladenbesitzer, aber auch städtischen und ländlichen Arbeitern bis hin zu Intellektuellen der »middle-class«.[77] Der konfessionelle Gegensatz spielte innerhalb der Organisation eine geringe Rolle. Die Fenier waren antiklerikal, weniger aus prinzipiellen Gründen, sondern weil Kritik und scharfe Ablehnung ihrer Bewegung durch Teile der katholischen Hierarchie sie dazu zwang.

---

76 In »Fenians« steckt der Begriff »Fianna«, die Bezeichnung für eine Vereinigung von Kriegern. In der irischen Mythologie ist Fianna der Name für die Anhänger des legendären Helden Fionn mac Cumhaill (Finn McCool). CONNOLLY, The Oxford Companion To Irish History, S. 189 u. 191. Noch heute wird von protestantischer Seite der Terminus »Fenians« verwendet. Gemeint sind damit pauschal und in deutlich diffamierender Absicht die Katholiken, gleichgültig welchem politischen Lager sie angehören.

77 ALVIN JACKSON, Ireland 1798–1998. Oxford, 1999, S. 95. TOM GARVIN, Nationalist Revolutionaries in Ireland 1858-1928. Oxford, 1987, S. 33 ff.

Sie forderten die Trennung von Staat und Kirche, ohne konkrete verfassungspolitische Vorschläge zu machen. Die politischen Ziele und Strategien der Geheimorganisation blieben bis auf die Forderung nach einer Republik mit allgemeinem Wahlrecht vage. Aufklärerische Ideale der Französischen Revolution verbanden sich mit einem romantischen Nationalismus und sozialen Ideen aus der Zeit der 1848er Revolutionen in Europa. Bei allen Unterschieden gab es einen Grundkonsens: England sollte mit Waffengewalt vom irischen Boden vertrieben werden. Nach 1866 unternahmen die Fenians mehrere Aufstandsversuche in Amerika und Irland, die allesamt kläglich scheiterten. In engerem Sinne ist der Fenianismus keine praktisch-politische Bewegung gewesen, wichtiger war der ideenpolitisch-moralische Kern. Die Fenier begründeten eine elitäre revolutionäre und republikanische Tradition - keine demokratische. In Ansätzen finden sich auch soziale Motive und Ideen. Im Mittelpunkt aber standen Nation und Nationalismus, die in geradezu sakralem Glanz erstrahlten.[78] Der Mythos vom achthundertjährigen Kampf gegen den »sadistischen Unterdrücker England« wurde von den Feniern erfolgreich in das Bewusstsein einer breiten Öffentlichkeit getragen. Stärker noch als die *politischen* Ideen wirkten *Moral* und *Lebensorientierung* der Fenier:

- Ein Fenier verstand sich als moralischer Revolutionär und Missionar im Dienste der »heiligen« irischen Nation.
- Fenier sein, hieß zu wissen, was für das irische Volk gut ist, ohne es zu fragen.
- Fenier sein bedeutete die unbedingte Hingabe an das politische Ziel einer freien, unabhängigen irischen Republik in Verbindung mit der eiserner Entschlossenheit, auch bei geringen Erfolgsaussichten die einmal gefassten Pläne umzusetzen. Charakterstärke, Selbstrespekt, Widerstand gegen Unterwürfigkeit und Obrigkeitsdenken – das waren die Tugenden, die Irland im Kampf gegen die »Besatzer« brauchte.

In der Traditionslinie des Fenianismus stand die 1905 von *Arthur Griffith (1871-1922),* gegründete *»Sinn Féin«* (»Wir«, »Wir selbst«, »Wir selbst alleine«) Partei.[79] Griffith, Dubliner Journalist und Schriftsteller, war Aktivist der Gälischen Liga und der IRB. Er strebte ein neben den anderen Nationen gleichberechtigtes, politisch selbständiges und wirtschaftlich autarkes Irland unter der *Krone Englands* und innerhalb des *British Empire* an, wobei ihm die österreich-ungarische Doppelmonarchie als Modell diente. Der König von England sollte in Personalunion vom irischen Volk als *König von Irland* akzeptiert werden. Irland sollte sich auf seine historischen Wurzeln besinnen und seine eigene kulturelle Identität entwik-

---

78 Siehe zum Ganzen: R.V.COMERFORD, The Fenians in Context: Irish politics and society, 1848-82. Dublin, 1985. PRISCILLA METSCHER, Republicanism and Socialism in Ireland. Frankfurt/Main/Bern/New York, 1986. S. 111 ff.

79 Eine Gesamtdarstellung der Partei, die historisch-kritischen Maßstäben genügen könnte, gibt es noch nicht. Einen Überblick von den Anfängen bis zur Gegenwart bietet die aus Sicht der republikanischen Bewegung verfasste Monographie von BRIAN FEENEY, Sinn Féin. A Hundred Turbulent Years. Dublin, 2002. Herkunft und Gründungsphase, S 18 ff.

keln. Griffith empfahl Methoden des gewaltlosen passiven Widerstandes und des »*abstentionism*« (»Enthaltungspolitik«, »Mandatsverzicht«). Irischen Parlamentariern riet er zum Rückzug aus dem »House of Commons« und zur Bildung einer eigenen nationalen Versammlung. Die irischen Bürger wurden aufgerufen, Zusammenarbeit mit Regierungsinstitutionen des United Kingdom einzustellen, insbesondere mit den Gerichten. Griffith Ideen fanden vor dem Ersten Weltkrieg nur bei wenigen Anklang, ebenso wie die radikalen republikanischen und nationalistischen Ideen von *Patrick Pearse (1879-1916)*. Pearse, Erzieher und Schriftsteller, verfocht einen *kulturellen Nationalismus,* der gälische Sprache und historische Traditionen betonte. Nur in voller Unabhängigkeit von Großbritannien könne Irland seinen Frieden finden (»*Ireland unfree shall never be at peace*«). Wenn nötig, müsse auch Gewalt angewendet werden, die eine »reinigende« und »heiligende« Funktion besitze.[80] Nach dem Osteraufstand 1916 wurde Sinn Féin zum Sammelbecken revolutionär-republikanischer und sozialistischer Gruppen und führte den Kampf um die irische Unabhängigkeit an, getragen von einer rasch anwachsenden Zahl von Clubs, Mitgliedern und Wählern.

Zur stärksten Kraft des **konstitutionellen Nationalismus** vor 1914 wurde die »*Home Rule*-Bewegung«.[81] Aus bescheidenen Anfängen der von *Isaac Butt (1813-1879)* im Mai 1870 ins Leben gerufenen »*Home Government Association*« entwickelte sich seit 1873 eine Massenbewegung unter dem Namen »*Home Rule League*«. 1874, bei den ersten geheimen Wahlen zum englischen Parlament, erreichten die »Home Rulers« 60 Parlamentssitze und organisierten sich als »*Nationalist Party*« (im House of Commons »*Irish Parliamentary Party*«, IPP, genannt). *Charles Stewart Parnell (1846-1891),*[82] protestantischer Landbesitzer aus einer alt-ehrwürdigen anglo-irischen Familie, stieß 1875 zu der Bewegung und übernahm im Mai 1880 die Führung der »*Irish Parliamentary Party*« in Westminster. Es gelang ihm, in kurzer Zeit eine moderne und schlagkräftige politische Organisation zu formen, indem er die Landfrage mit der »nationalen Frage« verband. Militant-revolutionäre und konstitutionelle Nationalisten führte er geschickt zusammen und band sie in eine politische Front ein. Die explosive Mischung aus aggressiver parlamentarischer Obstruktionspolitik[83] und die außerparlamentari-

---

80 RUTH DUDLEY EDWARDS, Patrick Pearse: The Triumph of Failure. London, 1977. Siehe auch die treffende Beschreibung des Pearse'schen Ansatzes von CONOR CRUISE O'BRIEN, Ancestral Voices. Religion and Nationalism in Ireland. Dublin, 1994. S. 103 ff.
81 Kritische und umfassende Einführungen in den Themenkomplex: ALAN O'DAY, Irish Home Rule 1867-1922. Manchester/New York, 1998. ALVIN JACKSON, Home Rule. An Irish History 1800-2000. London, 2003.
82 Siehe zu Parnell: F.S.L. LYONS, Charles Stewart Parnell. London, 1978. PAUL BEW, C.S. Parnell. Dublin, 1980. D.GEORGE BOYCE/ALAN O'DAY (eds.) Parnell in Perspective. London, 1991. Monumentales Werk: ROBERT KEE, The Laurel and the Ivy. The Story of Charles Stewart Parnell and Irish Nationalism. London, 1993.
83 Die irischen Parlamentarier pflegten die Taktik endloser Reden im Parlament, um parlamentarische Entscheidungen hinauszuzögern (»filibustern«). Am 31. Januar 1881 stellten sie ei-

schen Aktivitäten der von ihm 1882 zur »*Irish National League*« neu formierten Bewegung, brachten die Britische Regierung in Bedrängnis und Parnell wurde zum populärsten Politiker in Irland und meistgehassten Parlamentarier in England. Zum Höhepunkt seiner politischen Karriere wurden die Unterhauswahlen von 1885, bei denen die Konservativen 249 Sitze erreichten, die Liberalen 335 und die »Home Rulers« 86. Die irischen Parlamentarier waren zum »Zünglein an der Waage« geworden. Ohne sie ging in der britischen Politik nichts mehr und die Home-Rule-Bewegung kam ihrem Ziel durch die Verabschiedung des ersten Gesetzes zur irischen Selbstbestimmung 1886 (»First Home Rule Bill«) ein Stück näher. 1890 führte eine private Affäre zu Parnells tiefem Fall und spaltete die Bewegung in Pro- und Anti-Parnell Anhänger. Das Home Rule-Konzept blieb politisch vage, entfaltete aber gerade dadurch eine starke Integrationskraft und Popularität. Die Home Rule Bewegung erstrebte eine Teil-Autonomie in irischen Angelegenheiten durch ein *eigenes Parlament*, zielte aber nicht auf *nationale Unabhängigkeit* in einem eigenen Staat. Home Rule bot einem breiten Spektrum wirtschaftlich-sozialer Interessen und politischen Richtungen ein gemeinsames Dach. Das Bildungsbürgertum, die katholische Intelligenz und der Klerus konnten sich damit genauso identifizieren wie das Handelsbürgertum der Städte und die katholischen Pächter auf dem Land. Die »Fenians« und die katholische Kirche standen hinter der Bewegung. Home Rule wurde zum Symbol irischer Selbstachtung und *nationalen Bewusstseins*, Home Rule verkörperte den Selbstbestimmungs- und Widerstandswillen des katholischen Irland gegen die englischen »Besatzer«.

4.2.5. »Home Rule is simple Rome Rule«: Entstehung und politische Formierung des Unionismus

Wenn man die Geschichte des Konflikts zwischen Protestanten und Katholiken aus heutiger Sicht betrachtet, könnte man versucht sein, unheilvolle Kontinuitäten von »King Billys« Sieg am Boyne 1690 bis heute zu konstatieren. Doch so einfach ist die Sache nicht. Protestanten und Katholiken bildeten über Jahrhunderte keine ethnisch, religiös-kulturell, sozial und politisch monolithischen »Lager«, deren Spannungen sich *zwangsläufig* in heftigen Auseinandersetzungen entladen mussten. Ob es zu derartigen Eruptionen kam, hing von den jeweiligen historischen Ausgangsbedingungen ab, d.h. den konkreten wirtschaftlichen, sozialen, politischen und kulturellen Konfliktsituationen, besonderen auslösenden Ereignissen, sowie dem Grad an Geschlossenheit und Mobilisierbarkeit der katholischen und protestantischen Bevölkerungsteile. Es gab zahlreiche Beispiele von guter Nachbarschaft, Verständnis und harmonischem Miteinander über die konfessionellen Gräben hinweg,[84] gleichwohl auch Segregation, Feindseligkeiten und blutige Aus-

---

nen Rekord auf, indem sie eine über vierzig Stunden währende Sitzung erzwangen. KEE, Green Flag II, S. 82.
84 Zahlreiche Beispiele bei ELLIOTT, Catholics of Ulster, S. 335 ff.

einandersetzungen. Zur Verschärfung der Konfrontationen trugen protestantische und katholische Geheimgesellschaften bei, wobei der **protestantische »Oranier-Orden«** (»Orange Order«) besondere Dynamik entfaltete.[85] Am 21. September 1795 war die protestantische Geheimgesellschaft der *»Peep O' Day Boys«* (so genannt, weil sie ihre Überfälle in den frühen Morgenstunden unternahmen) mit den katholischen *»Defenders«* beim Dorf Loughgall (County Armagh) aneinandergeraten. Die »Peep O' Day Boys« trugen den Sieg davon, zogen am Abend nach der Schlacht nach Loughgall und gründeten dort den Oranier-Orden. Der Orden verstand sich als verschworene Gemeinschaft, loyal zu König und »United Kingdom«, entschlossen, die protestantische »Identität Ulsters« mit allen Mitteln zu verteidigen. Der Kampf des Ordens richtete sich sowohl gegen das politische Ziel eines unabhängigen, säkularen, republikanischen Irlands, wie es z.B. die Aufstandsbewegung der *»United Irishmen« 1796-1798* verfolgte als auch gegen die katholischen Emanzipationsbestrebungen. Am *12. Juli* 1796 feierte der »Orange Order« seine erste große Parade in Erinnerung an die legendäre Schlacht am Boyne 1690. Von nun an demonstrierten die »Orangemen« ihre Stärke und ihren Herrschaftsanspruch mit gewaltigen Umzügen und stellten provokativ die Insignien protestantischer Herrschaft zur Schau. Fahnen und Banner, die »King Billy« verherrlichten und an 1641 und 1690 mahnten (»Remember 1690«), wehten und die rote Hand, das Symbol von Ulster, war auf mitgeführten Standarten zu sehen. Die Mitglieder der Ordens-Logen marschierten in guter Ordnung, die orangene Schärpe *(»sash«)* umgelegt, zu den furchterregenden Trommelschlägen der Lambeg-Drums. Dies ist ein bis heute vertrautes Bild in Nordirland.

Die schrittweise Industrialisierung im Norden Irlands und die sie begleitenden sozialen Verteilungskonflikte, die ungelöste Landfrage sowie religiös-fundamentalistische Formierungsprozesse auf beiden Seiten *(»Second Reformation«, »Catholic Revival«)* wirkten krisenverschärfend.[86] Katholiken und Protestanten polarisierten sich entlang religiöser, kultureller, sozioökonomischer und politischer Differenzen. Auf protestantischer Seite löste die autokratisch-ultramontane Haltung der katholischen Kirche und ihre fast symbiotische Verbindung mit dem irischen Nationa-

---

85 TONY GRAY, The »Orange Order«. London, 1972, S. 50 ff.; RUTH DUDLEY EDWARDS, The Faithful Tribe. An Intimate Portrait of the Loyal Institutions. London, 1999, S.160 ff. WILLIAM BLACKER, The Formation of the »Orange Order« 1795-1798. Belfast, 1994. KEVIN HADDICK-FLYNN, Orangeism. The Making of a Tradition. London, 1999. Ferner: WILLIAMS (ed.), Secret Societies in Ireland.

86 BREWER/HIGGINS, Anti-Catholicism in Northern Ireland, S. 57 ff. DESMOND BOWEN, The Protestant Crusade in Ireland, 1800-1870: A Study of Protestant-Catholic Relations between the Act of Union and Disestablishment. Dublin, 1978. FLANN CAMPBELL, The Dissenting Voice. Protestant Democracy in Ulster from Plantation to Partition. Belfast, 1991. S. 137 ff. K.THEODORE HOPPEN, Elections, Politics and Society in Ireland 1832-1885. Oxford, 1984. OLIVER RAFFERTY, Catholicism in Ulster. An Interpretative History. London, 1993, S. 135 ff.; ELLIOTT, The Catholics in Ulster, S. 281 ff. DESMOND BOWEN, Paul Cardinal Cullen and the Shaping of Modern Irish Catholicism. Dublin, 1983.

lismus, der sich gegen England richtete – die Garantiemacht der Ulster-Protestanten! – zunehmende Ängste und Abwehrreaktionen aus. Schrittweise wurden religiöser und politischer Anti-Katholizismus zum kleinsten gemeinsamen Nenner der protestantischen Bevölkerung in Ulster. Ängste, Vorurteile und Intoleranz schlugen in offenen Hass und Gewalt um. In *Belfast* hatte der Zustrom katholischer Unterschichten und die seit den 1840er Jahren fortschreitende Ghettoisierung von Katholiken und Protestanten in verschiedenen Stadtvierteln erhebliches Konfliktpotential angehäuft. Die Polarisierung in »Orange« und »Green« war nirgendwo sichtbarer als in Belfast.[87] Protestantische Arbeiter, vor allem die Un- und Angelernten, betrachteten die Katholiken als unliebsame Konkurrenz, da diese bereit waren zu Hungerlöhnen zu arbeiten und ihre Arbeitsplätze gefährdeten. Zu dem Aspekt wirtschaftlicher Konkurrenz kam noch die Furcht vor territorialer Verdrängung dazu. Es kam zu heftigen Gegenreaktionen: Katholische Arbeiter wurden von besser bezahlten und qualifizierteren Jobs ferngehalten, besonders in der Werftindustrie zwischen 1864 und 1912. Die weniger qualifizierten katholischen Werftarbeiter (»*navvies*«) hielten zusammen und bildeten oft genug die Speerspitze militanter katholischer Organisationen. Die protestantische Seite achtete scharf auf die religiöse »Geographie« Belfasts. Katholiken sollten auf »protestantischem Territorium« nicht geduldet werden. Die Spannungen zwischen den Bevölkerungsgruppen entluden sich in heftigen Unruhen, angeheizt von den 32 Logen des »Orange Order« und anti-katholischen Hetz-Predigern wie z.B. *Hugh Hanna (1821-1892)*, genannt »*Roaring Hanna*,« und *Thomas Drew (1800-1870)*. Zwischen 1813 und 1900 gab es allein in Belfast 15 ernste Zusammenstöße, von denen sechs durch die provokanten Aufmärsche des »Orange Order« ausgelöst wurden. Die schwersten, in den Jahren 1857, 1864, 1867, 1872 und 1886, forderten mehr Tote als alle nationalistischen Erhebungen im Irland des 19. Jahrhunderts zusammen. Versuche, mit neuen Gesetzen den regelmäßigen Ausbrüchen des Hasses zu wehren, waren nicht besonders wirkungsvoll. Ähnliche Konfrontationen gab es in Derry (1868, 1870, 1883, 1886 und 1899).[88]

Unmittelbarer Anlass für die Entstehung der *unionistischen Bewegung* war die Verstärkung der *nationalistischen Agitation* der »Home Rule Anhänger im Norden

---

[87] SYBIL E. BAKER, Orange and Green: Belfast 1832-1912. In: H.J. DOYOS/MICHAEL WOLFF (eds.) The Victorian City: Images and Realities. Vol.2, London/Boston, 1973. S. 789 ff. (Karte S. 794) Siehe ferner: E.JONES, A Social Geography of Belfast. London, 1960. S. 199 ff. Der Anteil der Katholiken an der Bevölkerung Belfasts betrug 1808 nur 8% und stieg bis 1861 auf 33,9%. Im nächsten Jahrzehnt pendelte der Anteil der Katholiken um ein Drittel und erreichte 1871 rd. 49%.

[88] ELLIOTT, Catholics of Ulster, S. 353 ff. BAKER, Orange and Green, S.790 ff. BARDON, History of Ulster, S. 306, 396. ANDREW BOYD, Holy War in Belfast. Belfast, 1987.³, S.10 ff. E.JONES, Late Victorian Belfast: 1850-1900. In: JAMES C. BECKETT/ROBIN E. GLASSCOCK, Belfast, 1967. BREWER/ HIGGINS, Anti-Catholicism in Northern Ireland, S. 66 ff.

seit 1883. Sie signalisierte den Ulster Protestanten die fortschreitende Politisierung des irischen Nationalismus und seinen wachsenden Einfluss auf Politik und öffentliche Meinung in England. Es war den irischen Nationalisten erfolgreich gelungen, anti-britische Ressentiments, den Kampf der Pächter gegen die Großgrundbesitzer (»Land War«) und die Forderung nach irischer Selbstbestimmung zu einer populären und machtvollen nationalistischen Bewegung zu bündeln. Die Bewegung gewann ihre Dynamik unter anderem aus dem Rückbezug auf die gälisch-keltischen Traditionen, den Katholizismus als einigendes religiöses Band und die Kirche als mitkämpfenden Akteur im Ringen um Home Rule. Parlamentarischer und außerparlamentarischer Druck auf die Regierung in London verstärkten sich, die Aktivitäten der Geheimgesellschaften mit Bedrohungen, Brandstiftungen und Gewalttaten gegen Großgrundbesitzer nahmen zu. Zu den Protestanten Ulsters nahmen die Nationalisten eine ambivalente Haltung ein: Einerseits wurden sie als Nachfahren und Helfer der englischen Kolonisatoren ausgegrenzt und gehörten in der Ideologie des irischen Nationalismus nicht zur irischen Nation.[89] Andererseits sah man sie als Opfer englischer Intrigen und Herrschaftsinteressen, aufgehetzt gegen ihre irischen Landsleute, die, wenn man ihnen die Vorzüge der nationaler Selbstbestimmung nur unvoreingenommen deutlich machte, ihre Feindseligkeit gegen den irischen Nationalismus aufgeben und die Einheit der irischen Nation akzeptieren würden. Irische Nationalisten weigerten sich, die Unionisten in Ulster als eine eigenständige Gruppe mit einer spezifischen Identität anzuerkennen. Ein folgenschwerer Trugschluss, wie sich bald zeigen sollte.

Die Besorgnisse im mehrheitlich protestantischen Ulster verstärkten sich nach den Unterhauswahlen von 1885. Die Wahlrechtsreformen 1884-85, durchgesetzt vom liberalen Premierministers *William Ewart Gladstone (1809-1898),* hatten die Zahl der irischen Wähler stark ansteigen lassen und die Nationalisten nutzten ihre Chance, die »irische Frage« in das Zentrum der britischen Politik zu rücken. Ohne die irischen Abgeordneten ging ab 1885 nichts mehr. In *Ulster* hatten Konservative, Liberale und der »Orange Order« durch ihre Uneinigkeit und politischen Gegensätze den beeindruckenden Wahlsieg der Nationalisten erheblich begünstigt. Die Liberalen erlebten ein Waterloo und verloren alle Sitze, die Konservativen erreichten 16 Sitze, wurden aber von den Nationalisten mit 17 Sitzen überflügelt. Vor 1885 hatte es keinen katholischen Abgeordneten aus Ulster gegeben, jetzt waren es 16. Die Unterhauswahlen in Ulster von 1885 aufwärts zeigten in aller Deutlichkeit die Polarisierung der Bevölkerung in ein protestantisch-unionistisches und katholisch-nationalistisches Lager. Antrim, Nord- und Mittel Down, Nord- und Mittel Armagh, sowie der größte Teil von Belfast bildeten einen soliden unionistischen Block, während Cavan, Donegal, Süd-Fermanagh, Süd-Armagh, Süd-Down und Monaghan ebenso sicher in der Hand der Nationalisten, d.h. der IPP, blieben. Dieses bipolare Muster, hier die Unionisten dort die Nationalisten,

---

89 BOYCE, Nationalism in Ireland, S. 192 ff.; HELLE, Ulster, S. 127 ff.

prägte das Parteiensystem in Ulster bis Ende der sechziger Jahre des 20. Jahrhundert.[90] Die Home Rule Debatte hatte bei den Unionisten die Furcht vor einem selbst regierten, katholisch dominierten Irland ausgelöst, jetzt rückten sie zusammen. Von 1886 an entwickelte sich *eine politische Massenbewegung über alle innerprotestantischen Interessengegensätze und Konfliktlinien hinweg.* Die Unionisten mobilisierten eine klassenübergreifende Allianz: Pächter, Landarbeiter, bürgerliche und adelige Landbesitzer, Proletarier der Städte, Unternehmer, Kaufleute und freie Berufe, Protestanten aller Regionen, Denominationen und sozialen Gruppen – vereinigt gegen Home Rule: »*When Gladstone announced his proposals for home rule, Irish Protestants closed their ranks. Old divisions were forgotten; Presbyterian Liberals became Conservatives overnight, and the Orange Order was invigorated and made respectable by the return of aristocratic, clerical and middle-class support.*«[91] **1886 war die Geburtsstunde der »Ulster Question« und des** *Unionismus.* Die politische Abwehr der Home Rule Bewegung einte die Ulster Protestanten über regionale, politische, sozioökonomische und konfessionalistische Trennungslinien hinweg. Innerprotestantische Konfliktpotentiale verschwanden zwar keineswegs vollständig, traten aber zeitweise in den Hintergrund. Die Ulster-Unionisten begriffen ihre Lage als eine doppelte Bedrohung: In Irland bedrängt von den irischen Nationalisten, die drei Viertel der Bevölkerung hinter sich wussten und für eine irische Teilautonomie stritten, in England den unsicheren Mehrheitsverhältnissen im Unterhaus und den Schwankungen britischer Partei- und Regierungspolitik in der Irland-Frage ausgesetzt. Sie sahen ihre einzige Überlebenschance in der Flucht nach vorn und das hieß: *Organisierung, Massenmobilisierung und Protest.*

4.2.6. »Ulster will fight and Ulster will be right«: Der Kampf um »Home Rule« 1885-1914

Das Motto für den Kampf der Unionisten gegen »Home Rule« prägte *Lord Randolph Churchill (1849-1894),* Vater von Winston Churchill, im Anschluss an eine Reise nach Belfast (22. Februar 1886). Hier hatte er vor Tausenden begeisterter

---

90 Siehe Tabelle bei O'LEARY/JOHN McGARRY, The Politics of Antagonism, S. 89. Einzelheiten und kritische Bewertung der Wahlen 1885/86 bei B.M. WALKER, The 1835 and 1886 General Elections – A Milestone in Irish History. In: PETER COLLINS (Ed.) Nationalism & Unionism. Conflicts in Ireland 1885-1921. Belfast, 1996², S. 1 ff.

91 STEWART, The Narrow Ground, S. 166. JENNIFER TODD, Unionist political thought 1920-1972. In: Political Thought in Ireland since the Seventeenth Century. Ed. by D.GEORGE BOYCE et al. London/New York, 1993. S. 191 ff. HELLE, Ulster, S. 263 ff. beleuchtet umfassend und kritisch die politische Mobilisierung der Protestanten Ulsters in dieser Phase. Siehe ferner: PATRICK BUCKLAND, Ulster Unionism and the Origins of Northern Ireland 1885-1922. Dublin, 1973; (= Irish Unionism II). GIBBON, The Origins of Ulster Unionism; MILLER, Queen's Rebels; COLLINS, Nationalism and Unionism; LOUGHLIN, Ulster Unionism; JOHN F. HARBINSON, The Ulster Unionist Party 1882-1973. Its Development and Organisation. Belfast, 1973. JACKSON, The Ulster Party.

Unionisten und Orangeisten, in einer Flut entfesselter Emotionen den Geist des Widerstandes gegen die »Katastrophe« von Home Rule beschworen. In einem offenen Brief, kurz nach der Reise, findet sich der folgenschwere Satz: *»Ulster will fight and Ulster will be right!«*

Warum fürchteten und bekämpften die Unionisten eine irische Teilautonomie, obwohl sie – trotz allen Bekenntnissen zur »Britishness« des United Kingdom – sich ihrer »Identität« als »Ulster«-Männer bewusst waren und sich insofern auch als »Iren« verstanden?

Die Unionisten sahen ihre wirtschaftliche und soziale Vorrangstellung im Vereinigten Königreich gefährdet: Der Norden sei aufgrund der Loyalität und Fleißes der protestantischen Bewohner zu einem prosperierenden Gemeinwesen geworden. Alles das werde durch ein katholisches selbstregiertes Irland, das in rückständiger Agrarwirtschaft und ländlichen Lebenswelten verharre und dessen nationalistische Regierung keine Anstalten zur industriellen Entwicklung unternehme, gefährdet. Irland brauche aber dringend das englische know-how, Kapital und die englischen Märkte. Ein irisches Parlament würde nicht nur in seiner sozialen Zusammensetzung ein *katholisches* Parlament sein und somit die Vertreter der protestantischen Wirtschaftselite, also jene, die am meisten für die Wohlfahrt Irlands beitrügen, ausschließen, sondern die katholische Kirche würde entscheidenden Einfluss auf Bildung, Erziehung und das öffentliche Leben erlangen. Die Protestanten würden zur religiösen und politischen Minderheit und zu Bürgern zweiter Klasse degradiert. Bürgerliche Rechte und freie Religionsausübung für Protestanten seien in einem katholischen Irland nicht gewährleistet. Irland dürfe nicht, so schrieb der Historiker *William Edward Hartpole Lecky (1838-1903)* in einem Brief 1886, *»Priestern, Feniern und berufsmäßigen Agitatoren,,* überantwortet werden, mit den Stimmen *»unwissender Bauern, finanziert von Amerika durch erklärte Gegner des britischen Weltreich.«*[92] Die Unionisten organisierten den politischen Kampf gegen Home Rule und hier und da waren sogar schon Rufe nach gewaltsamem Widerstand zu hören. Am 17. Juni 1892 versammelten sich in Belfast rund 12.000 Delegierte lokaler unionistischer Organisationen und beschworen in der *»Ulster Unionist Convention«* feierlich die Grundsätze der unionistischen Bewegung und am 3. März 1905 wurde in der Ulster Hall in Belfast der *»Ulster Unionist Council« (UUC)* gegründet, ein Dachverband, der zur Speerspitze der unionistischen Bewegung wurde und Ulster für die nächsten fünfzig Jahre zur Hochburg des Unionismus ausbaute. Er besteht heute noch und ist ein wichtiger politischer Faktor in Nordirland. Unbestrittener Führer der unionistischen Bewegung vor 1914 wurde *Sir Edward Carson (1854-1935),* Protestant, Dubliner Rechtsanwalt und Par-

---

92 Zit.n. PATRICK BUCKLAND, The Anglo-Irish and the New Ireland 1885-1922. A Documentary History. Dublin, 1973, S. 8. Loughlin fand bei der Analyse von 30 unionistischen Anti-Home Rule Reden 1886 heraus, dass diese Argumentation hervorstechend war. JAMES LOUGHLIN, Gladstone, Home Rule and the Ulster Question 1882-93. Dublin, 1986. S. 296.

lamentsmitglied in Westminster für die Dubliner Universität. Scharfsinnig, rhetorisch begabt, durchsetzungsfähig und machtbewusst leitete er den unionistischen Widerstand gegen Home Rule bis 1921.[93] Höhepunkt der Demonstration unionistischen Widerstandswillens wurde der *28. September 1912.* An diesem Tag *(»Ulster Day«)* unterzeichneten 471.414 Protestanten eine Erklärung. Sie proklamierten ihren Zusammenschluss zu einer »Feierlichen Liga und einem Bund« *(»Solemn League and Covenant«)* zum Erhalt der Union und zur Verteidigung protestantischer Interessen.[94] Im Januar 1913 wurde eine paramilitärische Organisation, die *»Ulster Volunteer Force« (UVF)*, gegründet und 35.000 Gewehre sowie fünf Millionen Schuss Munition aus England und Deutschland (*»Larne Gun Running«*, 24./25. April 1914) herbeigeschafft. 90.000 Freiwillige der UVF standen bereit, gegen Home Rule und für die Union zu kämpfen. Ehemalige Offiziere der britischen Armee übernahmen das Kommando der gut ausgerüsteten Truppe. Die Britische Regierung musste bestürzt feststellen, dass sie sich auf ihre eigenen Offiziere in Ulster nicht verlassen konnte. 57 Offiziere der wichtigsten englischen Garnison in *Curragh, County Kildare* erklärten, sie würden den Dienst quittieren, wenn ihnen befohlen würde, gegen die Unionisten Ulsters zu marschieren (*»Curragh Mutiny«*). Die »Ulster Crisis« 1912-1914 endete in einem Patt.[95] Der Ausbruch des Ersten Weltkrieges vertagte die Lösung der irischen Frage. Trotz heftigen Drucks und prinzipieller Bereitschaft wechselnder britischer Regierungen, den Iren Teilautonomie zuzugestehen (durch die Home Rule Gesetze von 1886, 1893 und 1912) erreichten die konstitutionellen Nationalisten (»Nationalist Party«), seit 1900 von *John E. Redmond* (1856-1918),[96] einem Mann des Ausgleichs und des parlamentarischen Kompromisses, geführt, nicht ihr Ziel. Während die »Nationa-

---

93 Immer noch wichtig: H.M. HYDE, Carson: The Life of Lord Carson of Duncairn. London, 1953. ALVIN JACKSON, Sir Edward Carson. Dublin, 1993. A.T.Q. STEWART, Edward Carson. Belfast, 1998.

94 BARDON, History of Ulster, S. 438. Text bei ANTHONY T.Q. STEWART, The Ulster Crisis. Resistance to Home Rule 1912–1914. Belfast, 1992, S. 62. 218.206 Männer hatten den Pakt unterzeichnet, Frauen waren nicht zugelassen, demonstrierten aber ihre Übereinstimmung mit der »Solemn League and Covenant« in einer gesonderten »Declaration«, die 228.991 Frauen unterschrieben. Dazu kamen 19.162 Männer und 5055 Frauen außerhalb von Ulster, die auch unterzeichneten. STEWART, Ulster Crisis, S. 66. BUCKLAND, Ulster Unionism, S. 57.

95 Zur Curragh-Meuterei ausführlich: IAN F.W. BECKETT (ed.), The Army and the Curragh Incident 1914. London, 1986. JACKSON, Home Rule, S. 129, spricht von einer »Episode« als einem »Aufstand«. BARDON, History of Ulster, S. 404 ff.; BUCKLAND, Ulster Unionism, S. XXXI; Siehe zum Ganzen die brilliante Studie: PAUL BEW, Ideology and the Irish Question. Ulster Unionism and Irish Nationalism 1912-1916. Oxford, 1994. bes. S. 27 ff. Knapp und zuverlässig: MICHAEL LAFFAN, The Partition of Ireland 1911–1925. Dundalk, 1983. S. 19 ff.

96 DENNIS GWYNN, The Life of John Redmond. London, 1932. PAUL BEW, John Redmond. London, 1996. JACKSON, Home Rule, S. 106 ff.

list Party« weiterhin auf Mäßigung und Lösung der Home Rule Frage auf friedlichem, parlamentarischem Wege setzte und nach Ausbruch des Ersten Weltkrieges sogar die 1913 (gegen die UVF) gebildete irische Miliz für den Einsatz im Kriege an der Seite Englands bereitstellte (»National Volunteers«, 170.000 Mann), formierten sich die radikalen republikanischen Kräfte gegen England. Sie sahen keinen Sinn darin, sich für das Britische Empire zu opfern: »*Ireland has never accepted duties or responsibilities within the British Empire*« (Patrick Pearse).[97] 11.000 »*Sinn Fein Volunteers*« unter der Führung von *Eoin MacNeill* trennten sich von den »National Volunteers. Gemeinsam mit der von der irischen Gewerkschaftsbewegung gebildeten sozialistischen Miliz, der *»Irish Citizen Army«*, bildeten sie eine bewaffnete republikanische Truppe, eine Vorform der späteren *»Irish Republican Army« (IRA)*. John Redmond und seine 170.000 *»National Volunteers«* stritten dagegen gemeinsam mit den verfeindeten Brüdern aus dem Norden (»Ulster Volunteers«), an der Seite Großbritanniens im Kampf gegen die Mittelmächte und zahlten einen hohen Preis für ihren Patriotismus (5500 Tote bei der Schlacht an der Somme 1916). Das »Blutopfer« der nordirischen Freiwilligen hat im kollektiven Gedächtnis der Nordiren eine ähnliche Bedeutung wie »King Billy's« Sieg am Boyne 1690. Der unbedingte Einsatz für das United Kingdom in der Stunde der Gefahr hat die »Britishness« der Menschen befestigt und bis heute gedenkt man den Ereignissen im Ersten Weltkrieg bei den traditionellen Märschen im Juli und am »Remembrance Day« im November. Für Unionisten und Loyalisten ist die Schlacht an der Somme ein Eckstein der britischen Identität Ulsters.[98]

5. Vom Osteraufstand 1916 bis zum Ausbruch der »Troubles« 1969

5.1. Der Osteraufstand 1916, Unabhängigkeitskrieg und die Teilung Irlands 1921

Der Erste Weltkrieg wurde zum entscheidenden Wendepunkt in der irischen Frage. Radikale Republikaner und Sozialisten, Anhänger der »Irish Republican Brotherhood« (IRB) und Sinn Féins sahen in *»England's difficulty – Ireland's opportunity«*. Pläne für eine bewaffnete Erhebung gegen die verhassten »Besatzer« wurden in einem kleinen konspirativen Kreis der IRB um Pearse seit September 1914 diskutiert. Nach dem Motto: *»Englands Feinde sind unsere Freunde«* wurden

---

97 HENNESSEY, Dividing Ireland, S. 92.
98 RICHARD DOHERTY, The Sons of Ulster. Ulstermen at War from the Somme to Korea. Belfast, 1992. PHILIP ORR, The Road to the Somme: Men of the Ulster Division Tell Their Story. Belfast, 1987, S. 162 ff. Vgl. zu diesem Komplex die Magisterarbeit von CHRISTINE KOTTSIEPER, Die Darstellung des Ersten Weltkrieges im irischen Drama. Wuppertal, 1998.

Kontakte zum deutschen Kaiserreich angeknüpft. *Sir Roger Casement (1864-1916)*, britischer Diplomat im Ruhestand und glühender irischer Nationalist, unternahm den Versuch, die deutsche Regierung zu einer Waffenlieferung an die zum Aufstand entschlossenen Fenier zu veranlassen. Auch bemühte er sich um die Rekrutierung einer irischen Brigade aus Kriegsgefangenen in Deutschland, zur Unterstützung der Aufständischen. Beide Unternehmungen waren nicht von Erfolg gekrönt. Die klägliche irische Brigade (gerade 55 Mann) kam nicht zum Einsatz und die weit hinter den Erwartungen der Revolutionäre zurückbleibende Waffenlieferung erreichte nicht ihren Bestimmungsort. Der Versuch mit einem deutschen Frachter 20.000 Gewehre, 10 Maschinengewehre und 5 Mio. Schuss Munition an der Küste bei Tralee anzulanden, scheiterte. Das Schiff wurde von der britischen Marine aufgebracht und versenkte sich selbst. Casement, zur gleichen Zeit von einem deutschen U-Boot an Land gesetzt, wurde verhaftet. Der Aufstand musste ohne deutsche Hilfe stattfinden.

Am Ostersonntag, 23. April 1916, wagte eine kleine Gruppe von Fenians (IRB, Sinn Féin), Sozialisten, Mitglieder der Gaelic League und anderer republikanischer Organisationen, angeführt von irischen Nationalisten wie *Patrick Pearse*[99] und dem Führer der irischen Arbeiterbewegung *James Connolly (1868-1916)*, den schlecht vorbereiteten, militärisch dilettantischen und im Grunde von vornherein aussichtslosen Aufstandsversuch gegen die Engländer in Dublin (»*Easter Rising*«). Es war den Rebellen sicherlich klar, dass die Erfolgschancen einer isolierten militärischen Erhebung mitten in Dublin sehr gering waren. Doch es sollte ein Zeichen gesetzt werden, in der Hoffnung, die öffentliche Meinung gegen die Engländer zu mobilisieren. Pearses Motto war: »Alles oder Nichts!« Er proklamierte am 24. April 1916 auf den Stufen des als Hauptquartier der Aufständischen besetzten General Post Office (GPO) die Irische Republik und die Bildung einer Provisorischen Regierung.[100] Redmond und Carson verurteilten die Erhebung im House of Commons, Redmond, weil er sie nicht nur gegen England sondern auch seine Partei gerichtet verstand, Carson, weil er eine Ausweitung revolutionärer Unruhen auf ganz Irland befürchtete. Der Aufstand wurde von eilends aus England herbeigeschafften Verstärkungen innerhalb einer Woche zusammengeschossen. Für die irische Geschichte hatte er schwerwiegende Folgen:[101]

- Bei den Kämpfen starben 450 Menschen, darunter 65 Rebellen, 116 britische Soldaten und eine unbekannte Zahl von Zivilisten. 2600 wurden verwundet. Das Stadtzentrum von Dublin wurde teilweise zerstört. Die Bevölkerung stand zunächst keineswegs auf Seiten der Revolutionäre, doch die unverhältnismäßig

---

99 Siehe dazu: BRIAN MURPHY, Patrick Pearse and the Lost Republican Ideal. Dublin, 1991. SEAN F. MORAN, Patrick Pearse and the Politics of Redemption: The Mind of the Easter Rising. Washington, 1994.
100 Text in: Irish Historical Documents Since 1800. Edited by ALAN O'DAY and JOHN STEVENSON. Dublin, 1992. S. 160 f.
101 Zum »Easter Rising„ siehe v.a.: MAX CAULFIED, The Easter Rebellion. Dublin, 1995.

harten Reaktionen der Engländer führten zu einem grundlegenden Meinungsumschwung. Die Verhängung des Kriegsrechtes, harte Urteile gegen Beteiligte und Unbeteiligte, Internierungen von über 3500 Personen, schließlich die Exekution von 14 »Rädelsführern« und dem unglücklichen Roger Casement, verschafften radikalen republikanischen Gruppen die breite öffentliche Unterstützung, die ihnen bislang gefehlt hatte. Die fünfzehn Hingerichteten, insbesondere Pearse und Connolly, wurden zu »Märtyrern« für Irlands Unabhängigkeit. Die fenianische Ideologie des »Blutopfers« für die »heilige irische Sache« verstärkte sich im irischen Nationalismus und wurde zu einer handlungsorientierenden Kraft politischer Aktivisten.

- In Ulster waren die Unionisten in höchstem Maße alarmiert. Wenn es noch weiterer Beweise für die Illoyalität und Gewaltbereitschaft der katholischen Nationalisten bedurft hätte – das Verhalten der radikalen Republikaner bei Ausbruch des Weltkrieges und der Osteraufstand lieferte ihn. In unionistischer Interpretation hatten katholische Nationalisten versucht, die heldenhaft im Kriege gegen Deutschland fechtende britische Armee von hinten zu erdolchen, um ihre eigensüchtigen irischen Interessen für ein unabhängiges, katholisches Irland durchzusetzen.

Der Einfluss der radikalen Republikaner nahm im Laufe der Jahre 1917/1918 stetig zu. In dem Maße wie die bis 1916 unscheinbare »Sinn Féin Partei« zur dominierenden politischen Interessenvertretung des irischen Nationalismus wurde, schwand der politische Einfluss der konstitutionellen Nationalisten, der alt-ehrwürdigen »Nationalist Party«, dahin. Ihr hart kritisierter, aber standhafter Führer John Redmond starb 1918. Die Britische Regierung nahm nur unzureichend zur Kenntnis, dass sich in Irland ein bedeutungsschwerer Stimmungsumschwung zugunsten der radikalen Republikaner anbahnte. Für eine »Home Rule«-Lösung wie noch vor 1914 angedacht, war es 1918 zu spät. Die Zeichen standen auf Loslösung und Unabhängigkeit von England. Seit Oktober 1917 orientierte der charismatische Präsident Sinn Féins *Eamon de Valera* (1882-1975)[102] die republikanische Bewegung kompromisslos auf die Trennung vom United Kingdom und die Souveränität der irischen Nation. Er hatte beim Osteraufstand ein Bataillon befehligt und war nur wegen seiner amerikanischen Staatsbürgerschaft der Exekution entgangen. Wie seine politischen Gesinnungsfreunde war auch er zur Anwendung von Waffengewalt bereit, sollte die Unabhängigkeit mit friedlichen Mitteln nicht errungen werden können. Nach einer Reihe erfolgreicher Nachwahlen, gelang Sinn Féin bei den Wahlen zum Unterhaus am *14. Dezember 1918* ein beeindruckender Erfolg. Wählen konnten Männer über 21 Jahre und Frauen über 30 Jahre und Sinn Féin profitierte von der beinahe Verdreifachung der Wäh-

---

102 TIM PAT COOGAN, De Valera. Long Fellow, Long Shadow. London, 1993. OWEN DUDLEY EDWARDS, Eamon der Valera. Cardiff, 1987. T.P.O'NEILL/LORD LONGFORD, Eamon de Valera. Dublin, 1970.

lerschaft. Die Partei erreichte in absoluten Zahlen 476.087 Stimmen, das waren 46,9% (= 73 Sitze), wobei es in 25 Wahlkreisen keine Gegenkandidaten gegeben hatte.[103] Für die Unionisten stimmten 257.314 Wähler (= 25,3%). Sie kamen auf 22 Sitze, wobei noch drei der »Labour Unionists« (30.304 Stimmen = 3%) zum unionistischen Lager dazu gezählt werden müssen. In den sechs Grafschaften, die später zu Nordirland werden sollten (Armagh, Antrim, Down, Fermanagh, Londonderry und Tyrone) sicherten sich die Unionisten eine klare Stimmenmehrheit von 225.082 Stimmen (= 56,2%) und 20 Sitzen. Hier erreichte Sinn Féin nur 76.100 Stimmen (= 19,0%) Dies war ein für die weitere Entwicklung der irischen Geschichte bedeutsames Ergebnis. Die *Nationalist Party* erlitt eine deutliche Niederlage, sie bekam nur 220.837 Stimmen (= 21,7%) und 6 Sitze, das war gegenüber der Wahl von 1910 ein Verlust von 70 Sitzen. Das Wählervotum wurde von den Republikanern als überwältigender Beweis für den Willen der Mehrheit der Iren gewertet, nationale Unabhängigkeit zu erlangen. Sinn Féin, das war nicht nur eine politische Partei, es war, wie De Valera es ausdrückte, *»the nation organised.«*[104] Die gewählten Sinn Féin Vertreter, von denen nur ein Teil frei agieren konnte, da viele noch inhaftiert oder im Untergrund waren, weigerten sich gemäß ihrer Doktrin des Mandatsverzichts (»abstentionism«), ihre Parlamentssitze in Westminster einzunehmen. Das hatte einen folgenschweren Effekt: Sie verstellten sich mit ihrer Abstinenz den Weg, auf die parlamentarischen Beratungen über das weitere Verfahren in der Irland-Frage Einfluss zu nehmen. Die irischen Interessen wurden im House of Commons faktisch nur noch von der unionistischen Seite vertreten. Sinn Féin war an der Ulster Frage wenig interessiert und hatte auch keine politische Konzeption, wie mit dem mehrheitlich protestantischen Norden und den Unionisten in einem unabhängigen Irland umzugehen sei. Es ging den Republikanern in erster Linie um die Unabhängigkeit: Am *21. Januar 1919* versammelten sich 27 gewählte Sinn Féin Vertreter[105] in Dublin und bereiteten die Einberufung eines eigenständigen irischen Parlaments in einem künftig unabhängigen irischen Staat vor: die *»Assembly of Ireland«* (gälisch: *»Dáil Éireann«*). Sie nahmen eine provisorische Verfassung an, gaben eine Unabhängigkeitserklärung heraus, veröffentlichten

---

103 FEENEY, Sinn Féin, S. 109.
104 In zwei der 103 Wahlkreisen wurden zwei Kandidaten gewählt, deshalb 105 zu vergebende Sitze. NICHOLAS WHYTE, The Irish Election of 1918. In: http://www.arc.ac.uk/elections/h1918.htm; BRIAN WALKER, Parliamentary Election Results in Ireland, 1801-1922, Belfast/Dublin, 1978, S. 189 ff. Interpretation bei O'LEARY/McGARRY, The Politics of Antagonism, S. 97ff. Es ist angesichts von 25 Wahlkreisen ohne Gegenkandidaten strittig, ob Sinn Féin tatsächlich die Mehrheit der Stimmen in Irland gewonnen hat. Whyte geht davon aus, dass Sinn Féin mindestens 51,7% der Stimmen auf sich vereinigt hat. Siehe etwas andere Zahlen bei FEENEY, Sinn Féin, S. 110 ff., der darauf verweist, dass, wenn in den 25 Wahlkreisen Gegenkandidaten aufgestellt worden wären, die Partei erheblich mehr Stimmen erhalten hätte. Zitat de Valera bei FEENEY, Sinn Féin, S. 126.
105 35 saßen noch im Gefängnis, weitere waren im Untergrund oder aus nicht bekannten Gründen abwesend.

eine flammende Botschaft an die »freien Nationen«, die aufgefordert wurden, Irland in seinem Unabhängigkeitskampf zu unterstützen und formulierten ein »demokratisches Programm«, das wirtschaftliche und soziale Reformen versprach. Auf der zweiten Sitzung des »Dáil«, am 1. April 1919, wurde Eamon de Valera zum Präsidenten gewählt. De Valera bildete eine Regierung mit *Arthur Griffith* als Innenminister und dem umtriebigen und kompetenten *Michael Collins (1890-1922)* als Finanzminister, was sich als besonderer Glücksgriff erwies, denn Collins sorgte mit einer Anleihe für die Finanzierung der jungen Irischen Regierung und des Unabhängigkeitskampfes. Der »Dáil« konnte aufgrund der massiven Repressionen durch die Britische Regierung (im September 1919 wurde er formell verboten) keine normale parlamentarische Tätigkeit aufnehmen und agierte im Untergrund. Nachdem die Bemühungen gescheitert waren, die irische Frage zum Gegenstand der Pariser Friedenskonferenz zu machen, reiste Eamon de Valera im Juni 1919 in die USA und warb für Unabhängigkeit und Aufbau einer Irischen Republik. Viele Iro-Amerikaner unterstützten de Valeras Mission, nicht nur ideell, sondern auch materiell: De Valera kehrte im Dezember 1920 zurück und konnte rd. 5 Millionen Dollar für den Unabhängigkeitskampf mit nach Hause bringen. Sinn Féin und die ihnen verbundenen »Irish Volunteers« waren schon lange entschlossen, die Unabhängigkeit Irlands mit Waffengewalt gegen England durchzusetzen, gleichgültig wie die Mehrheit der Iren zu diesem Unternehmen stand. An dem Tag, da sich der erste »Dáil Éireann« konstituierte, überfielen Mitglieder der »Irish Volunteers« einen Sprengstoff-Transport, der von Tipperary zu einem nahegelegenen Steinbruch bei Soloheadbeg unterwegs war und töteten zwei Polizeibeamte, die den Transport begleiteten. Der Unabhängigkeitskrieg hatte begonnen.[106]

Die Aussichten für einen militärischen Sieg der Republikaner gegen die massive Truppenpäsenz der Engländer waren bei offener Kriegführung gering: rd. 40-50.000 englischen Truppen und Polizisten der *»Royal Irish Constabulary«* (RIC), standen 15.000 Irish Volunteers, jetzt *»Irish Republican Army«* (IRA) genannt, gegenüber. Davon waren indes nur 5000 aktive Kämpfer zur gleichen Zeit im Einsatz.[107] Der jetzt beginnende Guerilla-Krieg führte zu Akten unerhörter Grausamkeit auf beiden Seiten. Es kann kein Zweifel daran sein, dass eine große

---

106 KEE, Green Flag, III, S. 77 ff. ; F.S.L. LYONS, The War of Independence, 1919-21. In: A New History of Ireland. Bd. VI: Ireland under the Union. Edited by W.E.VAUGHAN. Oxford, 1996. S. 240 ff. THOMAS GUNDELACH, Die irische Unabhängigkeitsbewegung 1916 – 1922. Frankfurt am Main/Bern/ Las Vegas, 1977.
107 LYONS, War of Independence, S. 245 f. CHARLES TOWNSHEND, The British Campaign in Ireland 1919-1921. The development of Political and Military Policies. Oxford, 1978. J.BOWYER BELL, The Secret Army. The IRA. New Brunswick/London, 1997.³ S. 26. M.L.R. SMITH, Fighting For Ireland? The Military Strategy of the Irish Republican Movement. London, 1997.², S. 30 ff. RICHARD ENGLISH, Armed Struggle. The History of the IRA. London, 2003. S. 15 ff. TIM PAT COOGAN, The I.R.A. London, 1995⁴, S. 24 ff.

Mehrheit der Iren die *Ziele* der republikanischen Seite unterstützte, obwohl sie nicht danach gefragt wurden, ob sie die *Guerilla-Strategie* und die *terroristischen Methoden* billigten. Robert Kee schreibt treffend: »*But the question of taking offensive action against police and soldiers in Ireland in order to establish an Irish Republic had never been put before the Irish people and if it had been at the General Election of 1918 it would have been decisively rejected.*«[108] Für Sinn Féin und die IRA rechtfertigte der Kampf um die Unabhängigkeit der irischen Nation alle Mittel, wobei zur irischen Nation diejenigen gehörten, die nationalistisch orientiert und katholisch waren. Polizisten im Dienst der Briten, Protestanten, ehemalige Soldaten, Landstreicher und fahrendes Volk gehörten nicht dazu.[109] Die IRA operierte auf lokaler Ebene mit Überfällen, Bombenattentaten, Ermordung von Polizisten der »Royal Irish Constabulary« (RIC), englischen Offizieren und Soldaten, Geheimdienstagenten und Zivilisten, Geiselnahmen, Brandstiftungen und Zerstörungen öffentlicher Einrichtungen. Schwerpunkt der Aktivitäten waren der Südwesten (Cork) und der Raum Dublin. Ihre auf gesellschaftliche Ächtung der England-loyalen RIC gerichtete Strategie und gezielten Attacken führten zur militärischen Schwächung, Demoralisierung und Rückzug der Truppe. Das britische Rechtssystem und die Verwaltungsstrukturen zeigten fortschreitende Auflösungstendenzen. Wer nicht für die IRA und die Unabhängigkeit Irlands eintrat, wurde politisch neutralisiert, eingeschüchtert, bedroht und eliminiert, wenn sich der Verdacht einer »Kollaboration« mit den Briten bestätigte. Die englische Regierung, lange zögerlich, unentschlossen und ohne klares politisch-militärisches Konzept, wie dem Terror der IRA zu begegnen sei, setzte schließlich auf eine Strategie des Gegenterrors. Von Dezember 1919 an begannen die Engländer, Hilfstruppen zu rekrutieren, um die steigenden Verluste der RIC auszugleichen. Die jetzt eingesetzten »*Police Auxiliary Cadets*« (»*Auxies*«) und vor allem die »*Black and Tans*«,[110] standen der IRA an Härte, Brutalität und Grausamkeit nicht nach. Viele der Angeworbenen waren ehemalige Frontsoldaten. Viele suchten Geld und Abenteuer, sie waren wenig mehr als bezahlte Söldner, die sich wahrscheinlich auch auf anderen Kampfplätzen der Erde verdingt hätten. Unrühmlicher Höhepunkt ihrer Aktionen war die Attacke auf 10.000 Fußball-Fans im Croke Park in Dublin als Vergeltung für die Ermordung von elf britischen Geheimdienstagenten (»Cairo-Gang«) durch die IRA am 21. November 1920. Eine schwerbewaffnete Truppe von Black and Tans fuhr in das Stadion, feuerte wild in die Menge und tötete zwölf Menschen, 60 wurden verletzt. Am 11. Dezember 1920 liefen die Black and Tans in Cork Amok und

---

108 KEE, Green Flag, III, S. 59.
109 ENGLISH, Armed Struggle. S.28.
110 »Black and Tans« waren Hilfstruppen der britischen Armee mit Polizeiaufgaben, zu großem Teil aus ehemaligen Kriegsteilnehmern rekrutiert. Der Name bezieht sich auf ihre Uniformen, eine Mischung aus Armee- und Polizeiuniformen: khakifarbene Mäntel und Jacken, grüne Hosen und Mützen. Vgl. Oxford Companion To Irish History, S.47. RICHARD BENNETT, The Black and Tans. Staplehurst, 2001.

zerstörten das Stadtzentrum.[111] Je härter die Engländer reagierten, umso mehr trieben sie die irische Bevölkerung auf die Seite Sinn Féins und der IRA. Der Guerilla-Krieg führte, je länger er dauerte, in eine Sackgasse. Er brachte beiden Seiten keine klaren Vorteile und stieß Irland an den Rand politischer Anarchie und wirtschaftlichen Zusammenbruchs. Der Britischen Regierung wurde zunehmend klar, dass sie die IRA nur mit gewaltigen militärischen Anstrengungen besiegen könne und dazu ganz Irland besetzen müsse. Dies war angesichts der sich verhärtenden, immer feindseligeren anti-britischen Stimmung, der Unterstützung, die die IRA erfuhr und der wachsenden Kritik im In- und Ausland an der britischen Irland-Politik nicht zu realisieren: »*Britain was unable to crush the IRA and unwilling to massacre the Irish.*«[112] Ebenso wusste die IRA, dass sie die britische Armee nicht besiegen und vertreiben konnte, denn spätestens im Herbst 1920 standen nur 3000 schlecht ausgerüstete, aktive Kämpfer gegen die rund 80.000 Mann der britischen Armee, Polizei und Hilfstruppen.[113] Schließlich wuchs auf beiden Seiten die Bereitschaft zu einem *Waffenstillstand*, der am *11. Juli 1921* vereinbart wurde und den Weg zu Verhandlungen über die Zukunft Irlands frei machte. Der Krieg hatte erhebliche Opfer gefordert: Zwischen 1919 und 1921 starben 146 britische Soldaten und 418 Polizisten der RIC, 1200 Soldaten und Polizisten wurden verwundet. Die IRA beklagte Verluste von 752 Kämpfern. 866 wurden verwundet.[114]

Nach dem Waffenstillstand vom 11. Juli 1921 zogen sich die Friedensverhandlungen zwischen der Verhandlungsdelegation des »Dáil Éireann« und den Engländern hin. Sie gestalteten sich extrem zäh und schwierig. Die zentralen Streitfragen waren der *Status Irlands*, d.h. die Rechte und Verantwortlichkeiten der englischen Regierung in Bezug auf ganz Irland und die *Sicherheit*. Die irische Delegation unter Leitung von Arthur Griffith und dem Geheimdienstchef der IRA, *Michael Collins*,[115] sah sich einem ungeheuren Erwartungsdruck ausgesetzt. Das Verhandlungsziel war in der Einladung Premierministers Lloyd Georges sehr allgemein formuliert. Es sollte darum gehen, auf welche Weise die Verbindung Irlands und des Britischen Empires mit den *nationalen Interessen Irlands* versöhnt werden könnte (»*ascertaining how the association of Ireland with the community of nations known as the British Empire may be best reconciled with Irish national aspirati-*

---

111 Lebhafte Schilderungen der beiderseitigen Grausamkeiten bei KEE, Green Flag, III, S. 108 ff.
112 BELL, Secret Army, S. 27. In englischen Regierungskreisen wurde damals geschätzt, dass ein militärischer Sieg und dauerhafte Präsenz in Irland eine Aufstockung der Truppen auf 100.000 Mann und jährliche Ausgaben von 100 Millionen Pfund bedeuten würden. SMITH, Fighting for Ireland?, S.38. BARDON, History of Ulster, S. 480.
113 SMITH, Fighting For Ireland?, S. 35. Zur militärischen Situation der IRA im Frühjahr 1921, S. 38 ff.
114 FOSTER, Modern Ireland 1600-1972, S. 497. COOGAN, The I.R.A., S. 26. BELL, Secret Army, S. 17 ff.
115 M.FORESTER, Michael Collins. London, 1971.TIM PAT COOGAN, Michael Collins: A Biography. London, 1990. FRANK O'CONNOR, The Big Fellow. Basingstoke/Oxford, 1998. T.RYLE DWYER, Michael Collins. Münster, 1997.

ons«).[116] Diese Formel eröffnete einen weiten Verhandlungsspielraum in der Frage, welche *staatsrechtliche Form* die irische Unabhängigkeit annehmen sollte. Es gab keinen Zweifel daran, dass die irische Seite eine unabhängige irische Republik befürwortete, allerdings gab es keinen Konsens darüber, wie groß der Verhandlungsspielraum der irischen Verhandlungsdelegation tatsächlich war. Die Verantwortung der irischen Verhandlungsdelegation war groß und es kam entscheidend darauf an, wie sie die gegebene politische und militärische Lage in Irland *interpretierte*. Bereits hier war das spätere Zerwürfnis des republikanischen Lagers über die Verhandlungsergebnisse angelegt. Die Iren trafen auf eine englische Verhandlungsdelegation mit klugen und erfahrenen Diplomaten wie Premierminister Lloyd George und Kolonialminister Winston Churchill an der Spitze, die den irischen »Amateurpolitikern« deutlich überlegen waren. Präsident Eamon de Valera hatte es vorgezogen, in Dublin zu bleiben. Ihm war klar, dass es in der Statusfrage Irlands einen Kompromiss geben müsse und er hatte dazu auch eine eigene Konzeption entwickelt, nur wollte er nicht derjenige sein, der den Kompromiss aushandelte.[117] Nach Monaten hartnäckigen und ergebnislosen Ringens drohte die Britische Regierung mit einer Wiederaufnahme der Kampfhandlungen bei Scheitern der Verhandlungen. Schließlich wurde am *6. Dezember 1921* der »*Anglo-Irische Vertrag*« unterzeichnet.[118] Michael Collins, in Erwartung schwerer Auseinandersetzungen im eigenen Lager über das Verhandlungsergebnis, notierte später lakonisch: »*Ich habe womöglich mein tatsächliches Todesurteil unterzeichnet.*«[119] Er sollte recht behalten: Am 22. August 1922 geriet er auf einer Inspektionsreise nahe Cork in einen Hinterhalt der Gegner des Anglo-Irischen Vertrages und wurde bei dem Schusswechsel getötet.

Der Vertrag behandelte Irland de jure als *Einheit* (Artikel 11), sah aber die Schaffung eines Irischen »*Freistaates*« (»*Irish Free State*«) vor, der den gleichen »Dominion«-Status wie Kanada, Australien, Neuseeland und Südafrika haben sollte. Dem Irischen Freistaat wurde Selbstbestimmung in Blick auf Rechtsprechung, Wirtschaft, Polizei und Armee zugestanden. Die Außenpolitik blieb Sache des United Kingdom. Die Parlamentarier des Irischen Freistaates sollten ihre Loyalität zur irischen Verfassung und gegenüber dem englischen König (in dieser Reihenfolge!) mit einem Eid bekunden. Eine Reihe von militärischen Stützpunkte blieben in britischer Hand und es wurde ein Vertreter der Krone in Irland benannt (»Governor-General«). Die *Ulster-Frage* wurde im Artikel 12 so geregelt, dass Ulster binnen eines Monats durch Beschluss beider Häuser seines Parlaments (das

---

116 Irish Political Documents 1916-1949. Edited by ARTHUR MITCHELL/ PÁDRAIG Ó SNODAIGH, Dublin, 1985. S. 115.
117 NEILL/LONGFORD, de Valera, S. 147 ff.
118 J.J.LEE, Ireland 1912-1985. Politics and Society. Cambridge, 1989. S. 47 ff.; JÜRGEN ELVERT, Der Bruch. Irlands Weg in die Zweistaatlichkeit (1916-1921) In: ELVERT, Nordirland, S. 145 ff.
119 DWYER, Collins, S. 221 f.

durch den »*Government of Ireland Act*« vom 23. Dezember 1920 geschaffen worden war) verlangen konnte, außerhalb von Gesetzgebung und Jurisdiktion des Freistaates zu bleiben. Geschah dies - und daran gab es keinen Zweifel - dann traten die Teilungsbestimmungen des Artikel 12 in Kraft. Die Regierung des Freistaates musste die Teilung Irlands in einen nördlichen Teil, der 6 Grafschaften umfasste und einen südlichen mit 26 Grafschaften zunächst als Tatsache akzeptieren. Collins und seine politischen Freunde setzten dennoch ihre Hoffnungen auf die ebenfalls im Artikel 12 vorgesehene Grenzkommission (»*Boundary Commission*«), welche die Grenzen zwischen Nordirland und dem Freistaat in Übereinstimmung mit den Wünschen der Bewohner der Grenzregionen und unter Berücksichtigung wirtschaftlicher und geographischer Bedingungen festlegen sollte. Mitglieder der Grenzkommission sollten drei Personen sein: jeweils ein gewählter Vertreter des Freistaates und Ulsters sowie als Vorsitzender ein Vertreter der Britischen Regierung.[120] Collins und seine Freunde erwarteten eine Entscheidung, die größere Gebietsabtretungen zugunsten des Freistaates erbringen und damit das nordirische Gebilde als nicht lebensfähig erweisen würde. Daher werde die Teilung, so glaubten sie, keinen Bestand haben und die Wiederherstellung der Einheit Irlands nur eine Frage der Zeit sein. Doch es kam ganz anders. Die Kommission erwies sich im Ergebnis als ein schwächliches und höchst umstrittenes Instrument, den regional sehr unterschiedlichen Bedingungen und Wünschen der Einwohner in den umstrittenen Grenzgebieten zu entsprechen, zumal auch geografische und ökonomische Kriterien berücksichtigt werden sollten. Natürlich hofften die starken katholischen Bevölkerungsgruppen in Fermanagh, Tyrone und Derry auf eine Regelung in ihrem Interesse, während die unionistische Seite an den bestehenden Grenzen ihres sechs Grafschaften umfassenden Staatsgebilde festhielt und der Kommission mit offener Feindseligkeit entgegentrat. Die Beratungen der Grenzkommission hatten erst im November 1924 (nach Ende aller Kampfhandlungen) begonnen und endeten am 17. Oktober 1925. Das Ergebnis wurde an die Tageszeitung »*Morning Post*« lanciert und am 7. November veröffentlicht. Im Freistaat brach ein Sturm der Entrüstung los, denn die Kommission hatte – entgegen den hochgesteckten Erwartungen – nur marginale Grenzänderungen und Verschiebung von Bevölkerungsteilen vorgeschlagen.[121] Der Verhandlungsführer des Freistaates,

---

120 Für den Freistaat wurde Prof. Eoin McNeill gewählt, für Ulster musste die Britische Regierung nach Konsultationen mit Dublin selbst einen Vertreter benennen, da die Unionisten sich weigerten. So wurde J.R. Fisher benannt, ehemaliger Herausgeber der unionistischen Tageszeitung »Northern Whig«. Vorsitzender wurde der Richter am südafrikanischen Supreme Court, Richard Feetham.

121 Nach den Vorschlägen der Kommission hätten 183.290 acres Land und 31.319 Menschen vom Norden an den Free State transferiert werden müssen und umgekehrt 49.242 acres und 7.594 Menschen vom Free State an den Norden. DENNIS PRINGLE, Partition, Politics and Social Conflict. In: Ireland. Contemporary Perspectives on a Land and its People. London/New York, 1990. S. 30 f.

Professor Eoin McNeill, musste zurücktreten. Die Unionisten dagegen feierten Dankgottesdienste. Freistaats-Premierminister *William T. Cosgrave (1880-1965)* war indes nicht an einer Konfrontationsstrategie gegenüber dem Norden gelegen, da er hoffte, in einem langfristigen Prozess mit friedlichen Mitteln die Einheit Irlands zu erreichen. Am 3. Dezember 1925 vereinbarte er mit Ulster und der Britischen Regierung die Bestätigung der bestehenden Grenzen und sorgte dafür, dass der Bericht der Grenzkommission offiziell nicht veröffentlicht wurde. Die Teilung Irlands wurde gegen einige kleinere finanzielle Konzessionen der Britischen Regierung festgeschrieben.

Es ist bis heute umstritten, wer an der Teilung Irlands die Hauptschuld trägt. Eine einseitige Verantwortlichkeit der Britischen Regierung, wie von einzelnen Historikern nationalistischer Provenienz und Sinn Féin bis heute behauptet, kann nicht belegt werden.[122] Die Teilung entsprach keineswegs den ursprünglichen Intentionen der Britischen Regierung. Sie ist den Briten von den streitenden Konfliktparteien – Nationalisten/Republikaner und Unionisten – aufgenötigt worden, deren Positionen unversöhnlich blieben. Die Nationalisten konnten die Unionisten nicht zur Akzeptanz eines vereinten, die ganze Insel Irland umfassendes, unabhängigen Irlands zwingen und die Britische Regierung wollte es nicht. Die Teilung war die institutionelle Anerkennung und Verfestigung der bestehenden und schon lange existierenden ethnischen, kulturellen, religiösen und politischen Differenzen zwischen Unionismus und Nationalismus.[123] Die Britische Regierung war daran interessiert, das irische Problem loszuwerden und bemühte sich um Kompromisse zwischen »Orange« und »Green«. Wenn Frieden in Irland nur qua Teilung erreicht werden konnte, dann musste diese eben hingenommen werden. Vielleicht wäre Irland ohne den Ersten Weltkrieg ein *britisches* Irland innerhalb des Empire mit einer Selbstbestimmung geblieben wie in der dritten Home Rule Bill 1914 vorgesehen. Doch das bleibt Spekulation, weil nicht beschrieben werden kann, wie sich der irische Nationalismus *ohne Krieg* entwickelt hätte. Der Erste Weltkrieg und die Folgen des Osteraufstandes 1916 verschoben die politischen Fronten und begünstigten jenen Teil des irischen Nationalismus, der entschieden für Irlands Unabhängigkeit (als »Dominion« oder unabhängige Republik) eingetreten war. Die Britische Regierung zeigte nach vollzogener Tei-

---

122 Die Kontroverse spiegelt sich bis heute in der Forschung. Siehe dazu v.a. JOHN WHYTE, Interpreting Northern Ireland. Oxford, 1990. S. 122 ff. Die Alleinschuld von England wird bis heute vom radikalen Republikanismus unversöhnlich vertreten. Das spielt sich in zahlreichen Verlautbarungen und Statements von Sinn Féin und der IRA. Siehe z.B. die von Sinn Féin herausgegebene Broschüre »Freedom«: »Partition was imposed on the Irish people by an Act of Parliament, the Government of Ireland Act (1920), passed in the British legislature. The consent of the Irish people was never sought and was never freely given.«

123 DONAL BARRINGTON, Uniting Ireland. Dublin, 1959. S. 3. BRIAN BARTON, Partition: Origins and Implementation. In: ROCHE/BARTON, The Northern Ireland Question, S. 67.

lung wenig Enthusiasmus, sich intensiv mit irischen Fragen zu beschäftigen und unterschätzte die explosive Kraft der politischen Probleme, die sie Nationalisten und Unionisten hinterlassen hatte – eine verhängnisvolle Haltung, wie sich später herausstellen sollte. Die Teilung Irlands war vor dem Hintergrund der langen Konfliktgeschichte zwischen Nationalisten und Unionisten, Protestanten und Katholiken sicherlich ein entscheidender Faktor im Konfliktgeschehen, denn mit ihr waren eine Fülle von politischen (Statusfragen), territorialen, sozioökonomischen (Gefälle zwischen Nord und Süd) ethnischen und religiös-kulturellen (Protestanten gegen Katholiken) Problemen aufgeworfen, die London, Belfast und Dublin bis heute beschäftigen.[124]

5.2. Der Bürgerkrieg 1922/1923

Die Teilung Irlands und das Problem der Loyalität des irischen Freistaates zur Krone (die »Eidfrage«) wurden zum Ausgangspunkt heftiger Auseinandersetzungen im *republikanischen Lager*. Schon die irische Verhandlungsdelegation in London war hinsichtlich dieses komplexen Problembündels von tiefen Meinungsgegensätzen zerrissen. Die Einheit Irlands wurde auf eine unsichere Zukunft hin vertagt. Die republikanischen Kräfte spalteten sich in »*Pro-Treaty*«- und »*Anti-Treaty*«-Fraktionen, die mit gegenseitigen Vorwürfen und wachsender Erbitterung gegeneinander auftraten. Die Gegner des Vertrages warfen den »Gemäßigten« (die sie abschätzig als »*trucileers*«, etwa »Waffenstillständler«, bezeichneten) den Ausverkauf Irlands und Verrat an der »heiligen irischen Sache« – der Republik – vor, die 1916 mit dem Osteraufstand unwiderruflich etabliert worden sei. Dafür und für die endgültige Eliminierung jedweder britischer Präsenz und britischen Einflusses auf Irland hätten die Republikaner im Unabhängigkeitskrieg gekämpft und gelitten. Der Vertrag sei ein Rückschlag. Er schreibe den Einfluss Englands fort, er verwehre den Iren nicht nur die volle Unabhängigkeit, sondern unterminiere alle heiligen Prinzipien des irischen Republikanismus. Sie erinnerten an *Patrick Pearses* Mahnung, dass derjenige, der von dem Maximalziel *der völligen Trennung Irlands von Englands* abweiche, sich eines ungeheuerlichen Verrats und eines monumentalen Verbrechens gegenüber der irischen Nation schuldig mache. Es sei für ihn besser, nicht geboren zu sein.[125] Die »Gemäßigten« verwiesen dagegen auf den Zuwachs an staatlicher Souveränität, den der Freistaat brachte. Michael Collins fasste das Ergeb-

---

124 Siehe PAUL ARTHUR, Special Relationships. Britain, Ireland and the Northern Ireland problem. Belfast, 2000. 3 ff.
125 »*The man, who, in the name of Ireland, accepts as a ‚final settlement' anything less by one fraction of one iota than Separation from England ...is guilty of so immense an infidelity, so immense a crime against the Irish nation...that it were better for that man...that he had not been born.*« Collected Works of Padraic H. Pearse: political writings and speeches. Dublin, 1924. S. 231 f.

nis in die Formel: »*Freedom to achieve freedom*«. Er und seine Anhänger gaben das Fernziel der Einheit Irlands in einer Republik nicht auf und verteidigten das Verhandlungsergebnis als das unter den gegebenen Bedingungen einzig Erreichbare.

Am *7. Januar 1922* billigte der »Dáil Éireann« nach erbitterten Redeschlachten pro und contra mit knapper Mehrheit (64 zu 57 Stimmen) den Anglo-Irischen Vertrag. Die Gegner des Vertrages, unter ihnen Eamon de Valera, Cathal Brugha, Erskine Childers und andere prominente Republikaner, verließen unter Protest die Versammlung. Das Abstimmungsergebnis war für sie schlicht Verrat an der Republik, dem seit 1916 sakral überhöhten Endziel ihrer Politik. Nach den Bestimmungen des Vertrages wurde wenige Tage nach dem Abstimmungsergebnis eine neue »*Provisorische Regierung*« des Freistaates mit Michael Collins an der Spitze gebildet und die Arbeit für eine Verfassung begonnen (14. Januar 1922). Der letzte Vizekönig der englischen Regierung, Viscount Fitzalan, übergab zwei Tage später Dublin Castle an die neue Regierung. *Mit diesem symbolischen Akt endete die Jahrhunderte währende englische Herrschaft auf irischem Boden.* Friede kehrte dadurch nicht ein. Die »Provisorische Regierung« wurde von einer immer militanter werdenden Opposition bedrängt. Die republikanische Bewegung spaltete sich in allen ihren verschiedenen Organisationen und Institutionen. Besonders verhängnisvoll war die unmittelbar nach Annahme des Anglo-Irischen Vertrages beginnende Spaltung der *IRA* in eine »Pro-Treaty« und »Anti-Treaty« Fraktion. Die Anti-Vertrags Kräfte innerhalb der IRA hielten eine Armee-Versammlung ab, bekräftigten ihre Ablehnung des Anglo-Irischen Vertrages, erklärten ihre Gegnerschaft zur Provisorischen Regierung, verpflichteten sich per Eid auf eine Irische Republik und wählten eine eigene Armee-Führung. In Reaktion darauf trieb Collins den Aufbau einer regierungsloyalen »*Free State Army*« voran. Beide Seiten sicherten sich militärische Brückenköpfe durch die Übernahme von Kasernen, die von der Britischen Armee vertragsgemäß geräumt worden waren. Die »Anti-Treaty/IRA«-Gruppen besetzten und errichteten am 14. April 1922 ihr Hauptquartier in »Four Courts« in Dublin, dem alt-ehrwürdigen Zentrum englisch-irischer Rechtsprechung am Ufer des Liffey. So verfügten beide Seiten über bewaffnete Formationen und der Ausbruch von militärischen Feindseligkeiten schien nur noch eine Frage der Zeit zu sein, sollte es nicht im letzten Moment doch noch zu einer politischen Versöhnung der Befürworter und Gegner des Vertrages kommen. Letzte hektische Vermittlungsversuche von Collins und de Valera zur Vermeidung eines drohenden Bürgerkrieges scheiterten. Auch die demokratisch höchst zweifelhafte Verabredung, bei den anzuberaumenden Wahlen in den einzelnen Wahlkreisen mit gemeinsamen Sinn Féin Kandidaten – gleichviel ob pro- oder contra Vertrag (»*National Coalition Panel*«) – aufzutreten, konnte die Einheit nicht mehr retten.[126] Die

---

126 Collins kündigte dieses agreement wenige Tage vor den Wahlen auf. Siehe zu den Einzelheiten: MICHAEL HOPKINSON, Green against Green: The Irish Civil War. Dublin, 1988, S. 93 ff.

Ergebnisse der Wahlen zum dritten »Dáil Éireann« vom 16. Juni 1922 zeigten, dass die Mehrheit der irischen Bevölkerung für eine stabile, pragmatische und handlungsfähige Regierung votierte. Von 128 Sitzen gewann die »Pro-Treaty«-Gruppe 58, die »Anti-Treaty«-Gruppe 36, Labour 17, die Bauern-Partei 7, Unabhängige 7 und die Universität von Dublin 4 (Unionisten). Rechnet man Labour, die Bauern, Unabhängige und Sonstige zu den Vertragsbefürwortern, was den Realitäten entsprach, so ergibt sich eine 78%tige Zustimmung zum Anglo-Irischen Vertrag und einer realitätsgerechten Politik, die Irland endlich äußeren und inneren Frieden bringen sollte. *»A high proportion of the vote represented a protest against Sinn Féin and their management of affairs both during and after the Treaty negotiations«*, so fasst der Historiker Hopkinson die Lage treffend zusammen.[127]

Doch die Stunde der Krieger war noch nicht zu Ende: Am 28. Juni 1922 begann der *Bürgerkrieg* mit dem Bombardement und der Eroberung von Four Courts, dem Hauptquartier der »Anti-Treaty/IRA« - Gruppen, von ihren Gegnern *»Irregulars«* genannt. Alte Kameraden und politische Freunde, die gemeinsam gegen die Briten gekämpft hatten, standen sich jetzt als Feinde gegenüber und fochten mit tödlicher Erbitterung.[128] Die Provisorische Regierung mit Collins als Kommandant der »Free State Army«, führte einen harten und gnadenlosen Feldzug gegen die Gegner des Vertrages, die anfangs den gesamten Süden und Westen, mit der Ausnahme von Clare, Galway und Limerick, besetzt hatten. Nach Schätzungen der Provisorischen Regierung standen zu Beginn der Feindseligkeiten zwischen 8000 und 9700 Mann regierungsloyaler Truppen gegen ca. 12.900 »Irregulars«. Die Free-Staters attackierten die strategischen Hochburgen der »Irregulars« in Cork und Kerry auch mit Unterstützung von See aus. Am 8. August 1922 nahm General *Emmet Dalton* Cork und damit schienen die »Irregulars« militärisch besiegt. Der Krieg schleppte sich aber mit den aus dem Unabhängigkeitskrieg bekannten Guerilla-Methoden von Attacke und Vergeltung bis zum Mai 1923 dahin. Auf beiden Seiten kam es zu Gräueltaten. Die »Irregulars« konnten nur sehr begrenzt auf die Unterstützung der Bevölkerung setzen, die in ihrer deutlichen Mehrheit die Provisorische Regierung unterstützte. So musste ihre Guerilla-Taktik letztendlich scheitern. Ein wichtiger Faktor ihrer Niederlage war auch die Haltung der katholischen Kirche, die Partei für den Freistaat nahm und die »Irregulars« mit der Verweigerung kirchlicher Amtshandlungen und Exkommunikation bedrohte. 800 Regierungssoldaten und eine nicht bekannte Zahl von »Irregulars« und Zivilisten fanden den Tod. Schätzungen zufolge gab es zwischen 4000 und 5000 Tote, d.h. weit mehr als im Unabhängigkeitskrieg gegen England. 77 »Rebellen« wurden hingerichtet, unter ihnen eine Reihe führender Republikaner: *Erskine Childers, Rory O'Connor, Liam Mellows, Joe McKelvey und Dick Barrett*. Rund

---

127 HOPKINSON, Green against Green, S. 110. ENGLISH, Armed Struggle, S. 33.
128 HOPKINSON, Green against Green, S. 127 ff.; EOIN NEESON, The Civil War 1922-23. 1989.² TOM GARVIN, 1922: The Birth of Irish Democracy. Dublin, 1996. GEORGE MORRISON, The Irish Civil War. Dublin, 1981.

10.000 Personen wurden interniert. Der materielle Schaden des Bürgerkriegs wurde auf rund 30 Millionen Pfund Sterling beziffert. 17 Millionen hatte es gekostet, den Krieg zu finanzieren. Der Krieg forderte nicht nur Leben, er zerriss Familien, vertiefte Hass und Misstrauen auf Seiten der »Free Staters« und »Republicans« und hinterließ tiefe Narben im kollektiven Gedächtnis der Iren. Für die erste Freistaats-Regierung nach dem Krieg war dies alles eine schwere Erbschaft.[129]

5.3. Der »Government of Ireland Act« und die Entstehung des nordirischen Staates 1920-1922

Die Britische Regierung suchte seit geraumer Zeit nach einer politischen Lösung, die ihr den *Rückzug aus Irland* ohne Gesichtsverlust ermöglichte. Die auseinanderlaufenden Interessen der Nationalisten und Unionisten sollten in einem Kompromiss so behandelt werden, dass einerseits die Chance zur Aufrechterhaltung der Einheit Irlands blieb, andererseits den Bedürfnissen nach Selbstbestimmung auf nationalistischer Seite und dem Wunsch der Unionisten nach Verbleib im United Kingdom Rechnung getragen wurde. Im Oktober 1919 setzte sie eine Kommission ein, um eine einvernehmliche Lösung zu erarbeiten.[130]

Das Ergebnis der Kommissionsberatungen war der *»Government of Ireland Act«*, der am 23. Dezember 1920 in Kraft trat:
- Bildung von *zwei teilautonomen Parlamenten*: eines für sechs Counties im Norden: Antrim, Armagh, Fermanagh, Tyrone, Down, Londonderry (Derry) mit 52 Mitgliedern, gewählt nach dem Verhältniswahlrecht und eines für die verbleibenden 26 Grafschaften im Süden. Das Nordparlament war ein Zwei-Kammer-Haus, es erhielt einen *Senat*, bestehend aus 26 Mitgliedern, 24 gewählt vom House of Commons in London und 2 dem Gremium »ex officio« angehörend (der Lord Mayor von Belfast und der Mayor von Londonderry). 13 Parlamentarier sollten Nordirland in Westminster repräsentieren.
- Einführung des Verhältniswahlrechtes, um die Chancen von Minderheiten zu erhöhen und striktes Verbot von Diskriminierung aus religiösen Gründen. Dies war vor dem Hintergrund der »sektiererischen« Potentiale, insbesondere bei den Unionisten, eine weise Regulation, die aber, wie bald offenkundig wurde, kaum beachtet wurde.

---

129 RONAN FANNING, Independent Ireland. Dublin, 1983. S. 39. HOPKINSON, Green against Green, S. 273. FRANCES M. BLAKE, The Irish Civil War 1922-1923 and what it still means for the Irish People. London, 1986.
130 Siehe zur britischen Irland-Politik v.a. S.LAWLOR, Britain and Ireland 1914-1923. Dublin, 1983. P. CANNING, British Policy towards Ireland 1921-1941. Oxford, 1985. GEORGE D. BOYCE, The Irish Question and British Politics 1868-1996. Basingstoke, 1996². THOMAS HENNESSEY, A History of Northern Ireland 1920-1996. Basingstoke, 1997. S. 4 ff.

- Schaffung eines gesamtirischen Rats (»*Council of Ireland*«) mit paritätischer Repräsentanz beider Teile Irlands (jeweils 20 Parlamentarier des Nord- und Südparlaments mit einem vom britischen Lord Lieutenant ernannten Präsidenten). Der Rat hatte sehr geringe Rechte, war aber als ein Instrument gedacht, die Einheit Irlands aufrechtzuerhalten.[131]

Die Rechte und Funktionen beider Parlamente waren sehr beschränkt: die oberste Souveränität der Britischen Regierung und des Westminster-Parlaments in bezug auf Irland wurde nicht angetastet. Die Krone behielt sich die Entscheidung über Außenpolitik, Handel, Zoll und Verbrauchssteuern vor. Nach anfänglichem Sträuben und der vagen Hoffnung, den Fortbestand der Union für ganz Irland erhalten zu können, war den Unionisten im Zuge der Verhandlungen mit der Britischen Regierung 1920 klar geworden, dass die Bildung einer Regionalregierung für Ulster unvermeidlich sei. Ein eigenes Parlament schien auch ein nützliches Instrument zu sein, ihre spezifischen »Ulster-Interessen« im Verbund des United Kingdoms besser zur Geltung bringen zu können und künftig von den Schwankungen der britischen Irland Politik weniger abhängig zu sein. Die 1920 gefundene Lösung stellte beide vorerst zufrieden, die Briten übten sich in Zurückhaltung und ließen die Unionisten regieren – bis 1972, immerhin über 50 Jahre.

In der Frage, welches *Territorium* das teilautonome Nordirland umfassen sollte, setzten sich die Unionisten durch. Sie verzichteten auf die drei Provinzen Donegal, Cavan, Monaghan - zum Entsetzen der dort lebenden Protestanten. Die geplante »Nordprovinz« sollte nur aus *sechs* counties der ursprünglichen *neun* der historischen Provinz Ulster bestehen: Armagh, Antrim, Down, Fermanagh, Londonderry und Tyrone. In den *sechs* counties dominierten die Protestanten die Katholiken im Verhältnis von 65,5% zu 34,5%. Ging man von den *neun* historischen Provinzen aus, dann war das Verhältnis dagegen nur 56% zu 44%. Die Absicht war klar: es ging um die Sicherung und Befestigung der protestantischen Vorherrschaft. Da die ausgeklammerten Provinzen Cavan, Monaghan und Donegal starke katholisch-nationalistische Mehrheiten besaßen, war es für die Unionisten zu riskant, diese innerhalb des neuen Separatstaates im Norden anzusiedeln. In den sechs counties ließ sich das verbliebene katholische Drittel erheblich besser kontrollieren.[132]

Wie im Gesetz vorgesehen, sollten 1921 Wahlen zu den Parlamenten im Norden und Süden stattfinden. Bei der Wahl zum *nordirischen Parlament* am 24. Mai 1921 siegten erwartungsgemäß die Unionisten mit einer überwältigenden Mehrheit: Bei einer Wahlbeteiligung von 89% gewannen sie 40 von 52 Sitzen, 6 gingen

---

131 Government of Ireland Act 1920. In: Irish Political Documents 1916-1949, S. 91 ff. Verfassungsrechtliche Darstellung bei BRIGID HADFIELD, The Constitution of Northern Ireland. Belfast, 1989. S. 45 ff.

132 O'LEARY/McGARRY, The Politics of Antagonism, S.100. HENNESSEY, History of Northern Ireland, S. 6. In einem neun Grafschaften umfassenden Staat hätten die Unionisten 52%-55% der Wählerstimmen kontrolliert, während sie in einem Parlament aus sechs Grafschaften auf eine Mehrheit über 60% kamen. Vgl. auch HELLE, Ulster, S. 358.

an Sinn Féin (104,716 Stimmen = 21%) und 6 an die Nationalisten (60,577 = 19%). Erster Premierminister Nordirlands wurde *Sir James Craig*.[133] Am 22. Juni 1921 eröffnete *König Georg V. (1865-1936)* feierlich die erste Sitzung des nordirischen Parlaments. Er appellierte an alle Iren , *die »Hand der Vergebung und Versöhnung auszustrecken«* um Irland in eine neue *»Ära des Friedens, der Zufriedenheit und guten Willens«* zu führen.[134] Der gutgemeinte Appell des Königs beschleunigte vielleicht den Weg zum Waffenstillstand zwischen Briten und Iren im Juli 1921, verhallte aber ungehört, was die Umsetzung des »Government of Ireland Act« in ganz Irland anbetraf. *Nationalisten und Republikaner* lehnten ihn als faktische Teilung Irlands ab, denn sie befürchteten, dass der im Gesetz vorgesehene »Council of Ireland« eine zu schwache Institution sein könnte, um die Einheit Irlands zu erhalten. Zur Konstitution eines *zweiten Parlamentes im Süden* kam es nicht und so wurde der »Government of Ireland Act« für den Süden Irlands nicht umgesetzt.

Der nordirische Staat wurde in einer Situation äußerster politischer Instabilität, heftiger Unruhen und Ausbrüchen von Gewalt geboren. Am Anfang der Geschichte Nordirlands stand kein klarer politischer Konsens über das neue Staatsgebilde. Nordirland war – überspitzt formuliert – das ungewollte Kind sowohl der irischen Nationalisten als auch der Unionisten. Was wäre geschehen, wenn es den irischen Bürgerkrieg nicht gegeben hätte oder wenn die Anti-Vertrags-Partei gesiegt hätte? Der nordirische Staat wäre kaum ins Leben getreten, bzw. hätte sich nicht so entwickeln können, wie es dann geschah. Dieser Start aus Unsicherheit und auf schwankendem Grund sollte sich für die nächsten Jahrzehnte als schwere Hypothek für die politische Kultur des neuen Staatsgebildes erweisen: ...*»the circumstances of its birth contain the seeds of its eventual demise.«*[135]

Die bürgerkriegsartigen Unruhen, an denen sowohl die IRA als auch die reorganisierte protestantische UVF beteiligt waren zogen eine grausige Spur von Mord, Brandstiftung, Zerstörung öffentlichen und privaten Eigentums, körperlicher Bedrohung und Einschüchterung sowie Vertreibung ganzer Bevölkerungsgruppen – heute würde man von »ethnic cleansing« sprechen – durch die Jahre 1920 bis 1922. Nach Schätzungen fanden in der Zeit von Juli 1920 bis Juli 1922 557 Menschen den Tod: 303 Katholiken, 172 Protestanten und 82 Polizei- und Armeeangehörige. 8.500 verloren, bedingt durch die Unruhen, ihre Arbeit, 23.000 wurden aus ihren Häusern vertrieben und 50.000 Katholiken flüchteten in den Freistaat. Zwischen dem 1. Januar und dem 1. März 1922 wurden allein in Belfast

---

133 EAMON PHOENIX, Northern Nationalism: Nationalist Politics, Partition and the Catholic Minority in Northern Ireland, 1890-1940. Belfast, 1994. S. 129. Siehe zu Craig v.a. PATRICK BUCKLAND, James Craig, Lord Craigavon. Dublin, 1980.

134 BARDON, History of Ulster, S. 481. Siehe zum Ganzen: JOHN MORRISON, The Parliament of Northern Ireland. Lurgan: Ulster Society Publications, 1996.

135 Brilliante, kurze Zusammenfassung der Geschichte bei FEARGAL COCHRANE, The Past and the Present. In: Politics in Northern Ireland. Edited by PAUL MITCHELL/RICK WILFORD. Oxford, 1999. S. 1 ff. Zitat: S. 9.

83 Menschen ermordet.[136] Die Britische Regierung, die nach dem Waffenstillstand vom Juli 1921 noch bis zum Sommer 1922 selbst für die Sicherheit in Nordirland verantwortlich war, sah sich in einem Dilemma. Sie hatte bereits im Oktober 1920 auf Drängen der Unionisten die stark angeschlagene und demoralisierte königlich-irische Polizei RIC durch eine neue bewaffnete Hilfstruppe, die »*Ulster Special Constabulary«, USC),* verstärkt. Die USC war in drei Abteilungen untergliedert (A, B und C) mit unterschiedlichen Aufgabenstellungen, Dienstzeiten, Rekrutierung und Bezahlung.[137] Die paramilitärische UVF wurde auf Beschluss der nordirischen Regierung in die USC integriert, um eine Zersplitterung der Kräfte im Kampf gegen die IRA zu verhindern. Allerdings führte diese Entscheidung dazu, dass die USC von Anfang an eine fast ausschließlich *protestantische Sondereinheit* wurde. Die USC, insbesondere ihre B-Abteilung *(»B-Specials«),* erwies sich in der Abwehr terroristischer Akte der IRA als sehr effektiv. Eine gezielte militärische Intervention der Britischen Regierung wäre den Unionisten in dieser dramatischen Lage am liebsten gewesen, allerdings zu ihren Konditionen, d.h. vornehmlich als *Sicherung der Grenze* zum Freistaat, ohne die Aktionen der USC einzuschränken. Obwohl London im Prinzip zum militärischem Eingreifen bereit war und entsprechende Beschlüsse des Kabinetts vorlagen, hielt sich die Regierung zurück.[138] Sie befürchtete im Falle eines neuen militärischen Engagements eine Konfrontation mit den Unionisten, denn britisches Militär hätte auch gegen die Übergriffe der USC vorgehen müssen. Ferner glaubte man, die Befürworter des Anglo-Irischen Vertrages zu schwächen und den IRA Hardlinern das Feld zu überlassen. Die Unionisten sollten selber für Ruhe und Ordnung sorgen und mit der Provisorischen Irischen Regierung im Süden einen modus vivendi finden. Auf Drängen der Britischen Regierung kam es im Frühjahr 1922 in London und Dublin zu mehreren Treffen zwischen Nordirland-Regierungschef James Craig und dem Armeechef des Freistaats, Michael Collins. Die Gespräche führten zu zwei Vereinbarungen (*»Craig-Collins Pacts«)* zur Beendigung der Gewalt, die indes binnen weniger Monate scheiterten, weil weder die Unionisten noch die Provisorische Irische Regierung in

---

136 MICHAEL FARRELL, Northern Ireland: The Orange State. London, 1983³, S. 62. HENNESSEY, History of Northern Ireland, S. 11. BARDON, A History of Ulster, S. 494. Etwas andere Zahlen bei: BRIAN BARTON, A Pocket History of Ulster. Dublin, 1996. S. 42 und bei ELLIOTT, Catholics in Ulster, S. 374.

137 Die A-Abteilung bestand aus mehr als 5000 vollzeitbeschäftigten und bewaffneten Männern, die B-Abteilung (B-Specials) umfasste rd. 20.000 uniformierte, unbezahlte Teilzeitkräfte, an die Waffen nach Bedarf ausgegeben wurde, in der C-Abteilung taten nichtuniformierte Männer unbezahlten Dienst je nach Dringlichkeit der Lage. Zur Entstehung der USC siehe vor allem MICHAEL FARRELL, Arming the Protestants: The Formation of the Ulster Special Constabulary 1920-27. Dingle/ London, 1983. Ferner: ARTHUR HEZLET, The »B«-Specials: A History of the Ulster Special Constabulary. London, 1972. Farrell ist dem republikanischen Lager zuzuordnen, Hezlet dem unionistisch-loyalistischen. Das beeinflusst nicht unwesentlich ihre Darstellungen.

138 Die Rolle der Britischen Regierung arbeitet gut heraus: HELLE, Ulster, S. 364 ff.

der Lage waren, die Vereinbarungen umzusetzen und eine Kooperation auch nicht ernsthaft anstrebten. Craig setzte auf Londons langfristiges Interesse an der politischen Absicherung des nordirischen Staatsgebildes und auf die eigene Stärke, die sich in der »Ulster Crisis« 1912 und danach bewährt hatte. Collins hielt Nordirland für nicht überlebensfähig und hoffte auf den Kollaps, der die Unionisten zwingen würde, ein vereinigtes Irland zu akzeptieren. Im übrigen musste er bald um das Überleben der eigenen Regierung kämpfen und stellte die Ulster-Frage zurück.[139]

Da ein Ende der Gewalt nicht abzusehen war, brachte die Regierung Craig ein Gesetz im nordirischen Parlament ein, das Justiz und Polizei Sondervollmachten einräumte. Mit nur einer Gegenstimme wurde das Gesetz, der berühmt-berüchtigte *»Civil Authority Act«* oder auch *»Special Powers Act«*, am 7. April 1922, angenommen.[140] Ferner ordnete Craig zur Wiederherstellung von Ruhe und Ordnung die Aufstellung einer neuen Polizeitruppe an. Am 1. Juni 1922 wurde die *»Royal Ulster Constabulary« (RUC)* geschaffen, die bis zu ihrer Umbenennung im Jahre 2001 unter diesem Namen als nordirische Polizei fungierte.[141] Nach dem »Civil Authority Act« war es der Polizei jederzeit gestattet, Durchsuchungen von Gebäuden, Fahrzeugen und Personen vorzunehmen, Straßen, Wege und Brücken zu sperren, private Gebäude zu besetzen und Ausgehverbote für bestimmte Gebiete zu erlassen. Organisationen, Versammlungen und Publikationen konnten durch einfache Anordnung des Innenministeriums verboten werden. Verhaftungen und Internierungen waren ohne Haftbefehl möglich. Für terroristische Gewaltakte konnten körperliche Strafen angewendet und im härtesten Falle sogar die Todesstrafe verhängt werden. Diese Maßnahmen und die entschlossene Ausweitung von Rekrutierungen für die RUC (1922: um 48.000 Personen) trugen erheblich dazu bei, die Aktivitäten der IRA einzudämmen und weitere Ausbrüche offener Gewalt in Nordirland zu verhindern. Während die Protestanten erleichtert die Rückkehr von Ruhe und Ordnung begrüßten und die neue Polizei unterstützten, blieb die katholische Minorität auf Distanz. Nach der endgültigen Auflösung der RIC am 4. April 1922 und der A und C Abteilungen der USC Anfang 1926 blieben die »B-Specials« Teil der »Royal Ulster Constabulary« unter ihrem alten Namen. Katholi-

---

139 A.C.HEPBURN, The Conflict of Nationality in Modern Ireland. London, 1980. S. 152 ff. HENNESSEY, History of Northern Ireland, S. 28 ff. MICHAEL A.HOPKINSON. The Craig-Collins Pacts of 1922. Two attempted reforms of Northern Ireland Government. In: Irish Historical Studies, Vol. XXVII, No. 106, November 1990, S. 145 ff. BUCKLAND, Ulster Unionism, S. 155 ff.
140 Umfassende Darstellung von Entstehung und Entwicklung des »Special Powers Act« bei LAURA K. DONOHUE, Counter-terrorist Law and Emergency Powers in the United Kingdom 1922-2000, Dublin/Portland, Oregon, S. 16 ff.
141 CHRIS RYDER, The RUC. A Force under Fire. (1922-2000). London, 2000^4, S. 38 ff.; GRAHAM ELLISON/ JIM SMYTH, The Crowned Harp. Policing Northern Ireland. London, 2000. S. 18 ff.

ken betrachteten sie eher als bewaffnete Hooligans, denn als Polizisten. Trotz eines gewissen Anteils an katholischen Polizisten, blieb die gesamte RUC in der Wahrnehmung der Katholiken die »protestantische Polizei.« Vertrauen oder gar Unterstützung des nordirischen Separatstaates war von katholischer Seite nicht zu erwarten. Mit dem Beginn des Bürgerkrieges im Juni 1922, begann sich die Lage in Nordirland zu entspannen und der »Orange State« konsolidierte sich.

5.4. »A Protestant State for Protestant People«: Nordirland 1922-1945

Nordirland umfasst ein Gebiet von 5237 Quadratkilometern, ungefähr ein Sechstel Irlands. Seit 1925 trennt eine 250 Meilen lange Grenze die Grafschaften Antrim, Armagh, Down, Londonderry, Fermanagh und Tyrone vom Freistaat. 1926 lebten hier rund 1,2 Millionen Menschen, 65,5% der Bevölkerung waren Protestanten, 34,5% gehörten der römisch-katholischen Minderheit an. In einer Rede am 22. April 1934 im nordirischen Parlament, das seit 1932 im neuerrichteten Parlamentsgebäude *in Stormont* tagte, hob der erste Premierminister Nordirlands, Sir James Craig, den protestantischen Charakter Nordirlands hervor: »*I am an Orangeman first and a politician... afterwards...In the South they boasted of a Catholic State. They still boast of Southern Ireland being a Catholic State. All I boast of is that we are a Protestant Parliament and a Protestant State.*«[142] Craigs »Protestant State« gewann sein Selbstverständnis in erster Linie durch Abgrenzung gegen den Freistaat, den Präsident Eamon de Valera und seine Nachfolger demonstrativ als »katholischen Staat« ausbauten.

Nordirland war von Beginn an mit schwerwiegenden politischen Konstruktionsfehlern behaftet:
- Nordirland war verfassungsrechtlich Teil des United Kingdoms und politisch doch nicht voll integriert. Es hatte sein eigenes Parlament (»Stormont«) mit *zwei Kammern*: dem *Unterhaus* und dem *Senat*. Das Unterhaus, bestehend aus 52 Mitgliedern, wurde für fünf Jahre gewählt. Der *Senat* umfasste zwei ex-officio Mitglieder, die Bürgermeister von Belfast und Londonderry/Derry und 24 weitere Mitglieder, gewählt vom Unterhaus nach dem Verhältniswahlsystem. Die Regierung bestand aus dem Premierminister und sechs Ministern.[143]
- Die Britische Regierung hielt die irische Frage mit der Teilung Irlands und der Konstituierung des nordirischen Parlamentes für – zumindest vorläufig – gelöst. Es gab keine ausgeprägten Neigungen in der britischen Politik, die irische Frage neu aufzurollen und bis 1949 keine Bereitschaft, eine verfassungspoliti-

---

142 Zit.n. HEPBURN, The Conflict of Nationality in Modern Ireland, S. 165.
143 Inneres, Finanzen, Arbeit, Handel, Bildung und Landwirtschaft. Siehe HADFIELD, Constitution of Northern Ireland, S. 61 ff. PAUL ARTHUR, Government and Politics of Northern Ireland. Harlow, 1980. S. 19 ff.

sche Bestandsgarantie für Nordirland abzugeben. Die Devise britischer Regierungspolitik gegenüber Ulster war, positiv formuliert, strikte, aber freundliche Zurückhaltung, negativ betrachtet, Gleichgültigkeit, nach dem Motto keine »schlafenden Hunde zu wecken.« Die regierungsamtliche Indifferenz der Briten gegenüber Nordirland, bestärkte die Unionisten in der Auffassung, eine besondere Form staatlicher Souveränität und Autonomie verliehen bekommen zu haben, die ihnen in »ihrem« Ulster freie Hand zur politischen Gestaltung gab. Dennoch hielt die Britische Regierung die Fäden – vor allem wirtschaftlich und finanziell – in der Hand. Nordirland war und ist bis heute ohne staatliche Subventionen aus London nicht lebensfähig.

- Die Existenzberechtigung Nordirlands wurde vom Freistaat, seit 1949 der Republik Irland, verfassungsrechtlich und politisch in Frage gestellt (Territorialanspruch in Art. 2 und 3 der Irischen Verfassung von 1937). Die Irischen Regierungen betrieben aber von 1922 an keine offensive, operative Vereinigungspolitik, trotz der im öffentlichen politischen Diskurs mehr oder weniger starken Vereinigungsrethorik.
- Die katholische Minorität innerhalb Nordirlands akzeptierte weder die Teilung noch das nordirische Staatsgebilde, ohne dass die meisten Katholiken aktiv gegen den Staat arbeiteten. Ihre politischen Vertreter verfolgten viele Jahre lang eher eine Politik der Abstinenz. Ethnische und religiös-kulturelle Differenzen verstärkten ihre Distanz zum »Orange State«.

Die Unionisten hatten *vier Ur-Ängste:*

Sie fürchteten *erstens* den irischen Freistaat, der sich als katholischer Nationalstaat verstand und die Wiedervereinigung Irlands – wenigstens ideologisch-rhetorisch – einklagte. In einem wiedervereinigten Irland würden die Protestanten als ethnische, religiöse und kulturelle Minderheit unter die Herrschaft des von der katholischen Kirche beeinflussten Staates geraten (»Rome Rule«). Die besondere Stellung der *katholischen Kirche* in der Verfassung des Freistaates (Art. 44,1: *»als der Wächter des Glaubens«*) das Verbot der Ehescheidung, die Hervorhebung traditionell-konservativer Familienwerte und die seit 1929 praktizierte rigide Presse-, Literatur- und Filmzensur war Munition genug für die unionistische Propaganda. Der Freistaat wurde als ein fremdes, bigottes System stigmatisiert, das sich feindselig gegen britische Kultur und Lebensart abgrenzte. Jeder einzelne Vorfall engstirniger Zensur des Staates oder der geistig-politischen Einflussnahme der katholischen Hierarchie auf Parteien und Politiker wurde als Beleg für die »Tyrannei« des katholischen Staates gewertet. Das Fernziel des Freistaates sei, entgegen der Verfassung (Art. 44,1,3), die *Eliminierung des Protestantismus*, was der Rückgang des protestantischen Bevölkerungsanteils belege. In der Tat war die Zahl der Protestanten im Süden dramatisch gesunken, was zweifellos mit Repressionen während des Unabhängigkeitskrieges und des Bürgerkrieges zusammenhing. Zwischen 1911 und 1926 verminderte sich die protestantische Bevölkerung um 34% (von 327.000 auf 221.000) und nahm in den nächsten Jahrzehnten weiter ab.[144] Die unionistische Kritik traf insofern einen richtigen Punkt, als dass Protestanten im katholischen Freistaat nicht als »richtige Iren« betrachtet wurden und Nachteile im Blick auf Beschäftigung im öffentlichen Dienst oder Zulassung zum Rechtsanwalt in Kauf nehmen mussten. Die kleine protestantische Minderheit versuchte, so unauffällig wie möglich zu leben. Zwischen 1919 und 1949 entwickelte sich im Verhältnis von katholischem Nationalismus im Süden und protestantischem Unionismus im Norden eine *separatistische Interdependenz:* Jede Seite pflegte ihre eigenen Ideologien und historischen Mythen, die den Charakter von Staatsdoktrinen annahmen.

Die Unionisten waren sich *zweitens* nicht sicher, ob die Britische Regierung zu ihnen stehen würde. Die Angst vor einem »Verrat« durch die Kosten und Nutzen kühl abwägende Britische Regierung war stets gegenwärtig. Sie betrachteten *drittens* die katholische Minderheit und die nationalistisch-katholische Partei (»Nationalist Party«) als nicht loyal. Katholiken galten als die »fünfte Kolonne« des Freistaates und waren somit ein Sicherheitsrisiko. *Viertens* schließlich fürchteten sie um die Einheit des unionistischen Blockes und sahen jede parteipolitische Konkurrenz und interne Opposition mit tiefem Misstrauen. Das zentrale Ziel der unionistischen Regierung war der Erhalt der Union mit Großbritannien und die Gleichstellung (»parity«) der Bürger Nordirlands mit allen anderen Bürgern des United Kingdom. Alle Politik ordnete sich diesem Selbstverständnis unter, was in der Regel nicht gerade experimentelles Denken, Risikobereitschaft und reformistischen Eifer beförderte, sondern Unsicherheit, Defensive, Belagerungsmentalität, Autoritarismus, Werte- und Strukturkonservatismus befestigte. Der »Ulsterman« war konservativ, vorsichtig und gegenüber politischem Wandel sehr skeptisch. Für die regierenden Unionisten reduzierte sich Demokratie schlicht auf *Mehrheitsherrschaft*, dies war ein geheiligter Grundsatz ihrer politischen Kultur. Akzeptanz von Pluralismus, Suche nach Kompromiss und Konsens, sowie Schutz von Minderheitenrechten galten als Zeichen von Prinzipienlosigkeit, Unsicherheit, Schwäche, Feigheit und letztlich Selbstaufgabe. Unionisten fühlten sich in ihrem Staat wie im permanenten Ausnahmezustand und betrachteten es als ihre Hauptaufgabe, alle politischen Kräfte zu gemeinsamer Gefahrenabwehr zu mobilisieren: Unionisten seien »*Männer, die sich wie in einer belagerten Zitadelle fühlten*«, schrieb *Ronald McNeill* 1922, der zur unionistischen Führungselite gehörte. Die Verteidigung des Empire unter dem Motto »*No Surrender*« sei den Protestanten Nordirlands vom Schicksal auferlegt. Um den »protestantischen Staat« zu erhalten setzten die nord-

---

144 EDWARDS, The Faithful Tribe, S. 262 ff. Zwischen 1926 und 1936 verließen weitere 24.500 den Süden (11,8%) und zwischen 1936 und 1946 betrug der Rückgang 14,2 %. Das war schon ein dramatischer Schwund. Mitte der Zwanzigerjahre betrug der Anteil von Protestanten an der Gesamtbevölkerung nur noch 8,4 %. Vgl. NOETZEL, Geschichte Irlands, S. 115. Vgl. auch DENNIS KENNEDY, The Widening Gulf: Northern Attitudes to the Independent Irish State 1919-1949. Belfast, 1988. S. 154. Vgl. R.B. McDOWELL, Crisis and Decline: the Fate of the Southern Unionists. Dublin, 1997.

irischen »Senioren-Regierungen« auf eine Politik *hegemonialer Herrschaftssicherung* und einem auf die protestantische Bevölkerungsmehrheit gerichteten Populismus, der auf die Formierung und Zementierung einer klassen- und schichtenübergreifenden Allianz aller Protestanten, vom liberalen Unternehmer bis zum Arbeiter.[145] Der »Oranier Orden« fungierte als ideologische Klammer dieser Allianz. Diese Politik wurde von der überwältigenden Mehrheit der Protestanten als notwendig und gerechtfertigt betrachtet, um die Union und den protestantischen Charakter Nordirlands zu bewahren. Die Unionisten siegten bei den Wahlen zum nordirischen Parlament stets mit klaren Mehrheiten, weil es ihnen gelang, jede Wahl zum *Referendum für den Erhalt der Union im United Kingdom* zu stilisieren. Wirtschafts- und sozialpolitische Probleme traten in der Wahrnehmung der protestantischen Wählerschaft in der Regel hinter die existentielle Frage zurück, wer den Protestanten garantieren konnte, Bürger des United Kingdoms zu bleiben. Die nationalistischen und republikanischen Katholiken fühlten sich verraten und verkauft und klammerten sich noch lange Zeit an die vage Hoffnung, dass die Teilung Irlands nicht von Dauer sein würde. Ihre Distanz zum »Orange State« vertiefte sich zusehends unter dem Eindruck der Konsolidierung des Nordstaates und der hegemonialen Politik, die sie als offene oder versteckte Diskriminierung erlebten.

Eine Reihe von politischen, wirtschaftlichen und sozialen Maßnahmen sicherten die unionistische Dominanz relativ komfortabel über 50 Jahre bis zum Ende der sechziger Jahre.

- Kommunales Zensuswahlrecht

In England wie in Irland galt zur Ausübung des kommunalen Wahlrechtes eine sogenannte *»Property Qualification«*: Wahlberechtigt waren nur Besitzer oder Pächter von Land oder Gebäuden im kommunalen Wahlkreis. Je nach Wert des Eigentums konnten sie bis zu sechs Stimmen haben, was allerdings nur auf 1,3% der Wähler in Nordirland zutraf.[146] Bis zu einem Viertel der erwachsenen Wahlberechtigten hatten überhaupt kein Stimmrecht (z.B. Untermieter oder Erwachsene, die noch im elterlichen Haushalt wohnten). Während diese Regelung in England 1945 abgeschafft wurde, hielt die unionistische Regierung an dem System fest

---

145 TODD, Unionist political thought, S. 195. PAUL ARTHUR spricht von einer »squirearchy«. ARTHUR, Government and Politics, S. 62. So betrug das Durchschnittsalter des Kabinetts 1921 54 Jahre und 1938 gar 62 Jahre. BUCKLAND, Factory of Grievances, S. 11. FARRELL bezeichnet das Kabinett als »Geschäftsführung von Industrie und Handel«. FARRELL; Northern Ireland, S. 68. O'LEARY/McGARRY, The Politics of Antagonism, S. 108 ff. sprechen von »hegemonic control«.

146 CHRISTOPHER HEWITT, Catholic grievances, Catholic nationalism and violence in Northern Ireland during the Civil Rights Period: a reconsideration. In: British Journal of Sociology, Vol,32, No.3, 1981, S. 362 ff. Derselbe, The Roots of Violence: Catholic grievances and Irish Nationalism during the Civil Rights Period. In: PATRICK J.ROCHE/ BRIAN BARTON (eds.) The Northern Ireland Question: Myth and Reality. Avebury, 1991. S. 17 ff.

(»Representation of the People Bill«, 1946).[147] Schon dies war, gemessen an dem demokratischen Gundsatz, dass Stimmen nicht *gewogen*, sondern *gezählt* werden sollten (»one man, one vote«), überaus kritikwürdig. Die Unionisten verschärften diesen Zensus noch, indem sie nur bewohnte Gebäude (»dwelling-houses«) zuließen und einen Mindestwert des Landbesitzes oder Gebäudes von 5 Pfund Sterling jährlich festsetzten. Damit sollte, so die Begründung, offenkundiger Missbrauch erschwert werden, etwa die Ausweisung von Kartoffeläckern oder Jahrmarktständen als »property qualification« und Zulassung von deren Besitzern zur Kommunalwahl.[148] Da die Abschaffung des Zensuswahlrechtes unionistische Mehrheiten keineswegs gefährdet hätte, wirkte das Festhalten an dem System im Kontext anderer politischer Benachteiligungen als Schikane und wurde zu recht von der katholischen Minorität kritisiert. Die obstinate Haltung der Unionisten wurde zu einer schweren Hypothek für die Zukunft, denn die Forderung nach »one man, one vote« auf kommunaler Ebene wurde zum »battle cry« der Bürgerrechtsbewegung in den sechziger Jahren.

- Abschaffung des Verhältniswahlrechtes (»Proportional Representation«, PR) auf kommunaler Ebene (16. April 1922: »Method of Voting and Redistribution of Seats Act«) und Neuordnung der kommunalen Wahlkreise

Nur drei Mal ist in Nordirland nach den Bestimmungen des Verhältniswahlrechtes gewählt worden: 1920 bei den Kommunalwahlen, 1921 und 1925 bei den Wahlen zum nordirischen Parlament. Um den Vertretungsinteressen von Minoritäten im Norden und Süden zu entsprechen, hatte die Britische Regierung 1919/20 das Verhältniswahlrecht für Landes- und kommunale Wahlen eingeführt. 1922 schaffte die nordirische Regierung das Verhältniswahlrecht für die »local elections« ab und begann 1923 in vielen Kommunen die Wahlkreise neu zu ordnen. Eine Neuordnung war durchaus notwendig, da die Wahlkreiseinteilung noch aus dem Jahre 1840 stammte. Die Praxis der Neuordnung erzeugte aber deutliche Ungleichgewichte und Machtverschiebungen zugunsten der Unionisten. 1920 hatten Nationalisten (*Nationalist Party of Northern Ireland, NP*), Sinn Féin und Labour in 24 von 75 Kommunalvertretungen (»local authorities«) die Mehrheit. 1927 verblieben ihnen nur noch 12.[149] Die Wahlkreise wurden neu zusammengesetzt, sodass *bevölkerungsstarke* katholische Wahlkreise entstanden, die *gleiche Anzahl* von Vertretern in die Kommunalrepräsentation schickten wie die *weniger bevölkerten*, aber überwiegend *protestantischen* Wahlkreise. Die katholische Seite beklagte lautstark die Strategien des *»gerrymandering«* (Wahlkreismanipulation), boykottierte aber – bis auf wenige Ausnahmen – die öffentlichen Untersuchungen einer Wahlkreiskom-

---

147 JOHN WHYTE, How much discrimination was there under the unionist regime 1921-68 ? In: Contemporary Irish Studies. Edited by TOM GALLAGHER/JAMES O'CONNELL, Manchester, 1983. S. 4.
148 HENNESSEY, History of Northern Ireland, S. 48.
149 Ebda, S. 45 ff.

mission. Diese Verweigerung und auch spätere Wahlenthaltungen (»*abstentionism*«) bestärkten wiederum die protestantische Mehrheit in ihrer Einschätzung der katholischen Minderheit als nicht kooperationsbereit, unzuverlässig, ja als feindselige »fünfte Kolonne« des Freistaates. Der Teufelskreis des gegenseitigen Misstrauens, der hier begann, setzte sich bis in die Gegenwart fort.

- Abschaffung des Verhältniswahlrechtes auf Landesebene 1929

Bis 1929 wurde das nordirische Parlament alle fünf Jahre nach den Bestimmungen des Verhältniswahlrechtes mit übertragbarer Einzelstimmabgabe (»Single Transferable Vote«) gewählt. Die Unionisten hatten stets eine komfortable Mehrheit, die im Zeitraum 1921 bis 1969 zwischen 43% und 67%, d.h. 32 und 40 Sitzen schwankte.[150] Der Beschluss der nordirischen Regierung, zum traditionellen Mehrheitswahlsystem (»*First-Past-the-Post*«) zurückzukehren, war verfassungsrechtlich legal, bedeutete aber eine deutliche Beschränkung politischen Wettbewerbs und trug dazu bei, die ethnisch-politischen Blöcke von Unionisten und Nationalisten politisch zu befestigen. Der Anteil der katholisch-nationalistischen Stimmen reduzierte sich nach 1929 von 33% auf 28%, allerdings verloren sie nur einen Sitz im nordirischen Parlament.[151] Die Reduktion der parlamentarischen Opposition zu einer politisch ohnmächtigen, gleichwohl zeitweise lautstarken Gruppe, die aber nie die Chance bekam, politische Verantwortung mit zu übernehmen, förderte auf Seiten der Opposition Resignation, Doktrinarismus und Rückzug auf die eigene Klientel. Es lohnte sich in vielen Wahlkreisen gar nicht, den Unionisten eigene Kandidaten gegenüberzustellen, da deren Chancen gleich Null waren. So stieg die Zahl der Sitze *ohne Gegenkandidaten* von 8 im Jahre 1925 auf 33 im Jahre 1933 an, das waren 70% aller Sitze.[152] Bis 1969 waren es immerhin noch zwischen 40 und 50 %. Bezeichnenderweise war der einzige Gesetzesentwurf der Opposition, den die Unionisten akzeptierten, ein Gesetz zum Schutz von Wildvögeln (»Wild Birds Act«). Die Hauptverlierer waren die kleineren Parteien, sowohl jene, die nicht auf der Basis ethnisch-nationaler Bevölkerungsgruppen organisiert waren, wie die »*Northern Ireland Labour Party (NILP)*« als auch die »*Independent Unionists*« und andere Unabhängige. Sie verloren 1929 insgesamt *vier* von den 1925 *acht* erreichten Sitzen, obwohl ihr Wähleranteil sich vergrößert hatte.[153] Sie hätten bei einem Verhältniswahlsystem mehr Sitze erhalten, doch ob sie die politische Kultur Nordirlands pluralistischer, kontroverser und vielleicht auch kompromissbereiter hätten gestalten können, steht dahin. Bei aller Kritik an der Abschaffung des Verhältniswahlsystems muss aber festgehalten werden, dass auch ohne diesen Schritt die Hegemonie der Unionisten nicht in Gefahr geraten wäre.

---

150 DEREK BIRRELL/ALAN MURIE, Policy and Government in Northern Ireland: Lessons of Devolution. Dublin, 1980, S. 90 f.
151 HENNESSEY, History of Northern Ireland., S. 45.
152 BARDON, History of Ulster, S. 511.
153 WHYTE, Discrimination, S. 4. Details bei http://www.ark.ac.uk/elections/hnihoc.htm

- Getrennte Erziehung: das Bildungsgesetz 1923

Zu einer schweren Hypothek für die Beziehungen der katholischen und protestantischen Volksgruppen wurde die getrennte Erziehung in den Schulen, die, ganz entgegen den ursprünglichen Intentionen des Bildungsministers Lord Londonderry und den Bestimmungen des »Education Act« von 1923, Wirklichkeit wurde. Gegen den erbitterten Widerstand der protestantischen Kirchen und die Opposition der katholischen Bischöfe musste Lord Londonderry davon absehen, den Schulunterricht in den staatlichen Grundschulen (Primary Schools) von obligatorischer religiöser Unterweisung freizuhalten. Die Bischöfe weigerten sich zudem die Autorität des Bildungsministerium und kommunaler Behörden für ihre rd. 300 Schulen anzuerkennen und wiesen sogar alle staatlichen Unterstützungen, inklusive der Lehrergehälter, zurück. Die Protestanten – zusammengeschlossen im 1924 gegründeten *United Education Committee*, das enge Verbindungen zum »Orange Order« unterhielt, – agitierten für eine verbindliche, im Stundenplan verankerte, letztlich protestantische, »bible instruction«, was sie schließlich durch zwei Gesetzesergänzungen 1925 und 1930 auch erreichten. So wurden die staatlichen Grundschulen (»*wholly maintained schools*«) zu protestantischen Schulen, die den Interessen der protestantischen Mehrheit entsprachen. Die Katholiken blieben in den »*independent schools*« unter sich. Diese erhielten nach heftigen Protesten der Bischöfe seit 1930 50% der Gebäude- und Unterhaltskosten. Hier wurde eine große Chance verspielt, durch gemischte Schulen und gemeinsame Erziehung von protestantischen und katholischen Kindern Begegnung zu ermöglichen, Vorurteile abzubauen, Freundschaften zu stiften, Gemeinsinn und Bürgertugenden zu entwickeln, kurz, die Grundlagen einer zivilen Gesellschaft zu schaffen.[154]

- Minoritätenpolitik, Innere Sicherheit und »Sectarianism«

Die Furcht der Protestanten vor einer Destabilisierung der politischen Lage in Nordirland durch die katholische Minderheit war groß und konnte gelegentlich hysterische Züge annehmen. Die Katholiken wurden pauschal der Sympathien mit dem Freistaat/der Republik und der IRA verdächtigt und galten als nicht loyal. Dies hatte Folgen, z.B. für die *Beschäftigung von Katholiken*, vor allem im öffentlichen Dienst. Hier waren Katholiken deutlich unterrepräsentiert. Die 1931 gegründete »*Ulster Protestant League*« agitierte gegen die Beschäftigung von Katholiken. Landwirtschaftsminister Sir Basil Brooke, der spätere langjährige Premier Nordirlands, erklärte im Juli 1933, dass er aus Prinzip keinen Katholiken einstelle. Er hielt alle Katholiken für potentielle Verräter und vertrat diese Haltung bis zu seinem Lebensende.[155] Darin wurde er vom Großmeister des »Orange Order«,

---

154 BUCKLAND, Factory of Grievances, S.247 ff. Noch immer maßgebliche Spezialstudie: S.AKENSON, Education and Enmity: The Control of Schooling in Northern Ireland, 1920-1950. Newton Abbot/New York, 1973.

155 Brooke stammte aus einer anglo-irischen Siedlerfamilie, die Ende des 16. Jahrhunderts aus England nach Donegal gekommen war. Seine Vorfahren hatten für ihre herausragende Rol-

Joseph Davidson, unterstützt, der in jedem beschäftigten Katholiken eine Stimme weniger für den protestantischen Staat sah. 1933 stellte Arbeitsminister J.M. Andrews nicht ohne eine gewisse Genugtuung fest, dass von 31 Austrägern, die beim Parlament angestellt seien, nur einer Katholik sei und dieser auch nur aushilfsweise! 1943 wurde in einer Untersuchung für das Finanzministerium ermittelt, dass von 55 höchsten Verwaltungsrängen kein einziger mit einem Katholiken besetzt war und nur 37 Katholiken aus 643 »higher grades« herausragten. Das gleiche Ministerium räumte 1948 ein, dass lediglich 5,83% Katholiken in Verwaltung und technischem Dienst des Ministeriums beschäftigt waren. Für 1951 wurde festgestellt, dass im öffentlichen Dienst 40% der Arbeiter in unteren Lohngruppen katholisch waren, aber nur 11,8% in den höheren Rängen (»*senior posts*«). Der einzige Katholik, der den hohen Rang eines »Permanent Secretary« erreichte, war Bonaparte Wyse im Erziehungsministerium in den Jahren 1927 bis 1928. Bis 1969 sollte kein weiterer Katholik in diese Ränge der Hierarchie vorstoßen. Der erste oberste Richter Nordirlands, Sir Denis Henry, war Katholik. Nach seinem Tod 1925 wurde kein weiterer Katholik bis 1949 ernannt. Von insgesamt 68 Ernennungen auf höhere Posten in der Justiz 1922 bis 1969 waren nur 6 Katholiken. Besonders drastisch war die protestantische Dominanz bei der *Polizei*: Die RUC hatte im Jahre 1925 eine Stärke von rd. 3000 Polizisten, von denen 541 Katholiken waren. (= 18,0 %). 1936 gab es gerade 17,12% Katholiken in ihren Reihen, noch weniger waren es in den höheren Rängen, obwohl ein Drittel der Posten für Katholiken reserviert war. 1944 waren es 16% und 1961 nur noch 12%.[156] Bei diesen Zahlen muss allerdings berücksichtigt werden, dass die Neigung von Katholiken, im öffentlichen Dienst zu arbeiten oder gar in den Polizeidienst zu treten, sehr gering war. Dafür gab es im wesentlichen *drei Gründe*: einmal ihre Distanz zum »Orange State« im allgemeinen, sodann die deutlich schwächeren beruflichen Qualifikationen, schließlich auch die Furcht vor der IRA, die Dienstwillige als »Verräter« mit Todesdrohungen einschüchterte. *Patrick Shea*, einer der wenigen Katholiken, die in den zwanziger Jahren in den öffentlichen Dienst in Belfast eintraten, berichtet davon, dass manch einer seiner Glaubensbrüder Katholiken im Dienste der unionistischen Regierung mit Misstrauen betrachteten: »*It*

---

le bei der Niederschlagung des katholischen Aufstandes 1641 Ländereien in Fermanagh erhalten. Dort leben seine Nachfahren noch heute. BRIAN BARTON, Brookeborough. The Making of a Prime Minister. Belfast, 1988. Derselbe, Lord Brookeborough and the Andrew's Premiership. In: ELVERT, Nordirland, S. 171 ff. Interview mit einem Nachfahren bei SUSAN McKAY, Northern Protestants. An Unsettled People. Belfast, 2000. S. 219 ff.

156 RAFFERTY, Catholicism in Ulster, S.233. BARDON, History of Ulster, S. 640. FRANK GALLAGHER, The Indivisible Island: The History of the Partition of Ireland. London, 1957. S. 208 f. AKENSON, Education and Enmity, S. 96. O'LEARY/McGARRY, The Politics of Antagonism, S. 128. RYDER, RUC, S. 60. BUCKLAND, Factory of Grievances, S. 20. WHYTE, Discrimination, S. 23. Etwas andere Zahlen bei RONALD WEITZER, Policing Under Fire. Ethnic Conflict and Police-Community Relations in Northern Ireland. New York, 1995. S. 39.

was my experience that some Catholics, and especially those in Belfast where, I had been told, the Bishop had advised them against seeking Government employment, looked with suspicion on Catholic civil servants. We had joined the enemy; we were lost souls.«[157] Die geringe Anzahl von Katholiken im öffentlichen Dienst ist somit nicht *allein* auf Diskriminierung zurückzuführen, wie von nationalistischer Seite oft behauptet wurde. Auch nährten Nationalisten die unionistischen Verdächtigungen, es auf die Zerstörung des »protestantischen Staates« abgesehen zu haben, da die NP bis 1925 eine Mitarbeit im nordirischen Parlament verweigerte und stets hilfesuchend nach Dublin blickte. Ein vereintes Irland schien für sie die Lösung aller Probleme zu sein. Erst *Joe Devlin (1871-1934)*, der legendäre Führer der Nationalisten, brach mit der Abstinenzpolitik und nahm seinen Parlamentssitz ein, gefolgt (bis 1927) von 10 Kollegen. Ihre Haltung war im katholischen Lager umstritten und die Republikaner verweigerten beharrlich jede Mitarbeit im nordirischen »statelet«. Devlin bemühte sich nach Kräften um konstruktive Oppositionspolitik und formulierte Vorschläge zu innerer Sicherheit und politischer Repräsentation. Außerhalb des Parlaments machte die im Mai 1928 gegründete *»National League of the North«* Druck auf die Unionisten. Doch weder Devlins konstruktive Haltung, noch die, z.T. stark ritualisierten politischen Attacken der »National League« gegen die Teilung Irlands, machten Eindruck auf die Unionisten. Joe Devlin zog 1932 mit seinen nationalistischen Kollegen frustriert und desillusioniert aus dem Parlament aus und danach gab es nur noch sporadische Beteiligung an den Parlamentssitzungen, die während des Zweiten Weltkrieges gänzlich eingestellt wurde. Die Unionisten blieben, wie sie es am liebsten hatten, unter sich. Die NP der vierziger bis sechziger Jahre war *»deeply conservative, middle class and clerically driven«*,[158] doktrinär, unbeweglich, ohne jede Vision und Konzeption für die weitere Entwicklung Nordirlands. Sie setzte auf Zeit, die wachsende katholische Geburtenrate, den Schulterschluss mit der katholischen Kirche und die Festigung ihrer Bastionen inmitten »feindlichen Gebietes«. Es liegt auf der Hand, dass eine solche Politik der Bestandssicherung zu Verkrustungen und politischer Immobilität führen musste. In den sechziger Jahren zeigten sich die Folgen in verhängnisvoller Langfristwirkung: Die NP spielte politisch keine Rolle mehr.[159]

Ein besonderes Ärgernis war der *»Special Powers Act«*, den die Minderheit als ausschließlich gegen ihre Gruppe gerichtet verstand. Die Einführung des »Special Powers Act« 1922 war in einer Zeit schwerer Unruhen und Gesetzlosigkeit als Ausnahmeregelung begründet worden, gleichwohl wurde er, auch nach deutlicher Beruhigung der innenpolitischen Lage, von 1923 bis 1927 jährlich erneuert und

---

157 PATRICK SHEA, Voices and the Sound of Drums: An Irish Autobiography. Belfast, 1983², S. 112 f.
158 ELLIOTT, Catholics in Ulster, S. 397.
159 Siehe zum Ganzen: BRENDAN LYNN, ‚Holding the Ground‘: The Nationalist Party in Northern Ireland. 1945-1972. Avebury, 1997.

1928 für weitere fünf Jahre verlängert. Von 1933 an blieb er dauerhaft in Kraft.[160] Die Unionisten betrachteten, vor dem Hintergrund der blutigen Entstehungsphase Nordirlands 1920 – 1922 und der Politik der Fianna Fáil Regierung in den dreißiger Jahren (Formierung des »katholischen Staates«), das Sondergesetz als eine Lebensversicherung für Ulster.

So entwickelte sich nach 1921 in Nordirland langsam eine dualistische Gesellschaft, die – etwas überspitzt – als ein System »*konsensueller Apartheid*« bezeichnet worden ist.[161] Protestanten und Katholiken bewohnten in mehr oder weniger friedlicher Koexistenz zwar ein und denselben Teil der grünen Insel, lebten aber neben- und nicht miteinander. Es gab strikte Trennungen in der Arbeitswelt. Politische, religiöse und kulturelle Orientierungen wichen deutlich voneinander ab. Protestanten und Katholiken hatten ihre eigenen politischen Interessenvertretungen in Parteien, Vereinen und Verbänden. Sie gingen in verschiedene Kirchen, schickten ihre Kinder auf protestantische oder katholische Schulen und ließen ihre Lehrer in konfessionellen Kollegs ausbilden. Sie tranken ihr Guinness in verschiedenen Kneipen, lasen konfessionsorientierte Zeitungen, pflegten ihre jeweiligen kulturellen Organisationen und separierten sich auch in ihrer Freizeit. Kurz: man blieb unter sich. Gemischte Ehen waren selten, vor allem in ländlichen Gegenden. Von Kindesbeinen an lernten Katholiken und Protestanten, konfessionelle Differenzen zu beachten. In Belfast und Derry lebten Protestanten und Katholiken besonders dicht beieinander, aber in getrennten Stadtvierteln. Die katholische Falls Road stieß unmittelbar an die protestantische Shankill Road. Noch gab es keine physische Trennlinie wie nach 1969. Die unsichtbare Mauer war aber stets zu spüren, sie war in den Köpfen und Herzen der Menschen und durchdrang das Alltagsleben. Die protestantischen Arbeiter in der Shankill Road lebten wie ihre Klassengenossen in der Falls Road zum Teil in bitterer Armut und unzumutbaren Wohnverhältnissen, doch die Protestanten schauten auf die Katholiken herab. Von den »Fenians« hielt man sich fern, Ausnahmen bestätigten die Regel. Die »dualistische Gesellschaft«, die Betonung der konfessionellen und politischen Trennungslinien und die aggressive, gelegentlich gewalttätige, Wendung der Protestanten gegen die Katholiken hat sich im »Orange State« vertieft. In Nordirland wird dieses Phänomen der Spaltung und gestörten Gruppenbeziehungen bis heute als »*sectarianism*« bezeichnet. Das deutsche Wort »Sektierertum« kann den Bedeutungskontext von »*sectarianism*« nicht adäquat wiedergeben. »*Sectarianism*« ist nach den Autoren eines großangelegten Forschungsprojekts, Joseph Liechty und Cecilia Clegg, ein System von Einstellungen, Handlungen, Überzeugungen und Strukturen auf personaler, gesellschaftlicher und institutioneller Ebene, in dem Religion, bzw. eine verhängnisvolle Mischung aus Religion und Politik, eine zentrale Rolle spielt. »*Sectarianism*« entsteht aus der Perversion von Bedürfnissen auf Zugehörigkeit,

---

160 DONOHUE, Counter-terrorist Law, S. 31 ff.
161 CHARLES TOWNSHEND, Ireland. The 20th Century. London, 1999. S. 195.

Identität und Differenz und prägt die Beziehungen zwischen den Menschen in destruktiver Weise. Unterschiede und Trennlinien zwischen sozialen Gruppen werden zugespitzt, Gruppen gering geschätzt, abgewertet, entmenschlicht oder dämonisiert. Die Überlegenheit der eigenen Gruppe wird religiös, kulturell und politisch legitimiert und mit einem breiten Repertoire von Repressionen durchgesetzt, die von Beschimpfungen und Einschüchterungen bis zu extremer physischer Gewalt reichen können.[162] Auf den ersten Blick ist das ein recht abstraktes Konstrukt, aber es ist doch geeignet, ein grundlegendes religiös-politisches Verhaltensmuster im Verhältnis von Protestanten zu Katholiken und umgekehrt sichtbar zu machen, das sich über Jahrhunderte langsam entwickelt hat.

Der *Zweite Weltkrieg* vertiefte die Entfremdung der Unionisten im Norden von den Nationalisten in der Republik und in Ulster. Während Nordirland an der Seite Großbritanniens im Krieg gegen den deutschen Faschismus seinen Beitrag leistete und die Zivilbevölkerung in Belfast unter heftigen deutschen Bombenangriffen litt, blieb der Freistaat als einziges »dominion« im britischen Commowealth neutral.[163] Die Entscheidung für die Neutralität fand breite Zustimmung in der Bevölkerung und den politischen Parteien. Eine Teilnahme am Krieg an der Seite Großbritanniens war vor dem Hintergrund des geschichtlich belasteten Verhältnisses beider Staaten zu diesem Zeitpunkt nicht möglich und hätte heftige innenpolitische Eruptionen ausgelöst. De Valera ließ sich nicht auch nicht von dem völlig überraschenden und verlockenden Angebot der Britischen Regierung im Juni 1940 umstimmen, die versprach, im Falle des Eintritts der Irischen Regierung in den Krieg an der Seite Englands eine *Deklaration für die Einheit Irlands* abzugeben. Die Britische Regierung hatte Mühe, diese Offerte dem empörten nordirischen Premierminister Craig zu erklären.[164] In Nordirland wurde nicht nur die Neutralität des Freistaates übel aufgenommen, sondern auch die Unterstützung der Neutralität durch die katholisch-nationalistische Minderheit kritisiert, deren politische Vertreter deutlich machten, dass sie kein »Vaterland« zu verteidigen hätten. Mit Empörung registrierten Unionisten, dass die Nationalisten auch noch ausgerechnet im Kriege die Teilungsfrage erneut auf die Tagesordnung setzen wollten und somit erneut »Englands Verlegenheit« in »Irlands Gelegenheit« ummünzen wollten.

---

162 JOSEPH LIECHTY/CECILIA CLEGG, Moving Beyond Sectarianism. Religion, Conflict and Reconciliation in Northern Ireland. Dublin, 2001. S. 37 und 103. Liechty ist amerikanischer Mennonit, Clegg promovierte Theologin und Ordensschwester der »Congretation of La Retraite«.

163 Beste Überblicke: BRIAN BARTON; Northern Ireland in the Second World War. Belfast, 1995. JOSEPH T. CARROLL, Ireland in the War Years 1939-1945. Newton Abbot/New York, 1975. JOHN FISK, In Time of War. Ireland, Ulster and the Price of Neutrality, 1939-1945. London, 1983. Immer noch wichtig: JOHN W. BLAKE, Northern Ireland in the Second World War. Belfast, 1956. BRIAN GIRVIN/GEOFFREY ROBERTS (eds.), Ireland and the Second World War: Politics, Society and Remembrance, Dublin, 2000.

164 FISK, In Time of War, S. 177. HENNESSEY, History of Northern Ireland, S. 87.

Hinzu kam, dass während des Krieges die seit dem Ende des Bürgerkrieges relativ inaktive IRA 1939 eine Bombenkampagne mit 291 Attacken in England startete. Sieben Tote und 96 Verletzte waren zu beklagen. Die Nationalisten, so die unionistische Sicht, verbrüderten sich mit den Feinden Großbritanniens. Um Mord und Terror nach England zu tragen, würden sie sich nicht scheuen, sogar Kontakte mit Nazi-Deutschland anzuknüpfen. An diesem Vorwurf war so viel wahr, dass IRA-Stabschef *Sean Russell (1893-1940)* im Mai 1940 nach Berlin gereist war, um dort im Sabotage- und Untergrundkampf geschult zu werden. Die IRA war nicht am Nationalsozialismus interessiert, aber Deutschland war ein Feind Großbritanniens und das reichte für ein Unterstützungsgesuch. Umgekehrt hatten die Nationalsozialisten kein Interesse an dem »Befreiungskampf« der Iren, aber es ging gegen England und da war es schon eine Überlegung wert, ob man die »Karte IRA« spielen sollte. Obwohl sehr skeptisch gegenüber den Fähigkeiten der IRA, im Rücken Großbritanniens ernstzunehmende militärische Schläge auszuführen, stimmten die Deutschen zu, Russell mit einem U-Boot nach Irland zu bringen. Doch Russell starb auf der Reise an einem Magendurchbruch. Verschiedene deutsche Agenten wurden in Irland rasch gefasst und so konnte die deutsch-irische Terror-Connection die Alliierten nicht beunruhigen.[165] Dennoch war die Aufdeckung dieser Machenschaften natürlich nicht geeignet, die Sympathien für die IRA und ihre nationalistischen Befürworter im Norden zu steigern.

5.5 »Stille Jahre« und/oder »Kalter Krieg« 1945-1963

Die Unionisten betrachteten die 1945 siegreiche neue Labour-Regierung, die sich dem Aufbau des britischen Sozialstaates *»from the cradle to the grave«* verschrieben hatte mit außerordentlichem Misstrauen. Man war sich nicht sicher, welche Politik Labour gegenüber Irland betreiben würde und befürchtete eine Lockerung der Bindungen zu Großbritannien. So war man ängstlich bemüht, die Zugehörigkeit Ulsters zum United Kingdom zu unterstreichen und konnte eine Weile von dem Nimbus des aufopferungsvollen Beitrages Nordirlands zum Sieg im Zweiten Weltkrieg an der Seite der Alliierten zehren. Hinzu kamen verschiedene Versuche, eine authentische kulturelle Identität Ulsters im Verbund des United Kingdom herauszuarbeiten. Zahlreiche Besuche der königlichen Familie deuteten die Unionisten als Demonstration der Verbundenheit des »Mutterlandes« mit Ulster und eiferten darum, ihre »Britishness« pointiert über die Rolle der Monarchie in Großbritannien zu definieren. Die Unionisten verbuchten es als Erfolg, dass die Britische Regierung in Reaktion auf die Agitation der katholischen *»Anti-Partition League«*[166] mit

---

165 ENGLISH, Armed Struggle, S. 63 ff. COOGAN, IRA, S. 202 ff., BELL, Secret Army, S. 190 f.
166 HENNESSEY, Northern Ireland, S. 99 ff. FARRELL, Northern Ireland, S. 178 ff.

dem *Ireland Act im Juni 1949* verfassungsrechtlich die Existenz Nordirlands als Bestandteil des United Kingdoms garantierte:

> »*Parliament hereby declares that Northern Ireland remains part of His Majesty's Dominions and of the United Kingdom and affirms that in no event will Northern Ireland or any part thereof cease to be part of His Majesty's Dominions and of the United Kingdom without the consent of the Parliament of Northern Ireland.*«[167]

Die Bekräftigung der verfassungsrechtlichen Zugehörigkeit Nordirlands, von den Unionisten gefeiert und der Republik Irland scharf kritisiert, ging aber mit der Entscheidung der Britischen Regierung einher, die Bürger der Republik Irland nicht als Ausländer zu behandeln. Ähnlich wie die Bundesrepublik Deutschland in den siebziger und achtziger Jahren ihr Verhältnis zur DDR als »besondere Beziehung« definierte, so insistierten die Briten auf ihrem besonderen Verhältnis (»*special relationship*«) zu Irland. Diese, aus Sicht der Unionisten gefährlich ambivalente Position, ließ sie in ihrem Grundmisstrauen in die Absichten und diplomatischen Winkelzüge der Britischen Regierung nicht nachlassen. »Wachsam bleiben« und »No-Surrender« blieb die Grundmelodie der Stormont Regierungspolitik gegenüber dem Mutterland.

Der von Labour propagierte »demokratische Sozialismus« und der umfassende Einstieg in den Sozialstaat, stieß auf erhebliche Reserven bei der herrschenden unionistischen Elite, Teilen der Industrie und der katholischen Kirche – jeweils aus unterschiedlichen Motiven. Gegen den »*creeping socialism*« der Britischen Regierung brachten die Mitglieder des nordirischen Kabinetts, *Brian Maginess* und *Ronald Nugent,* eine größere Unabhängigkeit Nordirlands in Form eines »Dominion-Status« ins Spiel – bei Aufrechterhaltung voller finanzieller Verantwortung Großbritanniens. Doch Premierminister Basil Brooke war klar, dass ohne die Übernahme der britischen Sozialgesetzgebung gefährliche soziale Spannungen drohten und relevante Teile der protestantischen Arbeiterklasse, die in ihrer Mehrheit bislang treu zu den Unionisten gestanden hatte, zu Labour abwandern könnten. Das Ergebnis der Wahlen zum nordirischen Parlament am 14. Juni 1945 war den Unionisten Warnung genug. Auch hier hatte es, wie in England, einen Linksruck gegeben. Der Stimmenanteil der Unionisten war auf 50,4 % (= 33 Sitze) geschrumpft – es war das schlechteste Ergebnis seit 1921 – während die NILP mehr als 30% der Stimmen erreichte und mit zwei Abgeordneten ins Stormont-Parlament einziehen konnte.[168] Ein Dominion-Status kam für Brooke und die Mehrheit der führenden Unionisten nicht in Betracht, denn wie sollte größere Autonomie bei gleichzeitiger Forderung nach Fortsetzung finanzieller Unterstützung begründet werden? Wenn »Dominion-Status« ferner bedeutete, eine Anglei-

---

167 Irish Political Documents 1916-1949, S. 250.
168 ahlergebnisse 1921 bis 1969 bei DAVID HARKNESS, Northern Ireland since 1920. Dublin, 1983. S.184. Siehe auch: EMMET O'CONNOR, A Labour History of Ireland 1824-1960. Dublin, 1992, S. 190.

chung der sozialstaatlichen Leistungen zwischen Mutterland und Provinz zu verzögern oder gar zu verhindern, dann war das ohnehin völlig inakzeptabel. Die Unionisten trieb schließlich die Ur-Angst vor einer Schwächung des protestantisch-unionistischen Blocks zur Übernahme des Sozialstaates made in Britain. Das Sozialstaatsprogramm der Labour Regierung wurde zwischen 1946 und 1951 Schritt für Schritt umgesetzt, basierend auf dem Prinzip der Gleichbehandlung mit dem Rest Großbritanniens im Blick auf Dienstleistungen und Steuern (»*parity of services and taxation*«).[169] Das zahlte sich schließlich auch wahlpolitisch aus: Bei den Wahlen zum nordirischen Parlament 1949 feierten die Unionisten einen überzeugenden Sieg und Premier Brooke notierte in seinem Tagebuch: »*A magnificent victory ... all socialists knocked out.*«[170]

Wenn man den Zeitraum von 1945 bis zum Ende der Regierungszeit Brooke 1963 als »stille Jahre« bezeichnet, so ist das natürlich cum grano salis zu nehmen. Wir können auch – mit dem Historiker Thomas Hennessey – von einem »Kalten Krieg« sprechen.[171] Die alten Bedrohungsängste und Spannungen zwischen den Bevölkerungsgruppen und ihren politischen Protagonisten – Unionisten und Nationalisten – waren durch Krieg und die unmittelbar drängenden Aufgaben des Wiederaufbaus nur zeitweilig in den Hintergrund getreten. Doch sie waren noch vorhanden und spitzten sich bei kontroversen wirtschaftlichen, sozialen, politischen und kulturell-religiösen Streitpunkten wieder zu, so z.B. im Streit um die Reform des konfessionell segregierten Bildungswesen und um den 1954 beschlossenen »*Flags and Emblems (Display) Act*« , ein Flaggengesetz, das den »Union Jack« besonders schützte und die Polizei ermächtigte, das Zeigen der irischen Trikolore zu unterbinden. Die protestantische Seite blieb unter Führung der Unionisten stets wachsam und misstrauisch (»*eternal vigilance*«), musste aber letztlich um ihre politische Dominanz nicht fürchten, weil Bewahrung und Festigung des klassen- u. schichtenübergreifenden unionistischen Blocks, trotz gelegentlicher parteipolitischer Konkurrenz, immer wieder gelang.[172] Das zentrale ideologische und politi-

---

169 Siehe zum Ganzen: SABINE WICHERT, Northern Ireland since 1945. Harlow/London, 1999². S. 43 ff. Ferner: HARKNESS, Northern Ireland since 1920, S. 108 ff. BARDON, History of Ulster, S. 588 ff.
170 zit.n. PAUL BEW/ PETER GIBBON /HENRY PATTERSON, Northern Ireland 1921-1996: Political forces and social classes. London, 1996², S. 107.
171 Von »Quiet Years« spricht BARDON, History of Ulster, S. 587 und meint damit den Zeitraum bis 1963, Hennessey bezeichnet den Zeitraum 1928 bis 1962 als »Kalten Krieg«. HENNESSEY, History of Northern Ireland, S. 56 ff. BARTON, Pocket History of Ulster, S. 98, charakterisiert die 50er und frühen 60er Jahre als »Northern Ireland's most harmonious and most promising years«.
172 Ein Abdriften der Arbeiter zur NILP schien zeitweise als ernsthafte Gefahr. Die NILP hatte von den massiven wirtschaftlichen Schwierigkeiten Ende der fünfziger Jahre, begleitet durch Massenstreiks, nicht unerheblich profitiert. Sie schnitt bei den Wahlen zum nordirischen Parlament 1958 und 1962 gut ab (4 Sitze und 16%, bzw. 26%), sicherlich auch positiv befördert durch ihre Entscheidung, sich auf den Boden der Verfassung Nordirlands zu

sche Einflusszentrum in der Ulster Unionist Party blieb der »Orange Order«. Fast alle unionistischen Abgeordneten (138 von 149), die zwischen 1921 und 1969 ins Parlament gewählt worden waren, gehörten dem Orden an, sowie alle Senatoren zwischen 1921 und 1968 und jeder Premierminister.[173]

Gleichwohl war auch – jedenfalls phasenweise – ein entspannteres Verhältnis zur katholischen Minorität zu beobachten. Zwar blieben Benachteiligungen der katholischen Minderheit, vor allem im Blick auf das kommunale Wahlrecht, die Wohnungsversorgung und den Arbeitsmarkt, bestehen und Konflikte wucherten weiter, dennoch gab es auf katholischer Seite auch Anzeichen für eine, zumindest kurzfristig wachsende, Bereitschaft zur »friedlichen Koexistenz« mit dem nordirischen Status Quo. Die Teilung und die Grenze, die scharfen und oft gewalttätigen Frontstellungen der zwanziger bis vierziger Jahre schienen im Bewusstsein derjenigen Katholiken deutlich zurückzutreten, die von den langsamen wirtschaftlichen und sozialen Verbesserungen profitierten. Katholiken waren politisch auch keineswegs gänzlich einflusslos. Abgesehen von ihrer Opposition im Stormont-Parlament (im Zeitraum von 1945 bis 1969 stellte die NP jeweils zwischen sechs und zehn Abgeordnete) kontrollierten sie Kommunen wie Downpatrick, Keady, Limerick, Limavady, Strabane und Newry.

Heftige Beunruhigung löste in den fünfziger Jahren die sogenannte »*Grenz-Kampagne*«(»*Border Campaign*«) der IRA aus. Die *IRA* war nach ihrer Niederlage im Bürgerkrieg, vielfältigen Repressionen, Internierungen und Verurteilungen, in den Untergrund gegangen, hatte sich 1924, nach Entlassung vieler Internierter, reorganisiert und in den dreißiger Jahren in London eine Bombenkampagne organisiert. Danach hatte sie sich mehr oder weniger in den Untergrund zurückgezogen.[174] Die »Grenzkampagne« war lange und sorgfältig geplant und konnte relativ gut ausgerüstet umgesetzt werden. Die Waffen stammten aus Überfällen auf britische Kasernen in den Jahren 1951 bis 1955 oder waren mit Unterstützung amerikanischer Freunde nach Irland geschmuggelt worden. Zwischen 1957 und 1962 hielt die IRA mehr oder weniger kontinuierlich Polizei und Justiz im Norden Irlands mit rd. 600 Aktionen (1957 allein 366) in Atem. Auf Beschluss ihrer Armee-Führung hatte die IRA ihre Attacken auf Nordirland beschränkt, weniger aus Pietät oder Rücksichtnahme auf die Irische Regierung als aus Furcht, von

---

stellen. 1962 erreichte sie 76.842 Stimmen und stabilisierte eindrucksvoll das Ergebnis von 1958. FARRELL, Northern Ireland, S. 228. Vgl. ferner: O'CONNOR, A Labour History of Ireland, S. 195 ff. BARDON, History of Ulster, S. 611 ff. HARKNESS, Northern Ireland since 1920, S. 122 ff., BEW/GIBBON /PATTERSON, Northern Ireland 1921-1994, S. 128 f.

173 HARBINSON, Ulster Unionist Party, S. 90ff. EDMUND AUNGER, In Search of Political Stability: A Comparative Study of New Brunswick and Northern Ireland. Montreal, 1981. S. 123. Siehe auch die Website des »Orange Order« www.grandorange.org.uk

174 Siehe dazu ENGLISH; Armed Struggle, S. 42 ff. PETER NEUMANN, IRA. Langer Weg zum Frieden. Hamburg, 1999. S. 52 ff.

dieser mit Sondergesetzen und verschärften polizeilichen Maßnahmen verfolgt zu werden. Denn für den Erfolg der Kampagne waren zwei Bedingungen entscheidend: weniger verfolgungsbereite Behörden in der Republik und ein weites Rückzugsgebiet. Die Dubliner Regierung ging trotz dieser Zurückhaltung der IRA seit Juli 1957 energisch gegen die Organisation vor. Schon 1958 und 1959 begannen die Aktionen der IRA zu erlahmen und gingen bis 1960 auf ganze 26 zurück.[175] Militärisch standen die IRA Kommandos mit ihren 5 bis 12 Kämpfern bei allem Wagemut und aller Todesverachtung auf verlorenem Posten, schließlich gebot die RUC über 2.800 gut ausgerüstete, bestens trainierte und motivierte Polizisten, dazu kamen 1.000 »full-time« und 11.600 »part-time« B-Specials. Internierungen und Verurteilungen (rd. 200 Aktivisten der IRA wurden zu langjährigen Gefängnisstrafen verurteilt) dezimierten die Terrororganisation rasch. 12 IRA »fighter« und Sympathisanten sowie 6 Angehörige der RUC starben. Entscheidend für die Niederlage der IRA war aber die Haltung der Bevölkerung: Im Norden sah sich die IRA ohnehin einer feindseligen unionistischen Majorität gegenüber und konnte nur in den Grenzregionen auf vereinzelte Unterstützung durch radikale Republikaner und Nationalisten hoffen. Die katholisch-nationalistische Minorität in Nordirland verhielt sich zur Enttäuschung der IRA weitgehend passiv und an der abweisenden Haltung der katholischen Kirche gegenüber der selbsternannten nationalen Befreiungsavantgarde hatte sich seit den zwanziger und dreißiger Jahren nichts geändert. Im Januar 1956 erklärten die katholischen Bischöfe, dass es eine Todsünde sei, der IRA anzugehören, sie zu unterstützen oder Zustimmung zu ihren Aktionen auszudrücken.[176] Und auch in der Republik konnte sich die IRA nicht – gemäß der Theorie des Guerillakampfes – wie ein »Fisch im Wasser« bewegen. Schließlich zeigten die Wahlergebnisse für Sinn Féin Ende der fünfziger und Anfang der sechziger Jahre, dass ihr politischer Kredit dramatisch dahinschmolz. Bei den Unterhauswahlen im Oktober 1959 verlor Sinn Féin mehr als die Hälfte der 1955 erreichten Stimmen und bei den Parlamentswahlen in der Republik im Oktober 1961 kam Sinn Féin auf nur noch blamable 3% der Stimmen. Die offensichtliche politische Isolierung Sinn Féins und die ausbleibenden militärischen Erfolge veranlassten die IRA schließlich die Kämpfe einzustellen. Am 26. Februar 1962 veröffentlichte die militärische Führung der IRA eine Erklärung, die das Ende der Kampagne ankündigte und den Kämpfern befahl, die Waffen niederzulegen. Als Hauptgrund für den Rückzug nannte die Armeeführung die Haltung der Öffentlichkeit gegenüber der IRA (»*the attitude of the general public*«). In bekannter verschwörungstheoretischer Manier wurde sodann eilig eine Bewusstseinsmanipulation der irischen Bevölkerung unterstellt, »*whose minds have been deliberatively distracted from the supreme issue facing the Irish people – the unity and*

---

175 Details bei COOGAN, IRA, S. 263 ff., 277 ff. ENGLISH; Armed Struggle, S. 72 ff. BELL, Secret Army, S. 255 ff. SMITH, Fighting for Ireland?, S. 71.
176 zit.b. JOHN H.WHYTE, Church and State in Modern Ireland 1923-1979. Dublin, 1980.², S. 320 ff.

freedom of Ireland.«[177] Die lahmen Rechtfertigungsversuche konnten nicht darüber hinwegtäuschen, dass die Strategie der IRA ins Leere gelaufen war. Die Selbstkritik kam später als die IRA in einer tiefen Krise ihres Selbstverständnisses steckte. Ein Artikel im geheimen Organ »*The Volunteer*« listete im Rückblick die Unzulänglichkeiten der Grenzkampagne auf: Die Tatsache, dass die Menschen keine Verbindung zwischen dem Kampf in Nordirland und dem Ziel der Verbesserung sozialer Bedingungen gesehen hatten, Mangel an Geld und den richtigen Waffen, Mangel an wirkungsvoller Öffentlichkeitsarbeit und schließlich schwindende Unterstützung durch weite Teile Bevölkerung, ohne die sich eine Guerilla-Truppe nicht erfolgreich sein konnte.[178]

Für die überwältigende Mehrheit der Iren gab es Ende der fünfziger Jahre wichtigere Probleme als die Einheit Irlands. Die IRA verschwand in den nächsten Jahren in der Versenkung und widmete sich der Betreuung ihrer politischen Gefangenen. Ironisch kommentierte die *New York Times* den Niedergang der IRA und ihres politischen Arms Sinn Féin: »*The Irish Republican Army belongs to history, and it belongs to better men in times that are gone. So does Sinn Féin. Let us put a wreath of red roses on their grave and move on.*«[179] Aber die IRA hatte nur eine Auszeit genommen. Sie politisierte sich, entdeckte die Bürgerrechtsbewegung der Sechziger als Einflussfeld und spaltete sich über der Frage der richtigen Strategie und Taktik auf dem Weg zur Wiedervereinigung Irlands. Aus den Unruhen der sechziger Jahre erwachte die IRA zu neuem Leben und kehrte mit verheerender terroristischer Energie in die irische Politik zurück.

Chronologie

1169/70	Anglo-normannische Krieger unter der Führung von Richard, Earl of Pembroke, »Strongbow«, landen in Irland. Beginn der Eroberung Irlands.
1171	Heinrich II. von England folgt mit einem Heer.
1366	»Statuten von Kilkenny«: Versuch der Trennung der Engländer von den »eingeborenen« Iren.
1534 ff.	»Tudor Conquest«: Beginn der Eroberung Irlands unter Heinrich VIII. und Elisabeth I. Irische Aufstände.
1541	Heinrich VIII. wird König von Irland.
1593-1603	Der Aufstand Hugh O'Neills, Graf von Tyrone, und der folgende »Nine Years War« enden mit der Niederlage der Rebellen und der Durchsetzung englischen Rechts in Irland.
1607	»Flight of the Earls«: Hugh O'Neill und eine Reihe seiner Anhänger fliehen ins Exil nach Spanien.

---

177 BELL, Secret Army, S. 334.
178 zit. bei BOB PURDIE, Politics in the Streets. The Origins of the Civil Rights Movement in Northern Ireland. Belfast, 1990. S. 126.
179 zit.b. WICHERT, Northern Ireland since 1945, S.79.

1609/10	König Jakob II. (James II.) veranlasst die Besiedelung (»Plantation«) Irlands, vor allem Ulsters, durch englische und schottische Bauern und Handwerker.
1641-51	Aufstand der Iren (»Rising of 1641«) wird durch Oliver Cromwell blutig niedergeschlagen.
1642-1649	Englischer Bürgerkrieg.
1688	»Glorreiche Revolution«, Sturz Jakobs II. und Flucht nach Frankreich. Beginn eines irischen Aufstandes. Belagerung von Londonderry (»Siege of Londonderry«).
1690	Wilhelm III. von Oranien (»King Billy«) schlägt Jakob II. am Fluss Boyne.
1696-1746	Strafgesetze gegen Katholiken: »Penal« oder »Popery Laws«.
1773	Lockerung der Strafgesetze (fortgesetzt 1782, 1792/93).
1782	Henry Grattan erreicht die Wiederherstellung des Irischen Parlaments (»Grattan's Parliament«).
1791	Gründung der konfessionsübergreifenden Bewegung der »United Irishmen.«
1795	Gründung des »Orange Order« (Oranier-Orden) nach der siegreichen Schlacht gegen die katholischen »Defenders« bei Loughgall.
1798	**Rebellion der United Irishmen, Tod von Anführer Wolf Theobald Tone.**
1800	»Act of Union«: Irland wird in das 1707 gebildete »United Kingdom of Great Britain« integriert.
1823	Daniel O'Connell gründet die »Catholic Association« und mobilisiert die Massen für Katholikenemanzipation und Auflösung der Union.
1829	Katholikenemanzipation.
1845/46	Große Hungersnot (»Great Famine«).
1848	Der Aufstand des »Jungen Irland« (Robert Emmett, Thomas Davis) scheitert.
1858	James Stephens gründet den »Irish Republican Brotherhood« (IRB), auch »Fenian«-Bewegung genannt.
1874	**Gründung der »Home Rule Bewegung« (Isaac Butt, Charles Stewart Parnell). Die »Home Rulers« erreichen 60 Parlamentssitze im House of Commons bei den ersten geheimen Wahlen (»Irish Parliamentary Party«).**
1885	Unterhauswahlen. Die »Irish Parliamentary Party« (»Home Rulers«) werden zum »Zünglein an der Waage«. Die »Irische Frage« beeinflusst für Jahrzehnte die Britische Regierungspolitik.
1886	Premierminister Gladstone bringt am 8. April das Erste Home Rule Gesetz ein und scheitert. Im Norden Irlands formiert sich die unionistische Bewegung im Widerstand gegen »Home Rule«. Heftige Unruhen erschüttern Ulster.
1893	Zweites Home Rule Gesetz von Gladstone am 16. Februar eingebracht und im Unterhaus verabschiedet. Das Gesetz scheitert am Einspruch des House of Lords.
1905	Am 3. März wird der **»Ulster Unionist Council«** als Dachorganisation der unionistischen Bewegung gegründet. **Arthur Griffith, Journalist und Schriftsteller gründet die »Sinn Féin« (»Wir selbst«)-Partei.**

1912	Drittes Home Rule Gesetz am 11. April von Premierminister Herbert Asquith eingebracht. Das House of Lords kann aufgrund einer Verfassungsänderung das Gesetz nicht mehr verhindern, nur verzögern.
1912	»Ulster Day« am 28. September: Hunderttausende nordirischer Protestanten unterzeichnen eine feierliche Erklärung für einen Bund (»covenant«) zum Erhalt der Union mit dem United Kingdom.
1913	Gründung der protestantisch-unionistischen, paramilitärischen »Ulster Volunteer Force« (UVF).
1913	Im Gegenzug wird eine katholisch-nationalistische paramilitärische Formation geschaffen, die »**Irish National Volunteers.**«
1914	Waffenbeschaffungsaktion für die UVF (»Larne Gun Running«) und Aufstand der Offiziere (»Curragh Mutiny«).
1914	Ausbruch des Ersten Weltkrieges. Aus der UVF wird die »36. Ulster Division« geschaffen. 5000 Mann sterben in der Schlacht an der Somme 1916.
23. April 1916	**Osteraufstand (»Easter Rising«). Der Aufstand scheitert.**
14.Dezember 1918	Bei den Wahlen zum Unterhaus erringt Sinn Féin einen überwältigenden Sieg. Radikale Republikaner planen die Gründung eines Unabhängigen Irischen Staates.
21. Januar 1919	Sinn Féin gründet ein irisches Nationalparlament (»Dáil Eireann«) und erklärt die Unabhängigkeit Irlands.
1. April 1919	Eine Provisorische Irische Regierung wird gebildet. Eamon de Valera wird Präsident.
23. Dezember 1920	»Government of Ireland Act« regelt die »Irische Frage« durch Teilung Irlands. Ablehnung der Teilung durch die Provisorische Irische Regierung, Akzeptanz durch die Unionisten.
1919-1921	Unabhängigkeitskrieg
22. Juni 1921	König Georg V. eröffnet das nordirische Parlament.
11. Juli 1921	Waffenstillstand zwischen der »Provisorischen Regierung« und der Britischen Regierung. In London beginnen die Verhandlungen zum Status Irlands.
6. Dezember 1921	Anglo-Irischer Vertrag: Irland wird »Freistaat« auf Basis der Teilung. Eine Grenzkommission soll die Grenze zwischen Nord und Süd festlegen.
7. Januar 1922	Der »Dáil Eireann« billigt mit knapper Mehrheit (64 zu 57 Stimmen) den Anglo-Irischen Vertrag. Bildung einer neuen Provisorischen Regierung. Spaltung des republikanischen Lagers.
Frühjahr 1922	Abschluss des Zweiten »Craig-Collins« – Pakt zur Wiederherstellung des Friedens im Norden.
28. Juni 1922	Beginn des Bürgerkriegs mit der Bombardierung des Hauptquartiers der Vertragsgegner in »Four Courts«, Dublin.
Mai 1923	Ende des Bürgerkrieges. William T. Cosgrave wird Premier (»Taoiseach«) des Freistaates.
November 1925	Der Bericht der Grenzkommission wird bekannt: die Teilung Irlands in einen Nordstaat mit sechs und einen Südstaat mit 26 Provinzen wird endgültig.
1922	Das 1919 eingeführte Verhältniswahlrecht für Kommunalwahlen wird von den Unionisten abgeschafft.

1923	Das Bildungsgesetz wird nach heftigen Protesten von katholischer und protestantischer Seite geändert. Die Segregation setzt sich im Bildungswesen fort.
1929	Abschaffung des Verhältniswahlrechtes auf Landesebene.
1934	Der nordirische Premier James Craig bezeichnet Nordirland als einen »protestant state for protestant people.«
1939-1945	Zweiter Weltkrieg: Nordirland ist eine kriegswichtige Basis im Kampf gegen das nationalsozialistische Deutschland. Belfast wird mehrfach von deutschen Bombern angegriffen (»Belfast Blitz«). Die Republik Irland bleibt neutral (»Emergency«).
1939	Bombenkampagne der IRA in England. Verbindungen der IRA zum nationalsozialistischen Deutschland.
1940	Die Britische Regierung bietet der Irischen Regierung eine Deklaration für die Einheit Irlands an, wenn Irland an der Seite Englands in den Krieg eintrete. De Valera lehnt ab.
1945	Wahlsieg der Labour Party, Verstaatlichungen und Ausbau des Sozialstaates (»Welfare State«) als Programm eines »demokratischen Sozialismus«. Die nordirische Regierung setzt das Programm nach einigem Zögern schrittweise um.
15. November 1945	Gründung der »Anti-Partition-League« aus dem nationalistischen Lager.
September 1948	Die Regierung des »Freistaates« ruft die »Republik Irland« aus und löst alle noch bestehenden verfassungsrechtlichen Bindungen zum United Kingdom.
Juni 1949	Die Britische Regierung garantiert im »Ireland Act« den Bestand Nordirlands als Teil des Vereinigten Königreiches.
1956-1962	Die Grenzkampagne der IRA scheitert.

II. Die »Troubles«: Vom Ausbruch der Gewalt 1968 bis zum Beginn des Friedensprozesses 1988

1. »Too little and too late« – Terence O'Neills Reformpolitik und ihr Scheitern (1963-1969)

Die zwölf Monate zwischen dem ersten öffentlichkeitswirksamen Marsch der Bürgerrechtsbewegung am 24. August 1968 von Coalisland nach Dungannon und dem Ausbruch schwerer Unruhen in Derry und Belfast im August 1969, die fortan beschönigend als die »Troubles« bezeichnet wurden, waren die »Wasserscheide« in der Geschichte Nordirlands.[1] Vom 12. August 1969 bis zur ersten Waffenstillstandserklärung der IRA 1994 erlebte Nordirland fast dreißig Jahre bürgerkriegsartige Auseinandersetzungen mit über 3700 Toten (siehe Anhang) und zehntausenden von Verletzten. Der Ausbruch von Gewalt kam umso überraschender, da massive protestantisch-katholische Konfrontationen, die sogar den Einsatz der Armee erforderlich gemacht hatten, schon mehr als dreißig Jahre zurücklagen und die Politik der regierenden Unionisten Anfang der sechziger Jahre eher auf Entspannung der Konflikte gerichtet schien.[2]

Seit 1963 war Premierminister *Terence O'Neill (1914-1990)* im Amt, ein pragmatischer Liberaler, dessen Treue zur Verfassung Nordirlands und zu den historischen Traditionen des Unionismus zwar außer Frage stand, dem aber, wie er bekannte, die hegemoniale Attitüde und das orangeistische Sektierertum seiner Amtsvorgänger Craig und Brooke *»absolutely alien to all my progressive ideas«* erschienen.[3] »Positiver Unionismus«, betonte er, setze auf die Einigkeit aller Bürgerinnen und Bürger in der Verfolgung einer fortschrittlichen Politik, die dem Gemeinwohl diene. Die alten polarisierenden Slogans »No Surrender« und »Not an Inch« taugten nicht mehr für die neue Zeit. Er war der erste Premierminister

---

1 WICHERT, Northern Ireland since 1945, S. 107.
2 1935 war es im Zuge der Feierlichkeiten zu König Georg V. »silbernem Regierungsjubiläum« und nach einer Parade des »Orange Order« am 12. Juli zu wochenlangen Unruhen und Straßenschlachten gekommen. Die Auseinandersetzungen forderten 13 Tote, eine unbekannte Zahl an Verletzten, Zerstörung von Wohnungen und Vertreibungen von Mietern. Mit Mühe gelang es Polizei und Armee die Ordnung wiederherzustellen. ANDREW BOYD, Holy War in Belfast. S. 205 ff. DAVID HARKNESS, Northern Ireland since 1920. Dublin, 1983. S. 77.
3 PAUL ARTHUR/KEITH JEFFERY, Northern Ireland since 1968. Oxford, 1996.² S. 6. (»*a well-meaning liberal«*) WICHERT, Northern Ireland since 1945, S: 85 ff. DAVID GORDON, The O'Neill Years. Unionist Politics 1963-1969. Belfast, 1989. TERENCE O'NEILL, The Autobiography of Terence O'Neill, Prime Minister of Northern Ireland 1963-1969. London, 1972, S. 20. Zu seiner Biographie und Politik ausführlich: MARC MULHOLLAND, Northern Ireland at the Crossroads. Ulster Unionism in the O'Neill Years 1960-9. Basingstoke/New York, 2000. S. 12 ff.

Nordirlands, der offen erklärte, dass »*bridge-building*« und Aussöhnung zwischen den »communities« Voraussetzung für wirtschaftlichen und sozialen Fortschritt sei: ...»*The whole basis of my political effort ... has been to demonstrate that the historic divisions cannot be allowed forever to stand in the way of that community spirit without which we will never realize our full economic or social potential.*«[4] Er praktizierte einen neuen politischen Stil, eine populistische *symbolische Politik*, die ihm zweifellos Sympathien in der katholischen community gewann. So besuchte er demonstrativ die katholische Schule »Our Lady of Lourdes Intermediate« in Ballymoney, Co. Antrim, zeigte sich in der Öffentlichkeit angeregt plaudernd mit Nonnen und Priestern und sprach mit hohen kirchlichen Würdenträgern. Im Juni 1963 übermittelte er Kardinal Conway öffentlich sein Beileid zum Tode von Papst Johannes XXIII. und der »Union Jack« über der Belfast City Hall wurde auf halbmast gesetzt. Das war ein bis dato unerhörter Vorgang und alarmierte das loyalistische Lager. Seinen größten Coup landete er zur Verblüffung der Öffentlichkeit und zur Verärgerung seiner Kritiker in der Unionistischen Partei 1965: Ohne vorher die Zustimmung des Kabinetts eingeholt zu haben, empfing er am 14. Januar 1965 den Premierminister der Republik Irland *Sean Lemass* (1899-1971)[5]. Es war O'Neills feste Überzeugung, dass die katholische Minderheit, wenn sie an mehr materiellem Wohlstand und sozialer Sicherheit partizipierte, sich einer »protestantischen Lebensweise« anpassen würde. Dies, so hofften er und seine Anhänger, würde in der Konsequenz die enorme Geburtenrate der Katholiken senken und den katholischen Bevölkerungsteil langsamer wachsen lassen. In einer Rede 1969, schon nach Ende seiner Amtszeit, unterstrich O'Neill diese Überlegung in herablassend-paternalistischer Art: »*It's frightfully hard to explain to a Protestant that if you give Roman Catholics a good job and a good house they will live like Protestants, because they will see neighbours with cars and TV sets. They will refuse to have eighteen children, but if the Roman Catholic is jobless and lives in a most ghastly hovel he will rear eighteen children on national assistance. It is impossible in fact, that if you treat Roman Catholics with due consideration and kindness they will live like protestants, in spite of the authoritarian nature of their church*«.[6] Das Anwachsen des katholischen Bevölkerungsteils war eine ständige Sorge der Unionisten und

---

4 TERENCE O'NEILL, Ulster at the Crossroads. London, 1969. S. 124.
5 MULHOLLAND, Northern Ireland, S. 80 ff. Siehe auch die Schilderung der Umstände des Besuches und die Reaktionen von O'Neill, Autobiography, S. 68 ff. Tatsächlich hatte er einen Tag vor dem Besuch den Finanzminister und den Governor von Nordirland, Lord Erskine, unterrichtet. Ken Bloomfield gibt O'Neills Einschätzung so wieder: »If the thing was ever to be done at all it would, in his view, have to be presented to his colleagues as a fait accompli.« KEN BLOOMFIELD, Stormont in Crisis. A Memoir. Belfast, 1994. S. 81. Siehe auch: BRIAN FAULKNER, Memoirs of a Statesman. London, 1978. S. 39 f.
6 Zit. n. PATRICK BUCKLAND, A History of Northern Ireland. Dublin, 1981. S. 112. Die Geburtenrate bei Katholiken betrug zwischen 1961 und 1971 18,1% gegenüber 7,6% bei Protestanten. BOB ROWTHORNE/ NAOMI WAYNE, Northern Ireland. The Political Economy of Conflict. Oxford, 1988. S. 206 f.

zugleich ein populistisches Argument für die »ewige Wachsamkeit« gegenüber dem »*enemy within*«. O'Neill wusste das und nutzte diesen Populismus nicht ungeschickt, um für sein Reformprogramm in protestantischen Wählerkreisen und unionistischen Parteizirkeln zu werben. Aber jenseits aller populistischer Rhetorik glaubte er ehrlich an die Möglichkeit, mit einem sozial-ökonomischen Reformprogramm zum inneren Frieden, ja letztlich zur Aussöhnung der Katholiken mit dem »protestante state« beitragen zu können.[7] Die Wirtschaft sollte als wichtigstes Instrument dieser nach innen gerichteten »appeasement«-Politik funktionieren. Der Zeitpunkt schien auch günstig zu sein. Wirtschaftlich ging es den Menschen in Großbritannien, trotz geringerer Steigerungsraten des Bruttosozialproduktes im europäischen Vergleich, besser. (1951-1976: 2,5% jährlich, im Vergleich: Deutschland = 5,5%). Obwohl Nordirland eine wirtschaftlich benachteiligte Region Großbritanniens blieb, partizipierten auch hier die Menschen an dem langsam wachsenden wirtschaftlichen Wohlstand der »Sixties« und erreichten 1968/69 etwa 90% des jährlichen Haushaltseinkommens der anderen Teile Großbritanniens. Die Arbeitslosenrate im Vereinigten Königreich bewegte sich zwischen 1945 und 1964 um 1,8%, zwischen 1964 und 1973 um 2,5%,[8] blieb allerdings in Nordirland im Durchschnitt auf einem relativ hohen Stand (um 7%), bedingt durch die anhaltende Krise in der Werft-, Maschinenbau- u. Leinenindustrie. Die Untätigkeit der Regierung Brookeborough hatte die wirtschaftliche Lage Anfang der sechziger Jahre allerdings deutlich verschlechtert. Im Februar 1963 erreichte die Arbeitslosigkeit 11,2%, das war der höchste Stand seit 1952. Allein in einem Monat meldete die Werftindustrie einen Verlust von 800 Arbeitsplätzen.[9] Was an alten Industrien wegbrach, musste durch neue ersetzt werden und dies erforderte einen sehr schwierigen, von Wirtschaft, Arbeitnehmern und Regierung gleichermaßen zu tragenden Strukturwandel. O'Neill setzte auf die *Selbsthilfe Ulsters* und *staatlichen Interventionismus*. Nordirland sollte sich als Region im United Kingdom selbstbewusst darstellen und als Wirtschaftsstandort für internationale Investoren attraktiver werden. »Modernisierung« hieß das Zauberwort. Er holte ausländisches Kapital nach Nordirland und siedelte internationale Konzerne wie Michelin, Goodyear, Du Pont, Enkalon, ICI und Courtaulds an, was Auswirkungen auf die Einstellungspraxis (mehr Katholiken und Frauen!) und die Arbeitsbeziehungen hatte. Er forcierte den Ausbau der verkehrlichen Infrastruktur und bemühte sich

---

7 Für O'Neills Reformkonzept wurde der sogenannte »Wilson-Plan« bedeutsam: Economic Development in Northern Ireland. Including the Report of the Economic Consultant Professor Thomas Wilson. Cmd. 479, Belfast, 1964. Siehe auch: TOM WILSON, Ulster. Conflict and Consent. Oxford, 1989. S. 87 ff. Kritisch zum Wilson Plan: RONNIE MUNCK; The Irish economy: results and prospects. London, 1993. S. 59 ff. Zum Ganzen MULHOLLAND, Northern Ireland, S. 31 ff. und 38 ff.
8 SEAN GLYNN/ ALAN BOOTH, Modern Britain. An economic and social history. London/New York, 1996, S. 283.
9 MULHOLLAND, Northern Ireland, S. 31.

um neue Akzente in der Bildungspolitik (Universitätsgründung in Coleraine). Doch an die zentralen *politischen Konfliktfelder* im Verhältnis zwischen den Protestanten und Katholiken wagte er sich nicht heran. Die politischen Diskriminierungen, wie z.B. das »gerrymandering« (Wahlkreismanipulationen) oder der Eigentumszensus im kommunalen Wahlrecht (»property vote«), blieben unangetastet. Die polizeilichen Sonderbefugnisse mit dem »Special Powers Act« bestanden fort und die demonstrative Selbstdarstellung katholisch-republikanischer Identität (etwa durch das Zeigen der irischen Trikolore) wurde weiterhin von Staats wegen verfolgt. Seine Reformen kamen zu spät und waren zu zaghaft, um der wachsenden Kritik aus dem Bürgerrechtslager zu begegnen und eine Radikalisierung der republikanischen Kräfte zu verhindern. Ferner brachten sie seine radikalen Gegnern in der Unionistischen Partei und im militanten loyalistischen Lager gegen ihn auf und seine Vertrauensbasis in Wählerschaft und UUP schmolz dahin. Schon seit Mitte der sechziger Jahre stand sein wirtschaftliches Modernisierungsprogramm in der wachsenden Kritik der Traditionalisten in der Unionistischen Partei, des »Orange Order« und des immer militanter werdenden loyalistischen Lagers. Von Jahr zu Jahr wurden die Risse im soliden unionistischen Bau größer. Da der Niedergang der traditionellen Industrien (Werften, Maschinenbau, Leinenindustrie) primär protestantische Arbeiter betraf und die neuen Investitionen Arbeitsplatzverluste nicht vollständig ausgleichen, wenn auch verlangsamen und abmildern konnten, wurde O'Neills Wirtschaftspolitik von Loyalisten mit wachsendem Misstrauen betrachtet. Hinzu kam, dass die von O'Neill angesiedelten neuen Firmen, obwohl sie keineswegs an einer Änderung des politischen Status Quo interessiert waren[10], doch hier und da eine offenere Einstellungspolitik praktizierten, die verstärkt Katholiken zu Gute kam. In der Wahrnehmung seiner unionistischen Kritiker vernachlässigte O'Neill Ulsters traditionelle Industrien, was sicherlich falsch war, denn die Subventionen für die kränkelnde Werftindustrie waren beachtlich. Doch jeder Arbeitsplatzverlust wurde nun einmal der Regierung O'Neill angelastet. So paradox es klingen mag: In dem Maße, wie O'Neill und seine unionistischen Reformfreunde begannen, die *wirtschaftliche Modernisierung* voranzutreiben, brachten sie das *politische Fundament* unionistischer Herrschaft ins Wanken. Die Verunsicherung ihrer politischen Basis, vor allem der starken loyalistischen Kreise, mündete bald in eine Opposition von rechts, die O'Neill in größte Bedrängnis brachte.

2. Die Ursachen der »Troubles«: Diskriminierung der Katholiken und/oder nationalistischer Umsturzversuch?

Die kontroversen, bisweilen erbitterten wissenschaftlichen und politischen Debatten um die Ursachen der »Troubles« sind so alt wie der Nordirlandkonflikt selbst.

---

10 BEW/GIBBON/PATTERSON, Northern Ireland 1921-1994, S. 171 ff.

Nordirland ist auch in der Geschichtsschreibung gespalten, es gibt »nationalistisch-republikanische« und »unionistische« Deutungen, jeweils in weiteren Differenzierungen und Verzweigungen. Über die grundlegenden Bedingungsfaktoren des Konfliktausbruches dürfte aber *Konsens* bestehen.

- die **lange Konfliktgeschichte** zwischen Irland und England, insbesondere die Teilung der Insel und das Desinteresse der Britischen und der Irischen Regierung an einer politisch-operativen Bearbeitung des Nordirlandproblems,
- die **religiös und kulturell aufgeladenen Gewalttraditionen** (im unionistischen und republikanisch-nationalistischen Lager),
- der **grundlegende politische Wertekonflikt** zwischen protestantischen Unionisten und katholischen Nationalisten (Festhalten an der Union mit Großbritannien gegen die Wiedervereinigung Irlands),
- die **Verteilungskonflikte** um knappe Ressourcen (Wirtschaft, Arbeitsmarkt, Sozialstaat, Bildung, Kultur) zwischen Katholiken und Protestanten,
- die **hegemoniale Politik der Unionisten** seit 1921, die wirtschaftlichen, sozialen und politischen Diskriminierungen und ihre Unfähigkeit, Reformen auf allen gesellschaftlichen Feldern rechtzeitig einzuleiten,
- das Fehlen einer **interkonfessionellen politischen Mitte** und entsprechenden zivilgesellschaftlichen Orientierungen und Institutionen in einer polarisierten und segregierten Gesellschaft.

Der *Dissens* beginnt mit der Gewichtung der Faktoren. Warum kam es gerade 1969 zum Konfliktausbruch und zu einer raschen Eskalation der Gewalt? Hierfür gibt es, zugespitzt, zwei kontroverse Erklärungsansätze. Den ersten vertreten bis heute nationalistisch orientierte Historiker, den zweiten unionistische:

- *»Violence was a response by the Catholic population to serious and systematic discrimination against them by the Protestants«.*
- *»Catholic support for the Northern Ireland Civil Rights Association (NICRA) and the violence associated with the civil rights campaign reflected traditional nationalism.«*[11]

»Diskriminierung« oder »Nationalismus«? Führten konkrete wirtschaftliche und soziale Ungleichheiten und politische Benachteiligungen, aufgenommen und öffentlichkeitswirksam von der Bürgerrechtsbewegung zugespitzt, zum Ausbruch der »Unruhen«? Oder war die Bürgerrechtsbewegung nur die Marionette für die eigentliche treibende ideenpolitische Kraft, den irischen Nationalismus, der sich neu und aggressiv in die Politik zurückmeldete? War die Verweigerung ethnisch-nationaler und kultureller *Anerkennung* der Identität des katholischen Bevölkerungsteils die Ursache und Auslöser des Konflikts?

---

11 HEWITT, The Roots of Violence, S. 17.

2.1. Diskriminierung

Der nach dem Ausbruch der »Troubles« 1969 von der nordirischen Regierung in Auftrag gegebene, inzwischen schon »legendäre«, Report von Lord Cameron sah *»social and economic grievances or abuses of political power«* als *»immediate and operative cause of the demonstrations and consequent disorders«*.[12] Diesem Diktum folgend ist eine kaum noch zu überschauende Zahl an Literatur von 1969 bis heute erschienen, die das ‚ob' und ‚wie' und ‚wieviel' der »Ungleichheits« – und »Diskriminierungsthese« diskutiert hat. Es ist *keine* offene Frage mehr, *ob* es in Nordirland Diskriminierungen zu Lasten der katholischen Minorität gegeben hat, umstritten sind allerdings das *Ausmaß* in den sechziger Jahren und die *politischen Wirkungen*, d.h. in welcher Weise aus vielfältigen Diskriminierungserfahrungen handlungsanleitende politische Ziele formuliert und in politische Praxis umgesetzt wurden. Bis heute ist das Diskriminierungs-Thema politisch delikat und von den streitenden Parteien mit ihren jeweiligen Interpretationen aufgeladen. Es ist nicht nur als Erklärungsmuster für den Ausbruch der »Toubles« von Bedeutung, sondern dient zugleich als Legitimation für soziale und politische Arrangements zugunsten der nationalistischen Minorität. Die unionistische Seite gibt heute in der Regel zu, dass es während der langen Regierungszeit der Unionisten Diskriminierungen und Missbrauch staatlicher Macht gegeben habe, bestreitet aber entschieden das *Ausmaß* der Benachteiligungen und wehrt sich gegen den Vorwurf, der Hauptschuldige für den Ausbruch des Konflikts zu sein.[13] Die *»Cadogan-Group«*, ein Zirkel unionistischer Intellektueller, wendet sich entschieden gegen die fast axiomatische Behauptung, dass unionistische Politik in Nordirland durch systematische Diskriminierung, grundsätzliche Verweigerung der Anerkennung irisch-nationalistischer Identität und Ausschluss der Nationalisten von politischer Beteiligung an den demokratischen Institutionen Nordirlands geprägt gewesen sei. Es habe keinen *»nationalist nightmare«* gegeben, der den Konflikt ausgelöst und schließlich den politischen Kampf, wenn nicht gar auch seine militante Variante, gegen die unionistische Herrschaft legitimiert habe.[14] Dagegen vertritt die nationalistisch-republikanische Seite beharrlich die These, dass in erster Linie vielfältige soziale und wirtschaftliche Diskriminierungen, Verletzung der Menschenrechte sowie politischer Machtmissbrauch die grundlegenden konfliktauslösenden Faktoren gewesen seien. In Darstellungen nationalistischer Autoren erscheinen die Unionisten pauschal als bigotte Vertreter einer politisch autoritär durchgesetzten Domi-

---

12 Disturbances in Northern Ireland. Belfast, 1969. (Cameron-Report, Cmd. 532), para. 127.
13 1968 glaubten 74% der befragten Protestanten, dass es keine Diskriminierung in Nordirland gebe. RICHARD ROSE, Governing without Consensus: An Irish Perspective. London, 1971, S. 272 f. Nur einige wenige Unionisten bestreiten, dass es überhaupt Diskriminierung gegeben habe. WHYTE, Interpreting Northern Ireland, S. 167 f.
14 The Cadogan Group (ed.), Picking Up The Pieces. Northern Ireland after the Belfast Agreement. Belfast, May 2003.' S. 8 ff.

nanzkultur mit »Herrenvolk«-Mentalität.[15] Der Streit um die Fakten ist notwendig und richtig und wird weiter gehen. Man muss nur aufpassen, nicht in Sackgassen zu landen. Die sozioökonomische und politische Realität wurde von Protestanten und Katholiken in der gespaltenen Gesellschaft sehr verschieden wahrgenommen und gedeutet. Es ist legitim und richtig, Analysen über die Strukturen der Diskriminierung zu erarbeiten, etwa im Blick auf regionale Verteilung, Stadt-Land Gefälle, gesellschaftliche Bereiche, konfessionelle Verteilung, geschlechtsspezifische Unterschiede und Grad der sozialen Ausdifferenzierung etc. All dies ist geschehen und geschieht weiterhin mit großem Aufwand. Welche Erklärungskraft die unterschiedlichen Ansätze haben, ist umstritten und die schiere Zahl der dazu veröffentlichten Literatur steht in keinem Verhältnis zum Ertrag.[16] Wichtiger als die Fortsetzung des unendlichen Streits um das *Ausmaß* von belegbaren, »objektiven« Benachteiligungen der katholischen community, ist die Frage nach den *Deutungen* des Diskriminierungsproblems von katholischer und protestantischer Seite zum Zeitpunkt des Ausbruchs der »Troubles«.

Die große Mehrheit der Menschen in der *katholischen community* erlebte und deutete »Diskriminierung« in den fünfziger und sechziger Jahren als objektiven »fact of life«. Es kann kein Zweifel daran sein, dass in der Gesellschaft Nordirlands der sechziger Jahre *Beschäftigung* und *berufliche Positionen* stark von religiösen Zuordnungen und Zuschreibungen geprägt waren, eine Tendenz, die schon *Denis P. Barritt* und *Charles F. Carter* in einer soziologischen Studie 1962 feststellten. Sie ermittelten deutliche Diskriminierungen von Katholiken in Privatwirtschaft und öffentlichem Dienst. Katholiken wurden entweder gar nicht eingestellt oder mussten sich mit Niedriglohnjobs zufrieden geben. Die Beschäftigung von Katholiken in den höheren Rängen des Öffentlichen Dienst hatte sich zwischen 1927 und 1959 nur unwesentlich verändert. Noch immer besetzten 94% Protestanten die »senior« jobs.[17] *Richard Rose* bestätigte in seiner ersten umfassenden empirischen Sozialanalyse von 1968 die Diskriminierungsthese im Grundsatz. Er stellte aber fest, dass es angesichts der größeren Zahl von Protestanten auch mehr arme Protes-

---

15 Der irische Historiker Josef Lee nennt in seiner preisgekrönten Arbeit die Unionisten das »Herrenvolk of the North«, eine vor dem Hintergrund der rassistisch-völkischen »Herrenvolk«-Theorien sehr befremdliche Überzeichnung. LEE, Ireland 1912-1985, S. 596. Der aus nationalistischer Sicht urteilende Autor Liam de Paor bemerkt knapp: »In Northern Ireland Catholics are Blacks who happen to have white skins.« LIAM DE PAOR, Divided Ulster. Harmondsworth, 1971², S. XIII. Typisch auch: FIONNBARA O'DOCHARTAIGH, Ulster's White Negroes. Edinburgh, 1994.
16 Siehe WHYTE, Interpreting Northern Ireland, S. 52 ff. Eine Fülle von Informationen bietet die Website des Conflict Archive on the Internet (CAIN): http://www.cain.ulst.ac.uk. Aus unionistischer Sicht bestreit Graham Gudgin mit guten Argumenten die pauschale Diskriminierungsthese. GRAHAM GUDGIN, Discrimination in Housing and Employment under the Stormont Administration. In: ROCHE, The Northern Ireland Question, 1999, S. 97 ff.
17 DENIS P. BARRITT/CHARLES F. CARTER, The Northern Ireland Problem. London/New York/Oxford, 1972², S. 93 ff.

tanten als Katholiken gab.[18] Den Zusammenhang von Religion und beruflichem Status arbeitete 1975 der kanadische Politikwissenschaftler *Edmund Aunger* heraus: Gestützt auf Daten des Zensus von 1961 und 1971 konnte er eine auffällige soziale Differenzierung bezogen auf die Religionszugehörigkeit zeigen. Aunger unterschied:

- *»Horizontale«* Differenzierung: Protestanten dominierten die höheren, besser bezahlten und besser angesehenen, Berufsgruppen; Katholiken waren eher in den unteren zu finden. Die Mehrheit der Katholiken fand sich in angelernten oder ungelernten Berufen, während Protestanten eher qualifizierte Facharbeiterberufe hatten oder Tätigkeiten ausübten, die nicht mit Handarbeit verbunden waren. Innerhalb der gleichen Berufsgruppen gab es eine deutliche Tendenz, dass Protestanten eher höhere Ränge besetzten und Katholiken eher niedrige.
- *»Vertikale«* Differenzierung: In »high-status industries« waren eher Protestanten beschäftigt, Katholiken dagegen eher in den »low status industries«.

Der *»typische« protestantische* Arbeiter war nach Aungers Erkenntnissen a) nicht arbeitslos b) qualifiziert und c) besetzte Positionen mit mehr Gestaltungsmacht, Autorität und Einfluss. Der *»typische« katholische Arbeiter* war a) deutlich häufiger arbeitslos b) angelernt oder ungelernt und c) deutlich in unteren Berufsgruppen plaziert ohne die Chancen des protestantischen Widerparts in c). Wo Beschäftigungsverhältnisse als signifikant »katholisch« identifiziert werden konnten, waren das vorwiegend weibliche.[19] Katholiken blieben die sechziger Jahre hindurch im öffentlichen Dienst deutlich unterrepräsentiert, vor allem in den höheren Rängen. Schätzungen der Bürgerrechtsorganisation »Campaign for Social Justice« zufolge gab es nur 7% Katholiken in *»senior adminstrative positions«*, d.h. höheren Verwaltungsrängen. 1961 waren nur 12% der Polizeioffiziere Katholiken. Bis 1972 sank die Zahl auf 9,4%. Ein ähnliches Bild ergab sich bei den freien Berufen und im leitenden Management. In der Zusammensetzung der katholischen Arbeiterschaft fällt der starke Anstieg von un- und angelernten Arbeitern auf. Die Harland & Wolf Werft, der größte Arbeitgeber Nordirlands, beschäftigte 1970 bei einer Belegschaft von 10.000 nur ca. 400 Katholiken. Die Arbeitslosenquote lag 1971 bei Katholiken mehr als doppelt so hoch wie bei Protestanten (17,3% zu 6,6%)[20], ein Ergebnis ungleicher regionaler Industrieansiedlung, geringerer Qualifikation

---

18 ROSE, Governing without Consensus, S. 272, 289, 305 f. In einer Umfrage 1968 meinten 65% der Katholiken, dass sich die Beziehungen der »communities« zum Besseren verändert hätten, gleichzeitig glaubten 74%, dass in Ulster Diskriminierung existiere, 36% hatten persönliche Erfahrungen damit, dagegen sagten 13%, dass es keine Diskriminierung gebe. Bei den Protestanten waren es nur 56%, die eine Verbesserung der Beziehungen annahmen. 74% der Protestanten verneinten die Existenz von Diskriminierung, nur 19% bejahten sie.
19 EDMUND A. AUNGER, Religion and Occupational Class in Northern Ireland. In: Economic and Social Review, 7, No.1, Oktober 1975, S. 16 f.
20 ROWTHORNE/WAYNE, Northern Ireland. The Political Economy of Conflict, S. 111.

und auch offener Diskriminierung bei Neueinstellungen. Auch die Familiengröße spielte eine Rolle, da katholische Familien im Durchschnitt mehr Kinder hatten als protestantische. Der Anreiz für einen katholischen Vater einer mehrköpfigen Familie, eine schlecht bezahlte Arbeit aufzunehmen, war gering, denn der Abstand zwischen dem Niedriglohn und der Arbeitslosen- bzw. Sozialhilfe war nicht groß.[21] Besonders bedrückend war die Lage in Derry, Strabane, Süd-Armagh, West-Tyrone und einigen Bezirken in Belfast (Falls, Dock), in denen 1971 die Arbeitslosenquote bei 23,8 bzw. 21,7% lag. Ganz Belfast hatte zu dieser Zeit eine Gesamtquote von 12,1% und in keinem überwiegend protestantischen Bezirk lag sie höher als 15%![22]

Segregation und *Diskriminierung* waren alltägliche Lebenserfahrungen der *katholischen Minderheit*. Die Gesetze des Staates Nordirland schienen nur für Protestanten gemacht zu sein, vielfach fühlte man sich fremd in der eigenen Heimat. Je nach Familienhintergrund und politischem Temperament wurden die Benachteiligungen entweder als unüberwindbare Naturgegebenheiten betrachtet und zähneknirschend mit Wut im Bauch hingenommen, da politisch keine Alternative zum Besseren durchsetzbar schien, oder man erregte sich gelegentlich heftig und protestierte lautstark (so etwa die »Nationalist Party of Northern Ireland«, einzelne liberale Politiker oder die kleine Minderheit der Republikaner). Doch hoffte man, dass es im Zuge der wirtschaftlichen Entwicklung und des Ausbaus des Sozialstaates »irgendwie« besser werden würde. Die *konservative protestantisch-unionistische Elite* verteidigte ihre wirtschaftliche und politische Macht mit eben den Instrumenten und in eben den Strukturen, welche die »fabric« der nordirischen Gesellschaft ausmachten. Sie setzte sich für die Stärkung der traditionellen, regionalen Industrien ein (Werften, Maschinenbau, Leinen), die überwiegend protestantische Arbeiter beschäftigten und bemühte sich um politische Integration des unionistischen Lagers. Die Einheit der Unionisten war die Voraussetzung für die protestantische Dominanz, die Stabilität Ulsters und die Union mit Großbritannien. Was die Katholiken als Diskriminierung bezeichneten, war für die Protestanten *Normalität*. In fünfzig Jahren hatten sich die Unionisten in ihrer Dominanzkultur so selbstverständlich eingerichtet, dass sie die Behandlung der katholischen Minorität als »Bürger zweiter Klasse« wegen *»their lack of loyalty and backwardness and illiberality of their catholic world-view«* als gerechtfertigt ansahen.[23] Die Katholiken, so die Wahrnehmung, lebten eben wie sie es verdient hatten: Von der römisch-katholischen Kirche in Denk- und Lebensweisen (Autoritarismus, Familiengröße und -leben) dirigiert, nach Dublin schielend (Illoyalität) und an der Gestaltung der politischen Verhältnisse in Ulster uninteressiert (politische Abstinenz), gleichwohl

---

21 Auf diesen Zusammenhang weist TOM WILSON, Ulster. Conflict and Consent. Oxford, 1989. S. 111 ff. mit zahlreichen Belegen hin.
22 Siehe zum Ganzen mit deutlich »ökonomistischer« Interpretation der »Troubles« ROWTHORNE/WAYNE, Northern Ireland. The Political Economy of Conflict, S. 70 ff.
23 MULHOLLAND, Northern Ireland, S. 142.

von den höheren wirtschaftlichen, sozialen und politischen Standards des United Kingdoms profitierend (Sozialhilfe statt Arbeit, Loyalität eher zur »half-crown« denn zur »crown«).

In den *protestantischen sozialen Unterschichten* gab es ein ausgeprägtes Unverständnis für die Klagen der Katholiken, denn die »Prods« aus der Arbeiterklasse hatten kaum ein besseres Los als ihre katholischen Klassengenossen. Warum also die Beschwerden? Sollten die »*Taigs*«[24] nicht dankbar sein für bessere Sozialleistungen und gute Bildung, die sie als Bürger des United Kingdom genossen? Stattdessen nutzten sie das vom britischen Steuerzahler ermöglichte Bildungsniveau zu Nörgelei und Beschwerden, schließlich zu Protest und Randale. Auf die Vorwürfe der Civil Rights Bewegung und die weltweite öffentliche Kritik reagierten die Unionisten unbeholfen, defensiv und aggressiv. Die wachsende Schärfe der Kritik und die zunehmende Militanz der Straße erbitterte sie und blockierte Fehlersuche und Selbstkritik.[25] Der traditionelle Anti-Katholizismus, der ein wichtiges Merkmal protestantischer Identität war und auch in der Ära O'Neill nicht verschwand, sondern bestenfalls moderater wurde, brach wieder mit Macht heraus. Jede Demonstration der Bürgerrechtsbewegung, selbst wenn sie friedlich verlief, belebte und bestätigte das unionistische Vorurteil von den undankbaren und im Prinzip illoyalen Katholiken, denen es doch letztlich nur um die Zerstörung des nordirischen Staates gehe. Die Masse der protestantischen Arbeiter hielt solange zum Unionismus wie sie von der wirtschaftlichen, sozialen und politischen Dominanz des »protestant state« glaubten profitieren zu können. Als diese Garantie brüchig zu werden schien und die unionistische Regierung mit versöhnlichen Gesten gegenüber der katholischen Minorität vermeintlich ihre »protestantische Identität« – verstanden als die Trinität von »*freedom, religion and laws*« – gefährdete, sahen sie »Verrat« an ihren geheiligten Grundsätzen. Sie waren nicht bereit, den Weg zur Integration der katholischen Minorität durch mehr Wohlstand, sozialen Ausgleich und politische Gleichberechtigung zu gehen, den O'Neill mit seinem Reformprogramm andeutete. O'Neills Politik der ausgestreckten Hand wurde als »Lundyismus« verteufelt. Viele Arbeiter wandten sich den rechtspopulistischen Angeboten extremer Loyalisten zu - Ian Paisley wurde zu ihrem Sprachrohr und ihrer Ikone. Seine Feindbilder waren auch ihre. O'Neill wurde als gefährlicher Liberaler und zunehmendes Sicherheitsrisiko für die Verfassung Nordirlands gebrandmarkt. Die katholische Minorität wurde wie in den zwanziger und dreißiger Jahren als illoyale Kampftruppe für das katholische Irland, als Parteigänger nationalistischer und republikanischer Politik stigmatisiert. Ihr einziges Ziel sei es, den protestantischen Staat zu zerstören. Die Bürgerrechtsbewegung galt als die Marionette von Republi-

---

24 »Taig« ist ein abwertender Name für Katholiken und kommt wahrscheinlich von »tacagh«, gälisch für »Eingeborener«.
25 MULHOLLAND, Northern Ireland, S. 141 f., S. 173 f. Siehe auch NELSON, Ulster's Uncertain Defenders: Protestant Political Paramilitary and Community Groups and the Northern Ireland Conflict. Belfast, 1984. S. 67 ff.

kanern, IRA und Kommunisten und ihre Forderungen nach umfassenden politischen Reformen verhüllten nur den dahinter stehenden aggressiven irischen Nationalismus, der nur ein Ziel kenne: Wiederherstellung der Einheit Irlands und katholische Dominanz in Gesellschaft, Kultur und Politik. Dagegen müsse Ulster verteidigt werden. Wenn weder Stormont noch Westminster dazu bereit oder fähig seien, dann müssten die »Ulster People« ihr Schicksal selbst in die Hand nehmen. »Loyalismus« bedeutete Selbstverteidigung Ulsters gegen die Republik Irland und ihre nationalistische »fünfte Kolonne« in Nordirland.

2.2. Nationalistische Revolte? Bürgerrechtsbewegung und Republikanismus

Der sozialstaatliche Ausbau in den fünfziger Jahren und die Bildungsreform (Education Act 1947) hatten die schrittweise Entstehung einer katholischen Mittelschicht begünstigt und die materiellen Ansprüche der *katholischen Arbeiterklasse* wachsen lassen. Die *katholische Arbeiterklasse* klagte wirtschaftliche und soziale Benachteiligungen ein und forderte ihren fairen Anteil an den Segnungen des expandierenden »welfare state«. Doch sie erfuhr stets von neuem die Zurückweisung durch ein unionistisches Establishment, das sich auf die religiös-kulturell unterfütterten und politisch institutionalisierten Dominanzmuster stützte und ihnen den Weg zu Jobs und Wohnungen verbaute. Viele Intellektuelle aus den katholischen *Mittelschichten* sahen zusätzlich ihre »postmaterialistischen« Interessen verletzt. Sie forderten Bürgerrechte, Partizipation und mehr Demokratie: *»British rights for British Citizens«*. Sie verlangten Emanzipation von den tief in die nordirische Gesellschaft eingegrabenen religiös-kulturellen Traditionen und Dominanzmustern, auf die sich die Unionisten beriefen und ihre Hegemonie gründeten. Dahinter stand die Idee einer demokratischen pluralistischen Gesellschaft, in der Menschen- und Bürgerrechte, politische Partizipation der Bürger sowie ein Mindestmaß an sozialer Gerechtigkeit realisiert sein sollten. Die jungen und gebildeten politischen Aktivisten (z.B. John Hume, Michael Farrell, Bernadette Devlin u.a.) wurden zu Trägern einer konfessions- und parteiübergreifenden *Bürgerrechtsbewegung* in Anlehnung an den gewaltfreien Widerstand Martin Luther Kings und die zahlreichen studentischen Protestbewegungen von Berkeley bis Berlin (Civil Rights, Demokratisierung, Anti-Vietnam, Anti-Imperialismus, Anti-Kolonialismus). Anders als ihre Vätergeneration waren sie fähig, die Lage der katholischen Minorität kritisch zu analysieren, die wirtschaftlichen und sozialen Diskriminierungen zur Sprache bringen und die strukturellen Demokratiedefizite Nordirlands anzuprangern. Sie gingen neue politische Wege und nutzten virtuos das Instrumentarium des außerparlamentarischen politischen Protestes und des zivilen Ungehorsams. Doch war die katholische Mittelschicht nicht der alleinige Träger der Bürgerrechtsbewegung. Wie vor allem die Beispiele von Dungannon und Derry zeigten, gab es soziale Selbsthilfegruppen aus der katholischen Unterschicht, die mit der Bürgerrechtsbewegung kooperierten, bzw. später Teil der Bewegung wurden.[26] Die Bürgerrechtsbewegung erklärte der katholischen community die Ursachen ihrer wirtschaftlichen und politischen Misere. Sie identifizierte *»Ungleichheit«* und *»Diskriminierung«* als die zentralen Stützpfeiler unionistischer Hegemonie. Der »Orange State« wurde der systematischen Verletzung von Menschenrechten bezichtigt, ja gelegentlich fast in die Nähe des Faschismus gerückt. Die Bürgerrechtsbewegung trat mit einem normativen, grundwerteorientierten Politikangebot (Menschenrechte, Freiheit, Gleichheit, Solidarität) in den gesellschaftlichen Diskurs ein. Katholiken, die bisher nicht durch lautstarken Protest aufgefallen waren, hielten nicht nur die Erklärungen für richtig, sondern sie folgten jetzt den politischen Aktionsangeboten der Bürgerrechtler. Die Protestbewegung verbreitete sich, gewann an Schwung und Dynamik und radikalisierte sich mit jeder repressiven Gegenaktion der unionistischen Regierung:

Am 17. Januar 1964 stellte das Ehepaar *Conn und Patricia McCluskey* im Wellington Park Hotel in Belfast die Gründung der *»Campaign of Social Justice«* (CSJ) der Presse vor. Die CSJ war aus der *»Homeless Citizen' League« (HCL)* in Dungannon herausgewachsen, einer Stadt, die in besonderer Weise von sozialen Problemen, vor allem Ungerechtigkeiten in der Wohnraumversorgung betroffen war. Seit 1963 hatte sich die HCL im Problemfeld »housing« engagiert. Die HCL hatte nicht nur debattiert oder Petitionen formuliert, sondern war zu direkten Aktionen (Hausbesetzungen) übergegangen, um ihren Forderungen Nachdruck zu verleihen. In dieser Richtung verstärkten die McCluskeys und die CSJ ihre Aktivitäten und die Resonanz in der katholischen Bevölkerung zeigte, wie erfolgreich ihre Arbeit war. Die CSJ bestand zunächst aus dreizehn Personen, alle katholisch und middle-class (Ärzte, ein Professor, ein Architekt, zwei Politiker). Sie klagte die Regierung in Stormont an, eine Politik der *»Apartheid und Diskriminierung«* zu betreiben und der katholischen Bevölkerung seit 40 Jahren grundlegende Bürgerrechte zu verwehren, wobei sie notorisch die verfassungsmäßigen Grundlagen Nordirlands verletze. Die konkreten politischen Forderungen der CSJ gingen weit über das lokale Wohnraumproblem hinaus, sondern betrafen fast alle Beschwerden, die seit der Gründung Nordirlands von der katholischen Minorität vorgetragen worden waren:[27]

- Abstellen der Praxis des »gerrymandering« von Wahlkreisen, zur Sicherung unionistischer Mehrheiten, insbesondere in Derry.
- Aufhebung der »property qualification«, d.h. Wahlrechtes nur für Hausbesitzer oder Mieter und »business vote«, das Protestanten begünstigte. »One man, one vote« sollte auch auf kommunaler Ebene gelten.

---

26 Zur Debatte über die Ursprünge der Bürgerrechtsbewegung und die Mittelschichts-These vgl. PAUL DIXON, Northern Ireland. The Politics of War and Peace. Basingstoke, 2001. S. 88 ff.
27 Einzelheiten bei PURDIE, Politics in the Streets, S. 82 ff. Siehe die Broschüre der CSJ »The Plain Truth«, Dungannon, 1969.²

- Deutliche Verbesserungen der Beschäftigungschancen der katholischen Minorität im öffentlichen Dienst (vor allem bei Stellen im gehobenen und höheren Dienst) und der Privatwirtschaft.
- Gleichmäßige wirtschaftliche Entwicklung aller Landesteile und Einstellung der Bevorzugung des östlichen Ulster.

Die CSJ war eine durchaus erfolgreiche pressure group und prangerte mit einer Flut von Studien, Expertisen, Flugschriften und Broschüren die unionistische »Politik der Diskriminierung« öffentlich an. Parlamentarische Hilfe kam von der »*Campaign for Democracy in Ulster*« *(CDU)*, einer Gruppe von rund 100 Labour Abgeordneten, davon einige irischer Herkunft, unter Führung von *Paul Rose*, MP für Manchester. Die CDU bemühte sich mit großem Einsatz, die englische Öffentlichkeit, das Unterhaus und die Labour Linke für das Thema Nordirland zu interessieren und die Regierung Harold Wilson zu Reformen in Nordirland zu drängen, allerdings ohne Erfolg.

Wesentlich schlagkräftiger war die am 29. Januar 1967 in Belfast gegründete *»Northern Irish Civil Rights Association« (NICRA)*, die rasch zu einer Massenbewegung wurde. Sie vereinte als Dachorganisation eine bunte Mischung verschiedener politischer Strömungen und Personen, von liberalen Protestanten bis zu engagierten katholischen Nationalisten und radikalen Republikanern. Ihre ersten Forderungen waren noch sehr moderat:

1. *To defend the basic freedom of all citizens.*
2. *To protect the rights of the individual.*
3. *To highlight all possible abuses of power.*
4. *To demand guarantees for freedom of speech, assembly and association.*
5. *To inform the public of their lawful rights.*[28]

Gleichwohl zeigte sich in der Praxis, dass NICRA eine überwiegend katholische Organisation war und der Einfluss der radikalen republikanischen Kreise und der IRA mit Zuspitzung der politischen Auseinandersetzungen vom August 1968 an erheblich zunahm. Ob es bereits in der Gründungsphase der NICRA einen Geheimplan (»hidden agenda«) der IRA gegeben hat, die Bürgerrechtsbewegung zu »hijacken«, wie es die unionistischen Seite bis heute behauptet, ist nach wie vor strittig. Die Gründung der Bürgerrechtsbewegung war zweifellos auf Ideen und konzeptionelle Überlegungen aus dem republikanischen Lager zurückzuführen. Gleichwohl dürfte die verschwörungstheoretische Behauptung einer langfristigen Strategie der IRA zur Destabilisierung Nordirlands mit Hilfe der Bürgerrechtsbewegung überzogen sein, obwohl das vor dem Hintergrund der Ereignisse nach 1968 und den traumatischen Erfahrungen der Unionisten mit dem Terrorismus der IRA verständlich war.[29] Die IRA Führung setzte zu dieser Zeit auf die poli-

---

28 HENNESSEY, Northern Ireland, S. 137.
29 MARTIN DILLON, The Dirty War. London, 1991. S. 1 ff. Dagegen: BOB PURDIE, Was the Civil Rights Movement A Republican/Communist Conspiracy? In: Irish Political Studies, 3, 1988. S. 33 ff. ENGLISH, Armed Struggle, S. 90. Einzelheiten bei PURDIE, Politics

tische Gewinnung der »Massen« und die Bürgerrechtsbewegung schien hierfür den besten Resonanzboden zu bieten. Da die Erfolgsaussichten nicht sicher waren, musste sich die IRA vor allem davor hüten, kooperationsbereite, »fortschrittliche« Kräfte durch Betonung einer IRA Nähe zu verschrecken. So verhielt sich die IRA-Führung zurückhaltend und gab ihren Aktivisten den Rat, möglichst unauffällig in der Bürgerrechtsbewegung mitzuarbeiten Die NICRA etablierte sich als eine pressure group, die die Regierung mit Appellen, Eingaben und öffentlichen Aufrufen bombardierte. Nachdem die friedliche Lobbyarbeit und der gewaltfreie Widerstand jedoch ohne durchschlagenden Erfolg zu bleiben schien und sich in der NICRA Anhängerschaft Frustration ausbreitete, setzte eine rasche Radikalisierung ein. Die direkte Aktion war bald beschlossene Sache. Vor dem Hintergrund der explosiven Konfliktpotentiale in Nordirland war dies eine ungleich gefährlichere und weitreichendere Entscheidung als z.B. für die Elite der deutschen »Außerparlamentarischen Opposition« (APO), die in verrauchten Berliner Kneipen ihre nächsten Sit-ins und Go-ins plante. Märsche und Demonstrationen hatten in Irland für die verschiedenen Bevölkerungsgruppen schon immer die Bedeutung der Verteidigung legitimer Rechte und territorialer Ansprüche und sie beschworen oft schmerzvolle historische Reminiszenzen herauf. Wer auch immer marschierte, musste damit rechnen, das »Territorium« der Gegenseite zu betreten, erbitterte Gegenwehr auszulösen und den staatlichen Sicherheitsapparat auf den Plan zu rufen. NICRA nahm, obgleich weiterhin den Konzepten des gewaltfreien Widerstandes und zivilen Ungehorsam verpflichtet, letztlich die Anwendung von Gewalt billigend in Kauf. *1969 wurde kein gezielter nationalistisch-republikanischer Umsturzversuch zum Sturz der unionistischen Regierung und Eliminierung der Verfassung Nordirlands unternommen.* Doch die reformpolitische Halbherzigkeit der Regierung (Terence O'Neill) und die gleichzeitige gewalttätige Reaktion der Sicherheitsbehörden gegen die Bürgerrechtsbewegung, die oft mit stillschweigender Duldung loyalistischer Gewalt einherging, entlarvte das unionistische Regime in den Augen der katholischen community endgültig als unreformierbar. Die »irische Frage« wurde schon im Frühjahr 1969, selbst bei moderaten Nationalisten wie John Hume, neu aktiviert.[30] *Die Diskriminierungsfrage in den sechziger Jahren war nicht die Ursache des Konflikts, sondern nur der Auslöser.* Aus der von der Bürger-

---

in the Streets, S. 121 ff. Siehe auch die offizielle NICRA-Geschichte: »We Shall Overcome«... The History of the Struggle for Civil Rights in Northern Ireland 1968. Edited by NICRA. Belfast, 1978.

30 NIALL Ó DOCHARTAIGH, From Civil Rights to Armalites. Derry and the Birth of the Irish Troubles. Cork, 1997, S. 59 ff. Das Ausmaß nationalistischer Orientierungen, die sich im Wahlverhalten von Katholiken *vor* Ausbruch der »Troubles« ausdrückten und die Bedeutung, die das Thema der Einheit Irlands für die Bürgerrechtsbewegung hatte, ist nach wie vor umstritten. HEWITT, The Roots of Violence, S.24 ff. behauptet eine bemerkenswerte, wachsende Unterstützung nationalistischer Kandidaten durch die katholische Wählerschaft seit Mitte der sechziger Jahre.

rechtsbewegung zugespitzten Politisierung des Diskriminierungsproblems, begleitet von rascher Radikalisierung und offener Gewalt in beiden communities, angeheizt von Extremisten, erwuchs eine Konfrontation, bei der sich Protestanten und Katholiken bald in die vertrauten Schützengräben des »sectarianism« zurückzogen. Auf dem engen Raum Nordirlands lebten beide communities wie »*scorpions in a bottle*« zusammen, beide giftig, gefährlich und jederzeit bereit zuzustechen. Im August 1969 war das »*Irische Monster*« *(»Irish ogre«)*, wie es J. Bowyer Bell in seiner Monumentalgeschichte des »Troubles« formuliert hat, aus seiner *»provinziellen Gefangenschaft« freigesetzt* worden, mit verheerenden Folgen.[31] Es ging 1969 letztlich um die politische Machtfrage und darum geht es noch heute (siehe Teil 3).

3. Der Ausbruch der »Troubles« und die Spirale der Gewalt 1968/69

Schon Jahre vor den ersten massiven protestantisch-katholischen Konfrontationen im Spätsommer 1969 hatte es gelegentlich ernsthafte Zwischenfälle gegeben, bei denen Menschen zu Tode kamen oder verletzt wurden.[32] Die reorganisierte loyalistisch-extremistische »*Ulster Volunteer Force*« erklärte der IRA schon im Mai 1966 offiziell den Krieg: »*From this day we declare war against the IRA and its splinter groups. Known IRA men will be executed mercilessly and without hesitation.*« Sie setzte ihre Drohung kurz darauf um. Ein UVF-Kommando, geführt von dem (später legendären) Werftarbeiter *Augustus (»Gusty«) Spence,* schoss am 26. Juni 1966 drei Barkeeper des International Hotel Belfast nieder. Sie wurden verdächtigt, der IRA anzugehören. Der 18jährige *Peter Ward* starb, die beiden anderen überlebten schwer verletzt.[33] Im Gefolge des (verbotenen) Bürgerrechtsmarsch in Derry am 5. Oktober 1968, bei dem die Polizei mit äußerster Brutalität agierte und die Bilder von blutenden Demonstranten um die Welt gingen, begann sich die Spirale der Gewalt immer schneller zu drehen. Premierminister O'Neills hektische Bemühungen, mit einem am 22. November veröffentlichen »*Fünf-Punkte-Programm*« gesellschaftlicher Reformen die Situation zu entspannen, fruchtete

---

31 J. BOWYER BELL, The Irish »Troubles«, A Generation of Violence 1967-1992. Dublin, 1994. S. 105. JOHN DARBY, Scorpions In a Bottle. London, 1997.
32 Ausführliche Schilderungen bei PURDIE, Politics in the Streets, S. 9 ff.
33 In einem Schreiben vom 21. Mai 1966 an die Tageszeitung »Belfast Telegraph«. FARRELL, Northern Ireland, S.236. DAVID BOULTON, The UVF 1966-1973. An Anatomy of Loyalist Rebellion. Dublin, 1974. S. 40. JIM CUSACK/HENRY McDONALD, UVF. Dublin, 1997. S. 8 ff. 32 Jahre später erklärte Spence in der Fernsehserie des BBC-Journalisten Peter Taylor, dass er sich zu jener Zeit mit diesem Statement absolut identifiziert hatte: »And did you agree with that statement ? Well, at that time, yes. Oh, absolutely, yes. Executed mercilessly and without hesitation? Yes.« PETER TAYLOR, Loyalists. London, 1999, S. 41. Weitere Einzelheiten ebda., S. 42 ff. McKITTRICK, Lost Lives, S. 26 ff.

ebenso wenig, wie sein meisterhafter, beschwörender Appell vom *9. Dezember* in Funk und Fernsehen an die Vernunft und Einsicht der Menschen (»*Ulster stands at the crossroads*«).[34]

Am 1. Januar 1969 starteten Aktivisten einer linksorientierten studentischen Bürgerrechtsorganisation, die sich »*People's Democracy*« nannte und mit der Aktivistin *Bernadette Devlin* sehr bald zu weltweiter Prominenz gelangen sollte[35], zu einem Bürgerrechtsmarsch von Belfast nach Derry. Der Marsch war als friedlicher Protest gedacht, doch er führte zu einer nicht abreißenden Kette von Gewalt. Auf der gesamten Strecke kam es zu hasserfüllten Attacken protestantischer Loyalisten. Die Marschierer wurden bedrängt, beschimpft, mit Steinen beworfen und geschlagen. Die Polizei nahm ihre Ordnungsaufgabe und Schutzfunktion so gut wie nicht wahr. Sie zeigte im Gegenteil ihre offene Sympathie mit den Loyalisten, die den Marsch als Angriff auf »ihr« Territorium und die Verfassung Nordirlands deuteten. Höhepunkt der Attacken war der gezielt geplante Überfall am 4. Januar an der Brücke von *Burntollet,* auf der Hauptstraße zwischen Claudy und Derry. Die Gruppe der Marschierer war inzwischen durch Zustrom von Sympathisanten aus Derry auf mehrere hundert Personen angewachsen. In der Nähe der Brücke gingen rund 200, mit Steinen, Nagelstöcken und Eisenstangen bewaffnete Loyalisten, darunter Angehörige der B-Specials, auf sie los. Unter einem Hagel von Flaschen, Steinen und Schlägen stoben die geschockten Demonstranten in Panik auseinander, von den knüppelschwingenden Angreifern verfolgt. 13 Personen wurden ernsthaft verletzt. Wie durch ein Wunder gab es keine Toten. Die Polizei, der die Vorbereitungen zum Überfall nicht verborgen geblieben waren, blieb passiv und bot keinen oder wenig Schutz.[36] Die Erbitterung war auf Seiten der Bürgerrechts-

---

34 Das Programm vom 22. November 1968 sah unter anderem vor: Ein neues Punkte-System bei der Zuweisung von Wohnraum, verpflichtend für alle Kommunalbehörden, die Ernennung eines »Ombudsman« zur Untersuchung von Beschwerden, die Etablierung einer Entwicklungs-Kommission in Derry, die die Aufgaben der in die Kritik geratenen »Londonderry Corporation« übernehmen sollte, die Ankündigung der Abschaffung von Teilen des »Special Powers Act« von 1922, sobald die politische Situation es zulasse und das Ende der »company votes«, d.h. des Rechtes von Unternehmern auf mehr als eine Stimme bei Kommunalwahlen. Ferner kündigte die Regierung eine umfassende Reform und Modernisierung der kommunalen Ordnung bis Ende 1971 an, wodurch die brisanten und politisch am stärksten aufgeladenen Fragen der Wahlkreiseinteilung und des kommunalen Wahlrechts auf die lange Bank geschoben wurden. Dies war ein verhängnisvoller Fehler, denn gerade die Forderung nach »One man, one vote« wurde im politischen Streit zwischen Bürgerrechtsbewegung und der Regierung zur »heiligen Kuh.« Zu seiner »crossroads«-Rede siehe O'NEILL, Ulster at the Crossroads, S. 140 ff. GORDON, O'Neill Years, S. 134 ff.
35 Siehe vor allem: BERNADETTE DEVLIN, The Price of my Soul. London, 1969. PAUL ARTHUR, The People's Democracy 1968-1973. Belfast, 1974.
36 Schilderung des Ablaufes des Marsches bei BOWES EGAN/VINCENT McCORMACK, Burntollet. Belfast, 1969. FARRELL, Northern Ireland, S. 249 ff. – der Hauptorganisator war – und DEVLIN, The Price of my Soul, S. 125 ff. Der Cameron Report schlußfolgerte

bewegung und ihrer Gegner erheblich gewachsen und heftige, mehrere Tage anhaltende, Unruhen brachen aus, die durch die Brutalität der Polizei noch verschärft wurden. Erstmalig wurden im katholischen Stadtteil Bogside zur Verteidigung der katholischen Viertel Barrikaden errichtet und Bürgerwehren aufgestellt (»Local Vigilante Committees«). Am Giebel eines Hauses in der St. Columbs Straße brachte ein talentierter Parolen Maler, die legendäre Aufschrift an, die noch heute zu bewundern ist: »*You are now entering Free Derry*«.[37]

Es stellte sich die Frage, wie lange die Regierung O'Neill noch durchhalten konnte – gegen die politischen Opponenten aus den eigenen Reihen und die Kritik von außen. Am 24. und 25. Januar 1969 verließen die Minister *Brian Faulkner* und *William Morgan* das Kabinett, vordergründig wegen O'Neills Entscheidung, eine Kommission zur Untersuchung der Unruhen in Derry (die Cameron-Kommission) einzusetzen. Eine neue »Rebellengruppe« unionistischer Hinterbänkler forderte offen den Rücktritt O'Neills. Erneut ging dieser in die Öffentlichkeit. Die Menschen in Ulster sollten in seinem Streit mit der eigenen Partei entscheiden. Seine Hoffnung, ein Votum für sich als Regierungschef und seine Politik zu erhalten, war nicht unbegründet, blickt man auf das Echo auf seine »crossroads«-Rede zurück. Inzwischen hatte sich die Situation allerdings verschärft. Dennoch glaubte O'Neill an seinen Erfolg und schrieb für den 24. Februar 1969 Wahlen aus. Bei der Kandidatenaufstellung in der UUP kam es zu erbitterten Auseinandersetzungen zwischen Pro-O'Neill und Anti-O'Neill Kandidaten.[38] Das Ergebnis der sogenannten »*crossroads election*« brachte zwar eine leichte Verbesserung der Stimmenanteile für die Unionisten gegenüber 1965 (61,1% und 39 Mandate), zeigte aber die beginnende Spaltung der Partei. Die Pro-O'Neill Kräfte erreichten insgesamt nur 44% der Stimmen, 17,1% der Wähler hatten sich für unionistische Anti-O'Neill-Kandidaten ausgesprochen. Von 39 Abgeordneten waren 27 pro-O'Neill, 10 Anti-O'Neill und 2 unentschieden. Am rechten Rand des Unionismus setzte sich Ian Paisley mit seinen »*Protestant Unionists*« fest und erzielte immerhin 3,8%. O'Neill siegte in seinem Wahlkreis Bannside nur mit Mühe gegen Paisley. Sein Vorsprung betrug gegen der erstmalig kandidierenden Paisley nur 1414 Stimmen. Auf die *Opposition* aus Nationalisten, Unabhängigen, NILP, Republican Labour und People's Democracy (die mit 4,2% einen Achtungserfolg erzielte), entfielen zusammen 38,9%.[39] Eine Nachwahl vom 17. April

---

vorsichtig, dass »the protection afforded..by the police was not always adequate.« Cameron-Report, para. 101.
37 EAMONN McCANN, War And An Irish Town. London, 1993.², S. 107 ff. Ó DOCHARTAIGH, From Civil Rights to Armalites, S. 40 ff.
38 MULHOLLAND, Northern Ireland, S. 180 f.
39 Die Ergebnisse im Wahlkreis Bannside: O'Neill, Unionists = 7.745; Paisley, Protestant Unionists = 6.331; Farrell, People's Democracy = 2.310 (immerhin ein Achtungserfolg in diesem für die PD extrem schwierigen Wahlkreis). ELLIOTT & FLACKES, Conflict in Northern Ireland, S. 523 ff.

1969 in *Mid-Ulster* zum House of Commons war ein weiterer Paukenschlag: Hier siegte die Kandidatin einer anti-unionistischen Koalition (»*Unity*«), Bernadette Devlin, bei einer Rekordwahlbeteiligung von 91,5% mit 4.211 Stimmen Vorsprung gegen ihre unionistische Gegenkandidatin Anne Forrest, die Witwe des bisherigen Mandatsträgers, George Forrest. Mit 21 Jahren war sie die jüngste Frau, die je in ein britisches Parlament einzog. Das nationalistisch-republikanische Lager feierte den Sieg der Bürgerrechtsaktivistin enthusiastisch, bei den Unionisten herrschte tiefe Betroffenheit und aus dem loyalistischen Lager bebte blanker Hass. Die parlamentarische Schwächung und der Triumph Devlins - begleitet von schweren Unruhen in Newry und Derry, sowie Bombenattentaten von loyalistischer Seite auf Elektrizitätseinrichtungen und das Silent Valley Wasserwerk bei Belfast - beschleunigten O'Neills Fall: *am 28. April 1969 trat er zurück.* »*The explosions*«, so bekannte er später, »*quite literally blew me out of office.*«[40] Es hatte ihm nichts genutzt, noch wenige Tage vorher der Bürgerrechtsbewegung ein entscheidendes Zugeständnis gemacht zu haben: Die sofortige Einführung von »One man, one vote« für Kommunalwahlen.

Es entbehrt nicht einer gewissen Tragik, dass ausgerechnet O'Neill, der erste nordirische Premierminister mit durchaus gutem Willen, respektablen Ideen und Reformansätzen, an der petrifizierten Gesellschaft Nordirlands mit ihren sektiererischen Beharrungspotentialen scheitern musste. Aber vielleicht war er in der Tat, wie David Harkness schreibt, »*the wrong man with the right ideas.*«[41] Er musste am Ende seiner Regierungszeit 1969 einsehen, dass er die Last historischer Traditionen, die in den gesellschaftlichen Strukturen und der politischen Kultur Nordirlands wurzelten, grob unterschätzt hatte. Er hatte nicht damit gerechnet, dass sich die antagonistischen, religiös-sektiererischen Hasspotentiale und Gewaltbereitschaften so rasch mobilisieren ließen. Der Widerstand der erstarken unionistischen Rechten und der militante Protest seiner loyalistischen Gegner überraschten und schwächten ihn. Die Frustration und Kritik in der katholischen community über seine zögerlichen Reformen kränkten ihn und die Bereitschaft der jungen Bürgerrechtsaktivisten zur radikalen »Politik auf der Straße« empörte ihn. In seiner Abschiedsbotschaft im Fernsehen am 29. April 1969 gestand er: »*I have tried to break the chains of ancient hatreds. I have been unable to realise during my period of office all that I had sought to achieve.*«[42] Es gelang O'Neill weder die katholische Minorität von seinem Reformprogramm zu überzeugen, noch die notwendigen Mehrheiten dafür in der unionistischen Partei zu organisieren. Er brauchte für seinen Reformkurs eines »positiven«, »konstruktiven« Unionismus nicht nur einen starken Rückhalt in der UUP, sondern auch die Unterstützung der katholischen middleclass und einer liberalen »Mitte«. Diese »Mitte« war aber war zahlenmäßig zu

---

40 O'NEILL, Autobiography, S. 122.
41 HARKNESS, Northern Ireland since 1920, S. 139.
42 O'NEILL, Autobiography, S. 130.

schwach, politisch oft inaktiv, nicht berechenbar und von internen Interessengegensätzen blockiert, um einen verlässlichen und stabilen Bündnispartner zu bilden. O'Neills Strategie, sich direkt an die nordirische Bevölkerung zu wenden, zeigt, wie sehr er glaubte, dass seine populistisch-paternalistische, auf Versöhnung der communities gerichtete Politik, auf positive Resonanz stoßen würde. Doch die Masse der protestantischen Wähler folgte ihm nicht. Er musste andererseits die traditionalistische Klientel und das loyalistische Lager – vor allem die Arbeiterwähler – mit einem Populismus bedienen, der sich mit seinem Reformprogramm nur schwerlich in Einklang bringen ließ. So zerbrach die Einheit der Unionisten, Garantie ihrer politischen Vorherrschaft. Wie hätte O'Neill angesichts der Widerstandspotentiale in seiner eigenen Partei, dem wachsenden Protest des von Paisley organisierten loyalistischen Lagers und der galoppierenden Erosion seiner Anhängerhaft eine schnellere Umsetzung der Reformziele schaffen können? Hinzu kam der Reformdruck aus London. Die Labour Regierung verschärfte mit zunehmender Ungeduld den Ton gegenüber O'Neill. Eine Verschlechterung der Beziehungen zum Mutterland konnte sich Nordirland schon aus finanziellen Gründen nicht leisten. Doch den Londoner Vorstellungen zu entsprechen und reformpolitische Maßnahmen weiter zu treiben, das war angesichts der Kritik aus den eigenen Reihen und der wachsenden Militanz des loyalistischen Lagers beinahe die Quadratur des Kreises. Schließlich sah sich O'Neill seitens der irischen Republik mit Skepsis, ja wachsender Feindseligkeit konfrontiert und er musste trotz seiner versöhnlichen Gesten an die Adresse der Katholiken befürchten, dass die Republik nicht nur rhetorisch Partei für die nordirischen Katholiken ergreifen würde. Am Ende seiner Amtszeit bewegte sich Nordirland in raschem Tempo auf bürgerkriegsartige Unruhen zu. Die Stunde der »gunmen« war gekommen.

Auch sein Nachfolger, *James Chichester-Clark (geb.1923)*, Landedelmann und Großgrundbesitzer, konnte der Gewalt nicht Herr werden. Seine Stellung in der UUP war schwach, denn er war von der unionistischen Fraktion gegen den populären Brian Faulkner nur mit einer Stimme Mehrheit gewählt worden. Ihm blieb wenig Zeit, zu wenig, um die jahrzehntelang verschleppten Probleme Ulsters mit Reformen in den Griff zu bekommen und die explosive Lage zu entschärfen. Von Juli 1969 an rissen die Krawalle und gewalttätigen Ausschreitungen nicht mehr ab. In Belfast (2./3. August) und Derry (12. August 1969: »Schlacht um die Bogside«) erreichten die Unruhen einen ersten Höhepunkt. Es kam zu tagelangen Straßenschlachten, die zeigten, dass sich, wie Pater Anthony Mulvey es ausdrückte, eine *»community in revolt«* befand.[43] Die personell und materiell schlecht ausgerüstete und völlig überforderte RUC konnte Ordnung und Sicherheit nicht mehr garantieren. Die Britische Regierung schickte auf Ersuchen der Regierung Chichester-Clark mehrere Tausend Soldaten nach Nordirland. Innenminister Callaghan

---

43 Ó Dochartaigh, Civil Rights, S. 121. Siehe auch Edward Daly. »Anger and fear grip the streets«, Irish News, 6. August 1999.

erklärte zum Truppeneinsatz, dass dieser erfolgt sei, um einen Zusammenbruch von »law and order« zu verhindern. Angesichts der dreitägigen Gewalt und der offenkundigen Erschöpfung der RUC habe es keine Alternative gegeben. Die Truppen seien vor Ort, um in unparteilicher Weise Recht und Ordnung wiederherzustellen. »*Troops will be withdrawn as soon as this is accomplished. This is a limited operation and during it the troops will remain in direct and exclusive control of the GOC (der Oberkommandierende, J.k.), who will continue to be responsible to United Kingdom Government.*«[44] Zunächst wurden die Truppen von den katholischen communities in Belfast und Derry freudig begrüßt, weil sie sich Schutz gegen die Angriffe militanter Loyalisten erhofften. Doch dies war nur ein kurzer »honeymoon«. Mit dem Truppeneinsatz erreichte der Konflikt um Nordirland eine neue und höchst gefährliche Dimension. Die Hoffnungen auf eine zeitlich überschaubare Militäraktion sollten sich nicht erfüllen. Noch heute stehen britische Truppen in Nordirland.

Die Weltöffentlichkeit nahm schockiert die Bilanz des Schreckens in den Monaten Juli und August 1969 zur Kenntnis: 10 Tote, 1600 Verletzte, 16 Fabriken vollständig niedergebrannt, 60 katholische Pubs angegriffen, 24 davon zerstört, 170 Wohnungen komplett ausgebrannt. 1820 Familien, darunter 1505 katholische, aus ihren Häusern geflohen. Der materielle Schaden belief sich auf rd. 8 Millionen £. Die »*Community Relations Commission*« (CRC) arbeitete in einer Studie heraus, dass rd. 40.000 Personen flüchten mussten.[45]

4. Die politischen Konsequenzen der »Troubles« von 1968/69

Folgenschwere Konsequenz der »Troubles« war das Engagement der Britischen Regierung, die sich nolens volens wieder aktiv mit der »Irischen Frage« beschäftigen musste, die sie seit 1922 eher freundlich vernachlässigt (»*benign neglect*«) hatte. Die Auswirkungen der Irischen Frage auf die britische Politik in der zweiten Hälfte des 19. Jahrhunderts und vor allem in den turbulenten Jahren 1919-1922 waren nicht vergessen und die politische Klasse war keineswegs geneigt, sich für die Unruheprovinz am Rande des United Kingdom sonderlich zu interessieren. Seit dem »Ireland-Act« von 1949 trat die irische Frage in den politischen Diskursen ganz zurück.[46] Die Labour Regierung *Harold Wilsons (1916-1995)* hatte den über-

---

44 Details bei CALLAGHAN, A House Divided: The Dilemma of Northern Ireland. London, 1973, S. 41 ff. Erklärung, S. 43. HAROLD WILSON, The Labour Government 1964-1970: a personal record. London, 1971. S. 693 f.
45 BARDON, History of Ulster, S. 671. RYDER, The RUC, S. 113 f. DESMOND HAMILL; Pig in the Middle. The Army in Northern Ireland 1969-1984. London, 1984. S. 20 f.
46 BOYCE, The Irish Question and British Politics, S. 105 ff. PAUL BEW/HENRY PATTERSON, The British State and the Ulster Crisis: From Wilson to Thatcher. London,

aus kostenintensiven Modernisierungskurs Premierministers O'Neills mitgetragen, obwohl Wilson sehr distanziert zu den Unionisten stand. 1966/67 hatte er den Reformdruck auf O'Neill angesichts der besorgniserregenden politischen Entwicklungen verstärkt und ihm in aller Deutlichkeit signalisiert, dass die fortgesetzte Subventionierung Nordirlands *ohne politische Reformen* unter Berücksichtigung der Interessen der katholischen Minorität, schwerlich begründbar sei.[47] Doch bis 1968 geschah nichts und auch die Britische Regierung unterschätzte die Zeichen des aufkommenden Sturms in der Provinz. So traf die Krise von 1969, wie es der damalige nordirische Entwicklungsminister Brian Faulkner drastisch ausdrückte, *»an unprepared Westminster right between the eyes.«*[48] Mit dem Einsatz der Armee war das irische Problem wieder Teil operationaler britischer Außen- und Innenpolitik. Und jetzt musste entschlossen gehandelt werden. Zusätzlich zu den bis 1969 in der Garnison in Lisburn stationierten 2500 britischen Soldaten, wurden weitere Verstärkungen herbeigeschafft, sodass bald 6000 Mann in der Unruheprovinz standen. Die Britische Regierung bemühte sich, den Eindruck von Entschlossenheit, Handlungsbereitschaft und Pragmatismus zur Lösung der Nordirland-Krise zu vermitteln. Wie O'Leary und McGarry richtig konstatieren, hatte sich die Regierung im wesentlichen aus *drei Gründen* zum direkten Eingreifen in Nordirland entschlossen: *Erstens* konnte sie nicht die direkt an sie gerichteten Appelle der Bürgerrechtsbewegung ignorieren, die machtvoll ihre Rechte als britische Bürger einklagte. *Zweitens* musste eine Regierung, die zwar nicht mehr eine Weltmacht lenkte, aber innerhalb der Staatengemeinschaft für Menschen- und Bürgerrechte eintrat und die stolz auf ihre liberalen, demokratischen Traditionen war, ihren eigenen »schmutzigen Hinterhof« in Ordnung bringen. Nordirland wäre ohne den Truppeneinsatz in kurzer Zeit in Chaos und Bürgerkrieg versunken, eine völlig unvorstellbare Situation für Großbritannien, das sich anschickte, schrittweise Teil des zusammenwachsenden Europas zu werden. Die veröffentlichte Meinung in den USA und der politische Druck der dortigen irischen Lobby taten ein übriges, die Briten zum Eingreifen zu drängen. *Drittens* war es im Blick auf die durchaus vorhandenen Annäherungen zwischen London und Dublin geboten, etwas für die katholische Minorität zu tun, deren Wohl und Wehe der Irischen Regierung am Herzen lag und die Dublin nicht – bei Strafe massiven Prestige- und Wählerverlustes – missachten durfte.[49]

Was jetzt geleistet werden musste, glich allerdings der Quadratur des Kreises:
- Behebung der offensichtlichen politischen, wirtschaftlichen und sozialen Defizite in Ulster (*reformpolitische Dimension*).

1985, S. 20 ff. Zwischen 1965 und 1969 hatte sich nur Innenminister Frank Soskice für einen einzigen Nachmittag Zeit genommen, um Nordirland zu besuchen. BARDON, History of Ulster, S. 633.
47 WILSON, The Labour Government, S. 270.
48 FAULKNER, Memoirs of a Statesman, S. 26.
49 O'LEARY/McGARRY, The Politics of Antagonism, S. 171 f.

- Neuformulierung der institutionellen Beziehungen zu Nordirland, was durch die Stationierung der Truppen notwendig geworden war: Welche Kompetenzen sollte Stormont behalten, welche abgeben? Wie lange sollte die Verantwortung für die innere Sicherheit bei der Britischen Regierung liegen? Wann konnte die RUC wieder handlungsfähig sein? *(verfassungspolitische Dimension).*
- Stop der Gewalt auf beiden Seiten durch eine Sicherheitspolitik, die das Vertrauen der Katholiken in die Sicherheitskräfte wiederherstellte und die Protestanten (insbesondere das loyalistische Lager) nicht entfremdete *(sicherheitspolitische Dimension).*

Nach einem Treffen zwischen Premierminister Chichester-Clark und weiteren Kabinettsmitgliedern mit der Britischen Regierung am 19. August 1969 wurde eine Erklärung veröffentlicht, die als (die erste) »*Downing Street Declaration*« (oder »*Joint Declaration*«) in die Geschichte eingegangen ist.[50] Wichtigste kurzfristige Maßnahme war die zeitweise Übernahme der Verantwortung für die innere Sicherheit Nordirlands durch die Britische Armee: »*The Northern Ireland government have been informed that troops have been provided on a temporary basis in accordance with the United Kingdom's ultimate responsibility*«:[51] Die Britische Regierung unterstrich ferner im Blick auf die Beschwerden der katholischen Minorität, dass jeder Bürger in Nordirland die gleichen Rechte auf faire Behandlung und Freiheit von Diskriminierung haben müsse, wie im übrigen Vereinigten Königreich, insbesondere im Blick auf religiöse Orientierung und politische Position. Ein politisches Reformpaket wurde angekündigt und der Hoffnung Ausdruck verliehen, dass wirtschaftlicher Fortschritt in rascherem Tempo vorangehen möge. Dies sei für soziale Stabilität entscheidend. Zur Beruhigung der protestantischen Seite versicherte Wilson, dass Nordirland Teil des Vereinigten Königreichs bleiben werde, solange es darüber einen Konsens der Menschen in Nordirland und seines Parlamentes gebe. Grenzfragen stünden nicht zur Debatte: »*...Northern Ireland should not cease to be a part of the United Kingdom without the consent of people of Northern Ireland or from the provision of Section I of the Ireland Act, 1949, that in no event will Northern Ireland or any part thereof cease to be part of the United Kingdom without the consent of the Parliament of Northern Ireland. The border is not an issue.*«[52] Die Britische Regierung betonte ausdrücklich, dass alle Fragen, die Nordirland betreffen, zu den inneren Angelegenheiten des Vereinigten Königreichs gehörten: »*The United Kingdom Government again affirm that responsibility for affairs in Northern Ireland is entirely a matter of domestic jurisdiction.*«[53] Am 20. August 1969

---

50 Vgl. dazu die Erinnerungen von FAULKNER, Memoirs of a Statesman, S. 64 ff.; WILSON, The Labour Government, S. 695 ff.; BLOOMFIELD, Stormont in Crisis, S. 116 ff.; CALLAGHAN, A House Divided, S. 59 ff.
51 Joint Declaration, paragraph 4. In: Irish Historical Documents Since 1800. Edited by Alan O'Day and John Stevenson. Dublin, 1992. S.218.
52 Joint Declaration, paragraph 4. In: Ebda.
53 Joint Declaration, paragraph 2. In: Ebda.

vereitelte sie im Sicherheitsrat der Vereinten Nationen die Befassung mit einem von der Republik Irland eingebrachten Antrag über die Entsendung einer UN-Friedenstruppe nach Nordirland. Die Entscheidung darüber, den Antrag auf die Tagesordnung zu setzen, wurde vertagt. Die Irische Regierung blieb zwar ohne konkreten diplomatischen Erfolg, hatte aber immerhin das Thema zur Sprache gebracht und Handlungsbereitschaft demonstriert.[54]

Es ist oft gefragt worden, warum London nicht bereits 1969 auf Übernahme direkter Regierungsverantwortung gesetzt habe, da Wilson schon zu dieser Zeit sehr ernsthaft über eine Direktregierung und Verhandlungen mit der irischen Republik über die Zukunft Nordirlands nachgedacht hatte. In der Güterabwägung zwischen Direktregierung und nur zeitweisem Engagement, spielte sicherlich die Unsicherheit und fehlende Vertrautheit der Britischen Regierung mit den Verhältnissen Irlands eine entscheidende Rolle. Die Folgen einer Direktregierung erschienen im Herbst 1969 noch unkalkulierbar. London wollte sein Engagement in Nordirland so gering wie möglich halten und setzte darauf, mit Hilfe von Reformen die Regierung Chichester-Clark im Amt halten, den Beschwerden der katholischen Minorität abhelfen und somit die Lage beruhigen zu können. Gleichzeitig wollte man die protestantische Seite nicht mit der Suspendierung der Stormont-Regierung vor den Kopf stoßen und weitere Ausbrüche militanten Protestes riskieren.[55] Ende August 1969 reiste Innenminister Callaghan nach Nordirland. Er traf sich mit Politikern aller Parteien, der Polizei- und Armeeführung, Verbandsvertretern (»Orange Order«), hohen Kirchenvertretern (u.a. Kardinal Conway), Gewerkschaftern und Industriellen. Er suchte das Gespräch mit den Menschen, sah sich in der Falls Road um, hielt eine feurige, mit großem Beifall bedachte Rede in der Bogside in Derry und verbreitete mit seinem jovialen Charme den Eindruck, die Britische Regierung arbeite intensiv an dem Nordirland Problem, bemühe sich um fairen Ausgleich zwischen den communities und wolle das Vertrauen in die Stormont Regierung wiederherstellen.[56] Dazu wurden eine Reihe von Maßnahmen in Gang gesetzt, bzw. schon von Chichester-Clark eingeleitete Reformen weiter verfolgt, die sicherheits- und verfassungspolitische sowie wirtschafts- und sozialpolitische Zielsetzungen hatten.

---

54 DIETMAR HERZ, Frieden und Stabilität. Die Nordirland-Politik der Republik Irland 1969-1987. Bochum, 1989, S. 173 ff.
55 Siehe dazu die Erinnerungen von RICHARD CROSSMAN, The Crossman Diaries. Selection from the Diaries of a Cabinet Minister, 1964-70. London, 1979. S. 645.
56 Siehe Joint Communiqé by the British and Northern Ireland governments, 29. August 1969. Text in: http://cain.ulst.ac.uk/issues/politics/docs/bni290869.htm CALLAGHAN, A House Divided, S. 70 ff. BLOOMFIELD, Stormont in Crisis, S.120 f.; BEW/PATTERSON, The British State and the Ulster Crisis, bezeichnen Callaghans Besuch als »little more than a publicity coup«, S. 22.

Am 10. Oktober 1969 veröffentlichte die Regierung einen unter der Leitung von Lord *John Hunt* erarbeiteten Bericht,[57] der Empfehlungen zur Reorganisation der Sicherheitskräfte enthielt. Hunt ließ sich von den, für englische Verhältnisse selbstverständlichen, Grundsätzen leiten, dass die Polizei eine politisch unabhängige, professionelle und vor allem unparteiische Ordnungsmacht sein müsse, die einzig und allein der Aufrechterhaltung von Recht und Ordnung verpflichtet sei. Er wusste, dass er mit seinen Vorschlägen in ein Wespennest stoßen würde. Die wichtigsten Empfehlungen waren die *Entwaffnung der Polizei* und die *Auflösung der B-Specials*. Die RUC sollte ihren militärischen Charakter verlieren: »*Any police force, military in appearance and equipment, is less acceptable to minority and moderate opinion than if it is clearly civilian in character.*«[58] Mit der Auflösung der B-Specials war eine zentrale Forderung der Bürgerrechtsbewegung und des republikanischen Lager erfüllt. Lord Hunt empfahl ferner:

- die Abschaffung des »Special Powers Act« von 1922.
- Aufstockung der Polizeikräfte insgesamt und Verstärkung der Anstrengungen, mehr Katholiken für den Polizeidienst zu gewinnen.
- Verstärktes Training für den Einsatz bei Massendemonstrationen (»crowd control«).
- Einrichtung einer obersten Polizeibehörde (»Police Authority«), repräsentativ für die Gesellschaft Nordirlands (»*whose membership should reflect the proportions of different groups in the community.*« para. 87,88). Der oberste Polizeichef sollte der Behörde rechenschaftspflichtig sein.
- Programme zur Verbesserung von Image und Akzeptanz der Polizei in den communities und Bearbeitung von Beschwerden.
- Aufstellung einer Polizei Reserve (RUC/'R')und einer 6000 Mann starken Hilfstruppe unter dem Oberbefehl der britischen Armee (»*Ulster Defence Regiment*«, UDR). Sie sollte auf lokaler Ebene für die Armee unterstützend tätig werden, Informationen sammeln, wichtige Infrastruktureinrichtungen schützen und an Straßensperren Dienst tun.

Eine Reihe von Empfehlungen wurde von Stormont, wenn auch nur aufgrund des Druckes aus London, rasch umgesetzt, andere verzögert oder ganz ignoriert. Die RUC wurde bis 1972 durch Schaffung der Polizei Reserve (RUC/'R') auf 4256 reguläre und 2134 Reservepolizisten aufgestockt.[59] Es folgten die Entwaffnung der RUC und die Auflösung der B-Specials (bis zum 30. April 1970), begleitet von der Aufstellung der neuen Armee-Hilfstruppe, des »*Ulster Defence Regiment*«, UDR. Es war von Anfang an fraglich, ob die erwartete Zusammensetzung der neuen Truppe (»*reasonable men and women*«, para. 171) von Protestanten und Katholiken gleichermaßen akzeptiert werden würde. Zweifelhaft blieb auch, ob die unbewaffnete

---

57 Report of the Advisory Committee on Police in Northern Ireland (Hunt-Report), Cmd 535. HMSO, Belfast, 1969. Vgl. ELLISON/SMYTH, Crowned Harp, S. 63 ff.
58 Ebda., para. 21,41.
59 WEITZER, Policing Under Fire, S. 64.

RUC angesichts des schon erreichten Ausmaßes an Gewalt eine wirkungsvolle Befriedung würde garantieren können.

Sofort nach der Veröffentlichung des Berichtes brach die Kritik von allen Seiten los: Im *katholischen Lager*, insbesondere in republikanischen Kreisen, argwöhnte man, dass das UDR nur eine Fortsetzung der alten B-Specials unter neuem Namen sei. Diese Befürchtungen waren nicht ganz unbegründet, denn jeder Angehörige der B-Specials hatte ein Bewerbungsformular mit der Option erhalten, sich für die RUC Reserve oder das UDR zu entscheiden. Viele frühere Angehörige der B-Specials traten in die Dienste des UDR und der Anteil der Katholiken, der anfangs 18-20% betragen hatte, sank bis 1971 (nach der Einführung der Internierung) auf nur 8% und betrug 1975 nur mehr 2 bis 3%. Auf diesem Niveau blieb die Rate bis zur Fusion des UDR mit den »Royal Irish Rangers« zum *»Royal Irish Regiment« (RIR)* am 1. Juli 1992. Aus der intendierten multi-religiösen Sicherheitstruppe wurde nichts. Das UDR hatte bald das gleiche Image wie die B-Specials.[60] Zu dieser Entwicklung hatte auch die IRA in großem Maße beigetragen, denn sie verhinderte den Eintritt von Katholiken in das UDR durch Einschüchterung, Bedrohung und brutale Gewaltanwendung. UDR und RUC wurden in den siebziger Jahre »legitime« Ziele der IRA Mordkommandos. Auch in *unionistischen* und *loyalistischen Kreisen* war die Empörung groß. Die Entwaffnung der RUC und Auflösung der B-Specials wurden als Versuch interpretiert, die Protestanten wehrlos zu machen, sie dem »republikanischen Mob« und der IRA auszuliefern. Das Reformprogramm enthalte ausschließlich Konzessionen an die katholische Seite, die, so die loyalistische Position, mit Militanz und gezielter Störung der öffentlichen Ordnung Zugeständnisse erzwungen habe. Nationalisten und Republikanern gehe es letztlich um Zerstörung des nordirischen Staates, wogegen sich die Protestanten Ulsters zu Wehr setzen müssten. Wenn die Britische Regierung, die treu zur Union haltenden Protestanten jetzt im Stich lasse, so müssten diese die Verteidigung Ulsters selbst in die Hand nehmen. In der Shankill Road kam es am 10. und 11. Oktober 1969 zu schweren Krawallen: rd. 3000 randalierende Loyalisten standen gegen die Britische Armee, ihre »Schutzmacht«, den »Union Jack« schwingend und Slogans wie *»Englishmen go home, we want the B-Specials«* und *»Paisley is our leader«* skandierend.[61] Benzinbomben flogen und es wurde geschossen. Ein Polizist starb, erschossen von einem Scharfschützen der UVF, das erste Todesopfer der RUC. Am Ende des Jahres 2004 sollten es über 300 sein. Polizei und Armee griffen scharf durch und stellten die Ordnung wieder her – vorläufig. Trügerische Ruhe kehrte ein und die Britische Regierung veranlasste die Rückführung von Truppenteilen nach England. Premierminister Chichester-Clark bezeichnete sich in einem SPIEGEL-Interview vom 9. Februar 1970 als *»gemäßigt optimistisch«*. Von

---

60 CHRIS RYDER, The Ulster Defence Regiment. An Instrument of Peace? London, 1992², S. 28 ff.
61 TIM PAT COOGAN, »Troubles«. Ireland's Ordeal 1966-1996 and the Search for Peace. London, 1996², S. 109.

dem angekündigten und eingeleiteten Reformprogramm erhoffte er sich eine pazifizierende Wirkung im allgemeinen und den Abbau der Entfremdung der katholischen Bevölkerung gegenüber Stormont im besonderen. Die Unionistische Partei sollte sich für Katholiken öffnen und sie nicht nur als Wähler, sondern auch als Mitglieder willkommen heißen. In dem Interview gab er sich nassforsch-optimistisch: »*Wenn wir Wohnungsnot und Arbeitslosigkeit beseitigen könnten, dann wäre vielleicht schon das ganze Problem gelöst.*«[62] Dies erschien angesichts der unbewältigten Probleme, die das Jahr 1969 hinterlassen hatte, wie das berühmte Pfeifen im dunklen Keller. Denn die Lage Anfang 1970 gab nicht zu Optimismus Anlass:

- Die nordirische Regierung war stark geschwächt, bedrängt von Falken und Reformgegnern in der Unionistischen Partei und der militanten loyalistischen Opposition.
- Die Britische Regierung blieb ohne klare konzeptionelle Politik gegenüber Nordirland. Das Reformprogramm blieb im Blick auf die wirtschaftlichen und sozialen Verhältnisse, die innere Sicherheit und die Beziehungen der protestantischen Mehrheit zur katholischen Minderheit unzureichend.
- Die Irische Regierung hatte außer starker Rhetorik und symbolischer Politik als Reaktion auf die erregte Stimmung in der Bevölkerung und Rücksichtnahme auf die »Falken« im Kabinett ebenfalls keine operative Politik zu bieten. Der irische Ministerpräsident *Jack Lynch (1917-1999)* hatte im Zuge der schweren Unruhen in Derry und Belfast erklärt, »*that the Irish Government can no longer stand idly by and see innocent people injured and perhaps worse.*« Er kritisierte den Einsatz von britischen Truppen als »*unacceptable*«, verfügte die Teilmobilisierung der Armeereserve, kündigte die Aufstellung von Armee-Sanitätsstationen entlang der Grenze zur Aufnahme von Flüchtlingen und Versorgung von Verletzten an, richtete einen Hilfsfonds der Regierung von 100.000 Pfund ein und forderte eine UN-Friedenstruppe.[63]
- Weitere Eskalationen waren durch die Präsenz britischer Truppen in Ulster zwar zunächst verhindert worden, es blieben aber gefährliche Unsicherheiten über die Anwesenheitsdauer, Rolle und Befugnisse der Truppen, vor allem in ihrem Verhältnis zur RUC.
- Die Polizeireform hatte die Loyalisten erbittert und die katholische Minderheit enttäuscht.
- Nach der Beseitigung der Barrikaden hatten Armee und Polizei die Etablierung von »No-Go-Areas« in Belfast und Derry zunächst geduldet, um weitere Eska-

---

62 DER SPIEGEL, Nr.7, 9. Februar 1970.
63 Zur Politik Dublins in dieser Phase vgl. v.a. HERZ, Frieden und Stabilität, S. 41 ff. und 168 ff. Kurzer Gesamtüberblick zur Politik Dublins: Derselbe, Der Nordirlandkonflikt in der Politik Dublins. In. ELVERT, Nordirland, S. 257 ff. Wie erst im Januar 2001 veröffentlichte Regierungsdokumente aus dem Jahre 1970 zeigen, hatte die Irische Regierung Pläne zu einer militärischen Intervention entwickeln lassen. Ob sie diese tatsächlich umgesetzt hätte, ist jedoch sehr unwahrscheinlich (Irish Times, 2. Januar 2001).

lationen zu verhindern. Diese Gebiete begannen sich zu rechtsfreien Räumen zu entwickeln, in denen sich radikale Republikaner und die IRA als »Schutzmacht« zu etablieren begannen.
- Im loyalistischen Lager setzte eine paramilitärische Formierung ein, mit dem Ziel, Ulster mit Waffengewalt gegen die IRA und ihre Anhänger im katholischen Lager zu verteidigen.

5. Die Militarisierung des Nordirland-Konfliktes und das Ende von »Stormont« 1970-1972

5.1. »No surrender« - Das unionistisch- loyalistische Lager in der Zerreißprobe

Spektakulär und öffentlichkeitswirksam waren die ersten Auftritte von Reverend *Ian Paisley*. Mit ihm betrat ein fundamentalistischer Eiferer die politische Bühne. Er wurde rasch zur »Stimme des protestantischen Ulsters« d.h. jener loyalistischen Kreise, die solide Feindbilder pflegten. Paisley war (und ist) christlicher »Fundamentalist«. Politik und Theologie sind in seinem Denken eng verbunden. Er vertritt einen absoluten Wahrheitsanspruch im Blick auf die buchstäbliche Geltung der Heiligen Schrift und ein historisch- kritischer Umgang mit der Bibel gilt ihm schlicht als »Abweichung« und »Verrat«. Immer wieder demonstriert er seine aggressive Frontstellung gegen die römisch-katholische Kirche, die er als christliche Kirche nicht gelten lässt. Er wettert gegen *»Romanism«*, *»popery«*, *»priestcraft«* und *»superstition«* und betrachtet die römisch-katholische Kirche als die Inkarnation des Anti-Christen, als die *»mother of harlots and abominations of the world«* (die Mutter der Huren und aller Gräuel auf Erden). Nach Ausbruch der »Troubles« machte er die katholische Kirche als Urheber der »Unruhen« aus und klagte die IRA als die »Sturmtruppe der römisch-katholischen Kirche« an. Unverdrossen unterstreicht er den politischen Herrschaftsanspruch der Protestanten in Ulster, die er als »auserwähltes Volk« (*»chosen people«*) sieht. Der Protestantismus in Ulster stehe für die Freiheit des Gewissens gegen die »Tyrannei Roms«: *»Liberty is the very essence of Bible Protestantism. Tyranny is the very essence of Popery. Where Protestantism flourishes Liberty flames. Where Popery reigns Tyranny rules. As Liberty and Tyranny have no common meeting place, so Protestantism and Popery cannot be reconciled...Popery is tyrannical in every sphere of life.«*[64] Er bekennt seine unverbrüchliche Treue zur Union mit Großbritannien und fordert die Bewahrung der »heiligen« Traditionen Ulsters wie sie im »Covenant« von 1912 zum Ausdruck gekommen seien. Paisley hält sich für das Werkzeug Gottes. Gott spricht zu ihm direkt und hat ihn auserwählt, Nordirland vor dem Katholizismus zu retten. Er versteht sich in der Nach-

---

64 Zit.n. JOHN HICKEY, Religion and the Northern Ireland Problem. Dublin, 1984. S. 73.

folge Jesu, der gesagt hat, er sei nicht gekommen, den Frieden zu bringen, sondern das Schwert (Matthäus 10,34). Er sieht sich als Prophet in einem apokalyptischen Ringen: »*This is a battle for truth against the lie, the battle of Heaven against hell, the battle of Christ against the Antichrist.*«[65] Seine endzeitlichen Visionen vom Untergang des Protestantismus und dem Sieg der großen »Hure Babylon« mit Hilfe ihrer »IRA-Sturmtruppen« haben bei vielen schlichten Menschen seiner Herde die Wahrnehmung einer tödlichen Bedrohung hervorgerufen und ihren Willen zum Widerstand »bis zum letzten« gestärkt. Paisleys religiöser Fundamentalismus verbindet sich mit den historischen Traditionen des Orangeismus, der anti-katholischen Ideologie und politisch-aktivistischen Bewegung des »Orange Order«. Diese Synthese ist der Stoff aus dem der typische nordirische »sectarianism« erwächst.

Ian Richard Kyle Paisley wurde am 6. April 1926 als zweiter Sohn eines Baptistenpredigers in Armagh geboren, in »bescheidenen Verhältnissen«, wie einer seiner Biographen, Clifford Smyth, berichtet.[66] In der Athmosphäre eines fromm-evangelikalen Hauses sozialisiert, wurden ihm früh Anti-Katholizismus, Treue zur Union und zu »God, King and Country« als selbstverständliche politische Glaubenssätze vermittelt. Nach unauffälligem Schulbesuch und früher Bekehrung zu »Jesus Christus als dem persönlichen Herrn und Erlöser«, begann Paisley bereits im Alter von fünfzehn Jahren auf evangelikalen »meetings« zu predigen. Nach dem Theologie-Studium in Süd-Wales und Belfast wurde er 1946 zum Pastor der presbyterianischen Ravenhill-Church in Ost-Belfast, einem Arbeiterviertel, ordiniert. Als es 1951 zu einer Spaltung der presbyterianischen Gemeinde in Crossgar, Co. Down, in der Frage des theologischen »Modernismus« und »Liberalismus« kam, wurde Paisley von den konservativen Abtrünnigen die Leitung der kleinen Gruppe angetragen. Seitdem leitet er die *»Free Presbyterian Church of Ulster«* als Moderator.[67] Soziologische Analysen der »freien Presbyterianer« zeigen eine klare Dominanz von Personen aus ländlichen Regionen (Bauern und Landarbeiter), kleinen Selbständigen (»shop-keepers«) und Arbeitern.[68] In den fünfziger Jahren machte sich Paisley als großer Erweckungs-Prediger im Stile der amerikanischen »revivals« einen Namen. 1956 wurde er verdächtigt, die fünfzehnjährige Maura Lyons entführt zu haben, um sie vor ihren katholischen Eltern zu schützen, die das Mädchen, nach ihrer Konversion zum evangelischen Glauben, angeblich in ein Kloster zwingen wollten. Die Affäre blieb undurchsichtig. Paisley wurde per Gericht jeder weitere Kontakt zu dem Mädchen untersagt.[69] Anfang der sechziger Jahre begann er durch rabiate anti-katholische Demonstrationen die Aufmerk-

---

65 Zit.n. DENNIS COOKE, Persecuting Zeal. A Portrait of Ian Paisley. Dingle, 1996. S. 4.
66 CLIFFORD SMYTH, Ian Paisley. Voice of Protestant Ulster. Edinburgh, 1987. S. 2. Umfassend: ED MOLONY/ANDY POLLAK, Paisley. Dublin, 1994.²
67 Nach Angaben der DUP hat die »Free Presbyterian Church„ heute 60 Gemeinden in Nordirland und einige weitere in England und der Republik Irland (www.dup.org - Paisley).
68 Siehe BRUCE, God save Ulster, S. 237 ff.
69 MOLONY/POLLAK, Paisley, S. 67 ff.

samkeit der Öffentlichkeit auf sich zu lenken. Besonders wirkungsvoll war sein Auftritt in Rom 1962 als er mit einigen Anhängern auf dem Petersplatz gegen die Eröffnung des II. Vatikanums demonstrierte. Über Nacht wurde Paisley zum Tischgespräch in Nordirland und die Weltpresse nahm von dem wortgewaltigen nordirischen Eiferer Notiz. 1956 hatte sich Paisley der »*Ulster Protestant Action*« *(UPA)* angeschlossen, einer Vereinigung von militanten Loyalisten, die als protestantische Bürgerwehr während der Grenzkampagne der IRA gegründet worden war. Nach dem Scheitern der Kampagne widmete sich die UPA in erster Linie der Verbreitung eines rabiaten Anti-Katholizismus. Die UPA rekrutierte ihre Anhängerschaft vor allem aus der Arbeiterklasse und kämpfte für eine faktische Apartheid am Arbeitsplatz: Arbeitsplätze nur für Protestanten! Politiker waren ausdrücklich von der Mitgliedschaft ausgeschlossen.[70] Paisley teilte ihre gegen den offiziellen Unionismus gerichtete scharfe Kritik. Dieser sei auf dem Wege, die Grundprinzipien des Protestantismus zu verraten weil er zu versöhnlich mit Katholiken umgehe. In den fünfziger Jahren begann – mit der UPA – Paisleys Weg in die Politik, am rechten Rand des Unionismus. Paisley entfachte eine populistische Bewegung gegen O'Neills Reformpolitik und zog ab 1963 mit lärmenden Kampagnen über das Land. Sein publizistisches Organ war der »*Protestant Telegraph*«, herausgegeben von dem Drucker *Noel Doherty*, einem fanatischen Anhänger Paisleys. Der »Telegraph« pflegte eine drastische Sprache, die auch in den Pubs in East-Belfast verstanden wurde. Ein nicht versiegender Strom hysterischer anti-katholischer und anti-kommunistischer Propaganda ergoss sich über Nordirland.[71] Paisley wusste die tiefsitzenden anti-katholischen Ressentiments, Vorurteile und Ängste seiner Klientel aus Arbeitern, Kleinbürgertum und Bauern mit ihren politischen, sozialen, religiösen und kulturellen Vorbehalten gegen führende Unionisten, und vor allem O'Neill, geschickt zu verbinden. Für die strenggläubigen Bauern in Antrim und die loyalistischen Werftarbeiter in Belfast war Paisley der »Man of God«, der, treu zu seinem Glauben und Ulster stehend, einer Verschwörung aus Katholiken, IRA, Liberalen, Kommunisten und unionistischen Spitzenpolitikern gegen Ulsters Freiheit und Identität tapfer entgegentrat. Paisleys Erfolg gründete letztlich darin, dass er mit herausragendem politischem Gespür für Stimmungslagen und militanter Eindringlichkeit die politischen Auseinandersetzungen seiner Zeit auf schlichte Botschaften und Frontstellungen reduzierte. In immer neuen Wendungen und mit brillanter Rhetorik vermochte er seine Zuhörer davon zu überzeugen, dass es um nichts weniger als das Erbe der Väter ging, »*that gave us our freedom, religion and laws*«, wie es in dem bekannten orangeistischen Lied »The Old Orange Flute« heißt. Für Paisley ging es um den ideenpolitischen Kern des Unionismus, den O'Neill, Liberale, die Römisch-Katholische Kirche, Anhänger der Ökumeni-

---

70 Ebda., S. 77 ff.
71 FARRELL, Northern Ireland, S. 235.

schen Bewegung, Freimaurer, Kommunisten und irische Nationalisten vermeintlich zu zerstören angetreten waren.

Paisley organisierte seit 1963 die loyalistische Opposition – in Kirchen, Versammlungssälen und immer wieder auf der Straße. »No surrender« und »Not an inch« waren die Eckpfeiler seiner Demagogie.[72] Im April 1966 hatte er das »*Ulster Constitution Defence Committee*« (UCDC) gegründet, bestehend aus 12 Paisley-Vertrauten (scherzhaft »die zwölf Apostel« genannt). Das »Committee« erklärte den entschiedenen politischen Kampf für die Verfassung Ulsters zu seiner Hauptaufgabe und bekannte sich ausdrücklich zu Legalität und Gewaltlosigkeit. Gleichwohl war das UCDC nur eine Dachorganisation innerhalb derer sich eine militante, weitverzweigte protestantische Privatarmee zu entwickeln begann: die »*Ulster Protestant Volunteers*« (UPV). Organisiert in »local divisions« wurden sie zur Keimzelle der Entwicklung weiterer paramilitärischer Gruppen im ganzen Land, insbesondere der militanten Bürgerwehren (»*Vigilante Committees*«) in der protestantischen Shankill-Road in Belfast. Kopf und treibende Kraft dieser frühen paramilitärischen Kampftruppe war *Noel Doherty*, der Herausgeber von Paisleys »Protestant Telegraph«. Er verehrte Paisley in fast religiöser Weise: »*Paisley was our leader*« bekannte er über dreißig Jahre später in einem BBC-Interview, »*he was our saviour, our Moses, our champion prepared to resist to the death to oppose the Roman Catholic Church and ecumenism.*«[73] Doherty und seine Freunde glaubten an eine unmittelbare Bedrohung des protestantischen Nordirland durch die IRA und Sinn Féin. Doherty wühlte weiter im Untergrund und setzte alles daran, die UPV mit Waffen und Sprengstoff auszustatten und zu einer Truppe zu formen, die innerhalb kürzester Zeit zu machtvollen Schlägen gegen die vermeintliche republikanische Bedrohung in der Lage sein sollte. Paisley hat stets Verbindungen zu paramilitärischen Gruppen abgestritten und ein Beweis für solche sind nie beigebracht worden. Gleichwohl trug (und trägt) er eine moralische Mitschuld. Er hatte die Emotionen auf den Siedepunkt getrieben und wußte sehr genau, dass Mitglieder der UVF und anderer militanter Kreise in der Shankill Road zu seinen ergebenen Anhängern zählten. Und ihm war sehr wohl bekannt, welche Verbindungen führende Mitglieder seiner mobilen Einsatztruppe – der UPV – mit der UVF hatten. Er musste wissen, dass ihm als der selbsternannten »Stimme von Ulster« eine besondere Verantwortung in der aufgeheizten Athmosphäre zukam. Paisley ist Vertreter einer populistischen »politisierten Religion«, die im Presbyterianismus wurzelt aber in Theologie und Glaubenspraxis viele Elemente evangelikaler Bewegungen aus den USA aufnimmt.[74] Doch bis heute weist er jede Mitverantwortung für die Handlungen zurück, zu denen sich einige seiner Anhänger in konsequenter Interpretation seiner aufpeitschenden Reden legitimiert sahen. In einem Interview

---

72 MULHOLLAND, Northern Ireland, S. 65 ff. FARRELL; Northern Ireland, S. 234.
73 TAYLOR, Loyalists, S. 37.
74 HEINER BIELEFELDT/ WILHELM HEITMEYER, Politisierte Religion. Ursachen und Erscheinungsformen des modernen Fundamentalismus. Frankfurt/Main, 1998.

mit dem BBC Journalisten Peter Taylor erklärte er 1998: »*I can't be responsible for everybody who is a member of a church that I pastor, or an organization that I lead.*«[75]

Nach dem Rücktritt von O'Neill, zu dem seine »O'Neill must go« Kampagne entscheidend beigetragen hatte, richtete sich jetzt seine Kritik auf Premier Chichester-Clark und seinen Nachfolger, Brian Faulkner.

5.2. Das moderate nationalistische Lager

Am 21. August 1970 wurde die »*Social Democratic and Labour Party*« *(SDLP)* gegründet. Spiritus Rector der Partei war der Lehrer *John Hume* (geb. 1937) aus Derry, der einer breiteren Öffentlichkeit erstmals durch eine Artikel-Serie in der »*Irish Times*« 1964 bekannt geworden war. Er hatte Lagermentalität und Immobilismus der NP scharf kritisiert und eine neue Strategie gefordert. Wenig später wurde er zum Aktivisten der Bürgerrechtsbewegung.[76] Die SDLP war aus der Bürgerrechtsbewegung herausgewachsen und ein Zusammenschluss von mehreren kleineren Oppositionsparteien (NP, NDP, NILP, RLP). Das Spektrum der in der SDLP vereinigten politischen Positionen reichte von Nationalisten, wie z.B. John Hume, denen die Einheit Irlands als unverzichtbares Ziel erschien und die innerhalb der sozialdemokratischen Familie eher zur Mitte tendierten, bis zu Aktivisten einer sozialistischen Politik (wie z.B. Gerry Fitt und Paddy Devlin), die in der Herstellung der Einheit der katholischen und protestantischen Arbeiterklasse die *Voraussetzung* für die Lösung des Nordirlandkonfliktes sahen. Sie hätten in der englischen Labour Party sicherlich zum linken Flügel gehört. So schwierig es zunächst – schon bei der Namensgebung[77] – auch schien, derart unterschiedliche Persönlichkeiten und letztlich auch Konzepte zusammen zu schmieden, gelang es dennoch, der politisch-parlamentarischen Opposition eine medienwirksame Stimme und Interessenvertretung zu verleihen. Die neue Partei wollte der »*physical force tradition*« des irischen Nationalismus eine neue parlamentarisch-reformpolitische Option entgegensetzen und hoffte auf Unterstützung der an Frieden und Ausgleich interessierten Kräfte innerhalb der katholischen Minorität. Dies war angesichts der politischen Lage und der zunehmenden Gewalt extrem schwierig umzusetzen und so schwankte die Partei in den ersten Jahren ihrer Existenz auch zwischen positiver Beteiligung an der parlamentarischen Arbeit und politischer Fundamentalopposition.[78] Die Partei trat für die friedliche Veränderung der Ver-

---

75 TAYLOR, Loyalists, S. 63. Siehe auch die Fernsehdokumentation von BBC One vom 27. September 2001: »Paisley, The Unquiet Man«.
76 zit.n. BARRY WHITE, John Hume: Statesman of the »Troubles«. Belfast, 1984. S. 43. PAUL ROUTLEDGE, John Hume. A Biography. London, 1997. S. 44 ff.
77 ROUTLEDGE, John Hume, S. 95.
78 IAN McALLISTER, The Northern Ireland Social Democratic and Labour Party. Political Opposition in a Divided Society. London/Basingstoke, 1977.

fassung Nordirlands ein, mit dem langfristigen Ziel der Einheit Irlands. Die Einheit könne – so Hume – nur durch Konsens erreicht werden, nicht durch Zwang oder gar »Hineinbomben« der Protestanten in ein vereintes Irland. Im Parteistatut der SDLP hieß es: »*To promote the cause of Irish unity based on the consent of the majority of people in Northern Ireland.*«[79] John Hume betonte damals bereits – und dies zieht sich wie ein roter Faden durch sein politisches Leben – dass es nicht um die Vereinigung von *Territorien* gehe, sondern um die Vereinigung von *Menschen*. Diese Analyse erforderte in der Konsequenz eine Strategie, die widerstreitenden Traditionen in Nordirland – Nationalismus und Unionismus – zu Toleranz und Akzeptanz des Existenzrechtes der jeweils anderen Seite zu führen. Die drei »Rs" waren die Basis der politischen Philosophie Humes: »*Reform, Reconciliation and Reunification.*«[80] Er betrachtete die Unionisten nicht pauschal als politischen Feind, sondern durchaus als legitime Vertreter einer politischen und religiös-kulturellen Tradition in Ulster, mit denen Ausgleich und Verständigung auf Basis einer demokratischen politischen Kultur gesucht werden müsse. Mittel- und langfristig könnte – so hofften Hume und seine politischen Freunde - aus gegenseitigem Respekt, Akzeptanz, friedlichem demokratischem Wettstreit und Kooperation auch der Wille zur politischen Einheit entstehen. Die SDLP war eine demokratisch-sozialistische Partei, die sich bewusst in die Traditionen der Sozialistischen Internationale stellte und für eine – in heutiger Terminologie ausgedrückt – demokratische Zivilgesellschaft eintrat. »*Equal citizenship*« war die politische Zielvorstellung, mit der jede Form politischer, religiöser oder klassenspezifischer Diskriminierung unvereinbar war und bekämpft werden musste. Obwohl schon bei der Gründung jene Protestanten eine aktive Rolle spielten, die in der Bürgerrechtsbewegung aktiv gewesen waren, blieb die SDLP bis heute eine »katholische« Partei. Sie wurde stets als Teil der katholischen community und des nationalistischen Lagers betrachtet und trotz religionsübergreifender Programmatik und Politik fast ausschließlich von Katholiken als Mitglieder und Wähler unterstützt. Wie die liberale Alliance Party trat sie im Mai 1973 zum ersten Mal zu den Bezirksratswahlen an und erreichte mit 13,4 % der Stimmen (erste Präferenz) und 83 Sitzen ein sehr gutes Ergebnis. Sie hatte sich auf Anhieb als stärkste Oppositionspartei gegenüber den Unionisten profiliert.

5.3. Die Spaltung der republikanischen Bewegung und die Entstehung der »Provisional IRA«

Die IRA befand sich seit 1962 in einem schwierigen Neuorientierungsprozeß und es war keineswegs klar, in welche Richtung sie sich entwickeln würde. Nach der

---

79 Ebda., S. 168.
80 GERARD MURRAY, John Hume and the SDLP. Impact and Survival in Northern Ireland. Dublin, 1998. S. 8.

gescheiterten Grenzkampagne 1956-1962 hatte ein Richtungsstreit zwischen »*Revisionisten*« und »*Traditionalisten*« eingesetzt, den die Revisionisten um Stabschef *Cathal Goulding (1922-1998)* zunächst für sich entschieden hatten. Ohne dem bewaffneten Kampf prinzipiell abzuschwören, hatten die Revisionisten eine Wende zu politischer Arbeit auf der Basis marxistisch-sozialistischer Orientierungen eingeleitet. Gouldings neuer Kurs war sehr umstritten und wurde mit Zuspitzung der Situation in Nordirland sowohl von alten Kämpfern als auch einer jüngeren Garde von Sinn Féin und IRA Aktivisten kritisiert. Insbesondere im Norden regte sich Widerstand, den eine kleine Gruppe republikanischer Aktivisten, unter ihnen Gerry Adams, auf die Formel »*We serve neither crown nor Kremlin but Ireland*« brachte.[81] Es war aus Sicht der Kritiker Gouldings utopisch, naiv, ja gefährlich, anzunehmen, dass die protestantische Arbeiterklasse gemeinsam mit ihren katholischen Klassengenossen eine Revolution in Irland auslösen und im Anschluss daran die nationale Einheit Irlands herstellen würde.

Bei Ausbruch der Troubles blieb die einst so gefürchtete IRA fast unsichtbar. Eine wirksame Verteidigung der vom loyalistischen Mob attackierten katholischer Stadtviertel in Belfast und Derry konnte angesichts des desolaten Zustandes der Truppe nicht erwartet werden. Die spärlichen Verteidigungsaktionen von ca. 60 »Kämpfern«, die meisten von ihnen junge, unerfahrene IRA-Aktivisten und Veteranen der vierziger Jahre, blieben isoliert. Die republikanisch orientierten Katholiken fühlten sich völlig im Stich gelassen. Einen Tag nach den Unruhen erschienen an den Häuserwänden in der Belfaster Falls Road Aufschriften wie : »I–R–A = I Ran Away«. Aktivist Joe Cahill erinnerte sich: »*The name of the IRA was mud. Walking down the Falls Road next day, Steele and I were called deserters and traitors and people spat at us...It hurt, it hurt like hell.*«[82]

Die Hilflosigkeit der traditionsreichen und einst so gefürchteten Terroristenorganisation erbitterte vor allem die Belfaster Aktivisten, wie die später so prominenten Billy McKee, Joe Cahill, Bill Kelly und Seamus Twomey. Sie sahen mit Entsetzen, dass viele Katholiken die einrückende Britische Armee mit Erleichterung und Sympathie begrüßten. Der »Erzfeind« hatte erneut irischen Boden betreten und es wurde Tee und Gebäck gereicht bei freundlichem small talk. Für die Gegner der IRA-Führung unter Cathal Goulding war jetzt die Stunde des Handelns gekommen. Seine Strategie hatte sich aus Sicht der Kritiker als totaler Fehlschlag erwiesen und ein erbitterter Streit setzte ein. Das Zerwürfnis innerhalb der IRA führte Ende Dezember 1969 schließlich zur endgültige Spaltung. Eine neue IRA,

---

81 DAVID HARROCK/ MARK DEVENPORT, Man of War - Man of Peace? The Unauthorised Biography of Gerry Adams. Basingstoke, 1997, S. 48. Siehe auch: LIAM McMILLEN, The Role of the IRA 1962-1967. Dublin, 1976.
82 BRENDAN ANDERSON, Joe Cahill. A Life in the IRA. Dublin, 2002, S.176. Einzelheiten, BELL, Secret Army, S. 365 ff. ENGLISH, Armed Struggle, S. 104 ff. PATRICK BISHOP/ EAMON MALLIE, The Provisional IRA. London, 10. Auflage, 1997, S. 122 ff.; COOGAN, IRA, S. 335f.

jetzt »*Provisional IRA (PIRA)*« genannt, wurde gegründet. Der Rest, die Anhänger Gouldings, firmierten künftig unter dem Namen »*Official IRA*« (»OIRA«).[83] Bis zur Einberufung einer neuen Armee-Versammlung zur Festlegung der grundlegenden Ziele, Strategien und Strukturen wurde ein vorläufiger Vorstand (»Provisional Army Executive«) gewählt, der wiederum einen neuen Armeerat (»Provisional »Army Council«) aus sieben Personen bestimmte. *Séan MacStiofáin (1928-2001)*, Chef des IRA Sicherheitsdienstes und seit Jahren erbitterter Gegner Gouldings wurde Oberkommandierender[84], Billy McKee Chef des Belfaster Battaillon und Joe Cahill sein Stellvertreter. Nach der Spaltung der IRA brach auch Sinn Féin, der »politische Arm« der IRA, auseinander. Am 10./11. Januar 1970 versammelten sich die Delegierten Sinn Féins in Dublin im Intercontinental Hotel zu ihrem »ard fheis« (Parteitag). Hier führte die Auseinandersetzung um das Prinzip des Mandatsverzichts (»abstentionism«) zum Bruch. MacStiofáin verließ mit seinen Anhängern den Ort des Streites und gründete eine vorläufige neue (»Provisional«) Sinn Féin Organisation (im folgenden immer nur als »Sinn Féin« bezeichnet). Die Rebellen beschlossen auch, in Kürze ein Zentralorgan zu etablieren: »*An Phoblacht*« (= The Republic) – bis heute Sprachrohr der republikanischen Bewegung. Fortan gab es zwei IRA und zwei Sinn Féin Organisationen. Chef der Provisional Sinn Féin wurde *Ruarí Ó'Brádaigh (geb. 1932)*, ein ehemaliger Lehrer, Aktivist in der Grenzkampagne und zweimal »Chief-of-Staff« der IRA 1958/59 und 1961/62. Am 28. Dezember 1969 veröffentlichte die neue IRA ihre erste öffentliche Erklärung: »*We declare our allegiance to the thirty-two-county Irish republic, proclaimed at Easter 1916, established by the first Dáil Eireann in 1919, overthrown by force of arms in 1922 and suppressed to this day by the existing British-imposed six-county and twenty-six-county partition states.*«[85] Die »Provos« stellten sich damit in die Tradition des »Provisional Government« der Revolutionäre des Osteraufstandes 1916 und verstanden die Regierung des »Zweiten Dáil Eireann« von 1921 als die einzig »legitime«. Sie markierten die Abgrenzung zu Gouldings Anhänger sehr klar: Es ging um die Fragen der *Legitimität, der Ideologie und der Gewalt*. Weder die Stormont Regierung im Norden noch die Regierung der Irischen Republik im Süden waren aus Sicht der Provos »legitime« Regierungen, deshalb durfte es auch keine Vertreter der Republikaner in den Parlamenten in London, Belfast und Dublin geben. Die Provos bekannten sich zum bewaffneten Kampf und der militärischen Rolle der IRA.[86] Für sie stand der »nationale Befreiungskampf« an erster Stelle. Erst

---

83 Die Anhänger der »Officials« wurden auch oft »Stickies« oder »Sticks« genannt, weil sie sich anlässlich der Erinnerungsfeiern zum Osteraufstand Lilien als Klebebuttons ans Revers hefteten, während die »Provos« für die Anbringung ihrer Lilien Nadeln verwendete. Sie wurden daher »pinheads« genannt. ELLIOTT & FLACKES, Conflict in Northern Ireland, S. 374. SEAMUS DUNNE/HELEN DAWSON, Alphabetical Listing, S. 258.
84 Siehe seine Memoiren: SÉAN MacStiofáin, Memoirs of a Revolutionary. London, 1975.
85 BELL, Secret Army, S. 366 ff. ENGLISH, Armed Struggle, S. 106 f.
86 Ebda., S. 107.

wenn dieser gewonnen sei, könne sich die siegreiche republikanische Bewegung politischen Fragen nach der Veränderung des politischen, wirtschaftlichen und sozialen Systems eines vereinigten Irland zuwenden. Schaut man genauer hin, so zeigt sich allerdings, dass da, wo die Provos in ihrer Frühzeit überhaupt Aussagen zur politischen Gestaltung einer vereinigten irischen Republik machten, sie von der anti-kapitalistischen Rhetorik Gouldings und seiner Freunde gar nicht so weit entfernt waren. Sie verwarfen aber entschieden das von Goulding favorisierte marxistisch-staatssozialistische Modell und orientierten sich eher an einer Art »drittem Weg« zwischen Kapitalismus und Sozialismus. Plakativ formuliert, kann man die politische Ideenwelt der Provos als eine Mischung aus *militantem Nationalismus* (»Befreiungskampf«), *Anti-Kapitalismus* (»dritter Weg«), *romantisch-gälischem Kulturalismus* und einem dezidiert konservativen *moralisch-ethischem Katholizismus* bezeichnen. Die Provos standen in der Traditionslinie des revolutionären Fenianismus, der marxistisch-leninistischem Denken viel näher steht als emanzipatorischen, freiheitlich-demokratischen Grundideen. Hier wie dort ist nicht der Wille des Volkes, dokumentiert in Wahlen und Abstimmungen, die entscheidende Legitimationsgrundlage für politisches Handeln, sondern die Entscheidungen der republikanisch-revolutionäre Elite, die stellvertretend für das Volk agiert, weil nur sie über die Erkenntnis verfügt, was im Dienste der »heiligen Sache« »Irland« zu tun sei.

Zwischen 1970 und 1972 etablierte sich die »Provisional IRA« nach erheblichen Anfangsschwierigkeiten und blutigen Auseinandersetzungen mit den »Officials« als gefürchtete Terrororganisation.[87] Die Bombenattacken, Angriffe auf Polizei und Armee sowie gezielte Zerstörung öffentlichen und privaten Eigentums erreichten bis Ende 1972 ein bisher nicht gekanntes Ausmaß und überstiegen alle späteren Entwicklungen. Die Strategie der PIRA zielte zunächst auf *Verteidigung* der katholischen Wohnbezirke gegen loyalistische Übergriffe. Je nachdem, wie die Britische Armee reagierte, sollte dann eine neue Phase der *Vergeltung* und militärischen *Offensive* beginnen, mit dem Ziel, die britische »Herrschaft« in Irland zu beenden.[88] Die Verteidigung der katholischen Wohnviertel sollte der IRA die Unterstützung der katholischen Minorität verschaffen, die unbedingt nötig war, um sich gegen den »imperialistischen« Feind wie »ein Fisch im Wasser« bewegen zu können. Sodann sollten Polizei und Armee in einen ermüdenden Kleinkrieg verwickelt werden, der sich zerstörerisch auf das Wirtschaftsleben und die Administration Ulsters auswirken und ein Klima von Chaos und Unregierbarkeit herbeiführen würde. London werde dann gezwungen sein, die hilflose Stormont-Regierung abzulösen und selbst die politische Führung in Nordirland zu übernehmen. Wenn dies erreicht sei, sollte die Offensive gegen die verhassten englischen Besatzer begonnen werden. Man müsse den Briten – wie im Unabhän-

---

87 Einzelheiten bei BISHOP/MALLIE, The Provisional IRA, S. 157 ff.
88 MacStiofáin, Memoirs, S. 146.

gigkeitskrieg 1919-21 deutlich machen, dass Nordirland nur unter enormen Verlusten an Menschen und Material bei inakzeptablen Kosten zu halten sei. Es müsse Iren und Briten klar gemacht werden, dass der Kampf der PIRA sich nicht pauschal gegen die protestantische Bevölkerungsmehrheit in Ulster richte, sondern ein republikanischer »Freiheitskampf« für die Selbstbestimmung der irischen Nation sei. Für diesen Kampf müsse, insbesondere mit Hilfe der irisch-amerikanischen Volksgruppe in den USA, ideelle und materielle Unterschützung organisiert werden. Gezielte Propaganda sollte die feindselige Stimmung gegen Großbritannien und ihre »Marionettenregierung« in Ulster anheizen und auch auf dem Kontinent die Kritik an Großbritanniens europäischem »Kolonialismus« verstärken.[89] Die skizzierte Strategie erforderte den Neuaufbau der IRA im Norden, den politischen und militärischen Rahmenbedingungen entsprechend. Die IRA rüstete sich für eine lange und blutige Auseinandersetzung. Wichtigste praktische Aufgabe war zunächst die *Beschaffung von Waffen* aller Art. Einige Waffenverstecke wurden ausgehoben, Bomben, Marke »Eigenbau«, hergestellt und Waffen, vor allem in den USA, mit Unterstützung republikanischer Sympathisanten aus der großen community irischstämmiger Amerikaner beschafft. Zur wichtigsten Unterstützungsorganisation in den USA wurde das *»Irish Northern Aid Committee« (NORAID)*, im April 1970 von dem emigrierten IRA-Veteranen *Martin Flannery* gegründet. Der Zweck von NORAID war ursprünglich, Geld für die Familien von inhaftierten IRA-Mitgliedern zu sammeln, allerdings wurde die Organisation sehr rasch verdächtigt, sowohl Geld für Waffen abzuzweigen als auch Geldsammlungen zur Waffenbeschaffung in den USA zu organisieren. Bis 1987 soll NORAID angeblich 5 Millionen Dollar für die republikanische Bewegung gesammelt haben.[90] Waffen wurden auch auf dem europäischen Markt beschafft. In späteren Phasen des Kampfes der IRA wurden Libyen, der Nahe Osten und auch die Sowjetunion zu wichtigen und effektiven Waffenlieferanten. Die IRA hat nie wirklich an Waffenmangel gelitten. Finanzielle Unterstützung war immer vorhanden. Ohne ein internationales Netzwerk von Sympathisanten und Waffenbeschaffern hätte die IRA ihren »langen Krieg« gegen die Briten nicht durchhalten können, womit sich bereits die Frage nach den Gründen der langen Existenz und Effektivität der IRA-Kampagnen praktisch beantwortet. Auch fand die IRA Unterstützung in den katholischen Wohnvierteln in Belfast und Derry. Hier etablierte sie sich erst als »Verteidiger« dann als militante, quasi-polizeiliche Ordungsmacht mit deutlich diktatorisch-totalitären Zügen. Im ländlichen Grenzraum, vor allem in South Armagh, agierte die IRA seit Mitte der siebziger Jahre fast wie in einer »befreiten Zone«, getragen von der Unterstützung der zu über 80% katholischen Bevölke-

---

89 Siehe zur PIRA-Strategie 1970-1972 vor allem SMITH, Fighting for Ireland?, S. 95 ff.
90 ANDREW J. WILSON, Irish America and the Ulster Conflict 1968-1995. Belfast, 1995, S. 99 ff. ELLIOTT & FLACKES, Conflict in Northern Ireland, S. 300 ff. PETER TAYLOR, Provos. The IRA and Sinn Féin. London, 1997. S. 84 ff. JACK HOLLAND, The American Connection: U.S. Guns, Money, and Influence in Northern Ireland. London, 1999.

rung. Sie profitierte von den politischen Fehlern Stormonts, der Britischen Regierung und ihrer oft hilflos-ungeschickt agierende Armee. Sie konnte sich umso mehr zum Beschützer der katholischen Minorität aufspielen, wie sektiererisch-militante Loyalistenorganisationen ihrerseits zum Angriff auf die Katholiken übergegangen waren.

5.4. »What a bloody awful country!« Politisches Krisenmanagement, Internierung und die Eskalation der Gewalt

Die Britische Armee mühte sich im Rahmen ihrer militärischen Aufgabenstellung und Möglichkeiten darum, die streitenden Parteien auseinanderzuhalten, weitere Eskalationen zu verhindern und Ruhe und Ordnung wiederherzustellen. Sie befand sich in einer nicht beneidenswerten Lage, denn das Verhältnis von Politik und Militär war stets spannungsreich und konfliktbehaftet. Die Aufgabenbeschreibung der Armee: »Unterstützung der zivilen Ordnung« (»*in aid of the civil power*«) war so allgemein gehalten, dass daraus sehr verschiedene Schlussfolgerungen gezogen und Strategien abgeleitet werden konnten. Eine umständliche Leitungsstruktur sowie Rivalitäten zwischen der Armee und der RUC führten häufig zu Fehleinschätzungen der Lage, Mangel an Kooperation und falschen Strategien. Der »*honeymoon*« zwischen katholischer Bevölkerung und Britischer Armee währte nicht lange und die Kampagne der Armee um die »*hearts and minds*« in den katholischen »Ghettos« in Belfast und Derry scheiterte. Sehr rasch wurde klar, dass die Armee polizeiliche Ordnungsaufgaben nur schlecht übernehmen konnte, was sie nach Entwaffnung der RUC und Auflösung der B-Specials faktisch hatte tun müssen. Die Britische Armee, die 1969 nach Nordirland kam, war eine *koloniale Armee* und verhielt sich entsprechend.[91]

In dem Maße wie die unmittelbaren Konfrontationen zwischen den Bevölkerungsgruppen und der Armee zu einem nicht abreißenden Strom von Gewalt anschwollen, zeigte sich, wie überfordert die britischen Soldaten waren. Das Grunddilemma der Armee wurde schon im Frühjahr 1970 sichtbar: Wirksame Sicherung von »law und order« bedeutete, mit harter Hand die Extremisten auf beiden Seiten zurückzuhalten und ihren Einfluss auf die communities zu begrenzen. Wie aber sollte das geschehen, wenn die IRA immer stärkere Unterstützung aus der katholischen Bevölkerungsgruppe erhielt? Je härter die Armee reagierte, umso mehr trieb sie die katholische community den Extremisten zu und gefährdete die zarten Pflänzchen der Reformpolitik von Premierminister Chichester-Clark und seinem Nachfolger Brian Faulkner. Zeigte sie Nachsicht und Zurückhaltung,

---

91 Siehe die Beschreibung bei HAMILL, Pig in the Middle, S. 8 ff. MICHAEL DEWAR, The British Army in Northern Ireland. London, 1996.², S. 32 ff. O' DOCHARTAIGH, Civil Rights, S. 163 ff. Vgl. auch die Überlegungen von Paul Dixon zur »Counter-Insurgency Strategy«. DIXON, Northern Ireland, S. 114 ff.

wurde sie von den unionistischen Falken als unzuverlässig und zu »soft« geschmäht. Eine Reihe von Konfrontationen führten zu tiefgreifender Entfremdung zwischen der katholischen communities und der Armee, z.b. die mehrtägigen Straßenschlachten im katholischen *Ballymurphy-Bezirk* in Belfast, ausgelöst durch einen Marsch des »Orange Order« am 1. April 1970 und vor allem die *Ausgangssperre (»curfew«) in Belfast (Lower Falls Road) vom 3. bis 5. Juli 1970*. Nach anonymen Hinweisen über ein Waffenversteck in der Balkan Street, hatte die Polizei bei der Durchsuchungsaktion tatsächlich 15 Pistolen, ein Gewehr, eine Maschinenpistole, Sprengstoff und Munition gefunden. Die Armee begann eine vierunddreißig-stündige Durchsuchung von mehr als fünfzig Häusern, bei der weitere Waffen und Materialien zur Herstellung von Bomben entdeckt wurden die, wie man später erfuhr, überwiegend aus dem Arsenal der »Official IRA« stammten. (100 Gewehre, 100 selbstgebastelte Bomben, 250 Pfund Dynamit, 21.000 Schuss Munition 8 Walkie-Talkies.)[92] Dieser Fund war angesichts der 100.000 legalen Waffen in Nordirland, von denen sich 80% in den Händen von Protestanten befanden, gewiss nicht besonders beeindruckend. Doch waren es, wie *Ken Bloomfield*, hochrangiger Ministerialbeamter der Stormont-Regierung, formulierte, kaum die Waffen einer passiven Bewegung von Verteidigern der eigenen Stadtviertel gegen mögliche Attacken.[93] Beide IRA-Organisationen verwickelten die Armee in heftige Feuergefechte. Die Bilanz der Ausgangssperre: 5 Tote, darunter 2 Scharfschützen der IRA, 60 Verletzte, davon 15 Soldaten. Die Berichte von Augenzeugen dokumentierten ein rücksichtsloses und brutales Auftreten der britischen Soldaten. *Patrick (»Paddy«) Devlin (1925-1999)*, der große alte Mann der irischen Gewerkschaftsbewegung und SDLP Aktivist, berichtete: »*They axed doors down that could easily have been opened, ripped up floorboards, broke furniture unnecessarily and tipped the contents of drawers and cupboards all over the place. Residents later complained bitterly about the Black Watch, a Scottish regiment, which seemed to give most of its attention to breaking religious objects and symbols of the Glasgow Celtic football club, which enjoyed huge support among Belfast Catholics.*«[94]

Dass die Erbitterung auch auf seiten der Armee zunahm, ist angesichts ihrer zunehmend bedrängten Lage verständlich. Eine Armee ist keine Polizeitruppe und die Soldaten waren mit polizeilichen Aufgaben schlicht überfordert. Sie mussten einen immer aktiveren Part in der Bekämpfung der Unruhen einnehmen, einerseits provoziert von Steine und Benzinbomben werfenden Jugendlichen und Angriffen der IRA, anderseits bedrängt von den Falken der Unionisten, aber auch von Premier Chichester-Clark, der kurzfristige politische Erfolge brauchte. Für

---

92 HENNESSEY, History of Northern Ireland, S. 175.
93 BLOOMFIELD, Stormont in Crisis, S. 129.
94 PADDY DEVLIN, Straight Left. An Autobiography. Belfast, 1993. S. 129ff. COOGAN, »Troubles«, S. 129. BARDON, History of Ulster, S. 678. HAMILL, Pig in the Middle, S. 37 ff. MacStIOFÁIN berichtet von 500 Beschwerden wegen »looting, brutality and abusive behaviour«, Memoirs, S. 155.

viele Unionisten war die Lösung des Konflikts lediglich ein Sicherheitsproblem und einfach zu bewältigen: *Zerschmettert die IRA, verhaftet ihre Anhänger und es wird Frieden sein!* Auch die englischen Medien verstärkten den Eindruck, dass, wenn es gelänge die Terroristen der IRA von der katholischen Bevölkerung zu trennen, eine Lösung des Konfliktes nahe sei. Doch dazu war es 1971 schon zu spät, denn der *unerklärte »Krieg« zwischen IRA und britischer Armee* war längst im Gange. Der »Army Council« der IRA beschloß Anfang 1971 die Aufnahme offensiver Aktionen gegen die Armee und die IRA begann systematisch auf britische Soldaten zu schießen. Erstes Opfer wurde *Robert Curtis*, gerade 20 Jahre alt, der am 6. Februar 1971 bei einem Patrouillengang in der New Lodge Road in Belfast erschossen wurde.[95] Die Armeeführung reagierte mit einer scharfen Erklärung. Mit Leisetreterei (*»pussy-footing«*) werde im Kampf gegen den Terrorismus nichts erreicht. Die Armee müsse *»even-handed, resolute and tough«* handeln.[96] Ein bereits stark von Resignation gezeichneter, müder Premier Chichester Clark ließ einen Tag nach Curtis Tod knapp verlauten: *»Northern Ireland is at war with the Irish Republican Army!«*

Am 18. Juni 1970 hatten die Konservativen bei den Unterhauswahlen überraschend gesiegt und *Edward Heath (geb. 1916)* wurde neuer Premierminister. Er wusste, dass die Britische Regierung angesichts der Lage in Nordirland nicht mehr die Haltung eines wohlwollenden, neutralen Beobachters (*»benevolent neutrality«*) einnehmen konnte, sondern eine Neuorientierung der britischen Irland-Politik dringend erforderlich war. Heath' Nordirland-Politik zielte auf Befriedung der Provinz durch *Verbesserung der Sicherheitslage*, Durchsetzung der unter seinem Labour Vorgänger Wilson und Premierminister Chichester-Clark begonnenen *inneren Reformen* und Verhandlungen zwischen *Westminster, Stormont* und der *Irischen Regierung* über die Zukunft Nordirlands. Diese von Heath als *»tripartite approach«* bezeichnete Linie, die abweichend von der bisherigen Labour Politik, die Bedeutung der *»Irischen Dimension«* hervorhob, d.h. der Irischen Regierung eine Mitsprache bei der Lösung des Nordirlandkonfliktes zubilligte,[97] war für unionistische Reformer nicht unproblematisch, für Vertreter des rechten Flügels der UUP – von den Loyalisten um Paisley und den sich formierenden protestantischen Paramilitärs ganz zu schweigen – schlicht Verrat. Die Tories stützten zunächst weiterhin die Stormont-Regierung mit Chichester-Clark als Premierminister, in der Hoffnung, gemeinsam mit den Unionisten, einer Lösung des Konfliktes näherzukommen. Der neue Innenminister *Reginald Maudling (1917-1979)* reiste am 1. Juli 1970 nach Belfast, um sich vor Ort über die Situation zu unterrichten. Maudling war ein typischer Vertreter des konservativen Establishments und nicht gerade ein Ausbund von Energie und Einsatzfreude. Ausmaß und Komplexität der Probleme

---

95 McKITTRICK, Lost Lives, S. 64 ff. Curtis war verheiratet, seine junge Frau gerade im dritten Monat schwanger.
96 HAMILL, Pig in the Middle, S. 46.
97 EDWARD HEATH, The Course of My Life. My Autobiography. London, 1998, S. 422 ff.

Nordirlands, mit denen er jetzt sehr direkt und hautnah konfrontiert wurde, entsetzten ihn derart, dass er – wie Beobachter berichteten – auf dem Rückflug von Belfast nach London mit den Worten in seinen Flugsessel fiel: » *For God's sake bring me a large Scotch! What a bloody awful country!*«[98] Sein verzweifelter Seufzer wurde zum geflügelten Wort in Britischen Regierungskreisen. 1971 begann der Teufelskreis der tödlichen Gewalt, des Terrorismus der IRA und loyalistischer Paramilitärs sowie der staatlichen Gegengewalt von Armee und Polizei. Die Zahl der Opfer stieg stetig an. Chichester-Clark sah sich einem Bombardement der Kritik von allen Seiten ausgesetzt, insbesondere von seinen unionistischen Parteifreunden. Die UUP geriet zunehmend in einen kaum auflösbaren inneren Widerspruch. Sie sollte – ermuntert und gestützt von Westminster – zwei grundlegende Ziele umsetzen und dafür Mehrheiten sichern: *innenpolitische Reformen* durchführen und die *wachsende Gewalt* energisch stoppen. Die Umsetzung des ersten Zieles trug nicht zur Einheit und wachsenden Popularität der Partei in der protestantischen Bevölkerungsmehrheit bei, sondern führte die Unionisten in die Zerreißprobe und begünstigte die nachhaltige Polarisierung in rivalisierende Flügel. Kurz: *je mehr Reformwillen und Reformbereitschaft der unionistischen Führung – umso mehr innerparteilicher Widerspruch, Zerstrittenheit und Verlust klarer Mehrheiten.* Da das zweite Ziel – wie die Ereignisse seit 1969 gezeigt hatten – aus eigener Kraft nicht mehr erreichbar war, blieb nur noch der Appell für eine Verstärkung des militärischen Engagement Westminsters. Die Kritik der unionistischen Rechten an Chichester-Clarks Reformpolitik verstärkte sich und er verlor zunehmend seinen Rückhalt in Parlament und Wählerschaft. Die mittel- und langfristig angelegten Reformvorhaben Chichesters, eine Verwaltungsreform, die Einführung des allgemeinen Wahlrechts (»One Man, One Vote«) auf kommunaler Ebene, die Bildung von 26 gewählten Bezirksräten und eine Reform der Wohnraumbewirtschaftung, wurden als falsch und gescheitert denunziert, obwohl sich ihr Erfolg oder Misserfolg noch gar nicht bewerten ließ. Unter dem Druck der unionistischen Rechten wurde Chichester in London vorstellig, um die Sicherheitslage zu erörtern und forderte nun, zur Überraschung von Heath, dass London die Truppen in Nordirland unter den Befehl Stormonts stellen solle. Heath empfing ihn am 16. März 1971 kühl, wies sein Ansinnen kategorisch zurück und vertröstete ihn mit der Verstärkung der militärischen Präsenz der britischen Armee um 1.300 Soldaten auf insgesamt 9700.[99] Chichester sah sich von allen Seiten kritisiert und verlassen. *Am 20. März 1971 trat er resigniert zurück.*

---

98 THE SUNDAY TIMES INSIGHT TEAM, Ulster. London, 1972. S. 213. Nordirland blieb Maudling während seiner gesamten Amtszeit fremd und unheimlich. Siehe seine Memoiren. REGINALD MAUDLING, Memoirs. London, 1978. S. 178 ff. Heath räumt ein, dass Maudling »was not at his most effective in dealing with people less intrinsically reasonable than himself.« HEATH, The Course of My Life, S. 425.
99 HEATH, The Course of My Life, S. 426.

Sein Nachfolger, als sechster und letzter Premierminister Nordirlands seit Gründung des Staates 1921, wurde *Brian Faulkner (1921-1977)*.[100] Die Fraktion der Unionisten wählte ihn mit einer klaren Mehrheit von 26 zu 4 Stimmen gegen seinen Mitbewerber, den unionistischen »Hardliner« William Craig. Faulkner wurde von Freund und Feind stets einhellig als sehr klug, fachkompetent, fleißig, zupackend und energisch beschrieben. 1949 im Wahlkreis East Down für die UUP mit 28 Jahren ins Stormont-Parlament gewählt, boxte er sich mit robuster Hemdsärmeligkeit und taktischen Finessen die Karriereleiter hinauf. 1956 wurde er »Government Chief Whip« (etwa: Fraktionsgeschäftsführer) und schon 1959 Innenminister. In dieser Eigenschaft bekämpfte er erfolgreich die IRA während ihrer Bombenkampagne, unter anderem durch Einführung von Internierungen ohne Gerichtsurteil. Die Erfahrungen aus dieser Zeit prägten seine politischen Überzeugungen – in verhängnisvoller Weise, wie sich zeigen sollte. Im Kabinett O'Neill wurde er 1963 Handelsminister und unterstrich seine Kompetenz und politischen Durchsetzungsqualitäten. Nach O'Neills Rücktritt 1969, holte ihn Chichester-Clark im gleichen Jahr als Entwicklungsminister ins Kabinett und auch hier bewies er seine Fähigkeiten. Die Messlatte lag hoch für ihn. Die Hardliner unter den Unionisten erwarteten eine scharfe Gangart in der Sicherheitspolitik und die moderaten Kräfte hofften auf konzeptionelle Fantasie und Pragmatismus zur *politischen Lösung* der Krise. Die Britische Regierung und die Armee schließlich setzten auf eine kreative Verbindung von Law & Order und politischen Reformen. Premierminister Heath warnte Faulkner, dass *»if significant progress was not made in the next year or so, we would have to introduce direct rule of the province.«*[101] Es musste Faulkner klar sein, dass seine Amtszeit die letzte Chance für eine eigenständige Regionalregierung Nordirlands war. Sein *Krisenmanagement* aus einer Mischung von *innenpolitischen Reformen* (»vertrauensbildende Maßnahmen« unter Einbeziehung der SDLP Opposition) und *drastischer Sicherheitspolitik*, konnte nur funktionieren, wenn es ihm gelang, *alle politischen Akteure* auf die Akzeptanz von *vier Grundzielen* zu verpflichten:[102]

- Aufrechterhaltung des verfassungsmäßigen Status von Nordirland als integralen Bestandteil des United Kingdoms.
- Beibehaltung eines demokratisch gewählten nordirischen Parlamentes und einer Regionalregierung.

---

100 Siehe vor allem: DAVID BLEAKLEY, Faulkner, Conflict and Consens in Irish Politics. London/Oxford, 1974. Ferner: ANDREW BOYD, Brian Faulkner. London, 1972. Boyd zeichnet Faulkner als bigotten Orangeman und hält ihn für einen der Hauptschuldigen an dem Nordirland-Konflikt.
101 HEATH, The Course of My Life, S. 427.
102 Vgl. u.a. sein »Green Paper«, The Future Development of the Parliament and Government of Northern Ireland«: A Consultative Document, Cmd 560, Belfast, 1971. Siehe dazu: BLOOMFIELD, Stormont in Crisis, S. 152 ff.

- Entschiedener Widerstand gegen alle Organisationen, die politische Ziele mit Gewalt zu erreichen versuchten.
- Entschlossener Einsatz der Britischen Armee, nicht nur als »*peace keeping force*« sondern als Offensivkraft im Kampf gegen den Terrorismus.

In seiner kurzen, rund einjährigen Amtszeit gelang es ihm nicht, die verfeindeten politischen Lager zu einem Grundkonsens zu bringen. Er gilt deshalb bis heute bei den meisten Historikern und in der veröffentlichten Meinung schlicht als der letzte Grabträger des Stormont-Regimes, der durch seine verfehlte Politik die Übernahme der direkten Regierungsverantwortung durch die Britische Regierung provoziert habe. Man muss aber die schwierige und komplexe Lage bedenken, in der er sich 1971 befand: Eine sich täglich verschlechternde Sicherheitslage, die schrittweise zum offenen Kampf der IRA gegen die Britische Armee und die RUC eskalierte, eine gespaltene unionistische Partei, in der er an Einfluss verlor, zunehmende Verhärtung und Militanz des loyalistischen Lagers, ein uneiniges Kabinett, politischer Reformstau, eine zögernde, konzeptionslose Britische Regierung, die Blockade der parlamentarischen Opposition, die nicht bereit war, das erste Grundziel mit »Ewigkeitsgarantie« mitzutragen und beim zweiten Bedingungen formulierte, die für die Mehrheit der Unionisten nicht akzeptabel war. Schließlich – und dies sollte nicht unterschätzt werden – stand er gegen einen großen Teil der internationalen Medien, die ein düsteres Bild von Nordirland zeichneten und den »Religionskrieg« im »Hinterhof Europas« beklagten. Die linksorientierte und liberale Presse zeigte unverhohlen Sympathien für die Interpretationen des Konflikts aus republikanischer Sicht. Vor diesem Hintergrund war Faulkner eher der Getriebene als der Gestaltende. Er hat sich gleichwohl um politische Reformen innerhalb des engen Rahmens der Verfassung Nordirlands bemüht. Während Terence O'Neill auf wirtschaftlichem Gebiet den entscheidenden Hebel zur Aussöhnung der verfeindeten communities meinte ansetzen zu können, war Faulkner längst klar, dass ohne verstärkte politische Beteiligung der Opposition, d.h. der katholischen Minorität, kein Friede in die Unruheprovinz einkehren würde. So wichtig und notwendig wirtschaftliche und soziale Reformen auch waren, sie mussten durch politische Reformen ergänzt und gestützt werden. Er hatte Nordirlands Kardinalproblem sehr wohl identifiziert. Es war ihm klar, dass die fortschreitende Segregierung der Gesellschaft in zwei unversöhnliche Lager und die ungeschmälerte Fortsetzung der unionistische Mehrheitsherrschaft schwerwiegende Folgen für die politische Kultur Nordirlands haben würde. Eine politische Beteiligung der Opposition an den Regierungsgeschäften war daher geboten. Sein entscheidender Fehler war die Einführung der *Internierung ohne Gerichtsurteil* (»*internment*«), die er, vor dem Hintergrund seiner positiven Erfahrungen in den fünfziger Jahren als ultima ratio im Anti-Terrorkampf sah. Er vernachlässigte dabei die Tatsache, dass der Einfluss der IRA damals fast ausschließlich auf ländliche Regionen beschränkt war. Dies und die Passivität der Bevölkerung waren die Hauptgründe für das Scheitern der Grenzkampagne gewesen, nicht die harschen Internierungsmaßnahmen der Regierung. Die Internierung, die mit der Britischen Regierung in allen Einzelheiten abgesprochen war103, sollte gemäß den Bestimmungen der Sektion 12 des »Special Powers Act« mit einem sechsmonatigen Verbot aller Paraden und Aufmärsche verbunden werden, eine Maßnahme, die sich in erster Linie gegen die Loyalisten richtete und signalisieren sollte, dass es nicht ausschließlich gegen die republikanische Bewegung ging. Am 5. August erfolgte das endgültige Plazet der Britischen Regierung zur Aktion, die – wie Innenminister Maudling es ausdrückte – in der gegebenen gefährlichen innenpolitischen Situation als *»the least disadvantageous«* erschien.[104] Das Unheil nahm seinen Lauf.

Am Morgen des 9. August 1971 um 4.15 Uhr begann die Internierung unter dem Code-Namen *»Operation Demetrius«*. Die katholischen Stadtviertel hallten vom Lärm unzähliger Mülleimer-Deckel wieder, die Frauen und Mädchen auf die Straße schlugen, um die Ankunft der Armee zu melden. Dies war ein praktisches und durchaus wirkungsvolles Frühwarnsystem. 3000 Soldaten schwärmten aus und verhafteten in wenigen Stunden 342 Personen - von den 452 Gesuchten, die auf Listen erfasst waren. Die IRA hatte von einem »Maulwurf« innerhalb des Armee-Hauptquartiers einen Hinweis auf die bevorstehende Aktion erhalten und war gewarnt.[105] Die meisten Aktivisten konnten sich rechtzeitig in Sicherheit bringen und in die Republik absetzen, andere tauchten in Ulster unter und wechselten ständig ihren Aufenthaltsort, wie z.B. Gerry Adams und Martin McGuinness. IRA-Stabschef Mac Stiofain entkam um Haaresbreite. Von den internierten 342 Personen hatten lediglich 60 etwas mit der IRA zu tun, nur 30 waren wirklich aktive »Kämpfer.« 104 Personen mussten bereits nach 48 Stunden entlassen werden. In den nächsten sechs Monaten wurden 2357 Personen interniert, von denen 1600 nach Verhören entlassen werden mussten. Gemessen an dem, was Regierung und Armee von der Aktion erhofft hatten, erwies sie sich als Desaster. Schon das Datenmaterial der RUC und des Special Branch aufgrund dessen die Internierungs-Listen zusammengestellt worden waren erwies sich als völlig unzureichend.[106]

---

103 HEATH, The Course of My Life, S. 427 f. Zur Vorgeschichte und Entwicklung der Aktion aus Armee-Sicht: HAMILL, Pig in the Middle, S. 53 ff. DEWAR, British Army, S. 52 ff. Siehe auch die Erinnerungen vom General Chief of Staff, Lord Carver, der Faulkner als die treibende Kraft bei der Einführung der Internierung kennzeichnet. MICHAEL CARVER, Out of Step. Memoirs of a Field Marshal. London, 1989. S. 403 ff.
104 MAUDLING, Memoirs, S. 184.
105 Der »Maulwurf« war Fallschirmjäger Peter McMullan, der verwandtschaftliche Beziehungen zu zwei republikanischen Familien aus Belfast hatte. LIAM CLARKE, Broadening the Battlefield. The H-Blocks and the Rise of Sinn Féin. Dublin, 1987. S. 22. Gerry Adams berichtet, dass er bereits am 6. August von der Aktion Kenntnis hatte und mit seinem Cousin Kevin Hannaway IRA-Mitglieder warnte. ADAMS, Before the Dawn, S. 150.
106 MacStiofáin, Memoirs, S. 184. PADDY HILLYARD, ‚Law and Order'. In: JOHN DARBY (ed.), Northern Ireland: The Background to the Conflict. Belfast, 1983. S. 37. Aufgrund des unzureichenden Datenmaterials weigerte sich selbst Premier Faulkner 97 Haftbefehle auszustellen! FAULKNER, Memoirs of a Statesman, S. 122 f.

Die Armee verhaftete im wesentlichen die Falschen: Einige Studenten, die der »People's Democracy« angehörten und ein paar NICRA-Aktivisten, die ganz gewiss keine »IRA-Terroristen« waren. Es wurden IRA-Veteranen festgesetzt, die seit Jahrzehnten nicht mehr aktiv waren. Kein einziger Loyalist wurde verhaftet. Von den schließlich 226 dauerhaft Internierten wurden 124 zunächst im Crumlin Gefängnis untergebracht, der Rest auf einem 34 Jahre alten Gefängnis-Schiff, der *Maidstone*, die am Belfast Dock ankerte. Im Januar 1972 erfolgte ihre Verlegung in das *Magilligan* Gefangenen-Lager bei Derry und in ein eilig errichtetes Camp südlich von Lisburn, *Long Kesh,* das schnell traurige Berühmtheit erlangte. Die Tatsache, dass es äußerlich sehr an ein Gefangenenlager des Zweiten Weltkrieges oder, wie in den Medium behauptet, an ein Nazi-KZ erinnerte, erregte die irische Öffentlichkeit in besonderer Weise. Sehr rasch wurden schwere Vorwürfe an die Adresse Londons laut: Internierte seien von britischen Soldaten auf brutale Weise aus den Häusern geholt und schon auf dem Weg ins Gefängnis geschlagen worden. Dies habe sich bis zu systematischen Folterungen gesteigert, um Informationen zu erpressen. Tatsächlich gab es Fälle von brutaler Behandlung durch die sogenannten »*five techniques*«: Schlafentzug, stundenlanges an der Wand stehen mit gespreizten Armen und Beinen, Schläge, tagelange Verhüllung des Kopfes mit einer Kapuze (»hooding«), unregelmäßige Versorgung mit Essen und Trinken, psychischer Terror durch pausenlose Beschallung (»white noise«).[107] Die Britische Regierung sah sich gezwungen, eine Untersuchungskommission einzusetzen, die in ihrem am 16. November 1971 veröffentlichte Report feststellte, dass es zwar verschärfte Verhörmethoden (»*in-depth-interrogation*«) und in Einzelfällen schlechte Behandlung (»*ill-treatment*«) gegeben habe, aber keine *systematische* Folter.[108] Dagegen erhob sich ein Sturm der Entrüstung. Die Irische Regierung und verschiedene Bürgerrechtsorganisationen riefen die Europäische Menschenrechtskommission an. Eine weitere dreiköpfige Kommission unter der Leitung von *Lord Parker* untersuchte speziell die »*five techniques*« und kam zum Ergebnis, das ihre Anwendung unter besonderen Umständen gerechtfertigt sei. Allerdings distanzierte sich Kommissionsmitglied *Lord Gardiner* von dieser Schlussfolgerung und erklärte, die Anwendung solcher Methoden seien – selbst in äussersten staatlichen Notlagen – moralisch nicht zu rechtfertigen und den demokratischen Traditionen Großbritanniens fremd.[109] Die Europäische Menschenrechts Kommission brauchte

---

107 Berichte von Betroffenen bei RAYMOND MURRAY, State Violence in Northern Ireland 1969-1997. Cork, 1998. S. 41 ff. ADAMS, Before the Dawn, S. 150 ff. COOGAN, »Troubles«, S.150 ff. W.H. VAN VORIS, Violence in Ulster. Amherst, 1975. S. 204 ff. DANNY KENNALLY/ERIC PRESTON, Belfast 1971: A Case to Be Answered. London, 1971. Aus Sicht der Armee siehe CARVER, Out of Step, S. 411.
108 Report of the enquiry into allegations against the security forces of physical brutality in Northern Ireland arising out of events on the 9th August 1971. Belfast, 1971. (Cmnd. 4832) para. 14.
109 Report into interrogation procedures of suspected terrorists. London, 1972. (Cmnd 4901) para. 21.

Jahre, um am 2. September 1976 zu der abschließenden Beurteilung zu gelangen, es habe in der Tat »Folter« und »inhumane und entwürdigende« Behandlung gegeben. Am 18. Januar 1978 beendete der Europäische Gerichtshof für Menschenrechte die Diskussion, indem er die Anklage der »Folter« zurückwies, wohl aber den Vorwurf inhumaner Behandlung aufrecht erhielt. Die Britische Regierung sah sich entlastet, sehr zum Ärger ihrer Gegner in republikanischen Kreisen.

Die unmittelbare Begleiterscheinung und Folge der Internierungsaktion war eine *Explosion von Gewalt,* wie sie Ulster noch nicht erlebt hatte. Schon während der Aktion war es zu heftigen Schusswechseln zwischen IRA, Armee und RUC gekommen. Officials und Provos vereinbarten rasch einen Waffenstillstand, die Internierung einte sie kurzfristig. Belfast wurde zum Schlachtfeld. Die Provos errichteten in Belfast und in Derry »no-go areas«, die sie erfolgreich kontrollierten. Längst hatten sie faktisch jede Selbstbeschränkung ihrer Gewaltaktionen auf den bewaffneten Feind, d.h. Polizei, UDR, die Britische Armee und loyalistische Extremisten, aufgegeben. Nun wurden unterschiedslos Kombattanten und Nicht-Kombattanten getroffen, Protestanten und Katholiken gleichermaßen, die das Pech hatten, in die von der IRA definierten Kampfzonen zu geraten, wozu inzwischen fast jede Ecke in Belfast und Derry gehörte. Es strömten so viele junge Leute in die Terrororganisation, dass die IRA sogar Freiwillige abweisen musste. Es wäre nicht möglich gewesen, alle ausreichend zu bewaffnen. Die Steigerung der tödlichen Gewalt nach Einführung der Internierung sei hier nur angedeutet: *Vor* dem 9. August 1971 tötete die IRA 11 Soldaten der britischen Armee, *danach* waren es – bis Ende des Jahres – 32 Soldaten. Von Januar bis zum 9. August 1971 starben 17 Zivilisten. Allein in den nächsten Tagen bis zum 13. August kamen bei Schießereien 19 Zivilisten um. Bis Ende des Jahres sollten es 97 sein. 1970 gab es 25 Schiessereien, 1971 waren es 174. 1970 explodierten 213 Bomben, im Jahre 1971 waren es 1,756, eine wahrhaft gigantische Steigerung. Bei einer Gesamtzahl von rund 3700 Toten (Stand: Ende 2004) ereigneten sich mehr als die Hälfte aller Todesfälle zwischen 1971 und 1976. Im Vergleich der Jahre 1969 bis Ende 1972 ergibt sich die folgende Schreckensbilanz (Auszug aus Anhang 1):

Jahr	Zivil-personen	Prot.	Kath.	RUC	RUCR	UDR	Army	Republicans	Loyalists	Andere	Zahl
1969	15	6	9	1	0	0	0	2	1	0	19
1970	19	8	10	2	0	0	0	7	0	2	29
1971	94	27	65	11	0	5	44	23	3	2	180
1972	259	77	174	15	2	26	108	74	11	10	497

Republicans = Republikanische Paramilitärs (IRA, OIRA)
Loyalists = Loyalistische Paramilitärs

Die höchsten Verluste waren auf Seiten der Zivilisten zu konstatieren, ein trauriges und nachhaltiges Bild des Nordirlandkonfliktes. Aber auch die IRA wurde getroffen. Zwischen 1969 und 1971 starben 32 »volunteers« der IRA, entweder in direkten Konfrontationen mit Armee und Polizei oder durch fahrlässigen Umgang mit Sprengkörpern, die vorzeitig explodierten. Die Ausweitung und Intensivierung der IRA Aktivitäten ließ die Zahl der Verluste anschwellen. Die *Belfaster IRA-Brigade* meldete 1969 2 Tote, 1970 4, 1971 12 und 1972 – im blutigsten Jahr der »Troubles« – 34.[110] Die Tabelle zeigt deutlich, in welchem Umfang die IRA 1971 verstärkt Polizei, Armee und jetzt auch die UDR als »legitime Ziele« anzugreifen begann, gleichgültig ob die Angehörigen der Sicherheitskräfte im Dienst oder »off-duty« waren.

Die Internierungs-Aktion hatte tiefgreifende politische Konsequenzen für die weitere Entwicklung des Konfliktes:

- Die *Stormont-Regierung* war erschüttert und deutlich geschwächt, die unionistische Partei im Begriffe sich zu spalten. Die Chance einer Reform des Stormont-Systems schien endgültig verpasst. Künftige Konfliktlösungen mussten jetzt in erster Linie durch direkte Verhandlungen zwischen der britischen und Irischen Regierung einerseits und den polarisierten communities andererseits gesucht werden.
- Noch nie seit 1945 war die Bevölkerung Nordirlands stärker polarisiert als 1971. Selbst die gemäßigt-nationalistischen Kräfte um John Hume sahen in Verhandlungen mit der Britischen Regierung solange keinen Sinn, wie nicht das Ende der Internierung zumindest in Aussicht gestellt wurde. Das war faktisch die Forderung nach dem Ende Stormonts.
- Die IRA, 1969 noch als feige Bande (»I-Ran-Away«) geschmäht, hatte sich als »Schutzmacht« der katholischen Minorität etabliert und war zu einer schlagkräftigen Truppe herangewachsen, welche die Briten zu immer größeren militärischen Anstrengungen zwang, was der britische Steuerzahler erbittert registrierte. Die IRA wusste gleichwohl, dass sie angesichts des realen Kräfteverhältnisses die Briten nicht in einer offenen Schlacht »besiegen« und aus Nordirland hinaustreiben konnte. Im Herbst 1971 wurde die Stärke der Provos knapp über 1000 Mann geschätzt. Ihr standen 14.000 Soldaten, 6000 Polizisten der RUC und eine expandierende UDR mit 8000 Mann gegenüber. Da war es realistisch, wenn *Joe Cahill*, dem SPIEGEL in einem Interview erklärte: *»Wir wissen, dass wir die Briten in einer offenen Schlacht nicht besiegen können, doch mit unserem Guerilla-Krieg können wir sie in die Knie zwingen."* Und er fuhr fort: *»Wir haben das gottgewollte Recht der Freiheit auf unserer Seite. Im Kampf für die Freiheit existieren keine moralischen Gesetze.«*[111] Die IRA konnte sich bei ihren Bombenattacken, Mordaktionen, Brandstiftungen, Überfällen

---

110 KEVIN TOOLIS, Rebel Hearts. Journeys within the IRA's soul. London, 2000.² S. 103.
111 DER SPIEGEL, Nr.50, 6. Dezember 1971.

auf Banken etc. auf die praktische Unterstützung und Mithilfe einer täglich größer werdenden Zahl von Katholiken verlassen. Sichere Häuser, Verstecke für »volunteers« und Waffen, Fahrzeuge für Aktionen und Flucht, Informationen über den »Feind« und nicht zuletzt Geld, alles, was eine selbsternannte Guerilla-Armee brauchte, war reichlich vorhanden. Wer als Katholik in West Belfast oder im Creggan in Derry die Gewalt der IRA nicht akzeptierte, sagte das besser nicht offen. Die Internierten, die *»Men Behind the Wire«*, wie es im populären Lied von Pat McGuigan hieß, wurden zu Helden, ja »Märtyrern« der irischen Sache.

- Das extremistische loyalistische Lager war angesichts des offenkundigen Fehlschlags der Internierung in höchstem Masse alarmiert. Jetzt begann der rasche und entschlossene Aufbau eigener paramilitärischer Organisationen, um den Kampf gegen die IRA selbst in die Hand zu nehmen.

- In der *Republik Irland* gab es breite Solidaritätsbekundungen für die Katholiken im Norden. Eine Welle der Sympathie für die »republikanische« Sache ging über das Land. Premier Jack Lynch fand starke Worte: Er werde den *»passiven Widerstand«* in Nordirland unterstützen und im übrigen müsse mit dem *»misgovernment«* in Belfast Schluss sein. Der selbstbewusste, markige Auftritt nach aussen verdeckte jedoch die tiefen Besorgnisse der Irischen Regierung, dass die Nordirland-Krise auf die Republik übergreifen könnte.[112]

- Die *Britische Regierung* war am Ende des Jahres 1971 ernüchtert und ihre internationale Reputation aufgrund der Begleitumstände der Internierungsaktion stark beschädigt. Die Internierung hatte die Gewalt ganz offensichtlich nicht eingedämmt, sondern in bisher nicht gekannter Weise eskalieren lassen. Innenminister Maudling bemühte sich in einer Pressekonferenz am 15. Dezember 1971 zu erklären, dass die Internierung nur eine vorübergehende Maßnahme sei, die von neuen politischen Initiativen begleitet werden müsse. Er gab zu, dass es zur Zeit nicht möglich zu sei, die IRA zu »eliminieren«. Die Sicherheitskräfte könnten lediglich, das Ausmaß der Gewalt auf ein annehmbares Niveau (»*acceptable level of violence*«) reduzieren. Dies war eine bemerkenswerte Einlassung, die zeigte, dass London die Hoffnung auf eine *militärische Lösung* des Konfliktes aufgegeben hatte, energischer nach politischen Lösungen unter Beteiligung der Irischen Regierung strebte und auch nicht bereit war, die sture Feindseligkeit der Unionisten gegenüber Dublin länger zu dulden. Premier Heath ließ verlauten, Großbritannien habe kein »eigensüchtiges Interesse an Nordirland« (eine Formel, die in den neunziger Jahren eine große Rolle spielen sollte!). Sollte es in der Provinz tatsächlich eine Mehrheit für eine Vereinigung mit der Republik Irland geben, so würden die Briten dem nicht im Wege ste-

---

112 Die Irische Regierung erarbeitete sogar Szenarien für den Fall, dass die Briten irgendwann abziehen und in Nordirland eine politisches Vakuum hinterlassen könnten. Vgl. ENGLISH. Armed Struggle, S. 143 f.

hen. So hatte das noch kein britischer Premierminister - zumal ein Konservativer! - formuliert.[113]

5.5. »I will defend my area and my country« - Loyalistischer Protest und Paramilitärs 1971/1972. Die Gründung der »Democratic Unionist Party« (DUP)

Der britische Fernsehjournalist Peter Taylor ließ in seiner BBC Fernsehserie »Loyalists« eine Reihe von militanten Loyalisten zu Worte kommen, die, wie er selbst sagte, mit einer erstaunlichen und eiskalten Offenheit (»*chilling candour*«) über die blutgetränkten Jahre loyalistischer Aktionen berichten. Seine dichte Beschreibung ist ein unverzichtbarer Beitrag zum Versuch, die Stimmungslage und die Motive der Loyalisten kennen zu lernen, die bereit waren, »*for God and Ulster*« (UVF-Motto) die Waffen zu ergreifen und Katholiken zu ermorden.[114] Die Mord- und Bombenaktionen der IRA, die sich ja nicht nur gegen die Britische Armee oder die protestantische RUC richteten, sondern in das Herz des protestantischen Ulster zielten und unterschiedslos Zivilisten und Paramilitärs trafen, trugen entscheidend zur Militarisierung des loyalistischen Lagers bei. In militanten loyalistischen Kreisen war es keine Frage mehr, worum es ging: Es ging um die Rettung Ulsters und das hieß: »*It's them or us!*« Und »them«, das war nicht nur die IRA, sondern die gesamte katholische community, die als heimlicher oder offener Kollaborateur der IRA galt. So richtete sich die loyalistische paramilitärische Gewalt kompromisslos und unterschiedslos gegen Katholiken. Es ging darum, wie es Jack White, führendes Mitglied einer loyalistischen Mörder-Gang ausdrückte, »*to terrorize the terrorist. It was one community attacking another.*«[115] »Mach einen Katholiken kalt!« (»*Stiff a Taig!*«) war das umgangssprachliche, brutale Motto der Aktivisten jener loyalistischen paramilitärischen Organisationen, deren Aufbau bereits Mitte der sechziger Jahre eingesetzt hatte. Die IRA hatte es ab 1972 mit zwei sehr »effektiven« Terrororganisationen zu tun, einer alten, traditionsreichen, der *UVF* und einer Neugründung, der *»Ulster Defense Association«* (UDA).
- Die *UVF*, die nach ihrem Verbot 1966 – bis auf vereinzelte Aktionen – in den Hintergrund getreten war, erwachte angesichts des zunehmenden IRA-Terrors zu neuem Leben. Sie hatte 1972 ca. 1500 Mitglieder und operierte hauptsächlich in ihren Hochburgen, der Shankill Road in Belfast, East Antrim und in der Grafschaft Armagh. Als Hauptfeinde der UVF galten die aktiven Kämpfer der

---

113 Vgl. die politischen Konfliktlösungs-Szenarien, die im Herbst 1971 diskutiert wurden: »Partition, Coalition and Condominium«. HEATH, The Course of My Life, S. 430. f.
114 TAYLOR, Loyalists, S. I.
115 JACK HOLLAND, Hope against History. The Ulster Conflict. London, 1999. S. 93. Dichte Beschreibung bei MARTIN DILLON/DENIS LEHANE, Political Murder in Northern Ireland. London, 1973, S. 38 ff.

IRA und die Organisation bemühte sich, ehemalige britische Soldaten für diesen Kampf zu gewinnen. Trotz ihrer Differenzen mit der UDA über die richtige Strategie und Taktik gab es vielfältige Kontakte zu UDA Mitgliedern.[116]

- Die Geburtsurkunde der »*Ulster Defence Association*« (UDA) war ein Flugblatt, das wenige Tage nach dem Beginn der Internierung und der neuerlichen Eskalation von Gewalt im Shankill Bezirk, Sandy Row und East Belfast kursierte und in feierlich-religiöser Sprache, die protestantische community zum bewaffneten Widerstand gegen die »Feinde Ulsters« aufrief: »*Being convinced that the enemies of Faith and Freedom are determined to destroy the State of Northern Ireland and thereby enslave the people of God, we call on the members of our loyalist institutions and other responsible citizens, to organize themselves immediatly into platoons of twenty under the command capable of acting as sergeant.*«[117] Die UDA wuchs aus einer Reihe kleinerer Selbstverteidigungsorganisationen (»vigilantes«) im protestantischen »working class« Belfast heraus. Die »vigilantes« waren durchaus bedeutende lokale Organisationen. Ihre Aktivisten schwärmten zu nächtlicher Stunde in martialischem Outfit, mit Knüppeln und Schusswaffen ausgestattet, zu Patrouillengänge im protestantischen Belfast aus. Sie brüsteten sich damit, »law & order« aufrechtzuerhalten, was nach ihrer Einschätzung Polizei und Armee nicht leisten konnten (oder wollten). Bei den Unruhen 1969 in Belfast waren sie an vorderster Front mit dabei, katholische Familien aus ihren Häusern zu treiben, angeblich um IRA-Angriffe auf protestantische Viertel abzuwehren. Nach Formierung der UDA spielten die kleineren Organisationen (z.B. das »Red Hand Commando«) nur noch eine Nebenrolle, obgleich sie ihr Eigenleben eifersüchtig behaupteten. Die UDA begann mit wenigen Freiwilligen, darunter waren ehemalige Armeeoffiziere, B-Specials und auch UDR-Mitglieder. Die zunehmende Gewalt der IRA trieb ihnen junge Freiwillige zu, die entschlossen waren, für »Gott und Ulster« zu bomben und zu morden. Die Beweggründe und Ziele für den Kampf der UDA waren so einfach wie mörderisch: »*The IRA is killing Prods; we will kill republicans. If we cannot find republicans, we will kill Catholics. If we are as vicious as the IRA, we will hamper its operations, punish the Catholic community for its support of the IRA, and make sure that the British government does not have only one source of violence to placate.*«[118] Die UDA befriedigte die emotionalen Bedürfnisse vieler junger Männer aus der Arbeiterklasse, die ihren Beitrag zum »Krieg« gegen die IRA leisten wollten: »*They wanted a sense of participation, glamour and status. The new uniforms and masks restored pride and proclaimed to TV cameras ‚any-*

---

116 TAYLOR, Loyalists, S. 110 ff. CUSACK/McDONALD, UVF, S. 101 ff.
117 DILLON/LEHANE, Political Murder in Northern Ireland, S. 51.
118 STEVE BRUCE, The Edge of the Union. The Ulster Loyalist Political Vision. Oxford, 1994. S. 6. Beispiele bei TAYLOR, Loyalists, S. 90 ff. STEVE BRUCE, The Red Hand. Protestant Paramilitaries in Northern Ireland. Oxford, 1992, S. 49 ff. HOLLAND, Hope against History, S. 90 ff. Dort auch der Eid, den UDA Freiwillige leisten mussten.

thing our enemies can do, we can do too«.[119] 1972 hatte die UDA bereits rd. 40.000 Mitglieder, zeigte sich offen, veranstaltete Massenaufmärsche und errichtete in East Belfast »no-go areas« nach dem Vorbild der IRA in Derry. Chef des Unternehmens wurde nach einigen brachialen Führungskämpfen ab 1973 *Andy Tyrie (geb. 1940)*, ein finsterer verschlossener »Belfast Man«, Maschinenfacharbeiter in einer Gießerei, der seine Organisation mit eiserner Hand bis 1988 führte. Konkurrenten um den Posten des »top dog« wie die Kommandanten von West Belfast, *Harding Smith* und Ost Belfast, *Tommy Herron*, wurden von Tyrie ohne viel Federlesens abserviert. Harding Smith verschwand nach einem Mordanschlag in die Anonymität nach England und Tommy Herron wurde im September 1973 mit einer Kugel im Kopf im Süden Belfasts aufgefunden. Die UDA formierte innerhalb ihrer Organisation eine Reihe von kleinerer Kampfeinheiten, die sie *»Ulster Freedom Fighters« (UFF)* nannte. Diese Terror-Units, bestehend aus einer Reihe der militantesten UDA Aktivisten, verstanden sich als »Freiheitskämpfer« für Ulster. Auf ihr Konto ging eine Reihe der grausigsten sektiererischen Mordaktionen im Nordirland der siebziger und achtziger Jahre. Die UDA blieb viele Jahre eine legale Organisation, sie wurde erst am 10. August 1992 offiziell verboten.

Die protestantische »working-class« sah sich immer weniger von »mainstream« der Unionisten vertreten. Auf sie, aber auch viele unzufriedene Wähler der Unionisten aus ländlichen Regionen, zielte die Gründung der *»Ulster Democratic Unionist Party«* (DUP) am 30. Oktober 1971. Gründungsväter waren der abtrünnige unionistische MP Desmond Boal und Reverend Ian Paisley. Boal war Rechtsanwalt und seit 1960 MP für den Wahlkreis Shankill. Unmittelbarer Anlass für die Initiative der beiden so unterschiedlichen Persönlichkeiten war der Bombenanschlag der IRA auf den »Four Step Inn« am 30. September 1971. Um die Empörung in loyalistischen Kreisen zu kanalisieren, kündigten beide eine neue »United Loyalist Party« an.[120] Paisleys presbyterianisch-fundamentalistische Orientierung gab den sehr weltlichen Zielen des rechten Flügels des Unionismus eine besondere und erfolgreiche religiös-missionarische Weihe. Mit der DUP entstand eine stabile, rechte Massenpartei, die zu einem ernstzunehmenden Faktor in der unionistischen Parteienkonkurrenz wurde und im Jahre 2003 die UUP in der Wählergunst übertroffen hat. Die Partei zeigte, wie stark ein fundamentalistischer Protestantismus Politik durchsetzen und bestimmen konnte. Nahezu 64% aller Kandidaten der DUP (zwischen 1972 und 1980) gehörten zu Paisleys »Free Presbyterian Church«. Die Ausrichtung der neuen Partei hatte Boal so umrissen: *»Right-wing in the sense of being strong on the Constitution, but to the left on social policies.«*[121] Diese schlichte programmatische Mischung in Verbindung mit Paisleys überragenden populisti-

---

119 NELSON; Ulster's Uncertain Defenders, S. 105.
120 Zu Vorgeschichte und Geschichte der DUP immer noch am zuverlässigsten SMYTH, Ian Paisley, S. 24 ff.
121 SMYTH, Paisley, S. 29.

schen Talenten verhalf der neuen Partei zu ihrem dauerhaften Erfolg. Die DUP wurde zum Sammelbecken der vom mainstream-Unionismus Enttäuschten. Die »No Surrender« und »For God and Ulster« Fraktion hatte mit der DUP ein neues Sprachrohr gewonnen, was kein gutes Omen für eine Politik der Verständigung und des Ausgleichs zwischen den communities war.

5.6. 30. Januar 1972 – »Bloody Sunday« in Derry

Der 30. Januar 1972 sollte einer der schwärzesten Tage im Nordirland-Konflikt werden. Was damals geschah, ist bis heute Gegenstand von unzähligen Büchern, Artikeln, Pamphleten, Broschüren, regierungsamtlichen Untersuchungen, Analysen von Menschenrechtsorganisationen und erbitterten kontroversen politischen und juristischen Debatten.[122] Um den »Bloody Sunday« ranken sich Legenden und Verschwörungstheorien. »Bloody Sunday« ist für die republikanische Bewegung zum Mythos geworden: »Bloody Sunday« habe einmal mehr die Brutalität britischer Herrschaft gezeigt und müsse daher in die Tradition 800jähriger Unterdrückung des irischen Volkes gestellt werden. Sinn Féin Präsident Gerry Adams schreibt in seiner Autobiographie: *»I have no doubt but that the killings were a deliberate military operation designed to strike terror into the hearts of all Irish nationalists living under British rule through the exercise of murderous violence against unarmed civilians...This was a cold predetermined intentional massacre of civilians, a disciplined assault upon a nonviolent demonstration.«*[123] War »Bloody Sunday« eine bewusst kalkulierte Operation der Britischen Regierung zur Einschüchterung und Unterdrückung der katholischen Bevölkerung in Nordirland? War es ein barbarischer Akt des britischen »Imperialismus« gegen das gesamte irische Volk? Im unionistischen Lager gab es ganz andere Bewertungen: Die Ereignisse wurden als Beleg für die unausweichlichen Folgen einer kalkulierten politischen Eskalation der Lage durch die Bürgerrechtsbewegung, die SDLP und die IRA gesehen. Wer die Britische Armee in mörderischer Absicht immer wieder attackiere, müsse schließlich auch mit harschem Zurückschlagen rechnen. Die Armee habe endlich die Offensive gegen die »Anarchie in Derry« und die systematische Zerstörung der Stadt durch die IRA, ergriffen. Dass es Opfer unter der Zivilbevölkerung gegeben habe, sei zwar bedauerlich, aber letztendlich seien die Opfer selber schuld.

Die Situation in Derry war seit Anfang Juli 1971 so explosiv wie nie zuvor. Die Armee konnte sich nur noch mit Hundertschaften schwer bewaffneter Soldaten

---

122 Siehe zu Literatur, Dokumente und Links die CAIN-Website. Klassischer Augenzeugenbericht immer noch: RAYMOND McCLEAN, The Road to Bloody Sunday (1983). Londonderry, 1997.² EAMONN McCANN, Bloody Sunday in Derry. What really happened. London, 1992. PETER PRINGLE/PHILIP JACOBSON. Those Are Real Bullets. Aren't They? Bloody Sunday, Derry, 30 January 1972. London, 2000.
123 ADAMS, Before the Dawn, S. 178.

und gepanzerten Fahrzeugen in die Bogside oder den Creggan wagen. In wenigen Monaten war die Gewalt in einem bislang nicht dagewesenen Ausmaß eskaliert. Am 8. Juli 1971, nach viertägigen schweren gewalttätigen Unruhen und Ausschreitungen in Derry, in deren Verlauf die Britische Armee mit Steinen, Benzinbomben und Schusswaffen attackiert worden war, hatte die Armee zwei Jugendliche, den 28jährigen *Séamus Cusack* und den 19jährigen *Desmond Beattie* erschossen. Die Armee hatte behauptet, beide hätten Soldaten mit einer Schusswaffe bzw. Nagelbombe angegriffen. Bis heute steht hier Aussage gegen Aussage, beide Fälle wurden nicht aufgeklärt.[124] Nach den tödlichen Schüssen kam es zu erneutem Barrikadenbau in Creggan und der Bogside. Die Zahl der IRA-Kämpfer nahm sprunghaft zu und die bislang eher marginale, im Untergrund agierende Gruppe von Einzelkämpfern, verwandelte sich »*into a major force within the Catholic community.*«[125] Das Verhalten der Armee erbitterte die gesamte Bevölkerung. Wer die fast täglichen Durchsuchungen von Häusern oder persönlichen Kontrollen an Checkpoints, den brutalen Umgang mit Verdächtigen und Unschuldigen erlebte oder die verbalen Entgleisungen, auch gegenüber Frauen und Kindern, beobachtete, der musste fast zwangsläufig einen immer tiefer werdenden Groll und wachsenden Hass auf die britischen Soldaten empfinden. Trotz mitunter geäußerter Kritik an ihren Methoden, bewegte sich die IRA in Derry wie ein »Fisch im Wasser«, unterstützt von der katholischen community in der Bogside und im Creggan, vor allem von einer immer größer werdenden Gruppe von Jugendlichen, für die der Straßenkampf zur Hauptfreizeitbeschäftigung und zum Lebensinhalt geworden war (»Young Derry Hooligans«). Wer 1970/71 im Teenager-Alter und katholisch war, musste nicht viel von den historischen und politischen Hintergründen des Konfliktes verstehen, er/sie wussten aber wer der »Feind« auf der anderen Seite war: die »Brits« und die »Prods«. Viele spätere IRA-Kämpfer kamen aus den Reihen der steinewerfenden Hooligans.[126] In den für Armee und Polizei unzugänglichen Bezirken operierte die IRA ganz offen bewaffnet auf den Straßen und zeigte deutlich: Hier regieren wir! In Derry begann sich eine Gegengesellschaft abzuzeichnen, die von republikanischer Seite als Vorstufe zu einem vereinten Irland gepriesen wurde (»Free Derry«). Die IRA war, mit beiden ihrer Fraktionen, Provisionals und Officials, faktisch die Ordnungstruppe der geschlossenen Gebiete, unterstützt von unbewaffneter Hilfspolizei (»Free Derry Police«) und »vigilante«-Gruppen. Stell-

---

124 McKITTRICK, Lost Lives, S. 75 ff.
125 DOCHARTAIGH, Civil Rights, S. 265. Für Martin McGuinness war der Tod von Cusack und Beattie das entscheidende Ereignis für seine Entscheidung, bei der IRA aktiv mitzumachen. Siehe LIAM CLARKE/KATHRYN JOHNSTON, Martin McGuinness. From Guns to Government. Edinburgh/London, 2001, S. 37.
126 Siehe die Beschreibung dieser »Young Derry Hooligans« aus Armee-Sicht bei HAMILL, Pig in the Middle, S. 71. Beispiele bei: TOOLIS, Rebel Hearts, S. 202 ff. RAYMOND GILMOUR, Dead Ground. Infiltrating the IRA. London, 1998, S. 11 ff. Ó DOCHARTAIGH, Civil Rights, S. 281 ff.

vertretender Kommandant der Provisionals war seit August 1971 Martin McGuinness.[127] Wenige Tage vor dem »Bloody Sunday« war es zu brutalen Übergriffen der britischen Armee auf einen friedlichen Marsch von Bürgerrechtlern zum *Magilligan Strand Internment Camp* gekommen. John Hume, einer der Organisatoren des Marsches, hatte das Verhalten der britischen Soldaten (Green Jackets und Parachute Regiment) als »*beating, brutalising and terrorising the demonstrators*« verurteilt.[128]

Die Fakten: Am 30. Januar 1972, kurz vor 15.00 Uhr, bewegte sich ein nicht genehmigter Demonstrationszug von »Bishop's Field« im Creggan Estate, einem heruntergekommenen Arbeiterviertel, in Richtung Stadtzentrum. An diesem strahlenden Wintertag mit milden Temperaturen strömten kurz nach dem Mittag viele Menschen zusammen, bald waren es fast Tausend. Unter den Teilnehmern befanden sich auffällig viele Frauen mit Kindern. Und natürlich fehlten die jungen Leute nicht, die meisten von ihnen brannten auf Randale und Auseinandersetzung mit RUC und Armee. Keine Demonstration ohne die »Young Derry Hooligans« oder »Chicos«, wie die Armee sie nannte! Die Bürgerrechtsbewegung sah trotz der explosiven Lage keine Veranlassung, die Proteste gegen die Internierung zurückzufahren und hoffte auf eine friedliche Demonstration ohne Zwischenfälle. Ivan Cooper, einer der Organisatoren, hatte sich sogar mit der IRA in Verbindung gesetzt und offensichtlich die Zusicherung erhalten, dass die IRA während der Demonstration stillhalten werde. Es sollte keine bewaffneten Attacken auf Armee und Polizei geben, stattdessen wollten sich IRA-Anhänger als Demonstationsteilnehmer und Ordnungskräfte (»stewards«) beteiligen.[129] Die Demonstranten nahmen den gewundenen, talwärts führenden Southway. Sie marschierten, immer zahlreicher werdend, durch Brandywell und die Lecky Road entlang zur Bogside. Als sie den »Bogside Inn« im Herzen der Bogside erreichten, war der Zug inzwischen auf ungefähr 10.000 Personen angeschwollen. Schließlich ging es die William Street entlang auf die Kreuzung William Street/Rossville Street zu, ein Platz, der im Volksmund wegen der ständigen gewalttätigen Auseinandersetzungen zwischen Armee und Jugendlichen auch als »aggro-corner« bekannt war. In der William Street hatte die Britische Armee eine Barrikade errichtet (Barrikade 14), um den Demonstranten den Weg ins Stadtzentrum zu versperren. Diese Tatsache war den Organisatoren vorher ebenso bekannt, wie sie wussten, dass sich eine große Zahl von Soldaten und RUC hinter der Barrikade aufhielt. Da den Organisatoren klar war, dass es keinen freien Zugang zum Stadtzentrum geben würde, es sei denn mittels einer offensiven, gewalttätigen Attacke auf die Barrikade mit unkalkulierbaren Folgen für Leib und Leben der Demonstrations-Teilnehmer, beschlossen sie, den Zug in Richtung Free Derry Corner umzuleiten. Dort sollte

---

127 Dies hat McGuinness erst im Mai 2001 offiziell zugegeben. IRISH TIMES, 3. Mai 2001.
128 ROUTLEDGE, John Hume, S. 110. PRINGLE/JACOBSON, Bullets, S. 16 ff.
129 IRA-Mitglied Tony Miller erklärte im Rückblick: »There was no action to be taken whatsoever.« TAYLOR, Provos, S. 120.

eine Kundgebung stattfinden, zu der auch der SDLP-Vorsitzende John Hume eingeladen worden war. Aus Sorge, es könne zu Ausschreitungen und Gefährdungen von Personen kommen, hatte er die Beteiligung an dem Marsch abgesagt. Angesichts des drohenden Einsatzes von britischen Fallschirmjägern, die er »*in an ugly mood*« sah, hielt er der Marsch für unverantwortlich: »*I had seen the injuries they had caused to peaceful demonstrators on a deserted beach*«, erklärte er später. »*It didn't take much imagination to work out what could happen if those demonstrators had been facing the army on the streets of Derry. I thought the march was irresponsible.*«[130] Die Organisatoren und Demonstranten konnten nicht wissen, dass der Oberkommandierende der britischen Truppen in Nordirland (»Commander Land Forces,« CLF), *General Robert Ford*, mit Kenntnis und Billigung der Britischen Regierung, die Anweisung gegeben hatte, nicht nur die Marschierer daran zu hindern, in das Stadtzentrum zu vorzudringen, sondern auch gewalttätige Demonstranten aufzugreifen und in Gewahrsam zu nehmen. Die Order Nr. 2/72 vom 27. Januar 1972 sah die Errichtung von 26 Barrikaden vor, die Creggan und Bogside vom Stadtzentrum abriegeln sollten. Im Falle von gewalttätigen Auseinandersetzungen galt die Anweisung, »*hooligans and rioters*« durch ein Greifkommando (»central arrest force«) bestehend aus dem Ersten Battalion des Parachute Regiment (1st Para) zu ergreifen und zu verhaften. Die Armee rechnete mit dem Versuch, zumindest eines Teils der Demonstranten, sich mit Gewalt Zugang zum Stadtzentrum zu verschaffen sowie mit Attacken vom harten Kern (ca. 500) der »Hooligans« und – in deren Schutz – gezielten »sniper«-Angriffen der IRA. Der Geheimdienst nahm an, dass sich ca. 80 IRA Aktivisten vor Ort befinden würden. Für den unmittelbaren Einsatz an den Barrikaden und die Durchführung der Arretierungs-Aktion (»*scoop-up*«) wurde *Lieutenant Colonel Derek Wilford*, Oberkommandierender des Ersten Bataillons des *Parachute Regiments* (1st Para) beauftragt. Verantwortlich für die Gesamttaktion war *Brigadier Pat McLellan*. Das Fallschirm-Regiment galt als das berühmteste der britischen Armee, es war im Laufe vieler Jahre an besonders schwierigen und heiklen Operationen beteiligt gewesen: 1944 bei der Invasion der Normandie, in Palästina 1946 und Zypern in den fünfziger Jahren, bei der Suez-Krise 1956 und in Aden 1965-67. Seit 1969 war Nordirland Operationsgebiet. Die Truppe wurde in Armeekreisen aufgrund ihrer rigorosen Ausbildung und der Erfahrungen in Belfast als »tough« bis zur Rücksichtslosigkeit eingeschätzt. So berichtete der Journalist Simon Hoggart nur wenige Tage vor dem »Bloody Sunday«, dass viele Offiziere die »Paras« kaum mehr als »*Schläger in Uniform*« betrachteten.[131] Soldat 027, Angehöriger der 1st Para, der, gerade 19 Jahre alt, an dem Einsatz beteiligt war und später aussagte, bemerkte lakonisch zum Image der Truppe: »*1st Para was the Rottweiler of the British ar-*

---

130 ROUTLEDGE, John Hume, S. 111. CLARKE/JOHNSTON, McGuinness, S. 54.
131 ENGLISH, Armed Struggle, S. 154.

my.«[132] *Michael Asher*, der mit 18 Jahren bei den »Paras« anheuerte und in den siebziger Jahren in Belfast Dienst tat, berichtete darüber in seinem Buch »Shoot To Kill«. Er beschrieb die Truppe als blendend trainiert, physisch topfit, aber elitär, brutal und bis zur Selbstvernichtung bereit, den Feind zu eliminieren: *»We begged and prayed for a chance to fight, to smash, to kill, to destroy: we were fire-eating berserkers, a hurricane of human brutality ready to burst forth on anyone or anything that stood in our way. We were unreligious, apolitical and remorseless, a caste of warrior-janizaries who worshipped at the high-altar of violence and wanted nothing more.«*[133] Die »Paras« für eine Polizeiaktion einzusetzen, stieß auch bei der RUC auf Bedenken. *Frank Lagan*, Chief Superintendent der RUC in Derry, hatte eine andere Auffassung von der Sicherheitslage als die Armee und äußerte sich sehr besorgt über die gewählte Strategie. Eine offensive Arretierungsaktion hielt er für gefährlich, weil es sehr schwer sein würde, »Hooligans« von friedlichen Demonstranten zu trennen. Die Situation könne schnell eskalieren und unbeteiligte Zivilisten gefährden. Seine Bedenken wurden von der Armeeführung ignoriert.

Die Demonstranten zogen durch die William Street in Richtung Stadtzentrum. Während der größere Teil der Demonstranten, wie zu Beginn des Marsches angekündigt, nach rechts in die Rossville Street abschwenkte, um sich zur Kundgebung an Free Derry Corner zu sammeln, stürmten 100 bis 200 jugendliche Hooligans geradeaus weiter, um die britischen Soldaten an der Barrikade Nr. 14 zu attackieren. Solche Aktionen waren in ihrer Art schon traurige Normalität in Derry. Es gelang den Ordnern nicht, viele der nachfolgenden Demonstranten in Richtung Free Derry Corner zu dirigieren. Immer mehr schoben sich hinter den Jugendlichen in die William Street und wurden gegen die Absperrung Nr. 14 gedrängt, an der es jetzt zu tumultartigen und häßlichen Szenen kam. Die Auseinandersetzung eskalierte. Steine, Molotowcocktails, Flaschen, Eisenteile und Stangen flogen, ein Kanister mit CS Gas explodierte unter einem Wasserwerfer. Die Armee feuerte mit Gummigeschossen und Gaspatronen auf die Demonstranten und setzte Wasserwerfer mit violett gefärbtem Wasser ein. Die Barrikade war minutenlang in Gasschwaden eingehüllt. Viele Demonstranten wogten in Panik zurück, die militanten Jugendlichen aber hatten die Schlacht, die sie wollten. Es war genau die Situation eingetreten, die Polizeichef Lagan befürchtet hatte. Hooligans und friedliche Demonstranten stauten sich vor der Absperrung Nr. 14 und sie waren für die Soldaten nicht mehr auseinanderzuhalten.[134] Um 15.55 Uhr eröffneten Soldaten der Fallschirmjäger Support Company, die sich im ersten Stock eines verlassenen Hauses unweit der Presbyterian Church (zwischen Great James und William Street) einquartiert hatten, das Feuer auf zwei unbewaffnete und unbeteiligte

---

132 Zit. n. THE GUARDIAN, Special Report: the Bloody Sunday inquiry. 28. November 2000. Aus Sicht der Armee siehe DEWAR, British Army, S. 63.
133 MICHAEL ASHER, Shoot To Kill. A Soldiers's Journey Through Violence. London, 1991. S. 3 ff.
134 PRINGLE/JACOBSON; Bullets, S. 96 ff.

Zivilisten: *Damien Donaghy* und *John Johnston*. Der 15jährige Donaghy wurde getroffen als er versuchte Plastik- und Gummigeschosse aufzusammeln, die bei englischen Journalisten als »Trophäen« hoch gehandelt und gut bezahlt wurden. Der 59jährige Ladenbesitzer Johnston war auf dem Weg zu einem Freund als er niedergeschossen wurde. Er starb im Juni 1972 an seinen Verletzungen. Nach Darstellung der Armee sollen Donaghy und Johnston versucht haben, Soldaten mit Nagelbomben anzugreifen, was, wie wir heute wissen, völlig abwegig war. Die Support Company behauptete auch, es sei ein Schuss vom Columbville Court, den Häuserblocks auf der anderen Seite der William Street, abgefeuert worden, der die Regenrinne der Presbyterianischen Kirche getroffen habe, in deren Nähe die Company stationiert war. Für Einsatzleiter Colonel Wilford war dies ein klarer Beleg für die Annahme, es mit Scharfschützen der Provos zu tun zu haben.[135] Um 16.10 Uhr nahm das Unheil seinen Lauf: Das 1st Para Batalion erhielt den Befehl, zur Verhaftungs-Aktion auszuschwärmen. Wilford schickte seine Truppe zum Einsatz: »*Move! Move! Move!*« Ausdrücklich war angeordnet worden, dass die Aktion nicht zu einer »*running battle down Rossville Street*« ausgeweitet werden sollte, eine Formulierung, die später zu sehr kontroversen Interpretationen führte. War hier die Mahnung an die Soldaten enthalten, sich auf die Verhaftung von »Hooligans« zu beschränken? Oder legt die Verwendung des Wortes »battle« den Verdacht nahe, es sei in der Tat eine »Schlacht« mit der IRA geplant worden, nur nicht im Bereich der Rossville Street und zu diesem Zeitpunkt? Als die Soldaten in Aktion traten, befanden sich noch viele Demonstranten zwischen William Street und Rossville Street in einem ungeordneten Hin- und Her, sodass eine klare Unterscheidung zwischen gewalttätigen Hooligans und friedlichen Marschierern nicht möglich war. In dieser Situation fuhren die gepanzerte Armeefahrzeuge auf, Soldaten sprangen ab, stürmten in die Rossville Street vor und eröffneten das Feuer. 108 Schuss wurden abgegeben. 30 Minuten später waren 13 Personen tot, 13 verwundet.[136]

Die Ereignisse des »Bloody Sunday« bleiben bis auf die geschilderten harten Fakten in der Bewertung höchst widersprüchlich und kontrovers. Auch sind viele Details noch ungeklärt. Die Britische Regierung bemühte sich nach den Ereignissen, die weltweit Entsetzen und Empörung hervorgerufen hatten, um Schadensbegrenzung. *Erster Schritt:* Es wurde behauptet, dass auf die Soldaten, als sie zur Verhaftung von Hooligans aus ihren Fahrzeugen sprangen, geschossen worden wäre. Diese hätten das Feuer nur erwidert und unglücklicherweise 13 Menschen

---

135 PETER TAYLOR, Brits. The War Against the IRA. London, 2001. S. 96.
136 usführlich: McKITTRICK, Lost Lives, S. 144 ff.; McCANN, Bloody Sunday in Derry, S. 20 f. Siehe ferner zur Ereignisfolge die detaillierten Angaben bei: Bloody Sunday. Submission to the United Nations' Special Rapporteur on Summary and Arbitrary Executions: The Murder of 13 Civilians by Soldiers of the British Army on ‚Bloody Sunday', 30th January 1972. Published by British-Irish Rights Watch. London, 1994., para 6. Circumstances in Which People were Killed. Cain Web Service. http//: Cain.ulst.ac.uk.

tödlich getroffen. *Zweiter Schritt*: Es wurde unterstellt, dass einige der tödlich Getroffenen bewaffnet gewesen seien und zuerst auf die Soldaten geschossen, bzw. sie mit Nagel-Bomben angegriffen hätten. Acht von ihnen seien außerdem auf der Liste gesuchter IRA Kämpfer verzeichnet gewesen. *Dritter Schritt:* Es wurde eine Untersuchung der Vorfälle angeordnet und eine Kommission eingesetzt unter der Leitung von *Lord Chief Justice Widgery*. Die Armee musste innerhalb weniger Tage alle ihre vorschnellen Verdächtigungen und Unterstellungen gegenüber den Opfern zurücknehmen, blieb aber – und das bis heute – bei ihrer Behauptung, es sei zuerst auf die Soldaten geschossen worden.

Lord Widgery beeilte sich mit den Ermittlungen: Das erste Hearing (von 17) begann am 21. Februar 1972, das letzte fand am 14. März statt. 114 Zeugen wurden gehört: Priester, Augenzeugen aus Derry, Reporter von Presse und Fernsehen, Fotografen, Kameramänner, Tontechniker, Soldaten, Armee- und Polizei-Offiziere, Ärzte, Experten für Forensische Untersuchungen und Pathologen. Am 10. April war der Untersuchungsbericht fertig und ging der Öffentlichkeit zu.[137] In der katholischen community gab es einen Aufschrei der Empörung und Wut. Widgery wurde unterstellt, den Bericht einzig und allein zur Entlastung und Entschuldigung der britischen Armee verfasst zu haben. Man verwies auf eine Fülle von Ungereimtheiten und Unzulänglichkeiten: Der Bericht sei schlampig abgefasst, Beweismittel und Augenzeugenberichte, die Widgery von der Bürgerrechtsbewegung angeboten worden seien, hätten keine Berücksichtigung gefunden. Hunderte von Zeugen seien nicht gehört, Widersprüche in den Aussagen der Soldaten nicht geklärt und Schlussfolgerungen lediglich zugunsten der Armee gezogen worden. Was Widgery zur Ausführung seines »Masterplanes«, die Armee zu entlasten, nicht hätte gebrauchen können, sei unter den Tisch gefallen. Vor dem Hintergrund dieser Kritik und auch ohne polemischen Verweis auf sinistre Machenschaften des »britischen Imperialismus« lässt sich heute sagen: Der Widgery-Report war ein Dokument des Versagens der Britischen Regierung.[138] In nüchterner Retrospektive räumt *Desmond Hamill* in seiner nicht unkritischen Geschichte der Armee in Nordirland 1969-1984 ein, dass der »Bloody Sunday« für die Armee nur eines war: *..»a complete disaster.«*[139] Widgerys Versuch, das Desaster in milderem Licht erscheinen zu lassen, scheiterte, obwohl auch er nicht umhin konnte, Fehler und Unzulänglichkeiten zuzugeben. So stellte er fest,

- dass bis auf den umstrittenen Fall von Gerald Donaghey, der angeblich eine Nagel-Bombe bei sich gehabt haben soll, keiner der Getöteten bewaffnet gewe-

---

137 Report of the Tribunal appointed to inquire into the events on Sunday, 30 January 1972, which led to loss of life in connection with the procession in Londonderry on that day. By The Rt.Hon. Lord Widgery, O.B.E., T.D., HMSO, London, 1972. (i.f. Widgery-Report)
138 DERMOT WALSH, The Bloody Sunday Tribunal of Inquiry. A Resounding Defeat for Truth, Justice and the Rule of Law. Limerick, 1997. Derselbe, Bloody Sunday and the Rule of Law in Northern Ireland. Dublin, 2000. S. 54 ff.
139 HAMILL, Pig in the Middle, S. 91.

sen sei und dass sie nicht auf die Soldaten geschossen hätten (Conclusion No. 10).
- dass der Brigadekommandant des 8. Brigade Parachute Regiment (Pat McLellan) möglicherweise die Folgen der Arretierungs-Aktion, die in Bataillons-Stärke ausgeführt wurde, unterschätzt habe. Wenn die Soldaten damit rechnen mussten, unter Feuer genommen zu werden, habe dies zur Gefährdung von Zivilisten führen können (Conclusion No. 5).
- dass einige Soldaten in der Abwägung der Verhältnismäßigkeit der Mittel nicht die erwartete Verantwortlichkeit hätten erkennen lassen: »*Their training made them aggressive and quick in decision and some showed more restraint in opening fire than others.*« Der Schusswaffeneinsatz vor allem im Glenfada Park habe an »Rücksichtslosigkeit gegrenzt« (»*bordered on the reckless*«, Conclusion Nr. 8).

Widgery entlastete dagegen die Armee, indem er hervorhob,
- dass es keine Toten gegeben hätte, wenn die Bürgerrechtsbewegung trotz der explosiven Lage nicht an ihrem Vorhaben, den illegalen Marsch durchzuführen, festgehalten hätte (Conclusion No.1).
- dass die Entscheidung der Armee, den Marsch am Vordringen ins Stadtzentrum zu hindern und auf Creggan und Bogside zu begrenzen, richtig gewesen sei (»*fully justified by events and .. successfully carried out*«, Conclusion No. 2).
- dass es keinen allgemeinen Zusammenbruch der militärischen Disziplin gegeben hätte (»*..no general breakdown in discipline*«, Conclusion No.11); die Soldaten hätten in einer schwierigen Lage bei Einhaltung der Anweisungen für den Schusswaffengebrauch (»Yellow Card«) selbst entscheiden müssen und hätten im Grundsatz verantwortlich gehandelt.

Immer wieder hat sich die Diskussion auf die Frage verengt: Wer hat zuerst geschossen und ist daher verantwortlich für die tödliche Eskalation? Waren die Soldaten kaltblütige Mörder, die vorsätzlich unbewaffnete Demonstranten niedergeschossen hatten? War es, wie *Major Hubert O'Neill*, der für die Untersuchung der Todesursachen zuständig war, in dem immer wieder zitierten Statement vom 21. August 1973 sagte, »*sheer, unadulterated murder*«? Oder mussten sich die Soldaten, wie sie immer wieder behaupteten, gegen Schüsse und Nagelbomben zur Wehr setzen, die auf sie niedergingen, als sie ihre gepanzerten Fahrzeuge verliessen? Am *29. Januar 1998* kündigte Premierminister Tony Blair eine neue Untersuchung an und setzte eine Kommission unter dem Vorsitz von *Lord Saville of Navigate*, einem hohen Richter, ein. In sechs Jahren trug die Kommission eine Fülle von neuen Erkenntnisse zusammen, die in der Tat Zweifel an den Darstellungen der Ereignisse aus Sicht der Britischen Armee und den Schlussfolgerungen des Widgery Reports begründeten.[140]

---

140 Belfast Telegraph, 7. Juli 2003. Zeugenaussagen, Materialien und Kommissionsberichte sind zusammengestellt auf der Website: http://www.bloody-sunday-inquiry.org.uk

Abschließende Bewertungen sind zum Zeitpunkt des Abschlusses dieses Manuskripts noch nicht möglich, aber angesichts des jetzt bekannten Materials müssen drei *traditionelle Erklärungsansätze* mit Fragezeichen versehen werden:
1. Die *»Mord-auf-Anordnung«-These*: Es gibt derzeit keinen empirischen Beleg für eine geheime Anordnung der Britischen Regierung zu einer »shoot-to-kill« Politik. BBC-Journalist Peter Taylor, der seit über dreißig Jahren über Nordirland berichtet und zu den Ereignissen am »Bloody Sunday« intensiv geforscht hat, bemerkte treffend: *»Bloody Sunday was a dreadful mistake and should never have happened, but there were no orders or directives from on high instructing the paratroopers to do what they did.«*[141] Die Hypothese, dass der Einsatz des Parachute-Regiments bewusst erfolgt sei, um die IRA in eine offene Feldschlacht zu zwingen und ihre Macht in den Ghettos zu brechen, ist – trotz einer Reihe von in diese Richtung weisenden Indizien – nicht zu belegen.[142] Allerdings sind Untersuchungen dieser Art auch nie ernsthaft angestellt worden, schon gar nicht von Lord Widgery. Solange die Britischen Regierungsarchive der Forschung noch nicht zur Verfügung stehen, solange wird man diese Frage nicht abschließend beurteilen können. Unstreitig ist, dass die Britische Regierung die Strategie und den Einsatz der Paras für den 30. Januar ausdrücklich gebilligt hat und dass sie danach, um Schadensbegrenzung bemüht, an die Grenzen der Manipulation geriet, bzw. diese überschritt. Wie aus neuerem Archivmaterial hervorgeht, sorgte sich Premierminister Edward Heath um das Image der Armee und erinnerte Widgery in einem Gespräch vor der Untersuchung daran, dass die Regierung in Nordirland nicht nur militärisch einen Krieg führe, sondern auch propagandistisch.[143] Ziel, Aufgabenstellung und Durchführung des Widgery Reports folgten dieser Grunddisposition. Unklarheiten bleiben ferner im Blick auf die Frage, welche konkreten Anweisungen der Einsatzbefehl für das Parachute-Regiment enthielt (Stop des Demonstrationszuges, Verhaftung von Hooligans oder mehr?), wer ihn gab (General Ford, Brigadier McLellan?) und ob die 1st Para ihre Kompetenzen überschritten hat.
2. Die *»Überreaktionsthese«*: Die Soldaten des als gut trainiert und hart bekannten Parachute-Regimentes hätten angesichts der angespannten Lage, der aufgestauten Spannungen (stundenlanges Ausharren in den gepanzerten Fahrzeugen), der Hooligan-Attacken auf die Barrikaden und der Furcht vor Scharfschützen der IRA, die Nerven verloren, wären Amok gelaufen und unschuldige Zivilisten getötet. Aber wenn Lord Widgery in *einer* Schlussfolgerung Recht hat, dann in dieser: *»There was no general breakdown in discipline«* (Conclusion, No. 11). Die ausgezeichnet ausgebildete, in vielen Einsätzen bewährte Truppe, kannte

---

141 TAYLOR, Provos, S. 114. Siehe auch Derselbe, Brits, S. 105.
142 MacSTIOFÁIN, Memoirs, S. 227 ff. Die Hypothese diskutiert McCANN, Bloody Sunday, S. 209 ff.
143 Bloody Sunday and the Report of the Widgery Tribunal: The Irish Government's Assessment of New Material. Dublin, 1998. No. 81.

die Situation, die sie vorfand, sehr gut. Sie hatte das in Belfast häufig erlebt: Aufgebrachte Demonstranten, steinewerfende Jugendliche, explodierende Molotowcocktails und das Feuer von Heckenschützen der IRA, das war – so makaber das klingt – traurige Alltagsrealität. Ein plötzliches Ausrasten und Amoklaufen wird auch von Militärs für sehr unwahrscheinlich gehalten. Das Verhalten der Soldaten bestätigt dies – mit ganz wenigen Ausnahmen. Augenzeugen berichteten von gezielten Schüssen, keineswegs in Hektik oder blindwütig, insbesondere im Blick auf die Soldaten, die im Glenfada Park drei Zivilisten töteten und weitere verletzten. Die Soldaten handelten gemäß ihrer Rolle, den Feind zu *vernichten*.

3. Die »*Notwehrthese*«: Im Schutze der Demonstranten hätten Scharfschützen der IRA das Feuer auf die Armee eröffnet. Die Soldaten wehrten sich und erschossen unglücklicherweise 13 Menschen. Zivilisten und IRA Kämpfer seien nicht auseinanderzuhalten gewesen. Wir wissen zum einen, dass die getöteten Demonstranten nicht bewaffnet waren und nur einer der IRA nahestand. Zum anderen hatten die »Provos« den Bürgerrechtlern zugesagt, die Anti-Internierungs-Demonstration nicht zu bewaffneten Angriffen auf die Armee zu nutzen. Soweit wir wissen, haben sie sich daran gehalten, obgleich es auch Berichte gibt, dass Martin McGuinness einen Schuss auf die britischen Soldaten abgegeben haben soll.[144] Die Aussage der Support Company, es sei kurz vor vier Uhr ein Schuss abgegeben worden, der die Regenrinne einer presbyterianischen Kirche traf, in deren Nähe die Soldaten stationiert waren, entspricht der Wahrheit. Mit einiger Sicherheit wird angenommen, wie schon erwähnt, dass mindestens ein bewaffnetes Mitglied der *Official IRA* vor Ort war und geschossen hat. Es ist nicht auszuschließen, dass es weitere Schüsse gegeben hat. Eine konzertierte Aktion von OIRA und IRA hat es gleichwohl nicht gegeben. Kein einziger Soldat wurde verletzt, auch ein Umstand, der nicht für eine große Zahl bewaffneter Kombattanten spricht, gegen die sich die Soldaten hätten zu Wehr setzen müssen.

Was darf beim heutigen Erkenntnisstand einigermaßen sicher vermutet werden?
- Lord Widgerys erste Schlussfolgerung, dass, wäre die Bürgerrechtsbewegung nicht marschiert, es keine Toten gegeben hätte, ist so trivial wie richtig. Die Bürgerrechtsbewegung trägt eine Mitverantwortung für die Ereignisse. Es ist einerseits schwer verständlich warum sich die NICRA noch im Januar 1972 zur Fortsetzung von Straßenaktionen entschloss, denn die Situation hätte nicht explosiver sein können, andererseits dürfen Wut und Erbitterung der katholischen community über die Internierungsaktionen und das Verhalten der Armee nicht unterschätzt werden. Die wachsende Erbitterung musste ihr Ventil finden, gerade auch durch friedliche Demonstrationen und Straßenaktionen. Das Problem dabei war, dass jede noch so friedliche Demonstration auch von

---

144 AFP, 6. April 2000. CLARKE/JOHNSTON, McGuinness, S. 62 ff.

Hooligans begleitet sein würde. Sollte deshalb auf Protest verzichtet werden? Sollte man aus Angst vor Randale nicht mehr marschieren? Hinzu kam der *Gruppendruck* in einer kleinräumigen, vernetzten community, wo jeder jeden kannte. Wer sich dem öffentlichen Protest verweigerte oder auch nur für zeitweilige Zurückhaltung eintrat, konnte sehr schnell entweder als Feigling oder »Castle Catholic«, d.h. Anhänger der Briten, entlarvt werden. In diesem Fall war die Verachtung seiner Nachbarn noch die geringste »Sanktion«. Die IRA pflegte unsichere Kantonisten sehr rasch als »Verräter« zu stigmatisieren und drohte entsprechende »Maßnahmen« an.[145] Ferner muss berücksichtigt werden, dass sich die NICRA selbst im Umbruch befand. Viele Gemäßigte waren abgewandert oder nicht mehr aktiv. Die ideologischen und persönlichen Verbindungen mit den Republikanern von »Official Sinn Féin« hatten sich verstärkt. Seit dem Herbst 1971 hatte eine neue radikale, wenn auch kurzlebige, Organisation *»Northern Resistance Movement (NRM)«*, unterstützt von People's Democracy und den Provos, den Druck auf die Bürgerrechtler verstärkt. Wenn die Internierten nicht bis spätestens Weihnachten entlassen würden, drohte die NRM, würde eine Serie von Protestveranstaltungen und Straßenaktionen folgen. So geschah es.[146] Ein Verzicht auf die Demonstration hätte die NICRA in der Anti-Internierungsfront wahrscheinlich die letzten Sympathien gekostet. Deshalb hieß die Parole: Augen zu und durch! Die Furcht vor Prestige- und Einflussverlust, fortschreitender organisatorischer Schwächung und Marginalisierung war größer als die politische Klugheit. Dabei musste den Organisatoren klar sein, dass, vor dem Hintergrund der Zusammenstöße mit dem Parachute Regiment am Magilligan Internierungs-Lager wenige Tage zuvor, eine weitere gefährliche Situation entstehen würde, eben wenn, wie ja gerüchteweise bekannt war, dieses Regiment die Barrikaden am 30. Januar bemannte.

- Die Ereignisse des »Bloody Sunday« zeigten in besonderer Schärfe die ambivalente Rolle der Armee, die, wie Sabine Wichert treffend schreibt, zwischen den Stühlen saß: »*...Having to listen to two masters, being wedged between two opposed extremist groups, while being asked to clear the way for the politics of reform and moderation.*«[147] Die Soldaten des Parachute-Regimentes waren keine Polizei-Einheit. Eine Armee hat mit identifizierbaren Feinden zu tun und sie soll die Feinde unschädlich machen. Colonel Derek Wilford beschrieb im Rückblick die Einsatzsituation in Derry sehr klar als »*act of war*« und nicht als Polizeiaktion.[148] Die den Soldaten per Einsatzbefehl zugewiesene Rolle einer Polizei-Greiftruppe entsprach weder ihrer Ausbildung noch ihren bisherigen

---

145 »Castle Catholics« wurden abwertend die Parteigänger der Briten zur Zeit der Union mit Großbritannien genannt, bezugnehmend auf den Sitz des englischen Vizekönigs in Dublin Castle.
146 McCANN, War And An Irish Town, S. 156 f.
147 WICHERT, Northern Ireland since 1945, S. 147.
148 Interview der BBC mit Colonel Wilford am 24. März 2000.

Einsätzen. Es war abzusehen, dass es Probleme geben würde. Entgegen der ausdrücklichen Anweisung, an der Barriere 14 (William Street/Little James Street) die Arretierungsaktion auszuführen und es ausdrücklich *nicht* zu einer »*running battle down Rossville Street*« kommen zu lassen, taten die Soldaten genau dieses. Unbeantwortet bleibt bis jetzt die Frage: Enthielt der Einsatzbefehl mehr als nur eine Anweisung zur Verhaftung von gewalttätigen Zivilisten? Und wenn nein, was waren die Motive der Soldaten, darüber hinauszugehen? Versuchen wir, uns in die subjektive Gefühlslage, die Einstellungen und Haltungen der Soldaten hineinzuversetzen, nicht um zu entschuldigen, sondern um zu verstehen. Die Lage in Derry ist schon kurz beschrieben worden. Ergänzend muss hinzugefügt werden: Die Paras hatten tödliche Erfahrungen mit der IRA, vor allem in Belfast. Allein 1971 waren 46 ihrer Kameraden getötet und 381 verletzt worden, davon 24 durch gezieltes Feuer von IRA-Scharfschützen.[149] Am 25. Mai 1971 starb Para-Sergeant *Michael Willets*, durch eine Bombe, die in der Springfield Road Polizeistation explodierte. Er hatte sich vor zwei Erwachsene und zwei Kinder geworfen und ihnen das Leben gerettet. Dieses Ereignis löste besondere Betroffenheit und Wut bei seinen Kameraden aus. Drei Tage vor dem »Bloody Sunday« verwickelte die neuerwachte IRA in South Armagh die Armee in ein stundenlanges Feuergefecht. Die Armee gab mehr als 1000 Schuss ab, konnte aber keinen entscheidenden Vorteil erringen, was als weitere Demütigung empfunden wurde und die Frustration steigerte.[150] Am 27. Januar 1972 starben die Polizisten *Peter Gilgunn* und *David Montgomery*. Während einer Streifentour entlang der Creggan Road hatten Scharfschützen der IRA das Feuer eröffnet. Der 26jährige Gilgunn war Katholik, verheiratet und Vater eines acht Monate alten Kindes. Montgomery war Protestant und Single. Sie waren die ersten Polizisten, die in Derry starben.[151] Viele weitere sollten folgen. Und direkt am 30. Januar erfuhren die in Derry eingesetzten Soldaten, dass ihr Kamerad *Major Robin Alers-Hankey* in einem Londoner Hospital an den Folgen seiner Wunden verstorben war. Vier Monate zuvor hatte ihn ein IRA-sniper in Belfast schwer verletzt. Alers-Hankey hinterließ eine Frau und zwei Kinder.

- Die Fallschirmjäger waren darauf gedrillt, Feuer zu erwidern wenn auf sie geschossen wurde, nach Maßgabe der Vorschriften, d.h. unter Berücksichtigung der Verhältnismäßigkeit der Mittel (»Yellow Card«). Am 29. Januar wurde durch einen Bericht des Geheimdienstes bekannt, dass die IRA bei der Demonstration dabei sein würde. Die Soldaten wurden ausdrücklich vor den »snipers« der IRA gewarnt, die, so der Geheimdienst, die Gelegenheit nutzen

---

149 FAY/MORRISSEY/SMYTH, Northern Ireland's »Troubles«, S. 159 f. TAYLOR, Provos, S. 118.
150 Siehe dazu die faszinierende Arbeit von TOBY HARNDEN, ‚Bandit Country'. The IRA & South Armagh. London, 1999. S. 55.
151 McKITTRICK, Lost Lives, S. 143.

könnten, die Soldaten, flankiert von Benzin- und Nagelbomben werfenden Jugendlichen, zu attackieren. Den Soldaten der 1st Para war nicht bekannt, dass Ivan Cooper nach eigenen Angaben ein Stillhalte-Garantie für die Dauer der Demonstration erwirkt hatte und selbst, wenn sie es gewusst hätten, so hätten sie es als reine Propaganda bewertet und nicht ernst genommen. Die Stimmung war geladen und kampfbereit, jedoch keineswegs panisch. Einsatzleiter Colonel Derek Wilford war überzeugt davon, dass kurz vor vier Uhr mindestens ein Schuss auf seine Support Company abgegeben wurde und die Soldaten in den engen gepanzerten APCs (Army Personell Carriers) glaubten zu wissen, dass da draußen die IRA auf sie wartete. Bei einigen verdichteten sich die Emotionen zu einer grimmigen Entschlossenheit, es »*den Provos zu geben*«. Von besonderer Bedeutung ist der Augenzeugenbericht des »*Soldaten 027*«. Er hatte aus seinen Tagebuchnotizen 1975 ein längeres Statement zu den Vorgängen formuliert, das im März 1997 in einem Artikel der irischen »Sunday Business Post« erwähnt und als Sensation gewertet wurde. Nach Zusicherung persönlicher Sicherheit und finanzieller Entschädigung bestätigte Soldat 027 seine Aussagen vor der Saville-Untersuchungskommission: »*We were under sustained stress, playing mind games with an ephemeral enemy. Living in that environment gave rise to the expression ‚going ape'. Another term used was ‚beasting', when pent-up tensions were released... The prospect of going to Derry was regarded with some relish. There was anticipation that we were about to be given the opportunity to confront the enemy.*«[152] Bevor die Truppe nach Derry abrückte, schwor ihr Zugführer sie auf den Einsatz ein. Soldat 027 beschrieb die Stimumung als »gehoben«, ja »überschwänglich« (»*exuberant*«). Man brannte auf den Einsatz und wollte die IRA endlich in offenem Kampf stellen. Londonderry war die Chance, so wörtlich - »*to get some kills.*« Ferner hätten sie zusätzliche Munition zugeteilt bekommen, darunter Dum-Dum Geschosse, von denen auch Gebrauch gemacht worden sei. Als nach stundenlangem Warten der Einsatzbefehl kam, kann man sich die Gemütslage der Truppe lebhaft vorstellen. Sie stürmten aus ihren Fahrzeugen und erwarteten den Feind. Sie sahen fliehende Demonstranten und vielleicht vermuteten einige irgendwo im Schutze der Menge die tödliche Gefahr durch Scharfschützen der IRA. Diejenigen, die die tödlichen Schüsse abgaben, handelten durchaus kühl, überlegt und mit eiserner Entschlossenheit. Sie behaupteten unisono, sich bedroht gefühlt, teilweise Waffen oder Nagelbomben in der Hand von Zivilisten gesehen zu haben. Waren das nur Schutzbehauptungen, bloße Fiktionen zur eigenen Entlastung? Oder war in diesen Minuten der Hektik und Unübersichtlichkeit die subjektive Wahrnehmung tatsächlich die einer unmittelbar drohenden Gefahr für Leib und Leben? Schließlich kannten die Paras derartige Situationen genau, denn

---

152 Zit. n. THE GUARDIAN, Special Report: the Bloody Sunday inquiry. 28. November 2000. Siehe auch : TAYLOR, Brits, S. 104 ff.

jeder Patrouillengang in Belfast oder Derry barg derartige Gefahren. Und so fiel die Reaktion entsprechend aus. Es wurde gezielt geschossen. In ihrem Eifer, den tödlichen Gegner von der IRA zu treffen, nahmen sie auf die fliehenden und z.T. bereits am Boden liegenden verletzten Zivilisten keinerlei Rücksicht. Einige mögen in ihnen »den Feind« gesehen haben und dieser musste eliminiert werden! So erklärt sich kalte Brutalität mit der insbesondere Gerald Donaghey, James Wray, Gerald McKinney, William McKinney und Bernard McGuigan »erledigt« wurden. Es waren diese Todesfälle, die Lord Widgery immerhin das Eingeständnis abrangen, der Schusswaffeneinsatz habe an Rücksichtslosigkeit gegrenzt (»*bordered on the reckless*«, Conclusion No. 8). Soldat 027 bestätigte den kaltblütigen und gezielten Schusswaffeneinsatz in einer weiteren Aussage, Jahre nach seiner ersten, im Oktober 2002. Er erklärte, dass er, in dem Augenblick als die Paratroopers aus den Schützenpanzern sprangen, nichts bemerkt habe, was auf eine gefährliche Lage für die Soldaten hindeutete: »*I think I was fairly baffled by what was happening. I was standing up. I think I could see the whole frontage of the crowd. I did not see anything that appeared to justify firing.*«[153] Seine Aussage deckt sich mit denen vieler anderer Augenzeugen, die weder Nagelbomben noch Molotowcocktails gesehen haben, die gegen die Soldaten eingesetzt worden seien. Soldat 027 belastete zwei Soldaten seiner Einheit schwer. Diese seien allein für 10 der 13 Toten verantwortlich gewesen. Inwieweit diese Aussage im Kreuzverhör mit den Aussagen seiner Kameraden Bestand haben wird, ist zum Zeitpunkt der Abfassung dieses Manuskripts nicht zu entscheiden.

- Die Provisional IRA war mit einer Reihe von Aktivisten beim Marsch anwesend, unbewaffnet und angewiesen, die Soldaten nicht anzugreifen. Bürgerrechtler Cooper hatte entsprechende Zusicherungen erhalten. Was er nicht wusste: Zwar hatte der Oberkommandierende der IRA von Derry angeordnet, Waffen aus der Bogside verschwinden zu lassen und keine Aktionen zu unternehmen, doch sein Stellvertreter, *Martin McGuinness*, folgte diesem Befehl nur teilweise. Er verstaute die Waffen aus der Bogside in zwei Autos, bereitete aber Bombenattacken auf verschiedene Geschäfte im Stadtzentrum vor. Er und ein paar Mitglieder der IRA Jugendorganisation wollten zunächst ins Stadtzentrum mitmarschieren und dann ihre Attacken starten. Er schloss nicht aus, dass es auch zu einer Konfrontation mit britischen Soldaten kommen würde und sorgte dafür, dass mindestens drei Waffen verfügbar blieben. Die Umstände und die dramatischen Entwicklungen vereitelten dann McGuinness Pläne.[154] Wir wissen heute, dass zwei Mitglieder der OIRA vor Ort waren. Einer hatte in höchster Erregung und Wut über die Schüsse auf Donaghy und Johnston auf die Soldaten gefeuert, stellte aber nach einer heftigen verbalen Auseinanderset-

---

153 The Independent, 17. Oktober 2002.
154 Das vermuten CLARKE/JOHNSTON, Martin McGuinness, S. 56.

zung mit drei »Provos« das Feuer ein. Ein anderer schoss im Laufe der Arretierungs-Aktion der Paras auf die Soldaten Es waren aber nicht diese beiden Schüsse allein, die das Feuer der Soldaten auslösten.

»Bloody Sunday«, schreibt IRA Stabschef MacStiofáin im Rückblick *»caused more anger in Ireland than any act British military policy since 1921.«*[155] Die Beziehungen zwischen London und Dublin erreichten, allerdings nur kurzzeitig, einen Tiefpunkt. Eine Welle nationaler Emotionen schwappte über Irland: Schock, Trauer, Empörung und ungläubige Wut darüber, dass sich die Briten augenscheinlich wirklich so verhalten hatten, wie es die republikanische Propaganda immer behauptete. Die tief im kollektiven Gedächtnis der Iren vergrabenen anti-britischen Ressentiments brachen wieder auf. Alle Dämme vornehmer politischer Zurückhaltung wurden von der Flut der Emotionen fort geschwemmt. Am 2. Februar 1972 versammelten sich 30.000 aufgebrachte Iren vor der Britischen Botschaft am Merrion Square in Dublin und brannten sie nieder. Die irische Polizei war trotz Großaufgebot nicht in der Lage die rasende Menge zu stoppen.[156] Taoiseach Jack Lynch rief den irischen Botschafter aus London ab und verordnete Staatstrauer. Im House Of Commons attackierte Bernadette Devlin Innenminister Reginald Maudling, ohrfeigte ihn und riss ihn an den Haaren. Die internationale Presse überschlug sich mit Mutmaßungen, dass das Ende Stormonts gekommen sei und die marxistische Linke Europas träumte von einer neuen revolutionären Situation im Kampf gegen den »britischen Imperialismus«. *»Money, guns and recruits flooded into the IRA«*, schreibt Gerry Adams. »Bloody Sunday« war ein Kulminationspunkt für Hass und Wut vieler junger Katholiken auf die Britische Armee. Stärker noch als nach der Einführung der Internierung, drängten viele junge Katholiken in die IRA, um die Toten des »Bloody Sunday« zu rächen und die eigene community vor weiteren Angriffen der »britischen Imperialisten« (und ihrer Stormont-»Marionetten«) zu verteidigen. *Raymond McCartney*, Cousin des erschossenen Jim Wray und späterer Hungerstreiker, trat kurz nach dem »Bloody Sunday« der IRA bei.[157] Die irische Lobby in den USA machte mobil. Senator Edward Kennedy verglich »Bloody Sunday« mit dem Massaker der US-Truppen in My Lai, Vietnam, und erneuerte seine massiven Forderungen nach sofortigem Rückzug der britischen Truppen, unterstützt von einer Reihe weiterer einflussreicher Politiker, darunter Senatoren und Kongressabgeordnete. In den Massenmedien brach eine regelrechte Anti-England Kampagne los. Einige Augenzeugen des »Bloody Sunday« reisten kreuz und quer durch die USA und sorgten für zusätzliche Emotionalisierung der

---

155 MacSTIOFÁIN, Memoirs, S. 233.
156 Connor Cruise O'Brien vermutet die IRA hinter der Aktion. Vgl. CONOR CRUISE O'BRIEN, Memoir. My life and themes. London, 1998, S. 336. Siehe auch die Erinnerungen vom damaligen britischen Botschafter in Dublin JOHN PECK, Dublin from Downing Street. Dublin, 1978. S. 11 ff. Ausführlich zu den Folgen von »Bloody Sunday« BELL, Irish »Troubles«, S. 276 ff.
157 ADAMS, Before the Dawn, S.180. ENGLISH, Armed Struggle, S. 151 ff.

Öffentlichkeit. Die Hilfsorganisation NORAID schickte bis zum Juli 1972 mehr als 312.000 Dollar nach Irland, die, wie man vermuten kann, in der Kriegskasse der IRA landeten.[158] Die IRA theoretisierte nicht, sie handelte. Die Tötung unschuldiger, unbeteiligter Zivilisten wurde dabei – bis zum ersten umfassenden und unbefristeten Waffenstillstand 1994 – billigend in Kauf genommen. Die IRA übte grausame Vergeltung für die Toten des »Bloody Sunday« und überzog Nordirland mit einer verheerenden Bombenkampagne, deren Höhepunkt der sogenannte »Bloody Friday« war. Am 21. Juli 1972 zündeten IRA-Kommandos in Belfast 19 Bomben. 9 Menschen wurden getötet und 130 verletzt. Viele Tote waren so verstümmelt, dass ihre Überreste in Plastiksäcke geschaufelt werden mussten.[159] Die IRA behauptete, sie habe vorab Warnungen gegeben. Da diese aber höchst verwirrend und zeitlich viel zu knapp bemessen waren, konnten die Sicherheitskräfte nicht mehr rechtzeitig reagieren. Immerhin blieb »Bloody Friday« Aktion in der republikanischen Bewegung umstritten. 30 Jahre später entschuldigte sich die IRA für den Anschlag, sprach den Familien der Opfer ihr Beileid aus und erklärte, es sei nicht ihre Absicht gewesen, Unbeteiligte zu verletzen oder zu töten.[160] Die IRA gab immerhin Fahrlässigkeit zu. Allerdings ist es reiner Zynismus zu behaupten, es habe *keine kalkulierte Absicht* vorgelegen. Selbstverständlich ging es der IRA darum, durch einen möglichst hohen Blutzoll an Menschenleben und Zerstörung von Sachwerten die verhassten Briten aus Irland zu bomben und zu schießen. Das ist das Wesen von Terrorismus.

Die Bilanz der »Troubles« zwischen Anfang 1970 und Ende 1972 ist dramatisch und erschütternd. In diesem Zeitraum starben fast 700 Menschen, Opfer von Schießereien und Bombenanschlägen.
- Das Jahr 1972 war mit 497 Toten (= 13,8 % aller Todesfälle im Zeitraum 1969-2004) der bislang unübertroffene Höhepunkt des Schreckens und blieb es auch. Rund 2000 Explosionen erschütterten Nordirland, 10.000 Zwischenfälle mit Schusswaffen wurden gemeldet, das waren 30 pro Tag. Etwas mehr als die Hälfte aller Todesfälle des Nordirland-Konfliktes fallen in die Jahre 1971-1976. Im Schnitt starben im gesamten Nordirlandkonflikt 120 Personen pro Jahr. Nimmt man diesen Schnitt als Vergleichsmaßstab, ergibt sich, dass *»in 1972, the number of deaths was over three and a half times the yearly average for the entire period.«*[161]
- Regionale Schwerpunkte der Gewalt waren Belfast, Derry und South Armagh, d.h. jene Gebiete, in denen die Konzentration der katholischen Wohnbevölkerung am höchsten war, die Ghettos am dichtesten, d.h. die Chancen der Täter anzugreifen und wieder zu verschwinden am besten waren.

---

158 WILSON, Irish America, S. 50 ff. BISHOP/MALLIE, The Provisional IRA, S. 299 f.
159 McKITTRICK, Lost Lives, S. 229.
160 Erklärung der IRA vom 16. Juli 2002.
161 FAY/MORISSEY/SMYTH, Northern Ireland's »Troubles«, S.136 ff.; 73 ff. COOGAN, IRA, S.382. McKITTRICK, Lost Lives, S.1494.

- Fast 54% der Opfer des gesamten Nordirlandkonfliktes waren Zivilisten, wobei die meisten Opfer unter der Zivilbevölkerung in den Jahren 1970 (69%) 1974, 1975 und 1976 (rund 70%) zu beklagen waren, Ergebnis der verschärften Bombenattentate und »sectarian killings« von republikanischen und loyalistischen Paramilitärs.
- Die Sicherheitskräfte waren in steigendem Maße betroffen: 1971/1972 starben 69 Angehörige der RUC, RUCR und UDR,152 britische Soldaten wurden getötet, in der Hauptsache von der IRA.
- Die IRA verlor in den Jahren 1971/1972 101 »Kämpfer« und die protestantischen Paramilitärs »nur« 11, was der Tatsache geschuldet war, dass die Britische Armee die IRA als den Hauptfeind betrachtete und die protestantischen Paramilitärs erst dabei waren, ihre Organisation zu entwickeln.

6. »Direct Rule«, Sicherheitspolitik und Terrorismusbekämpfung 1972-1988

»Bloody Sunday« war ein Wendepunkt. Premierminister Heath wähnte Nordirland *»on the threshold of complete anarchy.«*[162] Die Britische Regierung sah sich unter dem Druck weltweiter Kritik und der Labour Opposition zu raschem Handeln genötigt. Sie war zu der Überzeugung gelangt, dass Stormont weder in der Lage sein würde, Sicherheit und Ordnung zu garantieren, noch neue substantielle politische Krisenlösungen präsentieren zu können. *Am 24. März 1972 übernahm London die unmittelbare Regierungsverantwortung in Nordirland (»Direct Rule«).* Erstmalig nach dem Ende des Unabhängigkeitskrieges und der Teilung Irlands 1921 griff die Britische Regierung wieder direkt in Irland ein. »Direct Rule« sollte nur eine Übergangsphase sein und wurde doch, entgegen den Erwartungen und Hoffnungen der Britischen Regierung, zu einem Dauerzustand, von kurzen Unterbrechungen 1973/74 und 1999/2000 einmal abgesehen. Die *»Northern Ireland Temporary Provisions Bill«*, die vom House of Commons wenige Tage später mit überwältigender Mehrheit gebilligt wurde, legte fest:[163]
- Suspendierung der nordirischen Regierung und des Parlaments. Übernahme von Regierung und Verwaltung durch London, Transfer aller legislativen und exekutiven Funktionen auf Westminster, zunächst für ein Jahr.
- Übertragung der administrativen Verantwortung für Nordirland vom Innenministerium auf ein neues Ministerium, das *»Northern Ireland Office«(NIO).*

---

162 HEATH, The Course of My Life, S. 436.
163 Einzelheiten bei MICHAEL J. CUNNINGHAM, British government policy in Northern Ireland 1969-2000. Its nature and execution. Manchester, 1991, S. 45 ff.; BIRRELL/ MURIE, Policy and Government in Northern Ireland, S. 68 ff.

- Ernennung eines »Secretary of State« für Nordirland. Erster Nordirlandminister wurde *William Whitelaw (1918-1999)* ein reicher Landbesitzer, der erst zwei Mal in seinem Leben in Nordirland gewesen war und keinerlei Erfahrungen mit der Unruheprovinz mitbrachte. Whitelaw wurde durch ein Team von drei Ministern (»junior ministers«) unterstützt.
- Einrichtung einer *»Northern Ireland Advisory Commission«*, bestehend aus 11 Personen, 7 Protestanten und 4 Katholiken, als beratender Ausschuss für Whitelaws Ministerium. Die Unionisten lehnten eine Beteiligung ab.
- *»Orders in Council«*, d.h. einfache Verwaltungsverfügungen, traten an die Stelle der Gesetzgebung des suspendierten nordirischen Parlaments. Unterhaus und Oberhaus segneten die »Orders« ab, ohne ausführliche parlamentarische Beratung und (in der Regel) ohne Veränderungen vorzunehmen. Eine vom »Secretary of State« Whitelaw eingesetzte Kommission formulierte die »Orders in Council« und unterbreitete Vorschläge für ihre Umsetzung.

Die Britische Regierung ließ sich von drei grundlegenden Zielvorstellungen leiten: *Erstens* galt es, den *Terrorismus* wirksam und nachhaltig zu bekämpfen, Sicherheit und Ordnung wiederherzustellen und *zweitens* durch neue politische Initiativen zur *Konfliktlösung* das Vertrauen der Bürger in die staatliche Autorität, Regierung und Verwaltung wiederherzustellen. Es war eine große Herausforderung, im Kampf gegen den Terror die *effektive* Durchsetzung des staatlichen Gewaltmonopols mit rechtsstaatlich einwandfreien Verfahren zu gewährleisten und gleichzeitig die offene, pluralistische Gesellschaft nicht durch ein Übermaß an Sicherheitsmaßnahmen zu gefährden. Freiheit und Sicherheit sollten im Gleichgewicht bleiben. Auch gefestigte Demokratien können durch terroristische Bedrohung in Turbulenzen geraten, wofür es viele Beispiele – historisch und aktuell – gibt. Ferner musste *drittens* politischer Konsens zur Konfliktlösung in einer polarisierten und segregierten Gesellschaft organisiert werden.

6.1. Anti-Terror-Gesetzgebung

Die Britische Regierung beschloss nach der Übernahme der direkten Regierungsverantwortung eine Reihe wichtiger Maßnahmen, die den Behörden wirksame Mittel zur Verfolgung und Verurteilung terroristischer Gewalttäter zur Verfügung stellen sollten:
- Der *»Emergency Provisions Act« (EPA)* vom Juli 1973 löste den seit 1922 geltenden »Special Powers Act« endgültig ab und definierte Terrorismus als *»the use of violence for political ends and includes any use of violence for the purpose of putting the public or any section of the public in fear«* (Section 28), eine in Wissenschaft und Politik durchaus gängige Definition.
- Unmittelbare Reaktion auf den verheerenden Bombenanschlag der IRA in *Birmingham am 21. November 1974* war der Beschluss eines drakonischen Anti-Terrorismus Gesetz, dem *»Prevention of Terrorism Act« vom 28. November*

1974. Das Gesetz verfügte außerordentliche Vollmachten für die Polizei, Terrorismusverdächtige ohne Haftbefehl für 48 Stunden in Gewahrsam zu nehmen. Weitere fünf Tage konnten sich auf Anordnung des Nordirlandminister anschließen. Der Nordirlandminister konnte ferner im Benehmen mit dem Innenminister Ausweisungen aus Nordirland und England anordnen (»exclusion«).[164]

- Verbot der IRA für ganz Großbritannien und weiterer kleinerer republikanischer Gruppierungen, darunter die Jugend- und Frauenorganisationen von Sinn Féin.
- Verbot der »Ulster Volunteer Force« (UVF).
- Schaffung des Amtes eines »*Director of Public Prosecutions*«, der alle schwerwiegenden Fälle terroristischer Verbrechen behandeln und über die Verfahren entscheiden sollte (diese Regelung war schon 1970 im »Hunt«-Report empfohlen worden, wurde aber jetzt umgesetzt).
- Einrichtung von Gerichtshöfen ohne Schöffen für bestimmte terroristische Verbrechen – »non-juror-courts« oder auch »*Diplock-Courts*«[165] genannt –, um Einschüchterungen und Bedrohungen von Schöffen zu verhindern. Lord Diplock empfahl die stärkere Gewichtung von Zeugenaussagen und Geständnissen, um mehr und raschere Verurteilungen herbeizuführen. Er legte damit den Grund für eine neue Sicherheitspolitik, die ab 1975 operativ verstärkt wurde, wobei die Ermittlungen von Armee und Polizei aufgewertet wurden. Prozesse wurden immer mehr zu Verfahren, in denen die *Geständnisse* der Angeklagten im Vordergrund standen. Armee und Polizei setzten in zunehmendem Maße »professionelle« Verhöre ein, die meistens in dem ehemaligen Militärstützpunkt im Ladas Drive, *Castlereagh* (Südostbelfast) stattfanden. Castlereagh, das euphemistisch »holding centre« genannt wurde, erlangte rasch berüchtigte Prominenz. Gegen die Verhörpraxis erhoben sich sehr bald – ähnlich wie zu Zeiten der Internierung – erhebliche Bedenken, nicht nur aus dem nationalistischen Lager, sondern auch von Amnesty International. Die Vorwürfe veranlassten die Regierung, eine offizielle Untersuchung in Auftrag zu geben, die am 16. März 1979 veröffentlicht wurde. Der »*Bennett-Report*« kam zu dem Ergebnis, dass es einzelne Fälle von Misshandlungen gegeben habe und empfahl die Anordnung eines Verhaltenskodex für Verhöre (»code of conduct«) sowie kameragestützte Überwachung der Befragungen. Angeklagte sollten besseren Zugang zu ihrem Rechtsanwalt erhalten und die Beschwerdemöglichkeiten erweitert werden.[166]

---

164 Zwischen November 1974 und Ende 1987 wurden 31 Ausweisungen ausgesprochen, von denen 1988 noch 23 in Kraft waren. ELLIOTT & FLACKES, Conflict in Northern Ireland, S. 658. Zum Ganzen ausführlich DONOHUE, Counter-terrorist Law, S. 216 ff.
165 CUNNINGHAM, British government policy, S. 67 ff.
166 Report of the Committee of Inquiry into Police Interrogation Procedures in Northern Ireland. HMSO, London, 1979. (Cmnd.7497) Siehe Bericht von IRA Mitglied Tommy McKearney über physische Misshandlung: TAYLOR, Provos, S. 206 f.

Aus Sicht der Britischen Regierung erwies sich die neue Strategie dagegen als erfolgreich: 1976 und 1977 wurden über 2500 Personen, der größte Teil davon IRA Mitglieder, wegen Mord, Mordversuch und anderer mit Waffen- und Sprengstoffbesitz verbundenen Vergehen, verurteilt. Eine hohe Zahl dieser Verurteilungen war aufgrund von Geständnissen zustande gekommen.[167]

- Die Praxis der Internierung wurde mit der »*Detention of Terrorists (NI) Order*« (DTO) vom 7. Dezember 1972 verändert (Aufhebung der Sektionen 11 und 12 des »Special Powers Act«), wobei jetzt zwischen »internment« und »detention« unterschieden wurde. Auf Anordnung des Nordirlandministers konnte ein Verdächtiger für 28 Tage mit einem vorläufigen Haftbefehl (»*interim custody order*«) in Gewahrsam genommen werden. Nach Ablauf dieser Zeit musste der Verdächtige entweder entlassen werden oder der Polizeichef verwies den Fall an einen Regierungsbeamten (»commissioner«). Dieser, vom Nordirlandminister ernannte, Beamte entschied nach einem Hearing, ob der Verdächtige weiterhin inhaftiert bleiben sollte. Diese Bestimmungen wurden in den EPA 1973 übernommen. Unabhängig von diesem Verfahren war die RUC ermächtigt, Verdächtige festzunehmen und sie zunächst bis zu *72 Stunden ohne Haftbefehl* festzuhalten bis eine Entscheidung über mögliche Anklage, Internierung oder Entlassung getroffen worden war. Die *Armee* war befugt, Personen bis zu *vier Stunden ohne Haftbefehl* zu arretieren.[168]
- Polizei und Armee waren berechtigt, zu jeder Zeit Personen zur Feststellung ihrer Personalien anzuhalten, sie nach Waffen zu durchsuchen und zu befragen. Sie durften ferner Häuser betreten und nach Verdächtigen durchsuchen. Ein konkreter Verdacht musste nicht vorliegen, es reichte eine allgemeine polizeiliche Lageeinschätzung.[169]

Die Anti-Terror-Gesetzgebung und ihre Praxis ist immer wieder kritisiert worden und bis heute Gegenstand heftiger Debatten. Menschenrechts- und Bürgerrechtsorganisationen haben mannigfaltige Verletzungen der Menschenrechte eingeklagt und der Britischen Regierung Verstöße gegen die »*Europäische Menschenrechtskonvention*« *(EMK)* vorgehalten.[170] Die Britische Regierung verwies dagegen auf den Artikel 15 der EMK, der im Falle einer nationalen Notlage die zeitweise Ausset-

---

167 Holland vermutet, dass von den im Jahre 1976 Verurteilten 80% Geständnisse abgelegt hätten. HOLLAND, Hope Against History, S. 127.
168 Einzelheiten bei DONOHUE, Counter-terrorist Law, S. 131 ff. (besonders Tabelle 3a, S. 136 f.)
169 Siehe den Überblick bei RONALD WEITZER, Policing and Security. In: MITCHELL/ WILFORD, Politics in Northern Ireland, S. 174 ff.
170 Zum Ganzen siehe DONOHUE, Counter-terrorist Law; BRICE DICKSON (ed.): Civil Liberties in Northern Ireland. Belfast, 1993.² ANHONY JENNINGS (ed.), Justice Under Fire. The Abuse of Civil Liberties in Northern Ireland. London/Winchester, Mass., 1990.² PADDY HILLYARD, Suspect Community. People's Experiences of the Prevention of Terrorism Acts in Britain. London/Boulder, Colorado, 1993.

zung von bestimmten Rechten und Freiheiten erlaubt. Die Regierung machte diesen »*öffentlichen Notstand*« mit durchaus plausiblen Argumenten geltend, denn wer wollte bestreiten, dass das Ausmaß politischer Gewalt und die fortschreitende Aushöhlung politischer Autorität in Nordirland die Erklärung eines »öffentlichen Notstandes« rechtfertigte? Doch je länger die Ausnahmegesetzgebung währte, umso stärker kam die Regierung in Erklärungsnot. Sie hat z.B. 1984 darauf verzichtet, sich weiter auf den Notstandsvorbehalt des Art. 15 EMK zu berufen, musste aber bereits vier Jahre später wieder darauf zurückgreifen, um die Erneuerung der Anti-Terrorismusgesetzgebung rechtfertigen zu können. Im Blick auf die Vorhaltungen wegen Menschenrechtsverletzungen haben die Europäische Menschenrechtskommission und der Europäische Gerichtshof in der Zeit, da die Britische Regierung die Aussetzung von Rechten (z.B. des Art. 5 EMK) mit einer nationalen Notlage begründete, mehrfach zu Klagen gegen die Britische Regierung Stellung genommen. Sie haben weder die Einführung der Diplock-Courts, die Abschaffung des »*special category status*« für Gefangene aus paramilitärischen Gruppen, das Verhalten der Regierung während des sogenannten »Dirty Protests«, noch den Einsatz von Plastikgeschossen beanstandet. Allerdings wurden die im Zuge der Internierung angewendeten Verhörtechniken als Verstoß gegen die EMK gewertet.

Sowohl Labour Regierungen als auch die Konservativen haben die Anti-Terror-Gesetzgebung bis in die Gegenwart fortgeschrieben, obwohl sich in der Labour Party in den achtziger und neunziger Jahren wachsende Kritik regte. Verschiedene Kommissionsberichte (u.a. »*Gardiner Report*«, 1975, »*Jellicoe-Report*«, *1983; Baker-Report, 1984)*[171] und die sehr kritischen Jahresberichte der 1973 geschaffenen »*Standing Advisory Commission on Human Rights*« *(SACHR)* – Vorläufer der heutigen »Human Rights Commission« – ließen die Kritik an der Ausnahmegesetzgebung von PTA und EPA nie verstummen. Die Ausnahmegesetzgebung gemäß PTA und EPA blieb zunächst noch nach dem Wahlsieg von Labour im Jahre 1997 und über das »Good Friday Agreement« 1998 hinaus bestehen. Erst der »*Terrorism Act 2000*«, der im Februar 2001 in Kraft trat, schuf eine neue Rechtsgrundlage.

---

171 LORD GARDINER, Report of a Committee to consider, in the context of civil liberties and human rights, measures to deal with terrorism in Northern Ireland. January 1975. HMSO, Cmnd. 5847. Zu den Einzelheiten DONOHUE, Counter-terrorist Law, S. 158 ff. Knappe Zusammenfassung der Ergebnisse bei CUNNINGHAM, British government policy, S. 106 ff. Review of the Operation of the Prevention of Terrorism (Temporary Provisions) Act 1976 (Jellicoe-Report). London, HMSO, 1983, Cmnd. No. 8803. Weitzer nennt etwas andere Zahlen: Von 1978 bis 1986 sind nur 13,7% der Verhafteten nach dem EPA angeklagt worden, zwischen 1974 und 1991 wurden nur 10% der Verhafteten nach dem PTA angeklagt. WEITZER, Policing and Security. In: MITCHELL/WILFORD, Politics in Northern Ireland, S. 175. Review of the Northern Ireland (Emergency Provisions) Act 1978. By Rt. Hon. Sir George Baker OBE. April 1984. London, HMSO, Cmnd. No. 9222.

6.2. Armee und Polizei im Anti-Terror-Kampf und der »Secret War«

Die Ausnahmegesetzgebung und die Arbeit der Justiz waren wichtige Rahmenbedingungen für eine effektive Terrorismusbekämpfung, darüber hinaus setzte die Britische Regierung auf Armee, Polizei sowie *Spezialeinheiten und Geheimdienste*. Von 1970 an hat sie einen »Secret War« gegen den Terrorismus geführt und das mit Mitteln, die nicht immer rechtsstaatlichen Standards entsprachen. Ob es gerechtfertigt ist, pauschal von einem »*Dirty War*« zu sprechen, wie es Journalist Martin Dillon in seinem gut recherchierten Buch tut, sei dahingestellt.[172] Kriege sind immer »dirty«, es gibt keinen klinisch sauberen, moralisch »einwandfreien« Krieg. In jedem Krieg gibt es unschuldige Opfer, ohne dass diese Einsicht zu schulterzuckender Rechtfertigung jedweder Gewaltanwendung führen darf. Die Bewertung der britischen Anti-Terror-Politik zeigt tiefe Gräben zwischen dem nationalistischen Lager einerseits, der Britischen Regierung und den Unionisten andererseits. Das gilt auch für den wissenschaftlichen und politischen Diskurs. Während das nationalistische Lager vom britischen »*Staatsterrorismus*« und staatlich gefördertem Mord spricht, bestehen Britische Regierung und Unionisten darauf, dass die Verschärfung des Anti-Terror-Kampfes (»*counter-insurgency*«) unter Einsatz von Geheimdiensten und Spezialeinheiten der Regierung aufgezwungen und daher unvermeidlich gewesen sei.[173] Viele Anti-Terror-Aktionen lassen die Britische Regierung bis heute im Zwielicht erscheinen. Doch man sollte nicht, nach der Melodie »in der Nacht sind alle Katzen grau«, das Verhalten der Britischen Regierung schlicht mit dem der Terroristen gleichsetzen, wie es die republikanische Seite bis heute propagandistisch tut. Die Britische Regierung geriet im Blick auf ihre geheimdienstlichen Desinformations- und »Undercover«-Aktionen sowie einer Reihe von Einsätzen ihrer Spezialeinheiten, bei denen nicht nur IRA Mitglieder, sondern auch Unbeteiligte zu Tode kamen, in erhebliche Erklärungsnot. Der massive Druck der Öffentlichkeit, insbesondere der Medien, die breit und kritisch über Aktionen der Sondereinheiten von Armee und Polizei, vor allem des SAS und des RUC »Special Branch«, informierten, zeigte Wirkung. Regierung und Sicherheitskräfte mussten sich rechtfertigen und Fehler eingestehen. In einer Reihe von Fällen sind von der Regierung z.T. umfangreiche und langwierige Untersuchungen angestrengt worden und Gesetzesverletzungen hatten ein juristisches Nachspiel. Anders die IRA: Sie brauchte öffentliche Anfragen und Kritik nicht zu beantworten, denn sie war und ist eine »Secret Army«. Sie rechtfertigte sich nicht vor einer unabhängigen Justiz und blieb wortkarg, wenn sie in der

---

172 DILLON, Dirty War.
173 *Mark Urban*, einer der besten Kenner der Materie, beschreibt den Kampf der Britischen Sicherheitskräfte gegen die IRA als einen »hidden contest between a covert élite within the security forces and the republican movement, its mortal enemy.« MARK URBAN, Big Boy's Rule. The SAS and the Secret Struggle against the IRA. London, 1992. S. XVII.

Öffentlichkeit mit der Frage konfrontiert wurde, warum sie in ihrem Kampf gegen britische Soldaten, nordirische Polizisten und Zivilisten keinerlei Verhältnismäßigkeit der Mittel und keine Gnade erkennen ließ. Sie erklärte fortwährend, sich im »Krieg« mit den Briten zu befinden, dachte aber zu keinem Zeitpunkt des Konflikts daran, sich z.B. an die »Genfer Konvention« zu halten. Während aus republikanischen Kreisen – und das in einzelnen Fällen durchaus zu Recht! – Kritik daran geübt wurde, dass der »*Special Air Service*« *(SAS)* und RUC Spezialeinheiten auf verdächtige IRA Mitglieder sofort schossen und nicht den Versuch machten, sie festzunehmen, blieben dieselben Kritiker erstaunlich zurückhaltend, wenn es um »Kampfeinsätze« der IRA ging, bei denen Soldaten und Polizisten der RUC kaltblütig in die Luft gesprengt oder erschossen wurden. Viele der IRA Mordtaten werden unaufgeklärt bleiben. Noch immer ist das Schicksal von zahlreichen »verschwundenen« Personen unaufgeklärt. Auch nach dem zweiten Waffenstillstand von 1997 und dem »Good Friday Agreement« von 1998 blieb die Bereitschaft der IRA zur Auskunft überaus gering. Wir kennen nicht das Ausmaß der Einschüchterungen der Bevölkerung, Folterungen und Ermordung von sogenannten »Verrätern«. Das alles wird das Geheimnis der IRA und ihrem »politischen Arm«, Sinn Féin, bleiben.

6.2.1. Sicherungsmaßnahmen durch reguläre Armee- und Polizeikräfte

Von 1970 bis 1976 trug die Armee die Hauptlast des Kampfes gegen den Terrorismus mittels Präsenz auf den Straßen, regelmäßigen Patrouillen in sicherheitspolitisch besonders relevanten Regionen, Hausdurchsuchungen, Errichtung von Checkpoints und Beobachtungsposten sowie Befragungen von Verdächtigen und Verhaftungen.[174] 1972 hatte die Armee 22.000 Soldaten in Nordirland, das war der höchste Stand von 1969 bis zur Gegenwart. 1977 waren es rd. 10.000 in 14 Bataillonen und in den achtziger Jahren schwankte die Präsenzstärke zwischen 9000 und 14.000 Mann. In einer spektakulären Offensive gelang der Armee am 31. Juli 1972 ein Schlag gegen die »no-go-areas« in Derry, in denen die IRA bislang fast ungehindert hatte agieren können. Die Aktion unter dem Code-Namen »*Operation Motorman*« war der größte Militäreinsatz der Armee seit der Suez-Krise 1956.[175] Mit schwerem Gerät, u. a. Panzern, die 1944 für die Invasion der Normandie speziell als Barrikadenbrecher entwickelt worden waren und 1500 Soldaten, drang die Armee in die Bogside und den Creggan vor. Der Widerstand war, bis auf vereinzeltes Feuer von IRA-Scharfschützen, gering. Die Armee durchbrach die Barrikaden und räumte sie fort. Sie besetzte Schulen, Turnhallen, Fußballplätze, Veranstaltungsräume und Wohnblocks und demonstrierte ihre Präsenz durch

---

174 Siehe die knappe Beschreibung der Armee-Aktivitäten bei DEWAR, British Army, S. 177.
175 BARDON, History of Ulster, S. 698 ff. HAMILL, Pig in the Middle, S. 112 ff.; DEWAR, British Army, S. 66 ff. CARVER, Out of Step, S. 426 f.

den Aufbau eines dichten Netzes von Wachtürmen und Armee-Posten. Derry wurde zu einer der am schärfsten militärisch kontrollierten Städte Europas. »*Motorman« war ein entscheidender Schlag gegen die IRA.* Sie konnte sich nicht mehr wie bisher offen bewegen und wurde zu einer Umstellung ihrer Strategie gezwungen.

Ab 1975/76 verstärkte die Britische Regierung die Beteiligung der RUC im Anti-Terrorkampf (»Ulsterisierung«, »*policy of police primacy*«), sowohl um die Armee zu entlasten als auch der Propaganda der Paramilitärs den Boden zu entziehen, ihre Aktivitäten seien politisch motiviert und sie befänden sich in einem »normalen Krieg« gegen die Britische Regierung (IRA) oder leisteten »legitimen« bewaffneten Widerstand gegen die IRA-Terroristen (loyalistische Gruppen). Die Politik der »*Kriminalisierung*« des Konfliktes prägte vor allem die Regierung Margaret Thatcher seit 1979 und fand ihren Höhepunkt in der Hungerstreik-Krise von 1981. Als Folge dieser Politik wuchsen die Verluste bei RUC und UDR seit 1975 stark an.[176]

6.2.2. Einsatz von Spezialeinheiten und Geheimdiensten

Seit der Jahreswende 1970/1971 begann die Armee, im wesentlichen auf Anregung des Kommandeurs der 39. Brigade, *Frank Kitson,* gezielt Spezialeinheiten einzusetzen, wie z.B. die »*Military Reconnaissance Force*« (MRF). Die Einheit wurde durch eine spektakuläre Beobachtungsaktion (»*Four Square Laundry Operation*«), die von der IRA »enttarnt« wurde, in der Öffentlichkeit bekannt.[177] Neben Vier-Mann-Trupps, die in Zivil Belfast durchstreiften und Erkundungen durchführten, gab es eine Einheit von sogenannten »*Freds*«, das waren ehemalige IRA-Leute, die entweder freiwillig für die Briten arbeiteten oder durch Androhung schwerer Strafen zur Kooperation gezwungen worden waren. In Begleitung der »Freds« unternahmen

---

176 McKITTRICK, Lost Lives, S. 1494. Etwas andere Zahlen bei RUC, Statistical Information, Anlage zum Report of the Chief Constable 1989/99, Table 1. und FAY/ MORRISSEY/ SMYTH, Northern Ireland's »Troubles«, S. 159 f. Siehe auch die Tabelle bei WEITZER, Policing Under Fire, S. 76.

177 Kitson hatte Erfahrungen im Kampf der britischen Armee gegen anti-kolonialistische Terrorgruppen in Kenia (Mau Mau) und Malaysia sowie bei der Niederschlagung einer Rebellion gegen den (von London unterstützten) Sultan von Oman sammeln können und veröffentlichte mehrere Bücher darüber. In seinem wohl einflussreichsten Buch mit dem Titel »*Low Intensity Operations*« (London, 1971) schlug er eine enge Kooperation von Politik, Verwaltung und Militär vor, um die Unterstützungsbasis der Terroristen in der Bevölkerung zu erschüttern und sie zu isolieren. Er empfahl vor allem den Einsatz von verdeckten Ermittlern in den terroristischen Organisationen. *Diskreditierung, Zersetzung und Ermüdung* des Gegners waren die Grundelemente seiner Strategie. Siehe auch seine Erinnerungen: Bunch of Five. London, 1977. ADRIAN WEALE, Secret Warfare. Special Operations Forces. From the Great Game to the SAS. London, 1997. S. 162 ff. Zur »Four Square Laundry« Operation siehe die farbige Schilderung der Vorgänge bei DILLON, Dirty War, S. 29 f. MURRAY, SAS, S. 52 ff.

Agenten der MRF ausgedehnte Fahrten in republikanische Hochburgen. Die »Freds« sollten ihnen bekannte Personen zeigen und die Agenten fertigten Fotos und legten Akten an. So entstand im Laufe der Zeit eine nicht unbedeutende Datensammlung. Aber Aufklärung war nur die eine Seite der MRF. Sie agierte auch als offensive Truppe zur »Ausschaltung« von bekannten IRA Leuten. Da die Truppe in einige dubiose Schießereien verwickelt war, bei denen offensichtlich Unschuldige den Tod fanden, wurde sie im Laufe des Jahres 1973 aufgelöst.[178] Die Britische Armee zog aus der Enttarnung Konsequenzen und stattete künftige Beobachtungseinheiten noch professioneller aus, schützte sie besser und war peinlich bemüht, Vorfälle zu vermeiden, die an die Öffentlichkeit gelangen und Geheimdienstmitarbeiter enttarnen konnten. Vor allem sollte verhindert werden, dass geheimdienstliche Aktionen in Gerichtsverhandlungen erörtert wurden. Ferner wurde die Zusammenarbeit zwischen Armee-Spezialeinheiten und den Spezialeinheiten der RUC (»*Special Branch*« mit mobilen Eingreiftruppen*)* deutlich verbessert.[179]

Am 7. Januar 1976 gab die Britische Regierung, alarmiert durch wachsende Verluste der Armee in South Armagh und eine Serie grauenhafter Morde seit Frühjahr 1975, grünes Licht für den Anti-Terror-Einsatz einer traditionsreichen Armee-Spezialeinheit, den »*Special Air Service*« *(SAS)*. Der SAS war auf Initiative von Leutnant *David Stirling* im Juli 1941 in Ägypten etabliert worden, um hinter den feindlichen Linien zu operieren, Aufklärungsaktionen vorzunehmen und Sabotageakte zu verüben. Zwei Regimenter der seit 1943 offiziell anerkannten Einheit, agierten erfolgreich im Zweiten Weltkrieg. 1951 wurden die Regimenter mit Soldaten anderer Spezialtruppen zum *22.* »*Special Air Service Regiment*« *(SAS)*

---

178 MURRAY, SAS, S. 45 ff. DILLON; Dirty War, S. 45 ff.
179 Einzelheiten bei WEALE, Secret Warfare, S. 214 ff. Das Herzstück der SB war die E4A Division (»*Echo 4 Alpha*«). Dies war die operative Beobachtungsgruppe, das mobile Einsatzkommando, das zu Beobachtungsaktionen und Vorbereitung von Zugriffen ausrückte. Unterstützt wurde die E4A von zwei weiteren Untereinheiten (E4B und E4C), die vor allem für technische Unterstützung zuständig waren. (Ausrüstung, Installation von Abhöreinrichtungen etc.). Zwei weitere Einheiten, die »*Headquarters Mobile Support Unit*« *(HMSU)* und die »*Special Support Unit*« *(SPU)* sollten die Verhaftung oder, falls erforderlich, die Eliminierung von Terroristen mit »*firepower, speed and aggression*« besorgen. HMSU und SPU waren für die RUC das, was der SAS für die Armee war. 1979 kam schließlich - für den Einsatz in South Armagh - die »*Bessbrook Support Unit*« (BSU) hinzu, eine gut trainierte und schwerbewaffnete Truppe, die die Beobachtungsgruppen unterstützen sollte. Einen faszinierende Innenansicht des Polizeidienstes von den 70er bis zu den 90er Jahren bietet JACK HOLLAND/SUSAN PHOENIX, Phoenix. Policing the Shadows. The Secret War Against Terrorism in Northern Ireland. London, 1996. Siehe auch JACKIE GEORGE/SUSAN OTTAWAY, She Who Dared. Covert Operations in Northern Ireland with the SAS. Barnley, 1999. S. 162 f. Georges spannend geschriebenes Buch gibt ernüchternde Einsichten in das Innenleben von Spezialeinheiten, Armee und Polizei und berichtet von den Schwierigkeiten der Frauen, sich in der männerdominierten Truppe durchzusetzen.

zusammengeschlossen. Die Spezialtruppe, die seit 1960 ihren Standort in Hereford, Herefordshire hat, bewies ihre Effektivität bei Einsätzen der Britischen Armee in Malaysia (1950-1960), Oman (1958/59, 1970-1976) Aden (1964-1967) und Borneo (1963-1966). Sie war am Vietnam Krieg (1966-1971) ebenso beteiligt wie am Falkland Krieg (1982), dem Golfkrieg (1991) und bei Aktionen auf dem Balkan (bis 1996). Nach dem Überfall arabischer Terroristen auf die israelische Olympiamannschaft 1972 in München (»Massaker von München«) wurde zusätzlich eine kleine, ständig einsatzbereite Anti-Terror-Einheit formiert (»Pagoda Unit«, später »Special Projects Unit«), die sich als sehr effektiv erwies. In Deutschland ist die Hilfe gerade von dieser Einheit unvergessen. Am 17. Oktober 1977 halfen SAS Männer der Grenzschutzgruppe 9 (GSG 9) die Geiseln aus der nach Mogadischu entführten Lufthansa Boeing 737 zu befreien. Im Mai 1980 bewährte sich die Einheit erneut beim Sturm auf die von irakischen Terroristen besetzte iranische Botschaft in London.[180] Die SAS »Squadrons« umfassten etwas mehr als siebzig Soldaten, die auf die drei in Nordirland stationierten Brigaden der regulären Armee aufgeteilt wurden (3. Brigade Süd in Bessbrook, 39. Brigade Belfast, 8. Brigade in Londonderry). Eine vierte Truppe des SAS wurde dem Kommandierenden der Landstreitkräfte im Armeehauptquartier in Lisburn zugeteilt. Normalerweise unterstanden die SAS-Truppen den lokalen Armeekommandeuren, doch gab es bald die Notwendigkeit zu stärkerer Konzentration und Integration, um Mobilität und damit Schlagkraft der Truppe zu verbessern. Seit den achtziger Jahren wurden die SAS – Squadrons zu einer einzigen mobilen Einheit zusammengezogen (»The Ulster Troop«) und die Dienstzeit der Soldaten von vier Monaten auf ein Jahr verlängert. Zusammen mit der Beobachtungseinheit »14 Int« (»The Det«) wurde die SAS unter ein gemeinsames Kommando (»*Intelligence and Security Group*«) gestellt. Im Armeejargon »The Group« genannt, entwickelten sich SAS und «14 Int« zu einer gefürchteten Einsatztruppe im »secret war«, die in republikanischen Kreisen bald ähnliche Reputation genoss, wie die legendären »Black and Tans« der zwanziger Jahre.

Die Geschichte des SAS-Offiziers *Robert Nairac*, der am 14. Mai 1977 bei einer Undercover-Aktion von der IRA entführt und ermordet wurde, beleuchtet in grellen Farben die Untiefen des »secret war« und löst bis heute erregte Kontroversen aus. Für die einen ist Nairac der tragische Held der Britischen Armee, der von der IRA auf grausige Weise ermordet wurde, für die anderen ist er der hinterhältige Geheimdienstagent, der für den SAS schmutzige Aufklärungsarbeit verrichtete und angeblich loyalistische Paramilitärs mit Informationen versorgte, die diese für ihre

---

[180] Zur Geschichte und Entwicklung der SAS siehe im Überblick STEVE CRAWFORD, The SAS Encyclopedia. Miami, 1998. Weitere Lit. zur SAS von Crawford im Literaturverzeichnis. Siehe ferner: ANTHONY KEMP, The SAS. Savage Wars of Peace 1947 to the Present. London, 2001.² ANTONY ANDRIAN WEALE. The Real SAS. London, 1998. URBAN, Big Boys Rule, S. 4 ff.

Mordaktionen brauchten. Er sei zu Recht von der IRA »hingerichtet« worden. Was am *14. Mai 1977 in South Armagh* geschah, ist heute weitestgehend aufgeklärt.[181]

Fakt ist, dass Captain Robert Nairac, Angehöriger einer Spezial-Beobachtungseinheit, am Samstag, 14. Mai 1977, gegen 21.00 Uhr seine Armeestation in Bessbrook Mill verließ und dem wachhabenden Offizier mitteilte, er würde gegen 23.30 Uhr wieder zurück sein. Gegen 22.00 Uhr traf er im *»Three Steps Inn«* in der Nähe von Drumintee ein, ganz offenbar nicht nur um ein oder mehrere Guinness zu trinken, sondern seiner Aufgabe nachzugehen, die Augen offenzuhalten, verdächtige Personen ausfindig zu machen und Informationen über die republikanische Bewegung zu sammeln. Der abgelegene Pub war ein beliebter Treffpunkt für IRA und Sinn Féin Mitglieder und an diesem Abend mit 200 Gästen gut besucht. Nairac war allein und kein »back-up« – Team schützte ihn, was später zu vielen Fragen Anlass gab. Er verbrachte den Abend an der Bar, wobei er sich als Danny McErlaine aus Belfast ausgab und sogar zwei republikanische Lieder mit der für den Abend engagierten John Murphy Band zum Besten gab. Einige Gäste beobachteten ihn kritisch und fragten ihn, wer er sei. Sicherlich hielten sich auch Personen aus dem Grenzort Crossmaglen im Pub auf, die den leutseligen Captain Nairac von seiner Patrouillentätigkeit dort kannten. Er hielt daran fest, er sei Danny McErlaine, ein »Belfast Man«. Gegen 23.35 Uhr verließ er die Bar und begab sich über den Parkplatz zu seinem Wagen, einem roten Triumph. Mehrere Personen folgten ihm, es kam zu einem Handgemenge, Nairac wurde niedergeschlagen, entwaffnet und in ein Auto gezerrt. Die Fahrt ging knapp über die Grenze zur Republik, zum Ravensdale Park. Seine Entführer zerrten ihn in nahegelegenes Feld am Rande des Parks neben einer kleinen Brücke über den Fluss Flurry und begannen ein »Verhör«. Nairac wurde von mehreren Männern getreten und geschlagen und über seine Identität befragt. Trotz der schweren Mißhandlungen behauptete er weiter McErlaine, Mitglied der Belfaster Official IRA, zu sein, was ihm seine Peiniger natürlich nicht glaubten. Schließlich kam der letzte Akt. Zwei IRA-Männer wurden aus dem zwei Meilen entfernten Dundalk herbeigeholt, um einen »Job« zu erledigen. Einer von ihnen, der 24jährige *Liam Patrick Townson,* der den ganzen Tag in verschiedenen Pubs in Dundalk zugebracht hatte, schleifte den blutenden Nairac weiter in das Feld, der, obwohl schon stark geschwächt, noch einen Fluchtversuch unternahm, aber von einem der IRA-Männer zu Boden geschlagen wurde. Townson schlug dem am Boden liegenden Nairac noch mehrfach mit der Pistole über den Kopf und erschoss ihn schließlich nach mehreren Fehlversuchen.

Nairac wurde inzwischen in seiner Armeestation vermißt. Die Armee leitete eine Suchaktion ein, die ohne Erfolg blieb. Erst gegen Morgen wurde auch die RUC

---

181 Zu Nairac gibt es inzwischen eine Fülle von Literatur: JOHN PARKER, Death of a Hero. Captain Robert Nairac GC and the Undercover War in Northern Ireland. London, 1999. MURRAY, SAS, S. 147 ff.

informiert. Eine Woche lang suchten Armee und Polizei nach dem verschwundenen Captain, während die Medien sich mit Spekulationen überschlugen. Schließlich, am 21. Mai, veröffentlichte das Sinn Féin/IRA Blatt »Republican News« eine Titelgeschichte mit dem Foto von Nairac. In dem Artikel wurde die »Eliminierung« des Offiziers als »*Durchbruch im Krieg gegen die SAS*« gefeiert.[182] Über den Verbleib der Leiche wurden keinen Angaben gemacht. Bis heute bleiben die sterblichen Überreste von Captain Nairac verschwunden und die IRA erklärte im März 1999, sie könnten nicht mehr aufgefunden werden. Vermutlich wurde Nairacs Leiche vollständig beseitigt, um die Spuren der Misshandlungen zu verwischen.[183] Townson wurde bald gefasst und 1978 zu lebenslanger Haft verurteilt. Weitere fünf an der Entführung Beteiligten erhielten wegen Mordes und Beihilfe lange Zuchthausstrafen (Danny O'Rourke, Gerry Fearon, Thomas Morgan, Owen Rocks, Michael McCoy). Drei weitere (Kevin Crilly, Pat Maguire, Terry McCormick) entkamen in die Republik und dann in die USA, wo sich ihre Spur verlor. Inzwischen sind 28 Jahre ins Land gegangen. Die Tatbeteiligten sind längst wieder frei, Thomas Morgan starb bei einem Autounfall. Die anderen leben alle in der Region um Drumintee und Jonesborough. O'Rourke ist ein bekannter Sinn Féin Politiker in Drumintee und Vorsitzender des örtlichen »Gaelic Athletic Associations Club« (GAA). Townson wurde als letzter im August 1990 entlassen, engagierte sich weiter in der republikanischen Bewegung, u.a. in dem Wahlkampfteam von Conor Murphy, Sinn Féin, zu den Assembly Wahlen vom Juni 1998.

Einige Fragen bleiben ungeklärt, vor allem nach dem konkreten Auftrag, den Nairac hatte und nach den Hintermännern seiner Ermordung. Es scheint festzustehen, dass er am Abend des 14. Mai 1977 ohne ausdrücklichen und speziellen Befehl in den Three Steps Inn fuhr. Er hatte dies schon öfter getan, er suchte geradezu den Kontakt zur Bevölkerung, obwohl es fahrlässig und letztlich tödlich war, denn Nairac war nicht nur in Crossmaglen, dem Hauptort des südlichen Armagh, bekannt. Seine Erkundungsfahrten wurden in einer community, wo jeder jeden kannte, sehr genau beobachtet. Er war ein Einzelgänger und seine Vorgesetzten wussten das. Seine Einsatzbereitschaft und seine Fähigkeiten waren über jeden Zweifel erhaben und wurden geschätzt. Es gibt ferner keinen Beweis dafür, dass die IRA seinen Tod fest plante, jedenfalls nicht zu diesem Zeitpunkt. Seine Ent-

---

182 Der Tathergang wird am knappsten geschilderten bei HARNDEN, Bandit Country, S. 211 ff., der die Entführung von Nairac als »one of the most notorious abductions of the 20th century« bezeichnet. Ferner: DILLON, Dirty War, S. 161 ff. McKITTRICK, Lost Lives, S. 722 ff.
183 Ein IRA-Sympathisant erzählte dem IRA-Dissidenten Eamon Collins 1983 eine schier unglaubliche, gruselige Geschichte. Nairacs Leichnam sei von den Tätern zu einer nahegelegenen Fleischfabrik geschleppt und später von IRA-Leuten, die dort beschäftigt waren, zu Fleisch und Knochenmehl verarbeitet worden. EAMON COLLINS, Killing Rage. London, 1997. Deutsche Ausgabe: Blinder Haß. Autobiographie eines irischen Terroristen. Frankfurt/Main, 1997. Zitiert wird nach der deutschen Ausgabe, S. 188 ff.

führung und Ermordung zeigen, so zynisch das klingt, wenig Professionalität. Wenn Nairac wirklich ein so wichtiger Informationsträger gewesen war, und es gibt viele Gründe davon auszugehen, hätte die IRA ihren wichtigen Gefangenen doch sicherlich länger »verhören« wollen, um ihm vitale Informationen abzupressen oder ihn gar als Austauschgeisel zu benutzen. An der Aktion waren aber nur zwei, relativ unbedeutende IRA Mitglieder beteiligt. Es ist sicherlich nicht besonders relevant zu wissen, ob Nairac Angehöriger des SAS war, worauf die IRA in ihren Rechtfertigungsversuchen des Mordes offenbar noch heute Wert legt. Er hatte Beobachtungsaufgaben für die Truppe übernommen und agierte dabei mit großem Selbstvertrauen. Bei Analyse der bekannten Lektüre über ihn gewinnt man den Eindruck, dass hier ein sehr engagierter, fähiger Offizier agierte, der große Empathie für Irland entwickelt hatte. Wäre er nicht zufällig Offizier geworden, hätte er auch als Street-Worker in einem Problemkiez in Belfast gute Arbeit geleistet. Sein Selbstvertrauen geriet ihm zur Selbstüberschätzung und letztlich zur persönlichen Tagödie. Nairac wurde 1979 posthum von der Queen mit dem *George Cross*, der höchsten Auszeichnung für Tapferkeit in Friedenszeiten geehrt.[184] Bis 1984 blieb seine Reputation unbefleckt. In diesem Jahr erhob der ehemalige Geheimdienst-Verbindungsoffizier *Captain Frederick John Holroyd* schwere Anschuldigungen gegen den toten Helden und die Britische Armee. Nairac habe den Kommandanten der IRA von North Armagh, John Francis Green, ermordet, der sich nach seiner Flucht aus Long Kesh auf einem Bauernhof in der Republik versteckt hielt. Nairac habe sich ihm, Holroyd, gegenüber mit dem Mord gebrüstet und sogar ein Polaroid Photo des Toten gezeigt. Nairac sei auch an dem Bombenattentat von Loyalisten am 17. Mai 1974 in Dublin und Monaghan sowie dem schrecklichen Überfall der UVF auf die Miami Show Band 1976 beteiligt gewesen.[185] Holroyds Anklagen wurden in den Medien breit diskutiert und es gab auch eine interne Untersuchung der RUC dazu. Holroyd versah seit 1974 Dienst bei der RUC Special Branch in Portadown und war mit Beobachtungsaufgaben terroristischer Organisationen sowie Anwerbung von Informanten betraut. Er wurde 1975 sehr plötzlich aus Nordirland abgezogen und musste sich einer zwangsweisen psychiatrischen Behandlung in einem Armee-Krankenhaus unterziehen. Holroyd sah darin einen schmutzigen Trick der Armee, ihn kaltzustellen, um die Machenschaften der Armee im »secret war« und insbesondere die Verstrickungen von Nairac mit loyalistischen Paramilitärs zu vertuschen. Er hat diesen Karrierebruch nie verwunden und sich mit seinen Anwürfen gegen die Armee Luft gemacht. Wir wissen heute nach Recherchen von David McKittrick und Martin Dillon, dass Holroyds Anschuldigungen gegen Nairac nicht belegt werden konnten, was nicht

---

184 Die Ehrung nahm das Sinn Féin Blatt *An Phoblacht* zum Anlass, in zynischer und hämischer Weise über den toten Captain »Nervewreck« herzuziehen. Siehe HARNDEN, Bandit Country, S. 223.
185 FRED HOLROYD, War without Honour. Hull, 1989.

heißt, dass andere Vorwürfe den »secret war« betreffend, nicht korrekt sein können. Die Armee hat sich zu seinen Vorwürfen nie offiziell geäußert.[186]

Die Armee unterlag mit allen ihren Spezialeinheiten den Verfahren politischer Kontrolle durch Regierung und Parlament sowie den rechtsstaatlichen Grundsätzen für den Einsatz. Eine kritische politische Öffentlichkeit verfolgte ihr Tun und die Medien waren gnadenlos im Tadel aber auch grenzenlos sentimental im Lob (»Our Boys«). Weder die geltende Anti-Terror-Gesetzgebung noch die militärischen Grundregeln im Umgang mit dem Feind gaben der Armee und den Spezialeinheiten einen Freibrief zum Handeln und eröffneten keineswegs einen rechtsfreien Raum. Immerhin galt für jede Kampfsituation der Grundsatz der Verhältnismäßigkeit, d.h. Waffeneinsatz nur als letzte Möglichkeit, Terroristen unschädlich zu machen und Leben zu retten, dazu noch mit der geringstmöglichen Gewalt (»minimum force«) und unter Abwägung von Kosten und Nutzen. Jeder Soldat kannte die sogenannte »*Yellow Card*«, die diese Grundsätze einschärfte. Das galt auch für den SAS, der gemäß dem »Handbuch Landoperationen« der Britischen Armee die Aufgabe hatte, im Feindesland zu operieren, um Sabotageakte auszuführen, »Insurgenten« aufzustöbern, Hinterhalte zu legen und notfalls auch zu töten. Die Praxis sah oft anders aus. Viele Soldaten des SAS fühlten sich buchstäblich »im Dschungel«. Nur handelte es sich nicht um Malaysia oder Borneo, sondern um Belfast, Derry oder das Grenzgebiet von South Armagh. Jede Scheune, jeder Zaun, jede Hecke und jede Hügelkuppe konnte das Versteck von IRA-Leuten sein, die oft unbehelligt agierten, informiert aus der katholischen community heraus über aktuelle Truppenbewegungen. Die Bemannung und das Aufrechterhalten von Beobachtungsposten war ein höchst gefährliches Unternehmen, stets von Entdeckung und Lebensgefahr begleitet. Bestimmte Stadtgebiete in Derry und Belfast konnte schon die reguläre Armee nur noch mit massivem Militäraufwand betreten. Selbst Routine-Patrouillengänge waren immer mit höchster Gefahr verbunden.[187] Beobachtungsaktionen des SAS in Zivil wurden immer gefährlicher, weil die IRA ihr eigenes Sicherheitssystem ausbaute. In South Armagh war die Situation weitaus dramatischer als in Belfast und Derry. Observationen und Befragungen der lokalen Bevölkerungen stießen auf eine Mauer des Schweigens und offenen Hass. Teenager unternahmen Botengänge für die IRA, »sichere Häuser« öffneten ihre Türen für die IRA, Fluchtfahrzeuge für IRA Kommandounternehmen waren zur Hand. Die Grenze zur Republik war nah und rasches Verschwinden für die Terroristen kein Problem. Für die Soldaten war ein Leben außerhalb der stark gesicherten Armee- und Polizeistationen kaum möglich. Der psychische und physische Stress der SAS Soldaten bei Einsätzen war enorm. Überall konnte der Feind sein, konnte eine Bombe oder Landmine explodieren, war mit plötzlichem »sniper«-Feuer zu rech-

---

186 Siehe dazu umfassend DILLON, Dirty War, S. 188 ff. ; BRUCE, Red Hand, S. 201 ff.; URBAN, Big Boys Rule, S. 53 ff.
187 Siehe die Erlebnisberichte bei ASHER, Shoot To Kill, S. 104 und die Sammlung von Einsatzberichten bei JACK RAMSAY, SAS. The Soldiers' Story. London/Basingstoke, 1996.

nen. Die Soldaten hatten in ihrer Ausbildung und in der Praxis gelernt, dass schnelles Handeln und »Eliminierung« des Gegners eigene Verluste verhindern könne. Es gab ständig gefährliche Situationen, bei denen nicht viel Zeit zur Überlegung blieb und in Sekundenbruchteilen entschieden werden musste: »Wer schießt zuerst?« Es war nicht einfach, unter solchen Umständen, genau nach den Richtlinien der »Yellow Card« zu handeln, zumal bei einzelnen SAS Einsätzen noch andere Regeln galten. Diese Lage sollten sich auch die Kritiker vergegenwärtigen, die, durchaus zu Recht, eine Reihe von zweifelhaften Operationen, einige mit tödlichem Ausgang, anprangern.

Der SAS und die »14 Int« töteten von 1976 bis Ende 1992 37 IRA Mitglieder und zwei Mitglieder der *»Irish National Liberation Army«* (INLA), einer von der IRA 1975 abgespaltenen Terrorgruppe. (Reguläre Armee-Einheiten waren in demselben Zeitraum für den Tod von neun IRA Mitgliedern und zwei INLA-Mitgliedern verantwortlich). Sechs Unbeteiligte starben bei den Einsätzen.[188] Die intensivsten Phasen der Aktionen lagen zwischen 1976 und 1978 (allein 7 Tote durch die SAS) sowie zwischen 1983 und 1988. Die fünfjährige »Pause« der tödlichen SAS Aktionen in den Jahren zwischen 1978 und 1983 war im wesentlichen auf eine Neubewertung der umstrittenen Hinterhalt-Strategie zurückzuführen.

Zwischen 1976 und den frühen neunziger Jahren gab es zahlreiche SAS-Aktionen, die zu heftigen öffentlichen Diskussionen über die Rolle von SAS und »Special Branch«, führten. Der Ablauf der Aktionen ging in vielen Fällen nach dem »Hinterhalt-Muster« *(»Ambush«)* vor sich. Im Armee-Handbuch *»Land Operations Volume III – Counter Revolutionary Operations«* wird »Hinterhalt« wie folgt definiert: *»An ambush is a surprise attack by a force lying in wait upon a moving or temporarily halted enemy.«*[189] Ein typischer »ambush« ging so vor sich: Die Beobachtungseinheiten brachten in Erfahrung, dass eine IRA Aktion bevorstand, sei es der Überfall auf einen Polizeiposten, die Ermordung eines RUC oder UDR Angehörigen, die Zerstörung von Gebäuden oder die Öffnung eines Waffenversteckes. SAS Einheiten lagen – oft tagelang – auf der Lauer, was ein hohes Maß an Professionalität erforderte, insbesondere in »Bandit Country« (South Armagh). Wenn die IRA erschien, eröffnete die SAS das Feuer. Wie konnte das mit den Bestimmungen der »Yellow Card« in Einklang gebracht werden, die geringstmögliche Gewalt anzuwenden und die Verhältnismäßigkeit zu wahren? Der SAS machte für den Schusswaffeneinsatz stets die Bedrohung für das eigene Leben durch bewaffnete Terroristen geltend. Die Richtlinien der »Yellow Card« seien stets beachtet worden, d.h. die Verdächtigen vor dem Schusswaffeneinsatz mit »*Halt! Security*

---

188 Zahlen nach Amnesty International, Political Killings in Northern Ireland. EUR 45/01/94. URBAN, Big Boys Rule, S. 238, 248 ff. TAYLOR, Brits, S. 254, geht von 35 getöteten IRA und einem INLA Mitglied im Zeitraum von 1983 bis 1992 aus. WEALE, Secret Warfare, S. 225 spricht von 32 getöteten Terroristen zwischen Dezember 1983 und Dezember 1992.

189 Ebda., S. 161.

Forces! Hands Up!« gewarnt worden. Die IRA und die Familien der Opfer behaupteten dagegen, es sei *sofort* geschossen worden. Der Versuch, Verhaftungen vorzunehmen, sei gar nicht erst unternommen worden, obwohl das durchaus eine, auch bereits erfolgreich praktizierte, Option gewesen sei. Für die republikanische Seite war klar: Hier war eine politisch gewollte Eliminierungs-Politik des »Britischen Imperialismus« am Werk (»Shoot-To-Kill«), die demokratischen und rechtsstaatlichen Grundsätzen, auf die sich die Briten so gerne beriefen, Hohn sprach.[190] Die Britische Regierung und die militärische Führung hielten dagegen an der Richtigkeit der Anti-Terror Strategie fest. Ohne die Spezialeinheiten hätte es keine wirksame Eindämmung des Terrorismus gegeben. Zahlreiche Menschenleben seien gerettet worden, indem geplante Bombenattacken auf militärische Objekte und zivile Einrichtungen vereitelt sowie die Ermordung von RUC und UDR Angehörige verhindert worden seien. Die IRA sei wirksam abgeschreckt worden und in der Abwägung von Kosten und Nutzen überwiege der Nutzen.

Viele strittige Fälle sind in den Jahren des Einsatzes des SAS erschöpfend breit erzählt und analysiert worden.[191] Es sei hier nur auf zwei spektakuläre Fälle verwiesen:

- *Am 8. Mai 1987* erschoss eine SAS-Einheit, unterstützt von der RUC Special Branch, im Dorf Loughall (bei Armagh) acht IRA Mitglieder (der gefürchteten East Tyrone Brigade) bei dem Versuch, die Polizeistation zu stürmen (»Operation Judy«). Für die IRA war es der schwerste Verlust bei einer Aktion seit dem Unabhängigkeitskrieg 1919-21.[192] Auch ein Unbeteiligter musste sterben. Schon seit einiger Zeit war der Armee bekannt, wann die IRA zuschlagen würde, was sie durch eigene Beobachtungen erschlossen hatte. Möglicherweise waren Armee und Polizei zusätzlich von einem Informanten unterrichtet.[193] Die

---

190 Siehe etwa die Arbeiten von ROLSTON, Unfinished Business. State Killings and the Quest for Truth. Belfast, 2000, und MURRAY, State Violence. Murray spricht von »SAS terrorism« (S. 185 ff.). Siehe ferner PATSY McARDLE, Secret War. An Account of the Sinister Activities along the Border involving Gardai, RUC, British Army and the SAS. Dublin, 1984. ELLISON/SMYTH, Crowned Harp sowie eine Reihe von Propaganda-Schriften aus dem Sinn Féin Hauptquartier.
191 MURRAY, SAS, S. 185 ff. TAYLOR, Brits, S. 254 ff. URBAN, Big Boys Rule, S. 60 ff. S. 173 ff.
192 Die Darstellungen des Ereignisses in der Literatur weichen in Details voneinander ab. JAMES ADAMS/ROBIN MORGAN/ANTHONY BAMBRIDGE, Ambush. The War Between the SAS and the IRA. London/Basingstoke, 1988. S. 107 ff. TAYLOR, Provos, S. 270 ff. TAYLOR, Brits, S. 270 ff. URBAN, Big Boys Rule, S. 227 ff. HOLLAND, Hope Against History, S. 197 ff. BELL, Irish »Troubles«, S. 746 ff. TONY GERAGHTY, The Irish War. The Military History of a Domestic Conflict. London, 1998. S. 124 ff. Sehr ausführlich MURRAY, SAS, S. 376 ff. McKITTRICK, Lost Lives, S. 1077 ff.
193 Das ist bis heute umstritten. Es wurde gar spekuliert, dass der Informant, der die Aktion an die SAS verraten hatte, selbst unter den Opfern gewesen sei. Aber wer war es? Siehe v.a. ED

militärische Führung entschied, der IRA eine Falle zu stellen. Die politisch Verantwortlichen In London und Belfast wussten davon und hatten die Aktion gebilligt. Aus Sicht der Armee war der Einsatz des SAS ein Erfolg. Tatsächlich verzichtete die IRA für die nächsten zweieinhalb Jahre auf »personenintensive« Attacken auf militärische Objekte und Polizeistationen. Ed Moloney kommt nach der Auswertung der »War News« aus dem Zentralorgan von Sinn Féin, »An Phoblacht«, zu dem Ergebnis, dass bis 1987 21% aller IRA Operationen auf das Konto der Tyrone Brigade gingen. 1987 gab es einen tiefen Einschnitt: Tyrone war nur noch mit 9% beteiligt. Zwar stieg die Zahl bis 1990 wieder auf 16,4%, sank aber bis 1993, dem Jahr vor dem ersten Waffenstillstand der IRA, erneut auf 9%. Die Zahl der Verluste in Tyrone war hoch: von 1969 bis 2000 starben 53 »volunteers«, davon wurden allein 28 in den fünf Jahren zwischen Mai 1987 und Februar 1992 getötet.[194] Die Reaktionen in der Öffentlichkeit waren erwartungsgemäß heftig und kontrovers. Die Britische Regierung sah keine Veranlassung zur Selbstkritik, denn der Angriff sei von der IRA ausgegangen und habe unmittelbar die in der Polizeistation befindlichen Soldaten und Polizisten gefährdet. Im Falle einer direkten Gefährdung dürfe aber ohne Warnung geschossen werden. Nach einer zweiwöchigen Untersuchung kam eine Kommission Ende September 1988 mit neun zu zwei Stimmen zum Ergebnis, dass der Regierung kein ungesetzliches Handeln vorzuhalten sei. In republikanischen Kreisen gab es einen Sturm der Entrüstung über die »kaltblütige Morde« des SAS. In Portadown, Lurgan, Downpatrick, Coalisland, Strabane, Newry und vor allem West Belfast brachen heftige Unruhen aus. Die Beerdigungen der bereits zu »Märtyrern« erhobenen toten IRA Männern wurden – ganz in der Tradition des Fenianismus – zu politischen Demonstrationen gegen den »Britischen Imperialismus.« Die Angehörigen der Opfer von Loughgall ließen nicht locker und bemühten sich jahrelang um eine unabhängige Untersuchung des Vorfalls. Gemeinsam mit anderen Betroffenen klagten sie schließlich vor dem Europäischen Gerichtshof, der am 4. Mai 2001 zu ihren Gunsten entschied: die Britische Regierung habe das »Recht auf Leben« nach Art. 2 EMK verletzt und die ferner die notwendige Sorgfalt vermissen lassen, zweifelhafte Todesfälle zu untersuchen.[195] Die Mordaktionen der IRA landeten übrigens nie vor dem Europäischen Gerichtshof.

Am *6. März 1988* vereitelte der SAS einen Bombenanschlag der IRA in *Gibraltar*. Die dreiköpfige »Active Service Unit« der IRA, bestehend aus *Mairead Farrell*, führendes weibliches Mitglied der IRA, *Danny McCann* (»Mad Danny«), ein »Belfast Man« aus der Falls, dem die Beteiligung an 26 Morden nachgesagt wird

---

MOLONEY, A Secret History of the IRA. New York/London, 2002. S. 315 f. und TAYLOR, Provos, S. 276.
194 MOLONEY, Secret History, S. 319.
195 Landmark judgement on killings in Northern Ireland. Press Release, Anmnesty International UK, vom 4. Mai 2001.

und *Sean Savage*, dem Bomben-Experten, hatte sich seit Monaten auf ihren Einsatz vorbereitet.[196] Den Geheimdiensten blieb die Anwesenheit der Terroreinheit in Südspanien nicht verborgen und sie wurde schon seit November 1987 beobachtet. Bald wurde den Behörden klar, dass die IRA einen Anschlag auf die »Changing of the Guard«, den bei Einheimischen wie Touristen beliebten Wachwechsel, plante. Es musste alles unternommen werden, um ein Blutbad zu verhindern. Die Britische Regierung autorisierte umgehend, nachdem das Einverständnis der spanischen Regierung zum Einsatz des SAS eingeholt worden war, die *»Operation Flavius.«* Ein 16 Mann-Team des SAS und weitere Überwachungsspezialisten des MI5 reisten nach Gibraltar, um die Terroristen zu stellen. McCann und Savage trafen am 4. März in Malaga ein. Farrell stieß dazu. Am nächsten Tag mieteten sie zwei Autos an: einen weißen Ford Fiesta, der mit Sprengstoff, Zündern, Batterien und Kalaschnikow-Munition bestückt, auf einem Parkplatz in Marbella abgestellt wurde und einen weißen Renault 5, den Savage auf den Parkplatz in Gibraltar fuhr, in dessen unmittelbarer Nähe der Wachtwechsel stattfinden sollte, ganz offensichtlich um die Parklücke für das Sprengstoff Auto freizuhalten.

Am 6. März gegen 14.30 Uhr wird erst Savage auf dem zentralen Marktplatz entdeckt, etwas später die anderen. Gegen 14.55 Uhr werden sie beobachtet, wie sie prüfend am Parkplatz vorbeigehen und kurze Zeit bei dem weißen Renault 5 verweilen. Das SAS Team ist alarmiert und jede Bewegung der Terroristen wird registriert. Gegen 15.25 Uhr kommen die drei erneut am Parkplatz vorbei und machen sich dann rasch auf den Weg zur spanischen Grenze. Vier SAS Soldaten folgen ihnen. An einer Kreuzung trennen sich die Terroristen. Farrell und McCann streben weiter der Grenze zu, während Savage zum Stadtzentrum zurückkehrt. Jetzt greift der SAS ein, weil die Soldaten von drei Vermutungen ausgehen: *Erstens*, dass in dem Renault 5 auf dem Parkplatz eine Menge Sprengstoff steckt, *zweitens*, dass die IRA Terroristen die Bombe per radiogesteuerter Fernzündung auslösen wollen und nur auf den berühmten »button« drücken müssen und *drittens*, dass sie bewaffnet sind. Wir wissen heute, dass alle drei Annahmen nicht zutrafen. Der Renault 5 war nicht das Sprengstoff-Auto, die Terroristen hatten sich für einen Zeitzünder-Mechanismus entschieden und sie waren nicht bewaffnet. Der SAS dagegen sieht unmittelbare Gefahr im Verzuge und will ein drohendes Blutbad verhindern. Die Einsatzregeln des SAS für die »Operation Flavius« sahen vor, dass auch ohne Warnung sofort geschossen werden dürfe, wenn anders eine unmittelbare Gefährdung des eigenen und des Lebens anderer nicht abgewendet werden könne.[197] So geschah es. McCann, Farrell und Savage werden von vier SAS Soldaten verfolgt und aus kurzer Entfernung niedergeschossen und getötet.

---

196 Siehe zu Personen, Ereignissen und Ablaufen umfassend NICHOLAS ECKERT, Fatal Encounter. The Story of the Gibraltar Killings. Dublin, 1999. S. 10 ff.
197 »Firing without a Warning. 6. You and your men may fire without a warning if the giving of a warning or any delay in firing could lead to the death or injury to you or them or any

Die Aktion löste eine Fülle kritische Fragen, wütende Proteste von republikanischer Seite und Rechtfertigungen seitens der Britischen Regierung aus. Der Anwalt der drei IRA Terroristen, Patrick McGrory, beschrieb den SAS als »*an unholy high priesthood of violence charged with dangerous and brutal duties in the cause of the state.*«[198] Für ihn, die Angehörigen der drei Opfer, Sinn Féin und ihre Sympathisanten war klar, dass es sich hier um einen erneuten grausamen Akt britischer »Shoot-To-Kill« Politik gehandelt habe. Erneut habe die Britische Regierung eine Verschwörung zur Ermordung von IRA Mitglieder angezettelt und kaltblütig ausgeführt. Die drei getöteten IRA – »volunteers« avancierten in republikanischen Kreisen sehr rasch zu den »Gibraltar Märtyrern«, drei weitere Tote in der immer länger werdenden »Roll of Honour« des irischen Fenianismus. Nach einigen unklaren und verwirrenden Auskünften über den Ablauf der Aktion, gab Außenminister Geoffrey Howe in einer Erklärung am 7. März im House of Commons die offizielle Version der Regierung bekannt: »*About 3.30 p.m., all three left the scene and started to walk back towards the border. They were challenged by the security forces. When challenged, they made movements which led the military personnel operating in support of the Gibraltar police to conclude that their own lives and the lives of others were under threat. In the light of this response, they were shot. Those killed were subsequently found not to have been carrying arms.*«[199] Die beteiligten SAS Soldaten, die bereits fünf Stunden nach der Aktion von Gibraltar nach England geflogen wurden, erklärten unisono, dass alle drei IRA Terroristen, verdächtige Bewegungen gemacht hätten, die zu der Vermutung Anlass gaben, sie würden gleich den radiogesteuerten Zündmechanismus auslösen oder eine Waffe ziehen. Deshalb sei gleich geschossen worden.

Die Kritik in der Öffentlichkeit wollte nicht verstummen. Zwei Fernsehdokumentationen, die eine von Thames TV »Death On The Rock« am 28. April 1988 und die andere im BBC »Spotlight« Programme vom 5. Mai 1988, heizen die Pro und Contra Debatten weiter an. Das Thema ist auch heute noch nicht erledigt. Nach bohrenden Fragen und Anklagen von Amnesty International, begann die Europäische Menschenrechtskommission im September 1993 mit einer Untersuchung und urteilte im Juni 1994 mit 11 zu 6 Stimmen zugunsten der Britischen Regierung. Diese habe korrekt und nicht außerhalb der gesetzlich vorgeschriebenen Regelungen verhältnismäßig Gewalt angewendet. Die Kommissions-*Minderheit* dagegen machte geltend, dass es dem SAS sehr wohl möglich gewesen sei, die Terroristen vorab zu verhaften und die Aktion als eine vorsätzliche Exekution zu betrachten sei. Der Fall beschäftigte wenig später den Europäischen Gerichtshof. Dieser entschied im September 1995 mit zehn zu neun Stimmen (!),

---

other person, or if the giving of a warning is clearly impracticable.« CRAWFORD, SAS at Close Quarters, S. 142.
198 McKITTRICK, Lost Lives, S. 1114.
199 PAUL BEW/GORDON GILLESPIE, Northern Ireland. A Chronology of the »Troubles« 1968-1993. Dublin, 1993, S. 212.; MURRAY, SAS, S. 423.

dass die Tötung der drei IRA Mitglieder *nicht notwendig* gewesen sei und sie vorher hätten verhaftet werden können. Die Britische Regierung müsse die Verantwortung für die unangemessene Gewaltanwendung übernehmen.

Die »Gibraltar Shootings«, wie sie bis heute genannt werden, zogen eine grausige Spur der Gewalt nach sich. Den ersten Zwischenfall gab es am 16. März 1988 anlässlich der Beerdigung der drei IRA Terroristen auf dem Milltown Friedhof in West Belfast als ein loyalistischer Extremist, *Michael Stone* aus Belfast, die Trauergemeinde mit Schusswaffen und Handgranaten attackierte, drei Personen tötete und viele verletzte.[200] Der zweite Zwischenfall trug sich drei Tage später, am 19. März, anläßlich der Beerdigung von einem der Opfer Stones zu. Zwei britischen Armeeangehörige, Corporals *Derek Wood,* 24 Jahre und *David Howes,* 23 Jahre, beide vom »Royal Signals Regiment«, gerieten mit ihrem VW Passat (wahrscheinlich zufällig) in den Leichenzug. In der Annahme, hier werde ein weiterer loyalistischer Anschlag verübt, wurden beide von einem schwarzen Taxi gestoppt, von einer wütenden Menge aus dem Auto gezerrt, brutal zusammengeschlagen und schließlich von einem IRA »volunteer« erschossen. Ihre entstellten Leichen lagen auf der Straße. Das Bild des vor ihnen knieenden Priesters Alec Reid, der ihnen die letzte Ölung erteilte, ging um die Welt und löste blankes Entsetzen aus.[201]

6.2.3. Das »Supergrass-System«

Die *geheimdienstlichen Aktivitäten* konzentrierten sich neben Datensammlung und Überwachung seit Mitte der siebziger Jahre insbesondere auf das Einschleusen von *Agenten* und *Informanten* in die IRA und anderer paramilitärischer Gruppen sowie den Einsatz von Informanten als *Kronzeugen (»Supergrasses«).*[202] Greer gibt an, dass im *Zeitraum von 1970 bis 1993 aufgrund der Zeugenaussagen von 32 Supergrasses rd. 600 Personen verhaftet und gegen 245 Angeklagte Strafprozesse* eröffnet wurden. 13 Supergrasses widerriefen (»retracted«) ihre Aussagen bevor die Prozesse begannen. Von den 245 Angeklagten wurden tatsächlich 145 verurteilt, darunter 69 allein aufgrund der Zeugenaussage der Supergrasses ohne dass zusätzliche Beweismittel zur Bestätigung der Aussagen beigebracht wurden (*»uncorroborated evidence«*). In 66 Fällen wurde die Verurteilung nach einem Revisionsverfahren aufgeho-

---

200 Seine Geschichte erzählt unübertroffen MARTIN DILLON, Stone Cold. The True Story of Michael Stone and the Milltown Massacre. London, 1992. Siehe auch: MCKITTRICK, Lost Lives, 1117 ff.; CLARK/JOHNSTON, McGuinness, S. 170ff.
201 Detaillierte Darstellung bei McKITTRICK, Lost Lives, S. 1121 ff. Interview mit »Cleeky« Clark in TAYLOR, Provos, S. 300 f.
202 Siehe zur Typologie STEVEN GREER, Supergrasses. A Study in Anti-Terrorist Law Enforcement in Northern Ireland. Oxford, 1995. S. 10 ff. »Informanten« werden in variantenreichen Englisch als »touts«, »rats«, »singers«, »fingers«, »mules«, »mouths«, »squealers«, »funks«, »snouts«, »snoops«, »snitches«, »stool-pigeons«, »stoolies« oder »narks« bezeichnet. Siehe zur Geschichte der Informanten und Agententätigkeit ANDREW BOYD, The Informers. A Chilling Account of the Supergrasses in Northern Ireland. Dublin/Cork, 1984. S. 7 ff.

ben, 79 Verurteilungen hatten Bestand.[203] Die meisten Supergrasses kamen aus der republikanischen Bewegung. Die beiden prominentesten »Supergrasses« aus diesem Lager waren *Christopher Black* und *Harry Kirkpatrick*, IRA Mitglieder aus dem katholischen Ardoyne Bezirk in Belfast. IRA Mann Black sagte aus, nachdem ihm versprochen wurde, keine Anklage gegen ihn zu erheben. Seine Aussagen führten zur Verurteilung von 35 IRA Leuten, der Richter vertraute ihm im Kontext der Aussagen von 550 weiteren Zeugen. Dies war der bislang schwerste Schlag gegen die IRA. Kirkpatrick war stellvertretender Kommandant der Belfaster INLA und hatte ein beeindruckendes Vorstrafenregister wegen Mord, Mordversuch, Raub und unerlaubten Waffenbesitz. Er hatte fünfmal lebenslänglich bekommen und wurde, nachdem er sich zur Kooperation mit der Polizei entschlossen hatte, nach neun Jahren entlassen. Auf sein Zeugnis hin wurden 28 Angeklagte verurteilt.[204] Neun Supergrasses kamen aus loyalistischen paramilitärischen Gruppen. Besondere Bedeutung kam den Aussagen des Belfaster UVF Mitgliedes *Joseph Charles Bennett* zu, der seit frühester Jugend mit dem Gesetz in Konflikt gekommen war. Nach einem Raubmord inhaftiert, rettete er seine Haut, indem er sich zu umfassenden Aussagen über die UVF bereit erklärte. 14 loyalistische Paramilitärs wurden verurteilt. Der zweite herausragende Supergrass, der seine ehemaligen Kameraden aus der UVF belastete, war *William »Budgie« Allen* aus dem Shankill Bezirk in Belfast. Wegen terroristischer und anderer Vergehen zu vierzehn Jahren Haft verurteilt, musste er nur zwei absitzen, da er sich zur Kooperation bereit erklärt hatte. Allen hatte 74 Personen aus seinem Umfeld belastet, 25 wurden angeklagt, davon aber nur 5 verurteilt, darunter eine Reihe von prominenten UVF Angehörigen.[205]

Die zeitgenössische Diskussion und die späteren Analysen der »Supergrass-Zeit« zeigen eine hoch kontroverse Diskussion um Kosten und Nutzen des Systems. Die Befürworter verwiesen darauf, dass durch den Einsatz der Informanten und Supergrasses das Netzwerk des Terrorismus zumindest teilweise transparent gemacht werden konnte, viele terroristische Akte verhindert, Menschenleben gerettet und schließlich eine bedeutende Anzahl von Terroristen vor Gericht gebracht und verurteilt werden konnten. Polizeichef Hermon schrieb 1983 im jährlichen Polizei-Bericht, dass die Supergrasses *»had dealt a severe blow to the morale of both republican and loyalist terrorist organisations and their ability to murder and destroy.«*[206] Das System habe die terroristische Szene verunsichert und potentielle Sympathisanten abgeschreckt, terroristischen Organisationen beizutre-

---

203 GREER, Supergrasses, Appendix C, S. 287.
204 Siehe zu Black und Kirkpatrick GREER, Supergrasses, S. 68 ff., 162 ff. BISHOP/MALLIE, The Provisional IRA, S. 393 ff. BOYD, Informers, S. 47 ff. 71 ff. URBAN, Big Boys Rule, S. 133 ff.
205 Siehe zu Bennett und Allen GREER, Supergrasses, S.61 ff., 155 ff. CUSACK/McDONALD, UVF, S. 230 ff. TAYLOR, Loyalists, S. 164 ff. BOYD, Informers, S. 41 ff.
206 Chief Constable's Report 1983. Belfast, 1984, S. XIII.

ten, aus Furcht von Informanten verraten zu werden. Es biete auch Anreize für Terroristen »auszusteigen«, wenn sie – nach Zusicherung von Straffreiheit und ggf. anderen Hilfen – gegen ihre ehemaligen Kameraden auszusagen bereit seien. Der Einsatz von Kronzeugen und Zulassung von deren Geständnissen als Beweismittel sei in vielen demokratischen Staaten mit unabhängiger Justiz üblich. Die Aussagen von Supergrasses würden durchaus kritisch geprüft. Der Richter sei sogar verpflichtet, die Jury vor den Zeugenaussagen eines Supergrass zu warnen, d.h. die Anfechtbarkeit und Unsicherheit derartiger Aussagen deutlich zu machen. Insgesamt seien in der Kooperation mit Supergrasses ausreichende rechtsstaatliche Sicherungen vorgenommen worden.

Die Gegner des Supergrass System kamen aus radikalen loyalistischen Kreisen, Kirchen, Bürgerrechtsorganisationen bis zu Sinn Féin und Lobbyorganisationen der Angeklagten. (z.B. »Relatives for Justice«, »Stop the Show Trials« etc.) Die republikanische Bewegung hielt sich mit Einzelkritik wenig auf, sie sah das gesamte System als Teil der »imperialistischen« Strategie der Britischen Regierung. Aus Bürgerrechtskreisen wurde eingewandt, dass die Erfolge des Supergrass Einsatzes fraglich seien und in keinem Verhältnis zu den negativen Begleiterscheinungen stünden. Bürgerrechte, liberale Freiheiten und der Ruf der unabhängigen Justiz seien beschädigt worden. Im einzelnen wurden insbesondere kritisiert:[207]

- Die *Methoden der Anwerbung*, die von verlockenden Geldangeboten und Straffreiheit bis hin zu massiven Drohungen mit ständiger polizeilicher Überwachung, schwerer Bestrafung oder Isolierung in der eigenen Lebenswelt (durch Verbreitung gezielter Desinformation, z.B. der Betreffende sei ein »tout«) reichten.
- Die *Bereitschaft von Geheimdiensten und Polizei* mit Personen über viele Jahre hinaus zu *kooperieren*, die selbst in *kriminelle* und *terroristische* Aktivitäten verstrickt seien. Dies zeige das ganze Ausmaß der Skrupellosigkeit des Sicherheitsapparates. Im Kampf gegen den Terrorismus seien rechtsfreie Räume geschaffen worden, offen für alle nur denkbaren »dirty tricks.«[208] Die Neigung der Justiz, sich im Prozess alleine auf die Aussage der Supergrasses zu stützen (»*uncorroborated evidence*«) führe zu krassen Fehlurteilen und sei ein Justizskandal ersten Ranges. Supergrasses seien nicht als »reuige Terroristen« zu betrachten. Ihr einziges Motiv auszusagen, sei das Bestreben, ihre eigene Haut zu retten und dafür ehemalige Kameraden umso schwerer zu belasten.

---

207 Beste zusammenfassende Kritiken von dem liberalen Rechtsanwalt ANTHONY MAURICE GIFFORD, Supergrasses: The Use of Accomplice Evidence in Northern Ireland. London, 1984. Ferner das Gutachten von Rechtswissenschaftler JOHN JACKSON, Queen's University, Belfast, das als Anhang im Tenth Report of the SACHR for 1983-84, abgedruckt ist. Allgemeine Zusammenfassung in GREER, Supergrasses, S. 109 ff. Siehe auch knapp: CUNNINGHAM, British government policy, S. 156 ff.
208 Siehe dazu v.a. DILLON, Dirty War, S. 309 ff. und S. 364 ff.

- Die Bestimmung, dass der Richter die Jury vor den *Aussagen eines Supergrass zu »warnen«* habe, sei in Nordirland eine Farce, da die »Diplock-Courts« keine Jurys hätten. Der Richter müsse sich demnach selbst warnen, eine absurde Vorstellung! Höchst kritikwürdig sei auch die nach dem Anklagegesetz (»Bill of Indictment«) mögliche Praxis, in Abwesenheit des Hauptbelastungszeugen zu verhandeln.
- Die *Zahl der Strafprozesse,* die in keinem Verhältnis zu den tatsächlichen Verurteilungen stünde. Viele Verfahren hätten eingestellt werden müssen, weil die Zeugenaussagen des Supergrass sich als falsch erwiesen hätten. In einigen Prozessen sei massives Fehlverhalten von Polizei und Armee zu Tage gefördert worden, was die Glaubwürdigkeit der Supergrass Aussagen zusätzlich belastet hätte.
- Die *Dauer der Strafprozesse,* die Angeklagte bis zu vier Jahren in Untersuchungshaft ließen. Auch seien die Zahl der Angeklagten (bis zu 40 in einem Prozess) und der Anklagepunkte (in einem Prozess z.B. 184!) zu hoch.

Es ist hier nicht der Raum, auf die wichtigsten Prozesse einzugehen, die damals fast täglich in den Medien verhandelt wurden und die Öffentlichkeit monatelang erregten. Greer bietet dazu einen exzellenten Überblick und die notwendigen Details. Ferner liegen umfängliche autobiographische Berichte vor, die faszinierend tiefe Einblicke in die Welt des IRA-Terrorismus und des »Secret War« zulassen.[209] Der Historiker wird ihre und die Berichte anderer mit quellenkritischer Distanz lesen, sie von vornherein als unglaubwürdig abzustempeln und die Personen als wirre Psychopathen zu kennzeichnen, wie es mitunter in der republikanischen Presse geschieht, ist nicht gerechtfertigt.[210] Es ist bedauerlich, dass sich weder Sinn Féin noch die IRA bisher intensiv mit den dunklen Seiten ihres »Freiheitskampfes« befasst haben.

Vor dem Hintergrund von Erlebnisberichten und dem, was wir über die verborgene Welt der Agenten, Informanten und dem Einsatz der Supergrasses im Kampf gegen den Terrorismus sonst in Erfahrung bringen konnten, kann kein eindeutiges Fazit gezogen werden. Hat es was »gebracht«? Oder haben die Kritiker Recht, deren Medienpräsenz den öffentlichen Diskurs bis heute dominiert? Wie soll man den »Erfolg« dieses Systems messen? Und was ist »Erfolg? Der Rückgang der politischen Gewalt, weniger Tote? Der Rückgang der Todesfälle in den Jahren

---

209 GREER, Supergrasses, v.a. S. 57-99 und 118-205. Siehe auch BOYD, Informers, S. 34 ff. COLLINS, Killing Rage; GILMOUR, Dead Ground; SÉAN O'CALLAGHAN, The Informer. London, 1999. MARTIN McGARTLAND. Fifty Dead Men Walking. The Heroic True Story Of A British Agent Inside The IRA. London, 1997. Derselbe, Dead Man Running. The true story of a secret agent's escape from the IRA and MI5. Edinburgh/London, 1998. TOOLIS, Rebel Hearts; JONATHAN STEVENSON, »We Wrecked This Place«. Contemplating an End to Northern Irish »Troubles«. New York, 1996.
210 z.B. in der Auseinandersetzung mit Séan O'Callaghan, der hochrangiges Mitglied des Southern Command der IRA war. BRIAN CAMPBELL: O'Callaghan – Thr Truth. In: An Phoblacht/Republican News, 27. Februar 1997.

1981 von 118 auf 59 im Jahre 1985 ist nur ein unsicherer Indikator und kann nicht monokausal auf die Wirkung des Supergrass Systems zurückgeführt werden. Wenn man »Erfolg« so messen will, gibt es keine handfesten, beweisbaren Belege für den »Erfolg«. Das macht es der Kritik leicht, denn es gab zweifellos belegbare Verstöße gegen rechtsstaatliche Grundsätze. Die Kritiker haben ihre Einwände sehr stark auf die kriminelle und terroristische Vergangenheit der Kronzeugen und ihre Unglaubwürdigkeit fokussiert. In endlosen Wendungen ist die gesamte Anti-Terror-Gesetzgebung kritisiert worden. Man hat einzelne Bereiche herausgegriffen, sei es das Supergrass System oder z.B. die polizeilichen Möglichkeiten des Arrests für sieben Tage. Die neue Sicherheitspolitik der siebziger Jahre, die auf Verstärkung der Verhöre und das Erreichen von Geständnissen setzte, löste einen Sturm der Entrüstung aus. Die Reaktion auf diese Kritik an den tatsächlich nachweisbaren Menschenrechtsverletzungen dieser Politik war ja gerade die neue Strategie der verdeckten Ermittlung, des Einsatzes von Informanten und Supergrasses. Und auch diese Anti-Terror Mittel verfielen der Kritik. Die Kritiker haben keine Alternativen aufzeigen können und wollten das auch nicht, zumindest soweit es das republikanische Lager betrifft. Wer davon überzeugt ist, dass die IRA und andere Terrgruppen »Freiheitskämpfer« sind, für den erübrigt sich eine kritische, Pro- und Contra abwägende Auseinandersetzung mit der Anti-Terror Gesetzgebung. Diese wird dann verschwörungstheoretisch nur als Teil der »britischen Kriegsmaschinerie« pauschal denunziert. Bedauerlich ist nur, dass sich die Kritik aus Bürgerrechtskreisen von der populistischen republikanischen Propaganda anstecken ließ. »Irgendwo« glaubte man doch noch bei der IRA ehrenwerte Motive und revolutionäre Freiheitsimpulse zu entdecken. »Irgendwo« war die IRA noch »patriotisch« und gehörte zur großen »linken« Familie des Kampfes für Emanzipation und Gerechtigkeit. Es war auch auffällig, dass sich in Kritikerkreisen die Empörung darüber, wie die Paramilitärs, in Sonderheit die IRA, mit ihren Dissidenten und Supergrasses umging, sehr in Grenzen hielt. Die z.T. nach bestialischen Foltern ermordeten vermeintlichen oder wirklichen »informers« wie Seamus Wright, Kevin McKee, Vincent Heatherington, Myles McGrogan, Frank Hegarty, Eugene Simmons, Joe Fenton, Gerard und Catherine Mahon, Paul Gavigan, Kevin Coyle, John McAnulty, Patrick Gerard Flood, Eric Dale und Ruari Finnis, um nur einige der mehr als 60 »Informanten« zu nennen, waren ihnen kaum eine Fußnote wert.[211] Die IRA und die ihr nahestehenden Kreise haben sich über das Informan-

---

211 MALCOLM SUTTON, An Index of Deaths from the Conflict in Ireland. http://cain.ulst.ac/sutton/book/index.html. COOGAN, »Troubles«, S. 314, sicherlich nicht durch übermäßige Kritik an der IRA verdächtig, geht von 60 Informanten aus, darunter einigen Frauen. COOGAN, der sich polemisch seitenlang über die »Unmoralität« der Britischen Regierung und ihrer Geheimdienste auslassen kann, ist bei diesem Thema bezeichnenderweise sehr kurz angebunden. Wenn Coogan in diesem Kontext schreibt: »The fate meted out to these young ‚touts' was a commonplace one on both sides of religious divide«, dann ist das der Versuch eine Verharmlosung und schlicht zynisch.

ten und Supergrass – System erregt und mannigfache Verletzungen der Menschenrechte beklagt. Von dieser Seite ist die Kritik zynisch und blanke Heuchelei. Die Justiz der IRA ist die Justiz einer selbsternannten Avantgarde, die darüber befindet, wer es wert ist, zu leben und wer sterben muss. Sie ist Ankläger, Richter und Exekutor zugleich. Mit Recht fragt Martin Dillon: *»How can it (the IRA, J.K.) make such condemnations when it treats human beings so cruelly, when it expresses such disdain for the sanctity of human life and so sadistically prepares victims for the summary extinction of life?«* [212]

Der Einsatz von Informanten und Kronzeugen war sicherlich ein großes Risiko, gleichwohl nicht von vornherein undemokratisch und mit rechtsstaatlichen Grundsätzen unvereinbar. Zeiten terroristischer Bedrohung erfordern ungewöhnliche und eben auch risikobehaftete Gegenmaßnahmen. Wer glaubt, nur mit Hilfe von »converted terrorists« wichtige Informationen zur Verhinderung terroristischer Aktivitäten zu erhalten und schließlich auch zu Anklagen und Verurteilungen zu gelangen, muß auch die Personen akzeptieren, die sich zur Kooperation bereit erklären. In der Situation Nordirlands konnte man sich nicht den »Edelterroristen« aussuchen, der, ohne selbst belastet zu sein, bereit war, gegen ehemalige »Kameraden« auszusagen. Es war den Sicherheitskräften bekannt, dass sie sich auf einer schmalen Gratwanderung befanden und nicht selten in den dunklen Tiefen moralisch und politisch anfechtbarer Untergrundarbeit unterzugehen drohten mit verheerenden Folgen für das Vertrauen der Bevölkerung in Rechtsstaat und Demokratie. Die Grenzen des Rechtsstaates sind im Blick auf den Einsatz von Informanten und Supergrasses mehrfach überschritten worden, was nicht tolerabel ist und, sofern bekannt geworden, auch juristische Konsequenzen nach sich zog. Der »Erfolg« des Informanten und Supergrass System lag in einer *Verunsicherung der terroristischen Szene*. Informanten und Supergrasses haben wichtige Einsichten in das Innenleben der terroristischen Netzwerke eröffnet und das Wissen über die Strukturen der terroristischen Netzwerke erweitert. Dies waren nützliche Hinweise für wirksame Gegenmaßnahmen. Die Informantentätigkeit Raymond Gilmours z.B. hat die IRA in Derry schwer getroffen und auf Jahre zurückgeworfen, das gleiche gilt für Christopher Blacks Informationen in Belfast. Die Aussagen von Supergrass William »Budgie« Allen haben die UVF für viele Jahre schwer beschädigt, sie gezwungen, eine neue Führungsstruktur aufzubauen und ihre »Kriegskasse« erschöpft. Die Paramilitärs mussten ihre Kräfte neu gruppieren und vor allem große Energien auf die Rekonstruktion des eigenen Sicherheitsdienstes verwenden, was Kräfte, Zeit und Geld erforderte. Die Urteile gegen 79 Personen wegen terroristischer Vergehen hatten Bestand. Gefährliche Killer waren hinter Gittern und konnten ihrem tödlichen Geschäft viele Jahre nicht nachgehen. Jahrelang herrschte Misstrauen, biswei-

---

212 DILLON, Dirty War, S.362. Zum Ganzen S. 58 ff. (die Heatherington/Myles Affäre), 309 ff. Siehe ferner: TOOLIS, Rebel Hearts, S.192 ff. CLARK/JOHNSTON, McGuinness, S.150 ff. MOLONEY, Secret History, S. 28 ff. (Fenton) und S. 387 ff. (Hegarty).

len Hysterie in den terroristischen Netzwerken, auch das verhinderte neue Aktionen. Das Informanten System hatte, wie der Fall Gilmour deutlich zeigt, auch die Zellenstruktur der IRA erreicht und selbst der Sicherheitsdienst blieb, wie das prominente Beispiel des Agenten »Stakeknife« demonstrierte, von Informanten nicht verschont. Die IRA wollte, wie Ed Moloney scharfsinnig analysiert, nach 1986 mit den frisch eingetroffenen Waffen aus Libyen eine verheerende »Tet« – Offensive eröffnen, was nicht gelang, nicht zuletzt aufgrund des gezielten Informanteneinsatzes. Die Aufbringung der »*Eksund*« 1987 und die vereitelte Gibraltar-Aktion 1988 waren erfolgreiche Anti-Terror Schläge mit Hilfe von Informanten.[213]

6.2.4. »Collusion« – Loyalistische Paramilitärs, Armee und Polizei unter einer Decke?

Loyalistische Paramilitärs haben, das darf einigermaßen sicher angenommen werden, zwischen 1969 und 2001 mehr als 700 Katholiken umgebracht, nur weil sie Katholiken waren. Darin nicht eingeschlossen sind die 42 Mitglieder republikanischer und paramilitärischer Organisationen, die loyalistischer Gewalt zum Opfer fielen.[214] Vor diesem düsteren Hintergrund ist immer wieder, insbesondere in republikanischen Kreisen, behauptet worden, es habe seit Gründung der loyalistischen paramilitärischen Gruppen 1971/72 vielfältige Formen der Kooperation zwischen ihnen, der Armee und Polizei gegeben. In den ersten Jahren der »Troubles« hätten sich Armee und Polizei eigentümlich zurückgehalten, wenn es um die Eindämmung von Krawallen in Stadtvierteln ging, die von UVF und UDA kontrolliert wurden. Straftaten seien nur sehr halbherzig verfolgt worden. Später habe sich eine systematische und gezielte Kooperation zwischen der Armee, den Sicherheitsdiensten, den Spezialeinheiten der RUC, des UDR und loyalistischen Paramilitärs entwickelt. Die loyalistischen »Todesschwadrone« (»death squads«) seien bei der Ermordung von Katholiken mit Infomationen, Logistik, Waffen und nicht zuletzt operativer Beteiligung unterstützt worden. Dafür werden zahlreiche Beispiele angeführt.[215] Da es bis heute weder eine alle Fälle umfassende unabhängige Untersuchung dieser Behauptungen noch eine Gesamtdarstellung dazu gibt, sind wir darauf angewiesen, die in der Literatur genannten Quellen für glaubwürdig zu halten oder Zweifel anzumelden. Es können nur Vermutungen angestellt und die z.T. bekannten Kontroversen über eine vermeintliche Kooperation von Sicherheitskräften und loyalistischen Paramilitärs dargelegt werden. Es ist offensichtlich, dass es im nationalistischen und unionistischen Lager diametral verschiedene Positionen dazu gibt. Wer wie z.B. Jeffrey Sluka glaubt, dass die loyalistischen »Todesschwadrone« integraler Teil der britischen kolonialistischen Unterdrü-

---

213 MOLONEY, Secret History, S. 3 ff., 24 ff., 332 ff.
214 MALCOLM SUTTON, An Index of Deaths from the Conflict in Ireland. http://cain.ulst.ac/sutton/book/index.html.
215 MURRAY, SAS, S. 91 ff., ROLSTON, State Killings.

ckungsstrategie sind, eingesetzt um den Widerstandswillen der katholisch-nationalistischen Bevölkerung zu brechen und die Unterstützung der IRA zu beenden, immunisiert sich von vornherein gegen jedes Gegenargument. Alle Quellen werden im Sinne der »collusion« These ausgedeutet und eine gigantische Verschwörung angenommen, die angeblich von den höchsten Regierungsstellen in London gesteuert wurde. Ähnliche Vorwürfe wurden von den verschiedenen Organisationen und Selbsthilfegruppen der Angehörigen der Opfer, allen voran »*Relatives for Justice*«, erhoben.[216] Die massivsten Anschuldigungen hat 1991 der Journalist *Sean McPhilemy* vorgetragen. Im Oktober 1991 strahlte der britische Privatsender Channel 4 eine Sendung mit dem Titel »The Committee« aus. In dieser Sendung wurde die Existenz eines geheimen Komittees behauptet, das die Ermordung von Katholiken plante, koordinierte, steuerte und umsetzte. Mitglieder dieses angeblichen Mordkommandos sollen u.a. hochrangige Mitglieder der RUC sowie ehrenwerte Persönlichkeiten aus dem unionistischen Lager gewesen sein. Verdächtigt wurden z.B. David Trimble, Vorsitzender der Unionistischen Partei (1995-2005), damals »shooting star« der UUP, der presbyterianische Pfarrer Hugh Ross, Bänker Billy Abernethy und Will Davidson, Major des UDR. Die Schmutzarbeit sei von loyalistischen Killern wie z.B. dem Chef der »*Loyalist Volunteer Force*«, Billy Wright, (Spitzname: »King Rat«) erledigt worden. Diese monströsen Vorwürfe sind allerdings nie bewiesen worden.[217]

Doch was heißt eigentlich »collusion«? Das englische Wort wird meistens mit »geheime Absprache« übersetzt. Damit kann ein breites Spektrum von Kooperationen gemeint sein. Vor dem Hintergrund der bekannt gewordenen Fälle lassen sich grob unterscheiden:[218]

- *passive Kooperation*
  Unterlassung und Verweigerung des Schutzes von Personen, Gruppen und Organisationen durch Polizei und Armee: z.B. durch Zurückhaltung von Infor-

---

216 JEFFREY A. SLUKA, For God and Ulster: The Culture of Terror and Loyalist Death Squads in Northern Ireland. In: Derselbe (ed.), Death Squad: The Anthropology of State Terror. Philadelphia, 2000. zit.n. http://cain.ulst,ac.uk/issues/violence/docs/sluka00.htm. Sluka bezieht sich fast ausschließlich auf republikanische Quellen und interpretiert sie einseitig als Beweis für »collusion«. Siehe die Website http://www.relativesforjustice.com. Dort gibt es alle wichtigen Dokumente zu »collusion«.
217 SEAN McPHILEMY, The Committee. Political Assassination in Northern Ireland. Niwot, Colorado, 1998. Das Buch ist in Großbritannien verboten.
218 Steve Bruce unterscheidet zwischen *aktiver Kooperation* durch Training, Bewaffnung und Beteiligung an Mordaktionen, *niedrigschwelliger Unterstützung* (»low-level assistance«), etwa durch Informationen über Personen und Organisationen oder das Ignorieren von Straftaten und schließlich *Infiltration* der Sicherheitskräfte durch die Paramilitärs. BRUCE, Red Hand, S. 201. Siehe auch die Definition von Sinn Féin in: »Appalling Vista«. Collusion: British Military Intelligence And Brian Nelson. A Case for an Independent Public Inquiry. Submitted to British Government 21 December 1997. S. 2.

mationen über geplante Attacken von paramilitärischen Gruppen, Passivität bei paramilitärischen Attacken, Zurückhaltung bzw. Verweigerung der Weitergabe von Daten über paramilitärische Gruppen und Personen an die Strafverfolgungsbehörden oder andere militärische und polizeiliche Einheiten.

- *aktive Kooperation*
Training, Bewaffnung, logistische Unterstützung inklusive Weitergabe geheimer Daten und Informationen an Paramilitärs, Aktionsplanung und Beteiligung an »Operationen«, Zulassen von Infiltration paramilitärischer Gruppen in RUC und UDR. Einsatz von Informaten als »agents provocateurs«.

Der Verdacht einer geheimen Übereinkunft von loyalistischen Paramilitärs und Sicherheitskräften wird oft schon deshalb erhoben, weil sie beide dem protestantischen Lager zugerechnet werden. Es wird politische und kulturelle Nähe unterstellt, die auch nicht ganz falsch ist. Sie ergibt sich schon aus der einfachen Tatsache, dass die Paramilitärs in den Sicherheitskräften die Repräsentanten »ihres« Landes und »ihrer« Kultur sehen. Es sind Institutionen im Dienste der Regierung Ihrer Majestät zu denen Loyalisten »loyal« stehen wollen. Die Armee, die RUC, die legendären »B-Specials« und das UDR waren in den Augen der Loyalisten immer »unsere Jungs«. Viele Loyalisten haben lange Jahre in der britischen Armee Dienst getan und militärische Ehren erworben, auf die sie stolz sind. Die 1913 gegründete »Ulster Volunteer Force« hat im Ersten Weltkrieg schwere Opfer im Kampf gegen das imperiale Deutschland gebracht, woran jedes Jahr neu am »Remembrance Sunday« im November erinnert wird. Loyalisten haben Probleme mit »ihren« Repräsentanten nur dann, wenn diese die Interessen des protestantischen Ulsters, wie Loyalisten sie definieren, verletzen. Dafür sehen sie in der Geschichte Ulsters alarmierende Beispiele und nennen vor allem: die »Ulster-Krise« 1912-1914, den schwierigen und gefährdeten Start Nordirlands 1920-1922, die Entwaffnung der RUC 1969 und die Auflösung der »B-Specials«, die Übernahme direkter Regierungsgewalt durch London 1972, den Waffenstillstand mit der IRA im Juli 1972, das Sunningdale Abkommen und die »Power-Sharing« Exekutive 1973/74 und schließlich – als Höhepunkt des »Verrats« – das Anglo-Irish Agreement 1985 (siehe weiter unten). Ihre Schlussfolgerung lautet: Loyalisten müssen stets wachsam sein und im Konfliktfall Regierung und Sicherheitskräfte gegen die »Feinde Ulsters« unterstützen. Wenn diese versagen und der vielbeschworene »sellout« Ulsters droht, dann müssen die protestantischen »Ulstermen« den »Job« der Verteidigung Ulsters eben alleine machen. Das ist die Legitimation des bewaffneten Kampfes und terroristischer Methoden im Sinne einer Verteidigung von Staat und Verfassung. Loyalistische Paramilitärs sind, wie Steve Bruce treffend herausgearbeitet hat, *»pro-state-terrorists.«*[219] Es ist ihr Ziel, die vermeintlich staatsgefährdende katholische Minderheit und ihre bewaffneten Killer-Kommandos (IRA, INLA) durch Gegenterror in Schach zu halten. (»terrorize the terrorist«). Trotz der

---

219 BRUCE, Red Hand, S. 268 ff.

kritischen Haltung gegenüber den Sicherheitskräften, die sich bis zu offenem Kampf steigern kann (siehe die Attacken auf die RUC nach dem »Anglo-Irischen Abkommen«!), bleibt es aber bei der bedingten Loyalität. RUC, UDR und Armee werden immer noch »Fleisch vom eigenen Fleisch« betrachtet, ganz im Gegensatz zur Perzeption durch die republikanische Bewegung, die in ihnen nur illegale Besatzer und »Staatsterroristen« sieht.

RUC und Armee waren in ihrer überwältigenden Mehrheit Protestanten und betrachteten die loyalistischen Paramilitärs einerseits als Rechtsbrecher mit erheblicher krimineller und terroristischer Energie, andererseits aber als Protestanten, die den gleichen Grundprinzipien verpflichtet schienen wie die Sicherheitskräfte: Erhalt von Recht und Ordnung und der Verfassung Nordirlands. Man muss sich auch noch einmal das Umfeld klar machen, in dem die Britische Armee und die RUC agierten. Die segregierte Gesellschaft Nordirlands bedeutete für die Sicherheitskräfte fast zwangsläufig Abschottung und Orientierung auf die protestantische community. Nationalistische Regionen waren Feindesland, Soldaten und Polizisten konnten in ihrer freien Zeit nur in protestantischen Bezirken und Regionen einigermaßen sicher sein. Für den kleinen Gefreiten aus Yorkshire, der unter Dauerstress im Einsatz war und in irgendeiner hässlichen Armeeunterkunft hauste, blieb nur der Pub in der protestantischen community. Und dort verkehrten auch die harten Männer von der UVF und UDA. Es ist keine Frage, dass es zu näheren Kontakten, Sympathien und auch gelegentlich Freundschaften kam. Dies beförderte die Haltung, gemeinsam auf einer Seite gegen die tödliche Gefahr von IRA und INLA zu stehen und daraus erwuchs bei nicht wenigen Armee- und Polizeiangehörigen die Bereitschaft zu verschiedenen Formen von Kooperation. UDA und UVF wurden, so urteilt Martin Dillon, »*if not ignored..at least perceived by some within military and police ranks as being the ‚good guys'.*«[220] Bei der RUC war die protestantische Orientierung noch eindeutiger, denn es verirrte sich kaum ein Katholik in ihre Reihen. Viele RUC Angehörige waren eifrige Angänger des Oranier Ordens und beteiligten sich an dessen Aktivitäten. Die RUC Führung sah darin keinen Loyalitätskonflikt. Vor diesem Hintergrund ist es nicht verwunderlich, dass sich schon bei Ausbruch der »Troubles« die katholische community über die zögerliche Haltung von RUC und Armee beklagte, energisch gegen die protestantischen Mobs durchzugreifen, die Katholiken attackierten und Häuser nieder brannten. Diese Zurückhaltung setzte sich fort und wurde am sinnfälligsten 1974 demonstriert, als die Armee vor den Streikbrechern des UWC kapitulierte. Sympathie für die »protestantische Sache« (»the cause«) überlagerte die rechtsstaatlich gebotene Unabhängigkeit und Neutralität. Je härter die Auseinandersetzung mit der IRA wurde, je mehr Polizisten und Soldaten dem Terror zum Opfer fielen, umso schwieriger wurde es für viele Sicherheitskräfte die notwendige Distanz zu wahren. Es gibt zahlreiche Fälle, wo Angehörige der RUC und des UDR Aktivitä-

---

220 DILLON, Dirty War, S. 275.

ten der loyalistischen Paramilitärs bewusst nicht sehen, geschweige denn verfolgen wollten.

Hier können nicht alle Quellen und Fälle präsentiert werden, die als Beleg für die insuinierte geheime Zusammenarbeit genannt werden. Die prominentesten Fälle waren die Verstrickung des »*Ulster Defence Regiment*« in die Ermordung von drei Musikern der irischen »Miami Show Band« im Juli 1975, der Fall des Agenten Brian Nelson, der offensichtlich eine zentrale Rolle bei der Ermordung des Rechtsanwaltes Pat Finucane 1989 gespielt hat, die Ermordung der Rechtsanwältin Rosemary Nelson 1999 und schließlich der Fall des Agenten »Stakeknife«, der erst 2003 aufgedeckt wurde.[221] Ein *Fazit* kann beim gegenwärtigen Kenntnisstand noch nicht gezogen werden. Die politischen Kontroversen um »collusion« werden weitergehen. Die Selbsthilfegruppe »*Relatives for Justice*« die für den Zeitram von 1988 bis 1994 allein 229 Fälle tödlicher politischer Gewalt durch loyalistische Paramilitärs auflistet, ist heute mehr denn je von der systematischen und nachhaltigen Zusammenarbeit von Sicherheitskräften und loyalistischen Paramilitärs überzeugt: »*There is no doubt that collusion is an official policy that has included the RUC, British Military and Military Intelligence. All of these have been co-ordinated by government and ‚security' officials at the Task Co-ordinating Group (TCG), directly unter the responsibility of the Joint Security Committee (JSC) in London which is directly accountable to the British Cabinet. It is here that collusion was devised, and sanctioned. It is at this level that we will find the answers to the questions about who is responsible for the hundreds of killings of Irish nationalists by loyalists.*«[222] Sicherlich hat es, und dafür gibt es eine Reihe von Indizien, in einzelnen Fällen passive und aktive Kooperation der Sicherheitskräfte mit protestantischen Paramilitärs gegeben. Es ist aber noch nicht eindeutig zu belegen, ob es eine *politisch bewusste*, d.h. von höchsten Regierungsstellen oder Polizeioberbehörden angeordnete und systematisch *geplante Kooperation*, zwischen Geheimdiensten, Spezialeinheiten und loyalistischen Paramilitärs gegeben hat. Das Urteil des Experten Mark Urban kommt der Wahrheit wohl am nächsten: »*My own research has not produced any evidence to support the claim that the security forces colluded with loyalist death squads in any planned or deliberate way.*« Auch Journalist Peter Taylor, einer der profiliertesten Kenner der dunklen Seiten des Nordirland-Konflikts, sieht keine geheime Kooperation als »*institutionalized or approved at the highest level of Government*«.

---

221 Zu allen Fällen gibt es zahlreiche Literatur und Webinformationen. Zum Fall »Miami Show Band« siehe v.a. die Erinnerungen von Musiker Stephen Travers bei TAYLOR, Loyalists, S. 147 f. CUSACK/McDONALD, UVF, S. 161 f. McKITTRICK, Lost Lives, S. 555 ff.; RYDER, Ulster Defence Regiment, S. 80 ff. Zu Finucane und Rosemarie Nelson vgl. McKITTRICK, Lost Lives, S. 1159 ff und 1467 ff. Zu »Stakeknife« siehe die umfassende Berichterstattung, v.a. Sunday Herald, 11. Mai 2003, Irish independent, 13. Mai 2003, The Guardian, 12.Mai 2003, The Times, 12. Mai 2003; Frankfurter Rundschau, 12. Mai 2003.
222 Collusion 1990 – 1994. Loyalist Paramilitary Murders in North of Ireland. Hrsgg. von RFJ, Belfast 1995. Presse-Mitteilung der RFJ am 14. Juni 2002.

Steve Bruce ergänzt, dass die weitaus häufigste Form der Kooperation wahrscheinlich die Weitergabe von Informationen über die republikanische Bewegung gewesen ist.[223] Trotz mehrerer großangelegter offizieller Untersuchungen von *John Stevens*, die erste im Jahr 1989 beginnend, bleiben viele Ereignisse im Dunkeln. Stevens erklärte am 17. Mai 1990 in einer Pressekonferenz am Ende seiner ersten Untersuchung: »*I have been able to draw firm conclusions that members of the security forces have passed information to paramilitaries. However, I must make it clear it is restricted to a small number of individuals, who have gravely abused their position of trust. This abuse is not widespread or institutionalised.*«[224] Stevens hat sein Urteil nach Abschluss seiner umfänglichen, 3000 Seiten starken, *dritten* Untersuchung im April 2003 erhärtet und verschärft. Er wird diesen Bericht aus Gründen nationaler Sicherheit (z.B. Enttarnung von Agenten) nicht veröffentlichen, hat aber einige erschreckende Details bekanntgegeben.[225] Die Spezialeinheit »*Field Research Unit*« und die »*RUC Special Branch*« werden für die Ermordung des republikanisch orientierten Rechtsanwalts Pat Finucane und einem Mitglied der republikanischen Bewegung, Brian Adam Lambert, verantwortlich gemacht, da Informationen über die »Zielpersonen« weitergegeben und/oder die gefährdeten Personen nicht gewarnt wurden. Man habe die Morde geschehen lassen. Der »Director of Public Prosecutions«, Sir Alasdair Fraser, prüft zur Zeit der Abfassung dieses Manuskripts, ob gegen 20 Personen, die im »secret war« eine bestimmte Rolle gespielt haben, Anklage erhoben werden soll. Was bleibt sind Betroffenheit, Verunsicherung und, wie es der Leitartikler des »Independent« ausdrückte, »*a dreadful stain on the reputation on our armed forces.*«[226] Demokratische Regierungen können sich auch im Kampf gegen den nationalen und internationalen Terrorismus nicht leisten, sich derselben Methoden zu bedienen, die ihr rücksichtsloser Gegner anzuwenden pflegt, so verständlich auch der Wunsch sein mag, Feuer mit Feuer zu bekämpfen. Die »Times« brachte auf den Punkt, was viele Bürgerinnen und Bürger in Großbritannien, und nicht nur dort, tatsächlich fühlen: »*The idea that people who served the Crown and often put themselves in considerable danger in so doing, might face trial and imprisonment while others who shot and bombed on behalf of the IRA have enjoyed an early release from jail, sticks in the throat but must not be allowed to choke the principles of justice.*«[227]

---

223 URBAN, Big Boys Rule, S. 57. TAYLOR, Brits, S. 87. »By far the most common form of assistance was the passing of information about republicans.« BRUCE, Red Hand, S. 212.
224 McPHILEMY, The Committee, S. 17. Stevens ist inzwischen in den Adelsstand erhoben worden und setzt als pensionierter »Metropolitan Police Commissioner« seine Nachforschungen zu »collusion« fort. Belfast Telegraph, 1. Februar 2005.
225 Auszüge in Belfast Telegraph vom 16. April 2003.
226 The Independent, 18. April 2003.
227 The Times, 18. April 2003.

7. Konfliktmanagement und Friedenssuche in den siebziger und achtziger Jahren

Die Britische Regierung hatte erklärt, dass die Suspendierung Stormonts nur solange dauern solle, bis ein neues Konzept für eine nordirische Regionalregierung gefunden sei, das die *Unterstützung beider communities* besitze. Doch die Britische Regierung sah sich einer polarisierten und segregierten Gesellschaft gegenüber, in der sich zwei (parteipolitisch und zivilgesellschaftlich organisierte) Lager nahezu unversöhnlich gegenüberstanden. An ihren Rändern agierten paramilitärische, terroristische Gruppen, die in Teilen beider communities stillschweigende Zustimmung bis zu aktiver Unterstützung besaßen. Ferner war London bestrebt, der Irischen Regierung eine Mitverantwortung für die Konfliktlösung oder gar *Mitbeteiligung an der Verwaltung Nordirlands* zuzugestehen. Diese »*Irische Dimension*« wurde regierungsamtlich erstmalig 1972 formuliert. Premierminister Heath wusste, dass die Irische Regierung an der konstruktiven und friedlichen Lösung des Nordirland-Problems ein ebenso vitales Interesse hatte, wie die Britische. Der Terror der IRA beunruhigte die Republik in gleicher Weise und das Ziel der IRA, die Protestanten in ein vereinigtes Irland »hineinzubomben«, wurde von den irischen politischen Parteien als gleichermaßen realitätsfern wie menschenfeindlich verworfen. Trotz mancher Vereinigungsrhetorik verfolgte die Republik keine substantielle operative (Wieder-) Vereinigungspolitik und keine irische Partei (mit Ausnahme von Sinn Féin) wollte die Teilungsfrage zum casus belli mit Großbritannien machen. Die Republik brauchte eine nachhaltige wirtschaftliche und soziale Entwicklung, wofür ihr EWG Beitritt 1973 gute Voraussetzungen bot. Trotz der zeitweisen Verstimmung zwischen Briten und Iren nach den Ereignissen des »Bloody Sunday« war klar, dass es nur miteinander und nicht gegeneinander eine Lösung des Nordirlandproblems geben konnte.

Die *Unionisten* waren für eine Verhandlungslösung nur zu gewinnen, wenn London an der *Garantie der Existenz Nordirlands innerhalb des United Kingdom* festhielt und die *Regionalregierung Nordirlands* wiederhergestellt wurde (*»devolution«*). In diesem Falle waren sie bereit, eine sehr moderate Machtbeteiligung der Opposition zu prüfen.[228] Eine Beteiligung der Irischen Republik an der Verwaltung Nordirlands war aber der entscheidende Streitpunkt, an dem sich die Geister innerhalb des unionistischen Lagers schieden.

---

228 Die UUP sprach sich für ein Ein-Kammer-Regionalparlament (100 Mitglieder) und eine gegenüber Stormont verkleinerte Regionalregierung aus. Ein System von sechs Ausschüssen sollte das demokratische Zentrum des Parlaments bilden - mit weitreichenden Möglichkeiten zur Kontrolle der Regierung und größtmöglichem Einfluss der nationalistischen Opposition. Die sieben bis neun Mitglieder starken Ausschüsse sollten den Fachministerien der Regierung entsprechen. In mindestens drei Ausschüssen waren Vertreter der Opposition als Vorsitzende vorgesehen. Eine Grundrechtscharta sollte die Rechte der Minderheit sichern. Towards The Future. A Unionist Blueprint. Belfast, 1972 (= Unionist Party Publication).

Die *Nationalisten* erstrebten langfristig das *Vereinigte Irland* und mittelfristig eine *substantielle Beteiligung* an der Regierung Nordirlands. Nur so war ihrer Auffassung nach die politische, sozioökonomische und kulturelle Benachteiligung der katholischen Minderheit zu beseitigen. Nach gescheiterten Geheimgesprächen der Britischen Regierung mit der IRA am 7. Juli 1972 und einem kurzfristigen Waffenstillstand,[229] kam für London nur noch die SDLP als Gesprächspartner in Frage. Die Partei war für konstruktive Politik und Kooperation zu gewinnen, wenn ihre politischen Grundforderungen wohlwollend geprüft wurden: Ende der Internierung, Beteiligung an der politischen Macht und Einbeziehung der Republik Irland an der Verwaltung Nordirlands (*»Joint Sovereignty«*). Zugleich sollte die Britische Regierung signalisieren, dass im Rahmen einer Konfliktlösung die *Option für ein Vereinigtes Irland* offenblieb.[230]

7.1. Das Machtteilungskonzept (»Power Sharing«)

Die Britische Regierung folgte einem *konkordanzdemokratischen* Grundkonzept, (*»consociationalism«*), dem die Erkenntnis zugrunde lag, dass in ethnisch, kulturell und religiös pluralistischen Gesellschaften mit hohem Konfliktpotential Demokratie nur dann eine Chance hat, wenn sie als *Verhandlungsdemokratie* organisiert und institutionalisiert wird. In Verhandlungsdemokratien spielt im Gegensatz zu *Konkurrenzdemokratien* das Mehrheitsprinzip nur eine untergeordnete Rolle, entscheidend ist die Organisation des politischen Willensbildungsprozesses mit Hilfe von ausgehandelten Kompromissregeln und -techniken. Die politische Dominanz einer Gruppe durch das Mehrheitsprinzip soll dadurch verhindert, Teilhabe aller an den politischen Entscheidungsprozessen, Autonomie der Gruppen sowie Min-

---

229 Zu Vorgeschichte und Ablauf des Treffens vgl. BISHOP/MALLIE, The Provisional IRA, S. 226 ff. COOGAN, »Troubles«, S. 174 ff. SMITH, Fighting for Ireland?, S.105 ff. BELL, Secret Army, S. 389 ff. TAYLOR, Provos, S. 136 ff. ADAMS, Before the Dawn, S. 201 ff. MacSTIOFÁIN, Memoirs, S. 264 ff, 279 ff. CLARK/JOHNSTON, McGuinness, S. 77 f.
230 Die Briten sollten erklären *»that it would be in the best interest of all sections of the Communities in both Islands, if Ireland were to become united on terms which would be acceptable to all the people of Ireland and that she will positively encourage the prosecution of this view point.«* Auf dem Wege zur vollen Einheit Irlands schlug die SDLP vor, Nordirland als »Kondominium« von einer Britisch-Irischen Interims-Regierung (»Joint Sovereignty«) verwalten zu lassen, ein Parlament (»Assembly« mit 84 Abgeordneten) und eine Regionalregierung zu wählen, protestantische und katholische »nationale Identitäten« anzuerkennen, zwei Staatsbürgerschaften zu akzeptieren und einen »nationalen Senat« einzurichten, der die Integration beider Teile Irlands vorantreiben sollte. Towards A New Ireland. Proposals by the Social Democratic and Labour Party. Belfast, 1972. Zu Geschichte und Inhalt dieses »key documents« vgl. McALLISTER, SDLP, S. 120 f. MURRAY, John Hume and the SDLP, S. 16 ff. ROUTLEDGE, John Hume, S. 118 ff. DEVLIN, Straight Left, S. 185 f. SÉAN FARREN/ ROBERT MULVIHILL, Paths To A Settlement in Northern Ireland. Gerrards Cross, 2000, S. 67 ff.

derheitenschutz garantiert werden.[231] Andere Verfahren zur Konfliktlösung in heterogenen, pluralistischen Gesellschaften können entweder territoriale Teilung oder rigorose Mehrheitsherrschaft sein, d.h. Dominanz einer Ethnie, einer religiösen oder kulturellen Gruppe. Die Herrschaft einer Mehrheit (»*majoritarian rule*«) – der Unionisten – war das Kennzeichen der politischen Ordnung Nordirlands von der Staatsgründung 1922 bis in die sechziger Jahre. Das ging fünfzig Jahre gut – bis zur Eruption 1968. Die unionistische Mehrheit war danach nicht mehr in der Lage, den Zusammenhalt des Gemeinwesens zu garantieren und wurde nur zeitweise durch die Intervention der Britischen Regierung gerettet. Das Eingreifen der Briten bewahrte ein prekäres Gleichgewicht der Kräfte: es schützte die Minderheit vor der Mehrheit, d.h. ihren extremistisch-militanten Randgruppen und bewahrte das nordirische Gemeinwesen vor Auseinanderfall und Bürgerkrieg. Eine Rückkehr zur Mehrheitsherrschaft war ausgeschlossen und so versuchten die Briten mit den nordirischen Parteien ein *Machtteilungskonzept* auszuhandeln, das sich an den konkordanzdemokratischen Prinzipien orientierte, wie sie z.B. der niederländische Politikwissenschaftler *Arend Lijphart* beschrieben hat:[232]

- Partizipation aller relevanten Gruppen an der Regierung durch Machtteilung (»Power-Sharing«).
- Hohes Maß an Autonomie der verschiedenen Gruppen.
- Proportionalität politischer Repräsentation in der Verwaltung und Finanzierung des Gemeinwesens.
- Vetorecht der Minderheit.

Die politischen Akteure folgten in den Jahren 1973/1974 einem solchen konfliktregulierenden Machtteilungskonzept »*von oben*«, d.h. ausgehend von der Bereitschaft der politischen Eliten der communities, Machtteilung mittels verfassungspolitischer Arrangements zu akzeptieren. Es sollte aber mit einer Politik »*von unten*« verbunden werden, dergestalt, dass mit einer Fülle von wirtschaftlichen und sozialen Maßnahmen zivilgesellschaftliche Strukturen geschaffen würden, die lagerübergreifende Kommunikation und Kooperation ermöglichen und schließlich Ausgleich und Versöhnung befördern sollten: »*British strategy combined elements of both a top-down and a bottom-up approach to conflict resolution. On the one hand the*

---

231 MANFRED G. SCHMIDT, Demokratietheorien. Opladen, 2000,³ S. 327 ff.
232 AREND LIJPHART, The »Power-Sharing« Approach. In: JOSEPH N. MONTVILLE (ed.) Conflict and Peacemaking in Mutiethnic Societies. Lexington/Toronto, 1990. S. 491 ff. Derselbe, Democracy in plural societies. New Haven, 1977. Lijphart hat sein Modell ausdrücklich als *Übergangsmodell* von einer Konkordanzdemokratie zu einer Konkurrenzdemokratie verstanden und nicht den Anspruch erhoben, ein Staatswesen dauerhaft nach diesen Prinzipien auszurichten. RICK WILFORD, Regional Assemblies and Parliament. In: MITCHELL/WILFORD; Politics in Northern Ireland, S. 119 f. Siehe zur konflikttheoretischen Einordnung des Konkordanzmodells und Analyse des »Power-Sharing« Experiments ULRICH SCHNECKENER, Auswege aus dem Bürgerkrieg. Modelle zur Regulierung ethno-nationalistischer Konflikte in Europa. Frankfurt/Main, 2002. S. 284 ff.

political elites were to coerced and cajoled into agreement (top-down), while on the other initiatives were taken to promote reconciliation at the grassroots level (bottom-up).«[233] Das Gelingen dieser Doppelstrategie setzte allerdings voraus, dass es

- *erstens* in den verfeindeten ethnischen, kulturellen und religiösen Lagern eine ausreichend breite gemäßigte »Mitte« (*»moderates«*) gab, die über lagerübergreifende Kontakte verfügte (*»cross-cutting ties«*) und bereit war, einen möglichen Verhandlungskompromiss zu unterstützen und
- *zweitens* die politischen Eliten der jeweiligen Lager eine Politik der Machtteilung, des Ausgleichs und Kompromisses bejahten und wirklich vorantreiben konnten und wollten.

Und genau hier lag das Problem. Weder das nationalistische noch das unionistische Lager verfügten in ausreichendem Maße über diese Voraussetzungen. Beide waren nicht homogen, sondern zeigten deutliche Binnendifferenzierungen im Blick auf politische Orientierungen und Politikkonzepte. Die Meinungsverschiedenheiten zwischen der UUP und der DUP, zwischen der SDLP und Sinn Féin sowie innerhalb der Parteien waren erheblich und erschienen oft als Streit zwischen Pragmatikern und Doktrinären. Eine lagerübergreifende politische Mitte war schwach, wenn man die liberale Alliance Party als parteipolitischen Ausdruck dieser Mitte sieht. Sie hatte in den siebziger Jahren auf dem Höhepunkt ihrer Popularität die Unterstützung von gerade 13% der Wählerschaft und verlor bis Mitte der neunziger Jahre ständig an Gewicht. Solange das Parteiensystem in Nordirland in erster Linie die ethnische und religiös-kulturelle Polarisierung widerspiegelte und die Wählerschaft entlang dieser Trennungen votierte, hatte eine parteipolitische »Mitte« geringe Chancen. Der politische Handlungsspielraum der »Gemäßigten« *innerhalb* der Lager blieb bescheiden und reichte nicht aus, eine nachhaltige Politik des Kompromisses zu tragen. Innerhalb des unionistischen Lagers musste jeder »Gemäßigte« bei Strafe von Wählerverlusten den Zorn der »No-Surrender« Loyalisten fürchten und bei den Nationalisten verfolgten die radikalen Republikaner jede Kompromisspolitik mit dem Vorwurf der Aufgabe des Ziels der Wiedervereinigung Irlands und Stabilisierung der britischen Herrschaft. Eine lagerübergreifende Gemeinwohlorientierung der politischen »Lagerparteien« war solange nicht zu erwarten, wie jede Wahl eher ein community-internes Plebiszit darüber war, wer die community im Kampf gegen das »feindliche« Lager am besten vertreten sollte. Nicht konkrete Politikangebote und pragmatische Konzepte standen zur Wahl, sondern die Abstimmung darüber, wer die antagonistischen Prinzipien (»Ulster is British« oder »United Ireland«) am wirksamsten zur Geltung

---

233 DIXON, Northern Ireland, S. 131. Siehe auch: PAUL DIXON, Paths to Peace in Northern Ireland (II): The Peace Process 1973-1974 and 1994-1996. In: Democratization, Vol. 4, No. 3, 1997, S. 9 ff. SCHNECKENER, Auswege aus dem Bürgerkrieg, S. 19.

bringen und die bessere Wählermobilisierung erreichen konnte.[234] Diese Konstellation belastete und verhinderte viele Jahre lang eine Politik des Ausgleiches und Kompromisses.

7.2. Das »Power-Sharing«– Intermezzo und die Sunningdale Konferenz 1973/1974

Am 31. Oktober 1972 veröffentlichte die Britische Regierung ein erstes Grundsatzdokument *»The Future of Northern Ireland«* (*»Green Paper«*).[235] Das Papier enthielt Kernelemente einer politischen Konfliktlösung:

- Der konstitutionelle und territoriale Status Nordirlands sollte nur verändert werden, wenn dies eine Mehrheit der Menschen in Ulster ausdrücklich wünschte (*»Northern Ireland must and will remain part of the United Kingdom for as long as that is the wish of a majority of people...«*, para. 79, a). Das war – nach der Abschaffung Stormonts - die bedingte, weil an den *Mehrheitswillen der Nordiren* geknüpfte, Garantieerklärung für die Existenz Nordirlands, die sich fortan durch alle Regierungsdokumente der achtziger und neunziger Jahre ziehen sollte. Zur Feststellung der Bevölkerungsmeinung sollte alle zehn Jahre eine umfassende Meinungsumfrage (*»Border Poll«*) stattfinden.[236]
- Die Britische Regierung stehe einer Wiedervereinigung Irlands nicht im Wege, *»if it were to come about by genuine and freely given mutual agreement and on conditions acceptable to the distinctive communities«* (para. 52, 74).
- Welche exekutiven und legislativen Formen eine neue Regionalregierung Nordirlands auch haben möge, beiden communities müssten faire und gleiche Chancen zur Vertretung ihrer Interessen eingeräumt werden, sodass *»a much wider consensus than has hitherto existed«* entstehen könne (para.79, d, f, g).
- Solange Nordirland Teil des United Kingdoms sei, müssten die Britische Regierung und das Parlament in Westminster die Souveränität über Nordirland behalten, insbesondere im Blick auf Sicherheit, Wirtschaft und Finanzen

---

234 Siehe zu diesem Komplex den Überblick bei PAUL MITCHELL; The Party System and Party Competition, In: MITCHELL/WILFOLD, Politics in Northern Ireland, S. 92 ff. Siehe auch FARREN/ MULVIHILL, Paths To A Settlement, S. 91 ff.
235 The Future of Northern Ireland. A Paper for Discussion. London, HMSO, 1972.
236 Das erste Referendum fand am 8. März 1973 statt. Beinahe alle Nationalisten boykottierten das Referendum, das nur die Wahl zwischen Ja/Nein ließ - entweder für die Beibehaltung des Status Quo oder ein Vereinigtes Irland. Die Wahlbeteiligung lag unter 60% und das Ergebnis der Abstimmung war von vornherein klar: 591.820 Wähler (= 97,8%) antworteten auf die Frage: *»Do you want Northern Ireland to remain part of the UK«* mit *»Yes«*. 6.463 (= 1,1%) antworteten mit *»Yes«* auf die Frage: *»Do you want Northern Ireland to be joined with the Republic of Ireland, outside the UK?«* ELLIOTT & FLACKES, Conflict in Northern Ireland, S. 186.

(para 79, b). Das war eine klare Absage an die Vorstellungen der SDLP von einer »Joint Sovereignty« der Britischen und Irischen Regierung.

- Der Konflikt in Nordirland sei aber nicht ohne die *Irische Regierung* zu lösen, deshalb müsse ein Verfahren der Mitverantwortung und Mitbeteiligung gefunden werden. Die Regierung schlug einen *»Council of Ireland«* vor, der als ein interparlamentarisches und Interregierungs-Gremium fungieren sollte. Allerdings sollte er nur *beratende Funktionen* haben und sich auf die Bereiche Regionale Strukturentwicklung, Tourismus und Verkehrswesen beschränken (para 79, a).

Auf der *Darlington Konferenz am 25. September 1972* bemühte sich die Britische Regierung, herauszufinden, wie groß die Zustimmung zu diesen Vorschlägen tatsächlich war. Sie hatte alle nordirischen Parteien außer Sinn Féin eingeladen, es nahmen allerdings nur die Unionisten, die Alliance Party und die NILP teil. Die drei nationalistischen Parteien, SDLP, die kleine Nationalistische Partei und die Republican Labour Party, blieben der Konferenz in erster Linie aus Protest gegen die anhaltende Internierung fern. Die DUP verweigerte sich auch. Trotz dieser eingeschränkten Beteiligung fühlte sich Nordirlandminister Whitelaw nach der Konferenz ermutigt, den Konsultationsprozess mit weiteren Vorschlägen voranzutreiben. Die Chancen für einen sachlichen Dialog zwischen den streitenden Lagern schienen nach Darlington gestiegen zu sein.[237] Nach weiteren Konsultationen und Debatten im Unter- und Oberhaus konkretisierte Whitelaw seine Vorschläge von 1972 in einem *»White Paper«* (*Northern Ireland Constitutional Proposals«*, 28. März 1973)[238]. Das Papier unterstrich die Verpflichtung der Britischen Regierung zu einer Politik des Friedens und der Versöhnung. Es war überaus nüchtern und realistisch und sah auch die Grenzen politischer Rahmensetzung. Ohne den Willen und die Anstrengungen der communities selbst zur Aussöhnung und der Entwicklung eines *»greater sense of community in the minds of the rising generation«* (para. 20) seien Frieden, Sicherheit und Fortschritt nicht möglich.[239] Die Lösung des Nordirland-Konfliktes sei mit politischen und verfassungsrechtlichen Maßnahmen allein nicht zu erreichen, sondern es bedürfe großer Anstrengungen in der Bildungs-, Arbeits- und Sozialpolitik. Doch im Zentrum des Dokuments standen die verfassungspolitischen Vorschläge, ausgehend von den fundamentalen Prinzipien der Machteilung (»Power-Sharing«) und der Kooperation mit der Irischen Regierung (»Irish Dimension«):

---

237 Siehe die Einschätzungen von Whitelaw und Faulkner. WHITELAW, Memoirs, S. 106 f. FAULKNER, Memoirs of a Statesman, S. 180.
238 Northern Ireland Constitutional Proposals. Presented to Parliament by the Secretary of State for Northern Ireland by Command of Her Majesty. London, Cmnd. 5259. Zur Entstehung BLOOMFIELD, Stormont in Crisis, S. 178 ff.
239 Es ist absurd, das Dokument als ein *»classic piece of neo-colonialism«* zu bezeichnen, im Gegenteil gerade davon verabschiedete sich die Regierung endgültig. FARRELL, Northern Ireland, S. 307.

- Bedingte Garantie-Erklärung: Nordirland soll solange Teil des United Kingdom bleiben, »*as that is the wish of a majority of people*« (para. 32).
- Einrichtung eines nordirischen Regionalparlaments (»*Northern Ireland Assembly*«), bestehend aus einer Kammer mit zwischen 80 bis 100 Abgeordneten, gewählt nach den Grundsätzen des Verhältniswahlrechtes mit übertragbarer Einzelstimmabgabe (»Single Transferable Vote«) (para. 39).[240] Die Amtszeit des Parlaments sollte vier Jahre (para. 41) betragen und seine legislativen Rechte nach den Bestimmungen des »Government of Ireland Act« von 1920 festgelegt werden. (»Excepted«, »reserved« und »transferred« Angelegenheiten, paras. 56, 57). Die Britische Regierung behielt sich Rechte im Blick auf Wahlorganisation, Wahlrecht, Ernennung von Richtern und Magistraten vor. Sollte die Versammlung Gesetze mit diskriminierendem Inhalt beschließen, etwa im Blick auf Wohnungsvergabe oder Beschäftigung, so konnte die Britische Regierung diese außer Kraft setzen.
- Konsultationen zwischen Vertretern der Assembly und dem Nordirlandminister über die Bildung einer *Regierung (»Executive«)*. Die Minister der verschiedenen »departments« sollten die Regierung bilden, ein *»government by consent«*, in dem Protestanten und Katholiken gemäß ihrer parteipolitischen Stärke in der Versammlung repräsentiert sein sollten: »*...it is the view of the government that the Executive itself can no longer be solely based upon any single party, if that party draws its support and its elected representation virtually entirely from only one section of a divided community.*« (para. 52) Ein »*Chief Executive Member*« (statt eines Premierministers wie zu Stormonts Zeiten) war als Vorsitzender vorgesehen. Die Minister sollten zugleich Vorsitzende von Kommissionen (»*functional committees*«) sein, die eine Verbindung von Exekutive und Versammlung herstellen und die parteipolitische Zusammensetzung der Versammlung widerspiegeln sollten.
- Kodifikation von Menschenrechten und Grundfreiheiten (»Charter of Human Rights«, para. 90 f.) und Ernennung einer »*Standing Advisory Commission on Human Rights« (SACHR)*, die einen jährlichen Bericht zur Lage der Menschenrechte in Nordirland abgeben sollte (para. 104).
- Die Verantwortung für Sicherheit und Ordnung sollte bei der Britischen Regierung (paras. 68-70) verbleiben. Die Anwesenheit der Armee sei solange erforderlich wie es die Sicherheitslage gebiete.
- Einrichtung eines »*Council of Ireland*« (para. 109), dessen genaue Konstruktion auf einer Konferenz zwischen der Britischen Regierung, der Irischen Regierung und Vertretern der nordirischen Regionalversammlung ausgehandelt werden sollte (para 112). Die Aufgaben des irischen Rates: Beratung der Regierungen

---

240 Zur Erläuterung des STV-Systems PAUL MITCHELL/GORDON GILLESPIE, The Electoral Systems. In: MITCHELL/ WILFORD, Politics in Northern Ireland, S. 74 ff.

und verstärkte Kooperation in praktischen Fragen (z.B. Tourismus, regionale Entwicklung, Verkehr) und in der Bekämpfung des Terrorismus.

In der *Unionistischen Partei* kam es zu heftigen Kontroversen. Faulkner sah eine Chance für die UUP, wieder zum politischen Akteur in Nordirland zu werden und warb heftig für die Vorschläge der Britischen Regierung.[241] Hauptstreitpunkt wurde die mögliche Beteiligung der SDLP an einer nordirischen Regierung (»Executive«). Die Gegner des Machtteilungs-Konzept unterbreiteten politisch völlig unrealistische Pläne, z.B. eine Rückkehr zum alten Stormont System, komplette Integration ins Britische Regierungssystem, Unabhängigkeit von Großbritannien und sogar die Idee einer Föderation mit den Nationalisten![242] Doch jeder pragmatische Schritt der UUP, wurde vom loyalistischen Lager mit Argwohn und Widerstand beantwortet. Am rechten Rand des Unionismus hatte sich schon im Februar 1972 unter Führung des Hardliner William Craig eine neue loyalistische Bewegung als Dachverband formiert, das *»Ulster Vanguard Movement«*. Einige der einflussreichsten unionistischen Politiker der neunziger Jahre, wie *David Trimble, Reg Empey und David Burnside* waren damals mit dabei und machten ihre ersten Erfahrungen in der praktischen Politik. Sie bildeten die intellektuelle Beratungselite der Vanguard-Bewegung.[243] Die Verlautbarungen und Protestaktionen der selbsternannten Avantgarde des Loyalismus atmeten den Geist des Ulster-Widerstandes gegen Großbritannien in den Home Rule Krisen 1886-1912. Craig organisierte eine Reihe von riesigen Massenkundgebungen, die in ihrer Inszenierung fatal an faschistische Vorbilder erinnerten. Er fuhr im Auto vor, begleitet von der Motorrad-Staffel des *»Vanguard Service Korps«*, einer Gruppe gut trainierter und finster blickenden Bodyguards. Er ließ sich als »leader« anreden und schritt wie ein »Mini-Duce« die Formation seiner Anhänger ab, eine martialische Symbolik, die auf Einschüchterung und Bedrohung zielte. Auf einer von 100.000 Menschen besuchten Protestveranstaltung im Belfaster Ormeau Park am 18. März 1972, rief Craig offen dazu auf, Dossiers über den »Feind« zusammenzustellen und ihn zu vernichten: *»If and when politicians fail us, it may be our job to liquidate the enemy.«*[244] Eine *»Loyalist Coalition«*, gebildet aus seiner *»Vanguard Unionist Progressive Party«*, Paisley's DUP, dem *»Orange Order«* und einer Reihe von Unionisten, die gegen die offizielle Linie Faulkners opponierten, stritt erbittert gegen die Vorschläge des »White Paper«. Trotz eines kleinen Etappensieges für Faulkner am 27. März 1973 - der »Ulster Unionist Council« wies mit 381 zu 231 Stimmen einen

---

241 FAULKNER, Memoirs of a Statesman, S. 187 ff.
242 DAVID McKITTRICK/DAVID McVEA, Making Sense of the Troubles. Belfast, 2000, S. 92.
243 HENRY McDONALD, Trimble. London, 2000. S. 36 ff.
244 TAYLOR, Loyalists, S. 96 ff. COOGAN, »Troubles«, S. 80. McKITTRICK/McVEA, Making Sense of the Troubles, S. 89. ELLIOTT & FLACKES, Conflict in Northern Ireland, S. 501 f. Aus dem Vanguard Movement entstand noch im März 1973 eine neue Partei: die *»Vanguard Unionist Progressive Party (VUPP)«*.

Antrag zurück, die Vorschläge des »White Paper« zu verwerfen - ging die UUP unter sehr unsicheren Vorzeichen, »*split from top to bottom*«, in die von heftigen Emotionen geprägte Wahl zum nordirischen Regionalparlament.[245]

Auch bei den *Nationalisten* gab es tiefgreifende Meinungsverschiedenheiten über das eigene Selbstverständnis und die politischen Grundziele. Die SDLP warb um Zustimmung der katholischen community, indem sie in erster Linie die »Irische Dimension« betonte und deutlich machte, dass ein Wahlsieg der SDLP unvermeidlich starken Eindruck auf die Britische Regierung machen müsse, die dann auch einem raschen Ende der Internierung zustimmen würde.[246] Sinn Féin boykottierte sowohl die Kommunalwahlen als auch die Wahlen zur Assembly.

Welche Chancen eine Politik der »Mitte«, des Ausgleichs und des Kompromisses hatte, sollten die Kommunalwahlen am 30. Mai 1973 und die Wahlen zur nordirischen »Assembly« am 28. Juni 1973 zeigen. Die *Kommunalwahlen (»District Council Elections«)* nach dem Verhältniswahlrecht für die neugeschaffenen 26 Distrikte waren ein erster Test. Von 526 Sitzen erreichen die Unionisten 233 (41,4% der »first preference votes«), die SDLP 83 (13,4%), Alliance 63 (13,7%) und eine Kombination von Loyalist Coalition, Vanguard und DUP 79 (14,1%) Die NILP bekam nur 4 Sitze (2,5%). Bedenklich war, dass die Mehrheit der unionistischen und loyalistischen Kommunalvertreter dem Lager der Gegner des »White Papers« zuzurechnen war. Erfreulich dagegen, aus Sicht der Befürworter des »White Papers«, war das Abschneiden der SDLP. Auf Anhieb hatte sie sich als die zweitstärkste Partei nach den Unionisten etabliert.

Die Wahlen zum *nordirischen Regionalparlament (»Assembly«) vom 28. Juni 1973* ergaben eine Mehrheit von 52 zu 26 Sitzen für die »White Paper«-Befürworter und damit für eine »Power-Sharing«-Politik und leiteten eine neue, bis in die achtziger Jahre reichende, Parteienkonstellation ein: Die SDLP profilierte sich als stabiler Vertreter des Nationalismus (bis zu den ersten Erfolgen von Sinn Féin 1983). Die alte Nationalistische Partei (NP) hatte endgültig ausgedient und die konfessionsübergreifende »Klassenpolitik« der NILP zog nur noch sehr wenig Wähler an. In der »Mitte« konsolidierte sich mit relativem Erfolg die Alliance Party. Entscheidender noch waren die Folgen für die Unionisten. Das Ergebnis zementierte nicht nur die Spaltung der Unionisten in eine »Pro-Faulkner«- und »Anti-Faulkner«-Gruppe, sondern markierte den Beginn einer neuen Phase unionistischer Zersplitterung.

---

245 HENNESSEY, History of Northern Ireland, S. 220.
246 BEW/PATTERSON, The British State and the Ulster Crisis, S. 56.

Ergebnis der Assembly-Wahlen vom 28. Juni 1973[247]

	Stimmen	%	Sitze
Pro- »Po ver Sharing«			
UUP – Pro-White Paper	182,696	25,3	24
SDLP	159,773	22,1	19
Alliance Party	66,541	9,2	8
NILP	18,675	2,4	1
Summe	427,685	59	52
Anti-»Po ver-Sharing«			
UUP-Anti-White Paper	76,094	10,5	7
DUP	78,228	10,8	8
Vanguard	75,709	11,5	7
West Belfast Loyalist Coalition	16,869	2,3	3
Independent Unionists	13,755	1,9	1
Summe	260,655	35	26

Das Lager der Anti-Faulkner Unionisten und der Loyalisten war erschreckend groß. 35% der Stimmen und 26 Sitze gingen an die vereinigten Nein-Sager von Anti-Faulkner Unionisten, Paisleys DUP, Craigs VUPP, und die kleine Gruppe West-Belfaster Loyalisten. Faulkner konnte sich nur auf 24 Unionisten stützen und konnte sich noch nicht einmal sicher sein, wie viele seiner Abgeordneten tatsächlich zu ihm stehen würden, sollte es zu harten Richtungsentscheidungen kommen.[248] Ein Lichtblick für die Befürworter des »Power-Sharing« Modells war das gute Ergebnis der SDLP. Sie kam auf 22,1% (= 19 Sitze). Das Ergebnis unterstrich eindrucksvoll, dass eine deutliche Mehrheit der katholischen community einer Politik der Gewalt und des politischen Abenteurertums eine klare Absage erteilt hatte, denn die *»Republican Clubs«*, der politische Arm der OIRA, hatten nur klägliche 1,8 % der Stimmen erhalten. Was die IRA von den Wahlen hielt, demonstrierte eine IRA Einheit in Belfast: sie feuerte eine Rakete in ein Wahllokal in der Lower Falls Road.

Faulkner war jetzt entscheidend auf die Unterstützung der SDLP, der Alliance Party und der NILP angewiesen. Angesichts der tiefgreifenden langfristigen Interessendivergenzen zwischen Faulkners Unionisten und der SDLP kam es auf die Kompromissbereitschaft beider Seiten an. Gemessen an den bevorstehenden Auf-

---

247 http://www.ark.ac.uk/elections/fa73.htm. Vgl. auch TONGE, Northern Ireland, S. 116. ELLIOTT & FLACKES, Conflict in Northern Ireland, S. 531 ff. Die Wahlbeteiligung betrug 72%. CUNNINGHAM, British government policy, S. 53 f.

248 Ein Mitglied seiner Fraktion (Nat Minford) wurde Präsident (»Presiding Officer«) der Assembly, ein zweiter (David McCarthy) verunglückte tödlich kurz nach den Wahlen. FAUKNER, Memoirs of a Statesman, S. 199.

gaben der Bildung einer Exekutive und Verhandlungen über die Ausgestaltung der »Irischen Dimension« mit einem »Council of Ireland« bedeutete dies mehr als einen Drahtseilakt. Der nächste wichtige Schritt war die *Bildung einer Regierung*. In der Assembly versuchten die Loyalisten durch gezielte Obstruktion der parlamentarischen Beratungen das Gremium lahm zu legen. Zeitweise glich die Assembly einem Tollhaus. Die Loyalisten nutzten die parlamentarische Bühne für ihre Propaganda und wütende Attacken auf die unionistischen »Verräter«. Die IRA überzog die SDLP Parlamentarier mit Drohungen. Der Vorwurf, sie seien Kollaborateure der Briten und der Protestanten konnte als Todesdrohung aufgefasst werden und tatsächlich gab es vereinzelte Attacken, die den tödlichen Ernst der IRA Botschaft unterstrichen.[249] Die Gespräche, die am 5. Oktober 1973 begonnen hatten, endeten nach zähem Ringen, und bis zuletzt vom Scheitern bedroht, am 22. November 1973 mit einer Vereinbarung zwischen Unionisten, SDLP und Alliance Party über die *Bildung einer Koalitionsregierung auf Basis des Machtteilungskonzepts*.[250] Die elfköpfige Regierung, »Executive« genannt, setzte sich aus sechs Unionisten, vier SDLP Vertretern und einem Vertreter der Alliance Part zusammen. Ferner gab es vier weitere, nicht stimmberechtigte Vertreter der Verwaltung im Ministerrang, zwei Sozialdemokraten, einen Unionisten und ein Alliance Vertreter. *Brian Faulkner*, Chef der UUP wurde Regierungschef (*»Chief Executive«*), *Gerry Fitt* von der SDLP sein Stellvertreter. *John Hume* übernahm das Amt des Handelsministers, der legendäre *Paddy Devlin* wurde Gesundheits- und Sozialminister. Die Regierung sollte am 1. Januar 1974 ihre Geschäfte aufnehmen. Sie sah sich, begleitet von einem permanenten hasserfüllten und unwürdigen Störfeuer der Paisley und Craig Anhänger, gewaltigen Schwierigkeiten gegenüber, die sie letztlich nicht meistern konnte. Die erste Kraftprobe war die Debatte um die Ausgestaltung und Umsetzung der *»Irischen Dimension«*. Sie wurde zur alles entscheidenden Streitfrage zwischen Unionisten und Sozialdemokraten und hat in der Hauptsache zum Scheitern der Exekutive beigetragen.

Am 6. Dezember 1973 trafen sich Vertreter der Britischen und der Irischen Regierung und der nordirischen Exekutive in dem kleinen Ort *Sunningdale*, Berkshire, zu Verhandlungen. Nach einem schwierigen, zähen und mehrfach von Unterbrechungen geprägten Diskussionsprozess, wurde das Ergebnis am 9. Dezember 1973 als das *»Sunningdale Agreement«* der Öffentlichkeit vorgestellt.[251] In der Frage des *völkerrechtlichen Status Nordirlands* hatte es erwartungsgemäß keine Einigung gegeben. Da es zu keinem *gemeinsamen* Text kam, formulierten die britische und Irische Regierung ihre grundlegenden Positionen im Artikel 5 des Agreement *separat*:

---

249 DEVLIN, Straight Left. S. 202.
250 Siehe die plastischen Schilderungen bei FAULKNER, Memoirs of a Statesman, S.203 ff. und WHITELAW, Memoirs, S. 117 ff.
251 Siehe zum Ablauf der Verhandlungen die Darstellung bei HEATH, The Course of my Life, S. 443 ff. BLOOMFIELD, Stormont in Crisis, S. 185 ff. DEVLIN, Straight Left, S. 203 ff.

> *»The Irish Government fully accepted and solemnly declared that there could be no change in the status of Northern Ireland until a majority of the people of Northern Ireland desired a change in that status.«*

> *»The British Government solemnly declared that it was, and would remain, their policy to support the wishes of the majority of the people of Northern Ireland. The present status of Northern Ireland is that it is part of the United Kingdom. If in the future the majority of people of Northern Ireland should indicate a wish to become part of a united Ireland, the British Government would support that wish.«*[252]

Angesichts der geltenden Verfassungslage waren beide Erklärungen mutig und nicht ohne Risiko. Die Irische Regierung hatte eine Einschränkung ihres Territorialspruches auf ganz Irland, gemäß der Artikel 2 und 3 ihrer Verfassung, formuliert und die Britische Regierung hatte ihre seit 1949 geltenden Garantie-Erklärung für Nordirland als Teil des Vereinigten Königreiches durch eine *Bedingung relativiert*. Die Garantie galt nur so lange, wie die *Mehrheit der Bevölkerung Nordirlands* den Verbleib im United Kingdom wünschte. Hier lag politischer Sprengstoff, der beide Regierungen bis in die Gegenwart beschäftigen sollte.

Das zähe Ringen um den *»Council of Ireland«* zeigte, dass Unionisten und Nationalisten mit dieser Institution weit auseinanderliegende politische Ziele verbanden. Für die Unionisten war eine solche Institution nur akzeptabel, wenn die damit intendierte Nord-Süd Kooperation sehr pragmatisch auf die Verbesserung der Sicherheitslage, den Kampf gegen den Terrorismus und praktische wirtschaftliche Fragen gerichtet sein würde. Gleichzeitig dürfe die Zugehörigkeit Ulsters zum Vereinigten Königreich und das Selbstbestimmungsrecht der Nordiren nicht geschmälert werden. Die Nationalisten dagegen betrachteten den Council als ersten Schritt und Instrument zur *Einheit Irlands*. Sie mussten aber, um die Zustimmung der Unionisten zu erreichen, im Gegenzug das Selbstbestimmungsrecht der Nordiren anerkennen und damit das »Provisorium« Nordirland, eine Position, die ihrer Klientel nicht einfach zu vermitteln war.

Im Artikel 7 des »Sunningdale Agreement« wurde die Konstruktion des »Council of Ireland« vereinbart. Das regierende Zentrum des »Council« mit *»executive and harmonising functions and a consultative role«* sollte ein *Ministerrat* sein, bestehend aus 7 Ministern der Irischen Regierung und 7 der nordirischen Exekutive. Beschlüsse konnten nur einmütig gefasst werden. Artikel 8 beschrieb Politikfelder für die eine gemeinsame Verantwortung im »Council« übernommen werden sollten: Umweltschutz, Landwirtschaft, Holz- und Fischereiwirtschaft, Handel und Industrie, Energieversorgung, Tourismus, Verkehrs- und Transportwesen, Gesundheit, Sport, Kunst und Kultur. Artikel 10 sah eine verbesserte Kooperation in Fragen der öffentlichen Sicherheit vor. Es wurde im Grundsatz vereinbart, dass

---

252 Sunningdale Agreement, Article 5. http://cain.ulst.ac.uk/events/sunningdale/agreement.htm FAULKNER, Memoirs of a Statesman, S. 230

Gewaltverbrechen, gleichgültig wo sie begangen wurden, in beiden Teilen Irlands gerichtlich verfolgt werden müssten. Über die rechtspraktische Umsetzung dieses Zieles gab es keinen Konsens, es wurden lediglich verschiedene Lösungswege beschrieben: Ergänzung der *Auslieferungsgesetzgebung* (unionistischer Vorschlag), Einrichtung eines *gemeinsamen Rechtsgebietes* mit einem *gesamtirischen Gerichtshof* und Erweiterung der Befugnisse der Gerichte in Nord und Süd zur Verfolgung von Straftaten außerhalb ihres Rechtsgebietes (Vorschlag der Irischen Regierung). Die Irische Regierung erklärte, dass sie Personen, die in Nordirland unter Mordanklage stünden, vor Gericht stellen würde wenn diese in die Republik flüchteten. Alle diese Vorschläge sollten in einer zu formierenden »*Britisch-Irischen Regierungskommission*« gründlich diskutiert werden.

Ein besonderes, bis heute akutes Problem, war die *Rolle der nordirischen Polizei*. Die SDLP hatte immer wieder die mangelnde Akzeptanz der RUC in der katholischen community thematisiert und war darin von der Irischen Regierung unterstützt worden. Immerhin waren sich alle Parteien darin einig, dass eine breite Akzeptanz und Unterstützung der Polizei durch Protestanten und Katholiken wünschenswert sei (Artikel 12). Allerdings gab es keinen Konsens darüber, wie diese Akzeptanz nachhaltig zu verbessern sei. Die SDLP bestand auf einer starken Rolle des »Council of Ireland« im Blick auf die Polizei, die Unionisten wiesen das vehement zurück. Für sie war jede Mitsprache eines all-irischen Gremiums in Polizei-Angelegenheiten gleichbedeutend mit der Aufgabe der Selbstbestimmung Nordirlands. Nach langem Tauziehen einigte man sich schließlich auf eine lose Kooperation der Polizeibehörden in Nord und Süd. Dies war so vage formuliert, dass die Unionisten daran keinen Anstoß nehmen konnten. Die Irische Regierung hatte die SDLP davon überzeugt, dass sie an dieser Stelle nachzugeben habe, denn die Kompromissbereitschaft Faulkners dürfe nicht überdehnt werden. Die Britische Regierung kam den Unionisten ein Stück weit entgegen indem sie in Aussicht stellte, dass wenn die Probleme der Sicherheit gelöst seien, der nordirischen Exekutive die Verantwortung für die RUC wieder übertragen werden könne (Artikel 14). Auch dies war eine Konzession, die den Briten hartnäckig abgehandelt werden musste, denn gerade das Versagen des nordirischen Sicherheitsapparates war ein entscheidender Grund für die Einführung der Direktregierung gewesen.[253]

Nach Abschluss des Abkommen versuchte jede Seite, die Ergebnisse als ihren spezifischen Erfolg zu verkaufen. Dies war für beide Seiten nicht leicht, denn das Sunningdale Agreement war »*in reality an agreement to reach an agreement, with much remaining to be finalised.*«[254] Für die Unionisten war es aber noch schwerer als für die SDLP, denn sie hatten mit dem »Council of Ireland« die dickste Kröte zu

---

[253] Siehe den Bericht über die entscheidende Verhandlungsphase aus Sicht der irischen Verhandlungsdelegation von Außenminister Fitzgerald: GARRET FITZGERALD, All in a Life. An Autobiography. London, 1992,² S. 220ff.
[254] McKITTRICK/McVEA, Making Sense of the Troubles, S. 99. Das war auch die Einschätzung FAULKNERS, Memoirs of a Statesman, S. 244.

schlucken. Faulkner bemühte sich, die Ergebnisse von Sunningdale seiner Anhängerschaft als Erfolg plausibel zu machen, was ihm sichtlich schwerfiel und im Ergebnis auch nicht gelang.

- Er verwies auf die Deklaration der Irischen Regierung über den Status von Nordirland, die Anerkennung des Selbstbestimmungsrechtes der nordirischen Bevölkerung innerhalb der bestehenden Grenzen und die Hoffnung, dass die Irische Regierung den in ihrer Verfassung (Art. 2 und 3) formulierten Territorialanspruch auf Nordirland streichen würde. »*We had for the first time since de Valera laid claim to Northern Ireland some forty years earlier achieved recognition by the Republic of our right to self-determination within our existing boundaries.*«[255]
- Das Prinzip der *Einmütigkeit* (»unanimity rule«) verhindere Entscheidungen gegen die Unionisten.
- Er hob die Einrichtung der »*Britisch-Irischen Regierungskommission*« hervor, die sich mit grenzübergreifenden Sicherheitsfragen befassen sollte (Auslieferungsfragen, gemeinsame Jurisdiktion im Blick auf terroristische Aktivitäten und Verbrechen).
- Er spielte die Befugnisse des »*Council of Ireland*«, herunter und stellte ihn als »*necessary nonsense*« dar. Er verbuchte es als besonderen Erfolg, dass es der unionistischen Seite gelungen sei, eine Mitsprache des »Council« in Polizeiangelegenheiten zu verhindern. Gleichwohl unterschätzte er sträflich die hohe negative symbolische Bedeutung, die ein solches gesamtirisches Gremium für das unionistische Lager besaß.

Faulkner musste einerseits den schweren Bedenken in seiner eigenen Klientel Rechnung tragen, andererseits konnte er auch der Gegenseite nicht zuviel zumuten. Er war klug genug zu sehen, dass die irische Koalitions-Regierung, die nur über eine knappe Mehrheit im »Dáil« gebot, die Verfassung der irischen Republik im Blick auf ihre Territorialansprüche auf Nordirland nicht einfach ändern konnte. Dazu hätte es eines Referendums bedurft und es war keineswegs sicher, ob eine Mehrheit der Streichung der Artikel 2 und 3 zustimmen würde. Daher unterließ er es, die Aufgabe des Territorialanspruches zur conditio sine qua non des Erfolges von Sunningdale zu machen. Die Verfassungsänderung blieb offen und eröffnete allerdings Faulkners Gegnern eine gefährliche Angriffsfläche, was Paisley & Co. weidlich auszuschlachten wussten. Paisley geißelte im Regionalparlament Faulkners Interpretation der Erklärung der Irischen Regierung in Artikel 5 als schönfärberisch und falsch. Mit keinem Wort habe die Irische Regierung die verfassungsmäßige Zugehörigkeit Nordirlands zum United Kingdom anerkannt. Die Territorialansprüche blieben bestehen und die Irische Regierung lasse Terroristen frei agie-

---

255 FAULKNER, Memoirs of a Statesman, S. 236. Siehe seine Rede vom 14. Dezember 1973 in der Assembly, die 120mal (!) von wütenden Gegnern unterbrochen wurde. BLEAKLEY, Faulkner, S. 143 ff.

ren, die nordirische Polizisten ermordeten. Und nun solle dieser Regierung mit Hilfe des »Council of Ireland« auch noch ein Mitspracherecht in Polizeiangelegenheiten Nordirlands gewährt werden: »*That country gives sanctuary to the people who shoot the police here and yet they are going to have a say in the running of the police.*«[256] Paisley hatte alle jenen aus dem Herzen gesprochen, die im »Council of Ireland« das »Trojanische Pferd« Dublins in Ulster sahen und das waren keineswegs nur militante Loyalisten, wie sich bald zeigen sollte.

Die SDLP sah das Sunningdale Agreement als einen Teilerfolg und hob als Kernstück den »Council of Ireland« hervor, den die Partei ihren Wählern als unverzichtbare Bedingung für die Beteiligung an der gesamten »Power-Sharing« Politik und ein machtvolles, langfristiges Instrument zur schrittweisen Vereinigung Irlands darstellte. Ziel müsse es deshalb sein, seine harmonisierenden und exekutiven Funktionen weiter auszubauen.[257] SDLP-Delegationsmitglied Paddy Devlin frohlockte pathetisch: »*We were satisfied that we had secured the basis for an effective and evolving Council of Ireland. We had gone beyond our wildest dreams in moving towards a realisation of Wolf Tone's objective of uniting Protestant, Catholic and Dissenter.*«[258] Dieser Triumphalismus war kontraproduktiv. Er musste die Gegner des Abkommens geradezu alarmieren und ihre schlimmsten Befürchtungen bestätigen. Auch im Blick auf die Kritik in der Republik Irland am Abkommen bestand für überschwänglichen Optimismus kein Anlass. Die Erklärung der Irischen Regierung in Artikel 5, dass eine Änderung des Status Nordirlands nur qua Zustimmung der Mehrheit der nordirischen Bevölkerung möglich sei, wurde von ultranationalistischen Kritikern als Akzeptanz der Teilung Irlands und Verzicht auf den von der Verfassung in Art. 2 und 3 gebotenen Territorialanspruch gewertet. In einem von den Gegnern des Abkommens angestrengten Prozess entschied der *Irish Supreme Court* am 16. Januar 1974 zugunsten der Regierung. In seiner Begründung führte der Richter aus, die Regierung habe mit dem Sunningdale Abkommen keineswegs *de jure* auf die verfassungsmäßigen Territorianspräche verzichtet, sondern lediglich eine *politische Erklärung* abgegeben, dass eine »Re-Integration Nordirlands« zu einem vereinigten Irland nur mit der Zustimmung der Mehrheit der Bevölkerung in Nordirland erfolgen könne. Faulkner waren die verfassungsrechtlichen Schwierigkeiten der Irischen Regierung sehr klar, aber der Spruch des höchsten irischen Gerichts setzte ihn unter erheblichen Erklärungsdruck. Wie sollte er der protestantische Wählerschaft erläutern, dass das höchste irische Gericht den territorialen Rechtsanspruch der Republik Irland an Nordirland de jure bekräftigt habe, gleichwohl einräumte, dass, bevor dieser praktisch umgesetzt würde, die Nordiren wenigstens noch Gelegenheit zur Abstimmung haben müssten? Er hoffte aber auf eine spätere Erläuterung des Abkommens durch die Irische

---

256 Northern Ireland Assembly Official Reports, vol. 1, col. 1510, 14. December 1973.
257 Zur Diskussion über den »Council« innerhalb der SDLP siehe MURRAY, John Hume and the SDLP, S. 22 ff.
258 DEVLIN, Straight Left, S. 210.

Regierung, in der die de facto Anerkennung Nordirlands im Sinne Sunningdales stärker zum Ausdruck kommen sollte.[259] Für seine messerwetzenden Gegner war diese Episode Wasser auf ihre Mühlen, aber auch moderate Unionisten zeigten sich enttäuscht und irritiert.

Trotz des Optimismus, den Faulkner kurz nach Amtsantritt der Exekutive am 1. Januar 1974 verbreitete, waren die Chancen zur Durchsetzung seiner pragmatischen Politik des Ausgleichs bereits vor und während der Sunningdale-Verhandlungen deutlich gesunken. Am 5. Dezember 1973 waren fünf von sieben UUP Abgeordneten im House of Commons ins Lager der Faulkner Gegner übergelaufen. Einen Tag später formierte sich eine neue Dachorganisation im Protest gegen Faulkners Politik: der »*United Ulster Unionist Council*« (UUUC), bestehend aus Faulkner Gegnern von der UUP, Craig's Vanguard Partei, Paisley's DUP und dem »Orange Order.«[260] Am 4. Januar 1974 traf Faulkner ein weiterer schwerer Schlag: der »Ulster Unionist Council« lehnte den »Council of Ireland« mit 427 zu 374 Stimmen ab. Faulkner zog die Konsequenzen und trat drei Tage später als *Vorsitzender der UUP* zurück. Er hatte drastisch an Einfluss in der Partei verloren und auch außerhalb der UUP schmolz die Unterstützung für seine pragmatische Politik des Ausgleichs dahin.

Die Britische Regierung leistete ungewollt einen Beitrag zur Unterminierung der Stellung der Exekutive, als Premierminister Heath überraschend für den 28. Februar 1974 Wahlen zum House of Commons ansetzte. Die Wahlen sollten zu einem Referendum in seinem Kampf gegen die Gewerkschaften und der Abwendung eines Generalstreiks in England werden, Nordirland interessierte weniger. Doch Heath hatte sich verrechnet. Die Konservativen verloren knapp und der Labour Spitzenkandidat *Harold Wilson* zog zum zweiten Mal als Premierminister in Downing Street No. 10 ein (bis 1976) und bildete eine Labour Minderheitsregierung. In Nordirland wurden die Unterhauswahlen zu einem *Referendum gegen Sunningdale* und für die nordirische Exekutive zum Offenbarungseid. Sie hatte keine Chance gehabt, auf erfolgreiche Maßnahmen ihrer sehr kurzen Regierungszeit zu verweisen und die Parteien, die sie trugen, konnten sich weder auf gemeinsame Kandidaten noch ein gemeinsames Programm einigen. Sie fochten im Gegensatz zu Faulkners Gegnern separat. Das loyalistische Ulster betrachtete die Westminster Wahlen als unverhofftes Gottesgeschenk zur Demonstration der eigenen Stärke. Der UUUC hatte gemeinsame Anti-Sunningdale Kandidaten aufgestellt und war

---

259 FAULKNER, Memoirs of a Statesman, S. 246 ff. BLOOMFIELD, Stormont in Crisis, S. 202 ff. Faulkner war am 16. Januar 1974 in Dublin mit Premier Liam Cosgrave zusammengetroffen und hatte seine Schwierigkeiten dargelegt, wohl in der Hoffnung von der Irischen Regierung eine öffentliche Erklärung zu erhalten, dass am gegenwärtigen Status Nordirlands nichts zu ändern sei. Cosgrave hatte ihm in einem Schreiben vom 31. Dezember 1973 mitgeteilt, dass »the status of Northern Ireland will not be altered without the consent of the people.« Irish Independent, 3. Januar 2005.

260 Einzelheiten bei ELLIOTT & FLACKES, Conflict in Northern Ireland, S. 500 f.

mit dem durchschlagenden Slogan »*Dublin's just a Sunningdale away*« in den Wahlkampf gezogen. Bei einer Wahlbeteiligung von etwas mehr als 70%, erhielten die vereinigten Sunningdale Gegner des UUUC 51,1% (366.703) der Stimmen, nur 13,1% (94.301) entfielen auf Faulkners Anhänger. 11 von 12 nordirischen Parlamentariern in Westminster gehörten jetzt dem Anti-Faulkner-Lager an. Wahlanalysen wiesen aus, dass die *protestantische* Zustimmung zum »Power-Sharing« Experiment auf ganze 28% gesunken war, dagegen begrüßten es 78% der *Katholiken* weiterhin.[261] Nach diesem Wahldesaster der Parteien der Exekutive war abzusehen, dass das »Power-Sharing« Experiment nur eine kurze Episode bleiben würde.

Die Exekutive überlebte den Monat Mai nicht. Ein *politischer Generalstreik*, angezettelt und ausgeführt von Faulkners loyalistischen Gegnern, vereint im »*Ulster Workers Council*« (UWC), versetzte ihr den Todesstoß. Zum ersten Mal in der Geschichte des Nordirlandkonfliktes kam es zu einer offenen, bestens organisierten, nachhaltigen und, gemessen an ihren Zielen, erfolgreichen Zusammenarbeit von loyalistischen Parlamentariern (Assembly-Mitgliedern), loyalistischen Arbeiterorganisationen und Paramilitärs (UDA) mit dem Ziel, das »Power-Sharing«-Experiment zu beenden. Zwar hatte es schon in der Vergangenheit immer wieder Verbindungen und Aktionen von unionistischen Dissidenten, Paisleys Mannen, Craigs Truppen und Paramilitärs gegeben, aber noch nie vereint in *einer* Organisation mit einer klar ausgearbeiteten *Strategie*.[262] Der UWC war ideologisch und politisch keine geschlossene Gruppierung. Die Motive der Aktivisten, zum Streik aufzurufen, waren durchaus verschieden, aber der kleinste gemeinsame Nenner war das Negativbündnis gegen die »Power-Sharing«-Exekutive. Ideologie und Propaganda des UWC zeigten eine wenig reflektierte Verbindung von Vanguard, Paisleyismus und loyalistischer Militanz. Auch ein paar vage Ideen über Ulsters »Unabhängigkeit« vom United Kingdom fanden sich sowie Elemente eines ziemlich platten Antikapitalismus. Nach vierzehn dramatischen Streiktagen, vom 15.-28. Mai 1974, die Nordirland lahm legten und Teile der Provinz zu rechtsfreien Räumen unter der Herrschaft der loyalistischen Paramilitärs werden ließen, war die Exekutive am Ende.[263] *Am 28. Mai* trat Faulkner *als Chef der Exekutive zurück*. Seine Minister folgten. Die Würfel waren gefallen. *Das »Power-Sharing«-Experiment war zu Ende, das Sunningdale Agreement ein Fetzen Papier.* Die große Chance, mit einer

---

261 http://www.ark.ac.uk/elections/fw74f.htm. RICHARD ROSE, Northern Ireland. A Time of Choice. London, 1976. S. 31.
262 ROBERT FISK, The Point of No Return. The strike which broke the British in Ulster. London, 1975, S. 46.
263 Dichte und spannende Beschreibung der Ereignisse bei ROBERT FISK, The Point of No Return. DON ANDERSON, Fourteen May Days. The Inside Story of the Loyalist Strike of 1974. Dublin, 1994. Siehe auch die brillante Darstellung bei BELL, The Irish »Troubles«, S. 411 ff. Immer noch beste Zusammenstellung von Literatur und Quellenmaterial von CAIN (Conflict Archive on the Internet: http://cain.ulst.ac.uk/events/uwc/soc.htm)

katholisch-protestantischen Koalitionsregierung und in enger Kooperation mit der Britischen und Irischen Regierung die Unruheprovinz friedlicheren Zeiten entgegenzuführen, war gescheitert. Das Regionalparlament wurde am 30. Mai 1974 vertagt und schließlich im März 1975 ganz aufgelöst. »Direct Rule« wurde wiederhergestellt.

Die Diskussion um die Gründe und politischen Folgen des Scheiterns des »Power-Sharing« Experiments beschäftigt Historiker bis heute. Die *Britische Regierung* muss sich vorhalten lassen, das Scheitern des Exekutive mindestens fahrlässig mitverschuldet zu haben. Starke Rhetorik gegen die Streikenden reichte nicht, um den Streik zu beenden. Die Armee wurde gegen die Streikenden nicht eingesetzt, weil diese keinen »shoot-out« mit den protestantischen Paramilitärs riskieren wollte. Die Armee definierte ihre Rolle als Terrorismusbekämpfer, nicht als Eingreiftruppe in einem politischen Streik, der offenkundig von großen Teilen der protestantischen Bevölkerung unterstützt wurde und deren Sympathien man nicht aufs Spiel setzen wollte. Es passte ins Bild einer konzeptionslosen Regierung, dass Premierminister Wilson schließlich am 25. Mai 1974 durch eine unglückliche Rundfunkansprache ganz Ulster gegen sich aufbrachte und die Unterstützerfront für den Streik noch verstärkte. Der impulsive Wilson hatte in bitterem, anklagendem Ton den Menschen in Nordirland unterstellt, sie profitierten von den millionenschweren Transferzahlungen Londons, zerstörten Eigentum, attackierten die Britischen Soldaten und hätten noch die Stirn, gegen Westminster aufzustehen. Sie saugten das »Mutterland« geradezu aus: »*...people, who spend their lives sponging on Westminster and British democracy and then systematically assault democratic methods. Who do these people think they are?*«[264] Wilsons Pauschalkritik erbitterte nicht nur die Unionisten und stärkte die obstinate Haltung des loyalistischen Lagers, sondern mobilisierte bei den Katholiken alte anti-englische Ressentiments.

1974 markiert das Ende einer Phase der politischen Mediation in der britischen Nordirland-Politik: *Nach langem Zögern und dann massivem Eingreifen in nordirische Angelegenheiten 1969, folgte der Versuch, die Nordiren zu politischen Reformen und zur Akzeptanz eines konstitutionellen Arrangements der Machtteilung zwischen*

---

264 zit. bei FISK, Point of No Return, S. 252 ff. Zu den Hintergründen ebda., S. 197 ff. Es kann kein Zweifel sein, dass er es tatsächlich so gemeint hat. In seinem Memoiren bezeichnet die Rede als »provocative and bitter« und umschreibt die Grundabsicht wie folgt: »The idea I was seeking to get across was that Ulster was always ready to come to Auntie for spending money, expressing their thanks by kicking her in the teeth.« HAROLD WILSON, Final Term. The Labour Government 1974-1976. London, 1979. S. 76 f. Vgl. auch die Einschätzung von FAULKNER und BLOOMFIELD. Beide hatten den Entwurf der Rede gesehen. Bloomfield bezeichnete die Sprache als »unhelpful« und »ill-judged«. BLOOMFIELD, Stormont in Crisis, S. 219. Faulkner war noch deutlicher: »I was surprised and alarmed...because it merely seemed to lump everyone in Ulster together as reprobates (verkommene Subjekte, J.K.) and insult them to no purpose.« Faulkner teilte seine Einwände Rees mit, offensichtlich ohne Erfolg. FAULKNER, Memoirs of a Statesman, S. 275.

protestantischer und katholischer community zu veranlassen bei gleichzeitiger Beteiligung der Britischen und Irischen Regierung als Garantiemächte. Dieses Konzept war von der Mehrheit der protestantischen Bevölkerung zurückgewiesen worden, aus der Furcht heraus, den nationalistischen Kräften und der Irischen Regierung die Tür zur Vereinigung Irlands aufzustoßen. Die Britische Regierung hatte die Stärke einer gemäßigten »politischen Mitte«, die Konzepte wie »Zivilgesellschaft« und »Machtteilung« mitzutragen bereit war, grob überschätzt. Sie zog nun den Schluß, die Nordiren stärker als bisher in die Verantwortung für eine Lösung des Konfliktes hineinzuziehen. In wünschenswerter Deutlichkeit formulierte Premier Wilson: »*No solution could be imposed from across the water. From now on we had to throw the task clearly to the Northern Ireland people themselves.*«[265]

Der *Erfolg des UWC* konnte nur auf dem Boden eines extrem zersplitterten Unionismus gedeihen, der die protestantische community spätestens seit O'Neill nicht mehr erfolgreich integrieren konnte. Vielfältige Abspaltungen und neue Formierungen hatte es seit 1969 gegeben (DUP, Vanguard) und der Aufbau einer protestantischen paramilitärischen Front war spätestens 1972 abgeschlossen. Unter diesen Bedingungen war der moderate Unionismus auf Kooperation mit den moderaten Katholiken, d.h. der SDLP, angewiesen. Diese Kooperationspolitik fand ihren Höhepunkt im »Power-Sharing« Experiment und verlor ihre mehrheitliche Unterstützung. Sie wurde schließlich von dem vereinigten Anti-Sunningdale Lager des rechten Unionismus und Loyalismus zu Fall gebracht. Der UWC siegte, weil er eben nicht nur aufgrund von Einschüchterungen und Zwangsmaßnahmen die deutliche Mehrheit der protestantischen Bevölkerung hinter sich brachte. Er wurde zur aktivistischen Spitze des Anti-Sunningdale Protestes und mobilisierte die tiefsitzende Ängste der protestantischen Bevölkerung vor einem »Ausverkauf« Ulsters, angeblich betrieben von Westminster, der Römisch-katholischen Kirche, der SDLP, der Irischen Regierung und den Faulkner Unionisten als »nützliche Idioten«. Dennoch war der Sieg des UWC ein Pyrrhus-Sieg, denn das Ergebnis war verfassungspolitisch die Wiederherstellung von »Direct Rule«. Das Negativbündnis gegen das Sunningdale Agreement hielt nicht lange zusammen. Der UWC löste sich binnen eines Jahres auf. Zu konstruktiver, operativer Politik zur Lösung des Nordirland-Konfliktes waren die im UWC vereinten politischen Gruppierungen nicht fähig.

Es kann kein Zweifel sein, dass auch die *Schwäche der Exekutive* und ihre internen Streitigkeiten den UWC stärkten und zum Erfolg der Gegner des »Power-Sharing«-Experiments beitrugen. Die Verantwortung dafür trug die Exekutive allerdings nicht allein, denn die Britische Regierung muss sich fragen lassen, war-

---

265 WILSON, Final Term, S. 78. Ähnlich MERLYN REES, Northern Ireland, A Personal Perspective. London, 1985, S. 90. Trocken kommentierte Faulkner die Richtungsänderung der britischen Politik so: »Westminster, having its fingers burned over its high-profile involvement in Sunningdale, has rushed to the other extreme and adopted a ,sort yourselves out, it's nothing to do with us' attitude.« FAULKNER, Memoirs of a Statesman, S. 279.

um sie die Exekutive nach ihrer Konstituierung nicht nachhaltiger unterstützt hat. Weder die Konservativen noch Labour taten genug, um der Exekutive wirkliche Entscheidungskompetenz zuzubilligen. Sie erschien in den Augen der Öffentlichkeit als Gremium von Großbritanniens und der Republik Irlands Gnaden. Eine wirkungsvolle Regierungsarbeit, insbesondere im Blick auf Wirtschafts-, Arbeitsmarkt- und Sozialpolitik konnte von ihr, trotz des heroischen Einsatzes fähiger Minister, gar nicht ernsthaft geleistet werden. Die Exekutive rieb sich im internen Streit um die Umsetzung des Sunningdale Agreement auf, im übrigen auch deshalb, weil der Vertragstext selbst viele konkrete Fragen offengelassen hatte, die nun mühsam im einzelnen ausgehandelt werden mussten. Die Parteien der Exekutive, namentlich die SDLP, sahen mangels Erfolgsaussichten auf anderen Politikfeldern in diesen Detaildiskussionen (fast) die einzige Chance zur Profilierung. Was sollte denn die SDLP ihrer kritischen Anhängerschaft als Erfolg verkaufen, wenn nicht die Umsetzung des Sunningdale Agreement ohne Wenn und Aber?

Der Streik hatte schwerwiegende Folgen für das Verhältnis der SDLP zu den Unionisten und der Britischen Regierung. War die »Power-Sharing« Lösung am rabiaten Veto von Loyalisten gescheitert, so konnte die politische Konsequenz nur heißen, dieses Veto zu brechen und Abschied zu nehmen von einer »internen Lösung«. Künftig orientierte sich die SDLP auf eine Politik, die im gleichberechtigten Zusammenwirken von Britischer und Irischer Regierung die unverzichtbare Voraussetzung zur Konfliktlösung sah. Der Konflikt konnte nicht in erster Linie in Belfast, er musste in London und Dublin gelöst werden.

Die wichtigsten Gründe für das Scheitern des »Power-Sharing«-Experiments von Sunningdale seien hier abschließend noch einmal genannt:[266]

- Die Uneinigkeit der nordirischen politischen Parteien über das Machtteilungskonzept (insbesondere im Blick auf die »Irische Dimension«, verkörpert im »Council of Ireland«) und die Schwäche der Befürworter (Pro-Faulkner-Gruppe).
- Die fortgesetzte ausserparlamentarische, militante Opposition des loyalistischen Lagers mit dem Höhepunkt des UWC Streiks.
- Die anhaltende Gewalt (1973/1974 starben 567 Menschen).
- Die Schwäche der politischen »Mitte« und die fehlende Unterstützung aus der Gesellschaft.
- Die politischen Fehler der Britischen Regierung, mangelhafte Unterstützung der Exekutive durch die Britische Regierung und ihre Unfähigkeit, den UWC Streik zu einem raschen Ende zu bringen.
- Die unglückliche Entscheidung des Irish Supreme Court im Blick auf die Vereinbarkeit des Sunningdale Abkommens mit Artikel 2 und 3 der Irischen Verfassung und die mangelhafte Unterstützung Faulkners durch die Irische

---

266 Vgl. auch STEFAN WOLFF, Introduction: From Sunningdale to Belfast, 1973-98. In: Peace at Last?, S. 8.

Regierung (z.B. durch Klarstellung ihrer Position zum verfassungsrechtlichen Status Nordirlands).

7.3. »Picking up the pieces«: »Constitutional Convention«, Geheimgespräche und Waffenstillstand mit der IRA

Nordirlandminister Merlyn Rees und seine Nachfolger versuchten die Scherben zusammenzufügen, die der gescheiterte Sunningdale Prozess hinterlassen hatte. Die neue politische Linie lautete: weniger *London* und *Dublin*, sondern mehr *Ulster*. »*If Sunningdale had been too orientated to London und Dublin, I would have to bring policy back to Ulster, to try to involve all the politicians there in a search for a better way of sharing power in a devolved government.*«[267] Die Britische Regierung begann eine *interne Lösung* auszutesten, die auf Verständigung der verfeindeten Lager über die Wiederherstellung einer Regionalregierung Nordirlands zielte und hielt gleichzeitig an ihrer »Power-Sharing« Grundposition fest: »*There must be some form of »Power-Sharing« and partnership because no political system will survive, or be supported, unless there is a widespread acceptance of it within the community. There must be participation by the whole community.*«[268] Sie sah auch weiterhin eine besondere Beziehung Nordirlands zur Republik Irland und befürwortete daher eine »*Irische Dimension*«, vermied allerdings jeden Hinweis auf die Einheit Irlands. Aus dem UWC Streik habe man die Konsequenzen gezogen, dass es keinen Sinn mache, Nordirland eine Regionalregierung zu oktroyieren. Die nordirischen Parteien sollten eine *beratende verfassunggebende Versammlung* (»*Constitutional Convention*«) gründen und selbst herausfinden, welche Regierungsform das höchste Maß an Konsens erreiche. Die Versammlung solle aus 78 Mitgliedern bestehen, gewählt nach dem Verhältniswahlrecht, und einen Bericht erstellen, der dem Unterhaus und der Regierung vorgelegt werde. Referenda könnten zu allen Vorschlägen des Endberichtes abgehalten werden. Rees gründete seine hoffnungsvollen Erwartungen auf positive Signale aus dem unionistisch-loyalistischen Lager (von Craig, West und sogar Paisley) und der SDLP. Doch die »Convention« war nur eine Verlegenheitslösung, die der Britischen Regierung nach dem UWC Streik eine Atempause zum Entwurf einer neuen Nordirlandpolitik verschaffen sollte. Denn es waren starke Zweifel angebracht, ob jene Parteien, die soeben das Machtteilungskonzept mit Aplomb zum Scheitern gebracht hatten, nun auf einmal zu Kompromissen im Blick auf eine neue Regionalregierung mit Machtteilungskomponente bereit sein sollten. Und in der Tat endete auch dieser Versuch mit einer grandiosen Enttäuschung, denn die alte Anti-Sunningdale Koalition der UUUC war weiterhin intakt und gewann bei den Unterhauswahlen am 10. Oktober 1974 10 von den 12

---

267 REES, Northern Ireland, S. 91.
268 The Northern Ireland Constitution (»White Paper«), Juli 1974. Cmnd. 5675. para 45a. REES, Northern Ireland, S. 99 ff.

nordirischen Sitzen. Am *1. Mai 1975 fanden die Wahlen zur »Constitutional Convention«* statt, mit einer deutlich geringeren Wahlbeteiligung (rund 66%) als bei der Assembly-Wahl 1974 (72,3%). Die Zusammensetzung der Versammlung ließ erahnen, dass eine Realisierung des Machtteilungskonzeptes in anderer Gestalt sehr unwahrscheinlich war. Es siegte die UUUC mit 55% und erreichte 47 Sitze. Der Rechtsruck war unverkennbar. Die SDLP, die an dem »Power-Sharing«-Modell und der »Irischen Dimension« festhielt, konnte 24% und 17 Sitze verbuchen. Gegenüber der Assembly 1973 hatte sie »nur« zwei Sitze verloren. Sinn Féin hatte auf Druck der Provos die Wahlen boykottiert und der SDLP das Feld überlassen und die »Republikanischen Clubs« der OIRA blieben mit kläglichen 2,2% ohne Sitz. Die Hoffnungen von Rees, auch das radikal-republikanische Lager in die Politik zu ziehen, waren damit vorerst gescheitert. Die Alliance-Party stabilisierte sich mit 9,8% und 8 Sitzen. Zwar fanden die ersten Convention-Debatten in entspannter Athmosphäre statt und selbst aus der loyalistischen Ecke erschallten Sirenenklänge, doch sehr bald zeigten sich die unversöhnlichen Positionen: hier die kaum verhüllte unionistische Forderung nach Rückkehr in die gute alte Zeit der Mehrheitsherrschaft des Stormont-Regimes und Reduktion der »Irischen Dimension« auf temporäre Kooperation mit der Irischen Regierung in Wirtschafts- und Sicherheitsfragen, dort die nationalistische Forderung nach substantiellem »Power-Sharing« und »Irischer Dimension«.[269] Schon im Winter 1975 zeichnete sich bereits das Ende der Convention ab. Am 7. November 1975 stimmte die Convention über den Schlussbericht (*»Convention Report«*) ab, der erwartungsgemäß die UUUC Mehrheitsposition widerspiegelte (42 zu 31 Stimmen für den Bericht). Die abweichenden Vorstellungen der anderen Parteien waren nur in einem Anhang aufgeführt. Damit war klar, dass die Britische Regierung den Schlussbericht nicht akzeptieren würde. Der von Rees erhoffte lagerübergreifende Konsens über Grundprinzipien eines neuen Regionalparlamentes plus Regierung war nicht zustande gekommen. Eine Rückkehr zum status quo ante war ausgeschlossen. Das Schicksal der Convention war damit faktisch besiegelt und sie wurde am 5. März 1976 aufgelöst. Die Britische Regierung richtete sich darauf ein, »Direct Rule« mit verschärfter Sicherheitspolitik fortzusetzen, bei gleichzeitigen vorsichtigen Bemühungen in der Öffentlichkeit und im Verborgenen eine politische Lösung zu diskutieren.

Armee und Polizei konnten 1973/74 dank des verstärkten Einsatzes von Geheimdiensten und Sondereinheiten eine Reihe von Erfolgen im Kampf gegen die IRA verbuchen. Mehr als 40 IRA »volunteers«, darunter die auf der »most wanted« Liste stehenden Gerry Adams und Brendan Hughes (»The Dark«) gingen ins Netz

---

269 Zur Überraschung seiner UUUC Mitstreiter scherte Hardliner Craig aus der Front aus und unterbreitete der SDLP den Vorschlag einer mehrjährigen »Notkoalition«. Er wurde aus dem UUUC ausgeschlossen und spielte fortan keine politische Rolle mehr. SMYTH, Paisley, S. 100 ff; MOLONEY/POLLAK, Paisley, S. 331 ff. Ausführlich zur SDLP Position: McALLISTER, SDLP, S. 146. MURRAY, John Hume and the SDLP, S. 32 ff.

und wurden in Long Kesh interniert.[270] Das gesamte dritte Bataillon der Belfast Brigade der IRA wurde in Ardoyne, Nordbelfast verhaftet. Die IRA reagierte mit einer Bombenkampagne in England und griff Armeefahrzeuge, Hotels, Kaufhäuser, Armee-Klubs, Pubs und Häuser von prominenten Politikern, Militärs und Unternehmern an. Trauriger Höhepunkt war das Attentat auf zwei bekannte Pubs in *Birmingham am 21. November 1974.*[271] Die Bombenwarnung kam zu spät. 21 Menschen starben, 162 wurden, z.T. schwer verletzt. Obwohl die IRA jede Verantwortung für das Attentat abstritt, bestand kein Zweifel an ihrer Täterschaft. Die Polizei verhaftete wenige Tage später sechs Verdächtige, die 1975 zu lebenslanger Haft verurteilt wurden.[272] Am Ende des Jahres mehrten sich die Stimmen im nationalistischen Lager, selbst bei IRA Sympathisanten, die für ein Ende der Gewalt oder zumindest eine Pause plädierten. Die Popularität der IRA sank sichtbar. In dieser Situation verstärkte sich in der IRA-Führungsspitze die Bereitschaft, über einen Waffenstillstand nachzudenken. Die geheimen Kontakte mit den Briten. die seit 1969 bestanden (»*secret dialogue*«), wurden jetzt genutzt, um Möglichkeiten eines Waffenstillstandes auszuloten.[273] Seit Juli 1974 hatte Rees in aller Öffentlichkeit davon gesprochen, die Internierung zu beenden und vorsichtig die Option eines britischen Rückzuges ins Spiel gebracht. Aber es bedurfte noch einer hilfreichen Aktion führender protestantischer Kirchenvertreter, um die IRA zu einem Waffenstillstand zu bewegen. Am 10. Dezember 1974 kam es im Dorf *Feakle, County Clare,* auf Initiative und unter Leitung von *Reverend William Arlow,* Sekretär des »Irish Council of Churces«, überraschend zu einem Treffen zwischen hohen Repräsentanten der protestantischen Kirchen und der Führungsriege der IRA, unter ihnen Ruari Ó Brádaigh, Seamus Twomey, Daíthí Ó'Conaill und Billy McKee. Die Kirchenführer präsentierten ein fünf Punkte Papier, das mit der

---

270 Siehe zu Hughes STEVENSON, »We Wrecked This Place«, S. 32 ff. DILLON, Dirty War, S. 69 ff.
271 Zur IRA Kampagne in England siehe BARDON, History of Ulster, S. 722 ff. SMITH, Fighting for Ireland?, S.123 ff. BISHOP/MALLIE, The Provisional IRA, S. 254 ff. TAYLOR, Provos, S. 152 ff. COOGAN, IRA, S. 385 ff. (vor allem zu den »Balcombe Street Four«) BELL, Secret Army, S. 404 ff.
272 Wie sich später herausstellte, waren es nicht die Täter. Die englische Justiz hatte die Falschen verurteilt. (»Birmingham Six«) Der grobe Justizirrtum wurde erst 1990 mit der Entlassung der Unschuldigen korrigiert. Zur Täterschaft der IRA siehe die Aussage von Billy McKee gegenüber Peter Taylor. TAYLOR, Brits, S. 174. »Who bombed Birmingham? The IRA, he said.« Siehe zu den Birmingham Six: CHRIS MULLIN, Error of Judgement: The Truth about the Birmingham Pub Bombings. Dublin, 1980.
273 Siehe zu den Hintergründen des »secret dialogue« vor allem TAYLOR, Provos, S. 128 ff., 171 ff. und TAYLOR, Brits, S. 163 ff. Das UK Representative's Office war auch an der Vorbereitung des legendären Geheimtreffens der IRA mit Whitelaw am 7. Juli 1972 beteiligt. Rees erklärte auf die Frage des Journalisten Peter Taylor, ob er die neuen Kontakte mit der IRA angeordnet hätte: »No, formally, no. But there was no need. As I say, that's what they were for.« TAYLOR, Provos, S. 172.

Britischen Regierung abgesprochen war. Darin erklärte die Britische Regierung, sie habe »*no political or territorial interests in Ireland beyond the obligations to the Northern Ireland citizens.*« Die Regierung wolle den Frieden und wenn die IRA einem dauerhaften Waffenstillstand zustimme, sei sie im Gegenzug bereit, die Armee von ihren Funktionen für die innere Sicherheit Nordirlands zu entbinden :»*Contingent upon the maintenance of a declared ceasefire and upon effective policing, HM Government will relieve the army as quickly as possible of its internal security duties.*«[274]. Das in konstruktiver Athmosphäre geführte Gespräch trug Früchte. Nach langen, kontroversen internen Diskussionen erklärte der »Army Council« der IRA am *22. Dezember 1974 einen umfassenden Waffenstillstand*, der zunächst bis 2. Januar 1975 gelten sollte.[275] In weiteren Geheimgesprächen signalisierten die Briten, dass sie auf ein dauerhaftes und nachaltiges Ende der Gewalt aus waren (»*a genuine and sustained cessation of violence*«) und sprachen gar von »*structures of disengagement*« und »*withdrawal*«. Sie gaben praktische Zeichen ihres Entspannungswillens durch Einschränkung der Armeeaktionen in den katholischen Stadtteilen von Derry und Belfast und entließen Internierte aus Long Kesh. Die IRA nahm die »low profile policy« der Armee positiv auf und erklärte schließlich am am 9. Februar 1975 einen *dauerhaften* Waffenstillstand. Die Briten reagierten mit der Einrichtung von sogenannten »*incident centres*«[276], die den Waffenstillstand überwachen und alle Vorfälle im Verantwortungsbereich des »centre« melden sollten. Die Zentren wurden von Sinn Féin Aktivisten besetzt, die über eine »hot-line« mit den Beamten des »Northern Ireland Office« verbunden waren. Die Armee wurde gegen massive Kritik und Widerstand führender Militärs zu weiterer Zurückhaltung verpflichtet und Rees stellte die Entlassung aller Internierten bis Ende 1975 in Aussicht.[277] Sinn Féin eröffnete mit staatlicher Unterstützung ein Büro in der Falls Road. Die »Incident Centres« und das neue Sinn Féin Büro werteten die erst seit einem Jahr wieder legalisierte Sinn Féin Partei auf und verschafften der IRA faktisch eine soziale Ordnungsfunktion in den nationalistisch dominierten Stadtvierteln von Belfast und Derry: »*The Provos used these British-sanctioned facilities to heighten their profile in nationalist ghettoes and to set themselves up as the undisputed*

---

274 Hintergründe und Texte bei Eric Gallagher und Stanley Worrall, beide hohe Repräsentanten der methodistischen Kirche und Teilnehmer des Treffens: ERIC GALLAGHER/STANLEY WORRALL; Christians in Ulster 1968-1980. Oxford/New York/Toronto/Melbourne, 1982. S. 95 ff. Siehe auch COOGAN, »Troubles«, S. 255 ff. und REES, Northern Ireland, S. 150 f.
275 BISHOP/MALLIE, The Provisional IRA, S. 269 ff. TAYLOR, Provos, S. 174 ff. COOGAN, IRA, S. 397 ff. MOLONEY; Secret History, S. 141 ff.
276 Sieben Zentren wurden eingerichtet in Enniskillen, Armagh, Derry, Newry, Dungannon und zwei in Belfast. Das Zentrum in Newry wurde kurz nach der Eröffnung wieder geschlossen, da Sinn Féin und IRA kein Interesse zeigten.
277 Der Oberkommandierende der britischen Armee in Nordirland, Frank King, erklärte am 12. April 1975 öffentlich, dass die Armee die IRA innerhalb weniger Monate hätte besiegen können, wenn die Politik dies nicht unterbunden hätte.

guardians of law and order in those communities.«[278] Dies löste bei der SDLP begreiflichen Ärger aus, wurde doch ihrem Konkurrenten um die Sympathie und Stimmen der katholischen community eine konstruktive politische Rolle zugewiesen. Mit Skepsis verfolgte die Partei Rees' Strategie, die »Provos« in den politischen Prozess hineinzuziehen. In der Tat hat Rees' Entscheidung dazu beigetragen, Sinn Féin als politische Kraft neben der SDLP in den katholischen Regionen zu verankern. Die Rolle, die Sinn Féin von 1981 an – in der Hungerstreik-Krise – spielte, wäre ohne die 1975 gewonnenen institutionellen Strukturen schwer möglich gewesen.[279] Während die SDLP nur verbal ihre Bedenken äußerte und ihrem Ärger Ausdruck verlieh, reagierte das loyalistische Lager erwartungsgemäß militant. Paisley und seine Anhänger waren schon lange von den Gerüchten über den Inhalt der Geheimgespräche alarmiert und vermuteten den schleichenden Ausverkauf Ulsters. Nordirlandminister Rees war in ihren Augen ein Lügner und Verräter.[280] Die Loyalisten überzogen Nordirland in den nächsten Monaten mit einer Mordkampagne und vermehrten die Schwierigkeiten der IRA. Je länger der Waffenstillstand ohne substantiell erkennbare Zugeständnisse der Briten währte und je wütender die mörderischen Attacken der loyalistischen Paramilitärs wurden, umso weniger gelang es der IRA Führung, ihre Sympathisanten von der Richtigkeit ihres Kurses zu überzeugen. Der Waffenstillstand begann schon im April 1975 zu bröckeln als die IRA mehrere Reisebüros in Belfast verwüstete und er endete schließlich am 13. August 1975 mit der Bombenattacke der IRA auf die Bayardo-Bar in der Shankill Road bei der fünf Menschen starben, darunter ein UVF Mann. Die Briten reagierten mit der Schließung der »incident centres« am 11. November 1975. Das »Waffenstillstandsjahr« ging zu Ende und die IRA war für den Tod von »nur« 130 Menschen verantwortlich (1974 = 150; 1976 = 162).[281] Sie hatte ihre Mordaktivitäten nur sehr unwesentlich reduziert, empfand das aber als Zugeständnis.

Die IRA hatte so lange an dem Waffenstillstand festgehalten, weil sie tatsächlich glaubte, die Britische Regierung würde einen Rückzug ernsthaft erwägen, obwohl es keine offiziellen Verhandlungen gegeben hatte, sondern nur Geheimgespräche mit ambivalenten Andeutungen über *»structures of disengagement«*. Die Ernsthaftigkeit der Geheimgespräche und die Glaubwürdigkeit ihrer Teilnehmer sowie die vertrauensbildende Politik von Rees, vor allem die Einrichtung der »incident centres«, nährten die Hoffnungen auf einen Rückzug. Hinzu kamen die wahrnehmbare Kriegsmüdigkeit in der katholischen community und die Gefahr

---

278 KEVIN J. KELLEY, The Longest War. Northern Ireland and the IRA. Westport, Connecticut, 1988, S. 234.
279 Siehe das Urteil von Paddy Devlin in DEVLIN, Straight Left, S. 276 f. MURRAY, John Hume and the SDLP, S. 32.
280 Siehe die Schilderung der Begegnung zwischen Rees und Paisley am 7. Januar 1974. REES, Northern Ireland, S. 163 f.
281 McKITTRICK, Lost Lives, S. 1495 f.

einer Isolation der IRA. Schließlich dachten einige Mitglieder des »Army Council« daran, die Waffenstillstandszeit zu nutzen, um die eigenen Kräfte neu zu formieren. Die Entscheidung war gleichwohl sehr umstritten und führte die IRA in eine ernsthafte Krise, die erst mit der Neuorientierung auf das Konzept des »Langen Krieges« beendet wurde.[282]

7.4. Auftakt zum »Langen Krieg«: Die neue Strategie der IRA, »Staff Report« und »Green Book« 1976-1981

Kritik am aktuellen Zustand der IRA artikulierten insbesondere die politischen Häftlinge in Long Kesh und diejenigen, deren Lage sich durch den Entzug des Sonderstatus[283] verschlechtert hatte. In der erzwungenen Distanz zum aktiven Kampf hatten sie viel Zeit zum Nachdenken, zur Selbstkritik und Kritik an der bisherigen Strategie und Taktik der IRA, insbesondere dem Kurs des Hauptquartiers in Dublin. Aber auch außerhalb von Gefängnismauern und Stacheldraht wuchs die Kritik. Es ist ein erstaunlicher Vorgang, dass es den jungen IRA-Führungskräften innerhalb von kurzer Zeit gelang, der gesamten republikanischen Bewegung ihren Stempel aufzudrücken. Sie schafften es, die Bewegung nicht nur zu stabilisieren, sondern gleichzeitig zu reformieren. Am Ende stand der Sieg der berühmten »*Gewehr-und-Stimmzettel*«-*Politik* (»*amalite & ballot box*«) 1981 bis 1986. Die Gruppe der intellektuell herausragenden Kritiker und Aktivisten bestand aus *Gerry Adams,* seinem Cousin *Kevin Hannaway, Brian Keenan, Martin McGuinness, Joe Austin, Ivor Bell, Danny Morrison und Tom Hartley*. Insbesondere Gerry Adams war genau richtige Mann, den die IRA in der Krisensituation der Jahre 1973-1976 brauchte: Am 6. Oktober 1948 als ältestes von 14 Kindern geboren, kam er aus einer Arbeiterfamilie mit starken republikanischen Wurzeln. Sein Vater, Gerry Adams senior, hatte wegen versuchten Polizistenmords fünf Jahre im Gefängnis gesessen. Adams Mutter, Anne Hannaway, stammte aus einer streng republikanischen Familie, die mit Stolz auf einen Vorfahren, der Mitglied der legendären IRB gewesen war, zurückblickte. Der junge Gerry verließ die Schule der »Christian Brothers« als Siebzehnjähriger und verdiente sich seinen Lebensunterhalt eine Zeitlang als Barkeeper im dem bekannten Belfaster Pub »Duke of York«. Frühzeitig hatte er sich der republikanischen Bewegung angeschlossen. Schon mit 15 Jahren wurde er Mitglied von Sinn Féin und engagierte sich im Republikanischen Club Andersonstown und im West Belfast Housing Action Committee. Die Journalisten Bishop und Mallie vermuten, dass er spätestens 1969 Mitglied der IRA wurde und die Ballymurphy Einheit führte.[284] Nach Internierung

---

282 Siehe v.a. SMITH, Fighting for Ireland?, S. 128 ff. MOLONEY, Secret History, S. 141 ff. ENGLISH, Armed Struggle, S. 178 ff.
283 Siehe Abschnitt 7.1.
284 BISHOP/MALLIE, The Provisional IRA, S. 318. Siehe auch BELL, Secret Army, S. 464 ff.

(1972-1977) und kurzer Gefängnishaft begann er 1978 seinen kometenhaften Aufstieg in der republikanischen Bewegung. Adams hat politisch-analytische und strategische Kompetenz und er ist pragmatisch. Rhetorische Brillianz in Verbindung mit ausgeprägtem Organisationstalent und Führungsqualitäten prädestinierten ihn rasch zu höheren Aufgaben im Dienste der republikanischen Sache. Enge Kampfesgenossen beschreiben ihn als entschlossen, hart gegen sich und andere, frugal und asketisch, sowie sehr auf die Familie und die Nachbarschaften in Andersonstown bezogen. Er ist gläubig in einem traditionalistischen Sinne und besucht regelmäßig die Messe, was er auch im Internierungslager tat. Stets hatte er gute Kontakte zu katholischen Priestern, die sich als Mittler bei Streitigkeiten zwischen der IRA und der OIRA sowie bei humanitären Aktionen (Gefangenenbetreuung, Vermittlung bei Entführungsfällen) bewährt hatten. (Alec Reid, Des Wilson, Dennis Faul u.a.).

Adams zählte zu schärfsten Kritikern der Verantwortlichen für den gescheiterten Waffenstillstand 1974/75, das waren in seinen Augen vor allem Ruari Ó'Brádaigh, Präsident von Sinn Féin 1970-1983 und *Daithí Ó' Conaill*, IRA Veteran und Mitglied des IRA Armeerat sowie Billy McKee, der Kommandant der Belfaster IRA Brigade. Er nutzte die aktuelle Schwäche der IRA-Führung zu einem ideenpolitischen Vorstoß sowie einer strukturellen und personellen Erneuerung. Obwohl er in seinen Erinnerungen bestritt, dass es sein Ziel gewesen sei, die bisherige Führungsriege aus ihren Positionen zu verdrängen, war dies genau das Ergebnis seiner Arbeit.[285] Kurz nach seiner Entlassung aus Long Kesh 1977 rückte er in den Armeerat der IRA auf, in dem inzwischen drei weitere Vertraute saßen: *Ivor Bell*, ehemaliger Oberkommandierender der IRA, *Martin Mc*Guinness, unbestrittener Chef der IRA in Derry und »shooting star« der republikanischen Bewegung, *Brian Keenan*, langjähriger IRA Mann und glühender Verehrer von Adams sowie *Danny Morrison*, der vertraute Kampfgefährte und Medienexperte. In relativ kurzer Zeit, spätestens bis 1980, gelang es Adams, den »Army Council« auf seine Linie zu bringen.

Adams hatte seit 1975 unter dem Pseudonym »*Brownie*« eine Artikelserie in »An Phoblacht« veröffentlicht, in der er eine stärkere Verbindung von politischem und militärischem Kampf forderte, was zunächst auf starke Vorbehalte der Sinn Féin und IRA Führung stieß. Adams wusste, dass gute Medienarbeit eine entscheidende Voraussetzung für den Erfolg der Bewegung war. Das Sinn Féin Organ »*An Phoblacht*« und die von Danny Morrison seit Mitte der siebziger Jahre geleiteten »*Republican News*« fusionierten. Chefredakteur Gerry O'Hare von »An Phoblacht« musste gehen und Morrison übernahm die Chefredaktion. Das war ein wichtiger Schachzug, denn fortan waren die »Republican News« vor allem Adams

---

285 »We were not attempting to mount a challenge to the leadership; on the contrary, we were trying to regroup and move forward on the basis of reaching a consensus, not by getting rid of people or creating a new leadership.« ADAMS, Before the Dawn, S. 262.

Sprachrohr. Adams Einfluss wuchs in dem Maße wie die Kritik am bisherigen Kurs in der Mitgliedschaft der IRA und Sinn Féins Anhänger fand. Während er noch in Long Kesh saß, zog sein engster Vertrauter, Brian Keenan, landauf landab, um in republikanischen Kreisen für Adams Ideen zu werben. *»More than anyone else«*, bemerkte ein ehemaliger IRA Mann im Rückblick, *»Keenan was a roving ambassador for Adams.«*[286] Nach seiner Entlassung konnte sich Adams frei bewegen und offen für seine Position werben. Besonders medienwirksam und entscheidend für den Durchbruch der Adams Linie, war die Rede, die Veteran *Jimmy Drumm* anläßlich der Wolf Tone Gedächtnisfeiern in Bodenstown im Juni 1977 hielt. Er formulierte, was ihm die »jungen Wilden« vorher aufgeschrieben hatten. Drumm erklärte, dass ein erfolgreicher Befreiungskrieg nicht allein auf dem Rücken der unterdrückten sechs Grafschaften Nordirlands ausgetragen werden könne. Haß und Wut auf die Briten *alleine* sei keine nachhaltige Grundlage für den Krieg. Auch sei die einseitige Konzentration auf den *militärischen* Kampf verfehlt. Die republikanische Bewegung müsse über Nordirland hinausdenken und wieder Anschluß finden an die *»economic issues«* und die *»everyday struggles of the people.«* Enge Beziehungen zur Arbeiterklasse Irlands und den radikalen Gewerkschaftern seien dazu erforderlich. Dies würde eine unwiderstehliche Massenbewegung hervorbringen und den Unterstützung der Massen für den militärischen Kampf im Norden sichern. Mit wenigen Sätzen beerdigte Drumm die Illusionen der republikanischen Bewegung von 1972 bis 1976 über einen britischen Rückzug: *The British government is not withdrawing from the Six Counties (...) It is committed to stabilising the Six Counties and is pouring in vast amounts of money to assure loyalists and secure from loyalists support for a long haul against the IRA.«*[287]

Seit Herbst 1976 hatten die »Northerners« ihre Position in der IRA dadurch stärken können, dass auf Beschluss des »Army Council« ein *»Northern Command«* eingerichtet wurde, das fortan autonom agierte. Das Hauptquartier in Dublin hatte künftig bei militärischen Operationen im Norden nichts mehr zu sagen und musste sich auf internationale Operationen beschränken. Als »Kriegsgebiet« wurden ab sofort nicht nur die sechs Grafschaften Nordirlands, sondern die angrenzenden nordwestlichen Counties der Republik betrachtet ohne formal den Grundsatz anzutasten, dass die Republik für den militärischen Kampf der IRA »off-limits« blieb. Chef des Nordkommandos wurde *Martin McGuinness*. Er wuchs rasch in eine zentrale Führungsrolle hinein, plante, leitete und überprüfte faktisch alle militärischen Operationen. Die nominellen Oberkommandierenden (»Chiefs-of Staff«) traten in ihrer Bedeutung und Wirkung hinter McGuinness zurück. Die erste wichtige Entscheidung des »Northern Command« war die Aufstellung von drei »commando units«, die Operationen über das gesamte Territorium Nordirlands unternehmen sollten. Diese Wiederbelebung der traditionellen »flying co-

---

286 MOLONEY, Secret History, S. 157.
287 Republican News, 18. Juni 1977.

lumns« der IRA erwies sich aus Sicht der IRA als durchaus effektiv. Am 2. Dezember 1977 fiel der irischen Polizei ein wichiges Dokument in die Hände. Es war ein Grundsatzpapier, das die bisherige Strategie und Taktik kritisch beleuchtete und eine »*reorganisation and remotivation*« der IRA forderte. Der »*Staff Report*« war die Blaupause zum »Langen Krieg« der IRA gegen die Britische Regierung:[288]
- Rückkehr zu Geheimhaltung in Verbindung mit strikter Disziplin.
- Verstärkung der Schulung, insbesondere in »Anti-Verhör-Techniken«.
- Ersetzung des alten ORBAT (»Order of Battle«) Systems von Brigaden, Bataillonen und Kompanien durch Einrichtung eines *Zellen-Systems*. Die neue Zellenstruktur war besser geeignet, der Gefahr von Infiltration und Unterwanderung zu begegnen und den bewaffneten Kampf zu effektivieren. Künftig sollten nur noch Zellen mit maximal vier Mitgliedern und einem Kommandanten unabhängig voneinander operieren.[289] Jede Zelle war auf sich bezogen und durfte die Namen von Mitgliedern anderer Zellen nicht kennen. Die Zellen wurden »*Active Service Units*« (ASU) genannt und sollten sich auf »*sniping, executions, bombings, robberies*« konzentrieren. Die Zellenstruktur erwies sich in der Zukunft als probate Maßnahme, Unterwanderung und verdeckte Ermittlung der Polizei zumindest zu erschweren.

Es war den Reformern völlig klar, dass im Kampf um ein »sozialistisches« vereinigtes Irland, eine Beschränkung auf den *bewaffneten Kampf* der IRA im Norden ein Irrweg sei. Die neue Strategie, die Smith als »*Total Strategy*« bezeichnet,[290] operierte mit dem Begriff des »*Langen Krieges*« (»*long term war*«). Dieses Konzept erlaubte eine größere Flexibilität. Im »Langen Krieg« sollte eine neue Balance zwischen *politischem* und *militärischem* Kampf gefunden werden. Die republikanische Bewegung dürfe sich nicht als bloße »Brits Out«-Bewegung verstehen, obwohl an dem alles überragenden Ziel, ein vereinigtes Irland ohne britischen Präsenz zu schaffen, nicht gerüttelt werden dürfe. Der militärische Kampf sorge dafür, dass Nordirland weitgehend unregierbar bleibe, lenke die Aufmerksamkeit der englischen Öffentlichkeit auf die steigenden Kosten der britischen Präsenz und denunziere in der internationalen Öffentlichkeit die Briten und ihre unionistischen Helfer als anachronistische Verteidiger des »kolonialen Erbes«. Der politische Kampf erfordere eine neue Politik, die Adams vage als »*Active Republicanism*« bezeichnete.[291] Adams träumte von einer republikanischen Massenbewegung, die nicht mehr die alten Parolen der Veteranen nachbetete, sondern orientiert an den politischen und gesellschaftlichen Fragen der Gegenwart, für das Vereinte Irland arbeitete. Man müsse sich mit den wirklichen sozialen und wirtschaftlichen Problemen der Men-

---

288 Text bei COOGAN, IRA, S. 465 ff. Siehe Graphik und Erläuterungen zur neuen Kommandostruktur der IRA in BRENDAN O'BRIEN, The Long War. The IRA and Sinn Féin 1985 to Today. Dublin, 1993. S. 108 ff.
289 TAYLOR, Provos, S. 211 ff.
290 SMITH, Fighting for Ireland?, S.117 ff. Übersichtstabelle S. 158
291 GERRY ADAMS, Active Republicanism. Republican News, 1. Mai 1976.

schen beschäftigen. Die Schwäche der republikanischen Bewegung sei die Unfähigkeit gewesen, eine »*revolutionäre Politik*« zu entwickeln. Adams lehnte sich ideologisch an die Theorien des anti-imperialistischen Kampfes und der »Volksdemokratie« an, wie sie der libysche Revolutionsführer Ghadafi in seinem »*Green Book*« entwickelt hatte. Ghadafi hatte ein System von »Volkskomittees« geschaffen, die die Basis einer wahren »Volksdemokratie« bilden sollten. Adams fand dieses Konzept attraktiv und schlug vor, in nationalistischen Regionen und Stadtvierteln »community councils« einzurichten. Ferner sollte für die IRA, ebenfalls an das libysche Beispiel angelehnt, ein »Revolutionsrat« geschaffen werden, was 1976 geschah. Der »Revolutionary Council« bestand aus dem IRA Armeerat (sieben Personen), den Funktionären des General Headquarters in Dublin sowie den Kommandanten, Adjutanten und Quartiermeistern der sechs IRA Brigaden. Das waren insgesamt ca. 30 Personen, die künftig die Leitlinien »revolutionärer Politik« erarbeiten und umsetzen sollten. Adams nutzte den »Revolutionary Council« in erster Linie, um seine Zielvorstellungen durchzusetzen und den Armeerat mit seinen Anhängern zu besetzen. Nachdem das gelungen war, verschwand der Revolutionsrat wieder in der Versenkung.[292]

Wie definierte sich »revolutionäre Politik«? »Revolutionäre Politik« müsse, so Adams, sowohl die platte Mandatsverzichtspolitik (»abstentionism«) des traditionellen Republikanismus überwinden als auch den Stellenwert des militärischen Kampfes neu bestimmen. Die Kontroverse um den Inhalt einer revolutionären Politik sollte in den nächsten Jahren eine große Rolle spielen und endete erst nach den Hungerstreiks 1980/81 mit der Durchsetzung der Positionen der »Northerners«, d.h. mit der Akzeptanz der »*Gewehr-und-Stimmzettel*«-*Politik* auf dem Parteitag Sinn Féins 1981 und der Wahl von Gerry Adams zum Präsidenten von Sinn Féin 1983. Im Blick auf die Revision der Rolle Sinn Féins unter faktischer Leitung durch die IRA gab es praktisch-strategisch eine große Bandbreite von politischen Optionen. Es ging in erster Linie um Sympathiewerbung bei der katholischen Bevölkerung und Festigung der Unterstützer-Szene: Stärkung der örtlichen Sinn Féin Organisationen, Vertrauensarbeit im Stadtviertel, vor allem im sozialen Bereich (»housing committees«) und verstärkte Agitation und Propaganda. Auch an die Unterwanderung anderer Organisationen (Bürgerrechts- und Wohlfahrtsorganisationen) war gedacht. Sinn Féin sollte die Unterstützung gewinnen, die dann auch der IRA und der Legitimation ihres Kampfes für »das Volk« zugute käme. Ohne die Unterstützung, jedenfalls von Teilen der katholischen community, war der »Befreiungskampf« schwer fortzusetzen. Langfristiges Ziel war es, republikanische Enklaven zu bilden, »befreite Zonen«, in denen Sinn Féin politisch und die IRA militärisch regierten. Die IRA sollte fester Bestandteil dieses Netzwerkes sein, um alle Versuche der Britischen Regierung, die »Bewegung« zu spalten, zu vereiteln. Das bereits erreichte Ausmaß sozialer Kontrolle von Sinn

---

292 MOLONEY; Secret History, S. 152 ff.

Féin und IRA in einigen katholischen Communities wurde sichtbar als ein Spezialteam der RUC unter Leitung von Chefinspektor *George Caskey* sich mit den Einfluss-Strategien von Sinn Féin und der IRA näher befasste. Ein offenbar im Maze Gefängnis verfasstes Dokument *»People's Assembly«* beschrieb detailliert, wie sich die IRA die Verankerung von Sinn Féin in den katholischen Ghettos und die Rolle der IRA vorstellte: »Volksmilizen« sollten im Verein mit der IRA für Ruhe und Ordnung sorgen, »Volksgerichte« Übeltäter aburteilen. In West Belfast hatten sich bereits en miniature »befreite Zonen« entwickelt und eine recherchierende Polizei-Spezialeinheit stellte überrascht fest, in welchem Ausmaß die IRA bereits polizeiliche Funktionen übernommen hatte, etwa durch ein vielfältiges System von Bestrafungsaktionen für »anti-soziales Verhalten«: Verwarnungen, Einschüchterungen, Teeren und Federn, »knee-capping« und andere Körperstrafen.[293] Unter solchen Bedingungen konnte sich die IRA relativ frei bewegen. Selbst wenn sie keine aktive Unterstützung von Katholiken erfuhr und mehr geduldet als respektiert wurde, so war doch mindestens garantiert, dass keiner etwas hörte, sah oder gar negativ über die IRA sprach. Die Polizei zu informieren, galt als todeswürdiges Verbrechen. Ein »*tout*« (Informant) konnte sich, sollte er mit dem Leben davonkommen, der Ächtung der gesamten katholischen community sicher sein und musste mindestens den Wohnort wechseln.

Neben dem »Staff Report«, der so unvermutet in die Hände der Polizei gefallen war, blieb ein anderes Dokument, das in dieser Umbruchsphase der IRA entstand, lange Zeit unbemerkt und unbekannt. Es hat gleichwohl als Grundsatzdokument für Ziele und Strategie der IRA eine große Rolle gespielt: das sogenannte *»Green Book«*. Die Anlehnung an Colonel Ghadafis gleichnamige Revolutionsfibel für Libyen und den anti-kolonialistischen Kampf ist kein Zufall. Jeder neue Rekrut war mit dem »Green Book« vertraut zu machen und musste seinen Inhalt genau kennen. Der so »green-booked« Rekrut durfte dann für die IRA in den Kampf ziehen. Das *»Green Book«* ist eine krude Mischung aus Grundsatzpapier und praktischem Aktions-Handbuch für IRA »Kämpfer«.[294] Im *ersten Teil* finden sich neben grundlegenden historisch-politischen Passagen über die moralische Rechtertigung des bewaffneten Kampfes der IRA, z.B. praktische Ermahnungen an die »Kämpfer«, Alkohol zu meiden. Das Fernziel der IRA sei ein demokratischer und sozialistischer Staat und der bewaffnete Kampf das zentrale Instrument zur Erreichung dieses Ziels. Von den IRA-»Kämpfern« wird absoluter Gehorsam verlangt, völlige Hingabe und Loyalität: »*The Army as an organization claims and expects your total allegiance without reservation. It enters into every aspect of your life. It invades the privacy of your home life, it fragments your family and friends, in other word*

---

293 Klassisch beschrieben von FRANK BURTON, The Politics of Legitimacy: Struggles in a Belfast Community. London, 1978. Siehe auch RYDER, RUC, S. 210 ff. Zur Idee alternativer Verwaltungsstrukturen in IRA Kreisen siehe MOLONEY, Secret History, S. 152 f.
294 Auszüge und Interpretationen bei COOGAN; IRA, S. 544 ff. Vollständig abgedruckt in DILLON, Dirty War, Appendix, S. 482 ff.

claims your total allegiance.«[295] Diese totalitäre Vereinnahmung wird ergänzt durch Legitimation des bewaffneten Kampfes, d.h. im Klartext das rücksichtslose Töten des »enemy« (»*to kill as many enemy personnel as possible*«). Der Feind, das sind die Briten und alle die ihre »Kriegsmaschinerie« mehr oder weniger offensiv unterstützen. Gegen diesen Feind soll mit einer variantenreiche Guerilla-Strategie gekämpft werden. Das »Green Book« beschreibt die Strategie in fünf Grundsätzen:

1. »*A war of attrition against enemy personnel which is aimed at causing as many casualties and deaths as possible so as to create a demand from their people at home for their withdrawal.*
2. *A bombing campaign aimed at making the enemy's financial interest in our country unprofitable while at the same time curbing long term financial investment in out country.*
3. *To make the Six Counties as at present and for the past several years ungovernable except by colonial military rule.*
4. *To sustain the war and gain support for its ends by National and International propaganda and publicity campaigns.*
5. *By defending the war of liberation by punishing criminals, collaborators and informers.*«[296]

Dies war, in unmissverständlichen Formulierungen, die terroristische Kampfansage gegen den »Feind«, den die IRA selbst definierte. Diese sowohl ideologisch abgestützte, aber auch willkürliche Stigmatisierung von Menschen zu Trägern von Rollen und Funktionen und damit ihre Dehumanisierung erinnert fatal an faschistische Vorbilder. In Nazi-Deutschland pflegten die Nazi-Ideologen zu sagen: »Wer Jude ist, bestimmen wir!« Erst muss der »Feind« ausgewählt und zum »Unmenschen« gestempelt werden, sodann kann die moralische Rechtfertigung seiner Eliminierung geliefert werden. Genau das geschieht im »Green Book«. Es gibt auch eine Fülle von Anweisungen, wie sich die Organisation vor Verrätern (»informers«) schützen kann und wie mit ihnen umzugehen ist, wenn sie enttarnt werden. Ein eigener Sicherheitsdienst sollte dafür sorgen, dass Verräter und Agenten entdeckt und zur Rechenschaft gezogen würden. Im Klartext hieß das: »Kriegsgericht«, Todesurteil, Exekution. Im *zweiten Teil* des »Green Book« werden eine Fülle von praktischen Anregungen gegeben, wie sich der »Kämpfer« verhalten soll, wenn er verhaftet und verhört wird. Drastisch werden die Möglichkeiten von physischer und psychischer Folter sowie die Techniken der Überredung zu Geständnissen dargestellt und schließlich zusammenfassend empfohlen: »*Say nothing, sign nothing, see nothing, hear nothing.*«[297]

Die IRA brauchte viel Geld, um den »langen Krieg« und die vielfältigen politischen Aktivitäten Sinn Féins nach 1981, insbesondere die Beratungszentren für

---

295 COOGAN, IRA, S. 546.
296 Ebda., S. 555.
297 Ebda., S. 570.

soziale Angelegenheiten, zu finanzieren. Die IRA musste auf dem internationalen Waffenmarkt einkaufen, die (Mitte der achtziger Jahre) rd. 300-400 »Volunteers« bezahlen sowie die Familien der Inhaftierten und der toten »Kämpfer« unterstützen. Dabei konnte sie nicht aus sicheren, nachhaltigen Geldquellen schöpfen, sondern lebte eher von der Hand in den Mund, trotz der relativ regelmäßigen Unterstützung aus den USA, insbesondere von NORAID. Die IRA finanzierte sich im wesentlichen durch

- legale Geschäfte, etwa den »Social Clubs«, von denen es in Belfast bald 28 gab. Hier bot man in Pub-Athmosphäre zu vernünftigen Preisen Kommunikation für die Republikanische Bewegung. Die größeren Clubs brachten bis zu 200.000 Pfund Sterling pro Jahr ein. Dazu kamen mehrere kleine Taxi-Unternehmen: die IRA ließ sich 15 £ von jedem der 200 »black taxi«- Unternehmer bezahlen, die in den katholischen Gebieten (vor allem in West Belfast) verkehrten.
- Steuerbetrug durch Scheinfirmen im Baugewerbe.
- Schutzgelderpressung in großem Stil.
- Bankraub und Überfälle auf Postämter. Die Höhe so erbeuteten »Einnahmen« ist nicht exakt zu ermitteln. Die RUC schätzte, dass die IRA in den Jahren 1982 und 1983 um die 700.000 Pfund Sterling durch die genannten »Aktivitäten« erbeutete. Der größte Coup gelang der IRA kurz vor Weihnachten 2004. Sie beraubte die Northern Bank in Belfast und erbeutete rund £ 26,5 Millionen, das sind 38 Millionen .
- Entführungen von prominenten Personen, z.B. die Supermarkt Manager Galen Weston, Ben Dunne und Don Tidey. Besonders spektakulär war das Kidnapping des berühmten Rennpferdes »Shergar«, das dem Multimillionär Aga Khan gehörte. Die Entführung soll rund £ 1,5 Millionen Lösegeld eingebracht haben.[298]

Das jährliche Einkommen der IRA, das Coogan auf mehr als £ 1,5 Millionen schätzte, wurde in der Hauptsache für Waffenbeschaffung verwendet. Die Waffen, vorzugsweise Kalaschnikows und die berühmt-berüchtigten »armalites«, kamen aus NATO-Staaten, der Sowjetunion, dem Nahen Osten, aber vor allem den USA.[299] Die USA waren mit Hilfe der republikanischen Unterstützerszene aus der irisch-amerikanischen community lange Jahre ein »safe haven« für die republikanische Bewegung. Die »American Connection« funktionierte. Doch einige der grausamen Bombenaktionen der IRA (z.B. Harrod's, 1983 und Brighton, 1984) trugen dazu bei, dass sich auch in den US-amerikanischen Medien die Stimmung gegen die militante republikanische Unterstützerszene zu wenden begann. Hinzu kam die beharrliche Lobbyarbeit von SDLP Chef John Hume und den *Friends of Ireland*. Der Anglo-Irische Annäherungsprozess tat ein Übriges, die Regierung Reagan zu

---
298 O'BRIEN, The Long War, S. 121.
299 COOGAN, IRA, S. 430 ff. GERAGHTY, Irish War, S. 167 ff.

schärferem Vorgehen gegen die Waffenbeschaffer der IRA zu veranlassen. Es gelang, eine Reihe von Waffenlieferungen zu vereiteln und die Verantwortlichen vor Gericht zu stellen. Am 29. September 1984 brachte die irische Polizei, die »Marita Ann«, einen mit sieben Tonnen Waffen und Munition beladenen Frachter, vor der Küste von Kerry auf. Die tödliche Last hatte das Schiff zuvor im Atlantik von einem amerikanischen Waffenlieferanten aufgenommen. An Bord verhaftet wurden der iro-amerikanische Waffenbeschaffer *John Crawley*, der für 1,2 Millionen $ (!) Waffen für die IRA zusammengekauft hatte sowie *Martin Ferris*, ein prominentes Mitglied von Sinn Féin aus Kerry (und wahrscheinlich auch Mitglied des IRA »Army Council«). Beide wurden zu zehn Jahren Haft verurteilt. Dies war ein spektakulärer Erfolg.

Die IRA benötigte dringend weitere Aufrüstung und vor allem Modernisierung ihres Waffenarsenals. Besonders interessiert war die Truppe an Luft-Boden-Raketen und weiterer Logistik, die helfen konnte, Helikopter abzuschießen, denn die Luftüberlegenheit verschaffte der Britischen Armee einen entscheidenden Vorteil. Die IRA suchte nach solchen Raketen in den USA und fädelte Geschäfte ein. Das FBI war aber längst alarmiert, weil es seit Anfang der achtziger Jahre gelungen war, Informanten in das militante IRA-Unterstützernetzwerk einzuschleusen. Die Überwachung zahlte sich aus, denn zwei umfangreiche »deals« konnten rechtzeitig unterbunden und die Beteiligten verhaftet werden. In den nächsten Jahren engagierte sich die US-Regierung konsequenter gegen den Terrorismus der IRA. Auslieferungen von IRA Leuten, die in den USA gefasst wurden sowie weitere erfolgreiche Aktionen gegen die Waffenbeschaffer, verunsicherten die IRA. Umso wichtiger wurden jetzt Verbindungen zum libyschen »Revolutionsführer« *Muammar al-Ghadafi*. Der Kontakt zu Ghadafi reichte bis weit in die siebziger Jahren zurück. Der durch einen Staatsstreich 1969 an die Macht gekommene junge Offizier hatte die IRA mit enormen Geldsummen und Waffen von 1972 bis 1975 unterstützt und suchte nach 1984 erneut Kontakt zur IRA, nachdem sich die politischen Beziehungen zu Großbritannien entscheidend verschlechtert hatten.[300] Er war gewillt, jeder politischen Kraft, die in Opposition und Widerstand zu den USA und ihren Verbündeten stand, praktische Hilfe angedeihen zu lassen. Sein Hass auf die Briten steigerte sich noch als die Britische Regierung den amerikanischen F-111 Bombern die Militärbasis Upper Heyford in Oxfordshire zur Verfügung stellte, von der aus 1986 Tripolis bombardiert wurde. Er betrachtete die IRA als »Befreiungsarmee« gegen den »britischen Kolonialismus« und zeigte sich überaus großzügig. Seit 1985 avancierte Libyen zum Generalausstatter der IRA: 240 Tonnen Sprengstoff und Waffen, 20 SAM 7 Boden-Luft-Raketen, raketengetriebene Granaten, 10 Tonnen Semtex, 2000 AK 47 Gewehre, 1000 Kalaschnikows

---

300 Die Geschichte der Beziehungen der IRA zu Libyen analysiert ausführlich MOLONEY, Secret History, S. 6 ff. Weitere Einzelheiten bei DILLON, Dirty War, S. 431 ff. HOLLAND, Hope Against History, S. 193 ff.

und 200.000 Schuss Munition wurden versprochen. Ein großer Teil dieses Waffenarsenals konnte bis 1987 in vier großen Lieferungen verschickt und in sicheren Verstecken untergebracht werden. Mit den neuen Waffen »effektivierte« die IRA ihren Terror. Die Zahl der Opfer, für die nachweislich die IRA verantwortlich war, stieg von 37 im Jahre 1986 auf 58 im Jahre 1987 und im darauffolgenden Jahr auf 66.[301] Die Britische Regierung und die irischen Behörden vermuteten schon lange, dass es Verbindungen der IRA zu Ghadafi gab. Am 19. April 1986 erklärte Nordirlandminister Tom King: »*The IRA has been fed and nurtured by, among others over the years, the evil regime that is Ghadafi's Libya...His oil, money, his army, his training camps, all have played their part. Just how big the total sum has been we may never know.*«[302] Gleichwohl kamen diese Erkenntnisse sehr spät und die Waffen waren schon vor Ort. Doch gelang es den Geheimdiensten und den Behörden, wenigstens Teile des gewaltigen Arsenals zu finden und einige Schiffe mit »heißer Ladung« zu stoppen. Der schwerste Schlag gegen die IRA war die Aufbringung des Frachters *»Eksund«* am 31. Oktober 1987 vor der französischen Küste bei Brest. Die »Eksund« 150 Tonnen Waffen an Bord, darunter Maschinengewehre plus eine Million schwerkalibriger Munition, 36 raketengetriebene Granaten, 1000 Zünder, 20 Boden-Luft-Raketen und Tonnen von Semtex-Sprengstoff. Die französische Polizei stoppte den Frachter und verhaftete vier IRA-Mitglieder an Bord, darunter *Arthur Hopkins*, den Kapitän und Verantwortlichen für die bisherigen Waffenlieferungen.[303] Wenig später, am 23. November 1987, setzte die irische Polizei zu einer landesweiten Durchsuchungsaktion an, um die Waffenverstecke der IRA zu finden. Die Aktion war ein Erfolg, denn in zwei unterirdischen Bunkern entdeckte die Polizei ein gewaltiges Waffenarsenal. Die Durchsuchungen wurden 1988 erfolgreich fortgesetzt.[304]

8. »Iron Lady« versus »Iron Men«: Margaret Thatchers Nordirlandpolitik und die Hungerstreiks 1980/81

Am 3. Mai 1979 feierte *Margaret Thatcher (geb. 1925)*, Spitzenkandidatin der Konservativen, einen beispiellosen Wahlsieg und wurde als erste Frau Premierministerin des United Kingdom. Thatcher hatte bislang wenig Neigung gezeigt, sich mit Nordirland zu beschäftigen und verließ sich ganz auf ihren persönlichen Sekre-

---

301 McKITTRICK/MCVEA, Making Sense of the Troubles, S. 170.
302 O'BRIEN, The Long War, S. 138.
303 Einzelheiten ebda. S. 141 ff. HARNDEN, Bandit Country, S. 171 ff.
304 Die Herkunft der Waffen aus Libyen wurde zweifelsfrei festgestellt. Siehe die Lokalisierung der Waffenfunde bei O'BRIEN, The Long War, S. 145 ff.

tär *Ian Gow (1937)*, der eine pro-unionistische Position vertrat.[305] Sie verstand sich als »*British Unionist*« und merkte in einer Unterhaus-Debatte an, dass Nordirland genauso Teil des United Kingdoms sei wie ihr Wahlkreis (»*as much as my constituency is*«). Da ihr Wahlkreis Finchley war, verkürzten Kommentatoren ihren Ausspruch zu »*Northern Ireland is as British as Finchley*«.[306] Sie hatte deutliche Sympathien für ihre konservativen Gesinnungsfreunde jenseits der Irischen See und bewunderte den Patriotismus der Unionisten, befand ihn aber als zu eng. Sie wusste, dass die unionistische Mehrheitsherrschaft nicht einfach restituiert werden konnte: »*The political realities of Northern Ireland prevented a return to majority rule.*«[307] Die klaren Mehrheitsverhältnisse im Unterhaus erforderten keineswegs eine besondere Rücksichtnahme auf unionistische Interessen und Thatcher war pragmatisch genug, sich nicht von den Unionisten abhängig zu machen.

Schwerpunkt ihrer Nordirlandpolitik in den ersten Regierungsjahren war die *Sicherheitspolitik*, ohne dass sie die Notwendigkeit auch neuer *verfassungspolitischer Initiativen* aus den Augen verlor.[308] Doch sie war überzeugt, dass die IRA mit militärischen und politischen Mitteln besiegt werden könne. Man müsse der IRA die stillschweigende Unterstützung der katholischen community entziehen und sie von ihren internationalen Unterstützernetzwerken abschneiden. Dazu, und um die internationale Reputation Großbritanniens wiederherzustellen, die allein durch die *Dauer* des Konflikts gelitten hatte, bedurfte es der Zusammenarbeit mit den *Vereinigten Staaten* und der *Irischen Regierung*. Die traditionell pointiert pro-irische Ausrichtung der US-Regierung, die auf die starke irisch-amerikanische Lobby Rücksicht nehmen musste, hatte in den siebziger Jahren, insbesondere nach »Bloody Sunday«, zu einer überaus naiv-romantischen Einschätzung des Nordirlandkonfliktes als einem »Befreiungskampf der Iren vom britischen Imperialismus« geführt. Der kaltblütige, zivile Opfer in Kauf nehmende, Terror der IRA und die beharrliche Informationspolitik John Humes hatten dazu beigetragen, dies ein wenig zu korrigieren, dennoch blieb es aus Sicht der Britischen Regierung eine eminent wichtige politische Aufgabe, die einflussreichen US-Politiker mit Verbindungen zur irisch-amerikanischen Lobby von den Realitäten des Nordirlandkonfliktes zu überzeugen. Auch musste die amerikanische Regierung dafür sensibilisiert werden, sich intensiver mit den fast ungehinderten Waffenlieferungen aus den USA für die

---

305 Geoffrey Howe, damals Finanzminister im Kabinett Thatcher schreibt in seinen Memoiren: »Neither she nor I entered politics with any special concern for Northern Ireland.« GEOFFREY HOWE, Conflict of Loyalty. London, 1994. S. 411.
306 BEW/GILLESPIE, Northern Ireland, S. 158.
307 Sie bekannte: »My instincts are profoundly Unionist«. MARGARET THATCHER, The Downing Street Years. London, 1993. S.385.
308 Vgl. v.a. zu den ökonomischen Aspekten ihrer Nordirlandpolitik FRANK GAFFIKIN/MIKE MORISSEY, Northern Ireland: The Thatcher Years. London/New Jersey. 1990.

IRA zu befassen.[309] Thatcher war auch klar, dass die *Irische Regierung* für den gemeinsamen Kampf gegen den Terrorismus nur gewonnen werden konnte, wenn sie an einer Friedenslösung für Nordirland beteiligt wurde. Sie nahm daher sehr rasch Kontakt zu ihrem Amtskollegen in Dublin auf. Nach mehreren Britisch-Irischen Gipfeltreffen (21. Mai 1980 und 8. Dezember 1980 mit *Taoiseach Charles Haughey;* 6. November 1981 mit seinem Nachfolger *Garret Fitzgerald)* bahnte sich nicht nur Entspannung an, sondern schien offene Bereitschaft zur Kooperation spürbar.

Thatchers Entschlossenheit, der IRA mit eiserner Faust entgegenzutreten, wurde durch zwei spektakuläre Anschläge verstärkt.

- Am 27. August 1979 sprengte die IRA die Jacht des 79jährigen *Earl Louis Mountbatten*, Cousin der Queen, in Mullaghmore, County Sligo, in die Luft. Der beliebte Mountbatten, letzter Vizekönig Indiens, starb und mit ihm zwei weitere Personen, unter ihnen sein 14jähriger Enkel.[310] Die IRA hatte den Anschlag lange vorher geplant. Sie wollte mit der Ermordung von Mountbatten eine international bekannte Persönlichkeit, einen Vertreter des »imperialen« England treffen.
- Am Nachmittag des selben Tages detonierte die IRA eine Bombe in der Nähe von *Warrenpoint* als gerade ein britischer Fallschirmjäger-Konvoi auf dem Weg von Ballykinler nach Newry vorbeifuhr. Sechs Soldaten wurden auf der Stelle getötet, zwei überlebten schwerverletzt. Als die Überlebenden des Konvois, betäubt von der Detonation, Deckung suchten, eröffneten Scharfschützen der IRA das Feuer. Bei dem Schußwechsel starb auch ein unbeteiligter englischer Tourist. Als ein Armee-Hubschrauber zwanzig Minuten später landete, um die Toten und Verletzten zu bergen, zündete die IRA eine zweite Bombe. 12 Soldaten starben auf der Stelle. Innerhalb einer halben Stunde hatte die Britische Armee 18 Soldaten verloren.[311]

Premierministerin Thatcher drückte den Angehörigen der getöteten Soldaten ihr Beileid aus und eilte nach Nordirland. Sie erschien im Kampfanzug und demonstrierte den Schulterschluss der Regierung mit ihrer Armee. Sie ließ sich von Polizei und Armee über die Sicherheitslage informieren und entschied, zurück in London, zugunsten einer Erhöhung der Polizeistärke um 1000 Mann und setzte *Sir Maurice Oldfield (1915-1980)* als Sicherheitskoordinator ein, um künftig Friktionen zwischen Armee und Polizei im Anti-Terror Kampf zu verhindern. Oldfield war von 1965 bis 1977 Chef des Geheimdienstes MI6 gewesen. In seiner kurzen Amtszeit konnte er nicht viel bewegen, dennoch besserte sich das Klima und die Kooperation zwischen RUC und Armee. Die IRA ließ sich in ihrer mörderischen Entschlossenheit weder von besserer Sicherheitskoordination noch vom

---

309 HOLLAND, Hope Against History, S. 139 ff. HOLLAND, The American Connection.
310 BELL, Irish »Troubles«, S. 571. Einzelheiten bei McKITTRICK, Lost Lives, S. 793 ff. TAYLOR, Brits, S. 220 ff. BELL, Secret Army, S. 450 ff.
311 TAYLOR, Brits, S. 220 ff. McKITTRICK, Lost Lives, S. 796 ff. DEWAR, British Army, S. 158 f. BELL, Secret Army, S. 453 ff. HARNDEN, Bandit Country, S. 143 ff.

Papst beeindrucken, der sich anlässlich seiner Reise in die Republik Irland am 30. September 1979 mit einem beschwörenden Friedensappell an 250.000 andächtige Zuhörer in Drogheda gewandt hatte: »*To all of you who are listening, I say: do not believe in violence; do not support violence. It is not the Christian way. It is not the way of the Catholic Church. Believe in peace and forgiveness and love. On my knees I beg of you to turn away from the paths of violence and to return to the ways of peace.*« Kaltschnäuzig antwortete die IRA, dass die Briten nur mit Gewalt aus Irland zu vertreiben seien und die Katholische Kirche bei einem Sieg der IRA wohl keine Schwierigkeiten hätte, die Organisation anzuerkennen.[312]

8.1. »Dirty Protest«, die Hungerstreiks 1980/81 und der Aufstieg Sinn Féins

Die Internierung 1971 hatte die Zahl der Gefangenen beträchtlich anschwellen lassen. Die meisten von ihnen waren im berüchtigten Internierungs-Lager »Long Kesh«, einer ehemaligen Luftwaffenbasis in der Nähe des kleinen Dorfes Maze (nächste größere Stadt: Lisburn) untergebracht. Long Kesh, umgeben von hohen Stacheldrahtzäunen und Wachtürmen, bestand aus einer Ansammlung von zugigen Wellblech Hütten. Drei bis fünf Hütten bildeten für gewöhnlich einen stacheldrahtumzäunten »cage« für ca. 80 Insassen.[313] In den Medien ist Long Kesh immer wieder mit einem Gefangenenlager des Zweiten Weltkrieges oder, noch schlimmer, einem deutschen KZ verglichen worden. Letztes ist allerdings eine absurde und perfide Übertreibung, denn die deutschen KZs waren ausdrücklich zur *Vernichtung* der Gefangenen geschaffen worden, nicht zu ihrer zeitweisen *Internierung*. Die Internierung hatte einen neuen Typus von Gefangenen hervorgebracht: den nicht rechtskräftig Verurteilten, sondern den nach der Anti-Terrorgesetzgebung zeitweise Einsitzenden. Seine Lage war, im Vergleich mit den verurteilten Straftätern, wie z.B. im Belfaster Crumlin Gefängnis, eine durchaus ungewöhnliche. Er lebte im Kreise seiner politischen und/oder paramilitärischen Gesinnungsgenossen, trug Zivilkleidung und unterlag einer mehr oder weniger strengen internen Gefängnisordnung, die von den Gefangenen selbst organisiert wurde. Jeder »cage« hatte seinen kommandierenden Offizier (»OC«), der für Disziplin, Training, Drill, Bildung, Freizeitbeschäftigung und Kontakt zum Lagerpersonal zuständig war. Internierte, gleich welcher Provenienz, berichteten von einer breiten Palette an Bildungs- und Schulungsangeboten, die von Irischer Geschichte, Politik und Kultur bis zu Strategie und Taktik des bewaffneten Kampfes reichten. Hier hatten die Internierten mitunter erstmalig in ihrem Leben die

---

312 BEW/GILLESPIE. Northern Ireland, S. 134. BELL, Secret Army, S. 458.
313 Siehe die Beschreibungen von Long Kesh bei ADAMS, Before the Dawn, S. 221 und in GERRY ADAMS, Cage Eleven. Erinnerungen an Long Kesh. Cadolzburg, 1995.

Muße, über die politischen Ziele ihres Kampfes nachzudenken und Lösungsmöglichkeiten des Konfliktes zu diskutieren.[314]

Long Kesh wich schließlich einem gewaltigen Gefängnisneubau, der wegen seiner Form in Gestalt von acht großen »H's« auch »H-Block« genannt wurde. Offiziell »Maze« – Prison genannt, wurde es von den Behörden als modernstes Gefängnis in Europa gerühmt. Die »H-Blocks waren einstöckige, graue Betonbauten« mit vier Flügeln, die jeweils 25 zentralbeheizte Zellen enthielten. Es gab ausreichende Sanitäranlagen, Speisesäle und Freizeiteinrichtungen. Stärker noch als in Long Kesh hatten die Gefangenen die Gelegenheit, sich fortzubilden und mit ihren Kameraden über Politik zu diskutieren. Die republikanischen Gefangenen erhielten hier eine ideologische Grundschulung, die sich aus einem breiten Spektrum anti-kolonialer, anti-imperialistischer, anti-kapitalistischer Schriften speiste , aber auch z.B. Literatur zum »nationalen Befreiungskampf« der Palästinenser, Nicaraguas Sandinisten-Sozialismus und Paulo Freires Pädagogik einschloss. Diese eklektische Mischung aus »revolutionärer« Literatur machte viele inhaftierte IRA Aktivisten zu selbstbewussten »sozialistischen« Revolutionären, die sich mit Revolutionen und Revolutionsversuchen im internationalen Maßstab identifizierten.[315]

Im September 1980 waren 1.365 Personen inhaftiert, von denen 837 dem republikanischen und ca. 300 dem loyalistischen Lager zuzurechnen waren. 341 republikanische Gefangene befanden sich zu diesem Zeitpunkt in einem Streik, der als »Dirty Protest« und Auftakt zur Hungerstreik-Krise in die Annalen des Nordirland-Konfliktes eingehen sollte.[316] Der »Dirty Protest« und die folgenden Hungerstreiks haben die politische Polarisierung in Nordirland weiter vorangetrieben mit langfristigen negativen Wirkungen für eine friedliche Konfliktlösung. Es ist angesichts der Fülle von teilweise sehr parteilicher Literatur noch heute schwer, einigermaßen sachgerecht über die Ereignisse und Folgen der dramatischen Jahre 1976-1981 zu berichten. Die Hungerstreiks haben in der republikanischen Geschichtsschreibung einen ähnlichen Stellenwert erlangt wie der Osteraufstand 1916 und die Ereignisse des »Bloody Sunday« 1972. Die Ikonographie um die Hungerstreik-Opfer fügt sich in die fenianischen Traditionen der Heldenverehrung ein, der Bedeutung des Leidens und des Opfers für die »heilige irische Sache«. Der Kampf der Gefangenen um den »politischen Status« als *Prisoners of War* (POW) war der Versuch, die Britische Regierung zur faktischen Legitimation des bewaffneten Kampfes als einem regulären Krieg zwischen der IRA und den Briten zu zwingen. Wenn dieser »Krieg« *militärisch* nicht zu gewinnen war, dann vielleicht *propagan-*

---

314 Sehr dichte Schilderungen finden sich in den Long-Kesh-Erinnerungen von Gusty Spence: GARLAND, Gusty Spence, S. 155 ff. Ferner aus republikanischer Sicht: Patrick McGeown in BISHOP/MALLIE, The Provisional IRA, S. 338 ff.
315 Vgl. zu diesem Aspekt v.a. ENGLISH, Armed Struggle, S. 227 ff.
316 Zahlen bei DAVID BERESFORD, Ten Men Dead. The story of the 1981 hunger strike. London, 1994.², S. 31. Etwas andere Zahlen bei RYDER, RUC, S. 235.

distisch. Die Briten sollten an den Pranger der Weltöffentlichkeit gestellt und international isoliert werden.

Am 15. September 1976, fast unbemerkt von der Öffentlichkeit, weigerte sich der wegen IRA-Mitgliedschaft und terroristischen Aktivitäten verurteilte *Ciaran Nugent* Gefängniskleidung zu akzeptieren als er im H-Block eintraf. Er war der erste Gefangene, dem nach Auslaufen des Sonderstatus für politische Gefangene am 1. März 1976 dieses »Privileg« versagt wurde. Der Sonderstatus, den die Internierten bereits seit 1971 besaßen, war von Nordirlandminister Whitelaw auch anderen Gefangenen gewährt worden, die politische Motive für ihre Taten geltend machen konnten. Whitelaw hatte sich am 13. Juni 1972 dem Hungerstreik von IRA Häftlingen gebeugt und (damals acht Republikanern und 40 Loyalisten) einen Häftlings-Sonderstatus (*»special-category status«*) gewährt, der diverse Haftererleichterungen umfasste: Die Inhaftierten durften ihre zivile Kleidung tragen, bekamen mehr Besuch, erhielten zusätzliche Lebensmittelpakete und mussten keine der im Gefängnis üblichen Arbeiten verrichten. Die IRA hatte diese Entscheidung als Anerkennung ihrer gefangenen »Kämpfer« als »politische Gefangene« interpretiert.[317] Wenige Jahre später setzte Nordirlandminister Rees im Zuge einer Revision der Sicherheitspolitik das Ende des Sonderstatus durch. Wer nach dem 1. März 1976 wegen terroristischer Aktivitäten verurteilt wurde, konnte keine bevorzugte Behandlung erwarten. Er galt als »normaler Krimineller« und hatte u.a. die vorgeschriebene Gefängnisuniform zu tragen. Das Verhalten der republikanischen Gefangenen wurde jetzt zum Politikum. Beugten sie sich den neuen Bestimmungen, so akzeptierten sie ihren Status als »gewöhnliche Kriminelle« und delegitimierten den bewaffneten Kampf der IRA. Eine neue Runde im Legitimationskampf um die Deutung des Nordirlandkonfliktes – »Terrorismus« oder »Befreiungskrieg« – kündigte sich an. Die IRA gab ihren Gefangenen am 27. März 1976 die strikte Anweisung, *»that they are not to wear any clothing provided by a prison administration, even if such clothes are of a civilian type.«*[318] Der Gefangene Nugent weigerte sich in konsequenter Umsetzung dieser Direktive, die Gefängniskleidung zu akzeptieren. Als geflügeltes Wort wird von ihm der Sinnspruch überliefert: *»If they want me to wear a uniform they'll have to nail it on my back.«* Als einziges »Kleidungsstück« blieb ihm nur die Decke auf seiner Pritsche. Nugent ging, wie es bald hieß, *»on the blanket.«*[319] Hunderte von weiteren Gefangenen, schlossen sich dem Protest an, *»drawing its inspiration from the tradition going back more than 100 years when Fenian (Republican) prisoners went naked rather than wear a prison uniform that*

---

317 Whitelaw gab später zu, dass seine Entscheidung ein Fehler gewesen sei. WHITELAW, Memoirs, S. 94. So sieht es auch HEATH, The Course of My Life, S. 438.
318 zit.n. CLARKE, Broadening the Battlefield, S. 60.
319 Siehe Nugents Schilderung bei BISHOP/MALLIE, The Provisional IRA, S. 349 f. Zur Beschreibung des Gesamtkonfliktes TIM PAT COOGAN, On the Blanket. Dublin, 1980.

would mark them as criminals.«[320] Auf dem Höhepunkt des Protestes waren es ca. 360 männliche und 33 weibliche Gefangene in dem Frauengefängnis in Armagh. Diese Insubordination zog scharfe Reaktionen der Gefängisbehörde nach sich: Strafen, 24stündiger Einschluss in der Zelle, kein Außenkontakt, Verbot von Besuchen, schrittweiser Verlust des 50% Straferlasses (jeweils einen Tag für einen Tag Protest), Verweigerung von Büchern, Schreibmaterial, Radio und Fernsehen. Nur die Bibel und religiöse Magazine wurde als Lesestoff noch genehmigt. Die Strafen konnten die Verweigerer nicht brechen. Im Gegenteil. Die Situation eskalierte. Gefängnisaufseher reagierten mit Demütigungen und Schlägen. Die Gefangenen wehrten sich. Sie zerschlugen das Mobiliar in den Zellen und nun blieben ihnen nur noch Decken und Matratzen. Aus dem »blanket-protest« wurde im November 1976 ein »*no-wash-protest.*« Die Inhaftierten weigerten sich, die Zellen zur Körperpflege zu verlassen, weil ihnen die Gefängisleitung verboten hatte, ihre Decken aus der Zelle mitzunehmen. Es wurde ihnen auch kein zusätzliches Badetuch zugestanden, sodass sie im Adamskostüm zum Duschen über die Flure hätten laufen müssen, zur Erheiterung der Aufseher. Der »no-wash-protest« eskalierte im März 1978 zum »*dirty-protest«* als den Gefangenen die Benutzung der Toiletten im Sanitärbereich verweigert wurde, bzw. sie selbst es vorzogen, in der Zelle zu bleiben und nur ihre Pastiknachttöpfe benutzten. Schließlich begannen sie, ihre Exkremente aus den Zellenfenstern zu werfen und ihre Zellenwände zu beschmieren. »*There were times«*, berichtete Pat McGeown, *»when you would vomit. There were times when you were so run down that you would lie for days and not do anything with the maggots crawling all over you. The rain would be coming in the window and you would be lying there with the maggots all over the place.«*[321] Wenn man Filmdokumente dieser Zeit sieht und Augenzeugenberichte liest, kann man nur betroffen die unhaltbaren Zustände zur Kenntnis nehmen, die buchstäblich zum Himmel stanken. Gleichwohl wurde der »Dirty Protest« monatelang in der Öffentlichkeit kaum wahrgenommen. Im republikanischen Lager machte sich Unruhe breit. Erst die Intervention der katholischen Kirche brachte die Wende. Bischof *Edward Daly* aus Derry hatte das Maze-Gefängnis im Juni besucht und war über die vorgefundenen Haftbedingungen entsetzt. Der Erzbischof von Armagh, *Tomas O'Fiaich*, versuchte in mehreren Gesprächen mit Nordirlandminister Roy Mason die Britische Regierung zu Konzessionen zu veranlassen, was ohne Ergebnis blieb. Ende Juli unternahm er selbst einen Besuch im Gefängnis. Zutiefst betroffen und empört wandte er sich am 1. August 1978 mit einer umfänglichen Erklärung an die Weltöffentlichkeit:

---

320 PADRAIG O'MALLEY, Biting At The Grave. The Irish Hunger Strikes and the Politics of Despair. Belfast, 1990. S. 21 ff.
321 BISHOP/MALLIE, The Provisional IRA, S. 352. TAYLOR, Provos, S. 220 ff. Bericht von Liam McCloskey in CLARK, Broadening the Battlefield, S. 72 f.

»(...) I was shocked by the inhuman conditions prevailing in H Blocks 3, 4 and 5 where over 300 prisoners are incarcerated. One would hardlly allow an animal to remain in such conditions let alone a human being. The nearest approach to it that I have seen was the spectacle of hundreds of homeless people living in sewer pipes in the slums of Calcutta. The stench and filth in some of the cells, with the remains of rotten food and human excreta scattered around the walls, was almost unbearable. In two of them I was unable to speak for fear of vomiting.«[322]

Fiaich machte deutlich, dass er es für gerechtfertigt hielt, den Inhaftierten einen politischen Sonderstatus zuzubilligen. »*How*«, so fragte er, »*can one explain the jump in the prison population of Northern Ireland from 500 to 3,000 unless a new type of prisoner has emerged?*«[323] Anti-Terrorgesetzgebung und Sondergerichte (Diplock-Courts) hätten bei einer Fülle von dubiosen »freiwilligen« Geständnissen die Zahl der Gefangenen vermehrt, die nicht als gewöhnliche Kriminelle einzuordnen seien. Der katholische Oberhirte, der den Briten wegen seiner offenen nationalistischen Parteinahme ohnehin suspekt war – er hatte kurz nach seiner Ernennung zum Erzbischof im August 1977 den Rückzug der Briten gefordert - ergriff hier unverhüllt Partei für die republikanische Seite.[324] Die Britische Regierung kommentierte O'Fiaichs mit Erbitterung. Irritiert reagierte auch die Presbyterianische Kirche, die O'Fiaich »moralische Verwirrung« und Parteinahme für die republikanische Bewegung vorwarf. Die Republikaner dagegen durften O'Fiaichs Ausführungen als Ermutigung und Unterstützung dankbar aufgreifen. Jetzt war der Durchbruch geschafft. Der »Dirty Protest« gewann eine neue Dynamik. Es ging nicht mehr nur um eine Verweigerungshaltung gegen eine neue Gefängnisordnung und die Willkür der Gefängnisverwaltung. Der »Dirty Protest« wurde in die Tradition des Jahrhunderte währenden Befreiungskampf der Iren gegen die Briten eingereiht. Die Verbrechen der Einsitzenden und ihre Mitgliedschaft in einer terroristischen Vereinigung rückten in den Hintergrund. Auch wurde geflissentlich übersehen, dass nicht alle der einsitzenden Republikaner an dem »Dirty Protest« beteiligt waren. Die Medien hatten einen neuen Knüller. Fernsehbilder von bleichen, hageren, langhaarigen, in Decken gehüllten Gefangenen, dennoch aufrecht und politische Parolen skandierend, gingen um die Welt. Die bemitleidenswerdenden Gefangenen-Gestalten weckten bizarre Assoziationen mit Jesus-Bildern, die in jedem katholischen Haushalt zu finden waren. In bedrückender Weise

---

322 zit.n. DAVID BERESFORD, Ten Men Dead. The story of the 1981 hunger strike. London, 1994.², S.184. Siehe auch Tim Pat Coogans Erlebnisbericht in COOGAN, »Troubles«, S. 266 f.
323 Ebda., S. 185.
324 Siehe Thatchers Einschätzung nach einem Gespräch mit O'Fiaich: »He believed that the hunger strikes were not acting under IRA orders. I was not convinced. He made light of the demands of the prisoners for special category status, and it soon became clear why. He told me that the whole of Northern Ireland was a lie from start to finish.« THATCHER, Downing Street Years, S. 392.

vermochten die Inhaftierten Gedanken über Opfer und Märtyrertum für die »heilige irische Sache« auszulösen, so wie es Patrick Pearse und seinen Mitstreitern in der Folge des Osteraufstandes 1916 gelungen war. Aus dem Gefängnis geschmuggelte Kassiber berichteten vom täglichen Kampf gegen die Übergriffe des Gefängnispersonals. Die Gefangenen bestimmten inzwischen den politischen Diskurs, ob es Sinn Féin oder dem IRA-»Army Council« passte oder nicht. Die Britische Regierung geriet bereits zu diesem Zeitpunkt in die propagandistische Defensive. John Hume warnte Nordirlandminister Mason schon im September 1978, dass »*the Provisional IRA was winning the propaganda battle hands down.*«[325] Die Europäische Kommission für Menschenrechte, die sich auf Antrag republikanischer Gefangener mit der Lage im Maze-Prison befasste, kam zwar zu dem Schluss, dass der »*Blanket Protest*« selbstauferlegt sei und daher keine Beeinträchtigung von Menschenrechten darstelle, kritisierte aber gleichwohl die Britische Regierung für ihre unflexible Haltung in der Gefängnisfrage. Die Britische Regierung erschien in den Medien in düsterem Licht: Probleme bemäntelnd, uneinsichtig, dogmatisch und unfähig zur konstruktiven Konfliktlösung. Vor diesem Hintergrund begann die republikanische Bewegung über eine neue Eskalationsstufe im Propaganda-Krieg zu diskutieren: den *Hungerstreik*.

Hungerstreiks zur Durchsetzung politischer Forderungen hatten eine lange Tradition in der irischen Geschichte. Hungerstreikende erhielten im Pantheon republikanischer Helden stets einen besonderen Platz, obwohl sich mancher Hungerstreik gar nicht gegen die Briten, sondern die eigenen Landsleute gerichtet hatte (z.B. im Irischen Bürgerkrieg 1922/1923). Immer wieder wurden die geflügelten Worte von Terence McSwiney, IRA Mitglied und Sinn Féin Bürgermeister von Cork, zitiert: »*The contest on our side is not one of rivalry or vengeance but of endurance. It is not those who can inflict the most but those that can suffer the most who will conquer...It is conceivable that the army of occupation could stop us functioning for a time. Then it becomes simply question of endurance. Those whose faith is strong will endure to the end in triumph.*« McSwiney starb am 25. Oktober 1920 im Gefängnis zu Brixton nach einem 74tägigen Hungerstreik. Seine Botschaft wurde zum Glaubensbekenntnis der Hungerstreikenden.[326] Innerhalb der republikanischen Bewegung war das Anknüpfen an diese Traditionen keineswegs unumstritten. Es kam zu heftigen Auseinandersetzungen. Die IRA fürchtete, ganz realistisch kalkulierend, dass sich die ideelle und finanzielle Unterstützungsenergie der katholischen community auf die Hungerstreik-Aktionen richten würde und damit die Priorität des militärischen Kampfes gefährden könnte. Gerry Adams bezeichnete im Rückblick die Erfahrungen mit den Hungerstreiks als den »*Everest amongst the mountains of traumatic events the Irish people have experienced*«. Er selbst war gegen

---

325 ROY MASON, Paying the Price. London, 1999. S. 211.
326 Zur politischen Bedeutung der Hungerstreiks in der neueren irischen Geschichte siehe BERESFORD, Ten Men Dead, S. 14 ff. COOGAN, On the Blanket, S. 14 ff. CLARKE, Broadening the Battlefield, S. 86 ff.

die Hungerstreik-Option der Gefangenen, weil er befürchtete, dass Hungerstreiks vom politischen Kampf ablenken würden, für dessen Ausweitung er seit Jahren energisch kämpfte. Ferner sah er die Möglichkeit einer bitteren Niederlage für die gesamte republikanische Bewegung. Was hätte die republikanische Bewegung gewonnen, wenn am Ende des Hungerstreiks nur Tote blieben, aber keine Konzessionen? Er vertritt bis heute die Meinung, dass die Ergebnisse des Hungerstreiks 1980/81 zumindest widersprüchlich gewesen seien.[327] Er war aber Pragmatiker genug, um auch die langfristigen Propaganda-Chancen des Streiks zu erkennen und beteiligte sich aktiv als Vorsitzender des Sinn Féin Hungerstreik-Ausschusses an der politischen Kampagne, die nationalistische community zur Solidarisierung mit den Zielen der Hungerstreikenden zu treiben. Trotz Bedenken gaben IRA und Sinn Féin schließlich ihr Plazet zum Beginn des Hungerstreiks.

Der *erste Hungerstreik* begann am 27. Oktober 1980 als sieben republikanische Gefangene die Nahrungsaufnahme verweigerten. Die Zahl war bewusst so gewählt. Sechs gehörten der IRA an und repräsentierten die sechs counties Nordirlands, einer war Mitglied der INLA. Brendan Hughes fungierte als Sprecher der Hungerstreikenden. Das im Oktober 1979 gegründete »*National H-Bloc Committee*«, mit Bernadette McAliskey (geb. Devlin) als Sprecherin, organisierte eine Unterstützungs-Demonstration mit mehr als 10.000 Teilnehmern in der Falls Road, die »*Fünf Forderungen*« Nachdruck verleihen sollten:

1. Das Recht auf zivile Kleidung.
2. Keine Gefängnisarbeit.
3. Kontakt zu den anderen Gefangenen zu jeder Zeit.
4. Recht auf Selbstorganisation zu Freizeit- und Bildungsaktivitäten.
5. Wiederherstellung des (schrittweise aberkannten) Straferlasses.

Das waren selbstbewusste, für die Unionisten geradezu unverschämte, Forderungen einer Gruppe von Terroristen, die sich im Krieg mit der Britischen Regierung wähnten. Hauptziel der Streikenden war die Anerkennung der republikanischen Gefangenen als politische Gefangene durch ein Entgegenkommen der Britischen Regierung. Unklar blieb, in welchem Umfang die fünf Forderungen erfüllt sein mussten, um als Akzeptanz des politischen Gefangenenstatus interpretiert werden zu können. Premierministerin Thatcher hatte von Anfang an eine harte Linie bezogen: Für sie gab es keine »*politischen* Verbrechen«, sondern, wie sie zu formulieren pflegte: »*A Crime is a crime is a crime*«... *it's not political, it's a crime*«. Sie war nicht geneigt, denjenigen Konzessionen einzuräumen, die zu derselben Organisation gehörten, die ihren Berater Airey Neave, Lord Mountbatten und die Soldaten bei Warrenpoint getötet hatten. Ihre Haltung im Hungerstreik befestigte das Image von der »Iron Lady«. Über sechs Wochen gab es keine Bewegung. Die Häftlinge hungerten und ihr körperlicher Zustand verschlechterte sich von Tag zu Tag. Die Britische Regierung blieb nach außen hin kompromisslos. Wir wissen

---

327 ADAMS, Before the Dawn, S. 283 f.

aber heute, dass - parallel zur offiziellen ablehnenden Haltung der Britischen Regierung – hinter den Kulissen Verhandlungen unter Beteiligung des Northern Ireland Office, des Außenministeriums und dem Geheimdienst mit den Streikenden bzw. deren Mittelsmännern stattfanden. In diesen Gesprächen wurden Angebote bezüglich Gefängniskleidung und Kontakte zu anderen republikanischen Gefangenen betreffend wiederholt und weitere »Klärungen« im Blick auf die »Fünf Forderungen« angekündigt. Am Abend des 18. Dezember 1980 überreichte die Britische Regierung den Hungerstreikenden ein Dokument, das nach Einschätzung der politischen Führung von Sinn Féin zwar ambivalent war und vieles offen ließ, aber auch als Zeichen guten Willens der Britischen Regierung gedeutet werden konnte, auf die Forderungen der Hungerstreikenden einzugehen. Es war diese Einschätzung und der sich stündlich verschlechternde Gesundheitszustand von zwei Hungerstreikenden, der die anderen dazu veranlasste, für *Mitternacht das vorläufige Ende der Aktion* zu beschließen. Thatcher bestreitet bis heute, dass die Britische Regierung irgendwelche Zugeständnisse gemacht habe, die die Hungerstreikenden zum Abbruch der Aktion genötigt hätten: »*The IRA claimed later that they had done this because we had made concessions, but this was wholly false. By making the claim they sought to excuse their defeat, to discredit us, and to prepare the ground for further protests when the nonexistent concessions failed to materialize.*«[328]

Nach Ende des ersten Hungerstreiks hofften die Gefangenen auf einen auszuhandelnden Kompromiss, der sie dem ersehnten »politischen Status« näherbringen und der Britischen Regierung zugleich die Möglichkeit ließ, ihr Gesicht zu wahren. Doch Wochen weiterer Verhandlungen verstrichen ohne greifbare Ergebnisse, obwohl man einer Lösung relativ nahe kam.[329] Die Spannungen und Frustrationen der Häftlinge wuchsen mit jedem Tag und verdichteten sich zur grimmigen Entschlossenheit, erneut zum Mittel des Hungerstreikes zu greifen. Trotz starker Bedenken des »Army Council« der IRA und der Sinn Féin Führung[330] sowie öffentlicher Kritik von Derry-Bischof Edward Daly begann am *1. März 1981* ein *zweiter Hungerstreik »to the death«*. Er endete am 3. Oktober 1981 mit 10 toten Häftlingen, dem Sieg der republikanischen Bewegung im »Propagandakrieg« und der politischen Stärkung Sinn Féins. Der prominenteste Hungerstreikende war zweifelsohne *Bobby Sands (1954 -1981)*. Sands wurde zum »Märtyrer« und »Heiligen« der republikanischen Bewegung. Es war eine tragische »Karriere«, weil es in erster Linie die Umstände seines langen Sterbens waren, die ihn berühmt machten, weniger seine zweifellos überdurchschnittlichen politischen Fähigkeiten. Sands wurde 1954 geboren und erlebte die ihn prägenden Jugendjahre im größten Sozialwoh-

---

328 THATCHER, Downing Street Years, S. 390 f.
329 Zu den Details siehe CLARK, Broadening the Battlefield, S. 134 ff. BERESFORD, Ten Men Dead, S. 45 ff.
330 Adams schrieb an Sands: »Bobby, we are tactically, strategically, physically and morally opposed to a hunger strike«. ADAMS, Before the Dawn, S. 288. Siehe die Antwort der Häftlinge in BERESFORD, Ten Men Dead, S. 53 f.

nungs-Bezirk in Belfast, in Rathcoole. Er kam aus einer katholischen Arbeiterklassen-Familie ohne ausgeprägt republikanischen Hintergrund. Die unauffällig und zurückgezogen lebende Familie wurde 1962, nach anhaltenden Repressalien, von den protestantischen Nachbarn aus dem gemischt-konfessionellen Newtownabbey gezwungen und ließ sich im Neubauviertel Rathcoole nieder. Hier lebten in gesichtslosen Hochhausblöcken ohne ausreichende Freizeit- und Kommunikationseinrichtungen ungefähr 10.000 Menschen. Rathcoole war – wenigstens bis 1971 – gemischt konfessionell (etwa ein Viertel Katholiken) und blieb weitgehend unbehelligt von den »Troubles« in der Innenstadt. Bobby war ein engagierter, normaler Jugendlicher, der viele protestantische Freunde hatte. Doch das unbeschwerte Leben sollte sich rasch ändern. In dem Maße wie aus West Belfast vertriebene protestantische Familien nach Rathcoole zogen, wandelten sich Zusammensetzung und Gesicht des Bezirkes. Die vertriebenen Protestanten sannen auf Rache und die UDA eröffnete ein Büro. Jetzt ging es den Katholiken an den Kragen. Im Juni 1972 wurde die Familie von Bobby Sands erneut vertrieben und flüchtete nach Twinbrook, einem katholischen Stadtteil am Rande von West Belfast, dessen protestantischen Bewohnern es kurz zuvor ebenso wie den Sands ergangen war. Dieses Ereignis war ein Wendepunkt im Leben des bisher so normalen, unauffälligen Bobby.[331] Mit 18 Jahren trat er der IRA bei. Schon sechs Monate Monate später wurde er verhaftet und in Long Kesh interniert. Im April 1976 entlassen, kehrte zum bewaffneten Kampf zurück, wurde aber bereits im Oktober 1976 nach einer Bombenattacke auf ein Möbelgeschäft erneut verhaftet und ein Jahr später wegen unerlaubten Waffenbesitzes zu 14 Jahren Gefängnis verurteilt.[332] Long Kesh wurde für ihn zur Hochschule des revolutionären Kampfes. Hier studierte er zusammen mit Gerry Adams im berühmten »*Cage 11*« gälische Sprache, Geschichte und Politik. Mit der ihm eigenen Hartnäckigkeit brachte er es in relativ kurzer Zeit zu fließender Beherrschung des Gälischen. Seine Lieblingsautoren waren die anti-imperialistischen Revolutionäre Franz Fanon, Ché Guevara, George Jackson und Camilo Torres, die sein Weltbild tief prägten und die fenianischen Traditionen der Rechtfertigung von Gewalt als der »reinigenden Kraft« im Kampf eines Volkes um nationale Selbstbestimmung (Pearse) ergänzten.[333] In seinen Schriften, die aus dem Gefängnis geschmuggelt wurden, gab Sands ein bestürzendes Bild von der Lage der Gefangenen, die sich im »Dirty Protest« befanden. Die Behandlung, die sie von den Gefängniswärtern (»screws«) erfuhren, war demütigend und brutal und erzeugte weiteren brennenden Hass auf das britische »Unterdrückungssystem«. Leiden, Opfer und Tod waren die häufigsten Themen, die Sands in

---

331 Sands hat in seinen schriftlichen Fragmenten aus dem Gefängnis elegisch auf dieses Ereignis Bezug genommen: »I Once Had A Life«. BOBBY SANDS, Writings from Prison. Boulder, 1997. S. 87. Hier beschreibt er Rathcoole als »massive concrete jungle«, S. 88.
332 Siehe Sands eigene Darstellung in einem aus dem Gefängnis geschmuggelten Kassiber, zit. b. BERESFORD. Ten Men Dead, S. 55 ff.
333 Ausführlich und einfühlsam geschildert bei O'MALLEY, Biting At The Grave, S. 47 ff.

teilweise mystischer, fast blasphemischer, Überhöhung berührte. Sich selbst sah er auf dem einsamen Weg nach »Golgatha«, stellvertretend leidend für das unterdrückte irische Volk. Auf diesem Leidensweg galt es standhaft zu bleiben und die Kameraden zu stärken. Sands war Propagandist und Stratege. Den Kampf der Gefangenen betrachtete er als Teil des militärischen und politischen Kampfes »draußen«. Es ging nicht nur konkret um die »fünf Forderungen« und den Sieg im Propagandakrieg gegen die verhassten britischen »Besatzer«. Er stilisierte den Kampf hinter Gittern zum grundlegenden Wertekonflikt zwischen Imperialismus und irischem Nationalismus. Letztlich ging es um die Befreiung Irlands. »*I am a political prisoner. I am a political prisoner because I am a casualty of a perennial war that is being fought between the oppressed Irish people and an alien, oppressive, unwanted regime that refuses to withdraw from our land. I believe and stand by the God-given right of the Irish nation to sovereign independence, and the right of any Irishman or woman to assert this right in armed revolution. That is why I am incarcerated, naked and tortured.*«[334] Er forderte eine Unterstützungskampagne (»Smash H-Blocks«) für die Häftlinge und bestimmte sie bis in die Details (z.B. bis zum Design von Propaganda-Postern: »*Don't let my Daddy die in H-Block*«). Der politische Erfolg Sinn Féins nach Ende der Hungerstreiks war wesentlich sein persönlicher Erfolg. Sands begann seinen Hungerstreik am 1. März 1981 und führte bis zum St. Patrick's Day Tagebuch, ein beeindruckendes Dokument seiner Entschlossenheit, sein Leben zu opfern. Ihm folgten in kurzen Abständen drei weitere Häftlinge (Francis Hughes, Patsy O'Hara, Raymond McCreesh). Andere standen bereit, sollte es erste Todesfälle geben. Die Vertretung der Hungerstreikenden nach außen übernahm Sands Freund *Brendan »Bik« MacFarlane* aus dem katholischen Arbeiterbezirk Ardoyne. Er hatte wegen der Bombenattacke auf die protestantische Bayardo-Bar im August 1975, bei der fünf Menschen starben, eine lebenslängliche Haftstrafe abzusitzen. Er wurde zum wichtigsten Vermittler in dem nun beginnenden tödlichen Prinzipienkampf zwischen der »Eisernen Lady« und den »Eisernen Männern.« Die Hungerstreikenden setzten darauf, dass ihr Tod das gesamte nationalistische Lager im Kampf um Gerechtigkeit und die Einheit Irlands einen würde. Die Britische Regierung würde zum Paria der Weltmedien und müsse schließlich vor dem innen- und außenpolitischen Druck kapitulieren. *Jim Gibney*, einer der führenden Sinn Féin Strategen, bezeichnete die Ziele der Hungerstreikenden treffend:

> »*They see their prison struggle as an integral part of the overall struggle to overthrow a system which has colonized our country, our minds, our language, our culture and our attitudes for centuries. The prisoners draw from our historical fight for independence and are strengthened, not weakened by those whose lives are marty-*

---

334 SANDS, Writings from Prison, S. 219.

red. *The British government, no matter how dogmatic or how many forces it has at its disposal will never conquer this spirit.*«[335]

Ein unerwartetes Ereignis, wenige Tage nach Beginn des Hungerstreikes, beförderte ihre Sache: Am 5. März 1981 starb plötzlich in Folge eines Herzinfarkts, Frank Maguire, der exzentrische Unterhaus-Abgeordnete für den Wahlkreis Fermanagh/South Tyrone. Er hatte diesen überwiegend katholischen Wahlkreis als unabhängiger nationalistischer Kandidat seit Oktober 1974 halten können, weil die katholischen Wähler geschlossen für ihn gestimmt und so den unionistischen Konkurrent stets auf den zweiten Platz verwiesen hatten. Sein Tod machte eine Nachwahl erforderlich und warf die Frage auf, ob sich die katholische community wieder auf einen katholischen Kandidaten einigen konnte. Es gab mehrere Interessenten, die ihre Kandidatur anmeldeten, u.a. den Bruder von Frank Maguire, *Noel* sowie *Bernadette McAliskey*, (geb. Devlin) die im Januar 1981 einen Mordanschlag der UDA nur knapp überlebt hatte. Die SDLP schwankte und erklärte nach heftigen internen Debatten, sie verzichtete auf einen eigenen Kandidaten und würde Noel Maguire unterstützen. Auch die katholische Kirche vor Ort sprach sich für Maguire aus. Sinn Féin diskutierte gleichzeitig über die Möglichkeit, einen Hungerstreikenden als Kandidaten aufzustellen, was den Interessen der Häftlinge entsprach. Hier zeichnete sich eine politische Kehrtwendung der Partei ab, die bislang das Prinzip der Mandatsabstinenz hochgehalten und verteidigt hatte. Jetzt kam die erste Nagelprobe, ob sich die »Reformer« innerhalb Sinn Féins, Adams und seine Freunde, gegen die Traditionalisten durchsetzen würden. Die Hungerstreik-Frage war dafür eine glänzende Gelegenheit. H-Bloc Aktivist und Sinn Féin Politmanager Jim Gibney schlug schließlich Bobby Sands vor, unterstützt von Gerry Adams, der Sinn Féin Führung und schließlich auch Bernadette McAliskey, die auf ihre Kandidatur verzichtete.[336] Gleichviel ob Sands gewann oder nicht, allein seine Kandidatur und der damit verbundene Wahlkampf musste der Hungerstreik-Kampagne eine herausragende, weltweite Aufmerksamkeit sichern. Noel Maguire trat in letzter Minute von seiner Kandidatur zurück, nachdem ihn Adams und Gibney mit mehr oder weniger sanftem Druck zu überzeugen wussten. Damit hatte auch die SDLP verloren. Der geniale Schachzug gelang. Eine gewaltige Mobilisierung für Bobby Sands setzte ein und demonstrierte die inzwischen erreichte Professionalität Sinn Féins. Nordirland wurde mit Flugblättern und Postern überschwemmt und die irische Lobby in den USA trommelte für Sands. Auf Wahlplakaten und Fernsehschirmen glänzte ein gutaussehender junger Mann mit langem Haar und gewinnendem Lächeln, der eher wie ein Rockstar aussah als ein

---

335 O'MALLEY, Biting At The Grave, S. 62.
336 ADAMS, Before the Dawn, S. 290. CLARKE, Broadening the Battlefield, S. 140 f. Bei einem Treffen der Republikaner von Fermanagh-South Tyrone hatte es eine klare Mehrheit *gegen* die Aufstellung von Sands gegeben. BERESFORD, Ten Men Dead, S. 97. FEENEY, Sinn Féin, S. 288 ff.

rücksichtsloser Terrorist.[337] Die Britische Regierung und die Unionisten hatten dieser Propaganda-Maschinerie wenig entgegenzusetzen. Sands war in der Situation des Jahres 1981 der ideale Kandidat, nicht nur für die republikanische Bewegung, sondern für die gesamte nationalistisch-katholische community. Zwar war er der IRA-Mann, der für terroristische Verbrechen einsaß. Das kühlte die Sympathie vieler SDLP Wähler deutlich ab. Aber er hatte kein Leben auf dem Gewissen, sondern war für unerlaubten Waffenbesitz hart bestraft worden. Er stand für die besten fenianischen Traditionen des entschlossenen Kampfes gegen die britischen »Besatzer«, er verkörperte Leidens- und Opferbereitschaft bis zum Tod. Er hatte eine vorzeigbare Familie, die Teil des eng geknüpften Netzwerkes der nationalistischen community war. Sein selbstauferlegtes Leiden erregte weltweit Interesse und Mitgefühl. Es war ein kluger Schachzug von Adams & Co., ihn als Kandidat für die »Anti-H-Bloc« Bewegung aufzustellen. So brauchten gemäßigte Nationalisten nicht nominell einen IRA-Mann zu wählen, was ihnen sichtlich schwerer gefallen wäre. Hinzu kam, dass die Wahlkampfpropaganda Sinn Féins den Wählern glauben machen konnte, dass eine Stimme für Sands nicht nur sein, sondern auch das Leben weiterer Hungerstreikender retten könnte.

Ein Erfolg für Sands war trotz des katholischen Wählerübergewichts keineswegs sicher. Vieles hing von der Mobilisierung der katholischen Wähler ab und von dem Verhalten der traditionellen SDLP-Wähler. Doch die Strategie von Sinn Féin und der Anti-H-Block Unterstützerszene bewährte sich glänzend. *Am 9. April 1981 wurde Bobby Sands im Wahlkreis Fermanagh/South Tyrone bei einer Wahlbeteiligung von 86,9% mit 30.492 Stimmen zum Abgeordneten des Unterhauses gewählt.* Sein unionistischer Gegenkandidat, Harry West, erhielt 29.046 Stimmen. Resigniert merkte er an: »*I never thought the decent Catholic of Fermanagh would vote for the gunman.*«[338] Die Mehrheit des »gunman« betrug immerhin komfortable 1.446 Stimmen. Für die Unionisten war nach diesem Ergebnis der Beweis erbracht, dass die IRA in der katholischen Bevölkerung einen großen Rückhalt besaß, der weit über die republikanische Unterstützerszene hinausreichte. Sie fühlten sich darin bestätigt, was ihnen Ian Paisley seit den sechziger Jahren einzuhämmern versuchte: Römischer Katholizismus gleich Republikanismus gleich Terrorismus! In der langen Parlamentsgeschichte Großbritanniens war das Ergebnis eine Sensation: Ein wegen unerlaubten Waffenbesitzes rechtskräftig verurteiltes Mitglied der IRA wurde »Member of Parliament«! Die republikanischen Häftlinge jubelten und veranstalteten einen Höllenlärm in ihren Zellen. In den katholischen »Ghettos« tanzten die Menschen auf den Straßen, das Dröhnen der Müll-Eimer Deckel, die auf das Pflaster geschlagen wurden, mischte sich mit Hupkonzerten und republikanischen Gesängen. Zu der Kakophonie republikanischen Überschwangs wurde die Irische Trikolore geschwenkt und »A Soldier's Song« into-

---

337 McKITTRICK/MCVEA, Making Sense of the Troubles, S. 143.
338 BISHOP/MALLIE, The Provisional IRA, S. 368.

niert. Die Weltmedien überschlugen sich. Glückwünsche liefen vor allem aus Übersee ein. Die bange Frage aber blieb: Ließ sich die Britische Regierung durch den Erfolg von Sands erschüttern? War jetzt mit einem Einlenken zu rechnen? Entgegen der vielverbreiteten Euphorie blieb Adams skeptisch und er behielt Recht. Die Britische Regierung war nicht zum Nachgeben bereit, trotz mancher Kontakte hinter den Kulissen und zunehmendem diplomatischem Druck. Stereotyp wiederholten Premierministerin Thatcher und ihr Nordirlandminister Humphrey Atkins, dass es für gewöhnliche Verbrecher keinen Sonderstatus geben würde. Sands war ähnlich pessimistisch wie Adams, blieb aber grimmig entschlossen, sich zu opfern. Sein Gesundheitszustand verschlechterte sich von Tag zu Tag und die Aktivitäten, ihn zu retten, wurden immer hektischer. Viele Besucher stellten sich im Maze Prison ein, um Sands von seiner messianischen Entschlossenheit abzubringen, den Tod zu suchen. Unter ihnen waren Parlamentarier des »Dáil« und des Europa-Parlaments, die Enkelin Eamon de Valeras, Vertreter des Roten Kreuzes und eine Reihe katholischer Priester. Selbst Ronald Reagan, sicherlich kein Freund der irischen Republikaner, reagierte auf die wieder wachsende anti-britische Stimmung in den US-amerikanischen Medien und der Öffentlichkeit und äußerte sich »besorgt« über die Entwicklung, die der Hungerstreik nahm.[339] Papst Johannes Paul II. schickte gar einen Emissär mit silbernem Kreuz als Geschenk für den Sterbenden. Ein Versuch John Humes, Vertreter der Europäischen Kommission für Menschenrechte als Vermittler einzuschalten, scheiterte, weil Sands einem Gespräch mit ihnen nur zustimmen wollte, wenn auch »Bik« McFarlane, Gerry Adams und Danny Morrison daran teilnähmen. Das Gespräch kam schließlich nicht zustande, weil die angereisten Kommissionsmitglieder zögerten, ohne die Zustimmung der Britischen Regierung zu handeln. So reisten sie wieder unverrichteter Dinge ab. Der Todeskampf von Sands löste in beiden communities große Spannungen und Befürchtungen über einen Ausbruch von Gewalt wie in den siebziger Jahren aus. Polizei und Armee verstärkten ihre Präsenz. Alle Bemühungen, Sands von seinem verhängnisvollen Weg abzubringen, waren vergeblich. *Am Dienstag, dem 5. Mai 1981 um 1 Uhr 17 starb Bobby Sands*, bis zum Schluss begleitet von seinen Eltern und Geschwistern.

Sands Tod löste heftige Proteste in Derry und Belfast aus, die in neue Gewalttätigkeiten eskalierten. Sie erreichten zwar nicht die Intensität wie Anfang der siebziger Jahre, doch wieder mussten unbeteiligte und unschuldige Menschen sterben, darunter waren zwei Mädchen, 12 und 14 Jahre alt. Die Armee hatte verstärkt Gummi- und Plastikgeschosse eingesetzt – mit tödlichen Folgen.[340] An Sands Begräbnis am 7. Mai 1981 nahmen zwischen 70.000 und 100.000 Menschen teil. Die Irische Trikolore war über seinen Sarg gebreitet und ein Dudelsack-Pfeifer spielte die Melodie zu *»I'll wear no convict's uniform.«* Die IRA erwies ihrem

---

339 WILSON, Irish America and the Ulster Conflict, S. 181 ff.
340 ROLSTON, Unfinished Business, S. 65 ff. McKITTRICK, Lost Lives, S. 861 ff.

Kameraden unbehelligt die letzte Ehre und feuerte ihre Waffen über dem Grabe ab. Nicht alle, die seinen Sarg von Twinbrook bis zum Milltown Cemetery begleiteten, waren Anhänger Sinn Féins, der H-Block Bewegung oder gar der IRA. Doch Sands war zum Symbol für die Lage der Katholiken in Nordirland geworden. Sein Tod wurde in religiöser Sprache als »Stellvertretung« beschworen. Er stand für das Leiden der katholischen community, er rief die mannigfachen Zurücksetzungen, Diskriminierungen und Verfolgungen durch den »protestant state« erneut ins Gedächtnis und er verstärkte die kollektive Wut auf die »Brits« und ihre protestantischen Helfer in Nordirland. Premierministerin Thatcher blieb ungerührt von den Emotionen. Sie reagierte kühl und barsch auf den Tod von Sands und erklärte im House of Commons: »*Mr Sands was a convicted criminal. He chose to take his own life. It was a choice his organization did not allow to many of its victims.*«[341] Das Interesse der Weltmedien war überwältigend, als gelte es einen Staatsmann zu Grabe zu tragen. Aus 23 Staaten kamen Kamerateams, allein 16 aus den USA. Hier hatten die Hungerstreiks eine Welle wütender Proteste und feindseliger antibritischer Medienberichterstattung ausgelöst. Die Lobbyarbeit pro-republikanischer Kreise der irischen community zielte darauf, die Britische Regierung allein für die Entwicklung verantwortlich zu machen und Präsident Regan zu einem offiziellen Protest gegen Thatcher zu drängen. Dies gelang zwar nicht, gleichwohl förderten die Hungerstreiks die Wiederbelebung eines militanten irischen Nationalismus in den USA, der sich auch in wachsender ideeller und materieller Unterstützung für die IRA und Sinn Féin ausdrückte.[342]

Sands blieb nicht das einzige Opfer. Kurz nach seinem Tod trat Joe McDonnell an seine Stelle und begann mit dem Hungerstreik. Weitere folgten. Ihr Tod war absehbar, denn die Britische Regierung war ebenso wenig zu einem Kompromiss bereit wie die Hungerstreikenden. Verhandlungen hätten nur auf Basis eines zu erarbeitenden Kompromisses geführt werden können. Doch es gab keine Konzeption, wie aus der Blockadesituation herauszukommen war. Der Protest gewann eine tödliche Eigendynamik, so wie es der todgeweihte Francis Hughes formulierte: »*I'm dying, I'm dead, that's it.*«[343] Es ging nicht mehr um die »fünf Forderungen«, es ging nur noch um die Frage: Wieviel tote Hungerstreikende können beide Seiten noch ertragen? Und welche Seite hat den größtmöglichen politischen Erfolg davon? Der Prinzipienkampf zog sich trotz mancher moderater, hoffnunggebender Verlautbarungen der Britischen Regierung und der Hungerstreikenden über den Sommer hin und endete mit dem Tod von 10 Häftlingen. Weder die ernsthaften Vermittlungsbemühungen seitens der katholischen Kirche, d.h. im wesentlichen der von den Bischöfen 1967 gegründeten »*Irish Commission for Justice and Peace*« (ICJP), noch die deutliche Kritik an der Instrumentalisierung des Hungerstreikes durch die IRA, konnten

---

341 zit.n. TAYLOR, Provos, S. 243.
342 WILSON, Irish America and the Ulster Conflict, S. 168 ff.
343 CLARK, Broadening the Battlefield, S. 163.

durch die IRA, konnten beide Seiten erschüttern.[344] Selbst parallel laufende geheime Verhandlungen über einen geheimen Kontakt (»The Mountain Climber«) zwischen dem 4. und 17. Juli 1981 führten nicht zu einer Einigung, obwohl beide Seiten einem Kompromiss nicht fern waren. Die Briten hofften auf Uneinigkeit und schließlichen Zusammenbruch der Front der Hungerstreikenden, während diese darauf setzten, mit ihrer Entschlossenheit »to the death« den Briten im letzten Moment das entscheidende Zugeständnis zu entreißen.[345] Es nützte nichts. Die starre Haltung der Britischen Regierung und der Hungerstreikenden sowie ihrer Sinn Féin/IRA- Unterstützerszene war nicht aufzubrechen. Die Britische Regierung war nicht zu substantiellen Zugeständnissen bereit und die Hungerstreikenden ließen sich nicht mehr – wie im Jahr zuvor – mit unverbindlichen Absichtserklärungen durch Mittelsmänner abspeisen. So nahm die Tragödie ihren Lauf. Es starben:

- Bobby Sands, IRA, 27 Jahre, am 5. Mai nach 66 Tagen;
- Francis Hughes, IRA, 25 Jahre, am 12. Mai nach 59 Tagen;
- Raymond McCreesh, IRA, 24 Jahre, am 21 Mai nach 61 Tagen;
- Patsy O'Hara, INLA; 23 Jahre, am 21. Mai nach 61 Tagen;
- Joe McDonnell, IRA, 30 Jahre, am 8. Juli nach 61 Tagen;
- Martin Hurson, IRA, 27 Jahre, am 13. Juli nach 46 Tagen;
- Kevin Lynch, IRA, 25 Jahre, am 1. August nach 71 Tagen;
- Kieran Doherty, IRA, 25 Jahre, am 2. August nach 73 Tagen;
- Thomas McElwee, IRA, 23 Jahre, am 8. August nach 65 Tagen;
- Michael Devine, INLA, 23 Jahre, am 20. August nach 66 Tagen.

Es hätte sicherlich noch mehr Tote gegeben, wenn nicht *Pater Denis Faul* die Initiative ergriffen hätte, das Leben der Hungerstreikenden zu retten. Faul war in Kreisen der Häftlinge als häufiger Besucher und Seelsorger respektiert. Auch Sinn Féin und die IRA schätzten, zumindest zeitweise, seine Vermittlungsdienste. Faul sah die Sinnlosigkeit des Hungerstreikes und organisierte Treffen mit den Angehörigen einiger der noch Hungerstreikenden. Faul beschwor Gerry Adams und den IRA »Army Council«, das tödliche Unternehmen abzusagen, was Adams ihm zunächst mit dem Argument abschlug, dass es keine Direktionen von außen an die Hungerstreikenden geben könne. Doch er war schließlich bereit, erneut mit den Häftlingen zu reden, allerdings ohne Erfolg. Die Intervention der Familien einiger Hungerstreikender, die das Leiden ihrer Söhne nicht mehr ertragen konnten,

---

344 Die Kommission formulierte aus den »Fünf Forderungen« drei Vorschläge, die den Häftlingen in puncto Gefängniskleidung, Kontakte zu anderen Häftlingen und Gefängnisarbeit entgegenkommen sollten. Die Häftlinge wiesen die Vorschläge als inakzeptable Verwässerung der »Fünf Forderungen« zurück. CLARK, Broadening the Battlefield, S. 167 ff.
345 O'MALLEY, Biting At The Grave, S. 99 ff. TAYLOR, Provos, S. 246 f.

rettete ihnen in letzter Minute das Leben.[346] Am 3. Oktober war der Hungerstreik beendet. Drei Tage später konzedierte der neue Nordirlandminister *James Prior (geb. 1927)* den Häftlingen das Tragen eigener Kleidung, erfüllte also die erste der »Fünf Forderungen«. Briefempfang und Besuchserlaubnis sollten verbessert werden. Auch sollten die Häftlinge 50% des verfallenen Straferlasses wieder zurückerhalten.

8.2. Reaktionen und die politischen Konsequenzen der Hungerstreik-Krise

Die Diskussion über die tragischen Ereignisse des Jahres 1981 ist bis heute nicht beendet. Immer wieder ist gefragt worden, ob der Tod der zehn Häftlinge nicht hätte verhindert werden können. In der Berichterstattung der internationalen Medien über die Häftlingsproteste und den Hungerstreik fiel schon damals eine eigentümliche Schieflage auf. Weitgehend beherrschten Reflektionen über die Berechtigung des Hungerstreiks, die Inflexibilität der Britischen Regierung und die obstinate Haltung Margaret Thatchers die Titelseiten der internationalen Presse und die Berichte aus Rundfunk und Fernsehen. Thatcher stand mit ihrer harten Haltung ziemlich allein. Der überwältigende Tenor der Berichte war, dass die Britische Regierung hätte flexibler handeln müssen, um das Drama zu verhindern. Für viele Journalisten waren die Hungerstreik-Tode Anlass zu vielfältigen neuen Analysen des Nordirlandkonfliktes, von denen nicht wenige darin gipfelten, der Britischen Regierung den Rückzug aus Nordirland zu empfehlen.[347] Die Flut von Einnerungen, Erzählungen und Berichten, Analysen und Reflektionen zum Hungerstreik macht deutlich, dass die republikanische Bewegung den Prograndakrieg gewonnen hat. Die Hungerstreikenden sind in die »Hall of Fame« des Republikanismus aufgenommen und unsterblich geworden. Ihr Kampf gilt als gerecht, er wird als Teil des Jahrhunderte währenden Kampfes der irischen Nation für ihre Befreiung vom »englischen Joch« betrachtet. Ihre Leiden und Opfer werden als vorbildlich und beispielgebend gewürdigt.[348] Obwohl Mut und Entschlossenheit der Hungerstreikenden Respekt abfordern und so sehr die Hingabe an ihre Ideale staunen macht, so sehr bleibt aber auch ein tiefes Gefühl von Trauer und Tragik über die grimmige Todesentschlossenheit aus fehlgeleitetem Idealismus.

---

346 CLARK, Broadening the Battlefield, S. 177ff. BERESFORD, Ten Men Dead, S. 344 ff. Siehe die Schilderung des Besuchs von Adams im Gefängnis vom 29. Juli 1981. ADAMS, Before the Dawn, S. 304 ff.
347 Zu den internationalen Reaktionen siehe CLARK, Broadening the Battlefield, S. 151 ff. BERESFORD, Ten Men Dead, S. 131 ff. ADAMS, Before the Dawn, S. 295 ff.
348 Als Beispiel für viele Darstellungen siehe Adams Vorwort zu Sands Schriften aus dem Gefängnis. Zur Ikonographie des H-Block Kampfes: BRIAN CAMPBELL/ LAURENCE MCKEOWN/ FELIM O'HAGAN (eds), »Nor Meekly Serve My Time«: The H-Block Struggle 1976-1981. Belfast, 1994.

Für die republikanische Bewegung, die bis heute die Britische Regierung einseitig für den Tod der Hungerstreikenden verantwortlich macht, gab es viele Jahre keinen Grund an der Richtigkeit der eigenen Strategie zu zweifeln. Doch werden inzwischen auch Zweifel laut. Der ehemalige Häftling und damalige Pressesprecher für die Hungerstreikenden, Richard O'Rawe, erhob in einem Buch schwere Vorwürfe an die Adresse von Adams und den IRA-Army Council. Er behauptete, dass Gerry Adams im Namen des IRA »Army Council« die Annahme eines vernünftigen Angebots der Britischen Regierung, das über die geheime Quelle (»The Mountain Climber«) den Hungerstreikenden im Juli 1981 übermitttelt worden war, praktisch verhindert hätten. Die stark demoralisierten und geschwächten Häftlinge seien bereit gewesen den vorgeschlagenen »deal«, allerdings unterhalb der Maximalforderungen der »five demands«, anzunehmen, wenn Adams und die IRA-Führung dies explizit angeordnet hätten. Adams und die IRA hätten aber auf der Erfüllung der »five demands« beharrt. Dies sei den Hungerstreikenden auch so kommuniziert worden. Gleichzeitig aber habe Adams den Hungerstreikenden die Entscheidung zugeschoben und in der Öffentlichkeit den Eindruck erweckt, die es gebe keine Möglichkeiten von außen auf die Hungerstreikenden einzuwirken. Adams und die IRA haben also, so die Schlussfolgerung, den Tod von weiteren sechs Häftlingen billigend in Kauf genommen. O'Rawe vermutete dahinter ein politisches Kalkül. Ein Ende des Hungerstreiks hätte vermutlich den Erfolg des Bobby Sands Nachfolger, Owen Carron, bei Nachwahl im Wahlkreis Fermanagh-South Tyrone am 20. August 1981 gefährdet. Am 20. August starb der letzte Hungerstreikende, Michael Devine. So träfe auch Adams und die IRA eine Mitschuld.[349]

Zwei Sachverhalte kamen auch spärlich zur Sprache, nämlich *erstens* für welche terroristischen Aktivitäten die Hungerstreikenden rechtskräftig verurteilt worden waren und *zweitens* wieviele Menschen *während* der Hungerstreiks dem Terror der IRA zum Opfer fielen. Unter den Hungerstreikenden war z.B. *Francis Hughes*, zu lebenslänglich plus zwanzig Jahren wegen Ermordung eines Soldaten verurteilt. Es wurde vermutet, dass er mindestens 12, wenn nicht 30 Menschen auf dem Gewissen hatte.[350] Wer sprach ferner davon, dass der Hungerstreikende *Thomas McElwee* am 9. Oktober 1976 an der Bombenattacke in Ballymena beteiligt war, bei der die

---

349 RICHARD O'RAWE, Blanketmen. An untold story of the H-Block hunger strikes. Dublin, S. 2005. S. 130 ff. Siehe auch v.a. den Epilog, S. 248 ff. O'Rawe lässt keinen Zweifel daran, dass er die Britische Regierung für den Hauptschuldigen hält, will aber zu der Mitschuld der IRA nicht länger schweigen. Er sei schon 1991 zur Aufdeckung der Fakten bereit gewesen, doch habe er nach einer Todesdrohung geschwiegen. Jetzt, wo der bewaffnete Kampf endgültig vorbei sei, könne er reden. Danny Morrison bestreitet O'Rawes Version entschieden: Guardian, 4. März 2005.
350 BERESFORD, Ten Men Dead, S. 152. McKITTRICK, Lost Lives, S. 860, zitiert Sinn Féin Aktivist Jim Gibney, der 1995 Hughes Leben stolz als »heroisch und dramatisch« und »Legende« bezeichnete.

27jährige Yvonne Dunlop, Mutter von drei kleinen Kindern, starb?[351] Ferner war die IRA für 85 der 118 Toten des Jahres 1981 verantwortlich, darunter 13 Polizisten, 8 RUC-Reserve, 13 UDR Angehörige und 11 Soldaten. Während des 66 Tage-Hungerstreiks von Bobby Sands (vom 1. März bis 5. Mai 1981) ermordete die IRA drei Angehörige der UDR und ein Ex-Mitglied sowie zwei Polizisten. Dazu kam die kaltblütige Ermordung der 25jährigen Protestantin *Joanne Mathers* am 7. April 1981 in Derry.[352] Es ist auch auffällig, dass der Terror gegen das Gefängnispersonal und die Polizei deutlich weniger Erwähnung fand als die Sorge um das tägliche Befinden der Hungerstreikenden. Allein bis Januar 1980 ermordete die IRA 18 Gefängnisaufseher, darunter eine Frau. Bis zum Ende des Hungerstreiks musste der energische Chief Polizeichef *John Hermon* (geb. 1928 in Larne), der seit Januar 1980 die RUC führte, weitere 15 Kollegen zu Grabe tragen, ermordet von der IRA und der INLA.[353]

Der Hungerstreik hatte für alle politischen Akteure und die Entwicklung des Nordirlandkonfliktes weitreichende Konsequenzen:

- für die *Britische Regierung*:
Die Regierung wahrte ihr Gesicht, sie blieb, wie sie es sah, im Kampf gegen den Terrorismus standhaft. Die Akzeptanz der Forderungen der Häftlinge wäre einer Kapitulation vor der terroristischen Gewalt gleichgekommen, erklärte Thatcher im House of Commons und hätte andere eingeladen, der Regierung Konzessionen abzuringen (der UWC-Streik war noch nicht vergessen!). Warum sollte eine Regierung politischen Häftlingsstatus für verurteilte Verbrecher akzeptieren, die zudem im Maze-Gefängnis durchaus gute Haftbedingungen vorfanden? Die Regierung wusste in dieser Frage die überwältigende Mehrheit der englischen Wähler hinter sich, die mit Ärger und Verdruss auf den sich endlos hinschleppenden Nordirlandkonflikt reagierten. Einer MORI Meinungsumfrage zufolge, sprachen sich 92% der Wähler gegen die Gewährung eines politischen Gefangenenstatus aus. 89% erklärten, sie hätten nicht die geringste Sympathie für die Hungerstreikenden.[354] In den britischen Medien wurden die Hungerstreikenden überwiegend als Kriminelle, Fanatiker, Barbaren und Psychopathen beschrieben, die nicht einmal den Lehren der Katholi-

---

351 Ebda., S. 679.
352 MCKITTRICK, Lost Lives, S. 854. Siehe die Todesliste vom Beginn des Sand'schen Hungerstreikes am 1. März bis zu seinem Tod am 5. Mai 1981 ebda., S. 852-859. Martin McGuinness bestritt, dass die IRA für den Mord an Mathers verantwortlich war, was ihm nur wenige glaubten. CLARK/JOHNSTON, McGuinness, S. 126.
353 Zu Hermon, der eine wichtige Rolle in den achtziger Jahren spielte RYDER, RUC, S. 226 ff. und ELLIOTT & FLACKES, Conflict in Northern Ireland, S. 281 ff.; Zahlen bei RYDER, RUC, S. 256. Siehe die äußerst aufschlußreichen Erinnerungen von Hermon: JOHN HERMON, Holding the Line: an autobiography. Dublin, 1997.
354 O'MALLEY; Biting At The Grave, S. 201.

schen Kirche folgen wollten, obwohl die meisten sich als gläubige Katholiken verstanden. Konzessionen stünden außer Frage, die Regierung solle den Erpressungsversuchen der Gefangenen nicht nachgeben. Schließlich sei es unerhört, dass die Irische Regierung und die Katholische Kirche bewusst oder unbewusst das Image der Hungerstreikenden als »Märtyrer« stützten. Stellten sich auch die Britischen Medien mehr oder weniger deutlich hinter Thatcher, so hatte sie doch den »Propaganda-Krieg« in den internationalen Medien verloren. Auch nach 25 Jahren fragt man sich, ob es im Laufe sowohl des »Dirty Protest« als auch des Hungerstreiks Möglichkeiten einer flexibleren Haltung der Regierung gegeben hätte. Die Britische Regierung glaubte keinen Spielraum zu haben, aus Furcht, der IRA nachzugeben, die sie als die entscheidende und treibende Kraft hinter den Hungerstreiks sah. Für Margaret Thatcher war das Ende des Hungerstreiks eine Niederlage der IRA, eine zweifellos falsche Einschätzung, denn die IRA bombte und mordete unbeeindruckt weiter. Die internationale Reputation der Briten war beschädigt, insbesondere Margaret Thatcher wurde zum Negativsymbol für Arroganz der Macht, Unbelehrbarkeit und diktatorischen Regierungsstil. Der Hungerstreik verschlimmerte ihr ohnehin schlechtes Image als der gnadenlosen Exekutorin eines neo-liberalen Marktradikalismus und der Zerstörerin des britischen Sozialstaates. Das knappe Fazit lautet: Es war Thatcher nicht gelungen, die IRA von der Unterstützerszene in der katholischen community zu trennen. Die britische Strategie, die Häftlinge zu kriminalisieren war nicht nur nicht gescheitert, sondern hatte ihnen auch noch den Märtyrer- .und Freiheitskämpferstatus verliehen, den IRA und Sinn Féin brauchten, um ihren Einfluss in der katholischen community zu verstärken. Die Regierung hatte, wie es der scharfe Beobachter Padraig O'Malley treffend ausdrückte, den Wettbewerb der Willensstärke (*»the contest of wills«*) zwar gewonnen, aber den Propagandakrieg verloren.[355]

- für die *Irische Regierung* und ihr Verhältnis zum United Kingdom:
Die Irische Regierung hatte »ihre« IRA-Häftlinge nie mit Samthandschuhen angefasst, wie Präsident de Valeras scharfes Vorgehen in den dreißiger und vierziger Jahren zeigte. Doch in den siebziger Jahren hatte die Regierung den im Portlaoise Gefängnis in Dublin einsitzenden IRA-Aktivisten einen faktischen politischen Status zugebilligt. Sie trugen ihre eigene Kleidung, hatten ihre gewählten Vertreter, die mit den Behörden verhandelten und bildeten ihre eigenen politischen Gruppierungen. Diese pragmatische Politik hatte Konflikte und eine langwierige öffentliche Debatte vermeiden helfen. Die Haltung der irischen Bevölkerung war durchaus nicht eindeutig, so sehr die Gefängnisproteste im Norden auch mit Sympathie verfolgt und die Unnachgiebigkeit der Briten mit Befremden und Erbitterung kommentiert wurde. Eine Umfrage des Iri-

---

355 Ebda., S. 210.

schen Fernsehens RTE im Oktober 1980 zeigte, dass 45% der Iren für die Gewährung politischen Status eintraten, aber 30% entschieden dagegen waren.[356] Einerseits sympathisierte man mit den Hungerstreikenden und verfolgte ihren Todeskampf mit grimmiger Betroffenheit, andererseits wurden Befürchtungen laut, dass nach dem Tod der Häftlinge eine neue Welle der Gewalt auch in den Süden schwappen könnte. Die Hungerstreiks hatten die irische »Volksseele« in Wallung gebracht und die Widersprüche im Umgang mit der eigenen Geschichte, ihren nationalen Gründungsmythen und großen Erzählungen brachen wieder auf: Waren die Aktionen der Hungerstreikenden die Fortsetzung des 800jährigen »Befreiungskampfes« gegen die Engländer oder sektiererische Selbstmordunternehmen auf Anweisung der IRA? Hier gab es sehr kontroverse Meinungen und Aktionen. Der Hungerstreikende *Kieren Doherty* und der Häftling *Paddy Agnew* wurden bei den Wahlen zum »Dáil« im Juni 1981 mit großer Mehrheit gewählt. Dies war ein deutliches Signal für die Sympathie, die der Häftlingsprotest im Süden erfuhr. Anderseits gab es Kritik an der IRA, den Protest für ihre Zwecke zu instrumentalisieren. Doch gleichgültig wie der Hungerstreik im einzelnen politisch beurteilt wurde: Irische Regierung und Öffentlichkeit schienen in der Verdammung der intransigenten Haltung der Britischen Regierung gegenüber den Hungerstreikenden einig zu sein. Vor allem die Zurückweisung der Verhandlungsangebote der Irischen Regierung und Gerüchte über Geheimverhandlungen der Briten mit der IRA, die zudem die Heuchelei der Briten zu dokumentieren schien, verschob die öffentliche Meinung zugunsten der Hungerstreikenden, ähnlich wie die scharfe Reaktion der Briten auf den Osteraufstand 1916 die öffentliche Meinung zugunsten der Aufständischen hatte kippen lassen, die kurz zuvor noch von den Dublinern verhöhnt worden waren. Margaret Thatcher wurde als treibende Kraft und Verkörperung britischer Arroganz und Starrsinns gesehen. Ihr hochfahrendes, arrogantes Verhalten, ihre unsensible und mitunter brutale Kritik an der Irischen Regierung, löste feindselige Emotionen aus. Viele Iren machten sie persönlich für die Verschärfung der Lage verantwortlich, wobei sie kaum wahrnahmen, dass Thatcher im Prinzip nicht nur die Unterstützung der Labour Opposition besaß, sondern auch die der meisten europäischen Regierungen und der US-Regierung. Trotz dieser Kritik und anti-britischen Stimmung, auf die die Irische Regierung natürlich Rücksicht nehmen musste, hatte sie kein Interesse an einer Verschlechterung der Beziehungen zu Großbritannien und versuchte die Balance zu halten zwischen Verhandlungen mit den Briten und Populismus im eigenen Land. Kritik galt aber auch der IRA, die ebenfalls für die Zuspitzung der Situation verantwortlich gemacht wurde.

---

356 Ebda., S. 138.

- für die *republikanische Bewegung*:
IRA und Sinn Féin hatten den Hungerstreik nicht als Element eines vermeintlichen »Masterplanes« angeordnet«. Sie ergriffen allerdings mit bemerkenswerter Professionalität die Chance, die ersten Häftlingsproteste und dann den Hungerstreik zu ihren Gunsten auszuschlachten. Dabei verfuhren sie sehr vorsichtig und geschickt. Den eigenen Anhängern verkaufte man den Hungerstreik als Teil des militärischen und politischen Kampfes in der Tradition des Fenianismus. Sollte darüber hinaus eine breitere Unterstützerzene entwickelt werden, mussten aber moderatere Töne angeschlagen werden. Diesen Zweck erfüllten die »fünf Forderungen«, die im Prinzip auch jeder konstitutionelle Nationalist unterschreiben konnte. In der Öffentlichkeit sprach man in der Regel nicht vom »politischen Gefangenenstatus«, diese Terminologie überließ man der Britischen Regierung. So gelang es, eine breite Sympathisanten-Bewegung für die Hungerstreikenden in Szene zu setzen und weite Teile der katholischen community für die H-Block Kampagnen zu gewinnen. Wer nicht mitmachen wollte, galt im besten Falle als Feigling, im schlimmsten als Feind der katholischen community und Kollaborateur. Wer Demonstrationen fernblieb und nach dem Tod eines Hungerstreikenden keine schwarze Fahne aus dem Fenster hängte, machte sich verdächtig. Er hatte mit Sanktionen zu rechnen, die von Beschimpfungen bis zu massiven Einschüchterungen und Vertreibungen aus dem Wohnviertel reichen konnten.[357] *Die IRA und Sinn Féin gingen gestärkt aus der Hungerstreik-Krise hervor.* Die *toten* Häftlinge trugen, so zynisch das klingt, zum Propaganda-Erfolg fast noch mehr bei als die *lebenden*. Die Glorifizierung der toten Hungerstreiker nahm Züge eines grotesken, nationalistisch imprägnierten, Byzantinismus an. Sie wurden als Übermenschen charakterisiert, die ihr Leben nicht nur für Irland geopfert hätten, sondern für die menschliche Würde überhaupt. Ihr Beispiel würde in die Annalen irischer Geschichte eingehen, ihre Gräber zu Wallfahrtsorten junger Iren werden, die bereit seien, für ihre republikanischen Ideale zu sterben. Die IRA konnte darauf verweisen, dass sie sich, gleichgültig wie der einzelne Katholik den militärischen Kampf beurteilte, neue Sympathien in der katholischen community erworben hatte. Der Wahlerfolg von Bobby Sands in Fermanagh-South Tyrone wurde auch als Zustimmung zur Legitimität der »physical force tradition« der republikanischen Bewegung interpretiert. Sands hatte ja stets den engen Zusammenhang von militärischem und politischem Kampf unterstrichen. Die Schwächephase der IRA 1973-1976 war überwunden, vielfach verstummte die Kritik an ihren – auch sektiererischen – Gewaltaktionen. Neue Rekruten strömten in ihre Reihen, um die »Kameraden« zu rächen, die der »Britische Imperialis-

---

357 Siehe die Beispiele bei O'MALLEY, Biting At The Grave, S. 154 ff. Betroffen war unter anderem der legendäre Paddy Devlin, der aus seinem Haus in Andersonstown vertrieben wurde, in dem er 17 Jahre lang gewohnt hatte. Sein Leben lang hatte sich Devlin für die nationalistische Seite engagiert. DEVLIN, Straight Left, S. 285.

mus« auf dem Gewissen hatte. Die IRA bombte und mordete weiter, allerdings in geringerem quantitativen Umfang und mit stärkerer Konzentration auf Armee und Polizei, Justizvollzugsbeamte und Geschäftsleute. Im Zeitraum von 1977 bis 1983 war sie für 298 Tote verantwortlich, im Vergleich zu 598 Toten in den Jahren 1971 bis 1976. Schießereien gingen im gleichen Zeitraum von 25.319 auf 4793 zurück und ebenso die Bombenattacken von 5232 auf 2406.

Die politisch wirklich durchschlagende Konsequenz des Hungerstreiks war der *Aufstieg von Sinn Féin zum machtvollen politischen Vertreter des Republikanismus* in Nordirland. Dieser Erfolg hält bis heute unvermindert an. Sands wahlpolitischer Erfolg in Fermanagh/South Tyrone am 9. April 1981 und Owen Carrons Sieg bei der Nachwahl am 20. August 1981 waren der Einstieg in das Programm *»going political«*, ohne den militärischen Kampf der IRA zu schmälern. Der Stern der »alten Garde« der IRA um O'Brádaigh und Ó'Conaill war verblichen und ihre Tage in den Führungsgremien von Sinn Féin gezählt. Die Hungerstreik-Krise hatte die Auseinandersetzungen innerhalb der IRA und Sinn Féins über die richtige »revolutionäre Politik« zunächst überdeckt und die Meinungsverschiedenheiten in den Hintergrund treten lassen. Aber es war Adams und seinen Freunden gelungen, sich an die Spitze der Bewegung zu stellen, obwohl er selbst Bedenken gegen die Hungerstreik-Taktik geäußert hatte. Der siegreiche Propagandakrieg war letztlich das Werk von Danny Morrison, dem medienkompetenten Gefolgsmann Gerry Adams'. 1981 kam der Durchbruch: Am 31. Oktober, auf dem Parteitag von Sinn Féin, brachte *Danny Morrison* die neue Lage auf den Punkt: »*Who here really believes we can win the war through the ballot box? But will anyone here object, if, with a ballot paper in one hand and the armalite in the other, we take power in Ireland?*«[358] Morrisons rhetorische Frage wurde zum geflügelten Wort und Etikett der von Adams und seine Freunden seit den siebziger Jahren propagierten neuen Politik. Die Delegierten unterstützten die »*Gewehr-und-Stimmzettel*«-Politik (»*amalite & ballot box*«) ausdrücklich. Der bewaffnete Kampf sollte durch den politischen flankiert und gestützt werden. An der Berechtigung und aktuellen Notwendigkeit des »armed struggle« ließ Adams auf dem Parteitag aber keinen Zweifel: »*I would like to elaborate on Sinn Féin's attitude to armed struggle. Armed struggle is a necessary and morally correct form of resistance in the Six Counties against a Government whose presence is rejected by the vast majority of the Irish people... There are those who tell us that the British Government will not be moved by armed struggle. As has been said before, the history of Ireland and of British colonial involvement throughout the world tells us that they will not be moved by anything else. I am glad therefore to pay tribute to the freedom fighters – the men and women Volunteers of the IRA.*«[359] Fortan stellte Sinn Féin zu allen Wahlen

---

358 zit.n. BELL, Secret Army, S. 522.
359 TAYLOR, Provos, S. 283 f.

Kandidaten auf, hielt aber vorerst an der Politik des Mandatsverzichtes bei möglichen Erfolgen für das House of Commons und den Dáil fest. Die Strategie der Adams, McGuinness, Morrison, Bell und Hartley wurde zwischen 1982 und 1985 durch eine Reihe von Wahlerfolgen bestätigt. Im Oktober 1982 erzielte Sinn Féin mit 10,1% der Stimmen und 5 Sitzen einen ersten Achtungserfolg bei den Wahlen zur neuen »Northern Ireland Assembly« und stabilisierte sich in den folgenden drei Wahlen bei 12%, was einen Anteil von 40% an der nationalistischen Wählerschaft bedeutete. *»Going political«* hieß, sich um die konkreten Bedürfnisse der Menschen zu kümmern. 1982 richtete Sinn Féin sogenannte Beratungszentren in Belfast und Derry ein, die sich um Wohnungsfragen und andere soziale Probleme kümmerten. Diese in IRA-Kreisen nicht unumstrittene Aktivität zahlte sich aus und stärkte die Position von Adams. Der Skepsis aus IRA Kreisen wurde dadurch begegnet, dass auf dem Parteitag am 29. Oktober 1982 alle Sinn Féin Kandidaten zur Unterstützung des bewaffneten Kampfes verpflichtet wurden. Ein besonders wirksamer Schachzug war die Öffnung der Partei für Frauenfragen und die Einrichtung einer Frauenabteilung.[360] Die Modernisierung der Partei zeitigte Erfolge. Bei den Wahlen zum House of Commons am 9. Juni 1983 erreichte Sinn Féin sensationelle 13,4% (= 102,701 Stimmen) und Gerry Adams triumphierte im Wahlkreis West-Belfast, den viele Jahre lang der SDLP-Veteran Gerry Fitt gehalten hatte. Er siegte mit deutlichem Vorsprung vor Joe Hendron von der SDLP. Der Erfolg machte ihn rasch zum führenden Politiker Sinn Féins. *Am 13. Dezember 1983 löste er Ruari Ó Brádaigh als Präsident von Sinn Féin ab* und hält das Amt seitdem. Am 15. Mai 1985 bei den Wahlen zu den Regionalräten (»District Councils«) erreichte Sinn Féin 11,8% (= 75.686) der Stimmen und zog zum Entsetzen der Unionisten mit 59 »Councillors« in die Räte ein. Die Unionisten verweigerten jede Zusammenarbeit mit den Vertretern der »Gewaltpolitik«. Der SDLP war eine ernsthafte und gefährliche Konkurrenz erwachsen, die sie nicht ignorieren konnte. Bis 1986 hatte Sinn Féin eine über ganz Nordirland reichende Parteiorganisation aufgebaut und sich als politische Kraft etabliert. Die *»Gewehr-und-Stimmzettel«-Politik* schien zu funktionieren.

- für *das Verhältnis der communities* zueinander und die *Unionisten*
Ein sichtbares Ergebnis des Hungerstreikes war die Zuspitzung der Polarisierung zwischen Katholiken und Protestanten. Die protestantische Bevölkerung reagierte auf die Hungerstreiks mit einer Mischung aus *Furcht, Unverständnis, Abscheu und ohnmächtigem Zorn: Furcht* vor einer Eskalation der Gewalt, ja einem Umsturz in Nordirland. Lebensmittel wurden gehortet, die UDA machte mobil und Paisley warnte vor einem neuen 1641 (dem katholischen Aufstand).

---

360 BISHOP/MALLIE, The Provisional IRA, S. 387. COOGAN, »Troubles«, S. 282. COOGAN, IRA, S. 502 f. MOLONEY, Secret History, S. 204 f.

Man müsse sich jetzt mit aller Kraft wehren (»*We'll have to kill the killers*«). *Unverständnis*, wie junge Menschen jahrelang wie Tiere in ihrem eigenen Schmutz leben und dann schließlich ihr Leben wegwerfen konnten. *Unverständnis* auch darüber, dass von den Verbrechen der Hungerstreikenden, für die sie rechtskräftig verurteilt waren, in der Öffentlichkeit kaum die Rede war. *Abscheu* über die ihrer Meinung nach heuchlerische katholische Kirche, die Selbstmord scharf verurteilte, sich mit aller Macht für das werdende Leben und gegen Abtreibung einsetzte, gleichwohl die Aktionen der Hungerstreikenden nicht verdammte und ihnen mit theologischer Spitzfindigkeit noch im Kern gute Absichten unterstellte.[361] Ihre Priester seien bei den Hungerstreikenden ein und aus gegangen, hätten ihnen die Messe gelesen und das Abendmahl gereicht. Sie hätten aber nichts gegen die selbstmörderischen Absichten unternommen. Hier seien die Konturen einer geheimen Kooperation zwischen IRA, Sinn Féin und der Katholischen Kirche sichtbar geworden. Nach dem Tode der Hungerstreikenden seien diese gar mit kirchlichem Segen - in Anwesenheit maskierter IRA Mitglieder - zur letzten Ruhe geleitet worden, obwohl die Lehren der Katholischen Kirche Selbstmördern die geweihte Erde verweigerten. *Ohnmächtiger Zorn* über die 30.000 katholischen Wähler von Bobby Sands, die damit erneut unterstrichen hätten, dass die katholische Bevölkerung hinter der IRA stehe. Zorn auch über die SDLP, die durch Verzicht auf einen eigenen Kandidaten, die Wahl von Bobby Sands sowie den Propaganda-Erfolg von Sinn Féin und der IRA erst möglich gemacht habe. Die Ablehnung von Gewalt in offiziellen Verlautbarungen der SDLP habe sich als Betrug erwiesen. *Zorn* ferner über die Medienberichterstattung: Während in langen täglichen Bulletins über das Wohlergehen der Hungerstreikenden berichtet worden sei, hätte das Interesse derselben Medien kaum den Opfern des IRA Terrors gegolten.

- für die *SDLP*
John Hume hatte sich intensiv für eine Verhandlungslösung zwischen den Häftlingen und der Britischen Regierung eingesetzt. Schon beim ersten Hungerstreik hatte er bei Thatcher ohne Erfolg interveniert. Die SDLP trat dafür ein, dass die Häftlinge ihre eigene Kleidung tragen und unter menschenwürdigen Haftbedingungen leben konnten. John Hume war klar, dass die Unnachgiebigkeit der Britischen Regierung auch die moderate Mitglieder- und Wählerschaft seiner Partei erbittern und Sinn Féin weitere Wähler zutreiben musste. Der Verzicht auf einen eigenen SDLP-Kandidaten gegen Bobby Sands im Wahlkreis Fermanagh-South Tyrone zugunsten von Noel Maguire, der dann doch seine Kandidatur zurückzog, hatte in der Partei zu heftigen Auseinandersetzungen geführt. Hume rechtfertige die Entscheidung später mit der Gefahr

---

361 O'Malley spricht von »theological hair-splitting« und fasst die protestantischen Reaktionen treffend zusammen. O'MALLEY, Biting At The Grave, S. 177 ff.

eines Verlustes der politischen Führungsrolle des konstitutionellen Nationalismus in der katholischen community. In der hochgradig emotionalisierten Athmosphäre der Hungerstreiks wäre eine Kandidatur gegen Bobby Sands als Verrat gewertet worden und hätte die Partei landesweit geschädigt: »*Sometimes in politics you are faced with two wrong choices, and you take the lesser. The athmosphere was so emotional at that time, the danger was that we would have been wiped out. We would have suffered so severely, it would have damaged the party right across Northern Ireland.*«[362] Die Schwächung der SDLP hätte neue politische Initiativen zur friedlichen Konfliktlösung erschwert. Dass die Partei nach dem Tod von Sands bei der folgenden Nachwahl wieder nicht antrat und Sinn Féin das Feld überließ, führte zu erneuten heftigen innerparteilichen Erschütterungen. Hume rechtfertige den Kandidatur-Verzicht gegen den Sinn Féin Kandidaten Owen Carron mit den gleichen Argumenten. Man sei in der Gefahr gewesen, als Verräter der katholischen community, als hinterhältige »pro-British bastards« denunziert zu werden (wie es die IRA schon getan hatte). In der Sintflut der republikanischen Emotionen wäre man untergegangen. Die Mediatoren-Rolle, die die SDLP für sich im politischen Ringen um eine Lösung des Nordirlandkonflikts beanspruchte, wurde durch die Hungerstreik-Krise schwer getroffen. Die Britische Regierung sah die Gefahr weiterer Wählerverluste der SDLP zugunsten von Sinn Féin, moderate protestantische Mitglieder der SDLP wandten sich von der Partei ab und die Unionisten warfen der SDLP Doppelzüngigkeit vor. Die Hungerstreiks hatten aber auch einen positiven Schock-Effekt: die SDLP schärfte ihr Profil gegenüber Sinn Féin, präzisierte und differenzierte die Positionen des konstitutionellen Nationalismus zur Konfliktlösung und vertiefte ihre engen Beziehungen zur Irischen Republik, deren Regierung eine Verschärfung des Nordirlandkonfliktes befürchtete und Signale zu konstruktiver Zusammenarbeit mit der Britischen Regierung aussandte. Das Ende der Hungerstreik-Krise war zugleich der Beginn neuer politischer Initiativen, die von der SDLP ganz maßgeblich vorangetrieben wurden.

9. Das Anglo-Irische Abkommen 1985 und seine Folgen

9.1. Verfassungspolitische Diskurse, Verhandlungen und Abschluss am 15. November 1985

Die ersten verfassungspolitischen Initiativen der Regierung Thatcher waren nicht von Erfolg gekrönt. Nordirlandminister *Humphrey Atkins (geb. 1922)* hatte 1979/1980 den Versuch unternommen, eine »*Constitutional Conference*« mit Ziel der Wiederherstellung einer nordirischen Regionalregierung zu establieren. Sein

---

362 ROUTLEDGE, John Hume, S. 174.

Vorstoß zu einer »internen Lösung« scheiterte ebenso an der Unfähigkeit der nordirischen Parteien zum Kompromiss wie das Experiment mit der »Constitutional Convention« 1975. Auch das Konzept seines Nachfolgers *James Prior* zur Bildung eines nordirischen Regionalparlaments (»*Northern Ireland Assembly*«) und der interessanten Idee, Konsensbildung in diesem Gremium (bei Mehrheiten von 70%) mit schrittweiser Übertragung von Selbstverwaltungsrechten über ein System von Ausschüssen zu belohnen (»*Rolling Devolution*«), war nicht erfolgreich.[363] Je mehr eine »interne Lösung« in den Hintergrund rückte, umso bedeutsamer wurde die Kooperation mit der Irischen Regierung. Die Hungerstreik-Krise und die Kritik der Irischen Regierung (Taoiseach Charles Haughey) an Großbritanniens Falkland Krieg (2. April – 14. Juni 1982) hatte die Beziehungen zwischen der Britischen und Irischen Regierung deutlich verschlechtert.[364]

Ein Beitrag zur Debatte verfassungspolitischer Optionen sollte aus Sicht der Irischen Regierung das »*New Ireland Forum (NIF)*« sein. Taoiseach Garret Fitzgerald verband seine Idee eines Diskussionsforums zur Zukunft Irlands mit John Humes Vorstellungen eines gemeinsamen Rates der konstitutionell-nationalistischen Parteien und übernahm mit großem Enthusiasmus die Aufgabe, die demokratischen Parteien in Nordirland und der Republik zu Beratungen über die Zukunft Irlands zusammenzuführen.[365] Das Forum war offen »*to all democratic parties which reject violence and which have members elected or appointed to either House of the Oireachtas or the Northern Ireland Assembly.*«[366] Damit war die Sinn Féin Partei, die den bewaffneten Kampf bejahte, von den Verhandlungen ausgeschlossen. Das unionistische Lager wies eine Beteiligung von vornherein zurück und die Alliance Party beteiligte sich auch nicht, weniger aus prinzipiellen Gründen, sondern weil sie sich von der Irischen Regierung nicht im vorhinein informiert sah. So wurde

---

363 Siehe Atkins »White Papers«: The Government of Northern Ireland. A Working Paper for a Conference. Cmnd. 7763. HMSO, London, 1979. The Government of Northern Ireland: Proposals for Further Discussion. Cmnd 7950. HMSO, London, 1980. Zu Priors Initiative siehe: Northern Ireland: A Framework for Devolution. Belfast, HMSO, 1982. (Cmnd 8541). Thatcher bezeichnete laut Prior das intendierte Gesetz als »rotten bill.« JIM PRIOR, A Balance of Power. London, 1986. S. 199. Thatcher formuliert in ihren Memoiren vornehmer, dass Prior »was a good deal more enthusiastic and optimistic about the propsals in our white paper than I was.« THATCHER, Downing Street Years, S. 394. Übersichtliche, knappe Zusammenfassung der Prior Initiative und ihrer Rezeption bei CORNELIUS O'LEARY/SYDNEY ELLIOTT/RICK A. WILFORD, The Northern Ireland Assembly 1982-1986. A Constitutional Experiment. London/New York, 1988. S. 67 ff. Siehe auch PRIOR, A Balance of Power, S. 194f.
364 Premier Garret Fitzgerald, der seit dem 11. Juni 1982 eine Fine Gael-Labour Koalition führte, bezeichnete das Verhältnis als »little short of disastrous.« FITZGERALD, All in A Life, S. 462.
365 Siehe zur Entstehungsphase detailliert FITZGERALD, All in A Life, S. 462 ff. Zur SDLP Position MURRAY, John Hume and the SDLP, S. 123 ff.
366 New Ireland Forum Report. Dublin, 1984. para. 1.2. zitiert i.f. als NIFR.

das »*New Ireland Forum*« eine exklusive Veranstaltung des konstitutionellen Nationalismus, beschickt von führenden *Vertretern der nationalistischen Parteien Irlands, Fianna Fáil, Fine Gael, der Labour Party und der SDLP*. Nach eigenen Angaben vertraten sie zusammen 90% der nationalistisch orientierten Wähler in Irland. Die erste Sitzung des Forums fand am 30. Mai 1983 an historischer Stelle, in Dublin Castle, statt. Taoiseach Fitzgerald betonte in seiner Eröffnungsrede, dass die Versammlung »*a powerful collective rejection of murder, bombing and all other cruelties*« repräsentiere und die »*men of violence*« wissen müssten: »*The future of the island will be built by the ballot box, and by the ballot box alone.*«[367] Nach 28 nicht-öffentlichen und 13 öffentlichen Treffen, 28 Arbeitsbesprechungen der »Steuerungs-Gruppe« (in der Parteiführer und der Vorsitzende des Forums berieten), zahlreichen Hearings, Studien und Konsultationen veröffentlichte das NIF am 2. Mai 1984 den Schlußbericht, den »*New Ireland Forum Report (NIFR)*«.

Der Report zielte in erster Linie auf eine *Stärkung des konstitutionellen Nationalismus* in Irland (para. 4.12), der durch zunehmende politische Erfolge Sinn Féins und die Gewaltaktionen der IRA gefährdet schien. Er war ein Kompromiss zwischen den verschiedenen Parteien, die während des Konsultationsprozesses heftig miteinander gestritten hatten. Im Ergebnis erwies sich der NIFR als ein nationalistisches Dokument, das - wie Kritiker O'Malley etwas überspitzt anmerkte – alle »*key nationalist articles of faith*« enthielt: »*The wronged country is Ireland, the hurt community is nationalist, the responsible government is Britain.*«[368] Dies war angesichts der Zusammensetzung des Gremiums nicht anders zu erwarten. Das Kapitel 3, das sich mit den Ursachen des Nordirlandkonfliktes befasste, spiegelte denn auch die nationalistische Geschichtsauffassung Fianna Fáils wieder:[369] An der Teilung Irlands sei England alleine schuld (»*arbitrary division of Ireland*«, para. 2.2, 3.1-3.4). England habe eine künstliche politische Mehrheit im Norden Irlands geschaffen (para. 4.1), die unionistische Mehrheitsherrschaft über 50 Jahre stabilisiert (para. 3.5.-3.12), ignoriere Identität und Interessen der nationalistischen Minderheit in Nordirland (3.17) und betreibe lediglich Krisenmanagement ohne eine grundlegende politische Lösung zu erstreben (para. 3.18). Das Prinzip der Anerkennung des Mehrheitswillens der Bevölkerung in Nordirland sei zu einem *unionistischen Veto* gegenüber jeder politischen Veränderung zuungunsten der

---

367 zit.n. ANTONY KENNY, The Road to Hillsborough. The Shaping of the Anglo-Irish Agreement. Oxford, 1986. S. 40.
368 O'MALLEY, Biting At The Grave, S.216. Siehe auch die Kritik von PATRICK J. ROCHE, Contemporary Irish Nationalism. In: ELVERT, Nordland, S. 309 ff., der sich vor allem kritisch mit der nationalistischen These auseinandersetzt, Nordirland sei »a failed political entity.«
369 Taoiseach Fitzgerald überließ praktisch Charles Haughey und der Fianna Fáil Delegation die Formulierung dieses Kapitels, die, wie er schreibt, eine »traditional Irish nationalist presentation of history« in das Dokument einbringen woillten. FITZGERALD, All in A Life, S. 482.

nationalistischen community verfestigt worden. Auch müsse sich die Britische Regierung vorhalten lassen, das Sunningdale Agreement und die »Power-Sharing-Exekutive« nicht gegen die extremistischen loyalistischen Paramilitärs gestützt zu haben (para. 4.1). Die Sicherheitspolitik der Briten sei geprägt von der Verletzung von Menschenrechten durch willkürliche Verhaftungen, Internierung und die Anwendung unverhältnismäßiger Mittel (para. 4.4.). Der NIFR weist Gewalt als Mittel der Politik entschieden zurück (para. 5.2) und spricht die negativen Effekte an, die die Gewalt der IRA auf die englische und unionistische Bevölkerung habe. Die »*terrorist acts*« der IRA würden zu weiterer Entfremdung der nationalistischen Bevölkerung und repressiven Reaktionen des britischen Sicherheitsapparates führen (para. 3.20). In einer neuen Verfassung Irlands müsse festgelegt werden, dass beide, Nationalisten und Unionisten, ihre »Identitäten« frei und ungehindert leben könnten (para. 4.14-4.15). Die Bezugnahme auf die unionistische Tradition und die Akzeptanz ihrer Legitimität war schon ein bemerkenswerter Schritt des nationalistischen Irland. Erstmalig wurde in einem offiziellen Dokument eingeräumt, dass »*nationalist attitudes have hitherto in their public expression tended to underestimate the full dimension of the unionist identity and ethos*« (para. 5.1, 10). Diese »unionistische Identität« konnte die Versammlung nur durch mehrere Befragungen erkunden, da Unionisten ja nicht vertreten waren. Sie definierte Unionismus durch drei Elemente: »*Britishness*«, »*Protestantism*« und die »*economic advantage of the British link*« (para. 4.9). Alle drei sah man nicht prinzipiell als Hindernis für ein vereinigtes Irland. Die Einheit Irlands im Kons*ens* (»*unity in agreement*«, para. 5.4-5.5) zu erreichen war das politische Fernziel des Forums, wobei man den Zentralstaat (»*untitary state*«) als die beste politische Form betrachtete (para. 5.7). Voraussetzung zur Annäherung und zum endlichen Konsens beider Traditionen seien Dialog und Verhandlungen zwischen den communities für den die Britische und Irische Regierung einen Rahmen bereitstellen müssten (para. 5.3 und 5.8). Die verfassungspolitischen Vorschläge des NIFR enthielten ein Bekenntnis zu Menschenrechten, Bürgerrechten und Religionsfreiheit, Minderheitenschutz und kulturellem Pluralismus (para. 5.2.). Drei Modelle wurden diskutiert: Ein *Zentralstaat* (»*unitary state*«), den man den Unionisten durch Zusicherung verschiedener Minderheitsschutz-Verfahren schmackhaft zu machen suchte (para. 6), ein *föderalkonföderales Modell* (»*Federal/Confederal State*«, para. 7) und schließlich eine *gemeinsame Britisch-Irische Regierung* (»*Joint-Authority*«). Letztes Modell ging auf eine alte Forderung der SDLP aus den siebziger Jahren zurück und wurde von der Irischen Regierung später in den Verhandlungen zum Anglo-Irischen Abkommen als eine zentrale Forderung eingebracht.

Der NIFR war ein bemerkenswertes Dokument der politischen Visionen des konstitutionellen Nationalismus. Die versöhnliche Rhetorik gegenüber den Unionisten war ungewöhnlich, gleichwohl auch taktisch bedingt. Doch so positiv sich die prinzipielle Akzeptanz der unionistischen Tradition von den alten nationalistischen Dogmen über die vom Britischen Imperialismus »verblendeten« Unionisten auch abhob, so tendenziös war die historische Analyse der gegenwärtigen Lage und die einseitige Schuldzuweisung an die Adresse der Britischen Regierung. Die Anerkennung der Legitimität der unionistischen Tradition machte auf die Unionisten wenig Eindruck. Das war für sie eine Selbstverständlichkeit, schließlich bildeten sie die Mehrheit in Nordirland und es gab gute historische Gründe für ihre Daseinsberechtigung. Die konkreten politischen Forderungen des NIFR waren unrealistisch, die Annahmen über die Attraktivität der Einheit Irlands für die Unionisten zu vage und unausgegoren. Die Zusicherung verfassungsmäßiger Garantien für die unionistische Minderheit im präferierten irischen Zentralstaat blieb ambivalent. Kein Unionist hätte je der Forderung nach einem irischen Einheitsstaat, selbst unter der Voraussetzung verfassungsmäßig garantierter Minderheitenrechte für die unionistische community, zugestimmt. Der Report, so argwöhnten Unionisten, der »*unity in agreement*«, fordere, verstehe »agreement« als die Einigung zwischen der Britischen und Irischen Regierung über einen irischen Einheitsstaat. Sei erst einmal ein irischer Einheitsstaat über die Köpfe der unionistischen Mehrheit hinweg vereinbart, würden die Unionisten in ihn hineingezwungen und dürften bestenfalls über die internen »*political arrangements*« (para. 5.2, 3) mitentscheiden.[370] Die Unionisten fragten kritisch, welche Vorteile ein irischer Einheitsstaat für sie haben sollte. Sie sahen keine Verbesserung der wirtschaftlichen Situation, schon gar nicht kurzfristig, da die Republik Irland zu dieser Zeit unter nachlassendem Wirtschaftswachstum, steigender Inflation und Arbeitslosigkeit zu leiden hatte. Angesichts des deutlichen Einflusses der katholischen Kirche auf die irische Gesellschaft in puncto öffentliche Moral und Bildung blieben Unionisten zutiefst misstrauisch, was die im Report genannte Garantie von Bürgerrechten und Bürgerfreiheiten für Protestanten in einem irischen Einheitsstaat eigentlich wert seien. Es war auch fraglich, ob ein Ende der politisch motivierten Gewalt erhofft werden konnte. Die IRA erkannte die Regierung der Republik Irland nicht an, noch weniger hätte sie die Regierung eines irischen Zentralstaates mit Minderheitenrechten für die Unionisten akzeptiert. Die loyalistischen Paramilitärs hätten die Konstruktion eines irischen Zentralstaates als Kriegserklärung aufgefasst und ihre Gewaltaktionen vervielfacht. Ein solcher Staat hätte sich binnen kurzem mehrerer gut organisierter und ausgerüsteter Terroristengruppen erwehren müssen – in ganz Irland! Der Ausbruch eines offenen Bürgerkrieges wäre kein so fernes Schreckensszenario gewesen. Für die Unionisten lag die Lösung des Nordirland-Problems eben nicht in einer Vereinbarung zwischen der Britischen und Irischen Regierung, die den Weg zum irischen Einheitsstaat als eine Option offenhielt, sondern – wie es im Diskussionspapier der Unionisten »*The Way Forward*« vom April 1984 hieß – »*their problems have to be solved in Northern Ireland

---

370 So die Auslegung in der unionistischen Forumskritik von PETER SMITH, Opportunity Lost. A Unionist View of the Report of the Forum for a New Ireland. Belfast, 12. November 1984. S.3.

by their political representatives and that any future prospect for them and their children is best provided for within the Northern Ireland context.« Man müsse die Nationalisten dazu bringen, die Provinz auch als die ihre zu betrachten und sie veranlassen, an der Wiederherstellung einer demokratisch legitimierten Regierung Nordirlands mitzuwirken.[371] Eine Zusammenarbeit mit der Irischen Regierung auf bestimmten Gebieten (Tourismus, Verkehr, Energie etc.) hielten die Unionisten für sinnvoll. Dies müsse eine frei gewählte nordirische Regionalregierung mit der Republik aushandeln. Eine verfassungsrechtliche Rolle der Republik in Angelegenheiten Nordirlands komme aber nicht Frage. Sollte sie den Unionisten aufgezwungen werden, müsse man mit entschiedenem Widerstand rechnen. Auf diese oppositionelle Entschlossenheit der Unionisten hatte schon der scheidende Nordirlandminister Jim Prior (er wurde am 11. September 1984 durch *Douglas Hurd* ersetzt) in der Unterhausdebatte am 2. Juli 1984 hingewiesen und deutlich gemacht, dass die Unionisten die drei vorgeschlagenen »Modelle« ablehnen würden, weil alle die Souveränität der Britischen Regierung in Bezug auf Nordirland beschnitten.[372]

Im Fazit läßt sich sagen: So lange die Nationalisten von der illusionären Position ausgingen, dass sich die Unionisten mit einem irischen Einheitsstaat abfinden würden, so lange blieben die Hoffnungen auf einen substantiellen Dialog mit ihnen Makulatur. Die zögerlichen, ablehnenden und offen feindseligen Reaktionen der Unionisten hätte die Autoren des NIFR nicht überraschen müssen. Positiv hat der NIFR im inner-nationalistischen Diskurs gewirkt. Er hat sicherlich das Gewicht des konstitutionellen Nationalismus in Irland gestärkt, die Bande zwischen der SDLP und der Irischen Regierung gefestigt, die SDLP in ihrer Konkurrenz zu Sinn Féin stabilisiert und die Irische Regierung nachdrücklich als seriösen Verhandlungspartner für Margaret Thatcher empfohlen.

Nach einer Pause von fast zwei Jahren, trafen sich am 7. November 1983 Premierministerin Thatcher und Taoiseach Garret Fitzgerald in Chequers zu einem bilateralen Gipfel, um Möglichkeiten der Kooperation im Blick auf Nordirland auszuloten. Fitzgerald kam mit der erklärten Absicht im Gepäck, die »Eiserne Lady« davon zu überzeugen, dass beide Regierungen eine neue Initiative zur Lösung der Nordirlandkrise starten sollten. Es ging Fitzgerald pragmatisch um die Erarbeitung eines politischen Rahmenwerkes, das langfristig zu einer politischen Lösung führen sollte. Wenn eine interne Verhandlungslösung (d.h. zwischen Unionisten und Nationalisten) einstweilen nicht zu erreichen sei, müsse der Versuch einer Verständigung mit der Britischen Regierung gesucht werden.[373] Die

---

371 Devolution and the Northern Ireland Assembly. The Way Forward. A Discussion Paper, presented by the Ulster Unionist Assembly Party's Report Committee. Belfast, April, 1984. S. 4.
372 KENNY, The Road to Hillsborough, S. 65 f. PRIOR, A Balance of Power, S. 239 ff.
373 FITZGERALD, All in A Life, S. 462 f. und seinen Bericht über den Gipfel S. 475 ff. Siehe zur Rolle von Fitzgerald MURRAY, John Hume and the SDLP, S. 143 f.

Gefahr einer weiteren »Entfremdung« der nationalistischen Minorität von Verfassung und Politik in Nordirland, wie sie sich in den Wahlerfolgen für Sinn Féin bei den Unterhauswahlen vom 9. Juni 1983 gezeigt habe, müsse gebannt werden. Sinn Féin hatte 13,4% (= 102.701 Stimmen) erhalten und war näher an die SDLP herangerückt, die – gegenüber den Assembly Wahlen von 1982 – fast ein Prozent weniger bekommen hatte. (17,9% = 137.012). Das sah der britische Außenminister Geoffrey Howe genauso: Wenn es keinen politischen Fortschritt gäbe, bestünde die reale Gefahr, dass Sinn Féin die SDLP als die »*main voice of nationalist opinion*« ersetzen könne, mit der »*inevitable consequence that violence and terrorism would increase.*«[374] Thatcher, die nach den Unterhauswahlen fester denn je im Sattel saß und sich einer deutlichen Mehrheit erfreuen konnte (42,9% und 397 Sitze zu 27,6% und 209 Sitzen Labours), hatte zu Fitzgerald einen guten Draht. Sie mochte ihn und ließ sich schließlich von ihm und ihren eigenen Beratern überzeugen, dass neue Formen der Kooperation geprüft werden sollten. Doch gab es zu Beginn der Gespräche sehr unterschiedliche Ausgangspositionen und Akzentsetzungen. Während für Thatcher die *Sicherheitspolitik* ganz im Vordergrund stand, drängte die Irische Regierung darauf, eine wie auch immer im einzelnen konstruierte, aber *offizielle Mitverantwortung* in den Angelegenheiten Nordirlands zu übernehmen. In den folgenden Sondierungen sollte um die Sicherheitsfrage und die rechtliche und politische Ausgestaltung der Mitverantwortung der Republik Irland heftig gerungen werden.[375] Begleitet wurde der Verhandlungsprozess vom Terror der IRA, deren spektakulärster Versuch, die Verhandlungen zu torpedieren, der Anschlag am *12. Oktober 1984 auf das Grand Hotel in Brighton* war. Das Hotel beherbergte fast die gesamte Prominenz der Konservativen Partei, die zum Parteitag zusammengekommen war, darunter Premierministerin Margaret Thatcher, Teile ihres Kabinetts, Mitglieder des Beraterstabs, sowie Parlamentarier. Margaret Thatcher entging nur um Haaresbreite dem Tod. Fünf Personen starben, darunter ein Abgeordneter und Roberta Wakeham, die Frau des konservativen Fraktionsgeschäftsführers. 30 weitere Personen, unter ihnen Thatchers Handels- und Industrieminister Norman Tebbit und seine Frau, wurden schwer verletzt. Die IRA übernahm stolz die Verantwortung für den Anschlag und erklärte: »*Mrs. Thatcher will now realise that Britain cannot occupy our country and torture our prisoners and shoot our people in their own streets and get away with it. Today we were unlucky, but remember we only have to be lucky once – you will have to be lucky always. Give Ireland peace and there will be no war.*«[376] Doch weder Thatcher noch Fitzgerald ließen sich durch den Terror von ihrem Verhandlungswillen abbringen.

---

[374] Howe war seit Juni 1983 Außenminister im Kabinett Thatcher. HOWE, Conflict of Loyalty, S. 418.
[375] Siehe zu Ausgangspositionen und Verlauf der Verhandlungen im Überblick EAMONN MALLIE/DAVID McKITTRICK, Endgame in Ireland. London, 2001. S. 48 ff.
[376] Der IRA »Brighton Bomber« Patrick Magee wurde gefasst und zu lebenslänglich Zuchthaus verurteilt. Das Gericht verfügte, dass er mindestens 35 Jahre absitzen müsse. Am 20. Juni

Es ging bei den Verhandlungen im Kern um die strittigen Fragen, die seit 1972 einer Lösung harrten:
- den verfassungsrechtlichen Status Nordirland;
- die Legitimität der unionistischen und nationalistischen Traditionen, ihre Stellung zueinander und ihre Beteiligung an der Regierung Nordirlands;
- die Rahmenbedingungen und die Struktur der politischen Institutionen Nordirlands (»Direct Rule« oder »Devolution«);
- das Verhältnis der Britischen und Irischen Regierung zueinander;
- das Verhältnis Nordirlands zur Republik Irland;
- die Rolle der Irischen Regierung in den Angelegenheiten Nordirlands, d.h. ihre »Mitregierung«, ggf. in einer »Joint Authority«;
- die effektive Bekämpfung des Terrorismus;
- die Rolle der RUC und des UDR;
- die Aufgaben der Britischen Armee in Nordirland und ihre Kooperation mit der RUC.

Nach zwischenzeitlich erheblichen Irritationen beider Seiten, die hauptsächlich durch Thatchers Sprunghaftigkeit und schroffem Umgang mit den Iren hervorgerufen wurden,[377] und langem Tauziehen in der Sache kam es schließlich am *15. November 1985 in Hillsborough Castle, County Down,* dem Sitz des Nordirlandministers, zu dem historischen Treffen zwischen Premierministerin Margaret Thatcher und Taoiseach Garret Fitzgerald. Sie unterzeichneten das *»Anglo-Irish Agreement«(AIA)*. Ort und Umstände der Vertragsbesiegelung hätten nicht ungünstiger sein können und waren ein böses Omen für das gesamte Unternehmen. Schloss Hillsborough war für die Unionisten von hohem symbolischen Wert, weil hier die königliche Familie zu residieren pflegte, wenn sie Ulster besuchte. Insofern symbolisierte Hillsborough das besondere Band zwischen Monarchie und Ulster. Gerade

---

1999 wurde er im Zuge der Bestimmungen des »Good Friday Agreement« entlassen. TAYLOR, Brits, S. 266. McKITTRICK, Lost Lives, S. 996 ff. THATCHER, Downing Street Years, S. 379 ff. HOWE, Conflict of Loyalty, S. 418 ff. BELL, Secret Army, S. 551 f. BISHOP/MALLIE, The Provisional IRA, S. 423 ff.

377 Nach dem Gipfeltreffen in Chequers am 19. November 1984 löste Thatcher mit ihrem Kommentar zu den Ergebnissen auf der Pressekonferenz Befremden und in Irland einen Sturm der Entrüstung aus. In arrogantem, herablassenden Ton wies sie drei Denkmodelle zurück, die zuvor im politischen Diskurs erörtert worden waren. Alle drei seien »out«. Ein *»unitary state«* sei *»out«*, ein *»federal/confederal state«* sei *»out«* und auch eine *»joint authority«* sei *»out«*. Ihre als *»Out, out, out – Rede«* in die Geschichte eingegangenen Worte waren einerseits typisch für Thatchers Impulsivität, andererseits konnte man sie auch als Beruhigungspille für die Unionisten werten, die über die Verhandlungen mit der Irischen Regierungs zutiefst irritiert waren. Ausführliche Darstellung des Verhandlungsverlaufes bei KENNY, The Road to Hillsborough.

hier wurde nun ein Abkommen unterzeichnet, das die Unionisten als Gefährdung der Union betrachteten.[378]

9.2. Die Bestimmungen des Abkommens

Das Abkommen, völkerrechtlich ein Vertrag zwischen zwei souveränen Regierungen, bestand aus einer *Prinzipienerklärung* (»The Preamble«) und neun weiteren *Abschnitten* (Sections A – I) mit 13 Artikeln, die auf den Status von Nordirland Bezug nahmen, die Institutionen der Kooperation zwischen beiden Regierungen festlegten und Vereinbarungen über Felder der Zusammenarbeit trafen. In der *Präambel* versicherten beide Regierungen, dass sie – eingedenk der besonderen Beziehungen beider Völker und der Kooperation innerhalb der EU – für die Anerkennung der »Identitäten« und Rechte beider communities in Nordirland einträten und die Aussöhnung zwischen ihnen vorantreiben wollten. Sie unterstrichen ihre Verpflichtung, für eine Gesellschaft in Nordirland zu arbeiten, in der alle in Frieden, ohne Diskriminierung und Intoleranz leben könnten. Beide communities müssten umfassend an der Regierung Nordirlands teilhaben (»*the opportunity for both communities to participate fully in the structures and processes of Government*«).[379] Die Regierungen anerkannten das Recht von Nationalisten und Unionisten, ihre politisch weit auseinanderliegenden Ziele (Status Quo oder Vereinigtes Irland) zu vertreten, gleichwohl ohne Gewalt oder der Androhung von Gewalt. In Bezug auf das politische Ziel der Nationalisten, ein vereinigtes Irland zu schaffen, betonten die Regierungen die Verpflichtung zu friedlichen Mitteln und Konsens. Der Gewalttradition des radikalen Republikanismus wurde damit erneut eine klare Absage erteilt.

In Sektion A, Artikel 1, wurde auf den *Status Nordirlands* Bezug genommen. Beide Regierungen, so heißt es

> »*(a) affirm that any change in the status of Northern Ireland would only come about with the consent of a majority of the people of Northern Ireland:*

---

378 Die Unterzeichnungszeremonie konnte wegen der massiven Protestaktionen vor dem Schloß nur unter schärfsten Sicherheitsvorkehrungen stattfinden. *Richard Needham*, damals zweiter Mann hinter Nordirland-Minister Tom King, erinnerte sich: »*The television pictures showed a furious crowd battering at the gates of Hillsborough while the two Prime Ministers were flown in by helicopter, surrounded by hundreds of troops and policemen, to sign the historic accord aimed at bringing reconciliation to the two communities!*« Siehe die sehr aufschlussreichen Erinnerungen von RICHARD NEEDHAM, Battling for Peace. Belfast, 1998, S. 81. MALLIE/McKITTRICK, Endgame, S. 63 f.

379 Umfassende Präsentation von Text und Kommentar bei TOM HADDEN/KEVIN BOYLE, The Anglo-Irish Agreement. Commentary, Text and Official Review. London, 1989. S. 16. zitiert i.f. als AIA.

(b) recognise that the present wish of a majority of the people of Northern Ireland is for no change in the status of Northern Ireland:

(c) declare that, if in the future a majority of the people of Northern Ireland clearly wish for and formally consent to the establishment of a united Ireland, they will introduce and support in the respective Parliaments legislation to give effect to that wish.«

Die politische Bedeutung des Artikel 1 lag zunächst darin, dass er eine *gemeinsame* Erklärung zum Status von Nordirland enthielt und insofern von dem Sunningdale Abkommen von 1973 deutlich abwich. Im Sunningdale Abkommen hatten sich beide Regierungen nicht auf eine gemeinsame Erklärung einigen können und *parallele* Deklarationen abgegeben. Allerdings wiederholte die Britische Regierung ihre Garantie-Erklärung für Nordirland als *Teil des United Kingdoms* nicht ausdrücklich, sondern stellte in Absatz (b) nur fest, dass die Mehrheit der nordirischen Bevölkerung zur Zeit keine Änderung des Status Quo wünsche. Der verfassungsmäßige Status selbst wurde nicht definiert.[380] Die Regierung band eine Änderung des Status lediglich an die *Mehrheitsentscheidung* (»consent«) der Nordiren, sei es, dass diese in der Union mit Großbritannien bleiben wollten oder ein vereintes Irland anstrebten. Sollte in der Zukunft eine Mehrheit für ein vereinigtes Irland votieren, dann wollten beide Regierung diese Entscheidung unterstützen und entsprechende Gesetzgebung einleiten. Dies war eine bemerkenswerte Verschiebung der Gewichte von der »Garantie«, die von den konstitutionellen Nationalisten stets als das größte Hindernis für eine Verständigung gesehen worden war, hin zu einem *offenen Prozess* als Ergebnis der Politik der nächsten Jahre. Die 1985 gefundene Formel blieb Grundlage britischer Regierungspolitik und wurde mit den sogenannten »Framework Documents« 1995 bestätigt.

Sektion B, die Artikel 2-4, waren das Kernstück und der eigentliche »Knackpunkt« des Abkommens, denn hier ging es um die Einrichtung einer *»Intergovernmental Conference«(IGC)*, einem Gremium, das zum ersten Mal in der Geschichte Nordirlands der Regierung der Republik *Mitspracherechte in Bezug auf Nordirland* einräumte. Damit kam ein langer Disput zwischen beiden Regierungen zu einem pragmatischen Ende. Seit den frühen siebziger Jahren war um die »Irische Dimension« gerungen worden und der im Sunningdale Abkommen von 1973 vereinbarte »Council of Ireland« war ein zentraler Punkt des Scheiterns des Unternehmens gewesen. Die Nationalisten Nordirlands, die unverdrossen auf eine Beteiligung der Irischen Regierung an der Verwaltung Nordirlands gepocht hatten, konnten mit dem in den Artikeln 2-4 Erreichten ganz zufrieden sein, obwohl die der Republik eingeräumten Mitwirkungsrechte weit hinter dem zurückblieben, was z.B. im NIFR oder dem *»Kilbrandon-Report«* unter dem Label *»Joint Authority«* (gemein-

---

380 HADFIELD, Constitution of Northern Ireland, S. 192 ff. entfaltet diesen wichtigen Aspekt ausführlich.

same Regierung) 1984 vorgeschlagen worden war.[381] Eine wirkliche Mit*regierung* sah das AIA nicht vor. Die Beteiligung der Irischen Regierung war im wesentlichen Mitsprache, d.h. sie hatte das Recht »*views and proposals*« vorzutragen und sollte im Interesse der Förderung von Frieden und Stabilität gemeinsam mit den Briten nach Lösungsmöglichkeiten suchen. Die Souveränität beider Regierungen blieb ungeschmälert. Auch wurde die Mitsprache der IGC noch dadurch eingeschränkt, dass sie nicht in Angelegenheiten mitreden durfte, die in die Verantwortlichkeit einer Regionalregierung (»devolved administration«) fielen, insofern eine solche eingerichtet würde (Artikel 2b und 4b).

Die IGC war als ein Gremium auf Ministerebene konzipiert, gemeinsam vom Britischen Nordirlandminister und einem irischen Minister (als »Permanent Irish Ministerial Representative«) geleitet, das sich in regelmäßigen Abständen treffen sollte (In der Praxis alle sechs Wochen). Die Konferenz konnte kleinere Kommissionen und Gesprächsgruppen einrichten. Sofern es sachlich nötig war, konnten auch Minister anderer Geschäftsbereiche, die Generalstaatsanwälte und die obersten Polizeichefs hinzugezogen werden. In Belfast, in *Maryfield*, wurde als Dauereinrichtung ein »*Sekretariat*« etabliert, das die laufende Arbeit der IGC organisieren sollte. Über Standort und Einrichtung hatte es in den Verhandlungen heftigen Streit gegeben.[382]

Die IGC sollte sich mit folgenden Angelegenheiten beschäftigen (Sektionen C, Art. 5 – F, Art. 10):

> »*(i) political matters:*
> *(ii) security and related matters:*
> *(iii) legal matters, including the administration of justice:*
> *(iv) the promotion of cross-border co-operation.*«

Dies waren weitausgreifende Sachgebiete, die eine Fülle von praktischen Kooperationen zuließen. Im Bereich *politischer Angelegenheiten* sollte sich die Konferenz mit Maßnahmen befassen, die Rechte und Identitäten der beiden Traditionen in Nordirland betrafen; sie sollte Menschenrechte sichern und Diskriminierung verhindern. Dies schloss die Förderung des kulturellen Erbes beider communities (»cultural heritage«) ein, d.h. es ging konkret um die von den Nationalisten geforderte Verwendung der irischen Sprache und des Gebrauchs von Symbolen aus der Tradition irischer Geschichte (Trikolore etc.). Sollte es nicht zur Bildung einer Regionalregierung in Nordirland kommen, so ermächtigte die IGC die Irische

---

381 Am 1. November 1984 veröffentlichte die »*British Irish Association*«, eine Vereinigung von irischen und englischen Politikern, Diplomaten, Wissenschaftlern und Journalisten, den inoffiziellen Abschlußbericht einer Studiengruppe, benannt nach ihrem Vorsitzenden (»*Kilbrandon-Report*«). Der Bericht favorisierte zwei Grundmodelle britisch-irischer Kooperation: »*Co-operative Devolution*« und »*Functional Co-operation*«. Knappe Darstellung bei KENNY, The Road to Hillsborough, S. 70 ff.
382 FITZGERALD, All in a Life, S. 556 ff.

Regierung im Blick auf die Interessen der nationalistischen Minorität Vorschläge für Politik und Gesetzgebung zu machen. (Art. 5c). Die Irische Regierung hatte auch das Recht, auf Zusammensetzung und Politik einer Reihe von nordirischen Behörden Einfluss zu nehmen.

In *Sicherheitsfragen* wurde eine verbindliche engere Zusammenarbeit vereinbart (Sektion D, Artikel 7), die sich in erster Linie auf Sicherheitspolitik, Beziehungen zwischen den Sicherheitskräften und der community sowie auf die Gefängnisse richtete. Ein Maßnahmenprogramm zur Verbesserung des Verhältnisses zwischen Polizei und der nationalistischen Minderheit wurde angekündigt, u.a. eine vor Ort Beratung, spezielle Schulung der Polizei in *»community relations«* (eine Art »code of conduct«), präventive Verbrechensbekämpfung und Verbesserung des Beschwerdesystems. Auch sollte der Anteil von Katholiken in der RUC erhöht werden. Dies war eine alte und traditionsreiche Forderung der Nationalisten, die ohne durchschlagenden Erfolg geblieben war und auch bleiben sollte – bis zum Umbau der nordirischen Polizei im Jahre 2001. Die IGC sollte ferner *Rechtsfragen* erörtern, z.B. die Harmonisierung des Strafrechts in Nordirland und der Republik, gemischte Gerichte und Fragen der Auslieferung (Sektion E, Artikel 8). In diesem Punkt hatten sich die Briten durchgesetzt, die der Forderung der Iren, gemischte Gerichte einzurichten, langanhaltenden Widerstand entgegengesetzt hatten, da eine derartige Einrichtung das britische Verständnis von staatlicher Souveränität beeinträchtigt hätte. Somit blieb es im Vertragstext bei der »Möglichkeit« solche einzurichten, d.h. es geschah nichts. Auch die von den Iren geforderte Begleitung von Armeeeinsätzen (inklusive UDR Patrouillen) durch Polizeikräfte wurde nicht ins Abkommen aufgenommen, sondern – wie im anschließenden Communiqué ausgeführt – als Tagesordnungspunkt auf das erste Treffen der IGC verschoben.

Lange Diskussionen hatte es über eine *grenzüberschreitende Kooperation in Sicherheitsfragen, in wirtschaftlichen, sozialen und kulturellen Angelegenheiten* gegeben. Insbesondere die britischen Forderungen nach Einrichtung von Pufferzonen entlang der Grenze zur Republik und gemeinsame britisch-irische Grenzpatrouillen hatte die irische Seite stets mit dem Argument abgelehnt, dies würde zur Errichtung von zwei weiteren Grenzen führen und die Sicherheitssituation nicht verbessern. Außerdem scheuten die Iren aus innenpolitischen Gründen davor zurück, der britischen Armee Operationen auf irischem Territorium zu gestatten.[383] Doch auch hier fanden Briten und Iren einen vernünftigen Kompromiss (Sektion F, Artikel 9 und 10). Die Chefs der Polizeikräfte in Nord und Süd (»Chief Constable« der RUC und der »Commissioner« der Gárda Síochána) wurden verpflichtet, ein *Kooperationsprogramm* zu erarbeiten, das eine Fülle von praktischen Maßnahmen einschloss, so z.B. Austausch von Informationen (was im Prinzip auch geheimdienstliche Erkenntnisse einbezog), Erörterungen der Sicherheitslage (»threat assessment«), Erarbeitung von Verbindungsstrukturen, technische Zusammenar-

---

383 FITZGERALD, All in a Life, S. 460, 495.

beit, Polizeitraining und gegenseitige Hilfe bei Polizeioperationen. Verantwortlich für den *Einsatz* der Polizeikräfte hüben und drüben blieben aber die beiden Polizeichefs, die IGC erhielt keine *»operational responsibilities«* (Artikel 9b), was insbesondere auf den Druck der Briten zurückzuführen war, die den unionistischen Widerstand in dieser heiklen Frage fürchteten. Die Irische Regierung kam den Briten nicht nur hier entgegen, sondern kündigte auch an, der Europäischen Konvention gegen den Terrorismus beizutreten und somit ihren praktischen Beitrag zum Kampf gegen die IRA zu leisten (Dies geschah wenig später, am 25. Februar 1986).

Einfacher zu bewältigen war die angekündigte Kooperation in *wirtschaftlichen* und *sozialen* Fragen. Beide Regierungen sollten sich in besonderer Weise für die Regionen in Irland einsetzen, die unter dem Konflikt gelitten hatten und um internationale Hilfe nachsuchen. Hier ging es um einen *»International Fund«* für Irland, der durch die Vereinbarung beider Regierungen am 18. September 1986 eingerichtet wurde und für den die Regierungen insbesondere der USA, aber auch Neuseelands und Kanadas sowie die EU durchaus bemerkenswerte Beträge aufbrachten. Der »Fund« wurde in erster Linie für Arbeitsbeschaffungsmaßnahmen eingesetzt, in der Hoffnung, dass durch die Verbesserung der wirtschaftlichen und sozialen Bedingungen der Nordirland-Konflikt entschärft werden könnte, was sicherlich eine zu einseitige Betrachtungsweise war.[384] Die grenzüberschreitende Zusammenarbeit in praktischen wirtschaftlichen und sozialen Fragen umfasste eine Fülle von Maßnahmen in den Bereichen Tourismus, Infrastruktur und Dienstleistungen, Landwirtschaft und Fischerei, soziale Dienste, inklusive Gesundheitsversorgung, Bildung, Umwelt, Steuern, gemeinsame wissenschaftliche Studien zur regionalen Kooperation sowie Kunst, Sport und Kultur.[385]

Die Ratifizierung des AIA durch die Parlamente ging relativ reibungslos vonstatten. Im »Dáil« gab es am 21. November 1985 eine Mehrheit von 88 zu 75 Stimmen für das Abkommen. Fitzgerald bemühte sich, die Erfolge der Irischen Regierung herauszustreichen, insbesondere die Einrichtung der IGC, die zwar kein exekutives Organ sei, aber einer »Joint Authority« sehr nahe komme. Justizminister Michael Noonan war noch euphorischer: *»In effect we have been given a major and substantial role in the day-to-day running of Northern Ireland.«*[386] Ferner seien in der Präambel die Rechte beider Traditionen in Nordirland anerkannt worden, inklusive derer, die mit friedlichen Mitteln für ein vereintes Irland streiten wollten. Fianna Fáil Oppositionsführer Charles Haughey wetterte gegen das Abkommen, das er als verfassungswidrig bezeichnete. Die Regierung habe *faktisch* auf die Wiedervereinigung des Landes verzichtet. Der Anspruch auf ganz Irland sei aufgegeben, die Souveränität der Britischen Regierung über Nordirland anerkannt und die Teilung

---

384 Siehe zum Fund umfassend AIA, S. 49 ff.
385 Liste der Maßnahmen in AIA, S. 43 ff.
386 zit.n. ARTHUR COUGHLAN, Fooled Again? The Anglo-Irish Agreement and After. Cork, 1986. S. 11.

verfestigt (»copperfastened«) worden.[387] Die Bevölkerung sah das Abkommen dagegen überwiegend positiv: Einer Meinungsumfrage der »Irish Times« zufolge billigten 59% das Abkommen, 29% waren dagegen, der Rest war unentschieden.[388] Wenig später, am 27. November 1985, votierte das House of Commons nach zweitägiger Debatte mit 473 zu 47 Stimmen für das Abkommen. Das war eine klare, komfortable Mehrheit. Aus dem Regierungslager verweigerten sich nur 21 Hinterbänkler und die 15 unionistischen Abgeordneten, die das Abkommen lautstark verdammten. Ärgerlicher war für die Premierministerin der Rücktritt ihres langjährigen Beraters *Ian Gow*, der verbittert anmerkte, dass der Abschluss des Abkommens ohne die lange Gewaltkampagne der IRA nicht möglich gewesen wäre und damit seiner ehemaligen Chefin unverhohlen Kapitulation vor der Gewalt der IRA unterstellte. Thatcher bezeichnete das Abkommen als wichtigen Schritt zur Versöhnung der communities und versicherte den Unionisten, dass die Souveränität der Britischen Regierung nicht angetastet worden sei. Die IGC habe keine exekutiven Funktionen. Labour Oppositionsführer Neil Kinnock sekundierte ihr und formulierte zum Entsetzen der Unionisten, dass Labour schon seit langem die Meinung vertrete, dass eine langfristige Lösung des Nordirland-Problems nur durch Wiedervereinigung im Konsens von Nationalisten, Unionisten und den beiden beteiligten Regierungen erreicht werden könne.[389]

9.3. Reaktionen und Bewertungen

Das Abkommen wurde von der *SDLP* als wichtiger Schritt in die Richtung von Stabilität und Frieden begrüßt, sah sie doch eine Reihe von Forderungen des konstitutionellen Nationalismus umgesetzt. Es war nach Auffassung von John Hume ein politischer Rahmen für eine Lösung, aber noch nicht die Lösung selbst: »*Though no one among us felt it was the solution, the agreement was a major achievement of democratic politics, and was a significant step forward on the road to lasting peace and stability.*«[390] Zwei zentrale, von der SDLP seit Jahren erhobene Forderungen, waren in diesem Rahmenwerk berücksichtigt worden: *Die formale Anerkennung der gleichen, legitimen Rechte der nationalistischen Minorität und die Beteiligung der Irischen Regierung an den Angelegenheiten Nordirlands.* Die historische Bedeutung des Abkommens sah Hume vor allem im Artikel 1 des Abkommens, der, in seiner Interpretation, die *Neutralität* der Briten in bezug auf Nordirland

---

387 Zur Debatte im Dáil siehe KENNY, The Road To Hillsborough, S. 105 ff.
388 ARWEL ELLIS OWEN, The Anglo-Irish Agreement. The First Three Years. Cardiff, 1994, S. 40.
389 KENNY, The Road To Hillsborough, S. 113 ff.
390 JOHN HUME, Personal Views. Politics, Peace and Reconciliation in Ireland. Dublin, 1996, S. 42. Vgl. ferner: ROUTLEDGE, John Hume, S. 203 ff. MURRAY, John Hume and the SDLP, S. 152 ff.

festschrieb: »*This article is an implicit declaration by the British that they have no interest of their own staying in Ireland...In short, the British government is neutral in that it is no longer pro-Union. There's nothing, therefore, to stop the British government from becoming pro-Irish unity in its politics.*«[391] Wahlpolitisch sah sich die SDLP als der Gewinner des AIA, ihre Position wurde deutlich gestärkt. Die SDLP stärkte ihre Position als die dominante Stimme des katholischen Nordirland. Sinn Féins »*Gewehr-und-Stimmzettel*«-*Politik* (»*amalite & ballot box*«) hatte sich nach den Hungerstreiks durchaus bewährt, geriet aber jetzt, nach dem Abschluss des AIA, in eine Krise. Das Ziel des AIA, Sinn Féin zu schwächen und den konstitutionellen Nationalismus zu stärken war aufgegangen wie das relativ schwache Abschneiden Sinn Féins bei den Wahlen 1987-1989 zeigte:

Wahlergebnisse von SDLP und Sinn Féin im Vergleich vor und nach dem AIA (in %)[392]

SDLP

	vorher	nachher	Gewinn/Verlust
Westminster	1983: 18	1987: 21	+ 3,2
Kommunalwahlen	1985: 18	1989: 31	+ 3,3
Europawahlen	1984: 22	1989: 26	+ 3,4

Sinn Féin

	vorher	nachher	Gewinn/Verlust
Westminster	1983: 13	1987: 11	- 2,0
Kommunalwahlen	1985: 12	1989: 11	- 0,5
Europawahlen	1984: 13	1989: 9	- 4,1

Sinn Féin und die IRA lehnten das Abkommen ab. Adams und seine Freunde hielten es für einen geschickten Schachzug der Briten, ihre »imperialistische« Herrschaft in Nordirland aufzuerhalten, die SDLP mit in die Verantwortung zu nehmen, die internationale Kritik an ihrer Politik abzuwehren und die Teilung Irlands zu verewigen. Adams wies das Akommen als den Versuch zurück »*to isolate and draw support away from the Republican struggle, while putting a diplomatic veneer in Dublin rule, injecting a credibility into ‚establishment nationalism' so that British rule and the interests it represents can be stabilized in the long term and, insulating the British from international criticism of their involvement in Irish affairs.*«[393]

---

391 Interview mit John Hume am 28. August 1986. In: PADRAIG O'MALLEY, Uncivil Wars. Ireland Today. Boston, 1997³, S. 423.
392 Tabelle nach O'LEARY/McGARRY, The Politics of Antagonism, S. 257. Siehe auch den SDLP und Sinn Féin Vergleich bei O'BRIEN, The Long War, S. 197.
393 GERRY ADAMS, The Politics of Irish Freedom. Dingle, 1986, S. 105.

Die Irische Regierung habe faktisch in die Teilung Irlands eingewilligt und garantiere sie im Verein mit den Briten. Das einzige positive Ergebnis des AIA sei die Konfrontation zwischen der Britischen Regierung und den Unionisten.

Doch dies konnte vor dem Hintergrund der politischen Schwäche Sinn Féins nicht das letzte Wort sein. Die niederschmetternden Resultate Sinn Féins bei den Wahlen zum »Dáil« im Februar 1987 und Juni 1989 mit nur 1,9% bzw. 1,2% der Stimmen mussten nachdenklich stimmen. Ihr Politikangebot kam nicht an und die Isolierungsstrategie der Britischen und Irischen Regierung hatte sichtlich Erfolg. Die Partei sah sich mit Grundfragen konfrontiert, die das *Selbstverständnis des Republikanismus* und eine nüchterne *Analyse der Gegenwartssituation* betrafen. Diese Fragen mussten beantwortet und ein politisches Programm formuliert werden, dem sowohl die Mitgliedschaft Sinn Féins als auch die IRA zustimmen konnten. Es ist das Verdienst, insbesondere von Gerry Adams und Martin McGuinness, mit Pragmatismus, analytischer Schärfe, beachtlicher strategisch-taktischer Kompetenz und machtpolitischem Durchsetzungsvermögen den Republikanismus erneuert und reorganisiert zu haben. Sinn Féin ist heute die stärkste nationalistische Kraft in Nordirland und dieser Aufstieg kam, nach der Krise von 1985 bis in die neunziger Jahre, nicht von ungefähr. Sinn Féin musste

- das *Verhältnis zum konstitutionellen Nationalismus der SDLP* definieren und ein Politikangebot unterbreiten, das auch von »gemäßigten« Nationalisten akzeptiert werden konnte;
- das *Verhältnis zur IRA und dem bewaffneten Kampf* klären, denn wie ließ sich der bewaffnete Kampf mit der ultimativen Forderung eines britischen Abzugs weiter rechtfertigen, wenn die Britische Regierung in Kooperation mit der Irischen Republik bereit war, das nationale Selbstbestimmungsrecht der Iren zu akzeptieren, vorausgesetzt es gäbe eine mehrheitlich befürwortete Einigung zwischen Nationalisten und Unionisten über die Einheit Irlands?

Wenn die Partei als politisch handelnde Kraft ernst genommen und politisch etwas bewirken wollte, dann konnte sie nicht, wie es in militant-republikanischen Kreisen üblich war, die SDLP pauschal als »Verräter« verteufeln, sondern musste die Wähler der SDLP überzeugen. Mit einer »ultra-linken« Politik, die sich auf das »Endziel« einer »sozialistischen irischen Republik« kaprizierte, die mittels bewaffnetem Kampf herbeigezwungen werden sollte, war das nicht zu erreichen. Wähler in ganz Irland konnten nur dann gewonnen werden, wenn der friedliche politische Kampf um die »nationale Frage«, das Selbstbestimmungrecht der Iren, in den Mittelpunkt gestellt wurde. Das Grundproblem war das Verhältnis zum bewaffneten Kampf, die Beziehung zwischen Politik und militärischer Gewalt. Es ging zentral um die *strategischen Optionen* der republikanischen Bewegung und *organisatorisch* um das Verhältnis von Sinn Féin und der IRA. Ihre Beziehungen hatten, wie dargestellt, seit den sechziger Jahren eine Reihe von Veränderungen erfahren. Sinn Féin hatte sich mit den Hungerstreiks 1980/81 von einem bloßen Befehlsempfänger für die Propagierung der Ziele der IRA (siehe noch im »Staff Report«

von 1977!) zu einem selbstbewussten Junior-Partner entwickelt. Die Partei setzte eigene politische Akzente und nahm Einfluss auf die Grundrichtung der Politik der republikanischen Bewegung. Seit 1981 war das »*Gewehr-und-Stimmzettel-Prinzip*« die entscheidende Leitlinie der Politik Sinn Féins. Doch die Politik einer Partei, die mit einer terroristischen Organisation ideologisch und personell verbunden war, musste einen Grundwiderspruch aushalten. Wie konnten »Gewehr und Stimmzettel« in eine konsistente Strategie der »Befreiung Irlands« integriert, wie konnten die friedlichen Mittel der Politik mit dem bewaffneten Kampf in Einklang gebracht werden? Die Führungsriege Sinn Féins unterstrich in allen offiziellen Erklärungen die Bedeutung des bewaffneten Kampfes als den *Identitätskern* der republikanischen Bewegung. Eine andere Position wäre in den achtziger Jahren auch nicht mehrheitsfähig gewesen. 1982 hatte Sinn Féin ihre Kandidaten für nationale Wahlen und Kommunalwahlen offiziell auf den bewaffneten Kampf verpflichtet. Martin McGuinness erklärte 1984 in aller Deutlichkeit: »*We recognise the value and limitations of electoral success. We recognise that only a disciplined armed struggle by the IRA will end British rule.*«[394] Und Gerry Adams schrieb in seinem ersten wichtigen politisch-strategischen Buch: »*The tactic of armed struggle is of primary importance because it provides a vital cutting edge. Without it the issue of Ireland would not even be an issue. So, in effect the armed struggle becomes armed propaganda.*«[395] Adams und seine engen Vertrauten wussten, dass eine weitere Aufwertung der *politischen Arbeit* Sinn Féins nur zu haben war, wenn gleichzeitig die Bedeutung des bewaffneten Kampfes als parallele Strategie betont wurde. Deshalb spielte die politische Rhetorik des bewaffneten Kampfes in der Auseinandersetzung um das Ende des Prinzips des *Mandatsverzichts* eine gewichtige Rolle. Das Adams Lager drängte seit spätestens 1985 auf ein Ende dieses ideologischen Eckpfeilers des radikalen Republikanismus. Sinn Féin konnte nur erfolgreich sein, wenn gewonnene Mandate auch angenommen und praktisch-parlamentarische Arbeit geleistet wurde, was man auf kommunaler Ebene schon seit längerem mit Erfolg praktizierte. Zunächst überzeugten Adams & Co. die IRA Armeeversammlung mit dem Argument, dass die Arbeit von gewählten Sinn Féin Vertretern den bewaffneten Kampf nicht beeinträchtigen würde. Ein Delegierter der Armeeversammlung erinnerte sich: »*The way Adams did it was to say to the IRA men, ‚This is politics. You get on with your thing – the war – and it won't be affected.*«[396] Sodann machten sie deutlich, dass die Annahme von Mandaten zunächst nur für den »Dáil«, nicht aber für Westminster oder eine neue parlamentarische Versammlung in Nordirland gelten sollte. Es sei möglich, bis zu fünf Abgeordnetenmandate für den »Dáil« zu erringen. Das Adams Lager bekam seine Zwei-Drittel Mehrheit für das Ende des Abstinenzprinzips, aber der Preis war hoch. Nicht nur, dass es im

---

394 SMITH, Fighting for Ireland?, S. 170.
395 ADAMS, The Politics of Irish Freedom, S. 64.
396 MOLONEY, Secret History, S. 293.

Anschluss an die Entscheidung der Armeeversammlung Abspaltungen in den Armagh und Dundalk Einheiten gab, schwerer wog, dass lokale IRA-Einheiten auf noch größere Autonomie pochten. Dies sollte sich in einer Reihe von Fällen, insbesondere im Blick auf den verheerenden Terroranschlag von Enniskillen, als verhängnisvoll erweisen und erneut den grundlegenden Widerspruch zwischen politischem und bewaffneten Kampf unterstreichen.[397] Mit dem positiven IRA Votum war die Entscheidung auf dem *Parteitag von Sinn Féin am 1./2. November 1986* präjudiziert. Brian Feeney bezeichnet die Debatte über das Abstinenzprinzip als »*a piece of theatre*«.[398] Das Ergebnis habe jeder Delegierte im voraus gewusst. Doch ganz so leicht war es nicht, die skeptischen Delegierten zu überzeugen. Adams und McGuinness schafften es mit fulminanten Reden, indem sie die Unverzichtbarkeit und Bedeutung des bewaffneten Kampfes unterstrichen. Martin McGuinness erklärte in seiner mitreißenden Rede: »*Sadly, the inference that the removal of abstentionism would lead to the demise of military opposition to British rule has indeed called into question the commitment of the IRA to pursue the struggle to a successful conclusion. I reject any such suggestion and I reject the notion that entering Leinster House would mean an end to Sinn Féins unapologetic support for the right of Irish people to oppose in arms the British forces of occupation. That, my friends, is a principle which a minority in this hall might doubt, but which I believe all of our opponents clearly understand. Our position is clear and will never never never change. The war against British rule must continue until freedom is achieved.*«[399] Die Veteranen, wie Ó Brádaigh, und andere Skeptiker hatten gegen dieses Feuerwerk der jungen Modernisierer keine Chance. Schließlich stimmten 429 Delegierte für das Ende von »abstentionism«, 161 dagegen, 38 enthielten sich. Kritiker argwöhnten später Manipulation der Delegiertenzahlen, denn seltsamerweise hatte sich die Zahl der Delegierten gegenüber dem Parteitag 1985 beinahe verdoppelt und ging 1987 wieder auf die bislang für normal gehaltene Zahl von ungefähr 350 Delegierten zurück. Es liegt die Vermutung nahe, dass das Adams Lager gezielt „linientreue" Delegierte geschaffen hatte.[400] Der befürchtete große Streit oder gar die Spaltung von Sinn Féin blieb aber aus, obwohl sich die »Traditionalisten«, angeführt von dem früheren Sinn Féin Präsident Ruari Ó'Brádaigh und seinem Kampfgefährten Daíthí Ó'Conaill, von Sinn Féin trennten und eine neue Organi-

---

397 Am 8. November 1987, dem »Remembrance Day« für die Gefallenen beider Weltkriege verübte eine lokale IRA–Einheit einen schrecklichen Anschlag in *Enniskillen*, Co. Fermanagh. Der Anschlag kostete 11 protestantischen Zivilisten das Leben, 60 Menschen wurden verletzt, darunter 19 schwer. Einige trugen dauerhafte Schäden und Verstümmelungen davon. Ein Schwerverletzter, Schuldirektor Ronnie Hill, lag 13 Jahre im Koma. Er starb im Jahre 2000. Einzelheiten bei McKITTRICK; Lost Lives, S. 1094 ff. DENZIL McDANIEL, Enniskillen: the Remembrance Sunday Bombing. Dublin, 1997.
398 FEENEY, Sinn Féin, S. 331.
399 Ebda., S. 332.
400 MOLONEY, Secret History, S. 296.

sation, »*Republican Sinn Féin« (RSF)* gründeten. RSF kam nie über ein Sektendasein hinaus, blieb allerdings mit ihrer bewaffneten Dissidententruppe, der sogenannten »*Continuity IRA*« ein gefährlicher Unruhefaktor für den Friedensprozess. Die »CIRA« hatte nie mehr als zwischen 30 bis 50 Aktivisten, war aber in der Lage mit einigen spektakulären Bombenanschlägen auf sich aufmerksam zu machen.[401]

Das grundlegende Dilemma blieb bestehen: Wenn der bewaffnete Kampf »unverzichtbar« war, gleichzeitig aber der politische als *Ergänzung* des bewaffneten geführt werden sollte, dann musste von der IRA erwartet werden, dass sie über Ziele und Formen des bewaffneten Kampfes neu nachdachte. Der bewaffnete Kampf musste für die nationalistische community einigermaßen akzeptabel bleiben und Sinn Féin Raum zu politischen Initiativen lassen. Republikaner würden zunehmend begreifen, schrieb Adams optimistisch, »*that armed struggle on its own is inadequate and that non-armed forms of political struggle are at least as important.*«[402] War Adams Annahme korrekt? War die IRA zur »Zurückhaltung« bereit? Hatte Sinn Féin den notwendigen Einfluss? Es gibt Gründe die dafür, aber auch gewichtige, die dagegen sprechen. Die IRA wusste, dass sie ohne ein republikanisch geprägtes Unterstützerfeld ihre Operationen nicht erfolgreich ausführen konnte und Sinn Féin sorgte mit politischer Propaganda, Wahlerfolgen und sozialen Aktivitäten für die Stabilität dieses Feldes. Ihre Präsenz in der katholischen community verschaffte der IRA das »Wasser«, in dem der terroristische »Fisch« schwimmen konnte. So war die IRA, trotz interner Meinungsverschiedenheiten, bereit, die politischen Aktivitäten Sinn Féins zu unterstützen, obwohl diese viel Geld kosteten und die Ergebnisse unsicher blieben.[403] Mit der Zustimmung der IRA zum Ende des Prinzips des Mandatsverzichts war dann ein weiterer Pflock für die Befestigung des politischen Kampfes im Gebäude des Republikanismus eingeschlagen worden.

Die *Alliance Party* tat sich anfangs schwer mit den Ergebnissen des AIA, stimmte dann aber nach längerem Denkprozess zu. Auch aus den USA und dem Staaten der EU kamen überwiegend positive Einschätzungen des Abkommens. Präsident Ronald Reagan und beide Häuser des Kongresses sprachen sich dafür aus. Hier hatte sich die beharrliche Lobbyarbeit John Humes und der »*Friends auf Ireland*«, einer im März 1981 gegründeten Unterstützergruppe amerikanischer Politiker, darunter Senator Edward Kennedy und der Sprecher des Repräsentantenhauses Tip O'Neill, ausgezahlt. Das Europäische Parlament in Straßburg unterstützte das Abkommen mit einer Resolution für die sich 152 Parlamentarier aussprachen. 27 waren dagegen, 11 enthielten sich. Die Gegner des Abkommens waren eine krude

---

401 ELLIOTT & FLACKES, Conflict in Northern Ireland, S. 421 ff. BELL, Secret Army, S. 572 ff. ENGLISH; Armed Struggle, S. 316f. MOLONEY, Secret History, S. 289.
402 ADAMS, The Politics of Irish Freedom, S. 64.
403 Es wird geschätzt, dass die Sinn Féin Beratungszentren jährlich 300.000 Pfund Sterling verschlangen und der Wahlkampf 1983 allein 30.000 Pfund Sterling gekostet hatte. BISHOP/MALLIE, The Provisional IRA, S. 391.

Mischung aus Fianna Fáil, Gaullisten, Paisley, Flämischen Nationalisten und einigen britischen Sozialisten.[404]

Im *unionistischen Lager* hatten sich die dunklen Wolken zu einem Sturm verdichtet. Am Morgen nach der Unterzeichnung des Abkommens schrieb der »Belfast News Letter« düster: »*At Hillsborough yesterday the ghosts of Cromwell and Lundy walked hand in hand to produce a recipe for bloodshed and conflict which has few parallels in modern history.*«[405] Die unheilsschwangeren Worte gaben einen Vorgeschmack auf die schwerste Krise zwischen Unionisten und der Britischen Regierung seit den Tagen der »Ulster Crisis« 1912-1914. Paisley beschwor in einer Predigt die Rache Gottes auf Margaret Thatcher herab: »*O God, in wrath take vengeance upon this wicked, treacherous lying woman; take vengeance upon her, Oh Lord, and grant that we shall see a demonstration of thy power.*«[406] So formierte sich die unionistisch-loyalistische Abwehrfront nach dem Motto: »*Dublin Role means Dublin Rule*« (so eine Anzeige im Belfaster »News Letter«), damit auf den unionistischen Kampfruf aus dem 19. Jahrhundert »Home Rule is Rome Rule« anspielend. Die Kritik der Unionisten richtete sich in der Sache auf folgende Punkte:

- Die Art der Verhandlungsführung unter Ausschluss der Unionisten habe gezeigt, dass die Britische Regierung die Mehrheit der Bevölkerung in Nordirland nicht mehr unterstützen wolle. Die SDLP habe dagegen in den verschiedenen Verhandlungsphasen Einfluss nehmen können, auch durch das »New Ireland Forum« 1984. Der Vertragstext des AIA zeige deutlich die Handschrift des NIFR, der die nationalistische Sicht des Nordirlandproblems zum Ausdruck gebracht habe (Nordirland als »*failed political entity*«). Die Unionisten seien aufgefordert worden, ihr »Veto« gegen die Vereinigung Irlands aufzugeben und ihre Rolle in einem wiedervereinigten, nationalistisch dominierten Irland auszuhandeln. Die Britische Regierung solle die Unionisten zu einer Politik der graduellen Vereinigung »überreden.«
- Der Verzicht der Britischen Regierung auf eine Garantie-Erklärung für den Status Nordirlands als Teil des United Kingdoms im Artikel 1 und die Bindung ihrer Unterstützung lediglich an den *Mehrheitsentscheid der nordirischen Bevölkerung* demonstriere, dass das Abkommen ein Schlag gegen den »Geist der Union« sei. Die unterschiedlichen Bezeichnungen des Abkommens in der Präambel (in einer irischen und britischen Version) seien dafür ein zusätzlicher Beleg: In der britischen Version hieß das Abkommen »*Agreement between the Government of the United Kingdom of Great Britain and Northern Ireland and the Government of the Republic of Ireland*« während die irische Version sich wie folgt las: »*Agreement between the Government of Ireland and the Government of*

---

404 ADRIAN GUELKE, Northern Ireland: the International Perspective. Dublin, 1988. S. 161.
405 BARDON, History of Ulster, S. 757.
406 BEW/GILLESPIE, Northern Ireland, S. 189.

the United Kingdom.« Es fehlte »Northern Ireland«. Auch bliebe der in der Verfassung Irlands formulierte Territorialanspruch auf den Norden bestehen. Das AIA lasse nur die Schlussfolgerung zu, dass das Selbstbestimmungsrecht der nordirischen Bevölkerungsmehrheit nichts mehr gelte: »*The two governments have now formally agreed that Northern Ireland can only move in one direction – into a united Ireland.*«[407]

- Die IGC schreibe das Recht der Irischen Regierung auf Mitsprache fest und sei als Vorform einer Britisch-Irischen Regierung Nordirlands (*»joint authority in embryo«*) zu betrachten. Die Souveränität der Britischen Regierung sei dadurch substantiell eingeschränkt.
- Die IGC würde selbst dann fortbestehen, wenn eine Reihe von politischen Funktionen von einer im Konsens zwischen den communities etablierten Regionalregierung übernommen würden. Dies gäbe der irischen Seite ein deutliches Übergewicht.
- Das AIA verfolge eine »Zuckerbrot und Peitsche«-Politik und anerkenne ein faktisches Vetorecht der SDLP im Blick auf die Bildung einer Regionalregierung. Da eine Regionalregierung laut Vertragstext eine breite Akzeptanz finden müsse, ginge ohne die Zustimmung der SDLP gar nichts. Die SDLP trete für »Power-Sharing« und die »Irische Dimension« ein, Konzepte, die Unionisten stets zurückgewiesen hätten und die 1973/74 gescheitert seien.
- Die Veränderungen, die für Sicherheitspolitik und andere Politikbereiche angekündigt würden, führten zu verstärkter Unsicherheit und Instabilität.[408]

Alles in allem sei das AIA ein bedauerliches Dokument von »*appeasement*«[409], von Ausverkauf und Verrat, eine Kapitulation der Britischen Regierung vor der Republik Irland. Nordirland werde als »*place apart*« bewusst von dem »mainstream« britischer Politik ausgeschlossen. Die »Britishness« und »Loyalität« der Bevölkerungsmehrheit zähle nichts mehr. Jahrhunderte treuen Dienstes für die »Krone« würden kalt und unbarmherzig aus den Geschichtsbüchern gestrichen. Das unionistische Ulster war im Aufruhr. Margarete Thatcher hatte Grund, besorgt zu sein. In ihrer Autobiographie bekennt sie: »*By the end of the year, however, I had become very worried about the Unionist reaction. It was worse than anyone had predicted to*

---

407 PETER SMITH, Why Unionists Say No. (Belfast, 1985). http://cain.ulst.ac.uk/events/aia/smith85.htm. S. 5.
408 Die unionistische Kritik findet sich zusammengefasst im ersten Report des (am 5.Dezember 1985 formierten) »Grand Committee of the Northern Ireland Assembly«. First Reports from the Committee on the Government of Northern Ireland (29. Januar 1986), NIA 237, vol. I, S. 72 ff. Siehe auch AIA, S. 70. O'LEARY et al., The Northern Ireland Assembly, S. 191 ff. und FEARGAL COCHRANE, Unionist Politics and the Politics of Unionism since the Anglo-Irish Agreement. Cork, 1997. S. 30 ff.
409 SMITH zitiert bezeichnenderweise aus dem Münchener Abkommen 1938. (Ulster Says No, S. 6)

me.«[410] Sie bemühte sich, die Wogen zu glätten und versicherte den unionistischen Politikern, das Abkommen »sensibel« umzusetzen. Bei einem Treffen mit Parteichef James Molyneaux und Paisley am 25. Februar 1986 gab sie sich besonders versöhnlich, sprach sich für regelmäßige Konsultationen mit den Unionisten aus und schlug die Bildung eines »Runden Tisches« zur Diskussion über eine Regionalregierung vor. Doch ihre Sirenengesänge kamen zu spät. Der unionistisch-loyalistische Protestzug war nicht mehr zu bremsen. Von November 1985 an und durch das ganze Jahr 1986 zogen sich stürmische Protestaktionen, die das Gefühl der Verlassenheit, der Hilflosigkeit, aber auch der unbändigen Wut über die Britische Regierung zum Ausdruck brachten. Sie schwankten zwischen verbalen Protesten, Demonstrationen, Boykottaktionen und offener Gewalt gegen das Sekretariat der IGC in Maryfield. *Höhepunkt der Aktionen war eine gewaltige Demonstration am 23. November 1985.* Rund 300.000 Menschen folgten dem Aufruf der UUP und der DUP und versammelten sich vor der City Hall in Belfast, um gegen das AIA zu demonstrieren (»*Ulster Says No!*«). Molyneaux und Paisley demonstrierten unionistisch-loyalistische Geschlossenheit und Paisley schleuderte in seiner bekannten demagogischen Art die berühmt-berüchtigten und begeistert beklatschten Worte in die Menge: »*British we are, British we shall remain. Now Mrs. Thatcher says that the Republic must have a say in our province, we say never, never, never, never, never!*« Einen Tag nach seiner fulminanten Rede erbrachte eine Meinungsumfrage der »Sunday Times«, dass 75% der Unionisten im Falle eines Referendums gegen das Abkommen stimmen würden, 65% der Nationalisten dafür.[411] Paisley beließ es nicht bei Worten, sondern organisierte am 10. November 1986 eine große Versammlung in einer Mischung aus Gottesdienst und politischem Protest. Unter dem Jubel der Tausenden wurde eine neue Organisation, die »*Ulster Resistance*«, aus der Taufe gehoben. Viele verstanden die flammenden Ansprachen als Aufforderung zum Marschieren und Kämpfen in der Tradition des Widerstandes 1912-1914 und diese Tradition war alles andere als »ziviler Widerstand.« Nur einen Tag später marschierten 2000 Ulster Resistance Aktivisten im paramilitärischen Outfit durch Kilkeel, an ihrer Spitze Peter Robinson, der zweite Mann hinter Paisley. Auch über Waffenbeschaffung wurde in den Führungsgremien von »Ulster Resistance« diskutiert. Es blieb nicht bei Diskussionen. Mit Hilfe des kriminellen Know-How von UDA und UVF wurde ein umfangreiches Waffengeschäft eingefädelt.[412] Schließlich geriet auch die RUC buchstäblich unter Be-

---

410 THATCHER, Downing Street Years, S. 403. Fitzgerald, mit dem sie am 3. Dezember 1985 in Luxemburg zusammentraf, schreibt über die Begegnung: »She had been shaken by the Unionist reaction which she described as ‚much worse than expected.' She felt that I had had all the glory and she had had all the problems.« FITZGERALD, All in a Life, S. 569.
411 OWEN, Anglo-Irish Agreement, S. 41.
412 Professionelle Waffenhändler sorgten dafür, dass gegen eine Viertelmillion Pfund Sterling in »cash« (das Geld hatte die UVF vorher bei einem Bankraub in Portadown erbeutet) eine

schuss. Die Paramilitärs machten mobil und attackierten »ihre« Polizei, der sie »Verrat« vorwarfen, weil diese künftig zur Kooperation mit den Sicherheitskräften der Republik Irland verpflichtet war. Es begann mit üblen Beschimpfungen und Verleumdungen. Loyalisten bewarfen Polizisten mit Silbermünzen und titulierten sie »Judas« und »Barry's Boys« (Peter Barry war zu dieser Zeit irischer Außenminister). Rasch kam es zu weiteren Eskalationen, deren Höhepunkt zwischen März und Mai 1986 lag. Loyalistische Paramilitärs attackierten die Häuser von Polizisten und schüchterten deren Familien ein. Im Mai 1986 teilte das Northern Ireland Office mit, dass es bis dato 368 Fälle von Einschüchterungen und Bedrohungen gegen RUC Angehörige gegeben habe. Bis Ende des Jahres waren es 564 Attacken, 120 Familien hatten ihre Häuser verlassen müssen.[413]

Im Rückblick von 20 Jahren und der heftigen Debatte, die pro und contra über das Abkommen in Politik, Öffentlichkeit und Wissenschaft geführt worden ist, sind verschiedene Interpretationen angeboten worden. Brendan O'Leary und John McGarry haben es z.B. als einen britisch-irischen *macchiavellistischen Master-Plan* bezeichnet, um die Unionisten zur Akzeptanz einer Machtteilung mit den Nationalisten zu zwingen. Dies ist sicherlich überspitzt, weil es eine Intentionalität unterstellt, die bei genauer Betrachtung der Konjunkturen in den Verhandlungen so nicht gegeben war. Gleichwohl ist es richtig, dass das Abkommen ein Druckmittel gegen die Unionisten enthielt.[414] Sie wurden mit Nachdruck von der Britischen und Irischen Regierung »eingeladen«, in einer einzurichtenden Regionalregierung für Nordirland mitzuwirken und die Macht mit den Nationalisten zu teilen. Das AIA war ein *pragmatischer Kompromiss zwischen der Britischen und Irischen Regierung, »Direct Rule« gemeinsam fortzusetzen*. Dies war, wie Paul Bew u.a. treffend geschrieben haben *»Direct Rule with a Green Tinge.«*[415] Hier lag die historische Bedeutung des Abkommens: *Die Briten akzeptierten seit der Teilung Irlands 1921 erstmalig eine institutionalisierte Mitsprache der Irischen Republik in der Nordirlandfrage. Sie gaben damit indirekt zu, dass die bisherigen »internen« Lösungsversuche nicht erfolgreich gewesen waren und akzeptierten künftig eine Politik des Bilateralismus. Das Nordirlandproblem wurde von 1985 an bis heute eine Anglo-Irische Angelegenheit.* Sie anerkannten die Legitimität des konstitutionellen irischen

---

gewaltige Waffenlieferung aus dem Libanon nach Belfast transportiert wurde. Das Ganze flog bei der Verteilung der Waffen auf, als Davey Payne, ein führender UDA Mann aus Belfast, mit 61 AK 47, 30 Browning-Revolvern, 150 Granaten und 11.500 Schuss Munition von der Polizei gestoppt wurde. Paisley und »Ulster Resistance« waren kompromittiert und distanzierten sich eifrig von dem Waffendeal. TAYLOR, Loyalists, S. 185 ff. OWEN, Anglo-Irish Agreement, S. 106 f. Das Waffengeschäft war ganz offensichtlich von einem Informanten innerhalb der UVF verraten worden. CUSACK/McDONALD, UVF, S. 222 ff.

413 BEW/GILLESPIE, Northern Ireland, S. 198; Einzelheiten bei RYDER, RUC, S. 325 ff. HERMON, Holding the Line, S. 191 ff.; TAYLOR, Loyalists, S. 182 f.
414 O'LEARY/McGARRY, The Politics of Antagonism, S: 234 ff. Kritisch dazu DIXON, Northern Ireland, S. 190 ff.
415 BEW/GIBBON/PATTERSON, Northern Ireland 1921-1994, S. 217.

Nationalismus und verstanden sich als »neutrale« Vermittler zwischen beiden Traditionen. Sie begründeten ihre Anwesenheit in Nordirland nicht mehr mit eigenen strategischen Interessen oder dem Hinweis auf die inneren Angelegenheiten Großbritanniens, sondern mit dem Wunsch der Bevölkerungsmehrheit von Ulster, britisch zu bleiben.

Thatcher traf auf eine kooperationsbereite Irische Regierung. Taoiseach Fitzgerald war an einer bilateralen Nordirland-Politik genauso interessiert wie Thatcher, wenn auch aus anderen Motiven und mit anderen Akzentsetzungen. Er sah in der Stärkung des konstitutionellen Nationalismus und weiterer Reformpolitik im Norden das beste Mittel gegen den Terrorismus. Konflikteindämmung durch Kooperation und Reformpolitik im Interesse der nationalistischen Minorität boten seiner Meinung nach auch die besten innenpolitischen Entwicklungschancen für die Irische Republik. Fitzgerald hatte couragiert versucht, die Parameter des irischen Nationalismus in Richtung auf mehr politischen und kulturellen Pluralismus zu verändern (»*constitutional crusade*«).[416] Es war ihm klar, dass mit der Einheitsrhetorik eines nur *territorial* definierten Nationalismus und Forderungen nach einem Abzug der Briten aus Nordirland der Konflikt nicht zu lösen war. Das Problem waren nach Auffassung seiner Regierung nicht die *Briten*, sondern eher die *Unionisten*. Mit dem Abkommen akzeptierte die Irische Regierung die Präsenz der Briten in Nordirland und sah diese nicht mehr einseitig (wie Fianna Fáil mit Charles Haughey an der Spitze) als die Ursache des Konflikts. Sie war darüberhinaus bereit, mit den Briten ein gemeinsames Krisenmanagement zu organisieren, was auch unangenehme Aufgaben – z.B. den Kampf gegen die IRA – mit einschloss. Dafür verlangte sie die Rolle des Protektors der nationalistischen Minorität und politische Mitverantwortung in den Angelegenheiten Nordirlands. Die Irische Regierung wusste, wie politisch brisant das britische Zugeständnis einer Mitverantwortung war, wenn sie auch nicht die Eruptionen unionistischen Protestes voraussehen konnte. Auch von ihr war ein Zugeständnis gefordert. Sie akzeptierte ausdrücklich eine *politische Bedingung* für die Wiedervereinigung Irlands: die *Zustimmung der Mehrheit der Bevölkerung Nordirlands* (»*unity by consent*«). Da in nächster Zukunft eine solche Entscheidung nicht zu erwarten war, gab die Regierung *faktisch* den Wiedervereinigungsanspruch als *operatives Politikziel* auf, obwohl sie als *langfristiges Staatsziel* daran festhielt. Artikel 2 und 3 der Verfassung wurden nicht geändert.

Ein Abkommen kann nicht funktionieren, wenn es nicht von der großen Mehrheit der Bevölkerung mitgetragen wird und die Vertragspartner kaum Anstal-

---

416 Siehe zu Fitzgeralds Position im Kontext der Veränderungen des irischen Nationalismus v.a. PETER MAIR, Breaking the Nationalist Mould: The Irish Republic and the Anglo-Irish Agreement. In: PAUL TEAGUE (ed.), Beyond the Rhetoric. Politics, the Economy and Social Policy in Northern Ireland. London, 1987. S. 81 ff., v.a. S. 97 ff.

ten machen, den Menschen die Vorteile vernünftig zu kommunizieren.[417] Das war hier der Fall. Die Kritik der Unionisten an ihrem Ausschluß von den offiziellen Verhandlungen war sicherlich berechtigt.[418] Die Untergangsszenarien aber, die sie im Gefolge des Abkommens entwarfen, erwiesen sich als bei weitem überzogen. Das Abkommen beraubte die Unionisten nicht ihres Selbstbestimmungsrechtes und leitete keineswegs die Ablösung ihrer Zugehörigkeit zum United Kingdom ein. Es entzog ihnen aber – wie übrigens bereits 1972 mit dem Übergang zu »Direct Rule« – ein prinzipielles Vetorecht in Fragen der britischen Nordirlandpolitik. Es war sicherlich kritikwürdig, dass die Britische Regierung ihre Bereitschaft, Nordirland als Bestandteil des United Kingdoms zu betrachten, im Vertragstext nicht mit demselben Nachdruck formuliert hatte, wie ihren Willen, die Option für ein vereintes Irland zu unterstützen, wenn die Mehrheit der Nordiren so entschied. Es war der *Geist der »Neutralität« der Britischen Regierung in bezug auf Ulster*, der die Unionisten in höchste Aufregung versetzte.[419] Doch die Briten hatten nicht auf ihre Souveränität gegenüber Nordirland verzichtet, sondern lediglich die Kooperation mit der Irischen Republik institutionalisiert. Diese Institutionalisierung in der IGC war so gestaltet, dass die Souveränität beider Regierungen keineswegs substantiell eingeschränkt wurde, denn die IGC war ein beratendes, mitsprechendes Gremium, gleichwohl ohne exekutive Funktionen. Die Diskussionen in der IGC und die Arbeit ihres Sekretariats in Maryfield zeigten denn auch rasch, dass die IGC ganz gut als Instrument zum Krisenmanagement funktionierte, aber an langfristiger Politikformulierung oder gar Steuerung praktischer Nordirlandpolitik nicht eigentlich beteiligt war.

Artikel 11 des AIA sah vor, nach drei Jahren eine erste kritische Bilanz der Ergebnisse des Abkommens zu ziehen. Am 24. Mai 1989 wurde ein umfassender Bericht beider Regierungen veröffentlicht, der das Abkommen insgesamt als Erfolg darstellte. Die Form der »institutionalisierten Kooperation« zwischen beiden Regierungen im IGC wurde besonders gewürdigt, gleichwohl darauf hingewiesen, dass *Verfahren* und *Transparenz* der Zusammenarbeit verbesserungswürdig seien.[420] Die IGC hatte seit 1985 27mal getagt und eine große Bandbreite von Themen behandelt, u.a. Sicherheit, Polizei, Gefängnisse, Ausnahmegesetzgebung, das

---

417 Richard Needham schreibt treffend: »There was no broadcast from the Prime Minister to the Ulster people, no explanatory leaflets, no detailed plan for briefing key decision-making groups.« NEEDHAM; Battling for Peace, S. 82.
418 Garret Fitzgerald sieht das heute als Fehler, macht aber die Britische Regierung für den Ausschluss verantwortlich. COCHRANE, Unionist Politics, S. 29. Thatcher schreibt im Rückblick: » I recognized that they were bitter at not having been consulted during the negotiation of the agreement.« THATCHER, Downing Street Years, S. 404.
419 Siehe die Präsentation des unionistischen Standpunktes bei ARTHUR AUGHEY, Under Siege. Ulster Unionism and the Anglo-Irish Agreement. London/New York, 1989. S. 57 ff. Aughey versteht das AIA als Demütigung und Demoralisierung der unionistischen Seite.
420 The Official Review of the Agreement, May 24, 1989. Text in AIA, S. 83 ff.

Problem der Ausweisung und extra-territorialen Gerichtsbarkeit sowie die Probleme des Arbeitsmarkts. Der diplomatisch abgefasste Report lässt nur bei genauem Hinsehen erkennen, wie viele Irritationen, Missverständnisse und gegenseitige Verärgerungen es seit 1985 gegeben haben muss. Die Reaktion der Unionisten und die Aufgeregtheiten seitens der Fianna Fáil Opposition hatten beide Regierungen vorsichtig gemacht. Beide bemühten sich um innenpolitische Schadensbegrenzung, d.h. um Besänftigung der jeweiligen Abkommensgegner. Während Fitzgerald die Erfolge der eigenen Seite herausstrich (Institutionalisierung der Kooperation mit dem United Kingdom, Mitsprache in Nordirland), betonten die Briten die Souveränität der Regierung in bezug auf Nordirland und versprachen den Unionisten Konsultationen und Zusammenarbeit bei der Umsetzung des Abkommens. Diese Politik der Rücksichtnahme und inneren Gefahrenabwehr ließ den Reformeifer auf beiden Seiten bald ins Stocken geraten. Den Briten ging die Kooperation der Iren in Sicherheitsfragen nicht schnell und entschieden genug. Das war angesichts der Aufrüstung und verstärkten Aktivitäten der IRA eine verständliche Haltung. Die Iren dagegen sahen keinen Fortschritt im Blick auf die strittige Frage gemischter Gerichte (Abschaffung der Diplock-Courts) und dem Verhältnis der RUC zur nationalistischen Minorität. Fitzgeralds Regierung war innenpolitisch immer mehr unter Druck geraten und sein »constitutional crusade« hatte einen empfindlichen Rückschlag erfahren. Am 26. Juni 1986 sprachen sich in einem Referendum 63,5% der Iren gegen eine Erleichterung der *Ehescheidung* aus (36,5% dafür) und demonstrierten damit ihren Widerstand gegen Fitzgeralds Programm einer vorsichtigen Pluralisierung von Staat und Gesellschaft. Die katholische Kirche hatte ihr geistlich-politisches Gewicht machtvoll gegen Fitzgeralds Pläne und für den »katholischen Staat« eingebracht und gewonnen. Diese Episode war natürlich Wasser auf die Mühlen der Unionisten, insbesondere Paisleys fundamentalistische Protestanten, die sich wieder einmal in ihrer Verdammung der Römisch-Katholischen Kirche als der heimlichen Herrscherin im »catholic state« bestätigt sahen. Von diesem Schlag, gepaart mit steigendem Staatsdefizit, nachlassender Wirtschaftskraft, zunehmender Arbeitslosigkeit, Ankündigungen von sozialen Einschnitten und internen Streitigkeiten in der Regierung, sollte sich die Fine Gael-Labour Regierung nicht wieder erholen, obwohl Fitzgerald nun auf außenpolitischem Gebiet zu punkten versuchte und die Briten unter Druck setzte. Er drohte mit Verzögerungen in der Frage der Auslieferung von Terroristen (»Irish Extradition Bill«) und bei der Ratifizierung des Gesetzes über den Beitritt zur Europäischen Anti-Terrorismus Konvention. Im Januar 1987 verlor Fitzgeralds Fine Gael-Labour Regierung die Mehrheit im Dáil und wurde schließlich am 17. Februar 1987 abgewählt. Die Briten befürchteten eine weitere Verschlechterung der Beziehungen, denn der neugewählte altbekannte Premierminister Charles Haughey (er hatte mit Fianna Fáil 81 Sitze erhalten, drei weniger als die absolute Mehrheit) war ein exponierter Gegner des AIA. Noch im Oktober 1986, bei der Wolf Tone Gedächtnisfeier in Bodenstown, hatte er Nordirland eine *»failed politi-*

cal entity« genannt und eine Lösung des Problems vom Rückzug der Briten abhängig gemacht.[421] Doch Haughey hielt ganz pragmatisch am Abkommen fest und setzte die Zusammenarbeit mit den Briten fort, weil er selbst wusste, dass es keine Alternative zur Kooperation mit den Briten in Fragen innerer Sicherheit gab. Das schloss Irritationen und Spannungen nicht aus, vor allem im Blick auf die Auslieferungsfrage. Mehrere des Terrorismus Verdächtige wurden trotz britischen Drucks von der Irischen Regierung nicht ausgeliefert. Besonders erbost reagierten die Briten auf die Weigerung der Regierung Haughey, den in Belgien verhafteten, dann nach Irland überstellten, mutmaßlichen Terroristen *Pater Patrick Ryan* an Großbritannien auszuliefern. Die Republik wies eine Auslieferung am 1. Dezember 1988 mit der Begründung zurück, Ryan könne aufgrund der öffentlichen Vorverurteilung in England kein faires Verfahren erwarten.[422] Die Briten verweigerten im Gegenzug die Überprüfung der Beweislage bei zweifelhaften Verurteilungen von irischen Staatsbürgern wegen terroristischer Delikte (z.B. Birmingham Six, Guildfour Four) und wiesen Vorhaltungen wegen angeblich staatlich sanktionierter Tötung von vermeintlichen Terroristen (»shoot to kill«) zurück.[423]

Das Abkommen hat im Blick auf die Versöhnung der verfeindeten communities sicher nicht das gehalten was sich seine Architekten erhofft hatten und so blieb auch der Schlußbericht im Deklamatorischen und Appellativen stecken: »*The two Governments attach importance to the continuing work for improved community relations through developing increased cross-community contact and cooperation, and to encouraging greater mutual understanding including respecting the cultural heritage of both traditions.*« Solange es hier keine Fortschritte gab und die Verweigerungshaltung der Unionisten nicht aufgebrochen werden konnte, würde es schwerlich zu einer neuen Machtteilung und einer Selbstverwaltung Nordirlands kommen. Beide Regierungen konnten sich definitiv nicht auf gemischte Gerichte einigen: »*The British Government are not at present persuaded of the merits of this proposal.*«[424]

Im Blick auf die innere Sicherheit hatte das Abkommen gewiss einen positiven Trend eingeleitet. Beide Regierungen arbeiteten künftig besser zusammen und hatten wirksamere Instrumente zum Kampf gegen den Terrorismus verabredet. Das Ausmaß der Gewalt konnte vom Abkommen aber nicht unmittelbar gebremst werden, wenn man, wie Brendan O'Leary und John McGarry, »Indikatoren« der Gewalt (Todesfälle, verletzte Personen, Schießereien, Bombenattacken und bewaffnete Raubüberfälle) vor und nach dem Abkommen vergleicht.[425]

---

421 zit. n. OWEN, Anglo-Irish Agreement, S. 102.
422 CUNNINGHAM; British government policy, S. 209.
423 Siehe zum Ganzen LOUGHLIN, The Ulster Question since 1945, S. 102 ff. OWEN, Anglo-Irish Agreement, S. 68, 100 ff. O'LEARY/McGARRY, The Politics of Antagonism, S. 246 ff.
424 AIA, S. 84, 85.
425 Aus der Tabelle 7.4. in: O'LEARY/McGARRY, The Politics of Antagonism, S. 271.

Gewaltentwicklung vor und nach dem AIA, 1983-88

Jahr	Todesfälle	Körperverletzungen	Schusswaffen-attacken	Bomben-attacken	Bewaffnete Raubüberfälle
1983-1985	195	2342	716	607	1708
1985-1988	247	3661	1132	661	2235
Zunahme in abs. Zahlen	52	1319	416	54	527
in %	27	56	58	9	31

Doch es gab auch positive Entwicklungen, so z.B. die Abschaffung des berüchtigten »Flags-and-Emblems-Act« von 1954, der das Zeigen der irischen Nationalflagge unter Strafe gestellt hatte und die Verabschiedung des »Public Order Act« im April 1987, der die Polizei ermächtigte, provozierende Aufmärsche zu verbieten oder umzuleiten. Ferner gab es Fortschritte im Blick auf den »Code of Conduct« für die RUC sowie hinsichtlich von Beschwerdeverfahren und der Einrichtung von Verbindungskommittees zwischen communities und Polizei. Überaus positiv hat die Einrichtung eines Internationalen Fonds für Nordirland auf die wirtschaftliche Entwicklung gewirkt. Der Fonds wurde von den USA, Kanada, Neuseeland und ab 1989 von der EU unterstützt. In den ersten drei Jahren flossen bescheidene 50 Millionen Pfund Sterling in verschiedene Arbeitsbeschaffungsprojekte.

Angesichts der hochfliegenden Erwartungshaltungen im Prozess der Erarbeitung des AIA war die Bilanz nach drei Jahren gleichwohl ernüchternd. Dies wird noch deutlicher, wenn man sich die *Einstellungen der beiden communities zum Abkommen* anschaut: Im *katholischen Lager* war das Abkommen bei Abschluss überwiegend positiv gesehen worden, aber schon im April 1988 glaubten nur 16% der Katholiken in Nordirland, dass das Abkommen der nationalistischen community genützt habe. Bei einer weiteren Umfrage im September 1988 waren 29% der Katholiken der Meinung, dass das Abkommen zu einer Verbesserung der Position der nationalistischen community geführt habe. 64% stimmten dem nicht zu. 29% glaubten, das AIA habe zu mehr Gerechtigkeit geführt, 58% wiesen das zurück. 36% waren der Ansicht, das Abkommen habe immerhin geholfen, eine fairere Verteilung von Arbeitsplätzen zu erreichen, aber 54% glaubten das nicht. Im unionistischen Lager fiel die Ablehnung noch deutlicher aus.[426]

Die Britische Regierung musste realistisch erkennen, dass sie den streitenden Parteien in Nordirland keine Lösung aufnötigen konnte, auch nicht in enger

---

426 O'LEARY/McGARRY, The Politics of Antagonism, S. 258.

Zusammenarbeit mit der Irischen Regierung. *Gegen die Unionisten konnte in Nordirland nicht regiert werden.* Sowohl Thatcher als auch ihr Nachfolger 1992, John Major, sahen im Rückblick das Abkommen als Fehlschlag. Thatcher vermerkte in ihren Memoiren: »*Our concessions alienated the Unionists without gaining the level of security co-operation, we had a right to expect.*« Und John Major schrieb in seinen Erinnerungen, dass das Abkommen »*had provoked years of Unionist disenchantment for meagre benefits.*« [427] Trotz dieser pessimistischen Einschätzung muss festgehalten werden, dass das Abkommen doch immerhin ein politisches Rahmenwerk bereitstellte, das für interne Gespräche und externe Zusammenarbeit zur Konfliktlösung durchaus geeignet war, mehr indirekt als direkt. Paul Dixon vermutet durchaus zutreffend, dass das Abkommen eines erreicht hat: die republikanische Ideologie vom Unionismus als bloßem Instrument des Britischen »Imperialismus« zu unterminieren und Gespräche zwischen den nationalistischen Fraktionen SDLP und Sinn Féin über eine Lösung unter Einschluss der Unionisten anzustoßen. [428]

In den Jahren nach dem Abkommen musste es darum gehen
- eine Beteiligung der nordirischen Parteien, insbesondere der Unionisten, an Konfliktlösungsversuchen zu sichern;
- die praktische Kooperation in Sicherheitsfragen zwischen der Irischen und Britischen Regierung zu verbessern;
- die republikanische Bewegung langfristig zum Verzicht auf den bewaffneten Kampf zu überreden ohne in der Bekämpfung der IRA nachzulassen;
- die wirtschaftliche und soziale Entwicklung Nordirlands voranzutreiben (v.a. im Rahmen EU).

Chronologie

25. März 1963	Terence O'Neill wird nordirischer Premierminister und kündigt umfassende Reformen an.
14. Januar 1965	Der irische Premierminister Séan Lemass besucht auf Einladung O'Neills Nordirland. Erstmaliges Zusammentreffen der Regierungschefs des geteilten Irland seit 1922.
17. April 1966	Bei den Feierlichkeiten zum 50. Jahrestag des Osteraufstandes kommt es in Belfast zu heftigen Auseinandersetzungen zwischen katholischen Demonstranten und Paisley Anhängern. Paisley organisiert die »O'Neill-Must-Go« Kampagne.
26. Juni 1966	Mitglieder der neuformierten »Ulster Volunteer Force« (UVF) ermorden Barkeeper Peter Ward und verletzen zwei seiner Kollegen schwer.

---

427 THATCHER, Downing Street Years, S. 415. JOHN MAJOR, The Autobiography. London, 2000. S. 433.

428 DIXON, Northern Ireland, S. 214. Siehe auch zur Bilanz des Abkommens WOLFF, Inroduction: From Sunningdale to Belfast. In. NEUHEISER/WOLFF, Peace at Last?, S.11 f.

29. Januar 1967	Gründung der »Northern Irish Civil Rights Association« (NICRA)
24. August 1968	Erster Bürgerrechtsmarsch von Coalisland nach Dungannon.
5. Oktober 1968	Der Bürgerrechtsmarsch in Derry endet in mehrtägigen Straßenschlachten. Beginn der »Troubles«.
9. Dezember 1968	O'Neills Rede, »Ulster at the Crossroads«, löst eine (kurzlebige) Sympathiewelle für den Premier aus.
4. Januar 1969	Bürgerrechtler der »People's Democracy« (PD) Gruppe werden auf ihrem Marsch von Belfast nach Derry an der Brücke von Burntollet von einem loyalistischen Mob überfallen.
3. März 1969	Der »Cameron-Report« über die Unruhen 1968 wird veröffentlicht.
28. April 1969	Nach Bombenattentaten auf Energieeinrichtungen und fortschreitender Erosion seiner Unterstützung innerhalb der UUP tritt Premierminister O'Neill zurück.
1. Mai 1969	Die Fraktion der UUP wählt James Chichester-Clark mit einer Stimme Mehrheit zum neuen Premierminister.
12.-14. August 1969	Im Anschluss an die traditionelle »Apprentice Boys Parade« kommt es in Derry und Belfast zu schweren Unruhen, die tagelang anhalten. Die Britische Armee greift in den Konflikt ein.
19. August 1969	(Erste) »Downing Street Declaration«: Nach einem Treffen zwischen Chichester-Clark und Premierminister Wilson gibt die Britische Regierung eine Garantierklärung für Nordirland ab, fordert aber weitere innere Reformen.
10. Oktober 1969	Der »Hunt-Report« schlägt die Auflösung der »B-Specials« vor. Krawalle in protestantischen Stadtvierteln Belfasts.
Ende Dezember 1969/ Anfang Januar 1970	Die IRA spaltet sich in »Provisional IRA« und »Official IRA«. Séan MacStiofáin wird Stabschef der »Provos«.
4. April 1970	»Alliance Party« als interkonfessionelle »Partei der Mitte« gegründet.
3.-5. Juli 1970	Abriegelung der Falls-Road, Ausgangssperre und großangelegte Razzia der Armee.
21. August 1970	Die »Social Democratic and Labour Party« (SDLP) wird gegründet. Erster Vorsitzender wird Gerry Fitt.
6. Februar 1971	Der erste britische Soldat, Gunner Robert Curtis, wird von Heckenschützen der IRA erschossen.
20. März 1971	Premierminister James Chichester-Clark tritt zurück. Sein Nachfolger wird William Faulkner. Er bietet der SDLP Zusammenarbeit an.
9. August 1971	»Operation Demetrius«: Einführung der Internierung ohne Gerichtsurteil. Schwere Unruhen erschüttern Nordirland, die Zahl der Opfer nimmt sprunghaft zu.
30. Oktober 1971	Ian Paisley gründet die »Ulster Democratic Unionist Party« (DUP).
Herbst 1971	Gründung der »Ulster Defense Association« (UDA).
30. Januar 1972	»Bloody Sunday« in Derry.
9. Februar 1972	William Craig gründet das rechtsgerichtete »Ulster Vanguard Movement« und im März die »Vanguard Unionist Progressive Party« (VUPP).

24. März 1972	London suspendiert die nordirische Regierung und das Parlament. Beginn der Direktregierung (»Direct Rule«). William Whitelaw wird Nordirlandminister.
29. Mai 1972	Die OIRA erklärt einen unbefristeten Waffenstillstand.
13. Juni 1972	William Whitelaw gewährt republikanischen und loyalistischen Gefangenen einen Sonderstatus (»special category status«).
26. Juni 1972	Die IRA erklärt einen befristeten Waffenstillstand.
7. Juli 1972	Geheimgespräche zwischen der Britischen Regierung und der IRA in London.
9. Juli 1972	Ende des Waffenstillstandes.
21. Juli 1972	**»Bloody Friday« in Belfast.**
31. Juli 1972	»Operation Motorman«. Die Britische Armee beseitigt die »No-Go Areas« in Derry.
25. September 1972	Darlington-Konferenz.
31. Oktober 1972	Die Britische Regierung veröffentlicht das »Green Paper« »The Future of Northern Ireland«.
1. Januar 1973	Großbritannien und die Republik Irland treten der EU bei.
8. März 1973	Meinungsumfrage (»Border Poll«). Klare Entscheidung der Nordiren für ein Verbleiben im UK. Die IRA zündet zwei Autobomben in London.
28. März 1973	Die Britische Regierung veröffentlicht das »White Paper« zu Verfassungsfragen »Northern Ireland Constitutional Proposals«. Ein Machtteilungskonzept (»Power-Sharing«) wird vorgeschlagen.
28. Juni 1973	Wahlen zur nordirischen Versammlung (»Assembly«) erbringen eine parlamentarische Mehrheit für »Power-Sharing«.
22. November 1973	Vereinbarung zwischen Unionisten, SDLP und Alliance Party über die Bildung eines Koalitionsregierung (»Executive«).
6.-9. Dezember 1973	**Sunningdale-Konferenz: Vertreter der in der Exekutive vertretenen Parteien treffen mit der Britischen und Irischen Regierung zusammen. Hauptproblem ist die »Irische Dimension«, d.h. eine Beteiligung der Irischen Regierung an der Verwaltung Nordirlands.**
1. Januar 1974	Die »Executive« nimmt ihre Arbeit auf. Es formiert sich massiver loyalistischer Widerstand.
28. Februar 1974	Unterhauswahlen: Von 12 Sitzen für die nordirischen Abgeordneten gewinnen die Gegner der »Executive« 11.
14.-28. Mai 1974	Der »Ulster Workers Council« (UWC) Streik legt Nordirland lahm und führt zum Ende der Koalitionsregierung.
1974/1975	Höhepunkt des »sectarian war«.
21. November 1974	Bombenattentate auf zwei Pubs in Birmingham. 19 Menschen sterben. Sechs Iren werden verhaftet (»Birmingham Six«).
28. November 1974	Die Britische Regierung beschließt ein Anti-Terrorgesetz (»Prevention of Terrorism Act«).
8. Dezember 1974	Spaltung von Official Sinn Féin. Die »Irish Republican Socialist Party« wird gegründet und formiert im Laufe des Jahres 1975 einen militärischen Flügel, die »Irish National Liberation Front« (INLA).
10. Dezember 1974	IRA Vertreter treffen sich mit protestantischen Kirchenvertretern im Dorf **Feakle**, County Clare.

20. Dezember 1974	IRA gibt einen Waffenstillstand vom 22. Dezember an bekannt (befristet bis 2. Januar, am 9. Januar verlängert).
9. Februar 1975	IRA erklärt dauerhaften Waffenstillstand.
12. Februar 1975	Nordirlandminister Merlyn Rees richtet sogenannten »Incident Centres« zur Kontrolle des Waffenstillstandes ein.
1. Mai 1975	Wahl zur »Constitutional Convention«. Keine Einigung über »Power-Sharing«, die Convention wird im März 1976 aufgelöst.
4. November 1975	Nordirlandminister Rees verkündet das Ende des Sonderstatus (»*special category status*«) für politische Gefangene.
11. November 1975	Endgültiges Ende des Waffenstillstandes.
10. August 1976	Der Tod von drei Kindern löst die Bewegung der »Peace People« aus. (Die Gründerinnen Betty Williams und Mairead Corrigan erhalten am 10. Oktober den Friedensnobelpreis).
10. September 1976	Der neue Nordirlandminister Roy Mason kündigt eine härtere Sicherheitspolitik an.
15. September 1976	Der im Maze Gefängnis inhaftierte Ciaran Nugent weigert sich, Gefängniskleidung anzuziehen. Beginn des »Blanket« – Protestes.
2. Dezember 1977	Der »Staff-Report« der IRA wird bekannt. Das Dokument formuliert eine neue IRA Strategie. Der »Lange Krieg« beginnt.
März 1978	Der »blanket-protest« eskaliert in einen »dirty protest«.
20. Februar 1979	Verurteilung der Mitglieder der loyalistischen Mörder-Gang »Shankill Butchers«.
30. März 1979	Die INLA ermordet Airey Neave, den konservativen Nordirland-»Schattenminister« und Berater Thatchers.
3. Mai 1979	**Margaret Thatcher wird Premierministerin nach einem glänzenden Wahlsieg der Konservativen Partei.**
7. Juni 1979	Paisley siegt bei den Europawahlen (und hält den Sitz bis 2003).
27. August 1979	Die IRA ermordet Lord Mountbatten und tötet 18 Soldaten bei Warrenpoint.
20. November 1979	Nordirlandminister Humphrey Atkins veröffentlicht ein »White Paper«. Versuch der Wiederherstellung einer Regionalverwaltung mit der »Constitutional Conference«. Das Experiment endet im November 1980 ergebnislos.
27. Oktober 1980	**Beginn des Ersten Hungerstreiks.**
8. Dezember 1980	Erstes Gipfeltreffen von Margaret Thatcher mit dem neuen Premier Irlands Charles Haughey.
1. März 1981	**Zweiter Hungerstreik beginnt.**
9. April 1981	Hungerstreiker Bobby Sands wird bei einer Nachwahl in Fermanagh/South Tyrone zum Abgeordneten des Unterhauses gewählt.
5. Mai 1981	**Bobby Sands stirbt. Sein Tod löst schwere Unruhen aus.**
3. Oktober 1981	Ende des Hungerstreiks auf Intervention der Familien der noch streikenden 6 Gefangenen.
31. Oktober 1981	Danny Morrison verkündet auf dem Parteitag von Sinn Féin die »*Gewehr-und-Stimmzettel*«- Strategie (»*amalite & ballot box*«) als künftige Politik Sinn Féins.
6. November 1981	Erstes Treffen von Thatcher und dem neuen irischen Premier Garret Fitzgerald.
2. April 1982	Nordirlandminister Jim Prior legt das Konzept der »Rolling Devolution« vor.

20. Oktober 1982	Wahl eines neuen Regionalparlaments. Erster Wahlerfolg von Sinn Féin. SDLP und Sinn Féin boykottieren die »Assembly.«
30. Mai 1983	Erste Sitzung des »New Ireland Forum« (NIFR) in Dublin vom irischen Premierminister Garret Fitzgerald eröffnet. (Der Schlussbericht des NIFR wird am 2. Mai 1984 veröffentlicht).
15. November 1985	**Premierministerin Margaret Thatcher und Taoiseach Garret Fitzgerald unterzeichnen in Hillsborough Castle das »Anglo-Irish Agreement (AIA)«.**
23. November 1985	Heftige Proteste der protestantischen Bevölkerung gegen das AIA. 300.000 versammeln sich zur Protestkundgebung vor der City Hall (»Ulster Says No«).
3. März 1986	»Day of Action« gegen das AIA. Generalstreik legt Teile Nordirlands lahm.
1./2. Dezember 1986	Der Parteitag von Sinn Féin beschließt das Ende des Prinzips des Mandatsverzichts (»abstentionism«).
8. Mai 1987	SAS Einsatz in Loughgall: Acht Mitglieder der IRA werden getötet.
8. November 1987	Bombenanschlag der IRA in Enniskillen am »Remembrance Day«, 11 Menschen sterben, 60 werden verletzt.
6. März 1988	SAS erschießt drei IRA Aktivisten in Gibraltar, die einen Bombenanschlag planten.
16. März 1988	Milltown-Cemetery Attentat von dem loyalistischen Killer Michael Stone.
19. März 1988	Zwei britische Soldaten werden von Teilnehmern des Leichenzugs für eines der Stone-Opfer gelyncht.

III. Nordirland am Rande des Friedens: Der »Peace Process« 1988-2005

1. Die Anfänge des Friedensprozesses 1988 bis zur »Joint Declaration« 1993

Die meisten Beobachter setzen den Beginn des Friedensprozesses mit den Gesprächen zwischen John Hume und Gerry Adams 1988 an, andere nennen das Anglo-Irische Abkommen 1985 als Ausgangspunkt.[1] Nationalisten und Unionisten haben sehr verschiedene Interpretationen der Entstehung und Entwicklung des »Peace Process« vorgetragen.

Für das *nationalistische* Lager hat der Friedensprozess mit den informellen Gesprächen zwischen John Hume und Gerry Adams 1988 begonnen (»*Irish Peace Initiative*«). »Friede« sei als offener Prozess zu verstehen. Es sei das unilaterale Engagement einer »*pan-nationalistischen Front*« von SDLP, Sinn Féin und der Irischen Regierung gewesen, mit Unterstützung der irischen community in den USA und US-Präsident Bill Clinton, welche die Britische Regierung zu konstruktiver Politik gedrängt und es der IRA erlaubt habe, 1994 einen Waffenstillstand zu verkünden. Die beharrliche Politik des nationalistischen Lagers habe, nach Überwindung britischen Widerstandes, den Weg zum »Good Friday Agreement« (GFA) 1998 freigemacht. Während die konstitutionellen Nationalisten der SDLP schon lange eine konstruktive Rolle bei der Suche nach Konfliktlösungen eingenommen hätten, sei die Bereitschaft der republikanischen Seite seit den achtziger Jahren zu pragmatischem politischen Handeln und zur Zurückstellung des bewaffneten Kampfes der eigentliche Durchbruch zum GFA gewesen. Mit dem Abkommen sei eine gute Grundlage für demokratische Teilhabe der nationalistischen community an der Verwaltung Nordirlands und für Kooperation mit der Irischen Republik geschaffen worden. Die Republikaner hätten sich auf den Boden der Tatsachen gestellt, Nordirland faktisch als Teil des United Kingdoms anerkannt ohne ihren geheiligten Grundsatz aufzugeben, die (Wieder-) Vereinigung Irlands zu erlangen. Dieses Fernziel verfolgten sie weiter mit friedlichen Mitteln. Der Waffenstillstand der IRA halte jetzt bereits seit 1997. Weitere substantielle Schritte zur Entwaffnung (»decommissioning«) seien erfolgt, gleichwohl dürfe man nicht erwarten, dass die IRA öffentlich ihre »Kapitulation« und »Demütigung« verkünde.

---

1 Tim Pat Coogan hält sogar die Papstbotschaft vom 29. September 1979 für den Ausgangspunkt des Friedensprozesses. Papst Johannes Paul II. »sowed the seeds of the IRA ceasefire fifteen years later, even though no one, not even the IRA, was aware of the fact.« COOGAN, Troubles, S. 385.

Die *Unionisten* sehen die Entwicklungen grundlegend anders: Sie hätten nach dem faktischen Scheitern des AIA von 1985 durch pragmatische Vorschläge ihre Bereitschaft signalisiert, die Selbstverwaltung Nordirlands wieder in Gang zu bringen und damit neue Gespräche mit der nationalistischen Seite über eine friedliche Lösung angestoßen. Seit dieser Zeit sei die unionistische Seite stets zu Gesprächen bereit gewesen, die in den neunziger Jahren wieder aufgenommen worden seien. Diese als »Friedensprozess« bezeichneten Gespräche seien gleichwohl einseitig zugunsten der nationalistischen Seite verlaufen. Schon der Begriff »Friedensprozess« signalisiere eine falsche Auffassung vom Wesen des Konflikts, denn er unterstelle, es habe einen »regulären Krieg« zwischen der IRA und der Britischen Regierung gegeben, der nach einem Waffenstillstand zu Friedensgesprächen geführt habe. Ausgangspunkt des Konflikt sei aber der Terror der IRA gewesen mit dem Ziel, Nordirland als Teil des United Kingdom zu eliminieren. Die Britische Armee sei 1969 zum Eingreifen gezwungen worden. Die politische Führung der UUP (gestützt von den Parteien loyalistischer Paramilitärs) sei nach dem für sie ungünstigen Anglo-Irischen Abkommen 1985 zu immer waghalsigeren Zugeständnissen im Interesse des Friedens bereit gewesen. Die UUP habe im Vertrauen auf die angekündigten substantiellen Schritte zur »Entwaffnung« der IRA am Abschluss des »Good Friday Agreement« mitgewirkt. Die versprochenen Konzessionen der nationalistischen Seite seien aber ausgeblieben. Sinn Féin habe den Friedensprozess von vornherein nur »taktisch« als Befestigung der eigenen Positionen in Richtung auf das Fernziel der Einheit Irlands verstanden. Die Britische Regierung habe der nationalistischen Seite schrittweise nachgegeben und eine Position nach der anderen geräumt, zu Lasten der Unionisten und der Bindungen Nordirlands an das United Kingdom. Den Unionisten sei z.B. die Akzeptanz führender Republikaner mit Verbindungen zur IRA als Minister in der Regierung (McGuinness), die Polizeireform (Umwandlung der RUC zum »Police Service of Northern Ireland, PSNI), der Abbau britischer Militärpräsenz, d.h. Verlust von Sicherheit, und schließlich die vorzeitige Haftentlassung von ehemaligen Terroristen zugemutet worden. Und das Ganze ohne Gegenleistung. Die Lage der Unionisten in Nordirland sei trotz (oder gerade wegen) des Abkommens höchst prekär. Während die Unsicherheit in der unionistischen community fortbestehe, entwickelten die Nationalisten ein wachsendes Selbstbewusstsein, gestärkt durch den – im Vergleich zum Protestantismus – traditionell größeren Zusammenhalt der katholischen communities. Sinn Féin habe sich zum Hauptvertreter der nationalistischen community aufgeschwungen, nicht zuletzt durch finanzielle Unterstützung aus IRA Kreisen und dominiere den politischen Diskurs im nationalistischen Lager.[2]

---

2 Siehe dazu DIXON, Northern Ireland, S. 217 ff. Eine sehr zugespitzte Präsentation der unionistischen Kritik (auch an der vermeintlich zu konzilianten UUP!) findet sich bei PATRICK J. ROCHE, The Appeasement of Terrorism & The Belfast Agreement. Ballyclare, 2000.

Sicherlich können beide Sichtweisen ein Stück Wahrheit beanspruchen. Der Friedenprozess war (und ist) ein komplexer, evolutionärer, zukunftsoffener politischer Prozess, in dem verschiedene »player« mit höchst unterschiedlichen Motivlagen und letztlich – im Blick auf die radikalen Ränder beider Lager (Sinn Féin und DUP) – unvereinbaren Fernzielen miteinander um einen fragilen Frieden und politische Lösungen ringen. Mit dem »Good Friday Agreement« wurde 1998 ein entscheidender Schritt zu einer Friedenslösung getan, doch steht die volle Umsetzung des Abkommens noch aus. Das Ende ist offen.

Die Britische Regierung agierte in *drei Richtungen*, um den politischen Stillstand nach 1985 zu überwinden:

- Sie regte *»All-Parteien«-Gespräche* (*»Multi-Party-Talks«*) an, um die Parteien (unter Ausschluss von Sinn Féin) zur Beratung der Lage und Erarbeitung eines prozeduralen Rahmens zur Konfliktlösung zu drängen (Brooke/Mayhew-Initiative);
- Sie aktivierte ihre seit den sechziger Jahren bestehenden *geheimen Kontakte* zur republikanischen Bewegung, um die Chance eines *Waffenstillstandes und einer Beteiligung von Sinn Féin* an politischen Gesprächen auszuloten;
- Sie bemühte sich um Verbesserung des *Verhältnisses zur Irischen Republik* und Verhandlungen, sowohl in direkter Form als auch unter Einsatz des »Intergovernmental Conference«- Mechanismus des AIA.

Die drei strategischen Ansätze liefen nebeneinander, die Parallelität war risikoreich und manchmal gab es nicht unerhebliche Spannungen. Begünstigt wurde das britische Vorgehen durch eine Reihe von *innenpolitischen* Entwicklungen und *außenpolitisch* tiefgreifenden Wandlungsprozessen.

Innenpolitisch
- zahlte sich die Stärkung der SDLP nach dem AIA aus. Mit ihr war ein glaubwürdiger und stabiler Verhandlungspartner gewonnen;
- half das neue strategische Denken im republikanischen Lager (vorsichtige Revision der »Gewehr- und Stimmzettel«-Strategie, Aufgabe des »Abstinenzprinzips« und Betonung des »politischen Kampfes«) zum Dialog zu finden;
- stärkten die SDLP-Sinn Féin Kontakte und die Begegnungen von John Hume und Gerry Adams (Hume-Adams-Talks) die Verhandlungsbereitschaft des nationalistischen Lagers;
- gab es im unionistischen Lager eine vorsichtige Wende zu mehr Flexibilität und Pragmatismus.
- wirkten die im AIA erreichten Kooperationsmechanismen mit der Irischen Republik günstig auf die Gesprächsbereitschaft beider Seiten.

Außenpolitisch war der Kollaps des kommunistischen Blocks und das Ende des Kalten Krieges für die politische Geschichte Nordirlands von größter Bedeutung. Die Ost-West Konfrontation hatte vor allem der republikanischen Seite stets das Argument geliefert, Nordirland sei für Großbritannien und die NATO von höchster strategischer Bedeutung und aus diesem Grund müsse der »britische Imperialismus« an seinem Brückenkopf in Nordirland und der Teilung der Insel festhalten. Schließlich bestünde die Gefahr, dass ein vereinigtes, und möglicherweise gar »sozialistisches« Irland, sich dem Einflussbereich der NATO entziehen könne. Die »Wende« im Osten schuf ein völlig verändertes Bedrohungsszenario für die NATO und darin war die Nordwestflanke der NATO nicht mehr von entscheidender Bedeutung. Es wurde aus Sicht der Republikaner immer schwieriger, zu erklären, welches Interesse die Britische Regierung tatsächlich an Nordirland habe. Hinzu kam die ideologische »Desintegration« des globalen marxistisch-revolutionären Projektes »Anti-Imperialismus« als deren Teil sich die republikanische Seite sich immer gesehen hatte. Die friedliche Revolution und der Systemwandel in Südafrika und der Oslo-Prozess zur Lösung des Nahostkonflikts zeigten, dass es einen Weg zum friedlichen Wandel gab und der bewaffnete Kampf letztendlich keine Lösung war: *»It was one thing when your enemies suggested you abandon the armed struggle. It was something else entirely when those with enormous moral standing in the republican movement – figures like Mandela and Arafat – told you the same.«*[3]

Es war Zeit für neue Initiativen und viele *Akteure* waren schließlich am Zustandekommen des Good Friday Agreement beteiligt. Der Friedensprozess ist vielfach als ein von *politischen Eliten* initiierter und gesteuerter Prozess beschrieben worden. Die *Britischen Regierungen* von John Major bis Tony Blair waren bereit, das Selbstbestimmungsrecht des irischen Volkes zu respektieren sowie nationalistische und unionistische Interessen auszubalancieren. Zu würdigen ist der Beitrag der *Irischen Regierung,* die mit der Britischen trotz einer Reihe von Meinungsverschiedenheiten zu neuer Kooperation fand und im Blick auf ihre nationalen Interessen (Revision der Artikel 2 und 3 der Irischen Verfassung) über ihren eigenen Schatten sprang. Die Regierungen waren die Grundpfeiler des Friedensprozesses, sie fungierten als das Organisationszentrum, sie waren die *»gatekeepers and timekeepers.«*[4] Sie sorgten für den strukturellen Rahmen und sie verfügten über die politische Macht, den anderen Akteuren Beteiligung zu garantieren oder mit Ausschluss zu drohen und sie trugen Sorge für den zeitlichen Rahmen des Prozesses. Die *politischen Parteien* waren die wichtigsten Akteure innerhalb Nordirlands als Sprecher und Repräsentanten ihrer communities, um deren Unterstützung sie werben mussten. Dies war oft eine Gratwanderung, denn es galt, das Misstrauen gegenüber der anderen Seite abzubauen und in Verhandlungen zu einem Interessenausgleich zu gelangen, der auch schmerzhafte Kompromisse einschloss. Sodann mussten die Verhandlungsergebnisse der eigenen community glaubwürdig vermittelt

---

3 MICHAEL COX, Northern Ireland after the Cold War. In: MICHAEL COX/ADRIAN GUELKE/FIONA STEPHEN (eds.), A farewell to arms? From 'long war' to long peace in Northern Ireland. Manchester, 2000, S. 252. Vgl. auch ADRIAN GUELKE, 'Comparatively peaceful': South Afrikca, the Middle East and Northern Ireland. In: Ebda., S. 223 ff.
4 ROGER MacGINTY/ JOHN DARBY, Guns and Government. The Management of the Northern Ireland Peace Process. Basingstoke, 2002, S. 59.

werden, denn ein breiter Konsens war entscheidend für das Funktionieren der in den Verhandlungen erreichten politischen Arrangements. Wenn der Eindruck entstand, dass kein gerechter Ausgleich zwischen beiden Seiten erzielt worden war, so mussten sich die Verhandlungsführer ständig mit Kritikern aus dem eigenen Lager auseinandersetzen. Dies schwächte ihre Position in den nächsten Verhandlungsrunden.

Die *Nationalisten* mit John Hume an der Spitze, leisteten einen großen Beitrag, willens, mit den Unionisten und Sinn Féin zu einem Ausgleich zu finden, ohne ihr Fernziel, die Einheit Irlands, aufzugeben. Die *Unionisten* mit ihrem Parteivorsitzenden David Trimble überschritten den politischen Rubikon und setzten sich schließlich mit den Republikanern an einen Tisch ohne ihre Maximalforderung nach »Entwaffnung« der IRA als *Vorbedingung* für Friedensgespräche und schließlich auch für den Eintritt in die Regionalregierung aufrechtzuerhalten. Die reformbereiten Kräfte der *republikanischen Bewegung*, allen voran Gerry Adams, Martin McGuinness und ihre »spin-doctors«, »überredeten« die IRA zu zwei Waffenstillständen und zogen, trotz grundsätzlich verschiedener Fernziele, mit den Unionisten Ende November 1999 in eine Regionalregierung ein.

Die *»Internationalisierung«* des Konflikts hat eine große Rolle gespielt. Zu nennen ist in erster Linie die *US-Regierung mit Präsident Bill Clinton* an der Spitze, der sich in ungewöhnlich aktiver Weise für den Friedensprozess engagiert hatte. Er sandte mit Senator George Mitchell einen wichtigen Moderator nach Nordirland, der als Vermittler unschätzbare Dienste leistete. Insbesondere mit Majors Nachfolger, Tony Blair, entwickelte Clinton eine höchst produktive Zusammenarbeit. Schließlich hat auch die *»Europäisierung«* der irischen Frage einen, wenn auch schwer messbaren, Beitrag zum Friedensprozess geleistet. Die gemeinsame Mitgliedschaft in der EU veranlassten die Britische und Irische Regierung zu verstärkter Kooperation auch in der Nordirlandfrage. Die EU hat durch eine Vielzahl von Strukturprogrammen (INTERREG u.a.) mitgeholfen, dass die wirtschaftlichen und sozialen Bedingungen in Nordirland verbessert und die praktische Nord-Süd Kooperation gestärkt wurden (zwischen 2000 und 2006 in einer Größenordnung von rd. 1,3 Milliarden €). Die EU hat ferner mit ihrem *»Special Support Programme for Peace and Reconciliation« (seit 1995)* einen wichtigen Beitrag zur Rekonstruktion der vom Konflikt betroffenen Regionen geleistet. Das Programm zielte auf wirtschaftliches Wachstum und Beschäftigung, Rekonstruktion ländlicher und städtischer Räume, Verbesserung der grenzüberschreitenden Zusammenarbeit und Stärkung der Zivilgesellschaft durch konfessionsübergreifende Integrations- und Versöhnungsprojekte. Das Programm war mit insgesamt rund 750 Millionen £ (bis 2000), von denen 73% von der EU kamen, der Rest von der Britischen und Irischen Regierung, durchaus großzügig bemessen und wurde gut angenommen. Die dezentralisierte Umsetzung des EU-Programms durch 45 Organisationen (Intermediary Funding Bodies«, Sectoral Partners, District Partnerships und Task Forces, die von den Bezirksräten eingerichtet wurden) sorgte dafür, dass die Mittel auch da ankamen, wo sie am nötigsten gebraucht wurden. Insbesondere die Einrichtung von 26 »District Partnerships« (eine pro Distrikt) und die Bildung einer koordinierenden Gesellschaft (»Northern Ireland District Partnership Board, NIPB) hat sich als sehr hilfreich erwiesen.[5]

Die *paramilitärischen Gruppen* hatten eine wichtige Funktion, gleichviel welche politische Haltung man zu ihnen einnimmt. Sie brachten politisches Gewicht in den Prozess ein, weil sie in den historischen Traditionen Ulsters verankert waren, Unterstützung in ihren communities fanden und schließlich als »secret armies« über ein erhebliches Drohpotential verfügten. Es war klug von der Irischen und Britischen Regierung, diese Akteure mit einzubeziehen, obwohl dies eine mit hohen Risiken behaftete Politik war (und ist!). Gleichwohl können wir heute sagen, dass diese Politik durchaus Früchte trug.

Eine entscheidende, obgleich kaum präzise zu gewichtende Bedeutung, kam all den Menschen in Nordirland zu, die sich seit Jahrzehnten in vielfältigen *zivilgesellschaftlichen Gruppen* (z.B. Community-Initiativen, Versöhnungsgruppen, Friedensprojekten etc.) engagierten. Stellvertretend für zahlreiche Initiativen von den sechziger bis in die neunziger Jahre seien hier das »*Corrymeela Community Centre*« (CCC) und die legendäre »*Peace People*«- Bewegung in den siebziger Jahren genannt. Corrymeela zeigt eindrucksvoll, dass es schon vor Ausbruch der »Troubles« eine nachhaltige von Protestanten und Katholiken gleichermaßen getragene Versöhnungs- und Friedensarbeit gab, die auch in den schwersten Zeiten des Konflikts nicht erlahmte und sich bis heute durchhält. Die »Peace People« Bewegung verweist darauf, dass die Zivilcourage einzelner spontane Bewegungen für den Frieden auslösen konnte, selbst wenn nicht alle Bestand hatten.

Im Februar 1965 erwarb eine kleine Gruppe von Protestanten, motiviert durch den presbyterianischen Pfarrer Ray Davey in Ballycastle, Co. Antrim, ein Haus und Gelände, um Friedens- und Versöhnungsarbeit über die Konfessionen hinweg zu leisten. Sie nannten es »Corrymeela«, den »Hügel der Harmonie.« Davey und seine Mitarbeiter brachten Menschen der verschiedenen communities in der ländlichen Abgeschiedenheit zusammen, pflegten im besten Sinne interreligiösen und interkulturellen Dialog, engagierten sich in zahlreichen Anti-Gewalt und Mediations-Projekten, sorgten für die Opfer paramilitärischer Gewalt und organisierten zahllose Seminare und Konferenzen zur Konfliktlösung. Corrymeela steht bis heute für die nicht versiegende christlich motivierten Hoffnung, gegen Feind-

---

5 EUROPEAN COMMISSION, Peace and Reconciliation. An imaginative approach to the European programme for Northern Ireland and the Border Counties of Ireland. Luxemburg, Office for Office Publications of the EC, 1998. http://www.gppac.net/documents/pbp/10/4_eu.htm. Siehe auch ELIZABETH MEEHAN, The Europeanization of the Irish Question. In: COX/GUELKE/STEPHEN, A farewell to arms?, S: 199 ff. Wie bei allen komplexen EU Programmen sind die Hauptprobleme die zeitnahe und bedürfnisgerechte Koordinierung der Mittelverteilung und die Evaluation.

schaft, Hass und Gewalt anzukämpfen und Menschen ein friedliches Leben bei gleichzeitiger Akzeptanz ihrer Verschiedenheit zu ermöglichen.[6]

Der Auslöser zur Entwicklung einer kurzlebigen Massenbewegung für den Frieden war ein die ganze Nation aufwühlender Vorfall am 10. August 1976. Ann Maguire war mit ihren vier Kindern in West Belfast entlang der Finaghy Road North unterwegs als ein außer Kontrolle geratenes Auto auf den Bürgersteig raste und sie erfasste. Drei ihrer Kinder starben, darunter ihr zweieinhalbjähriger Sohn John und das erst sechs Wochen alte Baby Andrews. Sie selbst überlebte schwerverletzt. Am Steuer des Autos zusammengesunken saß IRA-Volunteer Danny Lennon aus Andersonstown, der von verfolgenden britischen Soldaten, tödlich getroffen worden war. Spontan versammelten sich katholische Frauen aus Andersonstown am Ort des Geschehens, legten Blumen nieder und beteten. Einen Tag später richtete Anne Maguires Schwester, *Mairead Corrigan,* einen tränenerstickten Appell für Frieden und Versöhnung an die Bevölkerung. Das von der BBC mehrfach gesendete Interview elektrisierte andere und war der Beginn der sich jetzt rasch entfaltenden Bewegung für den Frieden, die »*Peace People*«: Hausfrau *Betty Williams* und Journalist *Ciaran McKeown* wurden Helfer und Freunde von Mairead Corrigan und erste Aktivisten der Bewegung. Massenversammlungen mit Tausenden von Teilnehmerinnen und Teilnehmern fanden während des gesamten Sommers statt, Protestanten und Katholiken, überwiegend Frauen, demonstrierten ihre Wut über das sinnlose Blutvergießen und ihre Sehnsucht nach Frieden.[7] Die IRA drückte ihr »Bedauern« über den Vorfall aus, nicht ohne zugleich auf die Gefahr zu verweisen, dass die »Peace People« von der »britischen Propaganda« mißbraucht werden könnten. Die IRA wusste sehr wohl, dass die Bewegung der »Peace People« eine Anklage gegen ihren Terror war und nahm Zuflucht zu den üblichen verschwörungstheoretischen Erklärungen. Viele ihrer Anhänger überschütteten die »Peace People« mit Verleumdungen und Schmähungen (»Whores, Traitors«). In West Belfast wurden Peace People Demonstranten mit Steinen beworfen und die Häuser von führenden Mitgliedern mit Drohparolen beschmiert.[8] Die Bewegung fand rasch ein überwältigendes internationales Echo. Mairead Corrigan und Betty Williams wurden 1977 mit dem Friedensnobelpreis ausgezeichnet. Allerdings hielt die Organisation nicht mehr lange zusammen. Interne Querelen und Meinungsverschiedenheiten über die Ziele der Bewegung (»Was ist Frieden konkret?«) und die politischen Instrumente um Frieden zu

---

6 Siehe http://www.corrymeela.org. Vgl. auch die Schrift vom gegenwärtigen Direktor Corrymeelas DAVID STEVENS, The Land of Unlikeness. Belfast, 2004.
7 McKITTRICK, Lost Lives, S. 670 ff. Kurzer Überblick zu den »Peace People« bei ELLIOTT & FLACKES, Conflict in Northern Ireland, S. 392 f. BELL, Irish »Troubles«, S. 433 ff. MAIREAD CORRIGAN MAGUIRE, The Vision of Peace. Faith and Hope in Northern Ireland. New York, 1999. Siehe auch RHODA WATSON, Along the Road to Peace: Fifteen Years with the Peace People. Belfast: Community of the Peace People, 1991.
8 BISHOP/MALLIE, The Provisional IRA, S. 290.

schaffen, ließen die Bewegung schon 1980 zerfallen. Ein anonymer Nachrufer aus Kreisen der IRA kommentierte zynisch, dass die »*treacherous pro-Brit antics*« der Organisation sehr rasch aufgedeckt worden seien. Dagegen müsse das »Opfer« und den »Heroismus« des jungen Danny Lennon in den Geschichtsbüchern erwähnt und als Quelle der Kraft für eine neue junge Generation von Iren gewürdigt werden. Ähnlich äußerte sich auch Gerry Adams in seinem Pamphlet »Peace in Ireland«, das er seinem langjährigen Freund Danny Lennon und den Maguire Kindern widmete. Lennon sei »für den Frieden« gestorben und die Maguire Kinder mit ihm.[9] Was Adams und die IRA an den »Peace People« so aufbrachte, war die Tatsache, dass diese sich weigerten, die Sicherheitspolitik der Britischen Regierung als »Staatsterrorismus« zu verdammen und auf deutliche Unterschiede zwischen dem Terror von UVF und IRA und den Maßnahmen der Regierung verwiesen. Dass die Peace People die katholische community darüber hinaus zur Zusammenarbeit mit den Vertretern von »law and order« aufriefen, galt ihnen schlicht als Verrat.

Seit der zweiten Hälfte der achtziger Jahre, nach einer Phase der Unsicherheit, Konzeptionslosigkeit und nur punktueller Förderung von Versöhnungs- und Friedensarbeit, begann die Regierung das Netzwerk der Initiativen nachhaltig zu unterstützen. Sie definierte eine klare »community relations« Politik, die *drei Ziele* verfolgte:

- Schaffung von mehr Kontaktmöglichkeiten zwischen Protestanten und Katholiken.
- Förderung von Toleranz und kulturellem Pluralismus.
- Herstellung von Chancengleichheit für alle Bürger.

Neue Strukturen wurden geschaffen: 1987 etablierte die Regierung die »*Central Community Relations Unit*« (CCRU) und 1990 den »*Northern Ireland Community Relations Council*« *(CRC)*. Die Gremien bemühten sich mit einer Vielzahl von Maßnahmen und Förderprogrammen, den Polarisierungs- und Segregationstendenzen entgegenzuwirken, Gleichbehandlung in der Arbeitswelt und dem öffentlichen Dienst durchzusetzen. Der CRC ist eine gemeinnützige Organisation, die das sich entfaltende Netzwerk zivilgesellschaftlicher Aktivitäten in Nordirland unterstützen soll. Seine Grundziele sind:

1. Beratung und finanzielle Unterstützung von staatlichen (kommunalen) und zivilgesellschaftlichen »community relations« Projekten,
2. Konzeptionelle und Organisationsberatung,
3. Bildung und Training für »community relations work«.

Bis heute hat sich ein breit ausgefächertes Netzwerk von Initiativen entwickelt. 1997 listete der CRC allein 130 aktive Friedens- und Versöhnungsgruppen auf.

---

9 Ebda., S. 291. SHARROCK/DEVENPORT, Man of War – Man of Peace. The Unauthorized Biography of Gerry Adams. London, 1997. S. 140. ADAMS, Before the Dawn, S. 252. ADAMS, Politics of Irish Freedom, S. 60 ff.

Bis zum Jahre 2000 waren rd. 33.000 Menschen, das waren 5% aller Beschäftigten Nordirlands, in NGOs und Regierungsinitiativen aktiv, die sich auf Friedens- und Versöhnungsprojekte im weitesten Sinne konzentrierten.[10]

So entfaltet sich die Zivilgesellschaft auch in Nordirland. Und es das Verdienst dieser vielfältigen Initiativen der »*civil society*«, dass Vertrauen und Akzeptanz zwischen den communities wachsen und sich ein konfessionsübergreifender Konsens für das »Good Friday Agreement« bilden konnte, der auch dann hielt als der Friedensprozess in schwere Wetter geriet.

1.1. Nationalisten und Republikaner im Dialog: Die Hume-Adams- und SDLP/Sinn Féin-Gespräche 1988

Ein wichtiges Indiz für den Beginn des Friedensprozesses waren die Gespräche zwischen SDLP Chef John Hume und Sinn Féin Präsident Gerry Adams am 11. Januar 1988. Weitere Begegnungen informeller Gesprächsteams von Sinn Féin (Gerry Adams, Mitchel McLaughlin, Danny Morrison, Tom Hartley) und der SDLP (John Hume, Seamus Mallon, Séan Farren, Austin Currie) schlossen sich an. Die informellen Teams erörterten ihre politischen Zielvorstellungen und Positionen zur aktuellen Lage und erkundeten Möglichkeiten zur Kooperation. Das Ganze war ein durchaus riskantes Unternehmen für beide Seiten, denn die politischen Differenzen waren scharf markiert. Hume versuchte die Sinn Féin Führer zu überzeugen, dass

- das eigentliche Problem des Konflikts nicht die Briten seien. Die Briten hätten in Bezug auf die Einheit Irlands seit langem eine *neutrale Haltung* eingenommen und hätten diese im AIA festgeschrieben;
- die Britische Regierung das Recht des irischen Volkes auf *Selbstbestimmung* unterstütze;
- es darum gehen müsste, die Einheit Irland im *Konsens* der nationalistischen und unionistischen Traditionen und Identitäten zu erreichen. Dies bedeute praktisch, die Unionisten zu überzeugen, dass die Einheit Irlands auch in ihrem Interesse liege;
- vor diesem politischen Hintergrund die Fortsetzung des bewaffneten Kampfes *nicht gerechtfertigt* und *kontraproduktiv* sei. Die IRA möge aus (teilweise ehrenwerten) politischen Motiven handeln, sei aber nicht von einer Mehrheit des irischen Volkes zur Anwendung von Gewalt ermächtigt, um das Ziel eines vereinigten Irlands zu erreichen.
- sich Sinn Féin eindeutig für den *politisch-konstitutionellen Weg* zu Einheit und Frieden entscheiden müsse.

---

10 Siehe als Überblick CLEM McCARTNEY, The role of civil society. In: Striking a Balance. Accord, No. 8, 1999, S. 44 ff. MacGINTY/DARBY, Guns and Government, S. 142. Ferner: www.civnet.org/journal/issue5/ireland.htm

Humes Hoffnung ging dahin, Sinn Féin von der Sinnlosigkeit des bewaffneten Kampfes zu überzeugen und die Republikaner in formelle Verhandlungen über die Zukunft Nordirlands mit einzubeziehen. Solche Verhandlungen würden aber erst beginnen können, wenn die IRA ihre Gewaltkampagne einstelle. Dies war die klare Aufforderung an Sinn Féin, auf einen *Waffenstillstand der IRA* hinzuwirken.

Innerhalb Sinn Féins hatte schon seit längerem ein Reflexionsprozess über die bisherigen Strategie und Taktik eingesetzt. Das im Mai 1987 veröffentlichte Grundsatzpapier »*A Scenario for Peace*« versuchte erstmalig eine republikanische Friedensstrategie zu umreißen. Es enthielt noch die kompromisslosen Forderungen des radikalen Republikanismus - Legitimität des bewaffneten Kampfes gegen den »kolonialen Aggressor«, Rückzug der Briten, Wiedervereinigung Irlands, Auflösung von RUC und UDR -, aber es gab zarte Andeutungen eines Wandels. Die rüde »Brits out« Rhetorik wich der flexibleren Formel von der *»nationalen Selbstbestimmung.«* »Nationale Selbstbestimmung« hieß für Sinn Féin, dass das irische Volk als Ganzes, in Nord und Süd, das Recht auf Regelung seiner verfassungsmäßigen, politischen, ökonomischen, sozialen und kulturellen Angelegenheiten besitze und darüber in Abstimmungen und Wahlakten zu befinden habe. Unionisten und Loyalisten wurden nicht mehr ausschließlich als Marionetten des britischen Imperialismus gekennzeichnet und ihre Existenzberechtigung bestritten. Als *nationale Minorität in der einen irischen Nation* bot ihnen Sinn Féin »Frieden« und »Gleichheit« an, wenn sie sich dem Votum der (nationalistischen) Mehrheit des irischen Volkes beugten und mit der Einheit Irlands abfänden.[11] Adams und seine Mitstreiter in der Führung Sinn Féins setzten ihre Bemühungen fort, die eigenständige Rolle der Partei gegenüber der IRA zu betonen und den politischen Kampf aufzuwerten. Martin McGuinness erklärte 1991: »*Nowhere in the Sinn Féin constitution does it state that if you become a member or supporter of Sinn Féin do you have to support armed struggle.*« Wer Sinn Féin unterstütze, müsse nicht jede einzelne IRA Aktion gutheißen. Im März 1992 sprach Adams von der »Gewehr- und Stimmzettel«-Politik als einem *»outdated slogan«*, was auf eine Revision dieser Politik hinzudeuten schien.[12]

Eine präzise Beurteilung der Sinn Féin Politik in den neunziger Jahren war für die potentiellen Gesprächspartner nicht einfach, denn wie sollte man sich den Widerspruch zwischen Adams und McGuinness Friedenstönen und der fortschreitenden, ja bis 1994 eskalierenden, Gewalt der IRA erklären? *Zwei Grundannahmen* sind dafür formuliert worden. Für beide Annahmen gibt es gute Argumente und sie schließen sich auch nicht gegenseitig aus. Die *erste* deutet Adams' und Mc-

---

11 A Scenario for Peace. A Discussion Paper. Issued by Sinn Féin Ard Chomhairle, May 1987. Siehe Adams Kommentar zum Dokument GERRY ADAMS, Free Ireland: Towards a Lasting Peace. Dingle, 1995², S. 197 f. Richard McAuley, ein wichtiger politischer Denker Sinn Féins, bezeichnete das Dokument im Rückblick als »naiv« und »traditionalistisch«. TAYLOR, Provos, S. 303.

12 SMITH, Fighting for Ireland?, S. 196.

Guinness' oft sehr widersprüchliches Verhalten als kluge Strategie und Taktik, die politische Wende weiter behutsam voranzutreiben, gleichzeitig aber zu vermeiden, die militanten Befürworter des bewaffneten Kampfes vor den Kopf zu stoßen. So erkläre sich das ständige Schwanken zwischen militanter Rhetorik einerseits und gelegentlicher Kritik an der IRA sowie Aufwertung Sinn Féins andererseits. Die *zweite* Grundannahme geht von einer Politik des »*Neo-Realismus*« aus, wie es M.L.R. Smith formuliert hat.[13] Aus Furcht vor weiterer politischer Isolierung, in die sich die Partei selbst manövriert habe und die vom AIA verstärkt worden sei, habe sie den Dialog und die Kooperation mit der SDLP gesucht. In der Tat war Sinn Féin an der Formierung einer »*pan-nationalistischen*« Front interessiert. Alleine sah man sich nicht in der Lage, eine politische Lösung des Konfliktes im Sinne des *Selbstbestimmungsrechtes des irischen Volkes* zu erreichen.[14] Adams & Co. schienen keinen Widerspruch darin zu sehen, einerseits Teil einer »pan-nationalistischen Front« zu werden, andererseits die militärische Option zu erhalten. Die »secret army« konnte jederzeit als Drohpotential für politische Ziele genutzt werden, um der Britischen Regierung und den Unionisten zu signalisieren: Jeder politische Schritt, der auf Verminderung des britischen Engagements in Nordirland gerichtet sei, könne – müsse aber nicht zwingend! – mit dosiertem Verzicht auf Gewalt »belohnt« werden. In Bezug auf das Selbstbestimmungsrecht war man sich mit der SDLP im Grundsatz einig. Doch bestritten die Sinn Féin Vertreter heftig, dass sich die Britische Regierung im Blick auf die Einheit Irlands zur *Neutralität* verpflichtet habe. Die Anwesenheit der Briten sei illegitim, sie seien »koloniale Aggressoren« mit ökonomischen und strategischen Eigeninteressen. Sie könnten ihre »Neutralität« glaubwürdig nur durch Abzug ihrer »Besatzungstruppen« demonstrieren und damit das faktische Veto der Unionisten gegen die Einheit Irlands aufheben.[15] Hume bestritt die unterstellten britischen Eigeninteressen an Nordirland und gab zu bedenken, dass ein britischer Abzug ein gefährliches politisches Vakuum hinterließe und in der Folge ein Bürgerkrieg drohe. Er schlug vor, dass die Irische Regierung eine Konferenz aller nordirischen Parteien einberufen solle, zur Erörterung der Umsetzung des Selbstbestimmungsrechtes des irischen Volkes.

Kontrovers blieb auch die Haltung beider Parteien zu den Unionisten. Sinn Féin sah die Unionisten als »*nationale Minorität*« *innerhalb der irischen Nation*, die, wie alle anderen Iren auch, das Recht zur Selbstbestimmung hätten. Die SDLP betonte eher die *Differenz* der unionistischen *Tradition* zur irisch-nationalistischen. Sinn Féin forderte, dass die Britische Regierung die Unionisten zur Akzeptanz der Einheit Irland »überreden« sollte, während die SDLP offensichtlich an eine freiwillige Akzeptanz der Einheit Irlands als längerfristiges Projekt, etwa über eine ge-

---

13 Ebda., S. 197.
14 Siehe Adams Ausführungen auf dem Parteitag von Sinn Féin im März 1994. An Phoblacht/Republican News, 3. März 1994.
15 Siehe ADAMS, Free Ireland, S. 198.

meinsame Regierung Nordirlands nach dem »Power-Sharing« Prinzip, dachte. Das politische Wunschdenken in beiden Sichtweisen lag auf der Hand: Die Unionisten waren weder zu diesem noch zu einem späteren Zeitpunkt bereit, sich zur Einheit Irlands »überreden« zu lassen.

Die Hume-Adams Gespräche und SDLP/Sinn Féin Treffen endeten im September 1988 ohne konkrete Ergebnisse, aber sie hatten den inner-republikanischen Denkprozess angeregt und waren daher für die Entwicklung des Friedensprozess von größter Bedeutung. Sinn Féin bewegte sich seit Ende der achtziger Jahre auf eine *politische Lösung* zu und intensivierte die programmatisch-konzeptionelle Arbeit. Die neue *Realpolitik* des Adams Lager konzedierte, dass der *»lange Ermüdungskrieg«* gegen die Briten nicht gewonnen und die *Unionisten* im Ringen um eine politische Lösung nicht ignoriert werden könnten. Die Unionisten waren Teil des Problems und es musste ein Ausgleich mit ihnen gesucht werden. Adams und seine Freunde wussten, dass sie sich auf eine schmale Gratwanderung begaben: Einerseits musste auf die traditionellen republikanischen Einstellungen und Emotionen Rücksicht genommen und die Entschlossenheit zum bewaffneten Kampf betont werden, andererseits durfte dies nicht so weit gehen, die politische Glaubwürdigkeit Sinn Féins zu gefährden. Hier die Balance zu halten war eine politische Sisyphos Arbeit, die Adams und McGuinness auf sich nahmen, nicht immer mit dem erhofften Erfolg. Denn jede IRA-Aktion, die das Leben unschuldiger Zivilisten kostete, entwertete die konziliante politische Rhetorik und befestigte bei den Gegnern Sinn Féins die Überzeugung, die Partei sei zu eigenständiger Politik gegenüber der IRA nicht fähig. Im Mai 1992, veröffentlichte Sinn Féin mit *»Towards a Lasting Peace in Ireland«* ein neues Grundsatzdokument, das gegenüber früheren Positionspapieren (z.B. »Scenario for Peace«, von 1987) eine *weniger konfrontative Haltung* erkennen ließ und ein Wandel im Verhältnis zu den Unionisten andeutete. Die Britische Regierung solle ihren Einfluss auf die Unionisten geltend machen, um sie zur Rücknahme ihres Vetos gegen der Einheit Irlands zu veranlassen. Sie müsse, wie es Gerry Adams ausdrückte, *»joining the ranks of the persuaders in seeking to obtain the consent of all sections to the constitutional, political and financial arrangements needed to establish a united Ireland.«*[16] Die Unionisten hätten in einem säkularen und demokratischen Irland nichts zu fürchten und nationale Versöhnung sei möglich: *»The Protestant people of the Six Counties who are presently committed to a pro-British unionism have nothing to fear from a democratic and secular Ireland.«* Der bewaffnete Kampf wurde zurückhaltend als *»politische Option«*, als *»letztes Mittel«* bezeichnet, was sich deutlich von der bisherigen Sprachregelung abhob. Die Briten sollten mit der Irischen Regierung einen Konsultationsprozess über die Beendigung der Teilung Irlands beginnen. Sollten die Briten dies verweigern, müsse die Irische Regierung eine Kampagne für die Einheit Irlands starten, u.a. mit Hilfe der internationalen Öffentlichkeit und der irischen

---

16 ADAMS, Free Ireland, S. 203.

communities in den USA, Großbritanniens und Australiens. Humes Warnung, ein rascher Abzug der Briten könne zu Konfliktverschärfung und letztlich Bürgerkrieg führen, wurde ernst genommen und statt eines sofortigen Rückzuges ein »*peaceful und orderly British political and military withdrawal from Ireland within a specified period*« gefordert. Die politische Analyse der Rahmenbedingungen, (z.B. die Rolle Großbritanniens) und die Sprache des Papiers bewegten sich durchaus noch in den traditionellen republikanischen Kategorien. So wurde die republikanische Strategie weiterhin in einem »*Dekolonisierungskontext*« gesehen, obwohl dieser jetzt stärker im Zusammenhang mit Entwicklungen in der EU und der internationalen Politik betrachtet und den Vereinten Nationen eine gewichtige beobachtende Rolle zuerkannt wurde.[17]

Die SDLP/Sinn Féin Kontakte stießen in der Öffentlichkeit auf viel Kritik, insbesondere von der unionistischen Seite. Die Kritik wäre noch schärfer ausgefallen, hätte man um die Fortsetzung der Kontakte zwischen Hume und Adams auf privater Ebene nach dem September 1988 gewusst. Tatsächlich blieben diese Kontakte bis Frühjahr 1993 geheim. Die Unionisten sahen eine neue, gefährliche *pan-nationalistische Allianz* am Werke. Auch Nordirlandminister Tom King war unter den Kritikern und innerhalb Sinn Féins und der SDLP gab es manche nervöse Reaktionen. Es war für John Hume nicht leicht, nach jeder schauerlichen Mordaktion der IRA, Gespräche mit dem »politischen Arm der IRA« zu verteidigen. Wie konnte er nur mit dem »politischen Feind« angesichts der Gräueltaten der IRA reden? Hume war über solche Vorwürfe erhaben. Er galt als schärfster Gegner der IRA und hatte wiederholt Ideologie und Aktionen der »Befreiungsarmee« mit härtesten Worten kritisiert. Die IRA war für ihn eine »faschistische Truppe«, die Menschen nur als Puppen, als Instrumente in ihrem ideologisch verblendeten Kampf benutzte. Er rechtfertigte die Gespräche mit dem schlichten Verweis auf die Unterschiede von »Politik«, »Dialog« und »Krieg«: »*I'm a politician, politics is the alternative to war, politics is about dialogue, I'm about dialogue. I'll talk to anyone about it, that doesn't mean I approve of what they stand for.*«[18]

1.2. Unionisten zwischen Fundamentalopposition und Pragmatismus

In den zehn Jahren nach Beginn der »Troubles« hatte sich das unionistisch-loyalistische Lager weiter ausdifferenziert. Das gescheiterte Machtteilungsexperiment und Sunningdale 1973/74 vertieften die politischen Differenzen. Abgesehen von dem verfassungspolitischen Grundkonsens zur Bewahrung der Union mit dem

---

17 Towards A Lasting Peace in Ireland. Edited by Sinn Féin, 1992. Siehe dazu: BRIAN ROWAN. Behind The Lines. The Story of the IRA and Loyalist Ceasefires. Belfast. 1995. S. 27 ff. FEENEY, Sinn Féin, spricht von »the huge sea change ...in republican thinking«, S. 378.
18 MALLIE/McKITTRICK, Endgame, S.81.

United Kingdom, gab es erhebliche Meinungsverschiedenheiten über die Haltung zur Britischen und Irischen Regierung, dem Verhältnis zu den Nationalisten und über die richtigen Strategien zur Stabilisierung des unionistischen Blocks. Neue Gruppierungen waren entstanden, hatten kurzfristige Erfolge gehabt (wie Vanguard) und waren wieder in der Bedeutungslosigkeit verschwunden. Trotz deutlicher Wählerverluste hatte die UUP ihre führende Rolle als stärkste unionistische Partei behaupten können. Am Ende die siebziger Jahre kam die Fragmentierung des unionistisch-loyalistischen Lagers zu einem vorläufigen Ende. Ab 1979 formierten sich zwei stabile politische Machtblöcke im Unionismus und die kleineren unionistischen Gruppierungen traten in den Hintergrund. Die Protestanten Nordirlands schwankten in der Zukunft hauptsächlich zwischen der UUP und Paisleys DUP, mit der Alliance Party als möglicher weiterer Option.

Fragmentierung, Neu-Formierung und Rekonstruktion des unionistischen Blocks lassen sich an den Wahlergebnissen von 1969 bis 2004 zeigen:[19]

Unionistischer Block (UUP, DUP und kleine unionistische Parteien) 1969-2005 in % der Wähler

Wahlen	Ulster Unionist Party	Democratic Unionist Party	Andere
1969 S	61,1	0	6,3
1970 W	54,3	0	4,5
1973 LG	41,4	4,3	10,9
1973 A	29,3	10,8	21,8
1974 W	32,3	8,2	23,7
1974 W	36,5	8,5	17,1
1975 C	25,8	14,8	21,9
1977 LG	29,6	12,7	8,5
1979 W	36,6	10,2	12,2
1979 E	21,9	29,8	7,3
1981 LG	26,5	26,6	4,2
1982 A	29,7	23,0	6,7
1983 W	34,0	20,0	3,0
1984 E	21,5	33,6	2,9
1985 LG	29,5	24,3	3,1
1987 W	37,8	11,7	5,4
1989 LG	31,3	17,7	4,6
1989 E	22,2	29,9	-
1992 W	34,5	13,1	2,7
1993 LG	29,4	17,3	2,7
1994 E	23,8	29,2	-
1996 F	24,2	18,8	9,3
1997 W	32,7	13,6	4,2

19 Auszug aus Table 5.1. Party Support in Northern Ireland Elections: 1969-1997 (% of vote) In: MITCHELL/WILFORD, Politics in Northern Ireland, S. 98. Eigene Berechnungen ab 1998 nach http: www. ark.ac.uk/elections.

1997 LG	27,8	15,6	4,1
1998 A	21,3	18,3	12,0
1999 E	17,6	28,4	6,3
2001 W	26,8	22,5	2,5
2003 A	22,7	25,6	3,3
2004 E	16,6	32,0	6,3
2005 W	17,7	33,7	1,81
Legende: S = Stormont, W = Westminster, LG = Local Government, A = Assembly, C = Convention, E = European Parliament F = Forum			

Auf den ersten Blick sind die Wählerverluste der Ulster Unionist Party, der großen »alten Dame Stormonts«, zu erkennen. Ihr Stimmenanteil verringerte sich seit 1969 um rd. 30% und hat mit 16,9% bei den Europawahlen 2004 einen historischen Tiefpunkt erreicht. In der DUP erwuchs ihr seit 1971 eine gefährliche Dauerkonkurrenz. Für ihren, von Rückschlägen begleiteten (1987!), aber dennoch stetigen Aufstieg bis zur stärksten unionistischen Partei 2003 stand ein Mann: *Ian Paisley*. Er war der Gründer und er ist bis heute der unermüdliche Förderer und unangefochtene Führer der Partei. Ihm gelang es, die DUP zu einer Einheit aus evangelikalem Protestantismus und politischem Loyalismus zu schmieden, was nicht ohne Widersprüche und Friktionen abging, aber letzten Endes sehr erfolgreich war. Wer sich für die DUP entschied, der wählte in erster Linie Paisley, die unerschütterliche »Stimme Ulsters«. Paisley genoss weit über die DUP Wählerschaft hinaus starke Sympathien. Am 7. Juni 1979 eroberte er bei den *Europawahlen* erstmals ein Mandat im Europäischen Parlament und schlug seine unionistischen Konkurrenten John Taylor und Harry West vernichtend. Paisley erhielt 29,8 % der Stimmen, das waren 170.688 der »first-preference-votes«. Taylor bekam magere 11,9% (= 68.185 »first preference votes«) und West musste sich gar mit 10% (= 56.984 »first-preference-votes«) begnügen.[20] Taylor und West hatten sich – wenn auch halbherzig – für die pro-Europa-Linie der Britischen Regierung entschieden und vom Wähler die Quittung erhalten. West zog aus der Niederlage die Konsequenzen und trat am 2. Juli 1979 als Vorsitzender der UUP zurück. Sein Nachfolger wurde *James Molyneaux (geb. 1920)*, Molyneaux war Pragmatiker und kein Mann der lauten Propaganda. Er sorgte sich um gute Beziehungen zu London und obwohl er die Tories nicht mochte, gelang es ihm, in Westminster geräuschlos und erfolgreich hinter den Kulissen für die unionistischen Interessen zu arbeiten.[21] Paisley hatte auch bei den folgenden Europawahlen die Nase vorn, weil es ihm stets gelang, die euro-skeptische Positionen in weiten Teilen der unionistischen Wählerschaft mit seinem unverrückbaren »No surrender« Programm zu verbinden. Er wetterte gegen ein »föderalistisches Europa« und zuviel römisch-katholischen Einfluss in Brüssel, schürte erfolgreich Ängste vor dem »Moloch Europa« und

---

20 Paisley lag auch vor John Hume, der 24,6% (= 140,622 »first preference votes«) verbuchen konnte. ELLIOTT & FLACKES, Conflict in Northern Ireland, S. 549.
21 Siehe zu Molyneaux: Modern Irish Lives, S. 213 f.

spielte unverblümt die patriotische Karte. Die unionistischen Wähler votierten für Paisley, weil sie ihn auf der europäischen Bühne als Garant für die Bewahrung der Union und populistisches Gegengewicht zur pragmatischen UUP sehen wollten. Er hielt den Sitz im Europaparlament bis 2004 mit stabilen Wahlergebnissen und verwies die UUP stets auf den zweiten Platz. 2004 kandidierte Jim Allister für die DUP und setzte den Erfolgskurs Paisleys eindrucksvoll fort. Die UUP verlor bei den Europawahlen stetig an Stimmen und landete 2004 schließlich nur noch bei 16,9% (siehe weiter unten).

Die kleineren unionistischen Parteien hatten ihre große Zeit in den Jahren der »Assembly« 1973 bis zur »Convention« 1975, wo sie, eingebunden in die Anti-Sunningdale-Kampffront, relativ gut abschnitten, abzulesen an den Stimmenanteilen für »Other« von 1973-1975. Danach gerieten sie in die Krise, sinnfällig demonstriert durch den Niedergang von Craigs Vanguard Bewegung und die weitere Aufsplitterung am rechten Rand des Unionismus. 1977/78 entstand aus einer Initiative von unabhängigen Unionisten, ehemaligen Mitgliedern der NILP und loyalistischen Ex-UVF und Red Hand Commando Häftlingen die *»Progressive Unionist Party« (PUP)*. Sie definierte sich als »demokratisch-sozialistische« Partei und Sprachrohr der loyalistischen Arbeiterklasse, die nach Auffassung der Parteigründer in den großen unionistischen Parteien keine ausreichende Vertretung fand. Hier hat sie bis heute ihre Stammklientel. Die Partei bekannte sich zu Gewaltfreiheit und pluralistischer Demokratie und befürwortete einen »konstruktiven Dialog« zwischen Unionisten und Nationalisten. Seit Anfang der neunziger Jahre unterstützte sie aktiv den Friedensprozess. Vor allem kümmerte sie sich um loyalistische Ex-Häftlinge und nahm an einer Reihe von zivilgesellschaftlichen Dialog- und Versöhnungsprojekten teil. Parteichef *David Ervine, Bill Hutchinson* und der 1984 aus dem Gefängnis entlassene UVF-Mann *Gusty Spence* sind die herausragenden politischen Köpfe der PUP. Sie halfen mit, dass die loyalistischen Paramilitärs 1994 dem Waffenstillstand der IRA folgten und die UVF orientierten Häftlinge, dem »Good Friday Agreement« 1998 zustimmten.[22] Im Juni 1981 wurde auf Initiative der UDA die *»Ulster (Loyalist) Democratic Party« (UDP)* gegründet, die, ähnlich wie PUP, ihre politische Heimat in der loyalistischen Arbeiterschaft hatte. UDA Sprecher John McMichael, einer der ersten politischen Aktivisten, war überzeugt davon, dass aus den paramilitärischen Kreisen heraus auch konstruktive Politik gemacht werden konnte. 1978 erarbeitete eine Studiengruppe, die *»New Ulster Political Research Group«* (NUPRG) aus dem Umkreis der UDA, ein erstaunliches Grundsatzpapier (*»Beyond the Religious Divide«*). Es postulierte die *Unabhängigkeit Nordirlands* als Ergebnis politischer Verhandlungen zwischen den communities: *»Negotiated independence is the only hope of achieving a united*

---

22 Vgl. ELLIOTT & FLACKES, Conflict in Northern Ireland, S. 399 ff. und die Website der PUP. http://www.pup.org

Northern Ireland.«[23] Autor Glen Barr, der alerte Führer des UWC Streiks von 1974 und seine Co-Autoren, zogen landauf landab durch Nordirland, um ihr Unabhängigkeitskonzept zu erläutern. Sie reisten sogar in die USA, wo sie von einer Reihe von US-Politikern empfangen wurden. Dass es gerade »Loyalisten« waren, die die Unabhängigkeits-Option diskutierten, mag verwundern, muss aber aus den konkreten historischen Erfahrungen der loyalistischen Gruppen erklärt werden. Sie trauten Großbritannien nicht, obwohl sie stets und ständig ihre »Loyalität« für Queen & Country versicherten. Es war dies jene »bedingte« Loyalität, wie sie uns schon in der zweiten Hälfte des 19. Jahrhunderts bei den Unionisten begegnet ist. War man sich Großbritanniens Unterstützung nicht mehr sicher, dann gab es nur eine Option: *Ulster first!* Unabhängigkeit schien eine Chance zu sein, sich von den Schwankungen und Wendungen britischer Politik fernhalten zu können. Auch speiste sich das Unabhängigkeitsdenken der Loyalisten aus der Konfrontation mit dem »mainstream« Unionismus und den politischen Führern der DUP. Loyalisten sahen sich als Opfer der unionistischen Politiker. Sie seien von diesen manipuliert und instrumentalisiert worden, wie z.B. bei den beiden Streikaktionen 1974 und 1977, ohne dass deren Politik unmittelbaren Nutzen für die Menschen in Ulster gebracht hätte. Die Unionisten, so die These, würden bei Wiederherstellung einer Regionalregierung doch nur abhängig von London sein und gezwungen werden, die politischen Ziele Westminsters umzusetzen – zum Nachteil der loyalen Bürgerinnen und Bürger in Ulster. Nordirland müsse sich daher als unabhängige Einheit selbst regieren. Die blutigen Auseinandersetzungen der protestantischen Paramilitärs mit der IRA und die »Unfähigkeit« der einst herrschenden Unionisten und der Britischen Regierung, die IRA zu besiegen, hätten deutlich gemacht, dass ein *politischer Ausgleich* mit dem nationalistischen-republikanischem Lager gesucht werden müsse, anderenfalls der Bürgerkrieg ad infinitum weitergehen würde. Dies müsse unweigerlich zur völligen Zerstörung Ulsters führen. Die Unabhängigkeit Nordirlands mit einer Regionalregierung, in der beide communities ihre jeweiligen Traditionen einbringen könnten, sei eine ernsthafte Option, denn ob Loyalist oder Nationalist – beide seien »Ulstermen« mit einer gemeinsamen »nationalen Identität«. Diese Ideen waren sogar Gegenstand unverbindlicher Gespräche zwischen Gerry Adams und John McKeague, dem legendären Chef der »Shankill Defense Association« und Herausgeber der »Loyalist News.«[24] Die UDP wandte sich später von dem Unabhängigkeitskurs ab und trat für ein nordirisches Regionalparlament und eine Regionalregierung ein. Ihre politischen Vorstellungen fanden ihren Niederschlag in einem 1987 veröffentlichten »policy paper« (»*Common Sense*«), verfasst von der »*Ulster Political Research Group*« (UPRG). Das Papier war deshalb so bemerkenswert, weil es zum einen aus Kreisen stammte, die gemeinhin als

---

23 NEW ULSTER POLITICAL RESEARCH GROUP, Beyond the Religious Divide. Belfast, 1978. S. 3.
24 Adams erinnert sich an die Gespräche als »friendly and informal.« ADAMS, Before the Dawn, S. 257.

hirnlose Killer aus der Arbeiterklasse abgetan wurden und zum anderen im Gegensatz zur unionistischen Defensiv- und Destruktionspolitik eine vernünftige und akzeptable Alternative zum AIA zu formulieren versuchte. »Common Sense« war ein reflektiertes Papier, es argumentierte in der Linie einer Theorie pluralistischer Gesellschaften. Die Autoren, in deren Kreis UDA Aktivist John McMichael wieder eine wesentliche Rolle spielte, verwarfen das AIA wegen der »Irischen Dimension«. Die Union müsse in jedem Falle erhalten und eine Mitwirkung der Irischen Regierung abgewehrt werden. Hier waren sie mit den Unionisten einig. Aber die Frontstellung der communities dürfe nicht andauern. Die protestantische Belagerungsmentalität (»*Uster Loyalists live in a state of eternal siege*«) und die katholische Furcht vor protestantischer Dominanz verhindere jeden politischen Fortschritt. Diese Blockade müsse überwunden werden: Moderne Staaten seien heute pluralistische Staaten, Mehrheitsherrschaft sei nur demokratisch, wenn es Verfahren und Regelungen zum Machtwechsel und einen breiten Konsens gebe. Die UPRG befürwortete eine (schriftliche) Verfassung für Nordirland und die Verabschiedung einer »Bill of Rights« und sprach sich eindeutig für eine Partizipation der Nationalisten an der Exekutive einer künftigen nordirischen Regierung aus.[25] Genau diese Forderung war der »casus belli« für die DUP und folgerichtig verwarf Paisley das Papier mit scharfer Rhetorik, sekundiert von James Molyneaux. Dennoch blieb es nicht wirkungslos und beeinflusste das politische Denken jüngerer Loyalisten, wie z.B. dem UDP Parteichef *Gary McMichael*.[26] Die UDA erklärte 1989 öffentlich, sie habe sich von den Paramilitärs der UDA getrennt, berate aber die UDA politisch, wenn sie dazu aufgefordert werde. Auch sie unterstützte aktiv den Friedensprozess und wirkte auf die loyalistischen Häftlinge ein, ihre Zustimmung zu den »peace talks« in den neunziger Jahren und schließlich dem »Good Friday Agreement« 1998 zu geben.

Im unionistischen Lager zeichneten sich Ende der siebziger Jahre *zwei politische Grundströmungen* ab, die bis weit in die neunziger Jahre die politische Ideenwelt der Unionisten bestimmt haben. Sie unterschieden sich in der Frage, wie Nordirland regiert und welche Beziehungen zum Mutterland entwickelt werden sollten: »*Devolutionisten*« und »*Integrationisten*.«[27] »*Devolutionisten*« erstrebten eine eigene, mit weitgehenden Rechten ausgestattete, Regionalregierung. Sie standen in der Tradition jener Unionisten, für die »Ulsterness« eine wichtige Komponente der eigenen Identität innerhalb der größeren Identitätszusammenhanges von »Britishness« war. »*Integrationisten*« plädierten für umfassende, d.h. politische, rechtliche

---

25 ULSTER POLITICAL RESEARCH GROUP, Common Sense. Northern Ireland – An Agreed Process. Belfast, 1987.
26 Gary McMichael ist der Sohn John McMichaels, den die IRA 1987 ermordete. Er übernahm nach der Ermordung des Parteivorsitzenden Raymond Smallwoods 1994 den Parteivorsitz. STEVE BRUCE, The Edge of the Union. The Ulster Loyalist Political Vision. Oxford, 1994. S. 104 ff.
27 McGARRY/BRENDAN O'LEARY, Explaining Northern Ireland, S. 93 ff.

und adminstrative Integration Nordirlands in den Verbund des United Kingdoms. In dieser Strömung spiegelten sich vor allem die Erfahrungen engerer materieller, sozialer und kultureller Beziehungen zum »Mutterland« seit dem Beginn von »Direct Rule« 1972. Hinzu kam eine kleine Gruppe, die eine politische Unabhängigkeit Nordirlands befürwortete, die *»Independisten«*, u.a. zeitweilig vertreten von *Enoch Powell (1912-1998)*, dem legendären konservativen Rassisten, der seit 1974 der UUP angehörte und bis 1987 den Wahlkreis South Down hielt. Auch James Molyneaux sympathisierte gelegentlich mit der Unabhängigkeits-Option.

Das Anglo-Irische Abkommen 1985 war für die Unionisten ein tiefer Einschnitt. Es markierte den Beginn eines langandauernden unionistischen Entfremdungsprozesses von der Britischen Regierung, der erst im Laufe der neunziger Jahre durch eine pragmatischere Haltung abgeschwächt wurde. Etwas über ein Jahr nach ihren heftigen Protesten gegen das Anglo-Irische Abkommen, zeichnete sich im unionistischen Lager Ernüchterung ab. Im Prinzip gab es vier politische Optionen für die Unionisten:[28]

1. *Kompromisslose Opposition* und Blockade.
2. *Interne Lösung*, d.h. Rückkehr zu einer Regionalregierung (»devolved government«) unter Beteiligung der Nationalisten.
3. Vollständige *Integration* in das United Kingdom.
4. *Unabhängigkeit Ulsters*.

Alle vier Optionen waren nicht neu und aus verschiedenen Gründen mit hohen Risiken behaftet. Eine *Fortsetzung der kompromisslosen Opposition* konnte nur eine kurzfristige Protestmaßnahme sein, die politische, wirtschaftliche und finanzielle Abhängigkeit der Provinz von London war zu groß. Man konnte nicht in Daueropposition gegen die Britische Regierung und das nationalistische Lager verharren. Die Attitüde der Verweigerung verärgerte die Britische Regierung und langweilte die englische Öffentlichkeit. DUP Funktionär Jim Wells, der sich um die Popularisierung der »Anti-Agreement Kampagne« im »Mutterland« gekümmert hatte, musste zu seiner großen Überraschung feststellen, dass das englische Publikum Unionismus für »Schwachsinn in fortgeschrittenem Stadium« hielt. Auch die stets beschworene Einheit der Unionisten, die sich bei vermeintlicher Gefahrenabwehr immer bewährt hatte, war durch innerparteiliche Machtkämpfe und politischer Gegnerschaft von UUP und DUP gefährdet.[29] Optionen 3 und 4 bargen die Gefahr einer weiteren Spaltung und Schwächung der Unionisten.

Die *»Devolutionisten«* behaupteten die unabdingbare Notwendigkeit einer regionalen Regierung oder, wie es in einem Programmdokument der aktiven Devolutionisten von der »*Charter Group*« hieß, *»regionale Autonomie«*. Unionismus wurde geradezu als die Idee regionaler Autonomie definiert. In einem »New Northern Ireland«, mit einer Verfassung, die beide Traditionen berücksichtige, könn-

---

28 O'LEARY/McGARRY, The Politics of Antagonism, S. 254.
29 COCHRANE, Unionist Politics, S. 222 f.

ten Unionisten und Nationalisten ihren Platz finden. Die Betonung regionaler Autonomie (u.a. mit einer eigenen Fahne und Hymne für Nordirland!) ging über das hinaus, was die Mehrheit der Unionisten zu akzeptieren bereit war. Die Treue zur Union, so die Mehrheitsmeinung, könne durch derartige »autonomistische« Experimente Schaden nehmen. »Devolutionisten« waren bereit, mit den Nationalisten zusammenzuarbeiten, insofern diese für eine regionale Regierung eintraten und gegen die Gewalt der IRA zu kämpfen bereit waren. Die »Charter Group« verstärkte ihren öffentlichen Druck auf die Unionisten im Laufe des Jahres 1988, indem sie zwei Initiativen für eine Regionalregierung begründete, die *»Campaign for a Regional Parliament« (CRP)*, bzw. die *»Campaign for a Devolved Parliament« (CDP)*.«[30]

Die *»Integrationisten«* fanden in Rechtsanwalt *Robert McCartney*, der eine lautstarke Kampagne für Integration entfachte (*»Campaign for Equal Citizenship, CEC*) einen kompetenten und eloquenten Vertreter.[31] Das Ziel der CEC lautete schlicht, dass alle Menschen in Nordirland das Recht haben sollten, »ihre« Regierung zu wählen, d.h. die in London. Im Klartext war das die Aufforderung an die britischen Parteien, sich in Nordirland zur Wahl zu stellen. Eine Reihe von Aktivisten der CEC kam aus der Bürgerrechtsbewegung der sechziger Jahre (»British rights for British citizens«) und sie hatten erst unionistische Positionen übernommen, nachdem die katholischen Bürgerrechtler die »Civil Rights Linie« zugunsten irisch-nationalistischer Orientierungen verlassen hatten. McCartney lehnte das AIA als vermeintlichen Weg in die Einheit Irlands entschieden ab. Er vertrat energisch den Standpunkt, dass es die wichtigste Funktion der Union sei, allen Bürgerinnen und Bürgern in Nordirland die Teilhabe an der liberalen und pluralistischen britischen Demokratie zu ermöglichen. McCartney betonte die Staatsbürgerschaft (»citizenship«) als den entscheidenden Status, der die Inanspruchnahme von Rechten und politische Teilhabe im United Kingdom garantiere. Dies sei aber nur durch eine vollständige Integration Nordirlands in das politische System Großbritanniens zu erreichen. Konsequent forderte er die Übertragung des britischen Parteiensystems auf Nordirland, weil nur die Konkurrenz von Parteien, die das Staatsganze im Auge hätten, »good government« befördern könne. McCartney wurde 1987 aus der UUP ausgeschlossen, weil er, entgegen den Absprachen, gegen den unionistischen Kandidaten in North Down, James Kilfedder, angetreten war. In einer Nachwahl am 15. Juni 1995 gewann McCartney schließlich den Sitz mit einer neugegründeten Partei, der *»United Kingdom Ulster Unionist Party« (UKUP)*. Er behauptete seinen Sitz auch in der »Assembly« von 1998. Die Partei ist seitdem

---

30 Zur »Charter Group« gehörten bekannte Unionisten, wie z. B. der frühere Vorsitzende der UUP, Harry West. Siehe die Dokumente der Gruppe »A Charter for Progress in Northern Ireland« (5. März 1986, bzw. neue Version Oktober 1986) und »A Tradition We Must Remain« vom Januar 1987. AUGHEY, Under Siege, S. 119 ff.

31 ELLIOTT & FLACKES, Conflict in Northern Ireland, S. 199 und 325 f. AUGHEY, Under Siege, S. 146 ff.

praktisch ein Robert McCartney Alleinunternehmen.³² McCartney's integrionistische Argumentation war demokratietheoretisch interessant und politisch durchaus legitim, aber bei den britischen Parteien gab es wenig Neigung, sich auch nur auf das Abenteuer eines »*electoral integrationism*«, einzulassen, d.h. ihre Ausweitung auf nordirische Wahlkreise. Sie wollten sich nicht mit dem nordirischen Konflikt und den tiefen »sektiererischen« Interessengegensätzen infizieren. Das Thema Nordirland war alles andere als ein Wahlkampfschlager! Nur die Konservativen versuchten den Einstieg in Nordirland – ohne Erfolg. Labour hatte von vornherein abgewinkt.

Die UUP versuchte mit einem »Minimal-Programm« zwischen »Devolutionisten« und »Integrationisten« ihre Linie zu finden.³³ UUP und DUP vereinbarten am 23. Februar 1987 die Einrichtung einer Arbeitsgruppe zur Diskussion einer gemeinsamen Strategie und Erarbeitung einer konstruktiven Alternative zum AIA. Während die »*Task Force*« genannte Gruppe an die Arbeit ging, verabredeten UUP und DUP für die Unterhauswahlen am 11. Juni 1987 ein einheitliches Auftreten mit nur einem Kandidaten pro Wahlkreis. Die Wahlen sollten zu einem Referendum gegen das AIA werden und die unionistische Einheit unterstreichen. Das Ergebnis war allerdings enttäuschend, denn die vereinigte unionistische Front büßte rd. 50.000 Stimmen gegenüber 1983 ein, was aber sicherlich kein Zeichen für eine verstärkte Akzeptanz des AIA in der eigenen Klientel war, sondern eher die Frustration der unionistischen Wählerschaft mit der Konzeptionslosigkeit der beiden großen unionistischen Parteien ausdrückte. Die Prügel bekam allerdings nur die DUP ab, die von 20% im Jahre 1983 jetzt auf 11,7% zurückfiel.³⁴

Am 2. Juli 1987 veröffentlichte die »Task Force« ein Grundsatzpapier mit dem Titel »*An End to Drift*«, damit andeutend, dass nun die Zeit größerer programmatischer Klarheit für die Unionisten gekommen sei. Das Grundsatzpapier war indes enttäuschend, denn außer dem Bekenntnis zu einer Regionalregierung (»devolved government«), der Abwehr von »Integrationismus« und der Forderung nach einer »Unionist Convention« enthielt es wenig Aufregendes. Es wurde ferner gefordert, dass sich die Parteiführer, James Molyneaux und Ian Paisley, in einem gemeinsamen Gremium (»panel«) für künftige Diskussionen mit der Britischen Regierung absprechen sollten. Welche Beziehungen Unionisten in einer Regionalregierung zu den Nationalisten unterhalten wollten, blieb in blumiger Sprache offen, weil sich die »Task Force« um eine klare Position in der Frage der Machtteilung drückte. Dass diese Frage aber eine Rolle spielen müsste, anerkannten auch die Autoren des

---

32 ROBERT McCARTNEY, Reflections on Liberty, Democracy and the Union. Belfast, 2003.
33 BEW/GIBBON/PATTERSON, Northern Ireland 1921-1994, S. 218, beschreiben die unionistische Haltung als »strategic minimalism.«
34 COCHRANE, Unionist Politics, S. 174 ff.

Papieres (»*no matter could or should precluded from any negotiations*«).³⁵ Es war ihnen und den Parteiführern auch klar, dass es neue Gespräche mit der Britischen Regierung über die Lage nach dem AIA geben müsse. Nur so konnten die Unionisten hoffen, ggf. eine Revision des AIA in ihrem Sinne erreichen zu können. Am 14. Juli 1987 trafen sich Molyneaux und Paisley in London mit dem Chef der Verwaltung Nordirlands, Kenneth Bloomfield, um auszuloten, welche Gesprächs- und Verhandlungsmöglichkeiten es überhaupt gab. Es folgten weitere Gespräche, u.a. mit Nordirlandminister Tom King im Januar und April 1988, die um eine Selbstverwaltung Nordirlands (keine Regionalregierung) mit einem System von Ausschüssen kreisten (»Talks about Talks«). Im Laufe der Jahre 1988/89 mussten die Unionisten unmissverständlich erkennen, dass die Britische Regierung keine substantiellen Gespräche, geschweige denn Verhandlungen über eine neue Regierungs- und Verwaltungsstruktur Nordirlands, ohne die SDLP und die Irische Regierung führen würden. Sollte eine neue Vereinbarung das Anglo-Irische Abkommen ersetzen, wie es die Unionisten forderten, so mussten sie gleichzeitig wissen, dass der SDLP und der Irischen Regierung dabei eine tragende Rolle zugedacht war. Es blieb demnach die Alternative, entweder im Schmollwinkel zu verharren und in ermüdender Wiederholung eine Regionalregierung (mit mehr oder weniger ausgeprägten Minderheitsrechten für die Nationalisten) zu fordern oder sich in substantielle Gespräche mit der SDLP und den anderen Parteien einzulassen. Die Ernennung eines neuen Nordirlandministers schien Bewegung in die verhärteten Fronten zu bringen.

1.3. Die Brooke/Mayhew Initiative und die Allparteien-Gespräche 1991/92

Am 24. Juli 1989 wurde *Peter Brooke* (geb. 1934) zum Nordirlandminister ernannt. Er hatte einen irischen Familienhintergrund, der allerdings in nationalistischen Kreisen eher Misstrauen auslöste: Sein Vater, Henry Brooke, stammte von dem Rantaven-Zweig der Brookes ab, die mit den Brookes von Colebrooke, County Fermanagh, in Verbindung standen. Aus dem Fermanagh Zweig stammte der legendäre nordirische Premierminister Sir Basil Brooke (Lord Brookeborough), der bis 1940 regiert hatte und als hartnäckiger Verteidiger der autoritären unionistischen Dominanzpolitik in die Geschichte eingegangen ist. Peter Brooke, von 1987 bis 1989 Vorsitzender der Konservativen Partei, hatte schon immer ein besonderes Interesse an Nordirland gehabt.³⁶ Er erklärte, dass eine militärische Niederlage der

---

35 The Task Force Report. An End To Drift. An Abridged Version of the Report presented to Mr. Molyneaux & Dr. Paisley, 16ᵗʰ June, 1987. S. 7. AUGHEY, Under Siege, S. 176 ff. COCHRANE, Unionist Politics, S. 224 ff.
36 Siehe zu Brooke ELLIOTT & FLACKES, Conflict in Northern Ireland, S. 189 f. MALLIE/McKITTRICK, Fight for Peace, S. 97 ff.

IRA schwer vorstellbar sei und lockte die Provos mit der Ankündigung von »*imaginative steps*« der Britischen Regierung, sollten sich die Provos zu einem Waffenstillstand entschließen. Er folgte dem alten chinesischen Grundsatz, dass man seinem Gegner stets einen ehrenvollen Rückzug ermöglichen solle. In einer aufsehenerregenden Rede am 9. November 1990 im Londoner Whitbread Restaurant erklärte er, die Britische Regierung habe »*no selfish strategy or economic interest in Northern Ireland*«. Ihre Rolle sei es dagegen »*to help, enable and encourage. Britain's purpose...is not to occupy, oppress or exploit, but to ensure democratic debate and free democratic choice.*«[37] Dies war keine völlig neue britische Positionierung, denn in ähnlicher Form hatten es die Briten schon seit Mitte der siebziger Jahre ausgedrückt, zuletzt im AIA. Dass er es aber so ostentativ öffentlich sagte (John Hume hatte ihm dazu geraten), war auf Sinn Féin gezielt und sollte den Denkprozess innerhalb der Führungselite der Partei durchaus befördern. Als Zeichen guten Willens erklärte die IRA über Weihnachten 1990 eine dreitägige Waffenruhe. Brooke bemühte sich während des gesamten Jahres 1990 einen Rahmen für Gespräche zwischen den Parteien und den Regierungen Großbritanniens und Irlands zustande zu bringen.[38] Die Formel, die Brooke mit den Verhandlungspartnern nach langem Ringen vereinbaren konnte, war die Gliederung der Gespräche in *drei Abteilungen* (»strands«): In »*Strand 1*« sollte die Verfassung Nordirlands erörtert werden, in »*Strand 2*« das Verhältnis zwischen Nordirland und der Republik Irland und in »*Strand 3*« das Verhältnis von Britischer und Irischer Regierung. Die »*Strand 1 bis Strand 3*« Formel, bildete den Rahmen für alle künftigen Gespräche und Verhandlungen bis zum GFA. Dass die Unionisten die Formel schließlich akzeptierten, war bemerkenswert, denn ihr Widerstand gegen das AIA hatte erneut unterstrichen, wie sehr sie sich gegen jede Mitsprache der Irischen Republik in Angelegenheiten Nordirlands sträubten. Die »Inter-Party-Gespräche« begannen am 30. April 1991, stockten aber bereits wenig später im Streit über prozedurale Fragen. Brooke verband mit den Gesprächen die Hoffnung, zu einem breiten Konsens über die zukünftige Regierung Nordirlands zu gelangen, der über das AIA hinaus ging und auch die Zustimmung der Unionisten finden könnte. Ihm war es nicht vergönnt, Ergebnisse vorweisen zu können, denn die erste Runde der Gespräche endete in der Sache ergebnislos bereits am 3. Juli 1991 und alle weiteren Versuche Brookes, die Gespräche wiederzubeleben waren vergeblich.

Am 11. April 1992 wurde Brooke von *Patrick Mayhew* (geb. 1929) abgelöst. Mayhew hatte, wie Brooke, einen irischen Familienhintergrund (seine Mutter war eine geborene Roche, der Familienname der Lords von Fermoy). Mehrere Jahre hatte er als Generalstaatsanwalt in Nordirland gearbeitet, wobei seine Entscheidungen oft auf heftigen Widerstand und Protest der Irischen Regierung und des

---

37 zit.n. MALLIE/McKITTRICK, Fight for Peace, S. 107.
38 Siehe zu den Details die Chronologie in http://cain.ulst.ac.uk/events/bmtalks/chron.htm und die Kurzanalyse in http://cain.ulst.ac.uk/events/bmtalks/sum.htm

nationalistischen Lagers gestoßen waren. Doch er begann, ungeachtet des ihm entgegengebrachten Misstrauens, mit großer Energie, die Parteiengespräche wiederzubeleben und eröffnete eine neue Runde, die am 29. April 1992, einige Wochen nach den Wahlen zum House of Commons, begann. Die SDLP legte in »Strand 1« den interessanten Vorschlag einer vorsichtigen *Internationalisierung des Nordirlandkonfliktes* vor. Eine sechsköpfige Kommission sollte Nordirland regieren. Jeder »Kommissar« sei zugleich Chef eines Ministeriums (gedacht war an sechs Ministerien) und regele mit seinen Kollegen eine Reihe von Gemeinschaftsangelegenheiten, wie z.B. Sicherheit, Justiz, Menschenrechts- u. Bürgerrechtsfragen und Finanzen. Drei der »commissioners« sollten von der Britischen Regierung, der Irischen Regierung und der EU ernannt werden, drei auf Basis des Verhältniswahlrechtes von der Bevölkerung. Das war ein honoriger, gleichwohl illusionärer Plan, denn abgesehen von dem Widerstand der Unionisten zeigte auch die EU kein gesteigertes Interesse, sich mit dem Krisengebiet Nordirland zu beschäftigen. Subventionen zur Stärkung der nordirischen Wirtschaft und des Arbeitsmarkts waren erheblich risikoärmer als eine politische Beteiligung an der Regierung Nordirlands. EU-Kommissar Jacques Delors winkte auch gleich ab.[39] Die Unionisten schlugen eine »Bill of Rights« vor und waren bereit, den Nationalisten eine *»meaningful role«* in der Verwaltung Nordirlands einzuräumen, hielten aber an ihrer Strategie fest, den Einfluss der Republik Irland so gering wie möglich zu halten. Sie forderten energisch die Rücknahme des Territorialanspruches in Art. 2 und 3 der Irischen Verfassung und regten die Einrichtung eines Nord-Süd »Inter-Irish Relations Committee« an. Dieses Gremium war ausdrücklich *nicht* als Organ mit exekutiven Funktionen für ganz Irland (wie z.B. das Konzept eines »Council of Ireland« in den siebziger Jahren) gedacht, sondern sollte sich lediglich der Regelung praktischer Fragen von gemeinsamen Interessen widmen. Daneben könne ein »Council of the British Isles« Fragen von Irland übergreifendem Interesse diskutieren. Die Gespräche endeten ohne Ergebnis am 10. November 1992. Erneut war es den konstitutionellen Parteien, trotz guten Willens auf beiden Seiten, nicht gelungen, ihre Interessengegensätze zu überbrücken, dennoch hatten die Gespräche einen gewichtigen Beitrag zum Friedensprozess geleistet, weil die Britische Regierung die politischen Parteien Nordirlands wieder in den Gesprächs- und Verhandlungsprozess mit einbezog; dies galt insbesondere für die Unionisten, die Schritt für Schritt aus ihrer Blockadehaltung nach dem AIA herauskamen und sich in der Folgezeit als durchaus konstruktive Mit-Architekten des Friedensprozessen erweisen sollten. Schließlich war mit Brooks »Strand 1 bis 3« Formel ein wichtiger Verhandlungsrahmen geschaffen worden.[40]

---

39 MURRAY, John Hume and the SDLP, S. 191.
40 Knappe Zusammenfassung der Gespräche und den Positionen der Parteien bei FARREN/MULVIHILL, Paths To A Settlement, S. 147 ff.

1.4. Die »Joint Declaration« 1991-1993 im Schatten der Gewalt

Am 27. November 1990 gewann John Major, Finanzminister in der Regierung Thatcher, eine Kampfabstimmung um den Parteivorsitz gegen die »Eiserne Lady«. Nach elf Jahren im Amt wurde sie von dem jüngeren, gut aussehenden, ungewöhnlich tüchtigen Major abgelöst. Thatcher hatte sich schrittweise von ihrer Partei entfremdet, ja sie war aus verschiedenen Gründen (u.a. »Kopfsteuer« und starre Haltung zur EU) zur Belastung der Konservativen geworden. Die Aussichten, mit ihr die nächsten Wahlen zu gewinnen, waren düster. John Major kam aus kleinbürgerlichen, ärmlichen Verhältnissen und hatte sich mit enormem Fleiß bis in die Spitzen der britischen Politik hinaufgearbeitet. Er trat sein Amt mit dem festen Willen an, sich dem Nordirlandkonflikt in besonderer Weise zu widmen. Major erinnert sich: »*The hatreds and feuds of Northern Ireland forced their way into the forefront of my mind. It seemed to me our nation had become so weary of this everpresent scar that people were now willing to accept that nothing could be done. I was not. I believed in the politics of reason, and was intent on working for a settlement that would end the violence, and – unless the people of the Province chose to leave it – keep Northern Ireland within the United Kingdom.*«[41] Major wollte den Frieden, aber nicht ohne Bedingungen und vor allem nicht ohne die Zustimmung der Mehrheit der nordirischen Bevölkerung. Es musste eine faire Balance zwischen unionistischen und nationalistischen Interessen geben. Dazu brauchte er eine stabile parlamentarische Mehrheit, die er auch bekam. Bei den Wahlen zum House of Commons am 9. April 1992 lagen die Konservativen mit ihrem Spitzenkandidat Major zur Überraschung vieler Beobachter trotz leichter Stimmeneinbußen vorn (41,9% und 336 Sitze). Die Labour Party hatte ihren Stimmenanteil zwar von 30,8 % (= 229 Sitze) im Jahre 1987 auf 34,4% (= 271 Sitze) steigern können, aber ihr Spitzenkandidat Neil Kinnock hatte es dennoch nicht geschafft. In Nordirland hatten die Konservativen, die erstmals als eigenständige Partei angetreten waren, dagegen keinen Erfolg. Ihre 11 Kandidaten erreichten nur einen Stimmenanteil von kläglichen 44.608 (= 5,7%). Die UUP blieb trotz weiterer Verluste gegenüber 1987 vorn (271.049 Stimmen = 34,5%) und kam mit 9 Abgeordneten ins House of Commons. Sie sollten im Laufe der Legislaturperiode noch eine wichtige Rolle spielen. Die DUP steigerte sich auf 13,1% und zog mit drei Abgeordneten ins Unterhaus ein. Die eigentliche Überraschung gab es im nationalistischen Lager: Die SDLP konnte sich gegenüber 1987 deutlich steigern und kam auf 184.445 Stimmen (= 23,5%), Sinn Féin rutschte von 11,4% in 1987 auf 10.0% ab. Besonders schmerzlich war der Verlust des von Gerry Adams sicher geglaubten Wahlkreis West Belfast. Er verlor seinen Sitz gegen John Hendron von der SDLP mit 41,2% zu 43,6%, nicht zuletzt aufgrund des taktischen Wahlverhaltens von 3500 protestantischen Wählern aus der Shankill, die Hendron gewählt hatten. Die

---

41 MAJOR, Autobiography, S. 203.

SDLP hatte sich als führende Partei im nationalistischen Lager behauptet. Für die Britische Regierung war das eine Beruhigung, denn mit der SDLP war ein verlässlicher Verhandlungspartner gewonnen.

Major besuchte Nordirland wiederholt, stützte die Brooke/Mayhew Initiative und autorisierte parallel dazu *geheime Kontakte* zu Sinn Féin und der IRA. Noch während der »secret war« in vollem Gange war und zwischen den Briten und der IRA offiziell keine Kontakte bestanden, entwickelten sich die ersten zarten Beziehungen zwischen Gerry Adams und der Britischen Regierung. Darüber wusste die Öffentlichkeit bis ins Jahr 2000 nichts. Bis dahin wurde angenommen, dass Peter Brooke einen bestehenden geheimen Kontakt (»the link«, »the contact«, »back channel«) 1990 reaktiviert hatte.[42] Doch im Jahr 2000 bestätigten Nordirlandminister Tom King und sein Nachfolger Peter Brooke in Interviews mit dem Journalisten Ed Moloney, dass es spätestens seit 1986 geheime Kontakte zwischen Gerry Adams und der Britischen Regierung gegeben habe, die von dem Redemptoristen Pater *Alec Reid* vermittelt worden seien. Reid, der eine besondere Beziehung zu Gerry Adams aufgebaut hatte und dem Adams vertraute, sorgte mit Umsicht und notwendiger Diskretion dafür, dass selbst in schwierigen Zeiten ein verborgener Gesprächsfaden nicht abriss.[43] Adams geheime Gespräche mit den Briten blieben selbst dem IRA Armeerat verborgen. Auf der anderen Seite hatte Margaret Thatcher den Kontakt ausdrücklich genehmigt. Auftakt zu einer ernsthaften Kommunikation war ein Brief, den Adams 1986 über Reid an Nordirland-Minister King schickte und der sechs Fragen enthielt. Die Fragen zielten darauf, festzustellen, welches Interesse die Britische Regierung an Irland habe, ob sie bereit wäre, das Selbstbestimmungsrecht der Iren anzuerkennen und die Unionisten zur Anerkennung des Selbstbestimmungsrechts zu »überreden«. Ferner, ob die Regierung bereit wäre, wenn ein Dialog über die Zukunft Irlands in Gang gekommen sei, *öffentlich die Absicht zum Rückzug zu bekunden und einen Termin zu nennen.* Diese Fragen waren genauso wenig neu wie die dahinter stehende Ursachenanalyse des Nordirlandkonfliktes, für den die republikanische Bewegung seit der Teilung Irlands 1921 die Briten verantwortlich machte. Die Briten hatten die aufgeworfenen Fragen durch das Anglo-Irische Abkommen wenigstens teilweise beantwortet. Adams erhielt einen geheimen Antwortbrief, den der Journalist Ed Moloney im Jahre 2002 zum ersten Mal veröffentlichte. Moloney erklärte, er wisse nicht, wer den Brief geschrieben habe. Er enthalte die »Blaupause«, die politischen Grundprinzipien für den Friedensprozess. Die Briten

- wiesen die Behauptung zurück, Großbritannien habe ein »*colonial self-interest*« an Irland und dies sei als Ursache des Konfliktes zu betrachten,
- behaupteten dagegen, dass die Britische Regierung »*no political, military, strategic or economic interest in staying in Ireland*« habe,

---

42 Das behauptete auch noch Major in seiner Autobiography, S. 436.
43 MOLONEY, Secret History, S. 246 ff. COOGAN, Troubles, S. 388 ff.

- stellten fest, dass die eigentlichen Ursachen des Konfliktes die »*political, religious and cultural divisions*« seien, die die Menschen in nationalistische und unionistische Traditionen voneinander trennten und dass daher die Überbrückung dieser Trennungen die zentrale politische Aufgabe sei,
- unterstrichen, dass die genannten Trennungen nur durch politischen Dialog überwunden werden könnten und dass, wenn ein solcher Dialog zwischen den Traditionen zustande käme, sie alles dafür tun würden, diesen Dialog zu erleichtern und zu begleiten,
- hoben hervor, dass die Regierung bereit sei, den Rahmen für eine Konferenz beider Traditionen zu schaffen und sich auf eine Mediatorenrolle beschränken wolle,
- versicherten, dass, wenn es zu einer Vereinbarung über »*forms of new political structures*« käme, die Regierung bereit sei, entsprechende Gesetzgebung folgen zu lassen,
- mahnten aber an, dass ein Ausgleich zwischen beiden Traditionen bei fortschreitender Gewaltpolitik nicht erreicht werden könne und daher eine Situation geschaffen werden müsse, in der »*the people of the nationalist tradition and the people of the unionist tradition can engage freely, independently and democratically in the political dialogue and in agreement-making, which would bridge their divisions.*«[44]

Für die IRA und Sinn Féin enthielt dieser Brief deutliche Signale: Großbritannien hatte kein *Eigeninteresse* an Irland und war bereit, eine Übereinkunft beider Traditionen zu akzeptieren, vorausgesetzt, sie käme auf demokratischem Weg zustande. Sinn Féin würde als Verhandlungspartner akzeptiert, wenn die IRA auf Gewalt verzichte. Die Britische Regierung ließ allerdings die Anfragen nach öffentlicher Bekundung ihres Rückzuges und die Nennung eines Termins unbeantwortet. Sie definierte „Rückzug" nicht im Sinne eines »physischen Rückzuges«, sondern »politisch« als Offenhalten der Konfliktlösung für die beiden Traditionen in Nordirland. Die Karten waren gemischt, Fragen gestellt, einige Antworten gegeben, jetzt hätte es schrittweise weitergehen können. Doch das zarte Pflänzchen konnte sich zunächst nicht weiterentwickeln, weil die IRA unbeeindruckt weiterbombte und die Briten entsprechend harsch reagierten. Besonders verärgert reagierte Nordirlandminister King auf Vorbereitungen zu einem Anschlag auf ihn selbst und eine Bombenattacke auf den Chef der Verwaltung von Nordirland, Ken Bloomfield, im September 1988.

Auch die *Irische Regierung* unterhielt *geheime Kontakte* zu Sinn Féin. Premier Charles Haughey, von John Hume über bevorstehende Treffen mit Adams unterrichtet, beauftragte seinen politischen Berater Martin Mansergh, einen Kontakt zu Adams herzustellen. Mansergh war Protestant, ausgebildet in Oxford, ein treuer Gefolgsmann Haugheys und Fianna Fáils. Mansergh arrangierte zwei Treffen, bei

---

44 Ebda., S. 252.

denen die irischen Politiker Adams zu überzeugen versuchten, dass sich der Nationalismus in der Republik gewandelt habe und man auch auf die Unionisten im Norden Rücksicht nehmen müsse. Eine Kooperation mit Sinn Féin käme solange nicht in Frage, wie die IRA Gewaltkampagne andauere. Adams versicherte, dass die IRA nicht die Republik angreifen würde, was von seinen Gesprächspartner mit Erleichterung aufgenommen wurde. Die Gespräche erbrachten indes keine wesentlich neuen Erkenntnisse und Haughey stellte den Dialog vorerst ein.

John Major berichtet in seiner Autobiographie, wie er mit ungläubigem Erstaunen eine Botschaft der IRA las, die ihn an einem trüben Februarmorgen des Jahres 1993 erreichte: »*The conflict is over but we need your advice on how to bringt it to a close. We wish to have an unannounced ceasefire in order to hold a dialogue leading to peace.*«[45] Die IRA erklärte, dass sie der Aufforderung des Nordirlandministers zur *öffentlichen* Verzichtserklärung auf Gewalt zwar nicht folgen könne, weil dies von ihren Mitgliedern und Sympathisanten als Kapitulation missverstanden interpretiert werden könne. Gleichwohl könne sie aber insgeheim ihr Einverständnis zu einem Waffenstillstand geben, wenn sie überzeugt sei, nicht ausgetrickst zu werden. Major und sein Nordirlandminister Mayhew hielten, nach einigem Zögern, die Botschaft für authentisch und beschlossen, mit der IRA im Geheimen in Verbindung zu bleiben. Die Briten setzten ihre Versuche fort, die IRA davon zu überzeugen, dass es keine Legitimation für den bewaffneten Kampf gebe, weil die Britische Regierung das Selbstbestimmungsrecht des Irischen Volkes akzeptiere. Doch müsse die republikanische Seite auch die unionistischen Interessen berücksichtigen.[46] Mayhew blieb bei seiner Haltung, eine Beteiligung Sinn Féins an Friedensgesprächen nur zu akzeptieren, wenn die IRA vorher öffentlich auf Gewalt verzichte. Die IRA hatte bislang genau das Gegenteil getan und in den Jahren 1990-1993 ihre Aktionen mit Härte und Grausamkeit fortgesetzt, was die vielfältigen Gespräche und Kontakte schwer belastete und im Jahr 1993 an den Rand des Zusammenbruchs brachte. Es war eine Zeit, in der »*death and dialogue*« parallel liefen und die IRA, oft nur einen Tag nach hoffnungsvollen Gesprächskontakten mit brutaler Gewalt auf sich aufmerksam machte. Auf ihre Aktionen reagierten die loyalistischen Paramilitärs mit »Vergeltungsschlägen«, d.h. sie ermordeten Aktivisten von IRA und Sinn Féin (allein 26 zwischen 1989 und 1993), bzw. suchten ihre Opfer wahllos in der katholischen community.[47] Ab 1991 stieg die Zahl der Opfer tödlicher Gewalt wieder deutlich an, zwischen 1991 und 1994 starben insgesamt 352 Menschen. Verantwortlich waren republikanische und loyalistische Paramilitärs zu gleichen Teilen (jeweils 161), was zeigte, dass die unheilvolle »sek-

---

45 Ebda., S. 431.
46 Die Beurteilung von Bedeutung und Nutzen der Geheimkontakte ist bis heute höchst kontrovers. Vgl. dazu im Detail MALLIE/McKITTRICK, Endgame, S. 98 ff. TAYLOR, Provos, S. 319 ff. ADAMS, Free Ireland, S. 204 ff.
47 TAYLOR, Loyalists, S. 213.

tierischen« »tit-for-tat« Serie wieder in Gang gekommen war. Zur Illustration sollen hier nur einige wenige spektakuläre Aktionen beider Seiten erwähnt werden:
- Am 24. Oktober 1990 attackierte die IRA einen Armeeposten im Norden von Derry, an der Grenze zu Donegal. Sie benutzte dabei einen katholischen Armeeangestellten, den 42jährigen Paddy Gillespie, als »lebende Bombe«. Während seine Frau und drei Kinder von der IRA in ihrem Haus festgehalten wurde, zwangen ihn die Terroristen einen mit Sprengstoff vollgepackten LKW in den Cosquin Armeeposten zu fahren. Die Bombe explodierte mit Gillespie auf dem Fahrersitz. Fünf Soldaten wurden getötet. Das Entsetzen und die Wut der Öffentlichkeit und die Kritik innerhalb der republikanischen Bewegung an der »human bomb tactic« war für die IRA verheerend und schwächte die Falken in der Organisation.
- John Major war gerade zwei Monate im Amt als die IRA eine sorgfältig vorbereitete Granaten Attacke direkt gegen Downing Street No. 10 richtete. Das Kabinett saß am 7. Februar 1991 zusammen und beriet über den Irak Krieg. Plötzlich erschütterte eine Explosion das Gebäude, Scheiben zerbarsten, Minister und Berater tauchten unter den Tisch. Eine Granate war wenige hundert Meter von dem Beratungsraum entfernt im Hof von Downing Street No. 10 eingeschlagen, zwei andere hatten das Ziel weit verfehlt. Verletzt wurde keiner und Major bemerkte mit typisch britischem Understatement: »I think we'd better start again somewhere else.«[48] Die Öffentlichkeit war entsetzt. Wie hatte es der IRA gelingen können, einen Lieferwagen in das Regierungsviertel zu fahren und vom nahen Verteidigungsministerium Granaten auf den Premierminister und sein Kabinett abzufeuern? Sicherheitspolitische Konsequenz des Anschlages war die Abriegelung von Downing Street No. 10. Bis heute versperrt ein Eisengitter den Zugang für die Öffentlichkeit. Die IRA feierte die Attacke als ein im wahrsten Sinne des Wortes »Bombenerfolg«. Sie hatte der Weltöffentlichkeit gezeigt: Wir können überall zuschlagen, wo es uns passt und wir demonstrieren die Stärke der »Gewehr- und Stimmzettel«-Strategie. Während Sinn Féin Dialoge führt und verhandelt, bleiben wir »präsent.«
- Am 17. Januar 1992 sprengte ein IRA Kommando aus East Tyrone einen Minibus an der Teebane Kreuzung auf der Straße von Omagh nach Cookstown in die Luft. Acht protestantische Arbeiter aus Ballymena starben.[49]
- Die Rache der Loyalisten folgte auf dem Fuß. Am 5. Februar 1992 überfiel ein Killerkommando der UFF Séan Grahams Wettbüro in der Lower Ormeau Road in Belfast. Fünf Katholiken wurden erschossen, darunter der 18jährige Peter Magee und der 66jährige Jack Duffin, beide aus South Belfast. In den folgenden Jahren pflegten loyalistische Teilnehmer orangeistischer Paraden durch die Lower Ormeau Road die katholischen Bewohner dadurch zu provo-

---

48 MAJOR, Autobiography, S. 238.
49 McKITTRICK, Lost Lives, S. 1268 ff. MALLIE/McKITTRICK, Fight for Peace, S. 128 ff.

zieren, dass sie an der Stelle des Mordes siegesgewiss ihre Hände mit gespreizten fünf Fingern hochreckten und so die Opfer noch im nachhinein verhöhnten.[50]

- Bereits einen Tag nach John Majors Wahlsieg, am 10. April 1992, zündete die IRA zwei gewaltige Bomben in Londons Finanzviertel, vor dem »Baltic Exchange«. Drei Menschen starben, darunter ein fünfzehnjähriges Mädchen. Viele Gebäude wurden verwüstet und die Schadenssumme überstieg 700 Millionen £, mehr als alle Entschädigungen zusammen, die bisher im Konflikt gezahlt worden waren.

Im Sommer 1992 hatte die beiderseitige Gewalt wieder eine kritische Größe erreicht. Viele Beobachter fühlten sich an die blutigen siebziger Jahre erinnert. Mayhew reagierte und verbot am 10. August 1992 die UDA, die nach einem Wechsel in der Führung seit Ende der achtziger Jahre zu neuen blutigen Aktivitäten ausgeschwärmt war. Die alte Garde mit Andy Tyrie an der Spitze war im März 1988 abgetreten und hatte einer zweiten Generation von »jungen Wilden« Platz gemacht, rücksichtsloser, kompromissloser und mit erheblicher krimineller Energie. Für diese selbsternannten »street fighter« mag der Name *Johnny »Mad Dog« Adair* stehen, ein brutaler Shankill Road Mann, der bald eine große Anhängerschaft um sich sammeln konnte und zum Kommandant der West Belfast UDA aufstieg. Mayhews Verbot wurde in Unionisten Kreisen heftig mit dem Argument kritisiert, man hätte dann auch konsequent Sinn Féin verbieten müssen. Das Verbot sei eine Konzession an das nationalistische Lager.

Es ist im Rückblick erstaunlich, dass vor dem Hintergrund der eskalierenden Gewalt der Dialog nicht einfach abgebrochen wurde. Aber weder die Regierungen noch die verhandelnden Parteien wollten der Gewalt weichen und ohne ihre Standfestigkeit wäre der Friedensprozess versandet. Major setzte die geheimen Kontakte fort und führte die Gespräche weiter, weil er die *»perverted logic«* der IRA als Erklärung für die fortdauernde Gewalt in Rechnung stellte. Die IRA, so Major müsse einem Friedensangebot stets Gewalt folgen lassen, *»to show their volunteers that they were not surrendering.«* [51] Auch Hume blieb mit Adams in Verbindung, weil er auf die politische Vernunft der Sinn Féin Führung setzte. Während die Kontakte mit Sinn Féin und der IRA im Geheimen gepflegt wurden, trat die Britische Regierung mit *Albert Reynolds (geb. 1932)*, dem seit dem 6. Februar 1992 amtierenden neuen Taoiseach in Verbindung. Reynolds, der Minister für Industrie und Handel und Finanzen gewesen war, hatte den zurückgetretenen Charles Haughey als Parteivorsitzenden von Fianna Fáil und Premier ersetzt. Bei den Wahlen zum Dáil am 25. November 1992 war er als Sieger hervorgegangen und hatte eine Koalition mit der Labour Party gebildet. Major und Reynolds mochten einander und beide waren entschlossen, nach dem Scheitern der Brooke/Mayhew

---

50 Ebda., Lost Lives, S. 1277 ff.
51 MAJOR, Autobiography, S. 433.

Initiative, einen neuen Anlauf in der bilateralen Kooperation der Britischen und Irischen Regierung zu wagen.[52] Auch Reynolds hatte, wie sein Vorgänger, geheime Kontakte mit Sinn Féin hergestellt, wusste aber nicht, dass Major solche seit längerem unterhielt. Die Irische Regierung drängte darauf, auch die radikalen Gruppierungen – Sinn Féin und die Loyalisten – in Friedensgespräche mit einzubeziehen, vorausgesetzt diese verzichteten zuvor auf Gewalt. Erst müsse die Gewalt ein Ende haben, dann könne man über Konfliktlösungen weiter nachdenken (*»Peace First, Talks Later«*). Umstritten blieb, wie die Interessen der Unionisten in dem erstrebten Friedensprozess berücksichtigt werden sollten. Die Position der Britischen Regierung war klar: Sie würde die Unionisten nicht zur Einheit Irlands »überreden«, wie es in den Hume-Adams Gesprächen und den Positionspapieren Sinn Féins gefordert wurde und wie es auch Reynolds wollte. Major vertrat diese Position gegenüber Reynolds und in den geheimen Kontakten mit der IRA nachdrücklich: *»The British government does not have, and will not adopt, any prior objective of ,ending of partition'; and that ,unless the people of Northern Ireland come to express such a view (i.e. a desire for a united Ireland), the British government will continue to uphold the Union.«*[53] Für Major war die Rücksichtnahme auf die Unionisten nicht nur eine Frage des Prinzips, sondern auch des politischen Überlebens seiner Regierung, denn durch mehrere verlorene Nachwahlen war seine parlamentarische Mehrheit so zusammengeschmolzen, dass er auf die Hilfe der neun unionistischen Abgeordneten angewiesen war. Am 22. Juli 1993 konnte er nur mit ihrer Hilfe eine Niederlage im House of Commons (hinsichtlich der Ablehnung des »Sozialkapitels« des Maastrichter Vertrages) verhindern. Trotz dieser loyalen und pragmatischen Haltung waren die Beziehungen der Unionisten zur Regierung außerordentlich gespannt, wobei insbesondere die DUP mit wütenden Attacken auf den vermeintlichen »Verrat« der Regierung Major hervortrat. Eine Reihe von unbedachten, flapsigen Äußerungen des Nordirlandministers Mayhew hatte zu der tiefsitzenden Verstimmung beigetragen. Mayhew klagte in einem Interview im April 1993 über die hohen Subventionen (3 Milliarden £ jährlich), die nach Nordirland flossen und ließ verlauten, die Regierung würde Nordirland *»mit Vergnügen«* aus dem United Kingdom entlassen.[54] Obwohl er die Äußerung sofort abschwächte und das »Vergnügen« ausdrücklich zurücknahm, war der politische Schaden angerichtet und die Reaktionen heftig. DUP Stellvertreter Peter Robinson forderte umgehend den Rücktritt des Ministers.

Die fortdauernde Gewalt der IRA und die Racheaktionen loyalistischer Paramilitärs gefährdeten das zarte Pflänzchen des Friedensprozess während des ganzen Jahres 1993.

---

52 MAJOR, Autobiography, S. 440.
53 Ebda., S. 443. Siehe zum Hintergrund der Major-Reynolds Verhandlungen PAUL BEW/ HENRY PATTERSON/ PAUL TEAGUE, Northern Ireland: Between War and Peace. The Political Future of Northern Ireland. London, 1997, S. 203 ff.
54 Interview am 16. April 1993 in der ZEIT.

- Am 20. März 1993 explodierte in dem belebten Einkaufszentrum in *Warrington*, Lancashire, eine Bombe. Die IRA hatte sie in einem Abfalleimer versteckt. Zwei Kinder, im Alter von drei (Jonathan Ball) und 12 Jahren (Timothy Parry) starben. Abscheu, Wut und Empörung schlug der IRA entgegen, die auch noch zynisch behauptete, die Polizei hätte auf die angeblich »präzisen« und »angemessenen« Warnungen nicht rechtzeitig reagiert. In Dublin organisierte Susan McHugh die Initiative »Peace `93« und Senator Gordon Wilson, dessen Tochter bei dem Enniskillen-Anschlag 1987 ums Leben gekommen war, erklärte sich bereit, mit der IRA zu reden, um sie von weiteren Anschlägen abzubringen.
- Wilsons gutgemeinte Aktion stieß auf taube Ohren. Während die loyalistischen Paramilitärs mit Morden an einzelnen unschuldigen Katholiken Rache für Warrington nahmen, holte die IRA zum nächsten großen Schlag aus. Am *Samstag, dem 23. Oktober 1993 ging im Fischgeschäft von John Desmond Frizzell in der Shankill Road* eine gewaltige Bombe hoch. Im ersten Stock über dem Geschäft pflegte sich die Führungsspitze der UDA zu versammeln. Ihr galt der Anschlag. Doch zum Zeitpunkt der Explosion hatten die UDA Führer den Versammlungsraum längst verlassen während sich in Frizzels Fischgeschäft an diesem belebten Einkaufstag die Kunden drängten. Die Wucht der Explosion brachte das Gebäude zum Einsturz. Zehn Menschen, neun Protestanten und der Attentäter, Thomas Begley, starben. Unter den Toten war auch ein zweijähriges Kind und eine 79jährige Frau. Den Rettern boten sich grauenhafte Bilder von zerfetzten und verstümmelten Leichen.[55] Die Öffentlichkeit war tief erschüttert. John Hume sprach betroffen von einem entsetzlichen Akt des Massenmords und selbst Gerry Adams äußerte »tiefe Besorgnis.« Das hielt ihn nicht davon ab, bei der Beerdigung des Attentäters den Sarg mitzutragen. Für die Öffentlichkeit und insbesondere Premierminister John Major war der Anblick des sargtragenden Adams unerträglich, er war am Rande des Abbruchs der geheimen Verhandlungen. Reynolds sandte Sinn Féin eine unmissverständliche Botschaft, dass solche Aktionen sofort gestoppt werden müssten. Es gelang ihm, Major umzustimmen, die Gespräche abzubrechen. Adams hatte als führendes Mitglied des Armeerates die Aktion gebilligt und es blieb ihm wahrscheinlich keine andere Option, den Sarg mitzutragen, um nicht sein Gesicht zu verlieren.[56]
- Der Anschlag löste eine Serie von schrecklichen Vergeltungsschlägen der loyalistischen Paramilitärs aus. Die UDA drohte John Hume, Gerry Adams und der ganzen nationalistischen Wählerschaft mit harten Konsequenzen. Innerhalb der nächsten Wochen ermordeten die Paramilitärs 16 Katholiken. Die furchtbarste

---

55 McKITTRICK, Lost Lives. S. 1328 ff.
56 Als ein Beispiel unter vielen. Moloney schreibt »Adams had little choice.« MOLONEY, Secret History, S. 415. MALLIE/McKITTRICK; Fight for Peace, S. 203.

Mordaktion ereignete sich in dem Dorf Greysteel, County Derry, als am 30. Oktober 1993 zwei UDA Killer das Feuer auf rd. 200 Besucher des »Rising Sun«- Pub eröffneten. Acht Menschen starben im Kugelhagel, neunzehn wurden z.T. schwer verletzt.[57]

In den Innenstadtbezirken Belfasts waren die Folgen der Gewaltserie besonders drastisch zu spüren. Gegen Abend leerten sich die Pubs, Geschäfte schlossen früh, die Menschen eilten nach Hause. Viele soziale Aktivitäten kamen zum Erliegen. Es war, als wenn sich beide communities in ihren Schützengräben verschanzten. Mit Schaudern erinnerte sich so mancher an die blutigen siebziger Jahre. Belfast glich teilweise einer Geisterstadt.

Doch trotz der Gewaltserie gab es keinen Abbruch der politischen Gespräche auf den verschiedenen Ebenen, in der Öffentlichkeit und im Geheimen. Am Ende eines fast zwei Jahre währenden, offenen und verborgenen, sehr schwierigen Verhandlungsprozesses stand ein bemerkenswertes Dokument, die *»Joint Declaration«* der Britischen und Irischen Regierung. Vorausgegangen waren mehrere Entwürfe aus der Feder von John Hume und Gerry Adams, bzw. ihrer »think-tanks«, die der Irischen Regierung zugeleitet worden waren.[58] Premier Reynolds hielt sie für diskussionswürdig und gab sie mit seinen Anmerkungen (als *seine* »Formel für Frieden«!) im Juni 1993 an John Major weiter. Für den britischen Premier waren diese Entwürfe im wesentlichen aus zwei Gründen nicht akzeptabel. Das Prinzip der Zustimmung der Unionisten zu jedem verfassungsmäßigen und politischen Wandel (»Konsens-Prinzip«) war nicht ausreichend berücksichtigt. Ferner konnte sich Major in keinem Fall auf einen Zeitrahmen für den Abzug der Britischen Armee festlegen.[59] John Hume und Gerry Adams hatten ihre geheimen Gespräche 1992 fortgesetzt, was am 10. April 1993 aufflog, als Adams beim Besuch von John Humes Haus in Derry gesehen wurde. John Hume hoffte, dass ihre Vorschläge von der Britischen Regierung positiv beschieden würden und drängte Major ungeduldig zu einer Antwort. Er erhöhte den Druck auf die Briten und ging an die Öffentlichkeit. In einer ersten gemeinsamen Erklärung (»First Joint Statement«) am 24. April 1993 bekundeten Hume und Adams ihre Absicht, ihren 1988 unterbrochenen Dialog fortzusetzen.[60] Sie bekräftigen ihre gemeinsame Verantwortung als Parteiführer für die »nationale Versöhnung« zwischen Briten und Iren und den Iren untereinander, erklärten, dass es keine »interne« Lösung des Nordirland-Problems geben würde und unterstrichen das Recht des irischen Volkes auf Selbstbestimmung. Es gäbe allerdings Meinungsverschiedenheiten zwischen ihren Parteien, wie dies umzusetzen sei. Adams war im Blick auf die Frage, welche Haltung die republikanische Bewegung zu den Unionisten einnehmen sollte, einen Schritt über

---

57 McKITTRICK, Lost Lives, S. 1335 ff.
58 Zur Rolle John Humes ausführlich ROUTLEDGE, John Hume, S. 248 ff.
59 Zu den Entwürfen und Hintergrundverhandlungen siehe ausführlich MALLIE/McKITTRICK; Fight for Peace, S. 148 ff. MAJOR, Autobiography, S. 447 ff.
60 First joint statement, 24. April 1993. www.cain.ulst.ac.uk/events/peace/docs/ha244493.htm

das Grundsatzdokument »*Towards a lasting peace in Ireland*« hinausgegangen. Er wiederholte nicht die Forderung, die Britische Regierung müsse die Unionisten zu einem vereinigten Irland »überreden«. Mit Hume formulierte er nun, dass eine neue Friedensübereinkunft die »*allegiance of the different traditions*« in Irland gewinnen müsse, »*by accomodating diversity and providing for national reconciliation.*« In einer zweiten, sehr kurzen Erklärung am 25. September 1993 erklärten Hume und Adams, sie hätten »*considerable progress*« erzielt und offenbarten, dass sie ihre Vorschläge an die Regierung in Dublin weitergeleitet hätten - zur breiteren Diskussion zwischen den beiden Regierungen.[61] Humes und Adams Gang an die Öffentlichkeit, die den Druck auf London und Dublin verstärken sollte, hatte allerdings im Herbst 1993 eine (fast) kontraproduktive Wirkung, denn für Major und Reynolds war die Situation im Herbst 1993, vor dem Hintergrund der IRA Gewaltserie und den loyalistischen »Vergeltungsschlägen«, prekär. Sie konnten es sich in der aufgeheizten politischen Situation nicht leisten, in der Öffentlichkeit inhaltliche Nähe zu Vorschlägen erkennen zu lassen, die aus den, insbesondere von den Unionisten scharf kritisierten, geheimen Kontakten zwischen John Hume und dem Vorsitzenden Sinn Féins entstanden waren. Die Britische Regierung ließ die Iren wissen, dass sie die »Irish Peace Initiative« solange nicht berücksichtigen konnte, wie Adams »Fingerabdrücke« darauf wären. Diese Einlassung war vor dem Hintergrund der wenig später enthüllten geheimen Kontakte zur IRA wenig glaubwürdig.[62] So spielten beide Regierungen die Bedeutung der Hume-Adams Vorschläge herunter und verfolgten mit Beharrlichkeit ihre eigene Agenda, die gleichwohl inhaltlich aus Humes' und Adams' Entwürfen einer »Joint Declaration« schöpfte. Doch in der Öffentlichkeit musste man, wie Reynolds sich im Rückblick drastisch ausdrückte, die Hume-Adams Initiative für tot erklären, »*in order to keep it alive.*«[63] Am 27. Oktober 1993 trug der stellvertretende Premierminister der Republik Irland, *Dick Spring*, vor dem »Dáil« sechs Grundprinzipien als Rahmen für einen dauerhaften Frieden vor:

1. Das irische Volk, im Norden und Süden, müsse seine Zukunft in freier Entscheidung bestimmen können (Selbstbestimmungsrecht);
2. Die Brook'sche »Strand 1-3« Verhandlungsformel könne den Rahmen bilden, aus dem sich neue politische Strukturen entwickeln ließen;
3. Eine Änderung des Status Nordirlands sei nur durch die freie Zustimmung der Mehrheit der Menschen in Nordirland möglich (*Konsensprinzip*).
4. Werde die mehrheitliche Zustimmung nicht erreicht, ändere sich am Status Nordirlands nichts.
5. Das Konsensprinzip könnte in die Verfassung der Republik Irland aufgenommen werden.

---

61 Second joint statement, 25. September 1993. www.cain.ulst.ac.uk/events/peace/docs/ha25993.thm
62 Holland spricht von »consummate hypocrisy«. HOLLAND, Hope Against History, S. 248.
63 ROUTLEDGE, John Hume, S. 253.

6. Sinn Féin könne an Verhandlungen erst dann beteiligt werden, wenn die IRA auf Gewaltanwendung verzichte.[64]

Die von Spring genannten Prinzipien wurden von der Britischen Regierung begrüßt. Major und Reynolds erklärten bei einem Treffen in Brüssel Ende Oktober 1993 ihre Übereinstimmung mit ihnen und forderten die IRA auf, ihre Gewaltkampagne zu beenden – für immer. Doch die Verhandlungen wurden neu belastet. Am 28. November 1993 enthüllte der »Observer« die geheimen Kontakte zwischen der Britischen Regierung und Sinn Féin. Major und sein Nordirlandminister Mayhew, die stets gesagt hatten, sie würden nicht mit Organisationen reden, die Gewalt befürworten, beschlossen, in die Offensive zu gehen und die über ihren »Kontakt« ausgetauschten Botschaften offen zu legen. Mayhew stand im House of Commons am 29. November Rede und Antwort und rechtfertigte die Kontakte mit dem spitzfindigen Argument, es seien schließlich weder direkte Gespräche geführt noch »secret deals« abgeschlossen worden. Man habe sich eines lange bestehenden »Kontaktes« bedient, um die Bereitschaft der »provos« zum Waffenstillstand zu sondieren. Jetzt brach eine heftige öffentliche Debatte los. Die Irische Regierung war irritiert. Sinn Féin interpretierte die Kommunikation mit der Britischen Regierung anders als diese und veröffentlichte eine abweichende Version der ausgetauschten Botschaften. Martin McGuinness und Gerry Adams bestritten energisch den Wortlaut der sensationellen Botschaft vom 9. Februar 1993 an John Major. Die Briten hätten dagegen in einer späteren Phase der Kontakte Zugeständnisse gemacht, ja sogar mündlich die Einheit Irlands als »*final solution*« zugesichert. Major wiederum bezeichnete diese Sinn Féin Behauptungen als Propaganda und ein Netzwerk von Lügen (»*a tissue of lies*«).[65] Schließlich musste die Regierung zugeben, dass die von ihr veröffentlichten Dokumente Widersprüche und peinliche Fehler enthielten, die offensichtlich auf mangelhafte Transkription zurückzuführen waren. Die Republikaner sprachen dagegen von Täuschung und Betrug. Die Reaktion in unionistischen Kreisen war vorhersehbar. Man sah sich wieder einmal von der Britischen Regierung hintergangen, verraten und verkauft und beäugte den weiteren Verlauf des Friedensprozesses mit großem Misstrauen. Die DUP forderte erneut den Rücktritt von Mayhew. Major hatte große Mühe, Paisley und Molyneaux zu versichern, dass die Regierung keinen »deal« hinter dem Rücken der Unionisten aushandeln werde.[66]

Trotz der Irritationen und Aufregungen um die geheimen Kontakte, ließen sich die beiden Regierungen nicht beirren. Die Irische Regierung nahm einen neuen Anlauf. Nach zwei stürmischen Gipfeltreffen zwischen Major und Reynolds am 3. und 10. Dezember 1993, bei denen die Meinungsverschiedenheiten noch

---

64 MICHAEL CUNNINGHAM, British government policy 1969-2000. Manchester/New York, 2001.², S. 90.
65 MALLIE/McKITTRICK, Fight for Peace, S. 232 ff. MAJOR, Autobiography, S. 446. ROWAN, Behind the lines, S. 64 ff.
66 COCHRANE, Unionist Politics, S. 310 ff.

groß waren, kam es dennoch zum Durchbruch. Am *15. Dezember 1993* traten Taoiseach Reynolds und Premierminister Major vor die internationale Presse, um die »*Joint Declaration*« (JD, oder auch zweite »*Downing Street Declaration*«) vorzustellen. Bis zur letzten Minute hatten sie um Inhalte und Formulierungen gerungen.[67]

- Die beiden Regierungen erklärten, einen »*peace process*« in Gang setzen zu wollen. Als erster Schritt sei ein »*agreed framework for peace*« zu schaffen (para. 1).
- Eine Friedensvereinbarung könne nur durch Kooperation der Menschen in ganz Irland zustande kommen, die beide Traditionen repräsentierten (para. 2).
- Die Britische Regierung wiederholte ihre schon mehrfach geäußerte Position, dass sie »*no selfish strategic or economic interest in Northern Ireland*« habe und ausschließlich an Frieden, Stabilität und Versöhnung interessiert sei. »*The role of the British government will be to encourage, facilitate and enable the achievement of such agreement over a period through a process of dialogue and cooperation based on full respect for the rights and identities of both traditions in Ireland*« (para. 4). Von einem »Rückzug« der Briten war nicht die Rede.
- Die Britische Regierung erklärte, dass sie die Mehrheitsentscheidung der Menschen in Nordirland achten würde, gleichgültig ob sich diese für die *Beibehaltung der Union* oder ein *vereinigtes Irland* entschieden. Das Selbstbestimmungsrecht der Iren müsse aber in nach Nord und Süd *getrennten Abstimmungen* umgesetzt werden. Wenn Nord und Süd in freien, getrennten und gleichzeitigen Abstimmungen zu einem Konsens über ihre Beziehungen kämen (»*agreed Ireland*«), würde die Britische Regierung diese Entscheidung respektieren, selbst wenn das Ergebnis (das »agreed Ireland«) das *vereinigte Irland* sei (para. 4). In der Praxis war eine Entscheidung der Unionisten für ein vereinigtes Irland ausgeschlossen. Die Britische Regierung würde aber nicht versuchen, die Unionisten zur Einheit Irlands zu »überreden«, wie es Sinn Féin immer wieder verlangt hatte.
- Die Irische Regierung nahm den Widerstand und die Bedenken der unionistischen Seite gegen ein vereinigtes Irland auf. Das war ein Erfolg der britische Seite, die stets darauf verwiesen hatte, dass ohne die Berücksichtigung unionistischer Interessen keine Vereinbarung zu erreichen sei. Die Irische Regierung erklärte, dass es falsch sei, ein vereintes Irland zu oktroyieren (»*impose*«) »*in the absence of the freely given consent of a majority of the people of Northern Ireland.*« Das Selbstbestimmungsrecht des irischen Volkes bedeute auch die *Anerkennung des Konsenses der Nordiren* über den verfassungsmäßigen Status Nordirlands (para.5).

---

67 Text der »Joint Declaration« in http://cain.ulst.ac.uk/events/peace/docs/dsd151293.htm. Einzelheiten bei MALLIE/McKITTRICK, Fight for Peace, S. 256 ff.

- Taoiseach Reynolds ging noch einen weiteren Schritt auf die Unionisten zu, indem er erklärte, er wolle eine neue Ära des Vertrauens einleiten. Dies schließe ein, die Ängste der unionistischen community ernst zu nehmen. Er wolle alle jene »Elemente« im demokratischen Leben und der politischen Organisation der irischen Republik prüfen, die von Unionisten als Angriff auf ihre Lebensweise (»*way of life and ethos*«) verstanden würden oder die nicht im Einklang mit einem modernen demokratischen pluralistischen Staatsverständnis stünden (para 6, 7, 8). Zu diesen problematischen »Elementen« gehörten in erster Linie die Art. 2 und 3 der Irischen Verfassung mit ihrem Territorialanspruch auf ganz Irland. Der Taoiseach sagte im Falle einer Übereinkunft zu, die irische Verfassung so zu ändern, dass sie das Konsensprinzip für Nordirland berücksichtige. An diesen Passagen hatten auf Veranlassung der Briten insbesondere James Molyneaux und der anglikanische Erzbischof Robin Eames mitgewirkt.
- Beide Regierungen forderten von den paramilitärischen Gruppen einen endgültigen Gewaltverzicht (»*a permanent end to the use of, or support for paramilitary violence*«). Parteien, die sich an Friedensgesprächen beteiligen wollen, müssten ausschließlich friedliche Mittel anwenden (para.10).
- Die Irische Regierung hatte in den Verhandlungen den Vorschlag einer »Irish Convention« gemacht, eines konsultativen Gremiums zur Zukunft Irlands. Major, der die Empfindlichkeiten der Unionisten kannte, riet davon ab und Reynolds stimmte schließlich zu, nur eine Diskussionsplattform zu schaffen. So wurde beschlossen, ein »*Forum for Peace and Reconciliation*« zu etablieren, eine Versammlung der demokratischen irischen Parteien zur Diskussion der Perspektiven Irlands in der Zukunft. Das war der Versuch einer Neuauflage des »New Ireland Forum« von 1983/84, allerdings vor einem drastisch veränderten politischen Hintergrund.

Die »Joint Declaration« war kein Friedensvertrag, sondern ein *Rahmen für Friedensgespräche*. Sie nahm die Grundideen und Konzeptionen des AIA auf und versicherte beiden Traditionen, Nationalismus und Unionismus, Respekt und Anerkennung und forderte sie zur Kooperation auf. Vor allem war sie eine deutliche Einladung an die paramilitärischen Gruppen die Gewalt zu beenden. John Major bezeichnete sie treffend als »*a powerful symbol. After twenty-four years of conflict and over seventy years of partition, it showed that there was a set of principles which the British and Irish government could jointly accept.*«[68] Major glaubte zwei wichtige Ziele erreicht zu haben: Die Interessen von Nationalisten und Unionisten seien gleichermaßen berücksichtigt und der Druck auf Sinn Féin erhöht worden. Nun sei Sinn Féin am Zuge, die Voraussetzungen für eine Beteiligung an den politischen Gesprächen zu schaffen. Die »Joint Declaration« war, wie der Historiker Cochrane treffend schrieb, »*a masterpiece of ambiguity.*«[69] Einerseits erklärte die

---

68 MAJOR, Autobiography, S. 454.
69 COCHRANE, Unionist Politics, S. 314.

Britische Regierung, sie habe kein egoistisches strategisches oder wirtschaftliches Interesse an Nordirland und bekundete, dass sie einem vereinigten Irland nicht im Wege stehen wolle und, wenn es die Mehrheit des irischen Volkes im Norden und Süden wünsche, sogar bereit sei, die entsprechenden gesetzlichen Schritte einzuleiten. Das hieß im Klartext, Nordirland aus dem United Kingdom zu verabschieden. Andererseits unterstrich die Regierung, den Wunsch der »größeren Zahl der Menschen in Nordirland« zu respektieren, wenn diese sich für ein Verbleib im United Kingdom entschieden.

Die »Joint Declaration« fand ein lebhaftes positives Echo bei der SDLP und den britischen Parteien, in der Europäischen Gemeinschaft und in der internationalen Politik. Die Unionisten der UUP reagierten verhalten und blieben in der Beurteilung uneinig. James Molyneaux und die Führungsspitze der UUP, die, anders als bei den Verhandlungen zum AIA, im Vorfeld informiert worden waren, hielten sich bedeckt. Sie meinten aber, in der Deklaration einen Weg zu Dialog und Verständigung entdeckt zu haben. Im übrigen hieß die Devise: Abwarten. Die UUP Abgeordneten waren sich ihrer Rolle als Zünglein an der Waage im Unterhaus bewusst. Der Premierminister würde sich hüten, sie zu verprellen. Auch sorgte man sich um das internationale Image. Eine offene lautstarke, kämpferische Ablehnungskampagne konnte da nur schaden. Teile der Basis reagierten aber mit offenem Aufruhr und drohten der Parteiführung mit Protestaktionen. Die DUP verwarf erwartungsgemäß die Erklärung als »Ausverkauf« der Interessen Ulsters und als Versuch, sich mit Terroristen an einen Tisch zu setzen. Paisley tobte gegen die »schmachvolle« Deklaration, die kein Ende der Gewalt gebracht habe und listete die tödlichen Attacken der IRA seit Veröffentlichung der Deklaration auf. Major habe, so Paisley, Ulster »*verkauft*«, um sich beim »*teuflischen republikanischen Abschaum*« Gewaltverzicht zu »*erkaufen.*«[70] Wie verunsichert und verärgert Teile der unionistischen Anhängerschaft waren, zeigte der Ausgang der *Europawahlen vom 13. Juni 1994*. Die Wahlen galten gemeinhin, und das nicht nur in Nordirland, als Test auf die wahre Gesinnung der Wählerschaft, die sich hier mehr traute, Stimmungen nachzugeben als bei nationalen oder regionalen Wahlen. Es war kein Zufall, dass die »Stimme von Ulster«, Ian Paisley, erneut das Rennen machte. Er siegte mit 163.246 Stimmen (= 29,2%) knapp vor John Hume, der 161.992 Stimmen (= 28,9%) erhalten hatte. Trotz der deutlichen Stimmenzuwächse für Hume (1979 = 140.622 Stimmen = 24,6%) reichte es nur zum zweiten Platz. Die Stimmen für Paisley machten deutlich, dass viele Menschen angesichts des ungewissen Ausgangs künftiger Verhandlungen Ian Paisley und die DUP als Zusatzversicherung verstanden. Die loyalistischen Extremisten von UVF und UDA, verbunden im »*Combined Loyalist Military Command*« *(CLMC)*, hatten fünf Tage vor Veröffentlichung der »Joint Declaration« eine Grundsatzerklärung veröffentlicht, welche die politischen Ziele des militanten loyalistischen Lagers zum

---

70 Zu den Reaktionen siehe COCHRANE, Unionist Politics, S. 314 ff.

Ausdruck brachte. Sie forderten die Aufrechterhaltung des verfassungsmäßigen Status von Nordirland und das Recht auf Selbstbestimmung für die nordirische Bevölkerung. Sie sprachen sich für eine geschriebene Verfassung, eine »Bill of Rights« und demokratische Strukturen aus, die allen Nordiren, gleichgültig welcher religiösen, kulturellen, nationalen oder politischen Orientierung, gleiche Rechte und Teilhabe ermöglichen sollte: *»We must learn to accomodate each other's culture and tradition with a view to building that modern society which we all desire.«* Das waren bemerkenswerte Äußerungen, die auf realistisches politisches Denken deuteten. Das CMLC sagte auch eine umfassende und sorgfältige Prüfung des Wortlauts der »Joint eclaration« zu, erbat »Klarstellungen«, blieb aber letztlich unentschieden und ohne eindeutige Stellungnahme. Zu einer Waffenruhe konnte man sich, angesichts der fortgesetzten Gewalt der IRA aber nicht entschließen, wie die Mordaktionen von UDA und UVF zeigten. Fassungsloses Entsetzen löste der Überfall einer UVF Killertruppe auf die »The Heights Bar« in Loughinisland am 18. Juni 1994 aus, bei dem sechs Männer erschossen wurden, darunter ein 87jähriger. Die UVF rechtfertigte die Morde als Vergeltung für die Ermordung ihres Batallionskommandeur Trevor King zwei Tage zuvor in Belfast. Verantwortlich für diesen Mord war die INLA. Aber trotz der fortdauernden loyalistischen Gewalt war vorsichtiger Optimismus angesagt, dass die loyalistischen Paramilitärs einem Waffenstillstand der IRA folgen würden.[71]

Sinn Féin war in der Beurteilung der »Joint Declaration« gespalten und reagierte zögerlich, während der IRA Armeerat sie im Januar 1994 harsch ablehnte. Adams wusste, dass er die Erklärung nicht schlicht zurückweisen konnte, wollte er nicht die SDLP und die Irische Regierung brüskieren, die er als Partner brauchte. So setzte er auf eine Verzögerungstaktik. Er überredete den Army Council dazu, keine überstürzten Aktionen einzuleiten und verlangte von der Britischen Regierung mehrfach »Klarstellungen«. Neben dem Zeitgewinn ging es ihm darum, der Britischen Regierung die Hauptverantwortung für das Gelingen des Friedensprozesses aufzubürden und innerparteiliche Kritiker zu besänftigen. Sinn Féin etablierte eine *»Peace Commission«*, die von Januar bis Juni 1994 in ganz Nordirland Anhörungen organisierte, um die Stimmung an der Basis zu erkunden. Im Ergebnis zeigte sich eine eher skeptische bis ablehnende Haltung. Von den 228 eingereichten Stellungnahmen waren nur 85 (= 37%) für einen dreimonatigen Waffenstillstand oder das endgültige Ende der IRA Gewaltkampagne.[72] Vielen war das britische Angebot zu wenig: Die Briten hätten weder einen Rückzug avisiert noch sich bereit erklärt, die Unionisten zur Einheit Irlands zu »überreden.« Sie hätten, entgegen ihren Beteuerungen, kein egoistisches strategisches und wirtschaftliches Interesse an Nordirland zu haben, jedoch ein sehr lebendiges *politisches Interesse* an

---

71 ROWAN, Behind the Lines, S. 71 ff.
72 MALLIE/McKITTRICK; Fight for Peace, S. 292. MOLONEY, Secret History, S. 417 ff. FEENEY, Sinn Féin, S. 402 f.

der Aufrechterhaltung der Union. Insbesondere aus Kreisen der republikanischen politischen Gefangenen kamen ablehnende Äußerungen. Doch der Druck auf Sinn Féin und die IRA nahm zu, sich positiv zur »Joint Declaration« zu stellen und durch Gewaltverzicht, Sinn Féin den Zugang zu All-Parteiengesprächen zu eröffnen.

Die *amerikanische Regierung* schaltete sich um die Jahreswende 1993/94 aktiv in die Nordirlandpolitik ein. Präsident Bill Clinton, seit 1992 im Amt, widmete sich eifrig, nicht zuletzt dank der Unterstützung der großen irisch-amerikanischen Lobby, der Nordirlandfrage. Eine 1991 gegründete neue irisch-amerikanische Lobbygruppe, die *»Americans for a New Irish Agenda« (ANIA)* mit ihrem unermüdlichen Vorsitzenden Niall O'Dowd, hatte besonders enge Beziehungen zu ihm und beeinflusste entscheidend sein Bild vom Konflikt. Schon während des Präsidentschaftswahlkampf hatte er die britische Nordirlandpolitik kritisiert. Jetzt sah er mit der »Joint Declaration« ein Fenster zum Frieden und bemühte sich, mit dem Gewicht seines Amtes den Friedensprozess voranzutreiben. ANIA, Albert Reynolds, John Hume und, von ihnen beeinflusst, schließlich auch Senator Edward Kennedy, drängten den Präsidenten zu einer generösen Geste gegenüber Sinn Féin, um die Chancen für einen Waffenstillstand zu verbessern.[73] Nach langen internen Beratungen und gegen den massiven Widerstand der Britischen Regierung, des State Department, des Justizministeriums und des Belfaster US-Konsulats, erteilte Clinton am *29. Januar 1994 Gerry Adams ein Einreisevisum* für eine (eigens für ihn von ANIA organisierte!) internationale Konferenz in New York. Es war ihm klar, dass die Briten mit großer Verärgerung reagieren würden, aber er war fest davon überzeugt, dass er im Interesse des Friedens dieses Risiko eingehen müsse. Adams reiste in die USA und wurde in New York von der irisch-amerikanischen community wie ein Popstar gefeiert. Die Medien rissen sich nach ihm und er erreichte eine breite Öffentlichkeit, allerdings nutzte er die Publicity wenig diplomatisch zu Attacken auf die Britische Regierung und das in der »Joint Declaration« formulierte Konsensprinzip.[74] Die Britische Regierung und die Unionisten waren empört. Adams unglücklicher Auftritt sollte sich zunächst nicht wiederholen. Im Juli wurde ihm ein Einreisevisum verweigert. Am St. Patricks Day 1994 rief Clinton die IRA auf, die Waffen niederzulegen. Sinn Féin zögerte und suchte erneut Zeit zu gewinnen, denn die Meinungsverschiedenheiten in den eigenen Reihen hielten an. Die

---

73 MALLIE/McKITTRICK; Endgame, S. 171 ff. MacGINTY/DARBY, Guns and Government, S. 112 ff. COOGAN; Troubles, S. 415 ff. ADRIAN GUELKE, The United States, Irish Americans and the Northern Ireland peace process. In. International Affairs 72, 3, 1996, S. 532 ff. C.O'CLERY, The Greening of the White House. Dublin, 1996.
74 Siehe dazu ausführlich MALLIE/McKITTRICK, Fight for Peace, S. 276 ff. US-Präsident Clinton hatte das Visum nur für New York und unter der Maßgabe erteilt, dass Adams keinen Werbefeldzug für Sinn Féin führen dürfe. Clinton berichtet in seinen Erinnerungen ausführlich von der tiefen Verstimmung Majors. BILL CLINTON, Mein Leben. Berlin, 2004. S. 879 ff.

IRA setzte ihre Gewaltaktionen in »dosierter« Form fort, so, als wollte sie ihre Anhänger beschwichtigen. Am 6. März 1994 feuerten IRA Mitglieder Granaten auf den Londoner Flughafen Heathrow, von denen allerdings keine explodierte. Es wurde gemunkelt, dass die Geschosse vorher unbrauchbar gemacht worden seien, die Aktion sei nur als Demonstration der militärischen Fähigkeiten der IRA gedacht gewesen. Am 30. März 1994 verkündete die IRA eine dreitägige Waffenruhe, die von Taoiseach Reynolds begrüßt, von Premier Major dagegen bitter kommentiert wurde. Die Menschen in Nordirland, so Major, brauchten keinen kurzzeitigen Waffenstillstand, sondern »*a total cessation of violence.*«[75] Auf einer vielbeachteten Sinn Féin Konferenz im April 1994 in Letterkenny, County Donegal, wurden erneut Einwände gegen die »Joint Declaration« und einen Waffenstillstand vorgetragen und es dominierte die martialische Rhetorik des bewaffneten Kampfes. Die Britische Regierung sei nicht berechtigt, den Republikanern vorzuschreiben, auf welche Weise das irische Volk sein Selbstbestimmungsrecht ausüben dürfe. Auch akzeptiere sie weiterhin faktisch ein unionistisches Veto, indem sie den Unionisten Garantien gebe, die sie den Nationalisten verweigere. Die Konferenz verstärkte den Eindruck einer republikanischen Blockadepolitik. Im Sommer 1994 begann in republikanischen Kreisen ein *Strategiepapier* zu kursieren, das unter dem Kürzel »TUAS« bekannt wurde. »TUAS« konnte entweder für »*Totally UnArmed Struggle*« oder auch »*Tactical Use of Armed Struggle*« stehen. Die Autoren des Papieres ließen das offen, so dass ganz unterschiedliche Zielgruppen bedient werden konnten. Das Papier enthielt eine Positionsbestimmung der republikanischen Bewegung im Ringen um einen Waffenstillstand und den Beginn politischer Gespräche für eine Friedenslösung:

- Das Fernziel Sinn Féins bleibe unverändert: ein vereintes Irland als demokratische, sozialistische Republik.
- Sinn Féin könne das Ziel nicht alleine erreichen, es bedürfe einer gemeinsamen Anstrengung von Sinn Féin, der SDLP, Dublin, der Irisch-Amerikanischen Lobby und anderen europäischen Parteien (»*Irish nationalist consensus with international support*«). Das Papier erweckte den Eindruck, die genannten »Partner« hätten gemeinsame Ziele, was nicht zutraf.
- Das nationalistische Lager müsse mit internationaler Unterstützung den Druck auf London erhöhen.
- Das Irische Volk habe als Ganzes das Recht auf nationale Selbstbestimmung ohne »*äußere Hindernisse*«. Das hieß im Klartext, dass *Bedingungen* für die Ausübung dieses Selbstbestimmungsrechts, wie sie die »Joint Declaration« formulierte, nicht akzeptiert wurden.
- Die Anwesenheit der Briten verletze die nationale Selbstbestimmung (»*British rule breaches the principle of nationalself-determination*«). Dies war die Aufforde-

---

75 zitiert nach PAUL BEW/GORDON GILLESPIE, The Northern Ireland Peace Process 1993-1996. London, 1996. S. 49.

rung zum Abzug. Die Unionisten dürften kein Veto gegen die Politik der nationalen Selbstbestimmung geltend machen, gleichwohl brauche ein vereinigtes Irland auch die »*allegiance of varied traditions*«. Es wurde allerdings nicht näher ausgeführt, wie das nationalistisch-republikanische Lager die unionistischen Interessen berücksichtigen wolle.[76]

- Das nationalistische Lager müsse die Britische Regierung und die Unionisten als die »intransigenten« Parteien im Friedensprozess entlarven und die Widersprüche zwischen der Britischen Regierung und dem »Ulster Loyalism« verstärken.

Das Dokument versicherte der republikanischen Bewegung, dass der »Kampf« nicht vorbei sei (...«*the struggle is not over*«). Es war klar, dass damit der bewaffnete Kampf gemeint war, wie die Formulierung »*We have the ability to carry on indefinitely*« unschwer bestätigte. Die republikanische Bewegung, so hieß es ferner, werde nicht warten, bis sich die Briten änderten, sie sei bereit, sie zu zwingen (»*to force their hand*«). Mit dem Satz »*another front has opened up*« wurde auf die seit den achtziger Jahren vertretene Doppelstrategie von politischem und bewaffneten Kampf abgehoben. Es ist nicht bekannt, welchen Einfluss das TUAS Dokument tatsächlich auf die Basis der republikanischen Bewegung gehabt hat. Es ist zu vermuten, dass es einerseits zur Beruhigung der verunsicherten Basis beitrug, indem mit markigen Worten auf die Bereitschaft und Fähigkeit der Bewegung zum bewaffneten Kampf verwiesen wurde. Andererseits wurde die Bewegung in die Pflicht genommen, die günstige Friedenskonstellation zu nutzen, die sich den Verfassern des Dokumentes wie folgt darstellte:

- John Hume sei der einzige SDLP Politiker, der in der Lage sei, der Herausforderung zu begegnen.
- Die Koalition in Dublin (d.h. die Koalition von Fianna Fáil und Labour) sei die stärkste sei 25 Jahren.
- Es gebe potentiell eine starke irisch-amerikanische Lobby, die keiner politischen Partei in Irland oder Großbritannien verpflichtet sei.
- Clinton sei der erste US-Präsident seit Jahrzehnten, der von einer solchen Lobby beeinflussbar wäre.
- Die Britische Regierung sei gegenwärtig innerhalb der EU die am wenigsten populäre.
- Zum ersten Mal seit 25 Jahren würden alle großen nationalistischen Parteien im großen und ganzen in die gleiche Richtung gehen (»*are rowing in roughly the same direction*«).

Während die internen Diskussionen in der republikanischen Bewegung weitergingen und hinter den Kulissen heftig um einen möglichen Waffenstillstand der IRA gerungen wurde, verstärkte sich der äußere Druck. Taoiseach Reynolds lockte Sinn

---

[76] Text in http://cain.ulst.ac.uk/othelem/organ/ira/tuas94.htm Siehe auch MOLONEY, Secret History, S. 498 ff.

Féin und die IRA mit einer Reihe von politischen Initiativen, die darauf zielten, Sinn Féin aus der politischen Isolation zu befreien. Er wolle diese sofort nach einem Waffenstillstand einleiten.[77] Doch weitere Wochen verstrichen und jetzt riss Reynolds der Geduldsfaden. Er hatte ja bereits eine Reihe von einseitigen vertrauensbildenden Maßnahmen erbracht, um endlich in der Waffenstillstandsfrage voranzukommen. Reynolds war der erste gewesen, der sich nach der Joint Declaration mit Gerry Adams zeigte, er hatte sich für Adams US-Visum eingesetzt, republikanische Gefangene entlassen und das Verbot für Radio- und TV-Interviews mit Sinn Féin Politikern aufgehoben. Schließlich hatte er sich sogar bei Clinton persönlich für die Einreise des IRA-Veterans Joe Cahill in die USA eingesetzt.[78] Jetzt ließ er Sinn Féin unmissverständlich mitteilen, dass sie sich »*verpissen*« könnten wenn sie ihre die Blockadepolitik fortsetzten. Er wolle keine Halbheiten mehr dulden: »*I don't want to hear anything about a sixth-month ceasefire; no temporary indefinite or conditional stuff; no retaliating against anyone; just that it's over...period ...full stop.*« Anderenfalls würde die Irische Regierung gemeinsam mit den Briten an der Lösung des Nordirlandproblems arbeiten, aber *ohne* die republikanische Bewegung, die ihren sinnlosen bewaffneten Kampf noch die nächsten 25 Jahre ergebnislos fortsetzen könne.[79] Das war eine unverhüllte Drohung einer energischen Kooperation mit den Briten, auch in Sicherheitsfragen, und konnte Sinn Féin und die IRA nicht kalt lassen, denn sie brauchten die Republik Irland als Rückzugsgebiet und eine weitere Isolation Sinn Féins durfte nicht zugelassen werden. Die IRA musste eine klare Analyse der Lage vornehmen. Sie hatte sich bis zu einem gewissen Grade auf den Friedensprozess eingelassen und innerhalb der nationalistischen community auch Erwartungen geweckt, die sie nicht enttäuschen konnte. Hinzu kam bei einer Bestandsaufnahme der militärischen Fähigkeiten die ernüchternde Erkenntnis, dass die Organisation seit der zweiten Hälfte der achtziger Jahre erhebliche Rückschläge hatte hinnehmen müssen. Ihre besten Bomben-Experten waren verhaftet und eine Reihe von Anschlägen verhindert worden.[80] Die Struktur der IRA und die personelle Zusammensetzung ihrer Spitzengremien war den Sicherheitsbehörden inzwischen wohl bekannt, ebenso wie manche versteckte Verbindung zwischen Sinn Féin und der IRA. Wie lange konnte der »armed struggle« noch durchgehalten werden? Anzeichen für eine Krise bei der Rekrutierung von »volunteers« und der Waffenbeschaffung waren nicht zu übersehen. Ferner hatten die loyalistischen Paramilitärs der IRA und der katholischen community erheblich zugesetzt. Angesichts dieser Situation musste sich die Terrororganisation

---

77 Die von Reynolds benannten Initiativen in 14 Punkten machte Ed Moloney zum ersten Mal der Öffentlichkeit zugänglich. MOLONEY, Secret History, S. 424 f.
78 ANDERSON, Joe Cahill, S. 346 ff.
79 So berichtet es Seán Duignan, enger Berater von Reynolds. SEÁN DUIGNAN, One spin on the merry-go-round. Dublin, 1996. S. 147.
80 HOLLAND, Hope Against History, S. 253 ff. Eindrucksvolle Beispiele für Erfolge der Sicherheitskräfte bei HOLLAND/ PHOENIX, Phoenix, S. 259 ff.

fragen, was sie eigentlich zu verlieren hatte, wenn sie sich auf einen Waffenstillstand einließe? Eine gut aufgestellte »pan-nationalistische« Front mit politischem Druck auf die Britische Regierung konnte etwas erreichen, so wurde es den »volunteers« von Adams und McGuinness geduldig versichert. Sollten sich ihre Erwartungen an den »Peace Process« nicht bestätigen, konnte sie den bewaffneten Kampf wieder aufnehmen. Warum nicht ein Experiment wagen? In den letzten Augusttagen verdichteten sich die Gerüchte einer kurz bevorstehenden Waffenstillstandserklärung der IRA. Hektische diplomatische Aktivitäten und Gespräche fanden statt. Eine irisch-amerikanische Delegation reiste nach Belfast, um den Druck auf Sinn Féin zu erhöhen, Hume traf sich erneut mit Adams, Reynolds ermutigte die republikanische Seite, den Schritt zum Waffenstillstand zu wagen und unterstrich seine Entschlossenheit, sich für ein vereinigtes Irland einzusetzen.

2. Der Weg zum »Good Friday Agreement« 1998

2.1. »Give Peace a Chance« – Der erste Waffenstillstand der IRA am 31. August 1994 und die »Framework Documents« 1995

Am 31. August 1994 veröffentlichte die IRA ein folgenschweres Dokument. Es war die lang erwartete Waffenstillstandserklärung seit Wiederbelebung und Spaltung der IRA 1969 und dem kurzen Waffenruhe-Intermezzo 1974/75. Die Erklärung hatte folgenden Wortlaut:

"Recognising the potential of the current situation and in order to enhance the democratic process and underlying our definitive commitment to its success, the leadership of the IRA have decided that as of midnight, August 31, there will be a complete cessation of military operations. All our units have been instructed accordingly.
At this crossroads the leadership of the IRA salutes and commends our volunteers, other activists, our supporters and the political prisoners who have sustained the struggle against all odds for the past 25 years. Your courage, determination and sacrifice have demonstrated that the freedom and the desire for peace based on a just and lasting settlement cannot be crushed. We remember all those who have died for Irish freedom and we reiterate our commitment to our republican objectives. Our struggle has seen many gains and advances made by nationalists and for the democratic position.
We believe that an opportunity to secure a just and lasting settlement has been created. We are therefore entering into a new situation in a spirit of determination and confidence, determined that the injustices which created this conflict will be removed and confident in the strength and justice of our struggle to achieve this.
We note that the Downing Street Declaration is not a solution, nor was it presented as such by its authors. A solution will only be found as a result of inclusive negotiations. Others, not the least the British government have a duty to face up to their responsibili-

ties. It is our desire to significantly contribute to the creation of a climate which will encourage this. We urge everyone to approach this new situation with energy, determination and patience."[81]

Im nationalistischen Lager brach lauter Jubel aus. In West Belfast strömten die Menschen auf die Straßen, die »Falls Taxi Association« organisierte einen Autokorso entlang der Falls Road und Andersonstown. Fröhliche Menschen in Partylaune schwenkten die irische Trikolore. Es war eine Stimmung wie nach einem gewonnenen Fußballspiel der irischen Nationalmannschaft. Gerry Adams ließ die »volunteers« der IRA hochleben und verlangte von der Britischen Regierung entscheidende Schritte für einen fundamentalen politischen Wandel. Premierminister Major äußerte sich erleichtert, fragte aber nach, ob dies tatsächlich ein endgültiger, permanenter Verzicht auf Gewalt (»*permanent renunciation of violence*«) sei.[82] Die Unionisten blieben misstrauisch, verlangten weitere Klarstellungen, fragten zweifelnd, ob »*complete*« wirklich »*permanent*« meine und mutmaßten, es habe hinter den Kulissen geheime Verabredungen zwischen den Briten und der IRA gegeben. Die Siegesstimmung im nationalistischen Lager verunsicherte sie erheblich. Die Britische Regierung wies diese Unterstellung postwendend und scharf zurück.[83] DUP Chef Paisley sah in der für ihn typischen alarmistischen Haltung Ulster am Rande des Bürgerkriegs. Er wollte John Major nicht glauben, dass es keinen geheimen »deal« mit der IRA gegeben hatte und geriet mit ihm in Downing Street No. 10 heftig aneinander. Major wies ihm empört nach zehn Minuten die Tür. Paisley verlangte ultimativ, dass die IRA unverzüglich ihre Kriegsmaschinerie, »*their semtex stores, their guns, their mortars and their equipment*« aufgeben solle.[84] So ganz falsch lag er mit dem Hinweis auf die riesigen Waffenbestände der IRA nicht und die *Frage der Entwaffnung* sollte sehr bald die überragende Rolle spielen. Die Irische Regierung begrüßte die Erklärung der IRA uneingeschränkt und Taoiseach Reynolds bemühte sich rasch um vertrauensbildende Maßnahmen. Er präsentierte sich mit Gerry Adams und John Hume händeschüttelnd in Dublin. Das war ein starkes Symbol für den Anbruch einer neuen Zeit. Zum ersten Mal seit siebzig Jahren zeigte sich ein Premier der Irischen Republik in freundlichem Gespräch an der Seite des Vertreters des radikalen Republikanismus und dem Führer des nordirischen konstitutionellen Nationalismus.

Der IRA Waffenstillstand setzte die *loyalistischen Paramilitärs* in Zugzwang und verstärkte die Diskussion, jetzt nachzuziehen. Debatten über eine Waffenruhe

---

81 BEW/GILLESPIE, The Northern Ireland Peace Process. A Chronology. London, 1996. S. 63.
82 MAJOR, Autobiography, S. 458.
83 Immerhin glaubten 56% der Nordiren, dass es geheime Absprachen gegeben habe zum Nachteil der Unionisten. BEW/GILLESPIE, The Northern Ireland Peace Process, S. 67.
84 BEW/GILLESPIE, The Northern Ireland Peace Process, S.64; Irish Times, 1. September 1994. COCHRANE, Unionist politics, S. 328 ff.

hatte es allerdings schon lange vor der IRA Waffenstillstandserklärung gegeben. Die Ermordung von drei führenden UDA/UFF Mitgliedern im Sommer 1994, darunter der UDP-Vorsitzende Ray Smallwoods, der als wichtiger politischer Kopf der Loyalisten galt, hatte diese Pläne wieder zunichte gemacht. Doch im Herbst, nach einigem Zögern über die Ernsthaftigkeit des IRA Waffenstillstandes, der glaubwürdigen Versicherung der Britischen Regierung, es habe kein »Geheimabkommen« mit der IRA gegeben und schwierigen Diskussionen mit den inhaftierten Loyalisten, erklärte das »*Combined Loyalist Military Command*« *(CLMC)* einen Waffenstillstand.[85] Am 13. Oktober 1994 verlas *Gusty Spence,* die UVF Legende, an historischem Ort, dem Fernhill House im Glencairn Estate, wo einst Staatsgründer Edward Carson seine UVF Truppen inspiziert hatte, die Waffenstillstandserklärung. Er erklärte im Namen des CLMC die Einstellung aller feindseligen Operationen von Mitternacht des 13. Oktober. Die Permanenz des Waffenstillstandes sei abhängig vom Verhalten der republikanischen Seite. Anders als die IRA fanden die Loyalisten Worte des Bedauerns und der Reue über die vielen unschuldigen Opfer loyalistischer Gewalt: »*In all sincerity we offer to the loved ones of all innocent victims over the past twenty-five years abject and true remorse. No word of ours will compensate for the intolerable suffering they have undergone during the conflict.*« Die Erklärung schloss mit einem Bekenntnis zu friedlichen Mitteln der »*differing views of freedom, culture and aspiration*« im Ringen um eine »*wholesome society in which our children, and their children, will know the meaning of true peace.*«[86]

Diese Worte des Bedauerns, des Friedens und der Versöhnung gaben Mut und Hoffnung, dass der Friedensprozess sich jetzt in rascherem Tempo bewegen würde. Die Waffenstillstände waren erklärt, jetzt sollten die Politiker zum Zuge kommen. John Major gab ein Zeichen guten Willens. In einer Fernsehansprache am 21. Oktober 1994 erklärte er, er gehe von der »Arbeitshypothese« (»*working assumption*«) aus, dass der Waffenstillstand der IRA »permanent« sei und erste Erkundungsgespräche mit allen Parteien, unter Einschluss von Sinn Féin, noch vor Ende des Jahres beginnen könnten. Am 9. Dezember 1994 kam es in Belfast zum ersten Mal in der Geschichte des Konflikts zu einem offiziellen Gespräch zwischen einer Britischen Regierungsdelegation und Sinn Féin Vertretern. Premierminister Reynolds hatte zuvor am 28. Oktober 1994 in Dublin das »*Forum for Peace and Reconciliation*« eröffnet wie es in der »Joint Declaration« vorgesehen war. Das »Forum« war als offene Diskussionsplattform für alle demokratischen Parteien und Gruppierungen konzipiert, umfassend über zentrale Themen der Zukunft Irlands zu diskutieren. Dies war eine erste Gelegenheit für Sinn Féin, sich als akzeptierter Gesprächspartner zu präsentieren. Die Unionisten beteiligten sich nicht. Das

---

85 Siehe zum Hintergrund im Detail ROWAN, Between The Lines, S. 102 ff. TAYLOR, Loyalists, S. 227 ff. MALLIE/McKITTRICK; Endgame, S.203 f.
86 Ebda., S. 126 f.

zusammengetragene Diskussionsmaterial enthielt eine beeindruckende Bandbreite politischer Positionen und die Offenheit der Diskussionen war bemerkenswert, doch blieb das nur konsultative Forum ohne unmittelbaren Einfluss auf den Friedensprozess. Nach dem Zusammenbruch des Waffenstillstandes 1996 wurde das Forum vertagt, 1997 wieder aufgenommen, ohne allerdings eine auffällige politische Rolle zu spielen.[87] Premier Reynolds, sicherlich einer der wichtigsten »Architekten« des Friedensprozesses, konnte nicht mehr lange auf die Entwicklungen Einfluss nehmen. Am 17. November 1994 musste er wegen einer heftigen Kontroverse in seiner Fianna Fáil/Labour Party Koalition zurücktreten, sein Nachfolger wurde *John Bruton (geb. 1947)* von der Fine Gael Partei, der mit der Labour Party und der Demokratischen Linken eine Koalition formte.[88] Bruton setzte die Verhandlungen zur Ausfüllung und inhaltlichen Präzisierung der »Joint Declaration« nach der Brook'schen »Strand 1-3 Formel« fort, die Reynolds im Mai 1994 mit Major begonnen hatte. Er galt als »Unionisten-freundlich« (»John Unionist«) und wesentlich kritischer gegenüber der republikanischen Bewegung als sein Vorgänger. Er führte die Verhandlungen mit Major aber mit nicht weniger Standpunktsicherheit und Beharrlichkeit als Reynolds. Es gab wenig Raum für Zugeständnisse, da die Verhandlungen von der Oppositionspartei Fianna Fáil argwöhnisch verfolgt wurden.

Am 22. Februar 1995 veröffentlichten die Britische und Irische Regierung in Belfast in Fortführung und Erläuterung der »Joint Declaration« ein Dokument, das unter dem Namen »*Joint Frameworks Documents*« in die Geschichte eingegangen ist. Die FD bestanden aus zwei Teilen:[89]

- Teil 1: »*A Framework für Accountable Government in Northern Ireland*« war ein Grundsatzpapier der Britischen Regierung, in dem sie Vorschläge für die Reorganisation demokratischer Strukturen und Institutionen in Nordirland unterbreitete. Ausgehend von dem Grundsatz, dass eine Stärkung der politischen Verantwortlichkeit der Region (»*local accountability*«) zentraler Bestandteil einer umfassenden politischen Lösung sei, schlug die Britische Regierung erneut (wie schon 1973, 1974, 1975, 1982 und 1985) die Einrichtung *regionaler Selbstverwaltungsinstitutionen* vor:
    - Eine nordirische »Assembly« mit 90 Abgeordneten, nach dem Verhältniswahlrecht für 4-5 Jahre gewählt; mit legislativen und exekutiven Funktionen.
    - Ein separates Gremium (»panel«), bestehend aus drei Personen, eine Art »Präsidium« von Nordirland, gewählt von allen Nordiren nach dem Verhältniswahlrecht. Die Aufgaben und Verantwortlichkeiten des »panels« wurden wie folgt festgelegt: Vorbereitung und Leitung der »Assembly«,

---

87 Paths to a Political Settlement in Ireland. Policy Papers Submitted To The Forum For Peace and Reconciliation. Belfast, 1995.
88 COOGAN, Troubles, S. 457 ff.
89 Text in: http://cain.ulst.ac.uk/events/peace/docs/fd22295.htm

Stellungnahmen zu Gesetzesvorhaben, Ernennung von Ausschussvorsitzenden und ihrer Stellvertreter und ständigen Kontakt zum Nordirlandminister. Das »Präsidium« sollte zu einmütigen Beschlüssen kommen, ein schwieriges Unterfangen, denn angesichts der Mehrheitsverhältnisse war zu erwarten, dass zwei Unionisten und ein Nationalist im Präsidium sitzen würden.
  o Ein kompliziertes System von »*checks and balances*« und spezifischen Abstimmungsmodalitäten (»gewichtete« Mehrheiten von 65%-75%, um eine Entscheidung durchzusetzen!) sollten verhindern, dass Minderheiten überstimmt wurden.
- Teil 2: »*A Framework for Agreement*« war ein gemeinsames Grundsatzpapier der Britischen und Irischen Regierung, das Vorschläge im Rahmen der »Strand 1-3« Formel (Strukturen innerhalb Nordirlands, Beziehungen des Nordens zum Süden und der beiden Regierungen zueinander) enthielt. Die Regierungen wiederholten und präzisierten die schon in der JD niedergelegten Prinzipien (para. 10):
  o Bekenntnis zur nationalen Selbstbestimmung des ganzen irischen Volkes.
  o Bekräftigung des »Konsens-Prinzips«, d.h. keine Änderung des verfassungsmäßigen Status Nordirlands ohne die Zustimmung der Mehrheit der nordirischen Bevölkerung.
  o Bekenntnis zur Gewaltlosigkeit auf dem Wege zu einer politischen Lösung.
  o Bekenntnis zu gleichem Respekt und Anerkennung der nationalistischen und unionistischen Tradition.

Die vorgeschlagenen Institutionen für die regionale Selbstverwaltung (para. 22, 23) sollten so gestaltet werden, dass ein Höchstmaß an gemeinschaftsübergreifendem Konsens erreicht werden könne (»*cross-community agreement*«). Das eigentlich neue und sogleich Kontroversen auslösende Element war die Einrichtung einer »*Nord-Süd-Behörde*« (»*North-South Body*«). In dieses Gremium sollten vom Irischen Parlament bzw. der nordirischen Versammlung *Minister* der Irischen Regierung und Ressortchefs der jeweiligen Fachausschüsse (zugleich »Heads of Departments«) der neuen nordirischen »Assembly« gewählt werden. Die Teilnahme an diesem Gremium war für alle Gewählten Pflicht (»*duty of service*«, para. 25). Auf diese Weise sollte verhindert werden, dass eine politische Partei durch Verweigerung der Entsendung eines Ministers das gesamte Nord-Süd-Arrangement blockieren konnte. Die Nord-Süd-Behörde sollte ausdrücklich ermächtigt werden, EG Programme und Initiativen in nationales Recht umzusetzen. Auch dieser Punkt wurde rasch zum Streitobjekt. Die Funktionen der Behörde wurden erheblich präziser bestimmt (para. 29 ff.), als z.B. für den »Council of Ireland« im Sunningdale Abkommen von 1973. Das war aus Sicht der Nationalisten ein Vorteil, aus Sicht der Unionisten eine verhängnisvolle Entwicklung.

Beide Regierungen beschrieben ihre Beziehungen zueinander (im Text als »*East/West Structures*« bezeichnet, para. 39 ff.) wie bereits im AIA definiert. Die ständige »Intergovernmental Conference« und der »Anglo-Irish Intergovernmental Council« sollten fortgesetzt werden (»*reflecting the totality of relationships between the two islands*«, para. 40).

Die FD schrieben fort und präzisierten, was bisherige Britische Regierungen über einen langen Zeitraum versucht hatten: *Eine verantwortliche, demokratische Regionalregierung zu schaffen, in der Nationalisten und Unionisten gemeinsam arbeiten konnten (»Power-Sharing«) ohne einander dominieren zu können bei gleichzeitiger Beteiligung der Irischen Regierung an der Verwaltung Nordirlands (»Irische Dimension«).* Neu war die starke Betonung und institutionelle Absicherung der Nord-Süd Kooperation durch die Präzisierung der Funktionen der *»Nord-Süd-Behörde«* als *konsultative, harmonisierende und exekutive*.[90]

Funktionen	Reichweite/Verbindlichkeit	Tätigkeitsfelder
Konsultativ	keine formelle Übereinstimmung erforderlich	nicht definiert, im Prinzip alle Politikfelder
Harmonisierend	formelle Vereinbarungen über gemeinsame Politik	z.B. Landwirtschaft, industrielle Entwicklung, Verkehr, Energie, Handel, Gesundheit, Soziales und Bildung
Exekutiv	formelle Vereinbarungen und Umsetzungen für ganz Irland erforderlich	EG Programme, Tourismus, Kultur

Die Rolle der Irischen Regierung im Blick auf die Verwaltung Nordirlands wurde aufgewertet. Die Rede von der »Harmonisierung« der Politik im Norden und Süden im Blick auf eine Fülle von Politikfeldern, deuteten Nationalisten positiv als Stufe auf dem Weg zur Einheit Irlands. Es war klar, dass Unionisten dagegen Sturm laufen würden. Ferner wurde aus den negativen Erfahrungen der Vergangenheit der Schluss gezogen, *Blockadesituationen*, insbesondere herbeigeführt durch die Verweigerungshaltung der Unionisten, zu verhindern. Deshalb sollte die *»Nord-Süd-Behörde«* auch dann fortbestehen, wenn die Bildung einer regionalen Selbstverwaltung nicht gelänge, bzw. diese wieder durch britische Direktregierung abgelöst würde. Und deshalb waren die Abstimmungsverfahren in der neu zu schaffenden »Assembly« so kompliziert und sorgsam ausgetüftelt, um die nationalistische Minorität zu schützen. Die FD waren, wie es Alvin Jackson vorsichtig ausgedrückt hat, das *grün eingefärbte Korrektiv* zur »Joint Declaration«.[91] Man

---

90 Siehe nachstehende Tabelle bei TONGE, Northern Ireland, S. 161.
91 JACKSON, Home Rule, S. 307.

könnte auch drastischer von einer deutlichen Schlagseite zugunsten des nationalistischen Lagers reden. Dahinter mag auch die Hoffnung beider Regierungen gestanden haben, durch einige Konzessionen und »grüne Rhetorik«, den Waffenstillstand substantiell abzusichern, d.h. der IRA Schritte zur »Entwaffnung« zu erleichtern und Sinn Féins Beteiligung an künftigen All-Parteien-Gesprächen zu festigen. Premier Major schreibt in seiner Autobiographie selbstkritisch, dass die Dokumente zu lang, zu dicht, ja einfach nicht *»user-friendly«*, gewesen seien: *»And the language was more ‚Green' than the substance«*.[92] Es war den politisch Verantwortlichen in London und Dublin klar, dass sie auf schmalem Grat wanderten. Die hohe diplomatische Kunst bestand darin, die politischen Arrangements gemäß der Strand 1-3 Formel so auszutarieren und die drei Ebenen so miteinander zu verbinden, dass alle streitenden Parteien damit leben konnten. Wollten die Unionisten eine starke Regionalregierung für Nordirland, so musste im Gegenzug dafür gesorgt werden, dass die nationalistische Minderheit ausreichend vertreten war und die Irische Regierung eine gewisse Mitsprache erhielt. Außerdem mussten die Beziehungen der Britischen und Irischen Regierung in Bezug auf Nordirland geklärt werden. Die Mitsprache der Irischen Regierung durfte aber nicht so weit gehen, dass die Unionisten den Eindruck bekamen, an die Stelle der Britischen Regierung als dem verfassungsmäßigen Souverän für Nordirland, würde eine *»joint authority«* der Iren und Briten treten. Dies hätten sie nie akzeptiert und sie tun es bis heute nicht. Das höchst komplizierte Geschäft des Ausbalancierens antagonistischer Interessen war immer notwendigerweise mit Mängeln behaftet. Im Falle der FD ging das Kalkül nicht auf, wie die nächsten Wochen und Monate zeigen sollten.

Das Echo in der Öffentlichkeit war höchst kontrovers. Einer Umfrage zufolge glaubten 73% der Katholiken, aber nur 36% der Protestanten, dass die FD die *Grundlage für einen dauerhaften Frieden* sein könnten. 58% der Protestanten und 49% der Katholiken meinten, dass die FD letzten Endes zu *einem vereinigten Irland* führen würden.[93] Die Mehrheit der Nordiren sah in den FD ein Dokument, das eher den nationalistischen Interessen als den unionistischen entsprach.[94] In den Parteizentralen der unionistischen Parteien herrschte helle Aufregung und die Stimmung in der unionistischen Anhängerschaft schwankte zwischen Ärger und tiefer Verunsicherung. UUP-Vorsitzender James Molynaux, der zu den Prinzipien der »Joint Declaration« noch ein vorsichtiges, pragmatisches »Ja« formuliert hatte, wandte sich jetzt entschieden gegen die FD. Die FD waren ihm »zu grün«, zu »nationalistisch«, sie enthielten zu viele Konzessionen an die nationalistische Seite. Sie stellten, so zugespitzt die Kritik, einen raffinierten Trick dar, die Menschen in

---

92 MAJOR, Autobiography. S. 469.
93 Irish Political Studies, Vol. XI, 1996, S. 257 ff.
94 ADAMS, Free Ireland, S. 229.

Ulster zur Einwilligung in das Ende ihrer britischen Identität und der Union zu treiben. Die immer wieder genannten Hauptkritikpunkte waren:[95]:
1. *Unterminierung der Souveränität der Britischen Regierung* durch zu großen Einfluss der Irischen Regierung in der »Intergovernmental Conference« und dem »Nord-Süd Gremium«.
2. *Verletzung des Prinzips des Konsenses*, indem durch »Harmonisierungsprozesse« die nordirischen Verhältnisse allmählich den Strukturen der Republik angepasst würden und am Ende eine gemeinsame Britisch-Irische Regierung Nordirlands stünde (»Joint Authority«).
3. Keine *Revision des Territorialanspruches* der Republik Irland auf ganz Irland in Artikel 2 und 3 ihrer Verfassung.
4. *Ineffektivität und Paralysierung* der nordirischen Versammlung durch zu komplizierte und demokratisch fragwürdige Verfahren.
5. Beschädigung der *Britischen Souveränität* durch die Aufwertung der EG.

Rustikaler reagierte, wie nicht anders zu erwarten war, die DUP. Ihr stellvertretender Vorsitzender, Peter Robinson, sah in den Dokumenten sinnbildlich den »Dolch« in der Hand des »Freundes«. Die FD seien *»entirely a nationalist agenda for bringing about a united Ireland.«* Für die Unionisten würden die schlimmsten Befürchtungen wahr, *»that they are no longer wanted and that their Government no longer has any selfish, strategic or economic interest in them.«*[96] Sein Parteivorsitzender wurde noch lauter und deutlicher. Die FD seien eine hinterhältige Strategie der Britischen Regierung, Nordirland aus der Union zu stoßen: *»This a finely tuned one-way street, it only has one proposal and that is to go down the Dublin road.«*[97] Premier Major gelang es nicht, die Befürchtungen der Unionisten zu zerstreuen, dass die FD nicht den Bestand der Union gefährdeten.[98] Der Ärger der Unionisten war gleichwohl verständlich. Sie sahen auf Seiten der Britischen Regierung eine Konzessionsbereitschaft und Nachgiebigkeit, der auf republikanischer Seite zu wenig Entgegenkommen entsprach. Nach dem Waffenstillstand schien die IRA weder bereit, auch nur durch symbolische Gesten ihren Abrüstungswillen zu unterstreichen, noch zeigte sich Sinn Féin fähig und willens, auf sie Einfluss zu nehmen.

Die Alliance Party, die SDLP und – verhalten positiv – Sinn Féin begrüßten die FD dagegen als einen Schritt in Richtung Frieden. Adams beeilte sich, mit starker Übertreibung, zu versichern, dass das Dokument deshalb diskussionswürdig sei, weil es die Teilung Irlands und die »britische Herrschaft« als politischen Fehler anerkenne und stark auf ein vereintes Irland orientiere. Sinn Féin wolle daher die erfolgreiche »pragmatische« Politik fortsetzen.

---

95 UUP, Response to »Frameworks for the Future«, März 1995. Siehe auch das Grundsatzpapier der UUP von 1996 »The Democratic Imperative«.
96 Independent, 24. Februar 1995.
97 Belfast News Letter, 23. Februar 1995.
98 MAJOR, Autobiography, S. 467.

2.2. Der erste Streit um die »Entwaffnung« (»decommissioning«), Drumcree Eins 1995 und der Aufstieg David Trimbles

Es war im Frühjahr 1995 nicht zu übersehen, dass Sand ins Getriebe des Friedensprozesses geraten war. Die *Entwaffnung* der paramilitärischen Gruppen wurde zur zentralen Streitfrage und sie ist es bis heute geblieben. Die Kontroverse darüber begann unmittelbar nach dem Waffenstillstand der IRA. Die Rhetorik aller Konfliktbeteiligten, es sei an der Zeit, die Waffen schweigen zu lassen, ja sie endgültig aus dem politischen Leben Irlands zu verbannen (»*to take the gun out of politics in Ireland*«), war gut zu hören, doch gab es tiefgreifende Meinungsverschiedenheiten darüber, wie dieser Prozess organisiert werden sollte. Die gegenseitigen Erwartungen und Wahrnehmungen waren sehr verschieden. Die Britische Regierung war misstrauisch und vorsichtig. Die Unionisten verstärkten massiv die Zweifel an der Aufrichtigkeit der IRA. Für sie war der Waffenstillstand nur Taktik, ein Luftholen der IRA, um die Kräfte für den Kampf gegen die Briten neu zu sammeln. War die IRA wirklich zum Frieden bereit? Und wenn ja, dann sollte sie es »beweisen«, z.B. durch konkrete Entwaffnungs-Schritte. Was aber hieß Entwaffnung konkret? Der immer wieder verwendete Begriff *»decommissioning«*, hatte nicht dieselbe Bedeutung wie *»disarmament«* oder gar *»demilitarization«*. »Decommissioning« muss erheblich vorsichtiger mit »Stilllegen«, »Außer-Dienst-Stellen«, »Ausmusterung« der Waffen übersetzt werden. Hier entzündeten sich die Gegensätze. Die *Britische Regierung und die Unionisten* verstanden »decommissioning« im Sinne von *substantieller Entwaffnung*, d.h. verbunden mit Maßnahmen zur kontrollierten und überprüfbaren Abgabe (oder Vernichtung) von Waffen und sei es zunächst auch nur symbolisch von einigen wenigen. Es war das klare Ziel der Britischen Regierung, derartige »Entwaffnungsschritte« zu erreichen, *bevor* mit Sinn Féin Gespräche beginnen konnten, die dann zu weiteren »All-Parteien« – Friedensgesprächen ausgeweitet werden sollten. Aus Sicht der Britischen Regierung war es schwer verständlich, warum die IRA nach dem Waffenstillstand nicht bereit war, sich auf ein so verstandenes »decommissioning« einzulassen, z.B. als ersten Schritt die Rekrutierung von Freiwilligen sowie Planung und Vorbereitung von neuen Aktionen einzustellen. *Sinn Féin und die IRA* dagegen begriffen »Entwaffnung« nicht als *einseitige* Entwaffnungsschritte, sondern als einen *bilateralen »Entmilitarisierungsprozess«, der seinerseits Teil einer umfassenden Verhandlungslösung* sein sollte. Man sollte sich erst einmal zu Gesprächen zusammensetzen und dann konnte »decommissioning« ein Punkt neben anderen auf der Agenda sein, wie z.B. auch die von Sinn Féin geforderte Auflösung der RUC und sichtbare Maßnahmen eines Abbaus der britischen Militärpräsenz. Ed Moloney hat in seiner »Secret History of the IRA« die Auseinandersetzungen um den Waffenstillstand und »decommissioning« in der IRA und Sinn Féin sehr genau analysiert und die Schwierigkeiten plausibel gemacht, die innerhalb der republikanischen Bewegungen zu vielfältigen widersprüchlichen Aussagen und Aktionen führten: Die Entscheidung für den Waffenstillstand 1994 war im Armeerat der IRA auf Antrag von Adams und McGuinness mit klarer Mehrheit, bei einer Gegenstimme (Stabschef Kevin McKenna) und einer Enthaltung (vom IRA »Paten« aus South Armagh, Tom »Slab« Murphy) gefallen. Der Waffenstillstand, der im internen Sprachgebrauch stets nur als *»sos«* (gälisch = Ruhepause, Unterbrechung, Rast) bezeichnet wurde, sollte nur für vier Monate *(»exploratory cessation«)* gelten. Diese konkrete zeitliche Begrenzung wurde als Geheimnis gehütet, weder die Mitglieder der IRA noch die Öffentlichkeit erfuhren etwas darüber, dennoch war in IRA Kreisen offensichtlich klar, dass der Waffenstillstand nicht »endgültig« war, sondern davon abhing, wie die Britische Regierung reagieren würde. Der Armeerat verlängerte in den folgenden Monaten den Waffenstillstand stillschweigend weiter, worüber die Basis wiederum nicht unterrichtet wurde. Das einfache »Fußvolk« der republikanischen Bewegung, insbesondere viele Aktivisten der IRA, reagierten mit wachsendem Unmut als trotz anhaltenden Waffenstillstandes keine raschen und substantiellen Schritte zur Einbeziehung Sinn Féins in Gespräche erfolgten und die britische Militärpräsenz praktisch unverändert blieb. Nach Meinung der Basis waren die Briten in der Bringeschuld, nicht die IRA, denn diese habe ja ihren Teil (den Waffenstillstand) geleistet. Die Führungen von IRA und Sinn Féin waren in einem Dilemma: Sie mussten dem wachsenden Verdruss an der Basis begegnen, den Falken in den eigenen Reihen entgegentreten und zugleich gegenüber der Britischen Regierung ihren Willen demonstrieren, am Waffenstillstand festzuhalten. Inzwischen hatten sich auch einige Rahmenbedingungen der TUAS-Politik verändert. Mit dem Rücktritt von Albert Reynolds war ein wichtiger Vermittler ausgeschieden, sein Nachfolger John Bruton war, wie erwähnt, der republikanischen Bewegung gegenüber erheblich kritischer eingestellt. So wurden Adams, McGuinness & Co. auf eine schwierige Gratwanderung gedrängt, die höchste Diplomatie erforderte. Das Ergebnis war eine überaus widersprüchliche Politik, ein Balanceakt zwischen radikaler Rhetorik, die den Briten signalisierte, man werde auf die Waffen nicht verzichten und pragmatischer Gesprächsbereitschaft. Adams und McGuinness tauchten fast jeden Tag in den internationalen Medien wechselweise mit Drohreden oder konzilianten Einlassungen auf. Am 13. August 1995 z.B. musste sich Adams bei einer republikanischen Demonstration in Belfast gegen eine aufgebrachte Menge zur Wehr setzen, die lautstark Kritik an seiner Politik übte. Auf den Zuruf *»Bring back the IRA!«* reagierte er beschwichtigend und schloss mit dem Ausspruch: *»They haven't gone away, you know.«*[99] Dieser Satz wird ihm noch heute vom unionistischen Lager als Beleg vorgehalten, dass er eigentlich – als IRA-Mann – an Frieden nicht interessiert sei. Fünf Tage später sprach er ganz anders und erklärte nachdenklich, dass Republikaner Kompromisse machen müssten und appellierte an die Unionisten, All-Parteien Gespräche zu beginnen. Diese Schaukelpolitik, die vor dem Hintergrund der heftigen internen Kontroversen, nicht

---

99 MOLONEY, Secret History, S. 437.

unverständlich war, erregte ihrerseits das Misstrauen der Britischen Regierung und forderte den Widerstand der Unionisten heraus, die sich entschieden gegen weitere »Konzessionen« aussprachen.

Für Teile der republikanischen Basis war die Bewahrung einer intakten, kampffähigen IRA die *Voraussetzung* für weitere Verhandlungsschritte. Jede weitere »Schwächung« der Organisation wäre als »Kapitulation« und »Demütigung« verstanden worden, was dem Selbstverständnis der IRA diametral widersprach. Sie betrachtete sich als nicht »besiegt«, sondern sie hatte sich freiwillig, aus politischen Erwägungen, zu einem Friedensprozess als »Test« des guten Willens der Briten bereit erklärt. Die republikanische Bewegung sah den Waffenstillstand als eine historische Gelegenheit für die Briten, jetzt mit ihrer bekundeten »Neutralität« Ernst zu machen und rasch, wie es in der Waffenstillstandserklärung der IRA gefordert worden war, »*inclusive negotiations*« zu beginnen. Die ständige Nachfrage der Briten, ob der Waffenstillstand denn »permanent« sei und das Drängen auf sichtbare Entwaffnungsschritte, verärgerte viele Republikaner, denn es läge ja schließlich an den Briten, so die Argumentation, ob der Waffenstillstand andauern würde. Es sei unverständlich, warum die Briten zögerten. Im Gegenzug fragten die Britische Regierung und die Unionisten, warum eine Bewegung, die sich zu friedlichen Mitteln der politischen Auseinandersetzung entschlossen zu haben schien, eine funktionsfähige »secret army« brauche? Es ist nicht erstaunlich, dass, wie Moloney schreibt, die Antwort der Briten auf den Waffenstillstand langsam und vorsichtig war, denn das Verhalten der IRA gab zu ernsthaften Zweifeln an ihrem Friedenswillen Anlass:[100]

- Die IRA setzte die Einwerbung von Finanzmitteln (»fund-raising«), die Rekrutierung von Freiwilligen und die Planung von Terroraktionen fort.
- Sie demonstrierte durch eine Vielzahl von sogenannten »Bestrafungsaktionen« (»punishment beatings«), dass sie ihre Dominanz in den katholischen Ghettos fortzusetzen entschlossen war. Journalist Jürgen Krönig beobachtete das Verhalten der IRA im Mai 1995: »*In der Ardoyne wie in anderen katholischen Hochburgen hat die IRA die Funktion der Staatsgewalt usurpiert. Ihre Kommando-Einheiten, »Provos« genannt, sind Polizei und Justiz zugleich. Seit Ausrufung des Waffenstillstandes ... ahnden sie ‚antisoziales Verhalten' wie joyriding (das Rasen mit gestohlenen Autos), Vandalismus und Drogenhandel noch härter als zuvor. Im Vorgriff auf das ‚neue Nordirland' wollen sie ihre Position als selbsternannte Ordnungsmacht nicht preisgeben, auch wenn sie Schusswaffen nicht mehr verwenden dürfen. Das alte kneecapping, den gezielten Schuß durch Knie oder Armgelenk ersetzen die Provos durch eine weit brutalere Praxis. Mit Baseballschlägern und Eisenstangen werden Arme und Beine von ‚unbotmäßigen' Jugendlichen zertrümmert.*«[101]

---

100 MOLONEY, Secret History, S.433 ff. Siehe auch ENGLISH, Armed Struggle, S. 285 ff.
101 JÜRGEN KRÖNIG, Mut zum Frieden. DIE ZEIT, Nr. 20, 12. Mai 1995.

- Getarnt als Anti-Drogen-Aktion (»*Direct Action Against Drug Dealers*«, DAAD) »eliminierte« sie zwei angebliche Drogenhändler.
- Am 10. November 1994 wurde der Postarbeiter Frank Kerr bei einem Überfall auf das Postamt von Newry erschossen. Obwohl die IRA Führung behauptete, die Aktion sei nicht »autorisiert« gewesen und sich Gerry Adams öffentlich »schockiert« äußerte, blieben Zweifel.

In dem Klima der Verunsicherung, des Misstrauens und äußerster Vorsicht, reagierten die Briten zögerlich. Er habe, so schreibt Major in seiner Autobiographie, es tunlichst vermieden, von der IRA eine »Kapitulation« zu verlangen, da er die Psychologie der republikanischen Bewegung durchaus einschätzen konnte. Die stärksten Forderungen nach Entwaffnung in der Phase *vor* und *unmittelbar nach* dem Waffenstillstand seien nicht von der Britischen, sondern von der Irischen Regierung ausgegangen.[102]

Nachdem am 9. November 1994 erstmalig seit Jahrzehnten eine Britische Regierungsdelegation mit der Führung von Sinn Féin zusammengetroffen war, folgten weitere Erkundungsgespräche, in denen die unterschiedlichen Standpunkte in der Entwaffnungsfrage zum Ausdruck kamen. Major war bereit, die Abgabe von zumindest einer nennenswerten Menge an Waffen (»*a worthwile quantity of arms*«) mit weiteren vertrauensbildenden Maßnahmen, unter anderem der Entlassung von republikanischen Häftlingen, zu honorieren. Schon im September 1994 hatte die BBC das Verbot aufgehoben, Sinn Féin Politiker in Rundfunk und Fernsehen direkt auftreten zu lassen. Das war der IRA und Sinn Féin offensichtlich zu wenig und auch aus Kreisen der US-Administration und der Irischen Regierung gab es Äußerungen, die darauf hindeuteten, dass von der Britischen Regierung weitere substantielle politische Friedensschritte erwartet wurden, ohne dass zuvor die IRA in die Pflicht genommen wurde, erste Entwaffnungsschritte zu tun. Die Britische Regierung dagegen unterstrich erneut, wie sie sich den Fortgang des Friedensprozesses vorstellte. Am 7. März 1995 formulierte Nordirlandminister Patrick Mayhew in Washington drei Bedingungen:

1. »*A willingness in principle to disarm progressively.*
2. *A common practical understanding of the modalities, that is to say what decommissioning would actually entail.*
3. *In order to test the practical arrangements and to demonstrate good faith, the actual decommissioning of some arms as a tangible confidence-building measure and to signal the start of a process.*«[103]

Diese Konditionen (»*Washington 3*«) waren durchaus moderat, denn die Briten sprachen jetzt nur noch von der Abgabe »*einiger Waffen*«. Doch die IRA war entschlossen, ihren Militärapparat intakt zu halten und kommentierte die »Wa-

---

102 MAJOR, Autobiography, S. 471 f. Es ist sicherlich weit überzogen, Major zu unterstellen, er habe die »republikanische Psychologie« nie verstanden. MALLIE/ McKITTRICK, Fight for Peace, S. 340.
103 Ebda., S. 474.

shington 3« Prinzipien ärgerlich als Ablenkungsmanöver. Adams und McGuinness warfen der Regierung vor, sie bemäntele ihr Nichtstun mit der Forderung nach »decommissioning« als Vorbedingung für substantielle Friedensgespräche und verlangten Konsultationen auf Ministerebene. Die Britische Regierung kam diesen Forderungen nach und über den Sommer 1995 fanden Gespräche mit Gerry Adams, Martin McGuinness auf der einen Seite, Patrick Mayhew und seinem Stellvertreter Michael Ancram auf der anderen Seite statt. Zugleich gab es enge Kontakte zwischen Sinn Féin und der Irischen Regierung. Doch es gab keinen Fortschritt. Der Waffenstillstand hielt noch, gleichwohl hörte die Gewalt unterhalb der Schwelle militärischer Operationen nicht auf. Die barbarischen »punishment beatings« der IRA und auch loyalistischer Paramilitärs hielten an. Die Bilanz am Ende des Jahres war bedrückend. In den vierzehn Monaten nach dem Waffenstillstand war die IRA an 148 »punishment beatings« beteiligt, die loyalistischen Paramilitärs an 75. Im Vergleich dazu waren es in den vierzehn Monaten *vor* dem Waffenstillstand »nur« 8 von der IRA und 37 von Loyalisten.[104]

In dieser Phase des Stillstands wurde der Friedensprozess zusätzlich durch zwei folgenschwere Ereignisse belastet.

Am 3. Juli wurde Paratrooper Lee Clegg, der 1993 wegen Mordes an der 18jährigen Kathrin Reilly zu einer lebenslänglichen Gefängnisstrafe verurteilt worden war, bereits nach vier Jahren Haft entlassen. Der Fall hatte seinerzeit viel Staub aufgewirbelt und scharfe Kontroversen ausgelöst. Während die republikanische Seite Clegg als Mörder in Uniform sah, sympathisierte die unionistische Seite und große Teile der britischen Öffentlichkeit mit ihm. Er habe lediglich seine Pflicht getan und ein gestohlenes Fahrzeug, in dem Kathrin Reilly saß, zum Halten zwingen wollen.[105] In nationalistischen Kreisen war die Empörung groß und es kam zu zweitägigen heftigen Ausschreitungen. Die Britische Regierung, so hieß es aus republikanischen Kreisen, würde mit der vorzeitigen Entlassung Cleggs demonstrieren, dass sie den Friedensprozess nicht ehrlich vorantreibe.

Wenig später kam es im Zusammenhang mit dem traditionellen Marsch des »Orange Order« am 12. Juli in *Portadown* zu einem massiven politischen Konflikt, der den schlingernden Friedensprozess in zusätzliche Turbulenzen brachte. Wenn es nicht die Auseinandersetzungen um die Aufmärsche des »Orange Order« in Portadown gegeben hätte, so hätte die Welt wohl kaum etwas über die Existenz des »Orange Order« erfahren. Im Jahr 1995 aber rückten der »Orange Order« und eine kleine Kirche im Dorf *Drumcree* bei Portadown in den Mittelpunkt der internationalen Medien. Seit 1796 marschierte und demonstrierte der »Orange Order« und die grundlegende Botschaft blieb immer dieselbe: Ulster solle protestantisch und British bleiben! Der Charakter der Märsche war damals wie heute oft

---

104 BEW/GILLESPIE, The Northern Ireland Peace Process, S. 139. Siehe auch die etwas anderen Zahlen bei http://cain.ulst. ac.uk/issues/violence/punish.htm
105 Siehe zum Fall Clegg McKITTRICK, Lost Lives, S. 1207 ff.

demonstrativ und provokativ anti-katholisch und anti-nationalistisch. Vielfach beteiligten sich extremistische loyalistische Gruppen mit Verbindungen zu paramilitärischen Organisationen, z.B. die berüchtigten »*Blood- and Thunder-Bands*«, mit offen sektiererischen Songs und Zeichen, sowie Gruppen von Hooligans, denen nur an Randale gelegen war. Trotzdem läßt sich die orangeistische Marsch- und Erinnerungskultur nicht auf bloße religiöse und politische Provokation reduzieren. Nicht alle Aktivisten des Oranier-Ordens waren »bully boys« und Katholikenfresser. Das »Recht zu Marschieren« stand den »Orangemen« genauso zu, wie ihren Gegnern, wenn denn gelten sollte, was in der »Joint Declaration« und den »Framework Documents« mit »gleicher Wertschätzung« (»parity of esteem«) beider Traditionen gemeint war. Auch die Nationalisten zelebrierten die Erinnerung an geschichtliche Ereignisse und herausragende Persönlichkeiten aus ihrer Tradition mit Märschen und Umzügen, etwa am 17. März zum St. Patricks Day oder im April im Gedenken an den Osteraufstand 1916. Das Problem war der Mangel an gegenseitiger Akzeptanz und die Unfähigkeit beider Seiten, auf Provokationen zu verzichten. Die »Orangemen« betrachteten die Märsche als ihr Bürgerrecht auf freie Meinungsäußerung und Selbstdarstellung ihrer protestantisch-loyalistischen Identität, während sie nationalistische Paraden und Aufmärsche als illegitime politische Provokationen verwarfen. Das nationalistische Lager bewertete die loyalistische Paraden- und Marschkultur dagegen als bewusste Demütigung, Beleidigung und Diffamierung der katholischen community. Trotz dieses düsteren Hintergrundes, verliefen die meisten Märsche der »Orangemen« durchaus friedlich, sie glichen eher großen Familientreffen mit Gottesdienst und anschließendem Picknick als politischen Demonstrationen, obwohl jedes Jahr politische (sehr schlichte und allgemein gehaltene) Botschaften verlesen wurden. In den fünfziger Jahren war es vergleichsweise sehr ruhig um die Märsche, die katholische community nahm sie mit Gleichmut hin. Nicht wenige Katholiken schauten den Märschen zu und aus ländlichen Regionen ist bekannt, dass katholische Bauern sich um das Vieh ihrer protestantischen Nachbarn kümmerten, während diese an den Feierlichkeiten teilnahmen.[106] Das sollte sich mit dem Ausbruch der »Troubles« ändern. Der berühmt-berüchtigte Marsch der »Apprentice Boys Derry« am 12. August 1969 riss die tiefen Gräben in der nordirischen Gesellschaft von neuem auf und trug zum Ausbruch von Gewalt entscheidend bei. Paraden und Märsche wurden zu Demonstrationen protestantischen Protestes gegen den, wie es die Loyalisten sahen, schleichenden »Ausverkauf« Ulsters an die Republik Irland. Doch selbst nach 1969 kam es bei meisten Paraden, von einigen Ausnahmen abgesehen, nicht zu gewalttätigen Konfrontationen. Nur eine geringe Zahl von Paraden musste von der Polizei aus Sorge um Leib und Leben für Marschierende

---

106 Zum historischen und ideologischen Hintergrund der Paraden siehe v.a. die Arbeiten von JARMAN, Material Conflicts und BRYAN, Orange Parades.

und Gegner der Märsche umgeleitet werden, wie die nachstehende Polizeistatistik für die Jahre 1985 bis 2004 ausweist:

Paraden in Nordirland 1985-2002/2003[107]

Jahr	Summe	Loyalistische	Nationalistische	Umgeleitet bzw. mit Auflagen gestattet
1985	2120	1897	223	22
1986	1950	1731	219	9
1987	2112	1863	249	11
1988	2055	1865	190	10
1989	2317	2099	218	14
1990	2713	2467	246	10
1991	2379	2183	196	14
1992	2744	2498	246	16
1993	2662	2411	251	12
1994	2792	2520	272	29
1995	2883	2581	302	22
1996/1997	3252	2475	251	30
1997/1998	3455	2650	246	41
1998/1999	3472	2694	230	87
1999/2000	3383	2644	203	242
2000/2001	3214	2553	156	106
2001/2002	2808	2228	172	100
2002/2003	3056	2449	129	109
2003/2004	2978	2361	166	125

Wenn auch die meisten Märsche und Paraden laut Statistik friedlich blieben, so haben doch einige wenige die Wahrnehmungen der Menschen tief geprägt und die Polarisierung zwischen den communities vorangetrieben. Die »marching season« war immer eine Zeit der Hochspannung. Neue explosive Demonstrationsqualität erlangten die Märsche in den achtziger Jahren, insbesondere nach dem AIA von 1985. Besondere Sorge galt den Brennpunkten Belfast, Derry und Portadown, weil hier die Segregation und Polarisierung der beiden Bevölkerungsgruppen besonders stark entwickelt waren, die Paraden- und Marschkultur des »Orange Order« in der

---

107 Es gibt keine Statistik vor 1985. Zahlen nach RUC, Chief Constable's Annual Report. Belfast, 1985 ff. Siehe zur Verteilung der Paradeorte JARMAN, Material Conflicts, S. 127. Siehe auch die Berichte der der Parades Commission www.paradescommission.org mit etwas anderen Zahlen.

unionistischen community eine herausragende Rolle spielte und Märsche als Katalysatoren konfrontativer Abgrenzungen wirkten.

Portadown ist eine Stadt, die mit der Geschichte des »Orange Order« in besonderer Weise verbunden ist. In der Nähe, im Dorf Loughall, wurde 1795 der »Orange Order« gegründet (siehe Teil I) und hier fand ein Jahr später die erste Parade zum 12. Juli statt. In Portadown, scherzhaft die *»Orange Citadel«* oder der *»Orange Vatican«* genannt, waren Konfrontationen zwischen Protestanten und Katholiken häufiger als anderswo. Die Erinnerung an den irischen Aufstand von 1641 und seine grauenhaften Begleiterscheinungen ist bis heute noch lebendig und spielt bei den Aufmärschen des Ordens eine gewichtige Rolle.[108] Seit den siebziger Jahren verstärkte sich in krasser Form die Segregation von Protestanten und Katholiken. Gewaltsame Vertreibungen von Katholiken (rd. ein Fünftel der damals 30.000 Einwohner) aus protestantisch dominierten Stadtteilen hatten zu katholischen Konzentrationen in Neubaugebieten entlang der Obins Street und der Garvaghy Road geführt. Die Politik des mehrheitlich protestantischen Stadtrates war offen diskriminierend und sektiererisch. Seit vielen Jahren hatten die Bewohner der katholischen Viertel die Märsche des »Orange Order« durch »ihr« Gebiet – mit gelegentlichen Protesten – ertragen. 1972, in dem blutigsten Jahr der Troubles und wieder 1985 und 1986, in den Jahren der Proteste gegen das AIA, kam es aber zu massivem Widerstand und gewalttätigen Auseinandersetzungen. In Portadown verschlechterten sich die Beziehungen zwischen Protestanten und Katholiken dramatisch.[109] 1995 flammten die Auseinandersetzungen erneut auf und es war kein Zufall, dass es in diesem Jahr und in Portadown geschah. Im nationalistischen Lager formierte sich eine Bürgerinitiative der Anwohner der Garvaghy Road (*»Garvaghy Road Residents Group«*). Seit 188 Jahren führte der »Orange Order« seine Parade durch dieses Gebiet (siehe Karte, Anhang). Die Bürgerinitiative, unter Führung ihres agilen und umstrittenen Vorsitzenden Brendan McKenna,[110] wandte sich erstmals offen dagegen. Die Versprechungen der »Joint Declaration«, dass beide Traditionen das gleiche Recht auf Wertschätzung hätten, sollten konkret ausgetestet werden. Es kam zu einer Konfrontation, die sich seither jedes Jahr mehr oder weniger heftig wiederholte.[111] In den Jahren 2003 und

---

108 Zur Geschichte Portadowns siehe vor allem DAVID R. JONES, The Orange Citadel: a History of Orangeism in Portadown district. Portadown, 1996.

109 DOMINIC BRYAN/ T.G. FRASER/ SEAMUS DUNN, Political Rituals: Loyalist Parades in Portadown. Published by the University of Ulster. Coleraine, 1995.

110 Brendan McKenna (oder in gälischer Schreibweise Breandan MacCionnaith) wurde 1981 wegen illegalen Waffenbesitzes und Geiselnahme zu sechs Jahren Haft verurteilt. Chris Ryder und Vincent Kearney charakterisieren ihn als einen »abrasive, single-minded and obsessive Character«. CHRIS RYDER/VINCENT KEARNEY, Drumcree. The Orange Order's Last Stand. London, 2002², S. 106.

111 Siehe zur Geschichte der Auseinandersetzungen um die Märsche in Portadown RYDER/KEARNEY, Drumcree, S. 47 ff. Eine bewegende Reportage protestantisch-loyalisti-

2004 blieb es erstmalig, wie in ganz Nordirland, relativ ruhig und friedlich, gleichwohl ist weder in Portadown noch anderswo das Problem der Paraden und Märsche gelöst. Der »Orange Order« läßt nicht ab, sein Recht einzufordern und die Nationalisten halten mit der gleichen Entschlossenheit dagegen.

Am Sonntag, dem 9. Juli 1995 verhinderte die RUC den Rückmarsch der »Orangemen« von der Drumcree Parish Church durch die Garvaghy Road ins Stadtzentrum. Die empörten »Orangemen« sahen ihre traditionelle Route von mehr als tausend Polizisten abgeriegelt. Die RUC hatte ihnen vorab nicht mitgeteilt, dass ihr Marsch umgeleitet werden, bzw. an der Drumcree Parish Church enden sollte. Der Protest der Bürgerinitiative hatte Wirkung gezeigt. Brendan McKenna war entschlossen, den Marsch der »Orangemen« aufzuhalten bzw. zu verhindern und hatte einen Protestmarsch der Bürgerinitiative durch die Garvaghy Road in Richtung Stadtzentrum angekündigt. Die drohende unmittelbare Konfrontation zwischen McKennas Truppen und den »Orangemen« war offensichtlich der entscheidende Faktor für die RUC, die »Orangemen« am Rückmarsch auf der umstrittenen Route zu hindern. Die »Orangemen« zogen aber nicht ab, blieben an der Kirche versammelt und es begann eine mehrtägige Kraftprobe. Immer mehr Menschen strömten nach Drumcree, teils aus Neugier, teils mit der Absicht, den Druck auf die Polizei zu verstärken. Am Montag, dem 10. Juli, als die Menge schon auf 50.000 Personen angewachsen war, kam es zu heftigen Konfrontationen zwischen der Polizei und den Demonstranten. Mehrfach versuchten Gruppen durch den Polizeikordon zu brechen, was ihnen nicht gelang. Die Polizei antwortete auf Stein- und Flaschenwürfe u.a. mit Pastikgeschossen. Loyalisten blockierten wichtige Zufahrtstraßen und Kreuzungen in ganz Nordirland, in Larne kam der Fährverkehr nach Schottland zum Erliegen. Ian Paisley eilte nach Portadown, stärkte den »Orangemen« den Rücken, rief aber auch zunächst zu Ruhe und Besonnenheit auf. Hinter den Kulissen wurde inzwischen heftig verhandelt, u.a. unter Beteiligung des »Mediation Network«, einer Organisation, die vom »Community Relations Council« finanziert wurde. Auch Jeffrey Donaldson von der UUP und David Trimble, UUP Abgeordneter für den Wahlkreis Upper Bann, in dem Portadown liegt, schalteten sich ein. James Molyneaux konferierte in London mit Premier Major und Nordirlandminister Mayhew. Schließlich wurde ein Kompromiss erreicht. Es wurde ausschließlich den Mitgliedern der Portadown District Lodges gestattet, ihre traditionelle Route durch die Garvaghy Road zu nehmen, allerdings ohne Musik. 500 »Orangemen« marschierten ins Stadtzentrum, die Anwohner der Garvaghy Road verharrten schweigend auf den Bürgersteigen als der Marsch vorbeizog. Im Stadtzentrum wurden die »Orangemen« von ihren Anhängern enthusiastisch begrüßt. David Trimble und Ian Paisley liefen, sich an ihren hochgereckten Händen haltend, für kurze Zeit durch die jubelnde Menge. Paisley

---

scher Lebenswelten im Zusammenhang mit den Drumcree Auseinandersetzungen bietet McKAY, Northern Protestants, S. 119 ff.

bezeichnete den Marsch im nachhinein als den größten Sieg für den Protestantismus seit 25 Jahren und löste bei den Anwohnern der Garvaghy Road Wut und Ärger aus. Sie sahen sich als die Betrogenen und erklärten, sie hätten den Kompromiss nur unter der Bedingung akzeptiert, dass künftig keine Märsche mehr durch die Garvaghy Road stattfänden. Der »Orange Order« und die RUC bestritten, jemals eine solche Zusage gegeben zu haben. Obwohl »Drumcree 1995« letztlich noch relativ friedlich zu Ende ging, sollte keine Ruhe einkehren. Es war nur das Vorspiel zu schwerwiegenderen Konfrontationen an gleicher Stelle. »Drumcree« wurde zum Symbol loyalistischen Widerstands gegen den vermeintlichen »Ausverkauf« Ulsters. Dass die Frage der Paraden und Märsche 1995 ins Zentrum der politischen Auseinandersetzungen rückte, war kein Zufall und sicherlich nicht nur auf die obstinate Haltung des »Orange Order« zurückzuführen. Auch Sinn Féin sah hier die günstige Gelegenheit, die nationalistische community in einer politischen Frage zu mobilisieren, die SDLP in eine gemeinsame Front zu zwingen, selbst die politische Führung zu übernehmen und das unionistische Lager zu destabilisieren. Sinn Féin nahm gewichtigen Einfluss auf die in den neunziger Jahren gegründeten Anwohner-Protest-Initiativen (»Residents Groups«). Dass einige der führenden Funktionäre dieser Gruppen besonders streitbare und politisch umstrittene Persönlichkeiten waren, wie Brendan McKenna, oder Gerard Rice von der »*Lower Ormeau Concerned Community*« in Belfast, erleichterte nicht gerade das Gespräch mit dem »Orange Order«, der Polizei und den politisch Verantwortlichen.[112]

Das erste politische Opfer der Sommerereignisse war der Vorsitzende der UUP, James Molyneaux. Kritik an seiner Führung hatte es schon seit dem Abschluss des AIA gegeben. Für viele UUP Wähler und Mitglieder war er zu »soft«, zu diplomatisch und gegenüber der Britischen Regierung zu vertrauensselig. Im März 1995 hatte er noch einen Versuch seiner Abwahl als Parteivorsitzender mit großer Mehrheit überstanden, obwohl rd. 15% der Delegierten des Ulster Unionist Council für seinen politisch unerfahrenen Konkurrenten Lee Reynolds gestimmt hatten. Das Ende kam mit dem überraschenden Sieg von Robert McCartney bei einer Nachwahl in North Down am 15. Juni 1995. McCartney's Erfolg und die Drumcree Episode waren die letzten Tropfen, die das Faß zum Überlaufen brachten. Molyneaux zog aus der sich verdichtenden Kritik die Konsequenzen und trat am 28. August 1995 als Parteiführer zurück. Zu seinem Nachfolger wurde am 8. September 1995 der Rechtsanwalt *David Trimble* gewählt.

Trimble kam aus einer alteingesessenen protestantischen Familie, die ihren Stammbaum bis zur Siedlergemeinschaft von Derry im 17. Jahrhundert zurückführen konnte. Seine Vorfahren hatten bei der Belagerung von Derry 1689 mit-

---

112 DUDLEY EDWARDS, The Faithful Tribe, S. 278 ff. spricht von den »Residents Groups« als den »Transmissionsriemen« der Politik Sinn Féins. Siehe auch treffend MALACHI O'DOHERTY, The Trouble with Guns. Republican Strategy and the Provisional IRA. Belfast, 1998. S. 174 ff.

gekämpft und sein Großvater in der Royal Irish Constabulary und später in der RUC gedient. David, geboren am 15. Oktober 1944 in Bangor, war immer stolz auf diese Herkunft.[113] Nach einem rechtswissenschaftlichen Studium an der Queen's University Belfast, wurde er nach einem ausgezeichneten Abschluss Dozent. Zu dieser Zeit deutete nichts auf eine steile politische Karriere des eher scheuen, zurückhaltenden, konservativen, stets makellos gekleideten Universitätsdozenten hin. Die andere Seite von David Trimble zeigte sich Anfang der siebziger Jahre mit seinem Eintritt in die Politik. 1973 schloss er sich Craigs »Vanguard« Bewegung an, deren aktive und aggressive pro-unionistische Politik ihm mehr zusagte, als die betuliche UUP. Für kurze Zeit war er sogar Mitglied des paramilitärischen »Vanguard Service Corps«, der Sicherheitstruppe Craigs. Er genoss die Nähe zu den »hard men« loyalistischer Paramilitärs, unter ihnen UDA Chef Andy Tyrie. Craig vertraute Trimble und zählte ihn zu seinen engsten Beratern. Er avancierte sogar zum Stellvertretenden Vorsitzenden der VUPP. Doch die »Vanguard« Bewegung blieb Episode und Trimble scheiterte bei den Assembly-Wahlen 1973 in North Down genauso wie die zwei anderen VUPP Kandidaten. Er unterstützte enthusiastisch den UWC Streik von 1974 und arbeitete hinter den Kulissen, u.a. verfasste er mit UDA Aktivist Harry Smith die politisch bemerkenswerten »Strike Bulletins« der UWC. Nach dem Ende der Vanguard Bewegung schloss sich Trimble der UUP an und gehörte zu den entschiedenen »Devolutionisten« innerhalb der Partei. Die integrationistische Position ihres Parteichefs Molyneaux hielten Trimble und seine Freunde für einen Irrweg und sorgten sich darum, ihre Meinung innerhalb der Partei zu verbreiten. Trimble galt als »Falke«, weil er energisch gegen jede Mitsprache Dublins eintrat und beharrlich vor der Gefahr eines »deals« Londons mit Dublins hinter dem Rücken der Unionisten warnte. Im Blick auf das AIA behielt er Recht, engagierte sich in den »Ulster Clubs«, in denen auch bekannte Paramilitärs saßen, und legte sich mit einigen politischen Größen in der Partei an. Nach dem plötzlichen Tod des unionistischen Abgeordneten für den Wahlkreis Upper Bann, Harold McCusker, kandidierte Trimble zur Nachwahl. Upper Bann war ein sicherer unionistischer Wahlkreis (»Orange County«) mit Portadown als dem Zentrum des protestantischen Loyalismus. Trimble setzte sich erfolgreich gegen seine innenpolitischen Gegner durch und gewann die Wahlen am 17. Mai 1990 mit deutlicher Mehrheit (20547 Stimmen = 58 %) gegen die Zweitplazierte Brid Rodgers von der SDLP (6998 Stimmen = 18,9%). Trimble machte sich rasch einen Namen in der UUP, als kompetenter »think-tank« der Partei, Rechtsberater und fleißiger, eloquenter Abgeordneter in Westminster. Nach dem Waffenstillstand der IRA gehörte er zu den eher skeptischen Unionisten. Er erklärte, dass die IRA ihre ehrlichen Absichten nur dadurch beweisen könne, indem sie ihren Militärapparat zerstöre. Erst dann könne von einem wirklich permanenten Waffenstillstand die Rede sein und Gespräche mit Sinn Féin begin-

---

113 McDONALD, Trimble, S. 10 ff.

nen.[114] Seine entschiedene Haltung in der Entwaffnungsfrage sollte ihm später von seinen Gegnern genüsslich vorgehalten werden.

Bei den Auseinandersetzungen um Drumcree 1995 hatte sich Trimble mit großem Einsatz um eine friedliche Lösung bemüht, Pragmatismus und Verhandlungsgeschick bewiesen. Die andere Seite des David Trimble kam zum Vorschein, als er sich am Ende des Drumcree Marsches mit seinem politischen Gegner Paisley in Siegerpose feiern ließ, eine triumphalistische Geste, die von den internationalen Medien weit verbreitet wurde. Die Drumcree Episode hat entscheidend zu seinem Bekanntheitsgrad beigetragen und seine Anhänger, von denen nicht wenige aus einem Kreis neuer junger Rechter kamen, beflügelt, ihn zum Nachfolger des zurückgetretenen Molyneaux vorzuschlagen. Sein aussichtsreichster Gegenkandidat *John Taylor* war eine alter Fahrensmann der UUP, solide, erfahren und pragmatisch orientiert, kein Mann der lautstarken Propaganda und der Medieninszenierung. Trimble hatte den Vorteil, ein intelligentes Beraterteam an seiner Seite zu wissen. Der redegewandtere und die Stimmung des Augenblicks besser abschätzende Trimble konnte die Mehrheit der Delegierten des Ulster Unionist Council überzeugen. Er siegte am 8. September 1995 im dritten Wahlgang mit 446 zu 333 Stimmen gegen Taylor. Jetzt galt es, die Parteifraktionen zu integrieren und überzeugende politische Konzeptionen für die UUP auszuarbeiten. Trimble stand ein schwieriger Balanceakt bevor: Einerseits musste er Rücksicht auf die »hard-liner« und die »junge Rechte« nehmen, denn beide hatten zu seinem Aufstieg beigetragen und er brauchte ihr Vertrauen und ihre Mitarbeit. Andererseits musste er sich als der pragmatische, flexible Politiker erweisen, die Chance zum Frieden in Verhandlungen, auch mit den Republikanern, auszuloten und das bedeutete experimentelles Denken und Wagemut. Trimble entschied sich für die schwierige Gratwanderung zwischen konfligierenden Interessen: Anders als beim Zustandekommen des AIA sollte die UUP diesmal im Friedensprozess dabei sein und von innen mitgestalten als mosernd am Spielfeldrand das »Friedensmatch« zu kommentieren. Die Britische Regierung war erleichtert. Major bemerkte im Rückblick: »*Trimble was proving a more flexible and adept leader than we had imagined...He grew visibly as a politician and continued to do so after the 1997 general election when, at some risk to his own position, he worked closely with the new Labour government.*«[115] Trimble outete sich offen als »Modernisierer«, zugleich als konsequenter Verteidiger der Kernpositionen des Unionismus, er war der »*hard man with brains*«.[116] Er pflegte einen kollegialen Führungsstil, kündigte Gespräche mit allen Parteien und der Irischen Regierung an und mühte sich nach Kräften, das Image des Unionismus in den USA und dem »Mutterland« zu verbessern, was im ersten Anlauf noch nicht so gut gelang. Er musste noch einiges im Umgang mit den Medien und amerikani-

---

114 McDONALD, Trimble, S. 141. Siehe Trimbles Artikel im Belfast Telegraph vom 9. September 1994.
115 MAJOR, Autobiography, S. 480 f.
116 COCHRANE, Unionist Politics, S. 342.

schen Politikern lernen. Doch bei allen Unzulänglichkeiten sollte auch dem nationalistischen Lager bald klar werden, dass David Trimble für sie eine neue Herausforderung und ein Gewinn für die Politik in Nordirland war.

2.3. Der Mitchell-Report 1996, Bruch des Waffenstillstandes und Drumcree Zwei 1996

Der Friedensprozess blieb in einer kritischen Stillstandsphase. Auch weitere Konzessionen beider Regierungen konnten die wachsende Frustration in republikanischen Kreisen nicht dämpfen. Mayhew hatte schon im Sommer den Transfer von republikanischen Gefangenen aus englischen Gefängnissen in nordirische veranlasst und führte im Herbst den 50%tigen Straferlass für verurteilte republikanische Gefangene wieder ein, der im Zuge der Hungerstreik-Krise 1981 aufgehoben worden war. Die Irische Regierung hatte seit dem Waffenstillstand 33 republikanische Gefangene entlassen. Die Unionisten reagierten gegen diese vertrauensbildenden Maßnahmen mit offenem Protest. Beide Regierungen waren ihrer Auffassung nach auf dem Wege, gegenüber der IRA zu »kapitulieren«. Die republikanische Seite blieb bei ihrer Linie: Keine »Entwaffnung« ohne vorherigen Eintritt in Gespräche. Adams erklärte am 4. September 1995 nach einem langen Gespräch mit Mayhew: »*What they (the British) are actually saying is that before there can be all-party talks there has to be a beginning of the IRA surrendering its weapons. We can't deliver that. What we can deliver is republicans to the table, as others should deliver their particular constituencies, to work out our future and deal with all the issues, including demilitarisation, and dismarmament*«. Die IRA untermauerte wenig später noch drastischer ihre harte Linie: »*There is no possibility of disarmament except as part of a negotiated settlement...The demand for an IRA handover of weapons is ludicrous.*«[117] Die These von Sinn Féins begrenzten Möglichkeiten, auf die IRA einzuwirken, wurde zum Mantra offizieller Verlautbarungen der Führungsriege um Adams und McGuinness. Zwar glaubte das kaum einer, am wenigsten die Britische Regierung, aber da die Gegenthese nicht hinlänglich beweisbar schien und somit nicht gegen Sinn Féin verwendet werden konnte, musste man solange mit dieser Position leben wie Sinn Féin als Gesprächspartner erwünscht war.

Um die Blockadesituation in der Entwaffnungsfrage aufzulösen, hatten sich John Major und John Bruton seit Juni 1995 um eine pragmatische Lösung bemüht. Wie diese aussehen konnte, wurde erstmals in einem »Policy Paper« des »Northern Ireland Office« (NIO) am 3. November 1995 einer breiteren Öffentlichkeit vorgestellt (»*Building Blocks Paper*«). Major und Bruton waren sich einig, dass die Zeit drängte. Am Vorabend des Besuches von Präsident Clinton in Nordirland, am 28. November 1995, traten beide in Downing Street No. 10 vor die

---

117 BEW/GILLESPIE, The Northern Ireland Peace Process, S. 117,122.

internationale Presse und stellten in einem »*Joint Communiqué*« einen neuen Lösungsansatz vor, den sie »*Twin-Track-Process*« nannten:
- Beide Regierungen unterstrichen ihren Willen, bis Ende Februar 1996 den Beginn der »All-Parteien-Gespräche« erreichen zu können (para. 2).
- Die politischen Parteien wurden zu »*intensive preparatory talks*« eingeladen mit der Maßgabe, sich im Blick auf die Beteiligung, Struktur, Anlage und Tagesordnung für All-Parteien-Gespräche zu einigen, die sodann zu »*substantive negotiations*« über ein »*political settlement based on consent*« führen sollten (para 3).
- Die politischen Parteien sollten über die Legitimation ihrer Verhandlungsdelegationen beraten. Ein »*gewähltes Gremium*« (»*elected body*«) wurde angeregt (para. 3).
- Parallel dazu sollte eine beratende unabhängige *Internationale Kommission* (»*international body*«) gebildet werden, bestehend aus drei Personen. Für den Vorsitz war *Senator George Mitchell* aus den USA vorgesehen (para 5, 10).
- Die Kommission wurde gebeten, eine unabhängige Einschätzung zur Entwaffnungsfrage zu erarbeiten (para. 5), d.h. insbesondere zu prüfen, welche Verfahren und Methoden für eine »verifizierbare« Entwaffnung möglich wären (para. 7). Ein Bericht sollte bis Mitte Januar 1996 erstellt werden.

Der »Twin-Track Process« wurde von Präsident Clinton, der als erster amerikanischer Präsident Nordirland besuchte (29. November/1. Dezember 1995), ausdrücklich als Meilenstein zum Frieden gewürdigt. Clinton wurde begeistert in Nordirland empfangen. In West Belfast schüttelte er Gerry Adams die Hand, fuhr durch das loyalistische East Belfast und reiste nach Derry. Clintons klare Worte gegen den Terrorismus und die »punishment beatings«, seine Versicherungen, die US-Regierung würde alles tun, um den Friedensprozess zu befördern und sein emphatisches Eintreten für den »Twin-Track-Process« erweckte Hoffnungen. Doch nachdem die großen Worte gesprochen und der Medienrummel vorbei war, sahen sich die politischen Akteure wieder in der rauhen Wirklichkeit des Streites um den »Twin-Track-Process«. Das Echo bei den politischen Parteien war gedämpft. Die Unionisten standen der britisch-irischen Initiative reserviert gegenüber, eben weil es eine Initiative *beider* Regierungen war, die sie in der Verlängerungslinie der »Joint Declaration« und der »Framework Documents« sahen. Zur Einrichtung einer unabhängigen internationalen Kommission gab es innerhalb der Partei sehr verschiedene Positionen. Gleichwohl signalisierte Parteiführer Trimble Interesse an dem vorgeschlagenen zu wählenden Gremium und hoffte auf Formierung einer Art Parlament analog zu früheren. Genau dies wurde von John Hume und der SDLP mit dem Verweis auf frühere gescheiterte Versammlungen zurückgewiesen. Hume wollte kein neues »Stormont« und erklärte, dass dabei nicht mehr als ein »*shouting match*« herauskommen würde.[118] Die Bevölkerung stand in der Entwaffnungsfrage mit deutlicher Mehrheit auf Seiten derer, die Entwaff-

---

118 Ebda., S. 139.

nungschritte *vor* Beginn von Gesprächen verlangten. Einer Meinungsumfrage zufolge erklärten 95% der Protestanten und 68% der Katholiken, dass entweder einige wenige oder alle Waffen *vor* Gesprächsbeginn »außer Dienst« gestellt werden sollten. Dagegen kamen von der IRA nur die bekannten Vorwürfe an die Britische Regierung, sie würde politischen Fortschritt blockieren und von der IRA die »Kapitulation« verlangen: »*(...) There is no question of the IRA meeting the ludicrous demand for a surrender of IRA weapons either through the front or the back door.*«[119]

Inzwischen hatte sich die Internationale Kommission an die Arbeit gemacht. Sie bestand aus Senator *George Mitchell* (Vorsitzender), dem kanadischen General *John de Chastelain* und dem ehemaligen finnischen Ministerpräsidenten *Harri Holkeri*. Mitchell gehörte der Demokratischen Partei an, war Jurist und hatte sowohl als Rechtsanwalt, Bundesrichter und Geheimdienstoffizier für die Armee gearbeitet. 14 Jahre war er US-Senator für den Staat Maine. 1994 entsandte ihn Bill Clinton als Wirtschaftsbeauftragten nach Irland. Sein Verhandlungsgeschick wurde allerorten gerühmt und er sollte sich als ein von allen Parteien geschätzter Moderator profilieren. Die Kommission verschaffte sich in kurzer Zeit profunde Kenntnisse über die verfahrene Lage. Am *22. Januar 1996* legte sie ihren Bericht vor, der zwei zentrale Aussagen enthielt.[120]

Erstens:
Die Beteiligten an All-Parteien Gesprächen sollten sich zu fundamentalen Prinzipien von *Demokratie* und *Gewaltlosigkeit* verpflichten. Diese *sechs Prinzipien* wurden als die »*Mitchell-Prinzipien*« Grundlage für den Fortgang des Friedensprozesses. Die Gesprächspartner verpflichteten sich,
1. politische Fragen nur mit demokratischen und ausschließlich friedlichen Mitteln zu lösen;
2. alle paramilitärischer Organisationen vollständig zu entwaffnen;
3. die Entwaffnung so vorzunehmen, dass sie von einer unabhängigen Kommission geprüft und bestätigt werden konnte;
4. während der All-Parteien-Gespräche auf Gewalt zu verzichten und jeden Versuch anderer, Gewalt anzuwenden oder mit Gewalt zu drohen, zurückzuweisen;
5. die Vereinbarungen der All-Parteien-Gespräche anzuerkennen, bzw. nur mit demokratischen und ausschließlich friedlichen Mitteln zu versuchen, Teile zu verändern;
6. auf ein Ende der »punishment beatings« zu drängen und wirksame Schritte zur Verhinderung solcher Aktionen zu unternehmen.

---

119 Ebda., S. 149, 140.
120 Report of the International Body on Arms Decommissioning. Belfast, 22. Januar 1996. Text in: http://cain.ulst.ac.uk/events/peace/docs/gm24196.htm

Zweitens:
Obwohl bei den bewaffneten Gruppen, eine klare Verpflichtung zur Entwaffnung schon erkennbar wäre (»*a clear commitment on the part of those in posession of such arms*«) gebe es grundlegende Differenzen über den *Zeitpunkt* der Entwaffnung. Die Kommission stellte nüchtern fest: »*After careful considerations, on the basis intensive discussions ... we have concluded that the paramilitary organisations will not decommission any arms prior to all party negotiations.*« Sie bot als Kompromiss an, dass *während* der All-Parteien-Gespräche wenigstens eine »gewisse Entwaffnung« (»*some decomissioning*«) stattfinden solle, begleitet von vertrauensbildenden Maßnahmen (para. 34, 51 ff), wie z.B. die Einstellung paramilitärischer Planungsaktivitäten. Eine wichtige Maßnahme könnten *Wahlen zu einem demokratischen Gremium* (»*elective process*«) sein. Damit war eine nordirische Versammlung gemeint als Forum für Meinungs- und Erfahrungsaustausch sowie zur stärkeren Legitimation der Delegationen bei künftigen All-Parteien Gesprächen. Ferner machte die Kommission Vorschläge, in welchen Schritten und Formen eine Entwaffnung geschehen könne (para. 36 ff.).

Die Vorschläge der Kommission waren eine generöse Einladung an die IRA und Sinn Féin, sich auf den Weg vertrauensbildender Maßnahmen zu begeben. Wenn Mitchell bei allen Parteien, eine klare Bereitschaft zur Entwaffung zu entdecken glaubte, so war das aber eine bewusst überzogene, höchst optimistische Formulierung, um die streitenden Parteien weiter auf den Weg des guten Willens zu locken.[121] Mitchell hoffte, mit dieser Ermutigung den Friedensprozess neu zu beleben. Er hatte zentrale Prinzipien formuliert und Vorschläge zur Entwaffnung gemacht, die für den Friedensprozess wichtig waren und in das GFA 1998 eingegangen sind. Die Bedeutung der Mitchell-Kommission erschließt sich erst richtig im Rückblick, vom GFA, aus. Im Januar 1996 jedenfalls lösten die Vorschläge kontroverse Diskussionen zwischen den Parteien aus. Premier Major war mit dem Report nicht ganz glücklich, dennoch hielt er ihn im Rückblick für einen »*balanced and reasonable attempt to find a way through*«.[122] Er forderte die Paramilitärs erneut auf, mit Entwaffnungsschritten zu beginnen, denn es gäbe »*no justification for the maintenance of private armies by those who claim to be committed to exclusively peaceful means.*«[123] Schließlich habe die Mitchell-Kommission nicht gesagt, dass die paramilitärischen Gruppen vor Friedensgesprächen nicht abrüsten *könnten*, sondern lediglich, dass sie dies nicht *wollten*. Major skizzierte zwei Optionen, die den Paramilitärs offen stünden: Sie könnten noch *vor* den Friedensgesprächen mit der Entwaffnung beginnen. Wenn sie das nicht wollten, dann bliebe als zweite Möglichkeit der von der Mitchell-Kommission vorgezeichnete Kompromiss zu Entwaffnungsschritten *während* des Gesprächsprozesses und vertrauensbildenden

---

121 Siehe John Majors Einschätzung. MAJOR, Autobiography, S. 486.
122 Ebda.
123 Rede im HOC. House of Commons, vol. 270, col. 354, 24. Januar 1996.

Maßnahmen, inklusive Wahlen zu einem »Forum«. Die Wahlen sollten den Verhandlungsdelegationen der Parteien, die sich zur Teilnahme an Parteien-Gesprächen entschlossen hatten, eine gewichtige demokratische Legitimation verleihen. Die Unionisten ärgerten sich über den Entwaffnungs-Kompromiss, der die bislang eindeutige Haltung der Irischen und Britischen Regierung, Entwaffnungsschritte *vor* Beginn der All-Parteien-Gespräche zu verlangen, aufweichte. Dies war für sie eine neue und nicht akzeptable Konzession. Sie begrüßten aber erneut Majors Vorschlag, Wahlen zu einem nordirischen »Forum« zu arrangieren. Die nationalistische Seite lehnte ab. Sinn Féin diskutierte heftig über die Mitchell-Prinzipien und wies die »Twin-Track« Vorschläge als neuen Verzögerungstrick der Briten zurück. Während die Diskussionen um den »Twin-Track-Process« und die Vorschläge der Mitchell-Kommission noch hohe Wellen schlugen, versetzte die IRA dem Friedensprozess einen fast tödlichen Schlag. Sie kündigte den seit August 1994 geltenden, mehr schlecht als recht eingehaltenen, Waffenstillstand auf.

Am 9. Februar 1996 um 7.01 Uhr explodierte eine Bombe, die im Parkhaus eines sechsstöckigen Verwaltungsgebäudes nahe der Canary Wharf in dem Londoner Stadtteil Docklands versteckt war. Zwei Männer wurden getötet, der 29jährige Inan Ulhaq Bashir und sein Freund John Jeffries, beide Zeitungshändler. Der Zeitungskiosk der Familie Bashir befand sich nur wenige hundert Meter von dem Verwaltungsgebäude entfernt. Mehr als hundert Menschen wurden verletzt. Die IRA hatte den Anschlag Monate vorher geplant und die South Armagh Einheit mit der Entwicklung der Bombe und der Logistik beauftragt.[124] Alles funktionierte »reibungslos«. Die IRA hatte erneut demonstriert, dass sie überall und jederzeit zuschlagen konnte. In einer Erklärung machte sie John Majors Regierung für das Ende des Waffenstillstandes verantwortlich. Die Regierung habe die einmalige Gelegenheit (»unprecedented opportunity«), den Konflikt zu lösen, vorbeigehen lassen. Die IRA bleibe ihren republikanischen Grundzielen verpflichtet und strebe eine Verhandlungslösung (»negotiated settlement«) an.[125]

Der Zusammenbruch des Waffenstillstandes hatte sich innerhalb der IRA schon lange angekündigt. Im geschäftsführenden Vorstand der IRA (»Executive«), formal dem Armeerat vorgeordnet, war die Stimmung im Herbst 1995 immer schlechter geworden. Anführer der Opposition gegen den Waffenstillstandskurs waren der Quartiermeister der IRA, *Michael McKevitt, Frank McGuinness*, Leiter der Abteilung »Engineering« und der Kommandant der Belfaster Brigade *Brian Gillen*. Sie schürten die Stimmung gegen Adams und McGuinness und führten im Vorstand mit elf zu einer Stimme eine Resolution zur Einberufung einer *Armee-Versammlung* für Februar 1996 herbei. Angesichts der wachsenden Kritik an der IRA Basis wusste der Armeerat was die Glocke geschlagen hatte: das Ende des

---

124 McKITTRICK, Lost Lives, S. 1389 ff. MALLIE/McKITTRICK; Endgame, S. 230 ff. Einzelheiten der Vorbereitung bei HARNDEN, Bandit Country, S. 9 ff.
125 Text bei BEW/GILLESPIE, The Northern Ireland Peace Process, S. 160.

Waffenstillstandes war gekommen. Zu einer Konfrontation zwischen Armee-Rat und der Basis ließ es die Führungsriege, in weiser Erkenntnis, abgewählt werden zu können, nicht kommen. Am 31. Januar 1996 beschloss der Armee-Rat, den Waffenstillstand zu beenden. Kurz bevor die Bombe explodierte, hatte Gerry Adams das Weiße Haus angerufen und die beunruhigenden Neuigkeiten angekündigt. Zu diesem Akt hatte ihn, wie Ed Moloney vermutet, die IRA ausdrücklich legitimiert. Er sollte das Image des besorgten, zwischen den Stühlen sitzenden, Friedensapostel behalten.[126]

Die Menschen in Nordirland sehnten sich nach Frieden und sie hatten 1994 und 1995 zwei Weihnachtsfeste ohne Gewalt und Unsicherheit feiern können. Einen Tag nach dem Anschlag versammelten sich 6000 Menschen zu einer Friedensdemonstration in Belfast. Mehr als 150.000 riefen bei den Belfaster Tageszeitungen an und verlangten die sofortige Wiederherstellung des Waffenstillstandes. Doch die Canary Wharf Bomb hatte Hoffnungen auf rasche Fortschritte im Friedensprozess mit einem Schlag zunichte gemacht. John Major war erschüttert: »*I thought of all the hopes that had been invested in the peace process by the people of Northern Ireland, and my heart sank.*«[127] Doch er schlug die Tür zu Gesprächen nicht zu, sondern drückte jetzt aufs Tempo im Blick auf das Projekt von Wahlen zu einem »Forum« wie im »Twin-Track« Dokument versprochen. Taoiseach John Bruton rief die IRA auf, die Gewalt für immer zu beenden und an den Verhandlungstisch zu kommen. Auch er setzte auf Wahlen und folgende Parteiengespräche. Das brutale Ende des Waffenstillstandes löste nicht nur in Großbritannien und der Irischen Republik Entsetzen aus. Clinton verurteilte das feige Attentat, das auch ein Schlag in das Gesicht der US Regierung und ihrer durchaus mutigen Friedensbemühungen war. Die Unionisten fühlten sich bestätigt, dass der Waffenstillstand nur ein »Trick« und die Forderung nach »Entwaffnung« die richtige Strategie gewesen sei. David Trimble forderte John Hume und die Irische Regierung auf, ihre Beziehungen zu Sinn Féin abzubrechen. Gerry Adams gab betroffene Kommentare zum neuerlichen Ausbruch der Gewalt ab und schob die Schuld der Britischen Regierung zu. Gleichzeitig räumte er ein, Sinn Féin habe die Rückkehr zur Gewalt nicht verhindern können.[128] Seine defensiven Formulierungen waren ein wichtiger Hinweis auf die internen Machtkämpfe in der republikanischen Bewegung und die prekäre Position der Sinn Féin Führung. Die Gefahr, dass die »Tauben« in der IRA weiter an Boden verlieren könnten, war nur zu real, wie die Armeeversammlung der IRA im Herbst zeigen sollte. Das Ende des Waffenstillstandes war ein schwerer Schlag für Sinn Féin: die pan-nationalistische Front war

---

126 MOLONEY, Secret History, S. 441. Zu den Reaktionen siehe BEW/GILLESPIE. The Northern Ireland Peace Process. S. 159 ff.
127 MAJOR, Autobiography, S. 488.
128 Siehe z.B. GERRY ADAMS, Wir brauchen die Gespräche – jetzt! DIE ZEIT, Nr. 9, 23. Februar 1996.

praktisch zerbrochen und die Sympathien der US-Administration stark abgekühlt. Es bedurfte großer Anstrengungen, eine neue politische Isolierung zu verhindern.

Am 30. Mai 1996 fanden Wahlen zum »*Northern Ireland Forum*« statt, einer Versammlung mit 110 Mitgliedern, aus denen die Verhandlungsdelegationen für All-Parteien-Gespräche bestimmt und ihre Legitimation erhalten sollten. 90 Mitglieder des Forums wurden auf Basis der 18 Westminster-Wahlkreise nach einem komplizierten Wahlverfahren gewählt (pro Wahlkreis 5 Kandidaten nach Parteilisten). Die restlichen 20 kamen wie folgt zustande: Die Parteien stellten zusätzlich zu ihren Kandidaten auf Wahlkreis-Ebene sogenannte »*Regional Lists*« auf. Die erfolgreichsten 10 Parteien Nordirlands erhielten zusätzlich zwei Stimmen (»top-up seats«) von diesen Listen. So sollte auch den kleineren Parteien, insbesondere der UDP und PUP, der Einzug in das Forum gesichert werden, die auf Wahlkreis-Ebene keine Chance gehabt hätten, einen Kandidaten durchzusetzen.[129]

Ergebnis der Wahlen zum »Northern Ireland Forum« vom 30. Mai 1996 (die erfolgreichsten 10 Parteien)[130]

Partei	Stimmen	in %	Sitze (Wahlkreis und Regional-Liste)
UUP	181,829	24,17	28+2 = 30
SDLP	160,786	21,36	19+2 = 21
DUP	141,413	18,80	22+2 = 24
SF	116,377	15,47	15+2 = 17
Alliance	49,176	6,54	5+2 = 7
UKUP	27,774	3,69	1+2 = 3
PUP	26,082	3,47	2 »top-up seats«
UDP	16,715	2,22	2 »top-up seats«
NIWC*	7,731	1,03	2 »top-up seats«
Labour	6,425	0,85	2 »top-up seats«

* Northern Ireland Women's Coalition, gegründet 1996 als Zusammenschluss mehrerer Friedensinitiativen

Bei einer Wahlbeteiligung von rund 65% war das Ergebnis für die UUP alarmierend und für die SDLP enttäuschend. Die UUP hatte im Vergleich zu den Westminster Wahlen von 1992 und den Bezirksratswahlen 1993 herbe Stimmenverluste hinnehmen müssen (-10,5% bzw. -5,4%) die SDLP hatte leicht verloren (-2,1%, bzw. -0,6%). Bedenklich stimmte manchen Beobachter das sensationell gute Abschneiden von Sinn Féin. Die Partei erzielte mit rd. 15,5% ihr bestes Ergebnis seit 1983 und konnte 42% der Stimmen des nationalistischen Lagers

---

129 Das Verfahren wurde im »Northern Ireland (Entry to Negotiations etc.) Act vom 18. April 1996 detailliert festgelegt.
130 Zusammenstellung nach http//www.ark.ac.uk/elections/ff96.htm

erobern. In West Belfast errang Sinn Féin allein 4 (Adams, McGuinness, Maskey und Armstrong) von den 5 Mandaten. Nur Joe Hendron von der SDLP behauptete ein Mandat. Das gute Ergebnis läßt sich u.a. mit taktischem Wahlverhalten erklären. Mancher SDLP-Wähler gab Sinn Féin seine Stimme, in der Annahme, damit die »moderaten« Kräfte um Gerry Adams und Martin McGuinness zu stärken. Auch die DUP konnte sehr zufrieden sein, sie hatte sich gegenüber Westminster 1992 um fast 5% gesteigert. Sie schöpfte inzwischen 43% der Stimmen im unionistischen Lager ab und war der UUP gefährlich nahe gekommen. Es zeigte sich wieder einmal, dass in Zeiten der Verunsicherung und politischen Instabilität die Chancen der radikaleren Parteien auf beiden Seiten stiegen. Für den steckengebliebenen Friedensprozess war das ein böses Omen.

Aus den gewählten Vertretern wurden jetzt die Verhandlungsteams zusammengestellt und die beiden Regierungen formulierten Verfahrensregeln für die Treffen der Delegationen auf Basis der »Strand 1–3« Formel. Die drei Autoren des »Mitchell-Report«, George Mitchell, John de Chastelain und Harri Holkeri, sollten bei der Leitung der Gespräche wichtige Funktionen übernehmen. Sinn Féin blieb wegen des Bruchs des Waffenstillstandes durch die IRA ausgeschlossen und die IRA orchestrierte den Ausschluss von Sinn Féin durch eine Serie von Gewalttaten. John Major hatte in seiner Ansprache zur Eröffnung der Parteiengespräche am 10. Juni 1996 in Stormont noch einmal den Ausschluss von Sinn Féin ausdrücklich begründet und zur Bereitschaft, zuzuhören und Vereinbarungen zu finden, aufgerufen. Nach dem Überfall der IRA auf das Armee-Hauptquartier in Lisburn verhärtete sich die Haltung der Britischen Regierung gegenüber Sinn Féin.[131] Die Gespräche liefen sich rasch in Streitereien um Verfahrensfragen fest, substantielle Fortschritte waren nicht zu erkennen. Der Friedensprozess erreichte im Sommer einen Tiefpunkt. Die IRA bombte wieder, die Loyalisten drohten mit neuen Gewalttaten und die »marching season« warf ihre düsteren Schatten voraus.

Alle Anzeichen deuteten auf eine noch schärfere Konfrontation als im Vorjahr hin und wieder stand *Drumcree, Portadown*, im Zentrum der gewalttätigen Auseinandersetzungen. Der Portadown District des Orange Order hatte »Drumcree 1995« als einen grandiosen Erfolg gedeutet und eine im September 1995 formierte extreme Gruppe innerhalb des Ordens, die sich »*The Spirit of Drumcree*« nannte, heizte die Stimmung an. Der »Orange Order«, Ian Paisley und die DUP sowie eine Reihe weiterer loyalistischer Gruppen stilisierten und überhöhten die Paradenfrage zur Frage des Überlebens der protestantischen Kultur in Nordirland. Die alten Schlachtrufe »No Surrender« und »Not an Inch« galten jetzt in erster Linie für das »Menschenrecht« des »Orange Order« überall da zu marschieren, wo es die Tradition gebot. Es kann kein Zweifel sein, dass sich große Teile der protestantischen

---

131 Northern Ireland Talks. Prime Minister's Opening Address. 10 June 1996. http://www.nics.gov.uk/üress/nio/10096_1.htm. McKITTRICK/McVEA, Making Sense of the Troubles, S.212.

Bevölkerung mit diesen Zielen identifizierten. Sie betrachteten die bisherigen Ergebnisse des »Friedensprozesses« mit großem Misstrauen. Angst und Verunsicherung prägten die Stimmung. *»There was a growing feeling«* schreiben die Chronisten der Drumcree-Episoden Chris Ryder und Vincent Kearney treffend, *»that a stand had to be taken against all the concessions, appeasement and weakness.«*[132] Vom »Ausverkauf« Ulsters war erneut die Rede und bei Lichte besehen waren die geäußerten Bedenken, versetzt man sich einmal in die Gemütslage unionistisch orientierter Protestanten, nicht nur als Panikmache zurückzuweisen. Trotz einer Reihe von positiven Signalen und vorauseilenden Friedensschritten der Britischen und Irischen Regierung, hatte die IRA den bewaffneten Kampf erneut begonnen. Dass sich Gruppen katholischer Anwohner gegen die Paraden des Oranier Ordens offen zur Wehr setzten, war in den Augen der meisten »Orangemen« keineswegs ein legitimes Recht, sondern illegitimer Aufruhr, der sich gegen die Grundfesten »ihres« Staates richtete. Sowohl bei den »Orangemen« als auch bei den inzwischen gut organisierten Anwohnergruppen gewannen extremistische Kräfte die Oberhand und dominierten die Politik ihrer Gruppen. Für die »Orangemen« in Portadown und Belfast waren die Sprecher der *»Garvaghy Road Residents Coalition«*, Brendan McKenna und der *»Lower Ormeau Concerned Community«*, Gerard Rice, keine glaubwürdigen Gesprächspartner. Sie galten als Scharfmacher, republikanische Strategen, die ihre Organisationen als Vorfeldorganisationen von Sinn Féin und der IRA instrumentalisierten. Mit ihnen sollte eine neue Front im Kampf um die Eroberung protestantischen Territoriums eröffnet werden. Deshalb hieß die Parole beim »Orange Order«: Wir reden nicht mit diesen »Terroristen«, wir setzen unser »Recht auf die Parade« durch! Die moderaten, gesprächsbereiten Mitglieder hatten auf beiden Seiten wenig Chancen. McKenna verweigerte jedes Gespräch mit der anderen Seite an dem er nicht persönlich beteiligt war. Und sein Ziel war klar: Es durfte keine »Orange Parade« mehr geben! Seine »Alles-Oder-Nichts« Position und die entsprechende Haltung der Falken bei den »Orangemen« vereitelten alle vielfältigen Bemühungen im Vorfeld des traditionellen Marsches in Portadown noch eine einvernehmliche Lösung zu finden. Je näher der Zeitpunkt des Marsches rückte, umso nervöser wurden die politisch Verantwortlichen und die Sicherheitsbehörden. Der Chef der RUC, Chief Constable Hugh Annesley, war in keiner beneidenswerten Position. Er musste, zuständig für öffentliche Sicherheit und Ordnung, streng nach Recht und Gesetz entscheiden. Für die Polizei galten keine übergeordneten politischen Überlegungen, sondern einzig und allein die Abwägung (nach Artikel 4, Public Order Act von 1987), inwieweit es im Zuge einer Demonstration zur Gewalttaten kommen könnte. Annesley war klar, dass er, wie immer seine Entscheidung ausfiel, einen Teil der Bevölkerung Nordirlands massiv gegen die Polizei aufbringen würde. Er hatte die Wahl zwischen Pest und Cholera. Die politischen Verantwortlichen, insbesondere Nordirlandminister

---

132 RYDER/KEARNEY, Drumcree, S. 136.

Mayhew, sahen zunächst keinen Anlass sich zu engagieren. Die Polizei wurde, wie so oft, alleine gelassen.

Am 6. Juli 1996 gab Annesley seine Entscheidung bekannt. Er habe mit Bedauern zur Kenntnis nehmen müssen, dass alle Versuche, eine einvernehmliche Lösung zu erzielen, gescheitert seien. Nach Abwägung aller Umstände komme er zu dem Ergebnis, den Marsch durch die Garvaghy Road zu *verbieten*. »*I have concluded that to allow the Orange Order Parade along the Garvaghy Road would be likely to occasion serious public disorder.*«[133] Wie erwartet, löste Annesleys Entscheidung auf Seiten der Garvaghy Road Anwohner Gruppe Überraschung und Freude aus, während die Orange Order und die loyalistischen Gruppen mit Empörung, Wut und hasserfüllten verbalen Attacken auf den Polizeichef reagierten. Einen Tag später begann die massive Konfrontation nachdem die Polizei die »Orangemen« daran gehindert hatte, ihre traditionelle Route zu nehmen. Die Garvaghy Road wurde abgesperrt und über die angrenzenden Felder mit schwerem Gerät mächtige Blockaden installiert. Um die Kirche von Drumcree und vor den Absperrungen sammelten sich in den nächsten Tagen Tausende von »Orangemen« und Sympathisanten, unter ihnen viele militante Loyalisten. Bis zum 9. Juli strömten rd. 50.000 Menschen zusammen. Die Polizei wurde mit Beschimpfungen überhäuft und einzelne Beamte eingeschüchtert: Man wisse ja, wo sie wohnten und zur Kirche gingen! Flaschen und Steine flogen. Immer wieder wurde der Versuch gemacht, die Barrikaden zu stürmen, während im Hintergrund hektische Gespräche über eine Entspannung der Situation stattfanden. Besonders beunruhigend war die Präsenz von *Billy Wright*, einem eigenwilligen Aktivisten der UVF in Portadown. Wright hatte einen großen Sympathisantenkreis aufgebaut, insbesondere unter den jungen tatendurstigen Aktivisten der UVF in Mid-Ulster. Die Polizei verdächtigte ihn des mehrfachen Mordes, konnte ihm aber noch nichts nachweisen. Entgegen der offiziellen Linie der UVF und des CLMC, die am Waffenstillstand festhielten und auch nicht den Konflikt in Drumcree anzuheizen beabsichtigten, engagierte sich Wright aktiv. Er war auf dem Kirchengelände fast ständig präsent, drohte der Polizei und machte Pläne, die Blockaden zu durchbrechen. Es kann kein Zweifel daran sein, dass er unter den militanten Demonstranten eine besondere Rolle spielte. Am 7. Juli wurde ein katholischer Taxifahrer in Portadown ermordet. Zwar übernahm keine loyalistische Organisation die Verantwortung, aber alles deutete auf Wright und seine UVF Abweichler hin. Die UVF Führung nahm Wrights Insubordination nicht länger hin und löste kurzerhand im August 1996 die UVF Portadown-Einheit auf. Wright wurde befohlen, Nordirland bis zum 1. September zu verlassen, bliebe er, müsse er mit »Hinrichtung« rechnen. Wright ließ sich nicht einschüchtern und formierte im Herbst eine

---

133 Ebda., S. 139.

eigene paramilitärische Organisation, die »*Loyalist Volunteer Force*«, die in den nächsten Jahren eine unheilvolle Rolle spielen sollte.[134]

Die Lage wurde, nicht nur vor Ort, immer bedrohlicher. In ganz Nordirland gab es Unruhen und Ausschreitungen. Autos wurden angezündet, Katholiken eingeschüchtert oder attackiert, Straßen blockiert und ganze Dörfer von der Außenwelt abgeschnitten. In vier Tagen gab es insgesamt über 100 Fälle von Einschüchterungen, 90 Zivilisten und 50 Polizisten wurden verletzt. Annesley und seine Berater fragten sich, wie lange sie dem wachsenden Druck auf ihre Barrikaden in Drumcree widerstehen könnten. Obwohl eine imposante Streitmacht von 3000 Polizisten und 18.500 britischen Soldaten in Nordirland stand, schien es nach Meinung des Polizeichefs nicht möglich zu sein, einem Sturm von 50.000 Menschen standzuhalten. Er befürchtete Schusswaffeneinsatz und in der Folge Tote. Wie anders sollten die Anwohner der Garvaghy Road im Falle eines massiven Angriffs geschützt werden? Doch ein »Bloody Sunday für Protestanten« sollte in jedem Fall verhindert werden. Noch während sich hohe Kirchenführer, Erzbischof Cahal Daly und der anglikanische Erzbischof Robin Eames, um Gespräche zwischen McKenna's Anwohner Gruppe und dem »Orange Order« bemühten, entschloss sich Annesley zu einer überraschenden Kehrtwende. Am 11. Juli gab er den »Orangemen« nach, revidierte seine vorherige Entscheidung und gestattete die Parade auf der traditionellen Route durch die Garvaghy Road. Wenig später marschierten 1200 »Orangemen« die Straße hinunter, von einem Riesenaufgebot von Polizei und Armee geschützt. Die Polizei räumte mit Brachialgewalt die nationalistischen Gegendemonstranten von der Straße und bahnte den Weg. Annesleys Rücknahme des Marschverbots und das harte Durchgreifen der Polizei lösten einen Sturm der Entrüstung, der Wut und des Hasses im nationalistischen Lager aus. Jetzt kam es zu tagelangen Ausschreitungen, insbesondere in Belfast, Derry und Armagh. Molotowcocktails flogen, Autos und Häuser brannten und es gab zahllose Verletzte. Das ohnehin fragile und gespannte Verhältnis der Nationalisten zur RUC schien mit Drumcree vollständig zerrüttet. John Hume sprach im House of Commons wütend von einer »Kapitulation« der Regierung und sein Stellvertreter Seamus Mallon verdammte die »Orangemen« als »Schläger mit Schärpen«, denen es erneut gelungen sei, der Regierung ihren Willen aufzudrücken. Starke Worte fand auch die Irische Regierung: Die Britische Regierung habe fundamentale Prinzipien der Demokratie aufgegeben. Sie sei der Gewalt gewichen und habe sich in ihrer Strategie als widersprüchlich, unausgewogen und parteiisch erwiesen. Im unionistischen Lager überwog Erleichterung, nicht Triumph. Trimble hatte sich dieses Mal hinter den Kulissen gehalten, war aber in vielfältigen Unterredungen und Verhandlungen für eine Lösung des Konflikts beteiligt gewesen. Dass er sich in der aufgeheizten Situation sogar mit Billy Wright zu einer Unterredung getroffen hatte, ist ihm politisch nicht gut bekommen. Er hatte Mühe, zu erklären,

---

134 CUSACK/McDONALD, UVF, S. 343 ff.

warum er sich mit loyalistischen Militanten an einen Tisch setzte, aber ein Gespräch mit Sinn Féin Führern zurückwies. Die Extremisten im »Orange Order« triumphierten. Sie hatten ihr Recht auf die Parade durchgesetzt und demonstriert, dass, wenn sie nur in großer Zahl aufträten, Regierung und Polizei nachgeben würden. Das war ein böses Omen für die Zukunft.

Annesleys Kehrtwende ist heftig angegriffen worden und es gibt in der Tat Fragen, die gestellt werden müssen. Sein Rückzieher war sowohl politisch motiviert als auch von Sicherheitserwägungen geleitet. Er wollte keine zusätzliche Verhärtung im Verhältnis der Polizei zur protestantischen community riskieren und fürchtete eine Ausweitung der Unruhen über ganz Nordirland mit unübersehbaren Folgen. Der UWC Streik von 1974 mit seinen hässlichen Begleiterscheinungen war ihm noch gut in Erinnerung. Seine Hauptbegründung aber, er habe einen Sturm von Zehntausenden auf die Barrikaden befürchtet, dem Polizei und Armee ohne Einsatz von Schusswaffen nicht hätten widerstehen können, ist zweifelhaft. Es ist höchst unwahrscheinlich, dass es zu einem solchen Sturm gekommen wäre. *Erstens* wären Armee und Polizei 1996 durchaus in der Lage gewesen, einen Durchbruch zu verhindern, wie sie es ab 1998 (bis heute) erfolgreich praktizierten, selbst wenn man die bessere logistische Vorbereitung und technische Ausrüstung berücksichtigt. 1998 und in den folgenden Jahren standen Armee und Polizei genau so viel entschlossene Demonstranten gegenüber wie 1996, trotzdem gelang es, einen Sturm über die Barrikaden in die Garvaghy Road zu verhindern. *Zweitens* hätte »Orange Order« trotz martialischer Rhetorik kein letztes Gefecht auf der Höhe von Drumcree mit Armee und Polizei riskiert, dazu gab es zu viele moderate Kräfte im Orden und zu viele Verbindungen mit dem politischen Establishment in der Unionistischen Partei. In ein militantes Abenteuer mit unabsehbaren Folgen wollte man sich durch militante loyalistische Kräfte nicht hineinziehen lassen. Wenn diese einen Sturm versucht hätten, so hätten radikale Kräfte des Ordens (»Spirit of Drumcree«) zwar mitgemacht, die große Mehrheit der »Orangemen« aber nicht. Gleichwohl, und darin waren Annesleys Befürchtungen berechtigt, war die Ausweitung des Konflikts zu bürgerkriegsartigen Unruhen nicht von der Hand zu weisen. Der »Orange Order« nahm es billigend in Kauf, dass es jedes Jahr zu neuen schweren Auseinandersetzungen mit riesigem Sachschaden, Toten und Verletzten kam. Er stilisierte Drumcree zum »letzten Gefecht« der Protestanten. »Drumcree« wurde Teil der protestantischen Erinnerungskultur des Widerstandes und in die Reihe der Heldentaten des loyalen Ulster eingeordnet, gleichbedeutend mit der Belagerung von Derry 1689, der Ulster Krise von 1912-14 und dem »Opfer« der nordirischen Freiwilligen an der Somme 1916. Jedes neue »Drumcree« steigerte und befestigte die Verbitterung in beiden communities. »Drumcree« stand für die nüchterne und traurige Erkenntnis, dass nach fast dreißig Jahren Konflikt und vielfältigen politischen Lösungsvorschlägen, die hier in aller Ausführlichkeit beschrieben worden sind, eine Lösung nicht in Sicht war. Die Begrenztheit politisch-institutioneller, rechtlicher, wirtschaftlicher und sozialer Lösungsansätze zeigte sich klar. Solange es nicht gelingen würde, das Misstrauen und den Hass der Menschen zu überwinden, so lange würde es keinen wirklichen Frieden in Nordirland geben.

Die Britische Regierung reagierte mit der Einsetzung einer Kommission, die bis Ende Januar 1997 politische, rechtliche und praktische Konsequenzen des Drumcree Desasters untersuchen sollte. Die Kommission veröffentlichte am 29. Januar 1997 ihren Schlussbericht und formulierte eine zentrale Erkenntnis über die wahren Ursachen des Konfliktes: »*Northern Ireland society is significantly lacking in tolerance and sensitivity towards the perceptions and experiences of other groups within it. Neither the law nor changes to it can of themselves resolve the underlying anxieties or heal the divisions. More is needed.*«[135] Sie ließ ihren nachdenklichen Worten eine Reihe von Empfehlungen folgen. Die wichtigste war die Einsetzung einer »*Parades Commission*« aus unabhängigen Beobachtern, die umstrittene Paraden prüfen, Verhaltensregeln aufstellen, Vermittlungen unternehmen und im Falle ausbleibender Einigung Paraden umleiten bzw. mit Auflagen versehen sollte. Nur der Nordirlandminister sollte, auf Antrag des Polizeichefs, berechtigt sein, eine Entscheidung der Kommission über eine umstrittene Parade zu revidieren. Die Regierung folgte den Empfehlungen und richtete noch im Frühjahr 1997 eine provisorische Kommission ein. Vorsitzender wurde *Alistair Graham*, ein bewährter hoher Beamter im Ruhestand. Graham machte sich an die wenig beneidenswerte Aufgabe, die politisch-religiöse Geographie und die unversöhnlichen Positionen der streitenden Parteien kennen zu lernen.[136] Die Regierung Major kündigte weitere Gesetzgebungsvorhaben auf dem Gebiet der öffentlichen Umzüge und Demonstrationen an (»Public Processions«), es blieb ihr jedoch keine Zeit mehr für die Umsetzung, denn im Mai 1997 wurde sie abgewählt. Polizeichef Hugh Annesley nahm im November 1996 seinen Abschied, nicht in erster Linie wegen der Drumcree Ereignisse, aber sie waren sicherlich der letzte Anstoß für ihn, seine Rückzugspläne zu realisieren. Sein Nachfolger wurde *Ronnie Flanagan (geb. 1949)*, ein gebürtiger (Nord-)Belfaster.[137] Flanagan war 1970 in die RUC eingetreten und hatte sich mit großem Eifer und bemerkenswerten Fähigkeiten sehr rasch die Hierarchie hinauf gearbeitet. Er hatte mehrere leitende Funktionen in den Anti-Terrorisiten Einheiten der RUC inne und führte seit 1994 die Special Branch. Flanagan wusste um die Notwendigkeit, einer Polizeireform, um das zerrüttete Verhältnis zur nationalistischen community zu reparieren und mühte sich nach besten Kräften, die ersten Schritte zu tun. Es war höchste Zeit, denn die RUC hatte nach den Ereignissen

---

135 The North Report. Executive Summary. 29 January 1997, para.9.
136 Siehe den detaillierten »Code of Conduct« der Kommission. http://www.paradescommission.org/conduct.htm. Mitglieder der ersten Parades-Commission waren unter anderem der presbyterianische Pfarrer Rev. Roy Magee, Berna McIvor von der SDLP, ein enger Vertrauter von John Hume, David Hewitt, Aktivist einer protestantischen Friedensinitiative und Frank Guckian, ein Londoner Geschäftsmann. RYDER/KEARNEY, Drumcree, S. 186.
137 RYDER, RUC, S. 472 ff.

von Drumcree in der Wahrnehmung der katholischen Bevölkerung fast allen Kredit verspielt.

Das Jahr 1996 endete mit Stagnation, Frustration und Enttäuschung. Die Friedensgespräche waren in eine Sackgasse geraten, weil die Beteiligten keinen Konsens über die Umsetzung des »Mitchell-Report« vom Januar erzielen konnten. Die Gewalt hatte im schrecklich vertrauten Schema von Mord und Vergeltung wieder zugenommen. 1995 waren neun Opfer zu registrieren, 1996 22. Die IRA hatte acht Menschen ermordet, die INLA 6 und die Loyalisten 5. Am 12. Februar 1997 erschoss die South Armagh Einheit der IRA den 23jährigen britischen Soldaten *Stephen Restorick* an einer Armee-Straßensperre. Restorick sollte das letzte Armee-Opfer vor dem zweiten Waffenstillstand der IRA sein. Die Mutter des Getöteten richtete einen dramatischen Appell an die IRA, die Gewalt zu beenden und setzte sich für die Erneuerung des Friedensprozesses ein, der nur noch ein schwach glimmendes Licht war[138]. Es bedurfte eines Neuanfanges.

2.4. New Labour's Nordirlandpolitik, der zweite Waffenstillstand der IRA 1997 und Sinn Féins Beteiligung an den Friedensgesprächen

Nach dem jähen Tod des Vorsitzenden der Labour Party, John Smith, im Mai 1994 hatte *Tony Blair,* ein junger Rechtsanwalt aus Schottland (*geb. 6. Mai 1953 in Edinburgh*), den Parteivorsitz übernommen. Blair, der sich als pragmatischer, grundwerteorientierter Sozialdemokrat verstand, krempelte binnen eines Jahres »alte Tante« Labour um. Aus einer traditionalistischen Linkspartei, die ihre »sozialistische Identität« immer noch mit der Forderung nach »Vergesellschaftung des Privateigentums an Produktionsmitteln« verband, wurde eine sozialdemokratische Reformpartei.[139] Der junge, dynamische, gutaussehende, optimistische Blair verkörperte geradezu die Sehnsucht der Briten nach klaren Orientierungen für den Aufbruch Großbritanniens in das 21. Jahrhundert. »Tony« versprach den Menschen ein »*New Britain*«: Innovation, Leistung, Wohlstand, individuelle Chancengerechtigkeit, Abbau von Bürokratie und staatlicher Überversorgung und Bevormundung. Er nahm die Bedürfnisse der Menschen nach Erneuerung und Sicherheit ernst. *Am 1. Mai 1997 errang er bei den Wahlen zum House of Commons einen überwältigenden Sieg.* Labour verbuchte mit 43,2 % und 418 Sitzen den größten Triumph in der Geschichte der Partei und »Tony« konnte sich als jüngster Premier

---

138 McKITTRICK, Lost Lives, S. 1404. Rita Restorick, die Mutter des erschossenen Soldaten, engagierte sich in der Friedensbewegung und schrieb ein bewegendes Buch. RITA RESTORICK; Death of A Soldier. Belfast, 2000.
139 TUDOR JONES, Remaking the Labour Party. From Gaitskell to Blair. London/New York, 1996. S. 131 ff. BERNARD BECKER, Politik in Großbritannien. Paderborn u.a., 2002. bes. S. 272 ff. Dort weitere Lit.

Großbritanniens auf eine Mehrheit von 177 Sitzen verlassen. Die Konservativen rutschten auf 30,7% und 165 Sitze ab und John Major erklärte seinen Rücktritt als Vorsitzender.

In Nordirland behauptete die UUP ihre führende Position trotz leichter Verluste (32,7% und 10 Sitze). Die DUP war enttäuscht. Obwohl sie leichte Stimmengewinne verzeichnen konnte (13,6% und 2 Sitze) verlor ihr Kandidat in Mid Ulster, Rev. William McCrea, seinen Sitz ausgerechnet gegen Martin McGuinness. Sinn Féin war der große Sieger der Wahlen. Die Partei steigerte ihren Stimmenanteil auf 16,1 % (von 10% im Jahre 1992) und zog mit Gerry Adams, der den Wahlkreis West Belfast von Joe Hendron (SDLP) zurückerobert hatte, und Martin McGuinness in das House of Commons ein. Die IRA hatte sich auffällig zurückgehalten, um den Wahlerfolg von Sinn Féin nicht zu beeinträchtigen. Die SDLP konnte mit 24,1% ihre Position leicht verbessern, aber der Verlust des Wahlkreises West Belfast schmerzte. Die Konservativen, die schon 1992 eine Abfuhr erhalten hatten, erreichten jetzt nur noch 1,2% der Stimmen und der Abwärtstrend sollte sich fortsetzen.

Neue Nordirlandministerin wurde am 3. Mai 1997 *Marjorie »Mo« Mowlam (geb. 1949)*, eine promovierte Politologin, die zum Kreis der engsten Vertrauten des Parteichefs Blair zählte. »Mo« war robust, basisnah, furchtlos, eloquent, gerade heraus und burschikos, bis an die Grenze der Taktlosigkeit, eine, *»die auf den Tisch haut«* wie Journalist Jürgen Krönig treffend schrieb.[140] Sie hatte seit Ende der achtziger Jahre als »Junior Shadow Secretary of Northern Ireland« Erfahrungen mit Nordirland gesammelt und an der Seite Tony Blairs eine Wende in Labours Nordirlandpolitik eingeleitet. Der bisherige Labour Sprecher für Nordirland, Kevin McNamara, der als pro-nationalistisch galt, wurde 1994 von ihr abgelöst. McNamara hatte seit den achtziger Jahren die Sicherheitspolitik der Konservativen scharf attackiert und gegen die Anti-Terror Gesetzgebung votiert.[141] Ferner vertrat er die Formel der »Einheit durch Konsens«, was Mowlam für »unglücklich« hielt, weil nach ihrer Meinung eine Labour Regierung die Unionisten nicht zur Einheit Irlands überreden könne und sollte. Die Lösung der Nordirlandfrage müsse auf dem Wege der Aussöhnung von Nationalisten und Unionisten und einer von beiden Traditionen akzeptierten neuen politischen Vereinbarung erreicht werden: *»It was an unhappy position...because of was never clear to me what we would actually do if elected. Would we try to persuade N. Ireland's unionists that a united Ireland was in their best interests? It was hard to imagine anything more provocative... Slowly... the policy shifted from 'unity by consent' to 'reconciliation between the peoples of Ireland' to 'reconciliation between the two traditions in Northern Ireland and to a new political settlement which can command the support of both.«*[142]

---

140 JÜRGEN KRÖNIG, Eine, die auf den Tisch haut. DIE ZEIT, Nr. 31, 25. Juli 1997.
141 CUNNINGHAM, British Government Policy, S. 103 f.
142 MOW MOLAM, Momentum, S. 32. Mowlam hatte am 20. Oktober 1994 Kevin McNamara als Labour-Schattenminister für Nordirland abgelöst.

Mowlam, durch die Folgen einer Gehirntumor-Operation behindert, stürzte sich ohne Rücksicht auf ihre Gesundheit mit Feuereifer und Energie auf die vor sie liegenden sehr schwierigen Aufgaben. Ihr offenherziger, energischer, vertrauensbildender Politikstil kam bei den einfachen Menschen beider Lager in Nordirland an, allerdings weniger beim unionistischen Establishment. In diesen Kreisen wurden ihr lautstarkes Auftreten und ihre informellen Umgangsformen naserümpfend als »vulgär« betrachtet. Sie pflegte bei offiziellen Gesprächen ihre Schuhe abzustreifen und ihre Perücke, die sie nach ihrem chemotherapie-bedingten Haarausfall trug, unter ihrem Stuhl zu verstauen. Ein unionistischer Funktionär bemerkte pikiert: »*You wouldn't have her at your dinner table!*« und Vertreter des »Orange Order« verbaten sich bei einem Treffen ihre »anzügliche Sprache«.[143] »Mo's« Aufgabe war gigantisch. Es galt, den steckengebliebenen Friedensprozess wiederzubeleben, insbesondere die IRA von der Notwendigkeit eines neuen Waffenstillstandes zu überzeugen, Sinn Féin mit in die All-Parteien-Gespräche einzubeziehen und gleichzeitig die Unionisten nicht zu verprellen.

Premier Tony Blair unternahm seine erste Reise nach Nordirland. Am 16. Mai 1997 skizzierte er vor der »Royal Agricultural Society« in Belfast in einer Grundsatzrede die künftige Nordirland-Politik der Labour Regierung. Ort, Zielpublikum (unionistisch!) und Inhalt der Rede waren sorgfältig überlegt und Blair präsentierte eine geschickte Mischung aus einem Bekenntnis zur Kontinuität bisheriger Nordirlandpolitik und der Ankündigung innovativer Schritte. Nordirland stünde, so Blair, auf der Prioritätenliste der neuen Regierung ganz oben und er werde sich in besonderer Weise für die rasche Rekonstruktion des Friedensprozesses einsetzen.[144] Die Regierung

- strebe ein Abkommen zur Lösung des Konflikts an, das die Zustimmung von Unionisten und Nationalisten finde könne. Die Regierung Major habe gute Vorarbeit geleistet, die Labour Regierung bekenne sich zur »Joint Declaration« und den »Framework Documents« sowie zu den Vorschlägen der Mitchell-Kommission,
- halte daran fest, dass Nordirland Teil des Vereinigten Königreichs bleibe, solange die Mehrheit der Bevölkerung in Nordirland dies wünsche. Ein vereinigtes Irland stehe nicht auf der Tagesordnung und sei auch keine realistische Möglichkeit. »*My agenda is not a united Ireland – and I wonder how many see it as a realistic possibility in the foreseeable future.*« Das Konsens-Prinzip »*is and will be at the heart of my Government's policies on Northern Ireland. It is the key principle.*« Diejenigen, die mit friedlichen Mitteln für die Einheit Irlands einträten, sollten dies im Rahmen von Gesprächen tun. Wenn sie eine Mehrheit

---

143 FIONNULA O'CONNOR, Breaking The Bonds. Making Peace in Northern Ireland. Edinburgh/London, 2002. S. 125.
144 Wortlaut der Rede in http://cain.ulst.ac.uk/events/peacve/docs/tb16597.htm. Zu den Hintergründen und Resonanz der Rede MOWLAM, Momentum, S. 77 f.; MALLIE/McKITTRICK; Endgame, S. 245 ff.

zusammenbrächten, würde die Regierung dies anerkennen. Relativierend fügte Blair hinzu: »*But none of us in this hall today, even the youngest, is likely to see Northern Ireland as anything but a part of the United Kingdom*«,
- sehe die All-Parteien Gespräche als wichtigstes Instrument zur Vorbereitung eines Abkommens an. Sinn Féin solle beteiligt werden, aber erst wenn die IRA den bedingungslosen Waffenstillstand von 1994 wiederherstelle. Er mahnte Sinn Féin, die Gelegenheit nicht verstreichen zu lassen, denn die Friedensgespräche sollten im Juni wieder aufgenommen werden. Die Regierung sei bereit, mit Sinn Féin Vertretern über ihre Haltung zu diesem Angebot im Vorfeld zu reden, doch Sinn Féin müsse sich rasch entscheiden.

Blairs Vorstoß barg eine Reihe von Risiken. Er konnte sich nicht sicher sein, ob die IRA tatsächlich an einem neuen Waffenstillstand interessiert war und welchen Einfluss Gerry Adams und Martin McGuinness in dieser Phase tatsächlich innerhalb der republikanischen Bewegung besaßen. Doch Blair und seine Nordirlandministerin waren entschlossen, sich nicht von dem Ziel abbringen zu lassen, bis zum Herbst 1997 Sinn Féin in substantielle Gespräche einzubinden, vorausgesetzt die IRA erkläre einen neuen Waffenstillstand. Zunächst einmal mussten die seit Ende 1996 festgefahrenen All-Parteien Gespräche wieder in Gang kommen, was am 3. Juni 1997 geschah. Allerdings sah es gar nicht nach einem Waffenstillstand aus. Im Gegenteil. Ähnlich wie kurz nach dem Regierungsantritt von John Major 1992, ließ die IRA ihre Muskeln spielen. Am 16. Juni wurden zwei Polizeibeamte, *Roland John Graham* (34) und *David Andrew Johnston* (30) in Lurgan erschossen. Seit Ende des Waffenstillstandes am 9. Februar 1996 war kein Polizeibeamter mehr Opfer der IRA geworden. Die IRA übernahm die Verantwortung für die Morde. Gerry Adams bekannte zwar, dass er »*persönlich und menschlich geschockt*« sei, konnte sich aber nicht zu einer Verurteilung durchringen. Manche Kommentatoren glaubten, dass die Morde einem politischen Kalkül folgten, nämlich David Trimble zu treffen (Lurgan lag in seinem Wahlkreis), der gerade in seiner Partei heftig über die Frage diskutierte, ob die Unionisten mit Sinn Féin am Verhandlungstisch sitzen sollten. Trimbles Position wurde durch die Morde schwieriger, er ließ sich aber nicht zu einer generellen Absage von Kontakten mit Sinn Féin treiben.[145] In Downing St. No. 10 herrschte Betroffenheit, gleichwohl auch Entschlossenheit, das Angebot an Sinn Féin aufrecht zu erhalten. Das war der Unterschied zur Vorgängerregierung. Blair hatte mehr Geduld, gleichwohl war ihm an einem zügigen, ergebnisorientierten Gesprächsprozess gelegen. Er machte jetzt Druck. Am 25. Juni 1997 bot er Sinn Féin in einem »Aide Memoire« eine Gesprächsbeteiligung unter *fünf Bedingungen* an:

1. Bedingungslose Wiederherstellung des Waffenstillstandes durch die IRA. Bliebe dieser sechs Wochen stabil und erlaube eine positive Prognose über seine Nachhaltigkeit, könne Sinn Féin beteiligt werden.

---

145 McKITTRICK, Lost Lives, S. 1412 f. McDONALD, Trimble, S. 179 ff.

2. Unterzeichnung der Mitchell-Prinzipien.
3. Akzeptanz eines Zeitrahmens: Verhandlungsergebnisse seien bis Mai 1998 zu erreichen.
4. »Entwaffnung« (»decommissioning«): Umsetzung der Vorschläge des »Mitchell-Reports«, d.h. Entwaffnungsschritte *während* der Verhandlungen und Akzeptanz der Einrichtung einer unabhängigen Überwachungskommission (»Independent Commission«).
5. Vertrauensbildende Maßnahmen auf beiden Seiten: Die Regierung versprach die Achtung der Menschenrechte, z.B. durch die Übernahme der Europäischen Menschenrechtskonvention in nationales Recht, und verpflichtete sich zur Anerkennung des Prinzips gleicher Wertschätzung der nationalistischen und unionistischen Traditionen (»*parity of esteem*«). Sie signalisierte soziale Maßnahmen, Regelung der Paradenfrage und eine Reform der Polizei. Besondere Aufmerksamkeit wollte sie der Frage der politischen Gefangenen widmen. Sinn Féin wurde aufgefordert, auf die IRA einzuwirken, die Bestrafungsaktionen zu beenden.

Blairs Regierung war fest entschlossen, Sinn Féin bis zum 15. September 1997 in Friedensgespräche einzubeziehen. Bedenken, ob Sinn Féin die Mitchell-Prinzipien unterschreiben würde und welche Rückwirkungen dies auf das Verhältnis Sinn Féin – IRA haben könne, wurden zurückgestellt. Die Initiative der Britischen Regierung wurde ausdrücklich durch die neue Irische Regierung unterstützt. Am 6. Juni 1997 hatten die Iren in der Republik ein neues Parlament gewählt. Die regierende Koalition von Fine Gael, Labour und der Demokratischen Linken war durch eine neue Koalition von Fianna Fáil, den »Progressive Democrats« und einigen Unabhängigen abgelöst worden. Neuer Regierungschef wurde *Bertie Ahern (geb. 1951)*, ein kluger, umsichtiger und gewiefter Politiker, der aus der Arbeiterklasse in Nord-Dublin stammte und einen lupenreinen republikanischen »Stammbaum« aufweisen konnte. Seine Familie stammte aus Cork und Aherns Vater hatte mit der IRA im Unabhängigkeitskrieg gegen die Briten gekämpft. 1994 folgte Bertie dem zurückgetretenen Reynolds im Parteivorsitz. Er nahm sofort Kontakt zu Sinn Féin auf und flankierte die britischen Friedensbemühungen, indem er die Grundposition der Irischen Regierung für Friedensgespräche sehr klar aufzeigte: Basis sollten die Downing Street Declaration, die Mitchell-Prinzipien und die Framework Documents sein. Die Irische Regierung befürworte eine neue Regierung in Nordirland auf Grundlage des Prinzips der Machtteilung (»Power Sharing«), setze sich für effektive Nord-Süd Institutionen ein und vertrete das Prinzip der »gleichen Wertschätzung« (»parity of esteem«) beider Traditionen. Eine »Entwaffnung« der IRA könne nur im Rahmen eines auf gegenseitigem Vertrauen basierenden politischen Arrangements geschehen. Ahern erklärte seine Bereitschaft zum Dreiergespräch mit Gerry Adams und John Hume. Auch biete er an, Sinn Féin Vertreter regelmäßig zu Konsultationen zu empfangen.

Blairs und Aherns Werben um Sinn Féin und einen neuen Waffenstillstand der IRA wurde kurzzeitig von neuerlichen Auseinandersetzungen um den Marsch des Orange Order in *Drumcree* überschattet. Dies war Mo Mowlams erste Feuerprobe, die sie mit Mühe und einigen politischen Schrammen überstand. Trotz vielfältiger Bemühungen im Vorfeld, eine erneute Konfrontation zu verhindern, gelang es nicht, die Konfliktparteien für einen Kompromiss zu gewinnen.[146] Unversöhnlich standen sich der »Orange Order« in Portadown und die Vertretung der katholischen Anwohner der Garvaghy Road gegenüber. In beiden Lagern hatten die Betonköpfe inzwischen fest das Heft in der Hand. Der Führer der »Garvaghy Road Residents Group«, Brendan McKenna, hatte bei den Kommunalwahlen am 21. Mai 1997 überraschend einen Sitz im Bezirksrat von Craigavon gewonnen und saß fester im Sattel denn je. Der »Orange Order«, der nach dem Rücktritt seines langjährigen Grand Masters, Rev. Martin Smyth, von *Robert Saulters*, einem wenig charismatischen und standfesten Buchhalter geleitet wurde, sah sich in Portadown dem Druck der Radikalen im Orden (»Spirit of Drumcree«) und militanten Loyalisten (Billy Wright und die LVF) gegenüber und legte sich auf eine unversöhnliche Haltung fest. Da es zu keiner Vereinbarung kam, musste Mo Mowlam, beraten von RUC Chef Flanagan, entscheiden und sie wusste, dass, gleichgültig ob sie den Marsch des »Orange Order« verbieten oder genehmigen ließ, heftige Unruhen das Ergebnis sein würden.[147] So nahm *»Drumcree Drei«* seinen Lauf. Unter dem Schutz von 1500 Soldaten und Polizisten und gegen die heftigen Proteste der Anwohner, marschierte der »Orange Order« am 6. Juli 1997 auf der traditionellen Route. In der Folge kam es zu heftigen Unruhen in nationalistischen Regionen und Stadtvierteln quer durch die Provinz.

Es war im Sommer 1997 viele Wochen nicht klar, wie Sinn Féin und die IRA auf die deutlichen Offerten aus London und Dublin reagieren würden. Der Druck auf Sinn Féin wuchs und die Hoffnungen richteten sich erneut auf Gerry Adams und seine Anhänger, die sich nach stürmischen Auseinandersetzungen auf der Armee-Versammlung der IRA im Oktober 1996 durchgesetzt hatten. Er nutzte seine Mehrheit im Armeerat, um die Entscheidung für einen neuen Waffenstillstand herbeizuführen, was am 2. Juli mit 7:0 Stimmen geschah. Da die Entscheidung ohne Konsultation der IRA-Exekutive und des Hauptquartiers zustande kam und zudem bis zum 19. Juli vor der Mitgliedschaft verborgen blieb, war eine

---

146 Siehe dazu und zum Verlauf von Drumcree 1997 RYDER/KEARNEY, Drumcree, S. 190 ff.
147 In ihrer Autobiographie erweckt Mowlam den Eindruck, dass sie von Flanagan kurz vor dem Marsch zu einer Entscheidung für die Durchführung des Marsches auf der traditionellen Route gedrängt worden sei. »I felt I was left with no choice other than to let the parde go ahead.« MOWLAM, Momentum, S. 95. Das war so nicht der Fall, denn wie ein später den Medien zugespieltes Regierungsdokument enthüllte, war Mowlam über die Alternativen sehr wohl unterrichtet und konnte eine begründete Entscheidung fällen. Das Dokument empfahl, dass, sollten alle Verhandlungen scheitern, den Marsch als kleineres Übel zu genehmigen. RYDER/KEARNEY, Drumcree, S. 205 ff.

erneute schwere interne Auseinandersetzung um die Grundziele der Politik der IRA vorprogrammiert. Doch Adams und McGuinness waren entschlossen, die Einladung an Sinn Féin zur Gesprächsbeteiligung nicht auszuschlagen, den internen Streit auszutragen und ihn im Sinne ihres überragenden Ziels, Sinn Feins politische Position gegen die SDLP und die Unionisten zu stärken, zu entscheiden. Sie sorgten zunächst dafür, dass die *zweite Waffenstillstandserklärung am 20. Juli 1997* offiziell verkündet wurde. Der Waffenstillstand sollte von diesem Tag an, 12.00 Uhr mittags, in Kraft treten. Die Erklärung enthielt eine Rechtfertigung der Strategie der IRA seit 1994. Die IRA gab, wie nicht anders zu erwarten war, der Britischen Regierung und den Unionisten die Schuld für den politischen Stillstand der vergangenen 17 Monate. Deshalb habe die IRA »widerwillig« (»*reluctantly*«) den Waffenstillstand von 1994 aufgekündigt. Nun aber wolle die IRA einen dauerhaften Frieden: »*We want a permanent peace and therefore we are prepared to enhance the search for a democratic peace settlement through real or inclusive negotiations.*«[148] Das waren positive Signale, doch dieses Mal gab es keine enthusiastischen Ausbrüche und Umzüge in den katholischen Vierteln von Belfast, nirgendwo knallten die Sektkorken oder läuteten die Kirchenglocken. Die Menschen in Nordirland hatten schon zu oft Versprechungen und feierliche Gelöbnisse gehört und waren später enttäuscht worden. So herrschte eine gespannte Ruhe, es blieben Zweifel und Misstrauen, aber auch ein Stück weit vorsichtiger Optimismus, dass es jetzt endlich zu Friedensgesprächen kommen und wirklichen Fortschritt geben könne. Adams und McGuinness kämpften bis in den Herbst hinein um die Absicherung ihrer Politik im republikanischen Lager und dieser interne Streit war zweifellos die größte Herausforderung ihrer Karriere. Der Hauptstreitpunkt waren die Mitchell-Prinzipien vom Januar 1996. Die entschiedenen Gegner des Adams Lager um das Mitglied der IRA-Army Executive und früherem Generalquartiermeister *Michael McKevitt* verwiesen darauf, dass die Akzeptanz der Mitchell-Prinzipien die IRA-Verfassung verletze. Kein Sinn Féin Mitglied, das zugleich der IRA angehöre, dürfe sich an Gesprächen beteiligen, die die Akzeptanz der Mitchell-Prinzipien (prinzipiellen Verzicht auf Gewalt) voraussetzten. Nach erbitterten Auseinandersetzungen auf einer IRA Generalversammlung Mitte Oktober 1997 gelang es Adams mit einer kühl kalkulierten Isolationsstrategie seine Kritiker in die Defensive zu drängen. Im Armeerat sicherte er sich eine 6:1 Mehrheit. Adams und McGuinness, die beiden republikanischen Vordenker und Architekten des IRA-Waffenstillstandes gingen gestärkt aus der Auseinandersetzung hervor. Sie hatten die pro-Waffenstillstands- und Friedensgesprächslinie gegen alle Widerstände durchgesetzt. Die Kritiker zogen wenig später die Konsequenzen. McKevitt, verheiratet mit Bernadette Sands, der Schwester des »Märtyrers« Bobby Sands, und seine Anhänger verließen die Organisation und bildeten im November 1997 eine neue IRA, die sogenannte »*Real IRA*«. Hochburg der neuen, vielleicht 150 Aktivi-

---

148 Wortlaut bei ENGLISH, Armed Struggle, S. 295.

sten umfassende Terrortruppe, wurde County Louth, im Nordosten der Republik an der Grenze zu Nordirland. Wenig später entstand als politischer Flügel der »Real IRA« das »*32 County Sovereignty Committee*« *(oder »Movement«)*. Der Name war Programm, eine Aufforderung an die republikanische Bewegung, an der Forderung eines vereinten Irlands ohne britische Präsenz kompromisslos festzuhalten. Bernadette Sands und Marian Price, berühmt für ihre Bombenaktionen in London in den siebziger Jahren, waren die führenden Aktivisten der neuen Gruppierung. Die »*Real IRA*« zog bald im Namen des orthodoxen Republikanismus eine neue Spur brutaler Gewalt durch Nordirland.[149]

Nach der Waffenstillstandserklärung, einem ersten offiziellen Treffen zwischen Mo Mowlam, Gerry Adams und Martin McGuinness und einer sechswöchigen Überprüfungsfrist, kündigte die Britische Regierung am 29. August offiziell die Beteiligung Sinn Féins an den Friedensgesprächen zum *15. September* an. Eine Delegation von Sinn Féin unterzeichnete am 9. September formell die sechs »Mitchell-Prinzipien« am künftigen Verhandlungsort, Castle Buildings in Stormont. Die Unionisten trauten dem Frieden nicht. Die Unterzeichnung der Mitchell-Prinzipien durch eine Partei, die mit der IRA ideologisch und personell verbunden war, erschien ihnen nicht glaubwürdig und als Relativierung der Mitchell-Prinzipien. Es entbrannte eine heftige Debatte, ob die UUP trotz der Beteiligung von Sinn Féin bei den Friedensgesprächen weiter mitwirken sollte. Trimble zögerte, konfrontiert mit völlig gegensätzlichen Ratschlägen aus der eigenen Partei, wobei aus einer kleinen Gruppe junger aufstrebender Rechtsanwälte, die Trimble sehr schätzte, deutliche Warnungen kamen, an den Gesprächen teilzunehmen. Wenn man, so der Rat der scherzhaft »*Baby Barristers*« genannten jungen Unionisten, mit Sinn Féin erst einmal am Verhandlungstisch säße, dann wäre diese Partei, ob man es wolle oder nicht, als respektabler Verhandlungspartner aufgewertet. Eine Isolierung und Marginalisierung der IRA nahen Partei sei danach nicht mehr möglich. Doch Trimble entschied sich für eine Beteiligung, zunächst aus sehr grundsätzlichen Gründen. Er wollte es nicht noch einmal – wie beim AIA - erleben, dass die Unionisten nur als Zuschauer am Rande stünden, wenn über ihr Schicksal entschieden würde. Ferner ließ er sich von seinem zeitweiligen Berater Séan O'Callaghan (ein ehemaliger IRA Mann und dann Informant der irischen Polizei) überzeugen, dass es gerade das Kalkül Sinn Féins sei, die Unionisten zum Fernbleiben zu provozieren, um ihnen dann die Schuld für ein Scheitern der Gespräche zuzuschieben und sie zu isolieren. Trimbles »Ja« zur Beteiligung wurde schließlich auch vom positiven Votum des »Executive Council« der UUP beeinflusst.[150] Trimble erklärte, die UUP werde weiter an den Gesprächen teilnehmen, aber nur um *erstens* die Union zu verteidigen und *zweitens* Sinn Féin zu »entlar-

---

149 Detaillierte Beschreibung der internen Debatte bei MOLONEY, Secret History, S. 468 ff. ENGLISH, Armed Struggle, S. 316 ff.
150 MCDONALD, Trimble, S. 186.

ven«. So trafen am *17. September Delegationen der UUP und der kleineren loyalistischen Parteien, UDP und PUP, erstmalig auf eine Sinn Féin Delegation.* Das Klima war frostig und bilaterale Kontakte wurden von den Unionisten sorgsam vermieden.[151] Dennoch war ein Durchbruch erzielt worden. Die Friedensgespräche über die Zukunft Nordirlands unter Einschluss der radikalen Republikanern konnten beginnen. An den Gesprächen beteiligt waren ursprünglich Delegationen von den Parteien, die bei den »Northern Ireland Forum« Wahlen vom Mai 1996 zu den zehn erfolgreichsten gehört hatten. Da die DUP und die UKUP bereits einen Tag nach dem zweiten Waffenstillstand der IRA und der beschlossenen Beteiligung von Sinn Féin aus Protest den All-Parteien Gespräche ferngeblieben waren, saßen jetzt noch acht Parteien am Verhandlungstisch:

- Alliance Party (AP) (Lord John Alderdice, Seamus Close, Sean Neeson)
- Labour Party (LP) (Hugh Casey, Malachi Curran)
- Progressive Unionist Party (PUP) (David Ervine, Hugh Smyth)
- Sinn Féin (SF) (Gerry Adams, Martin McGuinness)
- Social Democratic And Labour Party (SDLP) (John Hume, Seamus Mallon, Eddie McGrady)
- Ulster Democratic Party (UDP) (Gary McMichael, John White)
- Ulster Unionist Party (UUP) (David Trimble, John Taylor, Reg Empey)
- (Northern Ireland) Women's Coalition (Monica McWilliams, Pearl Sagar)

Dazu kamen Vertreter der Britischen und Irischen Regierung. Senator George Mitchell übernahm als kompetenter Moderator und ehrlicher Makler den Vorsitz der Plenarsitzungen. Wenige Tage nach Beginn der Gespräche installierte die Britische Regierung die *»Independent Commission on Decommissioning«*, die während des Gesprächsprozesses Fortschritte in der Entwaffnungsfrage prüfen und Bericht erstatten sollte. Den Vorsitz übernahm *General John de Chastelain*, zweiter Mann hinter Mitchell. Dass die DUP und UKUP bei den Gesprächen nicht mehr dabei waren, hatte einerseits den negativen Effekt, das sie nun ungehindert von außen gegen die Verhandlungen schießen konnten, die sie schlicht als »Annektionsverhandlungen« mit der Irischen Republik diffamierten. Andererseits gab es nun erheblich mehr Spielraum für den ohnehin auf einer Gratwanderung befindlichen David Trimble. Er musste sich jetzt wenigstens nicht mehr der wütenden Attacken von Ian Paisley und Robert McCartney am Verhandlungstisch erwehren.

2.5. Countdown zum Erfolg

Keiner konnte im Herbst 1997 voraussagen, ob das Unternehmen »Friedensgespräche« tatsächlich in dem von der Britischen Regierung anvisierten Zeitrahmen zum Erfolg führen würde. Blair hatte sich auf eine »deadline« bis April 1998 festgelegt,

---

151 Lebhafte und spannende Schilderung des Verlaufs, des Gesprächsklimas und Einschätzung der handelnden Personen bei MOWLAM, Momentum, S. 145 ff.

ein sehr ehrgeiziges Unterfangen vor dem Hintergrund der weitauseinanderliegenden Positionen der politischen Parteien. Es war schon ein Erfolg, dass es überhaupt zu Gesprächen in dieser Konstellation gekommen war. Leider blieb der Hinweis auf diese Tatsache, von Mo Mowlam in ermüdender Wiederholung vorgebracht, viele Wochen das Positivste, was zu berichten war. Denn substantiell kamen die Gespräche in allen drei Abteilungen nicht vom Fleck. Nach der Brook'schen »Strand«-Formel diskutierten die Delegationen in

- *Strand 1:* Die Verfassung Nordirlands.
- *Strand 2:* Das Verhältnis Nordirlands zur Republik Irland.
- *Strand 3*: Das Verhältnis von Britischer und Irischer Regierung in Bezug auf Nordirland.

Die Hauptkontrahenten gingen mit den bekannten Grundpositionen in die Verhandlungen: Den *Unionisten* war in erster Linie an der Sicherung der Union mit Großbritannien gelegen, deshalb lag ihr Schwerpunkt auf Wiederherstellung eines Regionalparlamentes und einer Regionalregierung (*»devolved government«*) mit klaren Verantwortlichkeiten und wirklicher Macht. Der Einfluss der Republik Irland sollte so gering wie möglich ausfallen. Dies war ein stabiler und nachhaltiger Grundsatz unionistischer Programmatik und hatte sich in der Kritik am Sunningdale Abkommens 1973, dem Anglo-Irischen Abkommen 1985 und den Framework Documents 1995 widergespiegelt. Die Republik sollte ihren Territorialanspruch auf Nordirland aufgeben und die Artikel 2 und 3 der Irischen Verfassung revidieren. Die Unionisten lehnten freundschaftliche Beziehungen, ja eine *»special relation-ship«* zur Republik Irland keineswegs ab, gedacht war an praktische Kooperationsbeziehungen auf wirtschaftlichem und sozialen Gebiet. Die kleineren loyalistischen Parteien waren darüber hinaus besonders an der Frage der *Gefangenen-Entlassung* interessiert, da dies ihre Klientel in erster Linie betraf. Relativ wenig war von den Unionisten im Blick auf die wichtigen Fragen der Menschenrechte, Diskriminierung und Gleichheit zu vernehmen.

Die *SDLP* unterstrich im Rückblick auf das »New Ireland Forum« 1984 und das Anglo-Irische Abkommen 1985 die Anerkennung und Sicherung der *Gleichberechtigung beider Traditionen* bei der Formierung neuer politischer Strukturen und Institutionen in Nordirland. Nationalisten und Unionisten müssten auf gleicher Augenhöhe, in demokratischer Partnerschaft an der Regierung Nordirlands teilhaben und sich mit den politischen Institutionen identifizieren können. Im Blick auf das Verhältnis von Nordirland und der Republik Irland forderte die SDLP, die in den »Framework Documents« von 1995 vorgeschlagenen gesamtirischen Institutionen mit exekutiven Funktionen zu schaffen. Das war eine Agenda für schrittweisen friedlichen Wandel mit dem klaren Ziel der Einheit Irlands.

Sinn Féin sprach sich deutlich *gegen* die Schaffung eines neuen Regionalparlaments und einer nordirischen Regierung aus. Es dürfe kein *»internal six-county settlement«* geben. Der Nordirlandkonflikt sei auf die Teilung Irlands und die Union Nordirlands mit Großbritannien, ausgedrückt in der Unionsakte von 1800 und dem »Government of Ireland Act« von 1920, zurückzuführen. Das war die traditionelle republikanische Analyse der Lage. Die ungehinderte Ausübung des nationalen Selbstbestimmungsrechts des irischen Volkes werde die Teilung überwinden und die Wiedervereinigung Irlands ermöglichen. Die »Joint Declaration« von 1993 habe dies klar zum Ausdruck gebracht und die Britische Regierung müsse darauf hinwirken, dass das irische Volk als Ganzes sein Selbstbestimmungsrecht ausüben könne. Sinn Féin wandte sich gegen das *Konsensprinzip* so wie es bisher von allen anderen Partnern in den Verhandlungen verstanden und unterstützt wurde, nämlich als das Recht der *nordirischen* Bevölkerung in einem Referendum über die Verfassung Nordirlands und eine mögliche Vereinigung Irlands zu befinden. Sinn Féin ging stattdessen davon aus, dass die Verhandlungen neue politische Strukturen im Übergang zum einem wiedervereinigten Irland schaffen sollten. In diesem wiedervereinigten Irland, das als ein friedlicher, demokratischer, die Menschenrechte achtender, ethnisch, religiös und kulturell pluralistischer Staat beschrieben wurde, sollten die Unionisten ihre Rolle selbst aushandeln: »*It would be thus essential that they should negotiate their role in any arrangements which would embody Irish unity.*«[152] Sinn Féin ging es letztlich um die Schaffung günstiger politischer Rahmenbedingungen, um das Fernziel der Einheit Irlands zu erreichen. Die Frage der Entwaffnung der IRA wurde in den größeren Kontext einer allgemeinen »Demilitarisierung« gestellt, was auf die Verminderung der Präsenz der Britischen Armee und eine Auflösung der RUC zielte. Auch die Frage der frühzeitigen Haftentlassung von verurteilten Terroristen zählte dazu. So hielt man sich stets eine Hintertür offen und konterte die Frage nach der Entwaffnung der IRA stets mit der Gegenfrage, wie substantiell denn die vertrauensbildenden Maßnahmen der Britischen Armee und der RUC seien. Hier blieb viel Raum für Ausweichmanöver wie die nächsten Monate und Jahre zeigen sollten.

Am 29. Dezember 1997 geriet der Gesprächsprozess in eine ernste, fast tödliche Krise. Im Maze-Gefängnis wurde LVF-Führer *Billy Wright*, der seit März 1997 wegen Todesdrohungen gegen eine Frau aus Portadown einsaß, von einem Killer-Kommando der INLA ermordet. Der Mord war sorgfältig geplant. Wright saß in einem Mini-Bus auf dem Wege zum Besucherblock als sich die Killer über ein Dach Zugang zu dem Gefängnishof verschafften, in dem der Mini-Bus wartete. Hier trafen ihn die Kugeln der Mörder, die anschließend in ihren Block zurückkehrten und sich stellten. Wie die INLA-Häftlinge an die Waffen gekommen waren, blieb trotz einer eingehenden Untersuchung ungeklärt.[153] Dass in der Öffentlichkeit jetzt unangenehme Fragen zur Sicherheit im Maze Gefängnis gestellt wurden, war noch eine eher harmlose Folge des Mords. Doch jetzt begann eine

---

152 Sinn Féin, Peace in Ireland. Freedom, Justice, Democracy, Equality. Principles and Requirements. 14. Oktober 1997, S. 9.
153 McKITTRICK; Lost Lives, S. 1416 ff. TAYLOR, Loyalists, S. 244 ff. Gelächter aus dem Grab. DER SPIEGEL, Nr. 2, 5. Januar 1998. S. 114. JÜRGEN KRÖNIG, Der Terror lebt. DIE ZEIT, Nr.3, 8. Januar 1998.

Serie von Vergeltungsaktionen der loyalistischen Paramilitärs. Zwar war der zwielichtige, arrogante und herrschsüchtige Wright nicht unumstritten[154] und selbst mancher Gesinnungsfreund mag eine klammheimliche Freude über seinen Tod empfunden haben, aber er gehörte schließlich zum eigenen »Stamm« und das musste gerächt werden. Bereits 12 Stunden später erschoss ein LVF Kommando Seamus Dillon, einen katholischen Türsteher eines Hotels in Dungannon. Weitere Morde folgten in kurzen Abständen. Der Waffenstillstand der loyalistischen Paramilitärs war extrem gefährdet. Insbesondere aus Kreisen loyalistischer Gefangener kam massive Kritik an der Britischen Regierung und dem bisherigen Verlauf der Gespräche. Es war auch offensichtlich, dass nicht nur die LVF in Vergeltungsaktionen verstrickt war, sondern auch die Killer-Truppe der UDA, die UFF. Zugleich war nicht auszuschließen, dass auch die IRA ihren Waffenstillstand aufkündigen könnte. In dieser ernsten Situation entschloss sich Nordirlandministerin Mowlam auf Bitten des Verhandlungsführers der UDP, Gary McMichael, zu einem beispiellosen Schritt: Sie eilte persönlich ins Maze-Gefängnis, um die loyalistischen Gefangenen von der Notwendigkeit zu überzeugen, am Friedensprozess festzuhalten. In einem dramatischen Treffen am 9. Januar 1998 gelang es ihr, die »hard men«, unter ihnen Michael Stone und Johnny »Mad Dog« Adair, davon zu überzeugen, dass die Union sicher sei und es keinen Ausverkauf protestantischer Interessen geben würde.[155] Die UFF erklärte wenig später, sie erneuere ihren – für eine »angemessene militärische Antwort« kurz ausgesetzten – Waffenstillstand. Dafür wurde die UDP einige Wochen von den Verhandlungen ausgeschlossen.

Auch Sinn Féin wurde bis zum 24. März 1998 wegen zweier Morde, die auf das Konto der IRA gingen, von den Verhandlungen suspendiert. Trotz der andauernden Gewalt gingen die Friedensgespräche weiter. Welche Alternative hätte es auch gegeben? Die Britische Regierung drückte aufs Tempo und George Mitchell setzte den 9. April 1998 verbindlich als Schlusstermin fest. Am 12. Januar hatten die Britische und Irische Regierung nach den zähen und kaum ertragreichen Gesprächen seit Oktober 1997, eine neue Initiative gestartet. In den *»Propositions on Heads of Agreement«* genannten Vorschlägen[156] bekannten sich beide Regierungen zum Grundprinzip eines im Konsens vereinbarten ausgewogenen Wandels in der Verfassung der Irischen Republik und der verfassungsrechtlichen Gesetzgebung Großbritanniens (*»Balanced constitutional change«*). Die geplanten Verfassungänderungen bezogen sich auf die Artikel 2 und 3 der Irischen Verfassung sowie auf

---

154 Siehe die ausgezeichnete Lebensbeschreibung von CHRIS ANDERSON, The Billy Boy. The Life and Death of LVF Leader Billy Wright. Edinburgh/London, 2002. Vgl. auch DILLON, God and the Gun, S. 67 ff., der einen faszinierenden Einblick in die bigotte Welt des Billy Wright bietet.
155 Siehe ihre eigene Schilderung in MOWLAM, Momentum, S. 180 ff.
156 Propositions on Heads of Government vom 12. Januar 1998. Siehe auch das am 27. Januar 1998 vorgelegte Diskussionspapier zu »Strand 2: North-South Structures«. http//:cain.ulst.ac.uk/events/peace/docs/bi28198a.htm

die Sektion 75 des »Government of Ireland Act«, die den Status Nordirlands regelte. An die Stelle des »Anglo-Irish Agreement« von 1985 sollte ein neues Britisch-Irisches Abkommen treten. Die Regierungen schlugen die Bildung eines *Intergovernmental Council* (Britisch-Irischer Rat) vor, in dem Vertreter der Britischen und Irischen Regierung, der nordirischen Administration sowie der Regionalinstitutionen von Schottland und Wales zur Erörterung der Gesamtheit der Beziehungen (»*totality of relationships*«) zusammenkommen sollten. Ferner war ein »*Nord-Süd-Rat*« auf Ministerebene vorgesehen, der in Angelegenheiten gemeinsamen Interesses konferieren sollte. Der Rat sollte sowohl der Nordirischen Versammlung als auch dem irischen Parlament verantwortlich sein. Angekündigt wurde auch ein umfassender Schutz der Rechte beider communities in Nordirland, etwa durch eine »Bill of Rights«, und die Implementation der Europäischen Konvention der Menschenrechte.

Das Grundsatzpapier stieß bei den Unionisten auf Zustimmung, denn hier waren doch einige der unionistischen Grundforderungen enthalten, insbesondere die der Verantwortlichkeit eines Nord-Süd Rates gegenüber dem nordirischen Parlament. Umso heftiger ablehnend fiel – erwartungsgemäß – die Reaktion von Sinn Féin aus. Adams und McGuinness sagten sich umgehend bei Tony Blair an und erklärten, sie würden mit »Zähnen und Klauen« gegen diese Vorschläge kämpfen. Wenig später flankierte die IRA Sinn Féins Protest und verdammte das »pro-unionistische« Dokument. Der Stein des Anstoßes war klar: das geplante nordirische Parlament mit Verantwortlichkeiten für die Nord-Süd-Beziehungen zielte genau auf das »internal settlement«, das die Republikaner strikt ablehnten.

Bis zur »deadline« blieb nicht mehr viel Zeit. Es ging auf Ostern 1998 zu und George Mitchell und die Britische Regierung sahen mit Sorge wachsende Verhärtung und Stillstand. Hauptstreitpunkte waren Befugnisse und Struktur des nordirischen Regionalparlaments, die Entwaffnungsfrage und die Nord-Süd-Institutionen. Welche Macht sollten sie haben und wem verantwortlich sein? Welche Angelegenheiten sollten in ihren Aufgabenbereich fallen? In diesem Punkt gab es zwischen der Britischen und Irischen Regierung noch eine Reihe von Streitpunkten, die schließlich nach fast täglichen Treffen zwischen Blair und Ahern ausgeräumt werden konnten und auch für die Unionisten akzeptabel waren. Da von den Parteien keine eigene Vorschläge kamen, fasste George Mitchell die bisher erreichten Positionen zusammen und legte am 6. April den ersten Entwurf eines Abkommens vor. Tony Blair reiste einen Tag später nach Belfast und erklärte, er fühle »*the hand of history on my shoulder*«. In endlosen Gesprächen rund um die Uhr warb er für den Entwurf. Noch am Karfreitag Morgen gab es keinen Durchbruch. Die Unionisten waren zuletzt die einzigen, die sich noch sträubten, dem Entwurf zuzustimmen. Trimble wusste um die Bedeutung der Entwaffnungsfrage in der eigenen Partei, die sich lautstark und kritisch artikulierte, ganz abgesehen von den ständigen und massiven Angriffen seitens der DUP, die ihm Verrat und Ausverkauf vorwarfen. Vor diesem Hintergrund setzte Trimble die Entwaffnungsfrage noch in letzter Minute auf die Tagesordnung. Er drängte auf die Verschärfung einer Bestimmung im Abkommensentwurf bezüglich der Entfernung eines Regierungsmitgliedes aus dem Amt (Entwurf, Strand 1, para. 25). Mitglieder von Sinn Féin sollten nur dann in eine nordirische Regierung (»Executive«) aufgenommen werden können, wenn die IRA *vorher* substantielle Schritte zur Entwaffnung eingeleitet hätte. Trimble intervenierte bei Blair persönlich. Dieser wollte und konnte dem Wunsch nicht entsprechen, weil, wie er meinte, eine Änderung des Entwurfes fünf Minuten vor Zwölf eine Krise mit der Irischen Regierung ausgelöst und die Verhandlungen zum Scheitern gebracht hätte. Er sagte Trimble aber zu, die gewünschte Präzisierung in einem Brief an ihn zu geben, der hastig, gleichwohl sehr geschickt formuliert, Trimble zugestellt wurde. Blair äußerte hier seine Auffassung, *»that the process of decommissioning should start straight away«* und versicherte Trimble, den entsprechenden Paragraphen im Abkommen zu ändern, sollte dieser sich nach sechs Monaten als ineffektiv erweisen.[157] John Taylor, einflussreiches Mitglied der UUP Verhandlungsdelegation, hielt den Brief für ein Ausweichmanöver (*»a bit of a fudge«*) und lag damit sicherlich richtig. Gleichwohl waren er und die andere Delegationsmitglieder letztlich mit Blairs Versprechen zufrieden. Wenig später erreichte Trimble auch die Zustimmung des UUP Parteivorstandes. Kurz bevor Trimble George Mitchell von dem Konsens in Kenntnis setzte, verließ *Jeffrey Donaldson*, MP für Lagan Valley, junger Hoffnungsträger eines »neuen Unionismus« und Vertrauter Trimbles, den Verhandlungsort und demonstrierte auf diese Weise seine Ablehnung des Entwurfes. Trimble war geschockt. Donaldsons Opposition sollte Trimbles Ringen um Zustimmung im unionistischen Lager erheblich belasteten.[158]

Der Durchbruch war geschafft. Senator George Mitchell versammelte die Delegationen und fragte jede einzelne, ob sie dem Entwurf zustimmen könne. Bis auf Sinn Féin formulierten alle ein klares »Ja«, nur Gerry Adams äußerte Zurückhaltung und erklärte, Sinn Féin würde der erreichten Entwicklung zwar positiv begegnen (*»approach this development in a positive manner«*), müsse aber erst das Votum des Sinn Féins Vorstandes und Parteitages für ein endgültiges Urteil abwarten. Schließlich trat George Mitchell am *10. April 1998* an die Öffentlichkeit und verkündete das historische Ereignis: *»I am pleased to announce that the two governments and the political parties in Northern Ireland have reached agreement«*. Das »Good Friday Agreement« war geschlossen.

---

157 Wortlaut des Briefes in McDONALD, Trimble, S. 208 f.
158 Zum Ablauf der dramatischen Schlußverhandlungen vgl. v.a. McDONALD, Trimble, S. 200 ff. MOWLAM, Momentum, S. 213 ff. Siehe auch Trimbles eigene Darstellung in: The Belfast Agreement. In: DAVID TRIMBLE, To raise up a new Northern Ireland. Articles and speeches 1998-2000. Belfast, 2001, S. 35 f.

3. Das »Good Friday Agreement« 1998 – Eine neue Ära für Nordirland?

Der Abschluss des GFA wurde, wie dargelegt, nur möglich, weil es im Unterschied zu Sunningdale 1973 und dem AIA 1985 eine erheblich günstigere politische Gesamtkonstellation gab und die an dem Verhandlungsprozess Beteiligten aus dem Scheitern dieser Vereinbarungen von Sunningdale und dem AIA gelernt hatten. Das Engagement der USA und, wenn auch deutlich geringer, der EU, die Entschlossenheit und Zähigkeit der Britischen und Irischenm Regierung, sich auch von Rückschlägen nicht in ihrem Verhandlungswillen irritieren zu lassen, die Einbeziehung aller verhandlungsbereiten politischen Parteien in Nordirland, die anhaltenden Waffenstillstände der Paramilitärs, die kritische Begleitung der Verhandlungen im zivilgesellschaftlichen Diskurs und schließlich die Arrangements des GFA selbst, halfen mit, das GFA zu dem bis heute bedeutendsten Dokument der Lösung des Nordirlandkonflikts werden zu lassen.[159]

Das GFA begann mit einer feierlichen Unterstützungserklärung (»*Declaration of Support*«), in der sich die Unterzeichner für einen historischen Neubeginn in Nordirland auf Basis von Partnerschaft, Gleichheit und gegenseitigem Respekt aussprachen. Sie versicherten, ihre substantiellen Differenzen ausschließlich mit demokratischen und friedlichen Mitteln auszutragen. Sie erklärten, für Versöhnung und Annäherung einzutreten und »*in good faith*« für den Erfolg des im Abkommen festgelegten institutionellen Rahmenwerkes zu arbeiten.[160] Die Verhandlungspartner bekräftigten »*that it is for the people of the island of Ireland alone, by agreement between the two parts respectively and without external impediment, to exercise their right of self-determination on the basis of consent, freely and concurrently given, North and South, to bring about a united Ireland, if that is their wish, accepting that this right must be achieved and exercised with and subject to the agreement and consent of a majority of the people of Northern Ireland.*«[161] Damit wurde das Recht des irischen Volkes auf Selbstbestimmung wie schon in früheren Erklärungen, zuletzt in der »Joint Declaration« von 1993, formell bestätigt und zugleich

---

159 Vgl. v.a. den Vergleich von Sunningdale, AIA und GFA bei WOLFF, Introduction: From Sunningdale to Belfast. In: NEUHEISER/WOLFF, Peace at Last?, S. 18 ff.
160 The Agreement Reached in the Multi-Party Negotiations, S. 1. Zit. als GFA, dem Sachbereich (z.B. Strand 1) und Paragraphen (para.) Zusammenfassende Erläuterungen und Analysen zum Agreement v.a. bei JOSEPH RUANE/JENNIFER TODD; The Belfast Agreement: Context, content, consequences. In: Dieselben (eds.), After the Good Friday Agreement. Analysing Political Change in Northern Ireland. Dublin, 1999. S. 1 ff. ROBIN WILSON/JOHN MULLIN (eds.), Agreeing to Disagree? A Guide to the Northern Ireland Assembly. Belfast, 2001. RICK WILFORD (ed.) Aspects of the Belfast Agreement. Oxford, 2001. Dort weitere Lit. Siehe auch die brilliante Analyse von BERNHARD MOLTMANN, »Es kann der Frömmste nicht im Frieden bleiben...« Nordirland und sein kalter Frieden. Frankfurt/Main, HSFK-Reports, No.8/2002.
161 GFA, para 1 (ii).

festgelegt, dass dieses nur auf der Basis von *Konsens* und *gleichzeitiger* freier Entscheidung in Nordirland und der Republik Irland umgesetzt werden könne. Die Menschen in Nordirland sollten mehrheitlich frei entscheiden können, ob sie weiter zum United Kingdom gehören wollten oder ein vereinigtes Irland vorzogen. Sie sollten ihre Staatsangehörigkeit (»citizenship«) frei wählen können: »Irisch«, »Britisch« oder beides. Die Irische Regierung revidierte am 3. Juni 1998 den Artkel 2 ihrer Verfassung, der den Territorialanspruch auf ganz Irland enthalten hatte und formulierte jetzt eine Trennung von nationaler Identität und nationalem Territoritätansprüch: *»It is the entitlement and birthright of every person born in the island of Ireland, which includes its islands and seas, to be part of the Irish Nation. That is also the entitlement of all persons otherwise qualified in accordance with law to be citizens of Ireland. Furthermore, the Irish nation cherishes its special affinity with people of Irish ancestry living abroad who share its cultural identity and heritage«.* Im Artikel 3 deklarierte sie ein politisches Grundziel der irischen Nation als eine auf die Zukunft gerichtete Absichtserklärung *(»aspiration to unity«):* »*It is the firm will of the Irish nation, in harmony and friendship, to unite all the people who share the territory of the island of Ireland, in all the diversity of their identities and traditions, recognising that a united Ireland shall bebrought about only by peaceful means with the consent of a majority of the people, democratically expressed, by both jurisdictions in the island.«*[162] Der verfassungsrechtliche Status Quo Nordirlands sollte solange bestehen bleiben, wie es in Nordirland eine Mehrheit dafür gebe. *Damit hatte die Irische Regierung zum ersten Mal in der Geschichte Nordirlands den geltenden verfassungspolitischen Status als Ausdruck des gegenwärtigen Willens der Mehrheit anerkannt.* Die Formulierung des Paragraph 1 GFA zum Selbstbestimmungsrecht des Irischen Volkes und dem Konsensprinzip für Nordirland war auch Bestandteil des neuen Britisch-Irischen Abkommens, das formell des »Government of Ireland Act« von 1920 ersetzte (Article 1, ii), und wurde in die Britische Gesetzgebung (Northern Ireland Act, 1998) übernommen.

Im Bereich »Strand 1« (*Verfassungsfragen*) sah das Abkommen ein Modell der *Machtteilung* zwischen den beiden »communities« vor, nach konkordanzdemokratischen Prinzipien (*»consociational democracy«*), die auch das Sunningdale Agreement von 1973 geprägt hatten. Im Blick auf das *Konsensprinzip, grenzüberschreitende Kooperation von Nord und Süd sowie Zusammenarbeit beider Regierungen gab es durchaus Gemeinsamkeiten zu Sunningdale.* Doch das GFA war kein *»Sunningdale for slow learners«,* wie Seamus Mallon, Mitglied der Verhandlungsdelegation der SDLP, scherzhaft meinte. Anders als im Sunningdale Abkommen funktionierten die Nord-Süd-Institutionen nur solange wie das Regionalparlament intakt blieb. In die Institutionen und Abstimmungsverfahren wurden »checks and balances« eingebaut, die Autonomie und Gleichheit beider communities (»parity of esteem«) sichern und verhindern sollen, dass sie sich überstimmten (»Minoritäten-Veto«).

---

162 Constitution of Ireland of 1937 (mit Ergänzungen bis 7. November 2002), Artikel 2 und 3.

Schließlich kamen konkrete Maßnahmen als verbindliche Schritte zu Frieden und Versöhnung dazu: Polizeireform, vorzeitige Entlassung von terroristischen Straftätern, Maßnahmen zur Herstellung von gleicher Partizipation an öffentlichen Gütern, sowie Anti-Diskriminierungsvorkehrungen in Verwaltung und Gesellschaft.[163] Die konkordanzdemokratische Grundorientierung des Abkommens drückte sich im Prinzip der Machtteilung (»Power-Sharing«) aus. »Power Sharing« wurde im Blick auf die konkreten Arrangements sichtbar im Wahlsystem, in der Zusammensetzung des 12köpfigen »Executive Committee«, dem Verhältnis zwischen der Exekutive und dem Parlament, und den gegenseitigen Beziehungen der Parteien im Parlament.

Das Abkommen sah die Einrichtung folgender *Institutionen* vor (siehe auch Graphik im Anhang):[164]

1. Ein *Regionalparlament* (»Northern Ireland Assembly«), bestehend aus 108 Mitgliedern (»Members of Assembly«, MLAs), gewählt auf Basis der 18 nordirischen Westminster-Wahlkreise nach dem Verhältniswahlrecht mit übertragbarer Einzelstimmabgabe (»Single Transferable Vote«). Das Parlament hat legislative und exekutive Funktionen z.B. für Wirtschaft, Arbeit und Soziales, Unternehmen, Handel und Investitionen, Finanzen, Bildung, Gesundheit, Landwirtschaft, Umwelt und Regionalentwicklung. Die Britische Regierung behält die Verantwortung für alle Bereiche, die nicht zu den übertragenen Verantwortlichkeiten (»*transferred matters*«) gehören, d.h. insbesondere die Steuerhoheit, Sicherheit, Recht und Ordnung und außenpolitische Vertretung. Die gewählten Volksvertreter müssen sich als »Unionist«, »Nationalist« oder »Other« *registrieren* lassen, denn bei Abstimmungen von zentraler Bedeutung (»*key-decisions*«) ist eine bestimmte Quote der Vertreter beider Bevölkerungsgruppen erforderlich (»*cross-community-support*«). Entweder wird die Entscheidung durch eine *gleichzeitige* einfache Mehrheit bei Nationalisten *und* Unionisten erreicht (»*Parallel Consent*«) oder durch eine »*gewichtete Mehrheit*« (»*weighted majority*«) bestehend aus 60% der Assembly-Mitglieder (MLAs), mindestens aber 40% der Unionisten und 40% der Nationalisten. Um eine Entscheidung als »zentrale« zu definieren und das alternative Abstimmungsverfahren in Gang zu setzen, bedarf es des Antrags von mindestens 30 Mitgliedern des Regionalparlaments.

2. Eine *Regierung* (»Executive Authority«), bestehend aus dem »*First Minister*« und »*Deputy First Minister*« sowie einem »*Executive Committee*« (geschäftsführender Ausschuss) mit weiteren Ministern. Der »First« und »Deputy First Minister« werden nur *gemeinsam* gewählt, d.h. Nationalisten und Unionisten müssen Kandidaten präsentieren, die für beide Seiten akzeptabel sind. Nach

---

163 Zum Vergleich von Sunningdale und dem GFA im Detail siehe STEFAN WOLFF, Context and Content: Sunningdale and Belfast Compared. In: WILFORD, Aspects, S. 11 ff. v.a. Tabelle 2.1. auf S. 13.
164 GFA, Strand 1, para. 1-36.

den Mehrheitsverhältnissen muss der Posten des »Ersten« an die Unionisten und der »Zweite« an die SDLP fallen. Die Minister werden nicht vom »First Minister« ernannt, wie z.B. in Deutschland der Bundeskanzler sein Kabinett bildet, sondern nach dem Stärkeverhältnis der Parteien in der Assembly bestimmt (gemäß d'Hondt System). Nach langen Verhandlungen einigten sich die UUP und die SDLP im Dezember 1998 auf 10 Ministerien (unter »direct rule« hatte es sechs gegeben). Die Ministerposten wurden dann gemäß d'Hondt verteilt: 3 UUP, 3 SDLP, 2 Sinn Féin, 2 DUP. Auch die Besetzung der parlamentarischen und den Ministerien zugeordneten Ausschüsse (»Standing Committees«, »Departmental Committees«) wurde nach dem d'Hondt Prinzip vorgenommen. Das »Executive Committee« muss nicht vom Parlament bestätigt werden und soll zu *einmütigen* Entscheidungen kommen. Die Minister leisten keinen Treueid auf die englische Königin, sondern bekennen sich zu ihren Amtspflichten (»*pledge of office*«). Der »pledge of office« enthält die ausdrückliche Verpflichtung zu Gewaltfreiheit und der Anwendung ausschließlich friedlicher und demokratischer Mittel. Wer diese Pflichten verletzt, kann des Amtes enthoben werden, wozu es des Antrags von 30 Abgeordneten (»key decision«) bedarf.[165]

Das »Executive Committee« ist faktisch eine große Koalition zwischen vier Parteien. Diese Grundkonstellation bleibt bestehen ohne dass der Wähler die Möglichkeit hat, etwas zu ändern. Der First und First Deputy Minister haben auf die personelle Zusammensetzung des Gremiums nur geringen Einfluss. Sie müssen mit den Ministern leben, die von den anderen Parteien benannt worden sind. Sollte es zu gravierenden Meinungsverschiedenheiten kommen, können sie nur Minister aus der eigenen Partei entlassen. Verliert das Parlament das Vertrauen in einen Minister, kann dieser nur entlassen werden, wenn sich dafür eine lagerübergreifende Mehrheit organisieren lässt.[166] In diesen Institutionen kommt die konkordanzdemokratische Orientierung des Abkommens am deutlichsten zum Ausdruck. Das Regionalparlament in Belfast ist das einzige in Europa, in dem Regierungsbildung und die Beschlussfassung über Grundsatzfragen (»key-decisions«) nach einem konkordanzdemokratischen Modell organisiert sind.[167] Ein »*Civic Forum*«, gedacht als das Sprachrohr gesellschaftlicher Kräfte, bestehend aus Repräsentanten von Wirtschaft, Gewerk-

---

165 GFA, Strand 1, para. 25 und Annex A. Einzelheiten bei RICK WILFORD, The Assembly and the Executive. In. WILFORD, Aspects, S. 107 ff. Vgl. auch sehr ausführlich RICK WILFORD/ROBIN WILSON, A Democratic Design? The political style of the Northern Ireland Assembly. In: Democratic Dialogue, Belfast, May 2001.
166 GFA, Strand 1, para.25. WILFORD, The Assembly and the Executive. In: WILFORD, Aspects, S. 109.
167 Siehe kritisch zu diesen Arrangements vor dem Hintergrund der Theorie Lijpharts ROBIN WILSON; Northern Ireland: what's going wrong? Hrsgg. von der Constitution Unit. London, 2003. S. 11 ff.

schaften, Kirchen, Bildungsinstitutionen und einer Fülle zivilgesellschaftlicher Organisationen, sollte beratend tätig werden. Über Auftrag und Kompetenzen des Forums gab es bald heftige Auseinandersetzungen.
3. Im »Strand 2« Bereich wird ein *gesamtirischer Ministerrat* (*North/South Ministerial Council,* NSMC) gebildet, der Nord und Süd verbinden soll. Das Gremium soll aus Vertretern der Regierung Nordirlands (in der Regel der »First« und »Deputy First Minister«) und der Regierung der Republik Irland bestehen und sechs Monate nach Wahl der Assembly seine Arbeit aufnehmen. Der NSMC ist der »Assembly« und dem »Dail Eireann« verantwortlich und daher ohne exekutive Funktionen. Seine Aufgabe ist Austausch von Informationen, Diskussionen und Beratungen in 12 Sachgebieten, die im Anhang zu »Strand 2« aufgeführt sind (von der Landwirtschaft bis zur Regionalentwicklung).[168]
4. Im »Strand 3« Teil wird schließlich ein *»Britisch-Irischer Insel-Rat«* (*»British-Irish Council«,* BIC) und eine *»Britisch-Irische Regierungskonferenz«* (*»British-Irish Intergovernmental Conference«,* BIIC) geschaffen. Im BIC arbeiten Vertreter der Irischen und Britischen Regierung sowie der Regionalregierungen von Nordirland, Schottland, Wales und Repräsentanten der Isle of Man und der Channel Islands zu Fragen von Landwirtschaft, Umwelt, Kultur, Gesundheit, Bildung und Fragen der EU zusammen. Die »BIIC« ersetzte die im AIA von 1985 errichteten Institutionen (das Sekretariat der IGC in Maryfield wurde zur Erleichterung der Unionisten geschlossen) und wird auf Gipfelebene den Britischen Premier und den Taoiseach, bzw. vertreten durch Minister, zu regelmäßigen Konsultationen zusammenführen. Hier stehen Fragen der Sicherheit, des Rechts, Gefängnisse und Polizei im Vordergrund.

Im Teil *»Rights, Safeguards and Equality of Opportunity«* befasste sich das Abkommen mit flankierenden Maßnahmen zu einer Neuordnung der politischen und gesellschaftlichen Verhältnisse in Nordirland, insbesondere mit Fragen von Demokratie und Rechtsstaat. Thematisiert wurden vor allem Menschenrechte, Gleichberechtigung beider Traditionen, gesellschaftliche Gleichheit, Entwaffnung, Sicherheit und Polizei, vorzeitige Entlassung von Ex-Terroristen, die Sorge für die Opfer der Gewalt und Versöhnung. Die Europäische Menschenrechtskonvention sollte in nordirisches Recht eingeführt und eine *»Human Rights Commission«* sowie eine *»Equality Commission«* geschaffen werden. Die Förderung der Irischen Sprache wurde unterstrichen. Die Britische Regierung kündigte als vertrauensbildende Maßnahmen eine »Normalisierung« der Sicherheitspolitik an (»*normalisation of security arrangements and practices*«), u.a. eine Reduktion der Armeestärke und den Abbau von Überwachungsinstallationen. Ferner sollte eine Unabhängige Kommission für Polizeireform eingerichtet werden und Vorschläge zur Schaffung einer effektiven, unparteiischen und fairen Polizei unterbreiten. In der für Sinn Féin und die kleinen loyalistischen Parteien wichtigen *Gefangenenfrage* erklärte die Britische

---

168 GFA, Strand 2, Annex.

Regierung, sie werde ein Programm zur beschleunigten Entlassung von Ex-Terroristen auflegen. Recht knapp nahm das Agreement zur *Entwaffnungsfrage* Stellung, die sehr rasch zur entscheidenden - und letztlich Fortschritt verhindernden - grundsätzlichen Streitfrage zwischen Unionisten und Nationalisten werden sollte. Das Agreement war hier auffällig zurückhaltend: »*All participants accordingly reaffirm their commitment to the total disarmament of all paramilitary organisations. They also confirm their intention to continue to work constructively and in good faith with the Independent Commission, and to use any influence they may have, to achieve the decommissioning of all paramilitary arms within two years following endorsement in referendums North and South of the agreement and in the context of the implementation of the overall settlement.*«[169] Hier wurde zwar eine *moralische* »Verpflichtung« zur Entwaffnung formuliert sowie auf die guten Absichten der Teilnehmer abgehoben, aber es wurden keine *Bedingungen* festgelegt. Der angekündigte Zeitrahmen (zwei Jahre) blieb, ohne dass Sanktionen für die Nichteinhaltung genannt wurden, ein vages Prüfinstrument, wie sich rasch zeigen sollte. Es gab auch kein Junktim zwischen Entwaffnung und der angekündigten vorzeitigen Gefangenenentlassung, was sehr rasch zu schwerwiegenden Auseinandersetzungen zwischen Sinn Féin und den Unionisten führen sollte und den Friedensprozess faktisch blockierte. Sehr knapp nur wurde auf die *Opfer des Konflikts* Bezug genommen. Eine »Opfer-Kommission« sollte einen Bericht erarbeiten, wie den Toten des Konflikts angemessen gedacht, die Leiden der körperlich verletzten und traumatisierten gelindert und die Interessen der Hinterbliebenen zu wahren seien. Ferner seien die vielen Versöhnungsinitiativen zu unterstützen. Ein wenig beachteter, gleichwohl vor dem Hintergrund der Geschichte und Symbolik der verfeindeten Lager wichtiger, Paragraph findet sich im Teil »Rights, Safeguards etc.«, in dem Sensibilität und gegenseitiger Respekt bei der Verwendung von »*symbols and emblems*« angemahnt wird.[170]

Das Abkommen markierte einen historischen Meilenstein in der Geschichte des *Nordirlandkonfliktes*. Es bot ein politisch-rechtliches Rahmenwerk für die streitenden Parteien, den Konflikt mit friedlichen Mitteln auszutragen und »*erreichte .. eine ausgewogene Balance zwischen den Zugeständnissen, die jede Seite zu machen hatte und den Gewinnen, die alle Beteiligten sich erwarten können. Damit war die bisherige Konfliktdynamik durchbrochen, die nur Gewinner und Verlierer kannte.*«[171] Es sicherte die *Selbstbestimmung des Irischen Volkes* auf dem Wege getrennter

---

169 Ebda., S. 20.
170 GFA, »Rights« etc. para. 5
171 BERNHARD MOLTMANN, Nordirland: Vom Wagnis eines neuen Gesellschafts- und Herrschaftsvertrages oder Wie Thomas Hobbes und John Locke jüngst Stormont Castle besuchten. Frankfurt/Main, 1998 (= HSFK-Report 7/1998), S. III. Ruane und Todd sprechen treffend von einem »framework« und einem »transformative social process«. RUANE/TODD, The Belfast Agreement. In: Dieselben, After the Good Friday Agreement, S. 17.

Abstimmungen in Nord und Süd. Es garantierte den *gegenwärtigen verfassungspolitischen Status* Nordirlands auf Basis der Mehrheitsentscheidung der nordirischen Bevölkerung *(Konsensprinzip)*. Es verbot und ächtete die Drohung und Anwendung von Gewalt, formulierte den Willen zu Frieden und Gerechtigkeit und, setzte einen politischen Prozess der Annäherung und Verständigung in Gang. Es unterstrich die Verpflichtung aller politischen Kräfte zur Einhaltung von *Menschenrechten, Gleichheit, Demokratie und Rechtsstaatlichkeit* und formulierte ein Rahmenwerk der *Machtteilung (»Power-Sharing«)* und zur Verhinderung der Majorisierung von Minderheiten. Mit den Nord-Süd und Britisch-Irischen Institutionen wurde ein neuer Weg der *zwischenstaatlichen Kooperation* zwischen souveränen Regierungen beschritten. Es lag nun bei den politischen Eliten, den Parteien und gesellschaftlichen Kräften, diese Chancen zu nutzen, tragfähige Institutionen (Parlament und Regierung) zu etablieren, sie mit Leben zu erfüllen und Demokratie zu entwickeln. Die formale Anerkennung der *Gleichberechtigung* der unionistischen und nationalistischen »Traditionen« für die Gestaltung der politischen und gesellschaftlichen Verhältnisse war ein zentraler Beitrag für eine inklusive Demokratie. Die Anerkennung von »Gruppenrechten« wurde sogleich in politische Gestaltungsprinzipien übersetzt. Wahl und Zusammensetzung des Regionalparlaments und der Regierung (First und Deputy First Minister sowie Minister) und die legislativen Verfahren sollten Gruppenrechte sichern (»parallel consent«, »weighted majorities«). Doch genau hier lagen auch die zentralen verfassungspolitischen Probleme des Abkommens. Da die politischen Repräsentanten beider Lager einander misstrauten und kaum zu Kompromissen bereit waren, lag die Gefahr von Blockadesituationen nahe. Sie vertraten ja diametral entgegengesetzte politische Fernziele (Einheit Irland versus Verbleib im UK) und suchten jede Gelegenheit, das verfassungspolitische Arrangement in der Verfolgung und Befestigung dieses Fernziels zu nutzen. Die konkordanzdemokratische Grundphilosophie des GFA, in ethnisch, religiös und kulturell gespaltenen Gesellschaften eine Konfliktlösung durch ein politisches Arrangement zu erreichen, das bis in die institutionellen Details auf den jeweiligen »Identitäten« beruht, erwies sich als fatal. Ethnische, religiös-kulturelle Identitäten werden faktisch als primordiale Gegebenheiten, unwandelbar und unveränderbar, vorausgesetzt, Protestanten und Katholiken, Unionisten und Nationalisten in ihre Identitäten gleichsam eingemauert. Die anhaltende Segregation der nordirischen Gesellschaft wurde durch die politischen Arrangements noch verstärkt.[172] Die Gefahr, dass sich beide Seiten unter offensiver Nutzung der politisch-konstitutionellen und gesellschaftspolitischen Arrangements des GFA in die »Schützengräben« ihrer jeweiligen »unionistischen« und »nationalistischen Identitäten« zurückziehen könnten, war nur allzu real. Das Abkommen wurde vielfach nicht als Basis und Rahmen zu weiteren Schritten des Ausgleichs und Versöhnung verstanden, sondern gab beiden Traditionen die politischen

---

172 WILSON, Northern Ireland, what's going wrong?, S. 12 f.

Instrumente an die Hand, die eigenen Interessen zu behaupten und nicht den Kompromiss zu suchen. Rick Wilford und Robin Wilson von der NGO »Democratic Dialogue« haben das System des GFA zugespitzt als »freundliche Apartheid« beschrieben, das letztlich nicht integrierend, sondern trennend wirke: *»This is the 'terrible beauty' of the agreement: it kept the alternative options alive and as a result left two mutually exclusive futures open and unreconciled.«*[173] Die grundlegenden Webfehler des GFA zeigten sich z.B. im Verhältnis-Wahlsystem mit übertragbarer Einzelstimmgebung, das die kleinen Parteien begünstigte und es ihnen erlaubte, durch Mobilisierung ihrer Stammwählerschaft stets repräsentiert zu sein, ohne ihr politisches Programm auch für andere Wählerschichten überzeugend zu erläutern, ferner durch das Verfahren, sich für die Abstimmungsmechanismen in der Assembly als »Unionist«, »Nationalist« und »Other« zu registrieren und schließlich die Regierungsbildung nach dem d'Hondt System. So war das *»Executive Committee«* keine verantwortliche Regierung, wie sie uns aus den Verfassungen der EU-Mitgliedsstaaten vertraut ist, sondern eine *unfreiwillige Vier-Parteien Koalition, die Unbeweglichkeit und Besitzstanddenken beförderte.*

Ein kardinaler Webfehler des Abkommens war auch die *Unterschätzung zivilgesellschaftlicher Kräfte.* Ihnen wurde im Abkommen nur eine schwache Rolle zugewiesen, was ihrer Bedeutung für Verständigung und Konfliktabbau während der dreißigjährigen Konfliktgeschichte und im Friedensprozess in keiner Weise entsprach. Ohne ihren Einsatz hätte es noch mehr Tote und Verletzte gegeben und wäre der Friedensprozess an den intransigenten Positionen der Parteien nicht nur einmal gescheitert. Leider war es symptomatisch, dass das »Civic Forum« als wichtiges Element zivilgesellschaftlicher Ergänzung der konstitutionellen Arrangements als letztes Gremium im Rahmenwerk des GFA etabliert wurde und erst am 9. Oktober 2000 sein erstes Treffen abhalten konnte. Die Debatten im Regionalparlament zum »Civic Forum« offenbarten darüber hinaus, wie kontrovers die Rolle der »civil society« eingeschätzt wurde.[174] Die unionistischen Parteien demonstrierten eine Mischung aus Indifferenz und Ablehnung. Die DUP hielt das »Civic Forum« für *»a waste of time and money«*, so der Abgeordnete Peter Robinson. Doch wenn es schon nicht zu verhindern war, dann sollte es wenigstens vom Regionalparlament gelenkt werden können, eine geradezu absurde Verkehrung der Intentionen, die das GFA dem »Civic Forum« zuwies.[175]

Zweifellos bot das Abkommen durch viele unklare Formulierungen und Formelkompromisse (vor allem in der Entwaffnungsfrage) genügend Spielraum für einseitige Interessenvertretung und Blockadestrategien. Aber wahrscheinlich wäre das Abkommen ohne eine Reihe von Ambivalenzen und Offenheiten der Interpretation gar nicht zu Stande gekommen.

---

173 RICK WILFORD/ROBIN WILSON, A route to stability. The review of the Belfast Agreement. Democratic Dialogue, Belfast, August 2003. S. 7.
174 JOHN WOODS, The Civic Forum. In: WILSON, Agreeing to disagree?, S. 82 ff.
175 Assembly Official Reports (AOR), 6. Februar 2001.

3.1. Reaktionen, Referenden und »Assemblywahlen«

Für die pro-GFA Unionisten hatte das Abkommen die Union mit Großbritannien gefestigt. David Trimble erklärte unmittelbar nach Ende der Verhandlungen: »*I have risen from this table with the Union stronger than when I sat down.*«[176] Das AIA, der Stein des Anstoßes der achtziger Jahren, war ersetzt und Geschichte. Die Irische Regierung hatte das Prinzip des Konsenses formell anerkannt und die Artikel 2 und 3 ihrer Verfassung geändert. Nordirland hatte seit 1972 wieder ein Parlament, das mit wirklichen Machtbefugnissen ausgestattet war. Die Britische Regierung stand fest zur Union und Tony Blair hatte klar ausgesprochen, dass die »Einheit Irlands« nicht auf der Tagesordnung stand. Die Nord-Süd Institutionen waren, anders als im Sunningdale Abkommen, nur im Gesamtkontext des verfassungsrechtlichen Rahmenwerkes funktionsfähig und stellten somit keine Gefahr dar, als Instrumente zur Herstellung der Einheit Irlands zu dienen. Der Friede bot die Möglichkeit, die wirtschaftliche und soziale Entwicklung Nordirlands entscheidend zu befördern und somit die Union noch fester schmieden. Je mehr Nordirland prosperierte, umso weniger Gründe gab es, den verfassungspolitischen Status zugunsten der Einheit Irlands zu verändern.

Die gegen das Abkommen argumentierenden Unionisten, an der Spitze die DUP, sahen es dagegen in der Verlängerungslinie der ominösen »Framework Documents«, d.h. als noch raffinierter angelegte Strategie des »Ausverkaufs« Ulsters. Sie stellten eine Reihe von kritischen Fragen und wussten ein Teil der unionistischen Wählerschaft hinter sich. Da waren z.B. die *Entwaffnungsfrage*, die Frage der *vorzeitigen Entlassung von Gefangenen*, die *Polizeireform* und die »*Gleichheits-Agenda*«: Sollten etwa künftig Unionisten mit »Terroristen« (Sinn Féin) die Ministerbank teilen ohne dass die IRA vorher ihre Waffen abgegeben hatte? War die angekündigte Polizeireform nicht schlicht der Versuch, die RUC zu zerschlagen und die Protestanten Ulsters ihrer Sicherheit zu berauben? Bedeutete die angekündigte Freilassung von Terroristen aus den Gefängnissen nicht eine ungeheuerliche Verhöhnung der Opfer der Gewalt? Sollte der »Orange Order« künftig durch Verweis auf das Abkommen, daran gehindert werden auf jahrhundertealte Traditionen seiner Märsche und Demonstrationen zu verzichten? Warum waren im Abkommen nicht klare Bedingungen, Sanktionsmechanismen und ein Schlusstermin für den Prozess der Entwaffnung formuliert? War das vom Abkommen formulierte Programm von Chancengleichheit, Gleichberechtigung und Nicht-Diskriminierung beider Traditionen nicht der Versuch, die Mehrheitsposition der Unionisten zu unterdrücken und sie zu »Fremden« im eigenen Land zu machen? Würden die Nord-Süd- und Britisch-Irischen Institutionen nicht zu Instrumenten nationalistischer Strategie werden, das »heilige« Ziel – die Einheit Irlands – zu erreichen?

---

176 McDONALD, Trimble, S. 212.

Das *nationalistische Lager* hatte mit dem Abkommen wichtige Positionen durchgesetzt. Vor allem John Hume und die SDLP konnten mit dem Erreichten zufrieden sein, denn das Abkommen enthielt die Grundphilosophie des SDLP-Pragmatismus. Die gleiche Wertschätzung (»parity of esteem«) und Gleichberechtigung der nationalistischen gegenüber der unionistischen Tradition wurde formell anerkannt und damit ein Grundanliegen des konstitutionellen Nationalismus der SDLP umgesetzt. Das institutionelle Rahmenwerk eröffnete die Möglichkeit der friedlichen und gleichberechtigten Zusammenarbeit beider Traditionen. Die »Irische Dimension« war fest implementiert und damit wurde ein Grundanliegen der SDLP umgesetzt. Das Schicksal der irischen Nation – ob Einheit und wenn ja, in welcher Form, blieb der Entscheidung künftiger Generationen vorbehalten.[177]

Aber auch *Sinn Féin* konnte mit dem Abkommen leben und betonte die positiven Aspekte:
- Die nationalistische Tradition werde als politisch legitime Strömung in Nordirland anerkannt.
- Das Recht des irischen Volkes auf nationale Selbstbestimmung sei unterstrichen und der politische Kampf für die Einheit Irlands formell als legitim bestätigt worden.
- Das Abkommen binde die Zugehörigkeit Nordirlands an den Mehrheitswillen der Menschen (»principle of consent«) ohne eine »Ewigkeitsgarantie« für Nordirland als Teil des United Kingdom abzugeben.
- Die Nord-Süd Institutionen seien wichtige Instrumente für die Verstärkung der »irischen Dimension« und Integration der irischen Nation.
- Wenn politische, soziale und kulturelle Gleichberechtigung und Nicht-Diskriminierung in den Institutionen Nordirlands umgesetzt werden, so bestehe die Chance, Nordirland im Sinne der nationalistischen Agenda zu verändern und langfristig die Bedingungen für die Einheit Irlands herzustellen.
- Die Vereinbarung beider Regierungen über die vorzeitige Entlassung republikanischer Gefangener sei ein gutes Zeichen britischen Friedenswillens und könnte, jedenfalls aus republikanischer Sicht, durchaus als *faktische* Anerkennung der Gefangenen als Kämpfer in einem »Krieg« gegen die Briten aufgefasst werden.
- Das Abkommen stelle für die Mitarbeit von gewählten Sinn Féin Vertretern in den Institutionen Nordirlands *nicht* die Bedingung, dass die IRA *zuvor* ihre Waffen abgeben müsse.
- Die Britische Regierung habe sich zur Reduktion ihrer Militärpräsenz und Sicherheitsüberwachung verpflichtet.

---

177 Siehe dazu GERARD MURRAY, Political realism in Northern Ireland. Independent, 9. Juli 1998.

- Eine Polizeireform sei auf dem Weg mit dem Ziel, einen neuen Polizeidienst zu schaffen, der das Vertrauen von Nationalisten und Unionisten gleichermaßen besitze.

Probleme hatten die Republikaner dagegen in der Frage *der Legitimität Nordirlands*, was ihnen die Unionisten gleich nach den Referenden im Mai vorhalten sollten. Hatten sie Nordirland als legitimes »Staatsgebilde« anerkannt und ihre Ambitionen auf ein vereinigtes Irland aufgegeben? Immerhin hatte doch die Irische Regierung Artikel 2 und 3 der Irischen Verfassung revidiert und damit den Territorialanspruch auf Nordirland zurückgenommen. Irische Nation und irischer Staat wurden nicht mehr als untrennbare Einheit betrachtet. Nordirland war als Teil des Vereinigten Königreichs anerkannt. Adams, McGuinness und ihre Gesinnungsfreunde waren darüber nicht erfreut und konnten damit nur unter der Bedingung leben, dass das GFA nicht als endgültiger Friedensvertrag, sondern als der *Beginn, als Etappe eines längerfristigen Prozesses* gesehen wurde. Martin McGuinness erklärte: »*The Agreement is not a peace settlement... Rather, it is an important staging post of the peace protest which can, like others before in recent years create the conditions for further movement in that direction.*«[178] Das Abkommen galt als eine Vereinbarung (»accomodation«), als ein vorläufiger politischer Rahmen (»framework«), der friedlichen Wettbewerb und Konfliktaustrag im Blick auf die grundlegend unterschiedlichen nationalen Zielsetzungen (Union oder vereintes Irland) ermöglichen sollte. Keiner konnte das Ergebnis dieses Wettbewerbs voraussehen. Adams und McGuinness schienen überzeugt zu sein, dass am Ende eines langen demokratischen Entwicklungsprozesses das vereinigte Irland stehen würde und sie drängten darauf, das Abkommen dafür zu nutzen. Das war die Botschaft, die sie ihren Anhängern vermittelten. Der Verweis auf die *Unabgeschlossenheit* des Prozesses sowie den *Übergangscharakter* von Regionalparlament und Regierung war das taktische Mittel, um die Anhängerschaft Sinn Féins zur Akzeptanz der Beteiligung an Wahlen und der Regierung Nordirlands zu veranlassen. Denn für viele Republikaner war die Aufgabe der Prinzips des Mandatsverzichts (»abstentionism«) für das *nordirische Parlament* eine sehr bittere Pille. Bei den Unionisten kam das natürlich ganz anders an. Die Rede von »langen offenen Wandlungsprozessen«, von Unabgeschlossenheit, Gleichheit, Gerechtigkeit, Nicht-Diskriminierung, Minoritätenrechten und grenzüberschreitender Kooperation mit der Irischen Republik verunsicherte und alarmierte sie. Dazu kam die höchst kontroverse Frage der *Entwaffnung* (siehe nächsten Abschnitt).

Für einen *orthodoxen Republikanismus*, der an der territorialen Wiedervereinigung von Nord und Süd als unmittelbares Politikziel festhielt und den bewaffneten Kampf befürwortete, war das Abkommen schlicht »Verrat« an der »heiligen« Sache der Einheit Irlands. Adams, McGuinness und die IRA, sahen sich massiven

---

178 MARTIN McGUINNESS, The Agreement must stand. Sinn Féin Press Office, 28. Oktober 1998.

Angriffen von republikanischen Dissidentengruppen ausgesetzt. Die INLA, die Extremisten der »*Real IRA*«, des »*32 County Sovereignty Committee*« und die »*Continuity IRA*« kündigten Widerstand und Fortsetzung militärischer Aktionen an. Auch für eine Reihe von Veteranen der IRA, war das Abkommen schwer zu ertragen. Missstimmung und Resignation breiteten sich aus. Selbst ein so besonnener Veteran wie Brendan Hughes, der inzwischen zum bewaffneten Kampf eine kritische Haltung bezogen hatte, merkte verbittert an, er hätte nicht dreißig Jahre gegen die »Brits« gekämpft, um ihnen jetzt bei der Verwaltung Nordirlands zu helfen.[179]

Die Britische Regierung hatte inzwischen das GFA als Gesetz beschlossen (»*Northern Ireland Bill*« vom 22. April 1998). Jetzt waren die Unterzeichner des Abkommens am Zuge, sich der Zustimmung ihrer Parteigremien zu versichern und ihre communities zu überzeugen. Eile war geboten, denn schon für den 22. Mai 1998 waren Referenden in Nord und Süd vorgesehen und am 25. Juni sollte die Wahl des neuen Regionalparlaments stattfinden. Eine Blitzumfrage des »Guardian« und der »Irish Times« im April 1998 ermittelte, dass 73% der Nordiren das Abkommen befürworteten, was Trimble und seinen Gefolgsleuten Hoffnung machte.[180] Doch brauchte er jetzt eiserne Nerven und enormes Durchsetzungsvermögen, um seinen Fraktions-Kollegen in Westminister, seiner schwankenden Partei und seinen Wählern die Zustimmung zum Abkommen abzuringen. Dies sollte zu einem Herkules Akt geraten, denn schon signalisierten fünf von zehn seiner Fraktionskollegen in Westminster, der »Orange Order« und die »Young Unionists« die Ablehnung des Abkommens, von der lautstarken Anti-Kampagne der DUP ganz abgesehen. Der Parteivorstand der UUP votierte einen Tag nach Abschluss des Abkommens mit 55 zu 23 Stimmen für das Abkommen und wenig später gelang es Trimble, auch den Ulster Unionist Council zu überzeugen. Dieser stimmte mit deutlicher Mehrheit (520 zu 210 Stimmen) pro GFA. Immerhin hatten sich 72% der UUP Delegierten hinter Trimble gestellt, doch der Rest blieb nicht untätig und vereinte sich mit der DUP zu einer schrillen »No« – Kampagne. Geschickt wählte man den offensiven Slogan: »*It's Right To Say No!*« Paisley, Robert McCartney und ihre Gesinnungsfreunde zogen alle Register populistisch-demagogischer Propaganda. Sie konzentrierten sich auf die emotionale Gemütslage der schwankenden Basis. Frühzeitig entlassene Terroristen, die RUC aufgelöst und Terroristen als künftige Polizisten auf Ulsters Straßen, die Opfer der Gewalt vergessen und verhöhnt, Sinn Féin Minister in hochbezahlten Ministerposten, die IRA mit ihren Waffen als Droh- und Erpressungspotential weiter im Hintergrund, die Irische Regierung lauernd auf die Chance zur Übernahme Nordirlands, das waren die Horrormeldungen, die täglich auf die Menschen einprasselten. Paisley

---

179 JÜRGEN KRÖNIG, Der Anfang vom Ende des Kampfes. DIE ZEIT, Nr.18, 23. April 1998. ENGLISH, Armed Struggle, S. 315 ff.
180 Guardian, 16. April 1998.

tat, was er am besten konnte: den Untergang Ulsters beschwören und alle seine Gegner als »Lundies« beschimpfen. Bei diesem Anti-Agreement-Trommelfeuer musste man um David Trimble und das »Yes« Camp fürchten. Genüsslich hielten ihm seine Gegner die öffentlichen Auftritte von verurteilten Terroristen vor, die auf Sinn Féin Veranstaltungen für ein »Ja« zum Abkommen warben, wie z.B. die »Balcombe Four« oder der Kommandant der IRA-Häftlinge im Maze Gefängnis, Padraig Wilson. Kontraproduktiv war auch, dass Gerry Adams auf dem Parteitag von Sinn Féin, der mit überwältigender Mehrheit (94%) für das Abkommen votiert hatte, die Leistung Trimbles fröhlich grinsend mit den Worten würdigte: *»Well done, David!«* Wenig hilfreich war auch die Erklärung der IRA am 30. April 1998, die nach sorgfältiger Prüfung des Abkommens befand, dass es keine *»solid basis for a lasting settlement«* sei, aber wenigstens doch eine bemerkenswerte Entwicklung in einem offenen Prozess. In der die Unionisten am meisten interessierenden Frage blieb die IRA knapp und hart: *»Let us make it clear that there will be no decommissioning by the IRA«.*[181] Die britischen Medien, Präsident Clinton, die Regierung und Premier Blair persönlich versuchten Trimble nach Kräften zu helfen. Blair reiste nach Nordirland und gab eindeutig klingende Erklärungen zur Frage ab, ob gewählte Sinn Féin Vertreter auch *ohne »Entwaffnung« der IRA* in die Regierung eintreten könnten. Er erweckte den Eindruck, die Britische Regierung habe hier die ganz klare Position, dass dies unter keinen Umständen geschehen dürfe. Das sollte sich dann nach dem Referendum anders anhören.[182] Eine Woche vor dem Referendum sah es nicht gut für das »Yes«-Camp aus. Nach Umfragen wollten nur noch 43% der Unionisten das Agreement unterstützen, 27% waren dagegen. Doch in letzter Minute gelang den Kampagne-Managern der Befürworter ein großer Coup. Die weltbekannte irische Rockband U2 konnte am 19. Mai zu einem Friedenskonzert in der Waterfront Hall in Belfast verpflichtet werden. Sänger Bono nutzte das Konzert zu einer machtvollen Demonstration für das »Yes«-Camp. Zu den Klängen von John Lennons »Give Peace A Chance« kamen von links und rechts John Hume und David Trimble auf die Bühne. Bono trat zwischen sie, nahm sie bei der Hand und reckte ihre Arme im Triumph in die Höhe. Das überwiegend jugendliche Publikum flippte vor Begeisterung aus und diese starken Bilder gingen um die Welt. Die Vorsitzenden der UUP und SDLP vereint im »Ja« für das Friedensabkommen, für Versöhnung und Fortschritt, es konnte keine wirkungsvollere Symbolik geben.[183]

Das Ergebnis der *Referenden am 22. Mai 1998* war eine Überraschung und eine herbe Enttäuschung für die Gegner des Abkommens. *Bei einer bemerkenswert hohen Wahlbeteiligung von 81% stimmten 676.966 Nordiren (= 71,1%) für das GFA, 274.879 (= 29,9%) waren dagegen.* Im nationalistischen Lager, das nur eine

---

181 Wortlaut bei ENGLISH, Armed Struggle, S. 299.
182 Siehe dazu kritisch DIXON, Northern Ireland, S. 273.
183 McDONALD, Trimble, S. 235.

sehr verhaltene »Yes«-Kampagne geführt hatte, gab es eine überwältigende Mehrheit (99%) für das Abkommen. Wesentlich enger sah es bei den Unionisten aus. Zwar gab es hier noch eine Mehrheit von 51% für »Yes«, aber die Spaltung des unionistischen Lagers war komplett und das verhieß für die Zukunft nichts Gutes. Journalist David McKittrick schrieb überschwänglich, das dieses Ergebnis künftig in jedem Geschichtsbuch Irlands stehen würde. Er sah das Referendum im Norden als die Geburtsstunde eines neuen Unionismus, ähnlich wie Tony Blairs »New Labour«.[184] Obwohl die Rede vom »neuen Unionismus« zu diesem Zeitpunkt eine journalistische Übertreibung war, muss man das Ergebnis historisch nennen, weil erstmalig seit 1918 eine Abstimmung von zentraler Bedeutung in *ganz Irland* stattgefunden hatte mit einem klaren Votum für ein Ende der Gewalt und einen politischen Prozess der Verständigung. Stets hatte die IRA ihren bewaffneten Kampf mit dem »legitimen Mandat« der Dezemberwahlen von 1918 gerechtfertigt, den letzten Wahlen auf einer Gesamtirland Basis vor der Teilung, bei denen Sinn Féin einen überwältigenden Wahlsieg errungen hatte. Diese vermeintliche Legitimationsbasis galt jetzt nicht mehr, und deshalb nahm der Druck auf die IRA zu, substantielle Maßnahmen zur Entwaffnung einzuleiten.

In der *Republik Irland* war das Ergebnis noch eindeutiger: Hier entschieden sich bei deutlich geringerer Wahlbeteiligung als im Norden (55,6%) 1.442.583 Wähler, (= 94,4%) für das GFA, nur 85.748 (= 17,0%) waren dagegen. Das war ein großer Vertrauensbeweis auch für Bertie Ahern und seine Fianna Fáil Partei und zeigte, dass die überwältigende Mehrheit der Iren im Süden von den alten Glaubenssätzen eines orthodoxen Republikanismus endgültig Abschied genommen hatten.

Der nächste wichtige politische Schritt für alle am Friedensprozess Beteiligten, war die Wahl des neuen Regionalparlaments, der *»Northern Ireland Assembly«*. Hier musste es darauf ankommen, den GFA-Befürwortern eine deutliche Mehrheit zu verschaffen, vor allem im unionistischen Lager. Gelang das nicht, so war mit dauerhafter Blockade der Institutionen des Abkommens zu rechnen, wie es der wutschnaubende Paisley nach den Referenden schon angekündigt hatte. Ein Scheitern des gesamten Friedensprozesses war dann nicht auszuschließen. Am *25. Juni 1998* fanden die Wahlen statt. Das Ergebnis war für die GFA-Befürworter befriedigend, sie erreichten eine knappe Mehrheit. Die Wahlbeteiligung war mit 68,8% erheblich niedriger als bei den Referenden.

---

184 Independent on Sunday, 24. Mai 1998.

Wahlen zur »Northern Ireland Assembly« vom 25. Juni 1998[185]

Partei	Stimmen	%	Sitze
SDLP	177.963	21,9	24
UUP	172.225	21,2	28
DUP	*145.917*	*18,0*	*20*
Sinn Féin	142.858	17,6	18
Alliance	52.636	6,5	6
*UKUP**	*36.541*	*4,5*	*5*
*Indep. Unionists***	*24.339*	*3,0*	*3*
PUP	20.634	2,5	2
NIWC	13.019	1,6	2
UDP	8.651	1,0	0
Labour	2.729	0,3	0
Workers Party	1.989	0,2	0
Conservatives	1.835	0,2	0
Natural Law Party	832	0.1	0
Socialists	789	0,1	0
Greens	710	0,0	0
Indep. Nationalists	528	0,0	0
Indep. Labour	121	0,0	0
Energy	106	0,0	0

Pro-Agreement = fett
Contra-Agreement = kursiv

Am 14. November 1998 verließen vier MLAs der UKUP die Partei und bildeten die »*Northern Ireland Unionist Party*«(*NIUP*), die drei »*Independent Unionists*« gründeten die »*United Unionist Assembly Party*« (UUAP).

Erstmalig wurde John Humes SDLP stärkste Partei, sie hatte allerdings aufgrund der Besonderheiten des Verhältniswahlrechtes 4 Sitze weniger als die UUP. Auch Sinn Féin hatte gegenüber den Forum Wahlen 1996 zugelegt. Betretene Mienen gab es bei der UUP. Noch nie hatte sie bei Nordirland Wahlen so schlecht abgeschnitten. Sicherlich lag es auch an der geringeren Wahlbeteiligung, aber in erster Linie an dem beständigen Trommelfeuer der Anti-Agreement Front angeführt von der DUP, was die unionistische Wählerschaft verunsichert hatte. Die Paisley-Partei kam mit 18 Sitzen in die Assembly. Erfreulich war der Erfolg der »*Northern Ireland Women's Coalition*« (*NIWC*), die mit zwei Abgeordneten in das Parlament einzog.[186] Bestürzend für das loyalistische Lager war das schlechte Abschneiden der

---

185 http://www.ark.ac.uk/elections/fa98.htm
186 Siehe zur NIWC KATE FEARON, Whatever happened to women? Gender and Peace in Northern Ireland. In: COX/GUELKE/STEPHEN, A farewell to arms?, S. 153 ff.

kleinen UDP, die bei den Friedensgesprächen eine wichtige Rolle gespielt hatte. Sie kam nicht in das Regionalparlament. Hier hatte sicherlich ihre Verstrickung in die Gewaltwelle nach der Ermordung von Billy Wright negativ gewirkt. Die andere loyalistische Partei, die PUP, schaffte dagegen problemlos den Einzug in die Assembly, sicherlich ein persönlicher Erfolg des klugen und diplomatischen Vorsitzenden David Ervine und des »elder statesman« der Loyalisten, Gusty Spence. Ob das Regionalparlament unter den gegebenen Bedingungen funktionsfähig war, musste sich erst zeigen, wobei es entscheidend auf das Kräfteverhältnis von Pro-GFA- und Contra-GFA-Unionisten ankam. Das nationalistische Lager stand geschlossen hinter dem Agreement, ebenso wie die »Alliance Party« und die NIWC, die aber beide nicht dem unionistischen Lager angehörten, sondern sich als »Other« registriert hatten.

Blockverteilung in der »Northern Ireland Assembly« vom 25. Juni 1998[187]

Block	Sitze	in %
Nationalisten	42	38,8
»Pro-GFA« Unionisten	30	27,7
»Contra-GFA« Unionisten	28	25,9
Andere	8	7,4

Die UUP gebot über 28 Abgeordnete und konnte der Unterstützung der beiden PUP MLAs sicher sein, sodass die Pro-GFA-Unionisten über 30 Sitze verfügten. Da aber die UKUP und zwei unabhängige unionistische Kandidaten den Sprung ins Parlament geschafft hatten, waren die GFA-Gegner mit 28 Sitzen fast gleichauf. Das waren zwei weniger, die sie brauchten, um einen Antrag auf eine Grundsatzentscheidung (»key-decision«) einzubringen und den komplizierten »cross-community-support« Abstimmungsmechanismus in Gang zu bringen. Da nicht alle UUP MLAs Trimbles Kurs unterstützten, war es denkbar, dass die Gegner die »magische Zahl« von 30 Abgeordneten erreichten. War der »cross-community-support« mit seinen strengen Anforderungen für »gewichtete Majoritäten« erst einmal in Gang gesetzt, gab es für die GFA-Gegner viele Möglichkeiten, Entscheidungsprozesse ins Stocken zu bringen und letztlich eine Blockade der Assembly herbeizuführen. Schon wenige Wochen nach den Wahlen trat der UUP-Abgeordnete Peter Weir aus der Fraktion aus und ging zur DUP über. Das Kräfteverhältnis von Pro- und Contra-GFA-Unionisten war jetzt 29:29 und weitere Überläufer drohten.

Auf der ersten Sitzung der immer noch »provisorischen« (»Shadow«-)Assembly wurden am 1. Juli 1998, wie erwartet, David Trimble zum »First Minister« und SDLP-Mitglied Seamus Mallon zum »Deputy First Minister« gewählt. Diese erste

---

[187] In Anlehnung an BRENDAN O'LEARY, The Character of the 1998 Agreement: Results and Prospects. In: WILFORD, Aspects, S. 51.

Sitzung gab schon einen Vorgeschmack auf die noch kommenden Redeschlachten, obwohl es hier erheblich gesitteter zuging als in der »Assembly« von 1973/74.

3.2. Drumcree Vier und das Bombenattentat von Omagh

Die Assembly war kaum gewählt, Trimble und Mallon als »First« und »Deputy« installiert, da drohte aus Portadown schon wieder neues Ungemach. Die »marching season« stand vor der Tür und damit ein neues »Drumcree«- Desaster. Ein Ende der seit 1995 immer neu aufbrechenden schweren Auseinandersetzungen war nicht in Sicht. Die Gräben zwischen Katholiken und Protestanten vertieften sich, die sichtbare Segregation schritt voran, vergiftete die Athmosphäre und machte sachliche Diskussionen über das Für und Wider der jährlichen Paraden fast unmöglich.[188] Der Portadown District des »Orange Order« wurde immer mehr zum Spielball loyalistischer Extremisten, dominiert von Joel Patton, Anführer der Gruppe »Spirit of Drumcree«. Nach dem Tod von Billy Wright, trat die LVF immer dreister in der Öffentlichkeit auf. Auf der anderen Seite verfolgte Brendan McKenna, Sprecher der katholischen Anwohner, unbeirrt und unbelehrbar seinen Stellvertreterkrieg gegen die Unionisten um ein Stück Straße. Selbst diskrete Mäßigungsversuche seitens der Sinn Féin Führung verfingen bei McKenna nicht. Der »Orange Order« verweigerte jedes direkte Gespräch mit der »Garvaghy Road Residents Group«. Man könne nicht, so hieß es, mit Gruppen reden, die von »*republican terrorists*« beeinflusst seien und den »Orangemen« bürgerliche Rechte verweigerten. Zur Verschärfung der Spannungen sowohl zwischen Loyalisten und Nationalisten als auch innerhalb des unionistischen Lagers trug der erbitterte Streit um das GFA bei. Insbesondere die geplante frühzeitige Entlassung von ehemaligen Terroristen brachte den Kessel zum Sieden. Portadown lag im Wahlkreis Upper Bann, den David Trimble seit 1995 hielt und den er auch am 25. Juni klar gewonnen hatte. Allerdings war er auf harten Widerstand des »Orange Order« getroffen. Selbst ein so besonnener moderater »Orangeman« wie *Denis Watson*, der sich seit 1996 unermüdlich um Vermittlung und Versachlichung des Disputs bemüht hatte, war zum bissigen Gegner Trimbles geworden, hatte gegen ihn kandidiert und sogar einen Sitz in der »Assembly« gewonnen. Watson saß jetzt als »Unabhängiger Unionist« im Regionalparlament und stärkte das »No-Camp«.[189] Viele Anhänger in Trimbles Wahlkreis hatten sich ihm entfremdet: »*This was a remarkable turnaround – Trimble the hero of the Portadown »Orangemen« in July 1995 had become the Lundy-like villain of 1998.*«[190] Die Strategie der extremistischen loyalistischen Kräfte war ganz eindeutig darauf gerichtet, Drumcree zum Zentrum des Widerstands gegen das GFA und alles was man sonst noch hasste, zu stilisieren.

---

188 McKAY, Northern Protestants, S. 143 ff.
189 DUDLEY EDWARDS, Faithful Tribe, S. 412.
190 McDONALD, Trimble, S. 255.

Dabei konnten sie der Sympathie, zumindest von Teilen des »No-Camps« und des »Orange Order« sicher sein. Trimble-Kritiker Jeffrey Donaldson brachte es auf den Punkt: »*Drumcree became not just symbolic of a stand for Protestant civil rights but a stand, also, against the ideals underpinning the agreement, it was regarded by many 'Orangemen' as the last stand.*«[191] Während sich der »Orange Order« auf das »letzte Gefecht« vorbereitete, versuchte die Britische Regierung mit allen Registern der Diplomatie, die drohende Eruption der Gewalt zu verhindern. Auch US-Präsident Bill Clinton und Bertie Ahern schalteten sich ein.

Die Britische Regierung hatte am 16. Februar 1998 das Gesetz über öffentliche Umzüge (»*Public Processions Bill*«) verabschiedet. Danach mussten Umzüge und Paraden jetzt 28 Tage vor dem Ereignis angekündigt und Verhaltensregeln (»Code of Conduct«) beachtet werden. Die 1997 eingesetzte provisorische »*Parades Commission*« wurde jetzt autorisiert. Sie sollte in Konfliktfällen Entscheidungen über umstrittene Paraden (»*contentious parades*«) herbeiführen dürfen, wenn alle vorausgegangenen Versuche eines friedlichen Ausgleichs gescheitert waren. Unter Würdigung der Gesamtumstände und Abschätzung des Gefährdungspotentials für die öffentliche Sicherheit und Ordnung konnte sie Paraden verbieten oder mit Auflagen versehen. Genau das tat die Kommission am 29. Juni 1998. Sie verbot dem »Orange Order«, auf der traditionellen Route, d.h. auf der »*entire length of the Garvaghy Road*« zu marschieren.[192] Während McKenna und seine »Bürgerinitiative« die Entscheidung mit Erleichterung und Freude aufnahmen, löste sie beim »Orange Order« höchste Empörung aus. Sie verstanden das Votum der Paradenkommission als die totale Kampfansage an ihre Traditionen und bürgerlichen Rechte. Die Spitzenfunktionäre des Ordens, die »Grand Orange Lodge«, hatte sich ohnehin, schon bald nach Etablierung der Kommission geweigert, Gespräche mit ihr zu führen. Sie sei als Büttel der Britischen Regierung nur dazu da, die Interessen der Nationalisten durchzusetzen und daher »*clearly in violation of democracy, justice and human rights.*«[193] Es war klar, dass der Orden die Entscheidung der »Parades Commission« ignorieren und marschieren würde. Der Protest und die Entschlossenheit des Ordens, zu marschieren, wurde insbesondere von Paisley unterstützt, der im weiteren Verlauf des Konflikts mit aufpeitschenden Reden und maßlosen Angriffen auf die Britische Regierung in Erscheinung trat und dem Geschehen noch eine apokalyptische Deutung gab. Aber auch Trimble sah sich herausgefordert. Er fürchtete um seine ohnehin hart angefochtene Stellung im unionistischen Lager, wenn der »Orange Order« nicht marschieren durfte. Man würde ihn, als Abgeordneten von Upper Bann und frischgewählten »First« Minister, dafür verantwortlich machen, dass es ihm nicht gelungen sei, die legitimen kulturellen Interessen des protestantischen Ulster zu verteidigen, die schließlich

---

191 RYDER/KEARNEY, Drumcree, S. 257.
192 Siehe die umfängliche Begründung in RYDER/KEARNEY, Drumcree, S. 237 ff.
193 Erklärung der Grand Orange Lodge vom 2.Juli 1998. RYDER/KEARNEY, Drumcree, S. 253.

auch das GFA ausdrücklich anerkannte. Trimble und Vertreter des »Orange Order« antichambrierten bei Blair und versuchten den Premier zu einer Rücknahme der Entscheidung der »Parades Commission« zu veranlassen. Vergeblich. Die Britische Regierung hatte inzwischen vom Freitag 4. Juli auf Samstag, 5. Juli, Verstärkungen in der Portadown Region zusammenziehen lassen. Mehr als 1000 Polizisten und rd. 1000 Soldaten waren im Einsatz, um den »Orangemen« den Weg zur Garvaghy Road zu verlegen. Quer über die Verbindungsstraße von Drumcree zur Garvaghy Road bis in die angrenzenden Felder hinein wurde eine gewaltige Barrikade aus Stahl und Stacheldraht errichtet und ein mehr als drei Meter breiter Graben ausgehoben. Der »Deputy Grand Chaplain of the Orange Order«, der moderate Reverend *William Bingham,* fühlte sich an die Schützengräben aus dem Ersten Weltkrieg erinnert. Vom 4. bis zum 14. Juli versank Drumcree in einer Orgie der Gewalt. Der »Orange Order« erklärte, er wolle solange nicht von Drumcree weichen, bis der Weg durch die Garvaghy Road freigekämpft sei. Bis zu 50.000 loyalistische Extremisten, biedere »Orangemen«, betrunkene Hooligans und sensationslüsterne Gaffer belagerten den Hügel von Drumcree. Armee und Polizei Ihrer Majestät, sahen sich einer Lawine von wüsten Beschimpfungen und Attacken ausgesetzt. Die Polizei registrierte weit mehr als 2000 Gewaltakte. Benzinbomben, Steine, Flaschen und Stangen flogen, loyalistische Paramilitärs feuerten auf Armee und Polizei. 76 Polizisten wurden verletzt. In der ganzen Provinz kam es zu Übergriffen gegen Katholiken, Einschüchterungen, Attacken und Vertreibungen aus Häusern, es gab Angriffe auf Kirchen und Schulen. 1000 »Orangemen« belagerten einen Tag lang das katholische Dorf Dunloy und schnitten sämtliche Verbindungen zur Außenwelt ab. Es war nur noch eine Frage der Zeit, bis es die ersten Toten geben würde. In den frühen Morgenstunden des 12. Juli, kam es in Ballymoney, County Antrim, zur Katastrophe. Zwei Männer warfen eine Benzinbombe in das Haus der katholischen Quinn-Familie im protestantischen Carnany Housing Estate. Das Feuer griff rasend schnell um sich. Während sich Christine Quinn, ihr protestantischer Lebensgefährte Raymond Craig und eine Freundin retten konnten, verbrannten ihre drei Kinder, Jason, Mark und Richard Quinn, acht, neun und zehn Jahre alt, in dem Flammeninferno.[194] Nordirland erwachte am 12. Juli, dem großen Feiertag, mit der schrecklichen Nachricht einer ruchlosen Tat, die, wie sich bald herausstellte, das Werk von loyalistischen Extremisten war. Später wurden Verbindungen zur UVF aufgedeckt. Der Zusammenhang mit den Ereignissen in Drumcree war klar, auch wenn unbelehrbare »Orangemen«, wie der Portadown »District Master«, Harold Gracey, dies noch abzustreiten versuchten oder andere sich gar in aberwitzigen Verschwörungstheorien verloren, die Morde seien das Werk des Britischen Geheimdienstes. Klar war: Der »Orange Order« hatte der Gewalt lange genug untätig zugesehen. Er

---

194 McKITTRICK, Lost Lives, S. 1434 ff. Independent, 13. Juli 1998. JÜRGEN KRÖNIG. Im Namen Gottes. ZEIT, Nr. 30, 16. Juli 1998.

hatte Wind gesät und erntete nun den Sturm. Erschüttert gab Reverend William Bingham in einer Predigt zu: »*No road is worth a life let alone the lives of three innocent boys*«.[195] Nach dem Mord an den drei Quinn-Kindern und der weltweiten Empörung, die dem Orden entgegenschlug (selbst Präsident Clinton schickte ein Kondolenzschreiben an die Quinns) ebbte der Protest aber ab. Ein kleines Grüppchen von unbelehrbaren Fanatikern hielt auf dem Hügel von Drumcree bis Weihnachten aus und versuchte in dieser Zeit 130 Mal die Garvaghy Road zu erreichen. Danach kehrte trügerische Ruhe ein. Für Trimble und seine Freunde stellte sich die Frage, welchen Einfluss sie dem »Orange Order« in der Zukunft auf ihre Politik einräumen wollten, wenn dieser unverhohlen für das »No«-Camp Partei ergriff und jedes Jahr neu zum Auslöser blutiger Krawalle wurde. Zuviel Kritik am Orden konnte er sich auch nicht leisten, denn immerhin waren ein Drittel seiner Assembly-Fraktion »Orangemen«. Hier blieb eine offene Wunde und Quelle stetiger Unsicherheit, die Trimbles konstruktive Absichten, das Agreement umzusetzen, allzu oft konterkarierte.

Nicht nur die Auseinandersetzungen um Drumcree drohten den Friedenszug entgleisen zu lassen. Ein grauenhafter Bombenanschlag erschütterte am *15. August 1998* Nordirland und die Welt. In der Stadt *Omagh* explodierte am frühen Nachmittag eine Autobombe. Die Bombe war in einem Auto versteckt, das in der Nähe der Einkaufsmeile geparkt war, die an diesem schönen Tag besonders belebt war. Die Bombenwarnung kam 40 Minuten vor der Detonation, allerdings wurde ein falscher Ort angegeben. Die Bombe richtete ein verheerendes Blutbad an. Nach der Explosion gab es unbeschreibliche Szenen wie nach einem Selbstmordattentat islamistischer Terroristen im Nahen Osten oder Irak. *Es war der schwerste Anschlag des gesamten Nordirlandkonflikts.* 29 Menschen starben, mehr als 300 wurden z.T. schwer verletzt. Unter den Toten waren Katholiken und Protestanten, alt und jung, darunter ein 20 Monate altes Baby, vier Schüler im Alter von 8 bis 12 Jahren und eine 17jährige Studentin.[196] Die Verantwortung für das Massaker übernahm wenig später die Dissidentenorganisation »Real IRA«. Sie »bedauerte« heuchlerisch die zivilen Opfer und erklärte am 7. September einen unbefristeten Waffenstillstand. Offensichtlich war Omagh als mehrheitlich katholische Stadt (60:40) und einem Sinn Féin Bezirksratsvorsitzenden bewusst als Ziel des Anschlags ausgewählt worden. Das GFA und der gesamte Friedensprozess sollten getroffen werden. Doch die Attentäter hatten sich verrechnet. Weltweite Wut, Empörung, Abscheu und grenzenlose Verachtung schlugen der »Real IRA« und ihrem politischen »Arm«, dem »32 Sovereignty Committee« entgegen. Tony Blair sprach von einem Akt des *»unspeakable evil«* und kündigte drastische Sondermaßnahmen gegen den Terrorismus an. Sogar die Wiedereinführung der Internierung ohne Gerichtsurteil

---

195 RYDER/MCKEARNEY, Drumcree, S. 274.
196 Einzelheiten und Biographien der Toten bei McKITTRICK, Lost Lives, S. 1437 ff. MOWLAM, Momentum, S. 256 ff.

wurde wieder diskutiert. Die Britische Regierung brachte am 2. September 1998 ein neues Gesetz in Rekordzeit durch das Unterhaus, die »*Criminal Justice (Terrorism and Conspiracy) Bill*«. Das Gesetz bestimmte, dass künftig die Aussage eines hohen Polizeioffiziers über die Mitgliedschaft eines Verdächtigen in einer verbotenen terroristischen Organisation als Beweismittel vor Gericht zugelassen sei. Das bedeutete ganz praktisch die Akzeptanz von Geheimdienstmaterial in Strafprozessen. Ferner sollte das Eigentum von verurteilten Terroristen eingezogen werden können und die Planung von terroristischen Anschlägen im Ausland galt jetzt auch als ein Verbrechen und konnte verfolgt werden.[197] Auch Premier Bertie Ahern versprach alles zu tun, »*to crush the Real IRA*«. Erstmalig kam massive öffentliche Kritik auch von Gerry Adams und Martin McGuinness. Adams, der sich wenige Tage zuvor noch geweigert hatte, klar zu sagen »*the war is over*«, erklärte, er sei »*totally horrified by this action. I condemn it without any equivocation whatsoever.*« Auch die IRA übte scharfe Kritik an der Dissidentengruppe. Sie habe der republikanischen Sache Schaden zugefügt und den Namen der IRA »beschmutzt«. Sie solle sich auflösen. Die INLA erklärte am 24. August einen Waffenstillstand, wohl auch in der Hoffnung, ihre einsitzenden Kameraden am Entlassungsprogramm der Britischen Regierung partizipieren zu lassen, das im September anlaufen sollte. Nur die »Continuity IRA« hielt jetzt noch offiziell am bewaffneten Kampf statt. Bis heute sind die Mörder von Omagh nicht ermittelt worden und – wie so oft im »secret war« – gab es bald Gerüchte über mögliche Vertuschungsstrategien der irischen Polizei wegen schlampiger Ermittlungen und Fehler.[198] Am 6. August 2003 wurde Michael McKevitt, der geistige Kopf und führende Aktivist der »Real IRA«, von einem Dubliner Gericht zu 20 Jahren Gefängnis wegen Begünstigung terroristischer Aktivitäten verurteilt. Der Massenmord von Omagh war ihm nicht nachzuweisen, dennoch war es für die Angehörigen der Opfer eine Genugtuung, den ehemaligen Generalquartiermeister der IRA hinter Gitter verschwinden zu sehen.

Doch der Schock von Omagh verlor sich bald nach der Bestattung der Opfer und Nordirland kehrte in die vertrauten politischen Grabenkriege zurück. Doch eines war anders: der Druck auf diejenigen, die Waffen besaßen und nach dem GFA aufgerufen waren, einen Prozess der Entwaffnung einzuleiten, wurde größer. Gerry Adams und Martin Guinness sahen sich kritischen Fragen ausgesetzt. Es reichte nicht aus, das Massaker von Omagh zu verdammen, jetzt mussten substantielle Entwaffnungsschritte folgen.

---

197 CUNNINGHAM, British Government Policy, S. 135.
198 Im Dezember 2001 erhob der »Police Ombudsman« schwere Vorwürfe an die RUC. Die »Special Branch«-Einheit sei Hinweisen auf einen bevorstehenden Bombenanschlag nicht konsequent nachgegangen und später sei oberflächlich ermittelt worden. Statement des Police Ombudsman for Northern Ireland, 12. Dezember 2001.

3.3. Streit um »Decommissioning« und die Regierungsbildung 1998/1999

In seiner ersten Rede als neugewählter »First Minister« am 1. Juli 1998 hatte David Trimble die Grundhaltung der Unionisten sehr klar formuliert: »*Ulster Unionists will not sit in Government with unreconstructed terrorists.*«[199] Dieser Position blieben die pro-GFA Unionisten bis zum November 1999 treu und ihr Mantra lautete bis dahin »*No government before guns!*« Sie hatten im Herbst 1997 die Zulassung Sinn Féins zu den Friedensgesprächen *ohne* Entwaffnungsschritte der IRA akzeptiert und diese Konzession war damals heftig umstritten. Nun wollten sie hart bleiben. Verfassungsrechtlich standen sie dabei auf schwankendem Grund, denn das Abkommen sah nicht zwingend vor, dass Entwaffnungsschritte der IRA *vor* Eintritt von Vertretern Sinn Féins in die Exekutive erfolgen mussten, wenn es auch eine *Verpflichtung* der Parteien formulierte, darauf hinzuwirken, dass alle paramilitärischen Gruppen bis zum 22. Mai 2000 abgerüstet haben sollten. Trimble beschwor den »Geist des Abkommens«, das die Unterzeichner auf ausschließlich friedliche und demokratische Mittel in der politischen Auseinandersetzung festlegte. Er verwies ferner auf den Brief, den ihm Tony Blair am 10. April 1998 geschrieben hatte, der allerdings keine rechtlich bindende Wirkung besaß, sondern lediglich als moralisches Druckmittel gegen Sinn Féin verwendet werden konnte. Doch Sinn Féin mauerte geschickt. Adams übte sich in in starker Friedensrhetorik. »*Sinn Féin*«, so erklärte er, »*believe the violence we have seen must be for all of us now a thing of the past, over, done with and gone.*«[200] Doch den großen Worten folgten keine die Unionisten überzeugenden Taten. Martin McGuinness wurde von Sinn Féin als Kontaktmann für die »Independent International Commission on Decommissioning« (IICD) benannt. Die IRA ließ durchblicken, sie könne vielleicht Auskünfte über eine Reihe von »Verschwundenen« erteilen (die von der IRA entführt und ermordet worden waren). Es könne ggf. auch darüber nachgedacht werden, ob man den aus Nordirland unter Androhung der Todesstrafe Vertriebenen (z.B. politische Gegner der IRA oder sogenannte »anti-social elements«) wieder gestatten solle, zurückzukehren. Mehr geschah zunächst nicht. Gelegentlich wiesen Sinn Féin und die IRA darauf hin, die Britische Regierung und die Unionisten sollten davon Abstand nehmen, die republikanische Bewegung zu »weit zu treiben«, um den Waffenstillstand nicht zu gefährden. Diese kaum verhüllten Drohungen erbitterten die Unionisten. Der scharfzüngige Rechtsanwalt und Vorsitzende der UKUP, Robert McCartney, brachte auf den Punkt, was nicht nur seine Freunde im »No-Camp« dachten: »*No democratic institution worthy of the name can exist if it contains representatives of a party backed by a private army which declares: ‚if the objectives of those who speak for us politically are not met, we reserve the*

---

199 AOR, Bd.1, 1. Juli 1998.
200 Sinn Féin Press Centre, Erklärung vom 1. September 1998.

right to achieve those aims by violent means and to retain the weaponry we currently possess to enable us to do so.«[201]

Sinn Féin Präsident Adams hielt die republikanische Grundphilosophie dagegen: Sinn Féin sei eine demokratische Partei mit einem Mandat. Sie habe mit der IRA »nichts« zu tun. Sie könne die IRA nicht zur Entwaffnung veranlassen. Schließlich sei es bereits einen großer Erfolg und Sinn Féins beharrlicher Friedenspolitik zu verdanken, dass die Waffen schwiegen. Auf die Frage, wann denn der »Krieg« endgültig vorbei sei, entgegnete Adams: Der Krieg werde vorbei sein, *»when the British army of occupation which still maintains a huge military presence in republican areas, begins demilitarising instead of remilitarising; when all of the prisoners are free; when there is justice and equality; when we have a proper policing service. When all of these matters have been tackled and resolved and when we have a democratic peace settlement then we will with some sense of certainty be able to say that conflict is now part of our past – that the war is over.«*[202] Sinn Féin stellte die Waffen der IRA auf die gleiche Stufe wie die Waffen der Armee eines demokratischen Staates mit seinem legitimen Gewaltmonopol. Nach dieser Logik konnte es nur einen kontrollierten Prozess gemeinsamer und gleicher Abrüstung geben. Sinn Féin verschaffte sich so genügend Spielraum, die geforderten »Abrüstungsschritte« der Briten zu bewerten und sie ggf. für ungenügend zu erklären, um daran weitere Forderungen anzuschließen. Die Britische Regierung hatte dieser republikanischen Sprachregelung durchaus Vorschub geleistet und sah sich nun von Sinn Féin in ein Hase-und-Igel Rennen getrieben: Es wurden glaubwürdige Abrüstungsschritte verlangt, z.B. die Entwicklung der Nord-Süd-Institutionen und der grenzüberschreitenden Kooperation, raschere Entlassung von Gefangenen, der Abbau von Sicherheitsinstallationen, die Förderung der Programme für Nicht-Diskriminierung und Gleichheit usw. Angesichts des vom GFA avisierten umfassenden politischen und gesellschaftlichen Wandels, der schwierig genug umzusetzen war, ließen sich bequem immer neue Umsetzungsdefizite finden, die dafür herhalten mussten, eigene Entwaffnungsschritte zu verweigern. Gegenüber den Unionisten erhob Sinn Féin den Vorwurf, sie instrumentalisierten die »decommissioning«-Frage zur Blockade der Institutionen nach dem GFA. Solange diese aber nicht geschaffen seien, könne an »decommissioning« nicht zu denken sein. Die Unionisten konnterten mit der Gegenforderung, dass, solange keine Entwaffnungsschritte erkennbar seien, die Institutionen nicht funktionieren könnten. So schob jede Seite der anderen den schwarzen Peter zu.

Trimble traf Adams zum ersten Mal persönlich am 10. September 1998. Es war die erste Begegnung eines Unionisten Führers mit einem Sinn Féin Vorsitzenden seit der legendären Zusammenkunft des nordirischen Premierminister James Craig mit dem Chef der Provisorischen Irischen Regierung Michael Collins 1922.

---

201 Irish Times, 17. November 1998.
202 Irish News, 5. August 1998.

Freundliche Worte konnten aber die tiefen Meinungsverschiedenheiten in der Entwaffnungsfrage nicht übertünchen. Die Assembly nahm ihre Arbeit auf und zwischen Trimble und seinem Stellvertreter Mallon entwickelte sich zunächst ein gutes Arbeitsverhältnis. Es sollte sich aber bald abkühlen.[203] Im Oktober schien der Friedensprozess einen gewaltigen Auftrieb von außen zu erhalten: Das Stockholmer Friedensnobelpreiskomitee verkündete seine Entscheidung: Die diesjährigen Preisträger sollten *John Hume* und *David Trimble* gemeinsam sein als die Architekten des Friedensprozesses. Im nationalistischen Lager war die Freude groß, bei den Unionisten um Trimble dagegen gab es nur verhaltene Genugtuung. Trimble selbst hielt die Vergabe des Preises an ihn und Hume für »verfrüht.« Die Gegner Trimbles verwarfen die »Friedensnobelpreis-Show« als Medien-Trick, um Trimble zu noch mehr »Konzessionen« an die Adresse Sinn Féins zu treiben. Die Nobelpreisrede Trimbles empörte die Falken im unionistischen Lager, weil er mit einer Bemerkung zarte Selbstkritik an der unionistischen Politik der Vergangenheit erkennen ließ. »*Ulster Unionists*«, merkte er an, »*fearful of being isolated on the island, built a solid house, but it was cold house for Catholics.*«[204] Selbst diese zurückhaltende und den Tatsachen entsprechende Feststellung, war den Kritikern Trimbles zu viel. In Portadown hätte er sich nicht sehen lassen dürfen, protestantische Extremisten hätten ihn gelyncht.

Der Jahreswechsel 1998/1999 wurde mit vielen guten Hoffnungen begleitet, doch erfüllten sie sich nicht. Die Assembly agierte weiter im »Schattenstatus« und die nach dem Abkommen zu etablierenden Institutionen traten nicht ins Leben. Die Blockade und das unentschlossene Hin- und Her beunruhigte die Bevölkerung. Die Öffentlichkeit schwankte zwischen verhaltenem Optimismus und Ärger über die Unbeweglichkeit der politischen Parteien und der Zukunft des GFA. Nach Meinungsumfragen im Laufe des Jahres 1999 ging die Akzeptanz des GFA leicht zurück, von den 71% »Yes« Stimmen im Referendum 1998 auf 67%. Während 94% der Katholiken das GFA weiter unterstützten, waren die Protestanten gespalten. Nur noch 47% (gegenüber rd. 50% im Referendum) erklärten, sie würden mit »Ja« stimmen, 48% mit »Nein«.[205] Die *Europawahlen am 10. Juni 1999* waren eine herbe Enttäuschung für die UUP. Verunsicherung und Ärger der protestantischen Wählerschaft über den krisengeschüttelten Friedensprozess bescherten der UUP das bislang schlechteste Wahlergebnis in ihrer Geschichte. Ihr Kandidat *Jim Nicholson* erreichte nur 17,6% der Stimmen (gegenüber 1994:

---

203 MOWLAM, Momentum, S. 261. McDONALD, Trimble, S. 270 f.
204 Siehe Trimbles und Humes Nobelpreisreden in Irish News, 11. Dezember 1998.
205 Northern Ireland Life an Times Survey (NILT) 1999/2000. Zit.n. MacGINTY/DARBY, Guns and Government, S. 141. DIXON, Northern Ireland, S. 275 zitiert eine Meinungsumfrage vom 4. März 1999, nach der 59% der Unionisten gegen das Abkommen stimmen würden, 41% dafür. 68% der Unionisten waren dagegen, Sinn Féin den Eintritt in die Exekutive ohne »decommissioning« zu ermöglichen. 20% waren dafür. 34% plädierten für eine allgemeine Abrüstung.

-6,2%) Der Sieger war erneut *Reverend Ian Paisley*, der seinen Stimmenanteil mit 28,4% stabilisierte (-0,8%) und Nordirland nun seit 1979 in Straßburg vertrat. Er verwies John Hume auf den zweiten Platz, der aber bemerkenswerte 28,1% der Stimmen erreichte und auch nur -0,8 Prozent hinter seinem Ergebnis von 1994 zurückblieb. Geradezu sensationell war das Abschneiden von Sinn Féin. 1994 hatte ihr Kandidat, der intellektuelle Vordenker und Berater von Gerry Adams, Tom Hartley, magere 3,8% der Stimmen erhalten. Jetzt erreichte SF Kandidat *Mitchell McLaughlin*, Mitglied des Stadtrats von Derry seit 1985, 17,3%. Das war ein deutliches Zeichen, wie hoffnungsvoll im nationalistischen Lager die Politik Sinn Féins gesehen wurde und Ausdruck der Ermutigung, im Friedensprozess konstruktive Politik fortzusetzen. Ein positives Zeichen war der verhältnismäßig ruhige Verlauf der »marching season«. Selbst in Drumcree kam es nicht zu einer Wiederholung der Ausschreitungen des Vorjahres. Die betonte Zurückhaltung des »Orange Order«, der erneut daran gehindert wurde, auf der traditionellen Route zu marschieren und der Garvaghy-Road Anwohnergruppen hatte erheblich zur Entspannung der Lage beigetragen.

Vom Frühjahr bis zum Herbst hatten Blair und Ahern in Gesprächen mit den Parteien über einen neuen »deal« zur Bildung der Regionalregierung gefeilscht, wobei die Frage der Entwaffnung das Haupthindernis war und es auch bleiben sollte. In diesem, von Blair als *»make-or-break-year«* bezeichneten Jahr, sollte der Durchbruch endlich gelingen und Blairs »spin-doctors« zogen einen Plan nach der anderen aus der Tasche. Vollmundig verkündete Blair einen bevorstehenden *»seismic shift«* , doch das blieb Rhetorik. Drei Anläufe (»*Hillsborough Declaration*«, »*The Way Forward« Dokument, »Downing Street Initiative*«)[206] scheiterten und mehrere »endgültige« Termine für Entwaffnung und Bildung einer Regierung verstrichen. Am 15. Juli 1999 boykottierten die Unionisten die Assemblysitzung und verhinderten die Regierungsbildung. Tony Blairs in England so bewährte symbolische Politik blieb für Nordirland stumpf. Hilfesuchend wandten sich beide Regierungen erneut an Senator George Mitchell und baten ihn um Vermittlung. Es war nicht zuletzt Mitchells überragende Fähigkeiten zu Vertrauensbildung und Ausgleich zu verdanken, dass seine Vermittlungaktion (»*Mitchell-Review*«, 6. September-15. November) letztlich erfolgreich war.[207] Nach wochenlangen in-

---

206 Die am 1. April 1999 von der Britischen und Irischen Regierung veröffentlichte Erklärung sah vor, dass die Nominierung der Minister der Exekutive stattfinden, gleichwohl einen Monat später die Paramilitärs in einem »act of reconciliation« einige Waffen vernichten sollten und ungefähr zur gleichen Zeit die Übertragung der politischen Verantwortung erfolgen sollte. In eine ähnliche Richtung ging die »Downing Street Initiative« und das »The Way Forward« Dokument. Alle scheiterten am Einspruch, entweder der Unionisten oder der Nationalisten. MOWLAM, Momentum, S. 273 f.
207 DAVID McKITTRICK, The man to bring peace to Ulster? Independent on Sunday, 18.Juli 1999. Überblick der Verhandlungsprozesse bei MOLTMANN, Nordirland 1999/2000, S.7 ff.

tensiven Gesprächen mit den Parteien gelang es, zu einer Vereinbarung zu kommen.

- Die Unionisten gaben ihre harte Linie »*No Guns – No Government*« auf und akzeptierten jetzt den Eintritt von Sinn Féin Ministern in die Regierung auch *ohne substantielle Entwaffnungsschritte der IRA* zu diesem Zeitpunkt. Trimble hatte in seiner Partei sehr hart zu kämpfen, mehrere Abgeordnete seiner Westminster und Assembly Fraktion, darunter Jeffrey Donaldson, folgten ihm nicht. Er sicherte sich mit 480 zu 349 Stimmen eine Mehrheit des Ulster Unionist Council, die mit 58% deutlich niedriger ausfiel als im April 1998. Trimble hatte viele Delegierte dadurch gewonnen, dass er eine Bedingung formulierte: Sollten bis Ende Januar 2000 keine Anzeichen für Bewegung auf seiten der IRA sichtbar werden, wollte er als »First Minister« zurücktreten.
- Die IRA gab eine Erklärung ab, dass sie vorbehaltlos (*»unequivocally«*) für Freiheit, Gerechtigkeit und Frieden eintrete, das GFA als entscheidenden Entwicklungsschritt begreife und den Friedensprozess unterstütze. Sie werde einen Repräsentanten für Gespräche mit dem Vorsitzenden der IICD, General Chastelain benennen.[208]

Trimble war, wie er sich ausdrückte, »gesprungen« und hatte seine Flexibilität unter Beweis gestellt. Jetzt sollte Sinn Féin folgen. Und auch Adams und McGuinness waren zu dem vielbeschworenen »*leap of faith*« bereit. *Am 29. November 1999 wurde die erste Regierung Nordirlands nach dem Ende von »Direct Rule« nominiert. David Trimble* wurde »*First Minister*« und *Seamus Mallon »Deputy First Minister«*. Die beiden bildeten mit weiteren *10 Ministern* die neue Regierung (»Executive Committee«). Damit war der Weg auch für die Bildung des »North/South Ministerial Council«, dem Britisch-Irischen Rat und der »British-Irish Intergovernmental Conference« frei. *Am 2. Dezember 1999* übertrug die Britische Regierung dem nordirischen Regionalparlament und der »Executive« die volle politische Verantwortung (»Devolution«). *Nordirland hatte nach 27 Jahren »Direct Rule« wieder ein funktionierendes Parlament und eine Regierung.* Die IRA ernannte am 5. Dezember ihren Verbindungsmann für die IICD, Padraig Wilson, den noch im Maze Gefängnis einsitzenden Bombenexperten der IRA, und am 10. Dezember veröffentlichte die IICD ihren zweiten Report, der positiver war als der erste im Frühjahr. Die IICD hatte sich mit den Repräsentanten der IRA und der UVF/Red Hand Defenders getroffen und äußerte sich gedämpft optimistisch. Es gäbe einen »gewissen Fortschritt«, der den Kontext für die freiwillige Ausmusterung der Waffen darstellen könne.[209] In vielen Kommentaren wurden die Ereignisse des Dezember 1999 euphorisch mit Superlativen beschrieben. »*The Deal is Done*« und »*Peace is breaking out*« titelte TIME-Magazin und der »Belfast Tele-

---

208 Belfast Telegraph, 17. November 1999.
209 Report der IICD vom 10. Dezember 1999.

graph« präsentierte »*A diary of the week that made history*«.[210] So wichtig der Durchbruch zur ersten Regionalregierung auch war, dies war erst ein zartes Pflänzchen eines erhofften Normalisierungsprozesses in einer segregierten Gesellschaft mit der Last von mehreren hundert Jahren Verfeindung und Gewalt.

Die DUP Minister kündigten an, sie würden zwar ihre Geschäfte ordentlich versehen, gleichwohl nicht an Sitzungen der »Executive« teilnehmen solange Sinn Féin mit in der Regierung sitze. Für viele Protestanten war die bloße Anblick eines Martin McGuinness als Bildungsminister unerträglich und mehrere Elterninitiativen protestierten sogleich, dass ein »Terrorist« jetzt für die Erziehung ihrer Kinder zuständig sei.

3.4. Der Friedensprozess in der Krise 2000-2001

Peter Mandelson, neuer Nordirlandminister seit dem 11. Oktober 1999 – er hatte die am Ende glücklose Mo Mowlam abgelöst[211] – sah sich schon am 11. Februar 2000 gezwungen, die nordirische Regierung und Assembly zu *suspendieren* und »Direct Rule« wiederherzustellen. Bereits nach 72 Tagen war das so hoffnungsfrohe Experiment erneut in eine schwere Krise geraten. Von der IRA kam nichts, was zu Optimismus hätte Anlass geben können, im Gegenteil. Am 6. Januar warnte die Terrororganisation, dass es in der Mitgliedschaft der IRA zunehmend Ungeduld und Ärger über den steckengebliebenen Friedensprozess gebe. Bevor die IRA einen ersten »decommissioning« Schritt mache, müsse zuvor die massive britische Militärpräsenz abgebaut werden. Das Hase-und-Igel Spiel hatte von neuem eingesetzt und funktionierte so: die IRA deutete in verklausulierter Sprache und mit überaus interpretationsfähigen Formulierungen Entgegenkommen an und präsentierte der Britischen Regierung Bedingungen, die sich auf unterschiedliche Politikfelder beziehen konnten (Sicherheitspolitik, Polizeireform, Justizreform, »equality agenda«). Die Liste der Bedingungen ließ sich beliebig verlängern. Sie erklärte ferner, sie würde sich nicht zu den Bedingungen und dem Zeitplan der Britischen Regierung und der Unionisten zur Entwaffnung zwingen lassen. Entwaffnung müsse freiwillig geschehen und sei nur im Zusammenhang mit einer allgemeinen »Demilitarisierung« denkbar.[212] Reagierten die Britische Regierung und die Unionisten aber positiv und verlangten eine deutliche Verifizierung der Entwaffnungsabsicht

---

210 TIME Magazine, 6. Dezember 1999. Belfast Telegraph, 4. Dezember 1999.
211 Siehe Mo Mowlams Version ihrer Ablösung MOWLAM, Momentum, S. 284 ff. Mandelson war einer der engsten Berater (»spin-doctors«) Tony Blairs. Er hatte wegen einer Finanzaffäre als Handelsminister zurücktreten müssen und bekam jetzt eine weitere Chance in einem Regierungsamt. Guardian, 12. Oktober 1999.
212 Siehe treffend MOLTMANN, »Es kann der Frömmste«, S.26. Einzelheiten im Leverhulme-funded monitoring programme. Northern Ireland Report Nr. 3, Mai 2000, hrsgg. von Democratic Dialogue, Belfast. Ab Februar 2001 als Devolution monitoring programme (zit. als Northern Ireland Report, NIR).

oder zumindest ein symbolisches Zeichen, so gab sich die IRA gleich wieder einsilbig und zurückhaltend. Die scharfen Gegenreaktionen der Unionisten auf diese als Ausweichmanöver interpretierte Haltung, nutzte die IRA wiederum zur Legitimation einer harten Haltung und weiterer Vorwürfe an die Britische Regierung. Sinn Féin kommentierte dieses grausame Spiel je nach taktischen Interessen, mal kritisch, mal wohlwollend, vergaß aber nie den stereotypen Grundkommentar: Sinn Féin sei unabhängig von der IRA und könne die IRA nicht zur Entwaffnung zwingen. Im übrigen müsse jeder darüber froh sein, dass die Waffen immer noch schweigen. Damit verbunden, war die dezente Andeutung (und Drohung), die IRA könne den Waffenstillstand wieder aufkündigen.

Die Unionisten waren in der Entwaffnungsfrage weit von Einigkeit entfernt. Im Anti-GFA Lager der (von der Presse bald als »*rejectionist unionists*« bezeichneten) Neinsager, angeführt von der DUP, gab es sicherlich glaubwürdige und respektable Vertreter, die aus grundsätzlichen und moralischen Erwägungen nicht akzeptieren konnten, dass Sinn Féin in der Regierung saß, ohne dass die »secret army« ihre Waffen abgegeben hatte. Gleichzeitig gab es solche, die die Entwaffnungsfrage zum Instrument ihres Kampfes gegen das GFA insgesamt stilisierten. Trimbles pro-GFA Unionisten hofften dagegen ganz pragmatisch und bona fide, die IRA würde die Zugeständnisse honorieren und wenigstens einen Einstieg in das »decommissioning« wagen.

Trimble hatte mit Rücktritt gedroht und die Britische Regierung war dem mit der Suspendierung der Regierung zuvorgekommen, was im republikanischen Lager wütend als Bruch des GFA kommentiert wurde. Die IRA zog umgehend ihren Verbindungsmann zur IICD zurück. Auch die Irische Regierung reagierte irritiert und fühlte sich von dem einseitigen Akt Londons brüskiert. Die IRA und Sinn Féin wurden heftig kritisiert und das nicht nur in Großbritannien. Präsident Clinton, der sich sehr für den Friedensprozess engagiert hatte, wandte sich öffentlich deutlich gegen IRA und Sinn Féin. Das musste Sinn Féin beunruhigen, denn die Prädidenten-Schelte konnte negative Wirkungen auf die pro-republikanischen Teile der irisch-amerikanischen Lobby haben. Die veröffentliche Meinung wandte sich jetzt massiv gegen die IRA. Die Unionisten um David Trimble, gewiss viele Jahre lang nicht die Lieblingskinder der britischen und internationalen Medien, wurden für ihre Courage gelobt und die IRA für ihre uneinsichtige und sture Haltung gegeißelt. BBC Korrespondent Fergal Keane brachte den Grundtenor vieler Kommentare auf den Punkt: »*There is only one clear message to the IRA hardliners, those who are making it impossible for decommissioning to begin. The people of Ireland, north and south, voted overwhelmingly for an end to war. Their obligation to the Irish people is to start decommissioning. To ignore that is adopt the mantle of dictators…The only people oppressing us now are the recalcitrant gunmen of the IRA.*«[213] Andere Kommentatoren, wie der bekannte David McKittrick, hielten die

---

213 Independent, 5. Februar 2000.

Suspendierung der Regierung für falsch, rieten zu mehr Geduld mit der IRA und empfahlen die »*heilende Wirkung einer konstruktiven Ambiguität*«.[214] Doch es gab noch Hoffnung, denn das GFA hatte den 22. Mai 2000 als »deadline« für die Paramilitärs gesetzt, ihrer »Verpflichtung« zur Entwaffnung nachzukommen. Wie so oft richtete sich das Augenmerk von Politik und Öffentlichkeit auf dieses magische Datum.

Der zweite Jahrestag des Abschlusses des GFA verstrich ohne Bewegung, begleitet von düsteren Kommentaren. Doch am *6. Mai 2000* meldete sich die IRA mit einem Paukenschlag zurück. Sie veröffentlichte eine Erklärung, die neben der üblichen anti-britischen Lyrik elektrisierende Sätze enthielt: »*(...) The IRA leadership will initiate a process that will completely and verifiable put IRA arms beyond use. We will do it in such a way as to avoid risk to the public and misappropriation by others and ensure maximum public confidence.*«[215] Die »*vollkommene und überprüfbare Ausmusterung der IRA Waffen*« werde von vertrauensbildenden Maßnahmen begleitet. Nachdem die IRA ihren Kontakt mit der IICD wiederhergestellt habe, sollten unabhängige Dritte die Möglichkeit bekommen, eine Reihe von Waffenlagern zu überprüfen und das Ergebnis der Prüfung der IICD mitteilen. Ferner sollten Lager in regelmäßigen Abständen neu inspiziert werden können. Die Erklärung schlug ein wie eine Bombe. Es war die erste deutliche Willenserklärung der IRA zur Ausmusterung der Waffen mit dem Angebot zur Kontrolle dieses Prozesses. Die IRA hatte nicht kapituliert, aber sie wollte nun ihre Waffen in einem überprüfbaren Prozess »*beyond use*« stellen. Als mögliche unabhängige Inspektoren der Waffenlager, die vor allem im Südwesten der Republik lagen, wurden der ehemalige Generalsekretär des »African National Congress« (ANC) *Cyril Ramaphosa* und der frühere Premierminister Finnlands *Marti Ahtisaari* benannt. Die Reaktionen der Britischen und Irischen Regierung waren sehr positiv und Peter Mandelson beeilte sich zu versichern, er würde sich für eine Reduktion der britischen Truppenstärke und eine Verringerung der militärischen Überwachungsanlagen einsetzen. Der irische Außenminister Brian Cowen hatte offensichtlich durch eine Reihe intensiver Kontakte mit Sinn Féin dazu geholfen, das »Überredungspotential« gegenüber der IRA zu stärken.[216] Die Medien überschlugen sich erneut mit Attributen wie »historisch« und es wurde die Hoffnung geäußert, dass nun endgültig die »Zähmung der IRA« gelungen und der Weg zum Frieden offen sei.[217] Alle Augen richteten sich nun auf die Unionisten. Wie würden sie das IRA-Angebot beurteilen? Schließlich war es zunächst nur eine Erklärung, der man glauben konnte oder nicht. Und nur allzu oft hatte die IRA großen Worten keine Taten folgen lassen. Für Trimble begann ein neues Ringen um eine positive und pragma-

---

214 Independent, 7. Februar 2000.
215 Wortlaut in ENGLISH, Armed Struggle, S.329 f.
216 Irish Times, 8. Mai 2000.
217 So Martin Alioth, einer der wenigen, wirklich ausgewogen berichtenden, Nordirland-Experten im deutschen Sprachraum. Der Tagesspiegel, 8. Mai 2000.

tische Antwort und er wusste, dass es dieses Mal noch schwieriger werden würde. Er hatte im Februar in Washington signalisiert, dass er, sollte die IRA ein deutliches Zeichen zur Entwaffnung geben, bereit wäre, auch ohne vorherige Entwaffnungsschritte in die »Exekutive« zurückzukehren. Dann müsste aber eine *»sequence«* von praktischen Entwaffnungsmaßnahmen beginnen. Seine Äußerungen hatten daheim in Ulster bei seinen Gegnern heftige Proteste ausgelöst. Die innerparteiliche Opposition betrieb seine Ablösung als Parteivorsitzender der UUP und der alte unionistische Fahrensmann, der 68jährige Reverend *Martin Smyth*, MP ging als Herausforderer ins Rennen. Am 24. März 2000 kam es zur Entscheidung des Ulster Unionist Council: Trimble wies Smyth mit 457 zu 348 Stimmen (56,7% zu 43,2%) in die Schranken und verschaffte sich vorerst Luft.[218] Er war, wie er angekündigt hatte, durchaus bereit, auf die IRA Erklärung positiv zu reagieren. Er kehre, so erklärte er, in die »Executive« an der Seite Sinn Féins zurück und hoffe auf durchgreifende Entwaffnungsschritte bis zum Sommer 2001. Dieses Mal gab er keinen konkreten Rücktrittstermin an, sollte sich die Entwaffnungsfrage nicht so entwickeln wie erhofft. Die schwankenden Delegierten gewann er durch die Versicherung, die Britische Regierung würde den Unionisten in der umstrittenen Frage der Polizeireform und dem »Flaggenstreit« (welche Fahne sollte über öffentlichen Gebäuden wehen?) entgegenkommen.[219] Die »rejectionists« mit Paisley und Donaldson an der Spitze standen bereits Gewehr bei Fuß. Eine Rückkehr in die Regierung war für sie undenkbar, gleichwohl konnten sie keine Alternative zum Kurs von David Trimble anbieten. So setzte sich Trimble erneut durch: Am 27. Mai sicherte er sich Mehrheit des Ulster Unionist Council, allerdings fiel diese nach erbitterten Redeschlachten, mit 459 zu 403 Stimmen (53,2% zu 46,8%) knapp aus. Es ging ein Riss mitten durch die UUP und am rechten Rand lauerten Paisley und die DUP auf ihre Chance, Trimble den entscheidenden Schlag zu versetzen. Dafür arbeiteten sie unablässig. Der erneute Sieg des Trimble-Pragmatismus brachte den Friedensprozess für eine gewisse Zeit wieder in die Spur. Am 30. Mai 2000 hob Nordirlandminister Mandelson die Suspendierung auf und setzte die nordirische Regierung wieder ein. Die neue Phase der »devolution« sollte bis zum Juli 2001 dauern. Bis dahin, so die Hoffnung, sollte es in der Entwaffnungsfrage Fortschritte geben.

Die IRA schien dieses Mal wirklich aufrichtig an einer Ausmusterung der Waffen interessiert zu sein. Bis zum Ende des Jahres hatten Ahtisaari und Ramaphosa drei IRA Waffenstecke inspiziert (27. Juni, 25. Oktober) und den Eindruck erweckt, die dort gelagerten Waffen würden nicht mehr zum Einsatz kommen. Bis Juni 2001 wurden weitere Entwaffnungsmaßnahmen in Aussicht gestellt und mehrere Treffen fanden mit der IICD statt. Doch wieder blieb der Prozess stecken. Für Paisley und die DUP und die »rejectionist Unionists« waren diese Inspek-

---

218 McDONALD, Trimble, S. 334 ff.
219 NIR, Nr. 8, August 2000.

tionen bloßes Medientheater ohne dass auch nur eine Waffe »beyond use« gestellt wurde. Die IRA, so die Kritik, behielte weiterhin die Kontrolle über diese Waffen und gäbe außerdem weitere Verstecke nicht preis. Das war die Schwierigkeit. Für Paisley und die »rejectionists« gab es nur eine politische Alternative: Entwaffnung und Selbstauflösung der IRA und, solange dies nicht geschah, Ausschluss von Sinn Féin aus der Regierung. Von den loyalistischen Paramilitärs wurde die Entwaffnung allerdings nicht mit der gleichen Beharrlichkeit gefordert. Die Politikunfähigkeit der »rejectionists« lag auf der Hand. Es fehlte an Umsetzungsstrategien. Es reichte nicht, die Prinzipien des Unionismus zu beschwören und die pragmatische Politik Trimbles als Verrat zu brandmarken. Doch auch ohne Alternativen zu Trimbles Pragmatismus aufzeigen zu können, blieben die »rejectionists« ein gefährliches Drohpotential für ihn. Ende Oktober 2000 überstand Trimble einen erneuten Angriff der »rejectionists«, die den Austritt aus der Regierung gefordert hatten, sollte die IRA nicht bis Ende November substantiell abrüsten. Nur mit der Ankündigung, er würde *Sanktionen* gegen die beiden Sinn Féin Minister verhängen, sollte die IRA nicht ernsthaft mit der Ausmusterung der Waffen beginnen, schaffte es Trimble, sich mit knapper Mehrheit (445 zu 374) zu behaupten. Trimble machte seine Drohung wahr und schloss die Sinn Féin Minister von Sitzungen des Nord-Süd Ministerrats aus. Der Friedensprozess bewegte sich weiter im Tempo einer Echternacher Springprozession. Zwei Schritte nach vorne, ein Schritt zurück. Dennoch gab sich Trimble Anfang des Jahres 2001 optimistisch. Er vertraue *»auf die integrative Wirkung des Friedensabkommens«* und spüre *»schon jetzt eine Veränderung in der Art, wie die Leute miteinander umgehen.«*[220] Doch das zentrale Problem war das Misstrauen der Parteien untereinander, ihre Unfähigkeit, sich zu Kompromissen bereit zu finden, weil sie stets die Abstrafung durch Teile ihrer ethnischen communities befürchteten als deren Repräsentanten sie auftraten. Diese in Europa fast einmalige Konstellation eines Parteiensystems erschwerte wirklichen Fortschritt und verstärkte bei den Parteien auch die Neigung, anstatt die Problemlösung im direkten Kontakt und multilateralen Verhandlungen zu suchen, sofort *»heulend zu Daddy Blair oder Uncle Bertie zu rennen«*, wie Eoghan Harris treffend sarkastisch kommentierte.[221] Trimbles Optimismus sollte auch rasch auf eine neue Bewährungsproben gestellt werden. Überraschenderweise trat Nordirlandminister Peter Mandelson am 24. Januar 2001 wegen einer Finanzaffäre zurück. Er hatte wenig eigene Akzente setzen können und wurde vom Katholiken *John Reid* (geb. 1947) ersetzt. Der Historiker Reid war ein erfahrener Labour Mann. Seine diplomatischen Fähigkeiten standen, als ehemaliger Schottlandminister, außer Frage, aber auch er konnte den stockenden Friedensprozess zunächst nicht substanziell befördern.

---

220 Interview, Die Woche, 2. Februar 2001.
221 The Sunday Times, 18. Februar 2001.

Am 7. Juni 2001 fanden Unterhauswahlen statt, die Tony Blair trotz leichter Verluste (-6 Sitze) klar gegen die schwächelnden Tories gewann (+1 Sitz) und seine Regierung erfolgreich fortsetzen konnte. In Nordirland gab es folgendes Ergebnis:

Wahlen zum Unterhaus am 7. Juni 2001 (18 nordirische Parlamentssitze)

	UUP	DUP	SDLP	Sinn Féin	Alliance	Andere
in %	26.8	22,5	21,0	21,7	3,6	5,1
Sitze	6	5	3	4	0	0
in % (1997)	32,7	13,6	24,1	16.1	8,0	5,5
Sitze (1997)	10	2	3	2	0	1

Verluste und Gewinne 1997 – 2001 nach Sitzen und Wahlkreisen

Partei	1997	2001	Wahlkreis gehalten	Gewinne	Verluste
UUP	10	6	South Belfast East Antrim South Antrim Lagan Valley Upper Bann	North Down	West-Tyrone East-Londonderry
DUP	2	5	East Belfast North Antrim	North Belfast East Londonderry Strangford	
Sinn Féin	2	4	West Belfast Mid Ulster	Fermanagh/South Tyrone West Tyrone	
SDLP	3	3	South Down Foyle Newry/Armagh		

Der Verlust von 4 Sitzen und das gute Abschneiden der GFA Gegner von der DUP schmerzte die UUP sehr. Das Ergebnis zeigte die tiefe Verunsicherung in der unionistischen community. Der Optimismus unmittelbar nach dem GFA 1998 war zunehmend skeptischen und angstbesetzten Haltungen gewichen. Die andauernde Gewalt von paramilitärischen Gruppen und die internen Blockaden der Parteien ließen die protestantischen Wähler Zuflucht bei Ian Paisley und den vermeintlich unerschütterlichen Verteidigern Ulsters suchen. Das Ergebnis des nationalistischen Lagers war eine Sensation. Adams und McGuinness Träume waren wahr geworden: Sinn Féin hatte die SDLP überholt und vier Sitze gewonnen (die Sinn Féin gemäß des für das House of Commons geltende Prinzip des Mandatsverzichts nicht antrat). Besonders ärgerlich war der Verlust des Wahlkreises West Tyrone an Sinn Féin. Hier verlor die populäre Brigid Rodgers, SDLP-MLA, klar gegen Pat Doherty von Sinn Féin. Aber das Ergebnis war doch ein Votum für die Fortsetzung des Friedensprozesses. Viele ehemalige SDLP Wähler hatten dieses Mal Sinn Féin die Stimme gegeben, in der Hoffnung damit die gemäßigten Kräfte zu stärken.[222] Doch deutete sich hier ein wachsender Swing von SDLP Wählern zu Sinn Féin an, der den Abstieg der SDLP befördern sollte.

Die Lage für Trimble war nach den Wahlen noch schwieriger geworden und er trat die Flucht nach vorne an. Mit starker Rhetorik forderte er substantielle Entwaffnung von der IRA und drohte mit Rücktritt. *Am 1. Juli 2001 machte er seine Ankündigung wahr, trat als »First Minister« zurück und löste eine neue Regierungskrise aus.* Er erklärte, dass bislang Sinn Féin vom Friedensprozess am meisten profitiert habe: Sitze im Parlament, Entlassung von republikanischen Gefangenen, Schaffung einer Menschenrechts- und Gleichheitskommission und dadurch einen verstärkten Wählerzuspruch aus dem nationalistischen Lager. Die IRA habe im Mai 2000 Entwaffnung innerhalb eines Jahres versprochen, doch nichts sei geschehen. Nun sei es an Sinn Féin *»to deliver on their side of the bargain.«*[223] Hektisch reagierten die Britische und Irische Regierung mit einem Umsetzungsplan für das GFA, um den Friedensprozess zu retten und die nächste Suspendierung von Regionalregierung und – parlament sowie Neuwahlen auszuschließen. Ein »Implementierungsplan« wurde in Rekordzeit erarbeitet und den Parteien am 1. August 2001 zugeleitet. Der Plan hatte gleichwohl eine erhebliche pro-nationalistische Schlagseite. Er versprach eine Reihe konkreter Schritte im Blick auf die Verminderung von militärischen Überwachungsanlagen (v.a. Wachttürme) und eine raschere Umsetzung der Polizeireform (»Normalisation«) Nur sehr knapp wurde die Entwaffnungsfrage angesprochen und unterstrichen, dass *»the issue of putting arms beyond use«* ein *»indispensable part of implementing the Good Friday Agreement«* sei.[224] Das war den Unionisten zu wenig und sie lehnten den Plan ab, trotz erneuter Versprechungen der IRA, ihre Waffen unbrauchbar zu machen. Sogleich reagierte die IRA mit der Rücknahme ihre Vorschläge, was den bloß taktischen Charakter ihres Vorstoßes vom 6. Mai 2000 erhellte. Gerry Adams warf den Unionisten vor, eine historische Chance verpasst zu haben. Doch was sollte Trimble tun? Die IRA ließ weder erkennen, auf welche Weise sie ihre Waffen ausmustern wolle, noch legte sie sich auf keinen konkreten Zeitplan fest, sondern verfolgte weiterhin ihre Politik taktischer Entwaffnungsankündigungen mit anschließenden Dementis. Trimble geriet immer stärker unter den Druck der GFA Gegner, die ihn zu härterem Auftreten gegenüber der IRA drängten, aber es war

---

222 Siehe die Analyse von Duncan Morrow im NIR, Nr. 8, August, 2000.
223 Artikel in New York Daily News, 23. Juli 2001.
224 Implementation of the Good Friday Agreement, 1. August 2001. para. 7.

auch seine persönliche Überzeugung, dass die IRA nun endlich einen entscheidenden Zug machen musste. Reid suspendierte das Regionalparlament zwei Mal für einen Tag, um Zeit für weitere Verhandlungen zu gewinnen. Im Spätsommer beschleunigten zwei bedeutungsschwere Ereignisse ganz offenbar die Bereitschaft der IRA zu mehr Entgegenkommen.

- Am 11. August 2001 verhaftete die Polizei in Bogotá drei IRA-Mitglieder (James Monaghan, Martin McCauley, Niall Connolly), die mit falschen Pässen eingereist waren und sich seit Juni in Kolumbien aufhielten. Alle drei waren in der republikanischen Bewegung wohlbekannt, Monaghan als Experte für die Entwicklung von Granaten, Connolly als Repräsentant von Sinn Féin in Kuba. Monaghan war in den siebziger Jahren von einem Dubliner Gericht zu einer mehrjährigen Haftstrafe wegen terroristischer Straftaten verurteilt worden. Ganz offensichtlich waren sie nach Kolumbien gereist, um Mitglieder der berüchtigten kolumbianischen Terrororganisation »*Fuerzas Armadas Revolucionarias Colombianas*« *(FARC)* in die Kunst des Bombenbaus einzuführen. Die FARC war eine seit in den siebziger Jahren operierende selbsternannte »marxistische Befreiungsarmee«, die erheblich zur Destabilisierung des Landes beigetragen hatte. Doch der »Glorienschein« der marxistischen Guerilla war längst verblasst und die FARC zu einer kriminellen Bande mutiert, die von Entführungen, Bombenattacken und Drogenhandel lebte. Es wird vermutet, dass die FARC für die Hauptmasse des in den USA verkauften Kokain (90%) und Heroin (70%) verantwortlich ist. Ihre jährlichen Einnahmen werden auf eine Milliarde $ geschätzt. Das Bombentraining soll der IRA ca. 2 Millionen $ in die Kriegskasse gespült haben. Sinn Féin und die IRA stritten alle Vorwürfe ab, doch konnten sie nicht erklären, warum die drei bekannten Republikaner unter falschen Namen nach Kolumbien eingereist waren. Dieser Vorfall alarmierte das State Department in Washington, denn die hier sichtbar werdende Vernetzung von nationalen Terrororganisationen deutete eine neue Qualität im internationalen Terrorismus an.[225] Die Episode war nicht nur kompromittierend für die IRA, die den Waffenstillstand mehr schlecht als recht einhielt und ständig davon sprach, sie sei bereit ihre Waffen »beyond use« zu stellen, sie war ein Schlag gegen die republikanische Bewegung und ihre US-amerikanische Unterstützerszene. Sinn Féin konnte es sich nicht leisten, wichtige Freunde in den USA zu verlieren.
- Der Terroranschlag islamistischer Extremisten vom 11. September 2001 auf das World Trade Center in New York löste den Kampf der USA und ihrer Verbündeten gegen den internationalen Terrorismus aus. Es konnte kein Zweifel daran sein, dass die USA jeder auch noch so unscheinbaren Verquickung

---

225 MARK BURGESS, Globalizing Terrorism. The FARC-IRA Connection. Center For Defense Information. Washington, 2002. ENGLISH, Armed Struggle, S. 331 ff. EPPLER, Gewaltmonopol, S.33. Frankfurter Rundschau, 15. August 2001.

der IRA mit dem internationalen Terrorismus nachgehen und damit der wichtigen US-Connection der IRA einen irreparablen Schlag versetzen könnte. Der Druck aus den USA nahm zu. Treffend kommentierte der »Economist«: »*Even the IRA's traditional supporters find it hard to see why the IRA needs to hold on to its weapons while George Bush is fighting a global war against terrorism with Tony Blair staunchly at his side.*«[226]

Der Friedensprozess wurde so häufig als »tot« bezeichnet und dann wiederbelebt, dass die Menschen in Nordirland die neuesten aufregenden Nachrichten kaum noch registrierten. Doch jetzt schien tatsächlich das endgültige Ende nahe. Trimble und die DUP hatten bereits ihre Minister aus der Regierung zurückgezogen. Aber die IRA bewegte sich tatsächlich wieder. Die IICD berichtete, die IRA habe am am 23. Oktober 2001 eine »*bedeutende Anzahl*« von Waffen vernichtet. Sinn Féin beeilte sich mit einem Kommentar, sie habe die IRA überzeugen können, dass der Friedensprozess nur so gerettet werden könne. Dies sei ein »riesiger Schritt« vorwärts, aber keineswegs auf den internationalen Druck zurückzuführen. Die Britische Regierung reagierte positiv und kündigte an, weitere Militäranlagen schrittweise abzubauen. War das der Durchbruch? Nach den deprimierenden Sommermonaten gab es wieder einen hellen Streif am Horizont und selbst Trimble war von der neuen Qualität der IRA Entwaffnungsaktivitäten überzeugt. »*Dies ist der Tag*«, erklärte er hoffnungsfroh, »*von dem man uns gesagt hat, er würde nie kommen, nun ist er da!*«[227] Die Rückkehr in die Regierung war nur noch eine Frage der Zeit. Trimble musste von der Assembly neu gewählt werden und benötigte die Unterstützung einer Mehrheit der unionistischen und nationalistischen Abgeordneten. Immerhin waren 20% der Unionisten gegen jeden Wiedereintritt in die Regierung und 20% erst dann, wenn die IRA alle Waffen »ausgemustert« habe. Nur 33% stützten Trimbles Position, den *Beginn* der Ausmusterung als *Startzeichen zum Wiedereintritt in die Regierung zu sehen*. Das ließ nichts Gutes für die Wiederwahl Trimbles erwarten. Nur mit Hilfe der Abgeordneten der »Alliance Party«, die sich flugs als »Unionisten« registrieren ließen, gelang Trimble am 6. November 2001 die Wahl zum »First Minister« mit 70 zu 29 Stimmen. Von den 60 unionistischen MLAs votierten 31 für ihn, 29 gegen ihn. Alle 38 Nationalisten stimmten für ihn. Sein Stellvertreter wurde *Mark Durkan*, SDLP, ein Vertrauter von John Hume, der wenig später aus Gesundheitsgründen als Parteivorsitzender zurücktrat.[228]

Eine neue Regierung war nach vier Monaten Abstinenz wieder installiert und es sah so aus, als ob sie in einer Phase relativer Stabilität arbeiten könne. Die nächsten Assembly-Wahlen waren für Mai 2003 vorgesehen. Die Entwaffnung der IRA ging in homöopathischen Dosen voran. Am 8. März 2002 wiederholte die IRA

---

226 Economist, 27. Oktober 2001. S. 12.
227 PETER NONNENMACHER, Die Woche der Entwaffnung. Frankfurter Rundschau, 27. Oktober 2001.
228 AOR, 6. November 2001.

ihre Aktion vom Oktober, erneut eine größere Menge Waffen auszumustern. Ein Anfang war gemacht und das Regionalparlament wollte sich endlich mit den Fragen beschäftigen, die den Menschen auf den Nägeln brannten: Arbeit und Soziales, Regionalentwicklung, Gesundheit. Doch die fortwirkende Gewalt ließ die Provinz auch nach dem GFA nicht zur Ruhe kommen und drohte die zarten Pflänzchen parlamentarischer Arbeit zu ersticken.

3.5. Friedensprozess und Gewalt

Die Gewalt in Nordirland hat, gleichviel wie sie motiviert war, seit 1969 nie aufgehört. Der Friedensprozess hat aber ihre *Erscheinungsformen* verändert. Aus einer Situation allgemeiner Unsicherheit, von der alle Nordiren durch die offene Konfrontation von IRA, Britischer Armee und Polizei betroffen waren, ist eine nicht so spektakuläre, subtilere, selektivere Gewaltkonstellation entstanden. Die Gewalt hat sich gewissermaßen in die Gesellschaft zurückgezogen und betrifft nur noch Teile der unionistischen und nationalistischen communities. Obwohl der Rückgang massiver und offener terroristischer Gewalt erfreulich ist, wie die Opferstatistik ausweist, so bleiben doch die gesellschaftlichen Gewaltpotentiale und Heftigkeit der inter-kommunalen und intra-kommunalen Eruptionen auf einem beunruhigend hohen Niveau.

Pragmatisch und vereinfacht sollen *drei Grundformen* von Gewalt unterschieden werden:[229]

1. Die Gewalt der Staatsmacht gegen die Paramilitärs und Terroristen. Es ist die vom *staatlichen Gewaltmonopol legitimierte Gewalt,* wobei es von Seiten des Staates auch Missbrauch und Grenzüberschreitungen gegeben hat.
2. Die terroristische Gewalt der Paramilitärs gegen die Staatsmacht (Armee und Polizei).
3. Die »sektiererische« inter-kommunale und intra-kommunale Gewalt (»sectarianism«), d.h. die Gewalt der communities gegeneinander und untereinander. Dazu gehören z.B:
    a) die Gewalt der Paramilitärs gegen die politischen Repräsentanten der »feindlichen« community (IRA gegen Loyalisten, UVF/UDA gegen Sinn Féin und SDLP) ihre paramilitärische »Schutztruppe« (IRA gegen UVF/UDA und umgekehrt) als auch gegen unbeteiligte Zivilisten.
    b) Die Gewalt der Paramilitärs gegenüber ihrer eigenen community zur Aufrechterhaltung ihres »Verteidigungs«- und territorialen Dominanzanspruches.
    c) Die Gewalt der Paramilitärs untereinander, z.B. die »loyalistische Fehde«, 2001/2002 oder die Gewalt der IRA gegen republikanische »Dissidenten« und umgekehrt.

---

229 Vgl. auch MacGINTY/DARBY, Guns and Government, S. 90 ff.

Hinzu kommt noch die »gewöhnliche« Gewaltkriminalität (Mord, Totschlag, Körperverletzung) sowie Raub, Diebstahl, Drogenhandel etc. In Nordirland spricht man sarkastisch von »*ordinary decent crime*«.

Die Todesfallstatistik weist aus, dass *Gewaltform 1* (Gewalt der Staatsmacht gegen die Paramilitärs und Terroristen) nur 10% aller Todesfälle (Ende 2004 = 3706 Tote) umfasste. Die Gewalt der Paramilitärs (*Gewaltformen 2 und 3*) war dagegen für fast 88% aller Todesfälle verantwortlich. Die IRA war »*the greatest single taker of life*«. 58,6% aller Todesfälle gingen auf ihr Konto, gefolgt von den loyalistischen Paramilitärs mit 29,2%.[230] Die Analyse der Gewaltmuster zeigt einige wichtige Trends in Bezug auf Zeit, Personen und Regionen. Die *meisten* Menschen starben 1972 (497), die *wenigsten* 2005 (2). Die Hälfte aller Todesfälle fiel in den Zeitraum 1971-1976. Den größten Blutzoll bezahlten, wie in fast jedem blutigen Konflikt, die *Zivilisten* (2075), 1245 Katholiken und 716 Protestanten. 503 *Britische Soldaten*, 508 *Polizisten* und deren Helfer aus Polizeireserve und UDR/RIR wurden getötet sowie 402 *republikanische* und 165 *loyalistische Paramilitärs*.[231] Blicken wir auf das *Alter* aller Opfer, so zeigt sich, dass eher die jüngeren Jahrgänge betroffen waren, von 15 Jahren aufwärts. Das Todesrisiko war in der Jahrgangsgruppe von 20 bis 24 Jahren zweimal so hoch wie in jeder anderen Gruppe über 40 Jahre und 40% höher als für jeden über 30 Jahre. Fast ein Viertel aller Opfer war jünger als 21 Jahre.[232] Besonders gefährlich lebte man in städtischen Räumen (»hot spots«), in Belfast, Derry, Newry/Mourne und Armagh, am ruhigsten auf der Halbinsel Ards und in Moyle. Schauen wir in die Stadt *Belfast*, so ergibt sich folgendes Bild: Die gefährlichsten »Kieze« waren die Innenstadt (von der St. Annes Cathedral bis zur City Hall) wegen der Häufung von Bombenattentate in diesem Bereich, die katholischen Ortsteile Falls, Ardoyne, Whiterock und Clonard und die protestantischen New Lodge, Shaftesbury, Shankill, Upper Springfield, Duncairn, Cliftonville und Crumlin. Am friedlichsten lebte man in den »besseren« gemischten Ortsteilen wie Cherryvalley, Belmont, Fort William, Cavehill, Knock, Orangefield und Upper Malone. Es galt während des gesamten Nordirlandkonflikts die Faustregel: *Wer um die 20 Jahre alt war, katholisch und in der Falls Road lebte, konnte mit hoher Wahrscheinlichkeit damit rechnen Opfer von Gewalt zu werden.*

Die *Gewaltformen 1 und 2* haben nach den Waffenstillständen der IRA und den loyalistischen Paramilitärs abgenommen. Nicht zuletzt die neue *Sicherheitspolitik* der Britischen Regierung, die *Polizei- und Justizreform* und die *vorzeitige Entlassung von rd. 450 Ex-Terroristen* haben zur Verminderung der Gewaltform 1 beigetragen. Nach dem zweiten Waffenstillstand der IRA 1997 ist kein britischer Soldat

---

230 McKITTRICK, Lost Lives, S. 1503. Zahlen bei McKITTRICK bis April 2001. Siehe Statistik im Anhang.
231 Zahlen nach eigener Berechnung bis Ende Mai 2003.
232 FAY/MORISSEY, SMYTH, Northern Ireland's Troubles, S. 163.

mehr getötet worden. 1998 starb der letzte Polizist infolge eines paramilitärischen Angriffs.[233]

In der *Sicherheitspolitik* hatte Labour bereits Mitte der neunziger Jahre schrittweise die Opposition gegen die Anti-Terrorgesetzgebung der Konservativen aufgegeben.[234] In der Regierung drängte Labour auf ein neues Terrorismus Gesetz (*»Terrorism Act 2000«*), *das* im Februar 2001 in Kraft trat und die bis dato geltende Anti-Terrorgesetzgebung (PTA und EPA) aufhob. Das neue Gesetz, das fortan unbefristet galt, bezog den internationalen Terrorismus ein, erweiterte das Verbot terroristischer Gruppen und verstärkte Aufgaben und Rechte der Polizei im Kampf gegen den Terrorismus (Durchsuchungen, Verhaftung und Internierung von Verdächtigen bis zu 7 Tagen). Ein Verhaltenskodex für die Polizei brachte mehr Rechte für Verhaftete (z.B. Präsenz eines Rechtswaltes bei Polizeiverhören, audiovisuelle Aufzeichnungen von Verhören). Nach dem 11. September 2001 forcierte die Regierung die Anti-Terror Maßnahmen und brachte ein weiteres Anti-Terror Gesetz (*»Anti-Terrorism, Crime and Security Act 2001«*) durch das House of Commons. Dieses Gesetz diente vor allem der Abwehr des internationalen Terrorismus.[235] Die schärfere Gesetzgebung war gleichwohl in Nordirland begleitet von einer breiten Palette vertrauensbildender Maßnahmen unter dem Stichwort »Normalisierung«, wie im GFA vorgesehen.[236] Die Verminderung der Präsenzstärke der Britischen Armee war dabei die augenfälligste Aktion. Gegenwärtig sind ca. 11.000 Mann in Nordirland stationiert, das ist der niedrigste Stand seit 1970. Seit dem zweiten Waffenstillstand der IRA 1997 hat die Armee 50 von 105 militärischen Stützpunkten entweder geschlossen, zerstört oder verlassen. Weitere Schließungen wurden angekündigt, unter der Voraussetzung, dass die IRA auch weitere Waffen ausmustern werde. Fast die Hälfte der Überwachungsanlagen (»surveillance sites«) sind inzwischen aufgegeben worden, unter ihnen der in republikanischen Kreisen besonders berüchtigte »Borucki Sangar« in dem Grenzort Crossmaglen. Der Einsatz von Armee-Hubschraubern wurde reduziert. Die Verhörzentren in Castlereagh, Strand Road und die Gough Barracks wurden geschlossen. 102 bislang gesperrte Grenzstraßen wurden wieder geöffnet. Gleichwohl bleibt die Armee jederzeit in der Lage, die Polizei bei einer Verschärfung der Sicherheitslage wirkungsvoll zu unterstützen.

Die *republikanischen Dissidentengruppen* ließen sich von den Bemühungen der Britischen Regierung zur »Normalisierung« nicht beindrucken. Sie haben den bewaffneten Kampf nicht aufgegeben. Sie vertreten die traditionellen militanten

---

233 Frank O'Reilly aus Armagh am 6. Oktober 1998. McKITTRICK, Lost Lives, S. 1461 f.
234 Hintergründe bei CUNNINGHAM, British Government Policy, S. 102 ff.
235 Gesetzestexte und Erläuterungen des Britischen Innenministeriums in http://www.homeoffice.gov.uk/terrorism/govprotect/legislation/index.html
236 GFA, Security, para.2.

republikanischen Traditionen[237] und setzten, wie z.B. die »Real IRA« (RIRA) und die »Continuity IRA« (CIRA) nach einer Pause im Jahre 1999 ihre Anschläge fort. Die RIRA war 2000 wieder präsent, mit Dutzenden von Bombenanschlägen in Nordirland und England, u.a. am 1. Juni 2000 auf eine Brücke im Londoner Stadtteil Hammersmith, auf das Hauptquartier von MI6 und am 5. März 2001 auf das Fernsehgebäude der BBC.[238] Bis August 2003 starben zwei weitere Menschen durch Bombenanschläge der RIRA. Die Terrortruppe will weiterkämpfen, obwohl mehr als 40 Häftlinge, die in verschiedenen irischen und englischen Gefängnissen einsitzen, die Führung im Oktober 2002 zur Auflösung aufgefordert hatten.[239] In den Jahren 2002 und 2003 wurde über eine Reihe von Attacken gegen Polizeistationen berichtet. Die CIRA war 2003 für einen Angriff auf ein Rathaus und das Büro eines unionistischen Politikers verantwortlich. Auch mehrere Mitglieder der »District Policing Partnerships« wurden angegriffen. Im Sommer 2003 verhaftete die Polizei mehrere CIRA Mitglieder bei der Herstellung von Bomben. Obwohl nur wenige Aktivisten umfassend, stellen die »Continuity IRA« und die RIRA weiterhin eine große Bedrohung dar. Am 12. Juli 2005 war die CIRA aktiv an dem Überfall auf den Oranier-Marsch durch den katholischen Ardoyne-Bezirk beteiligt, bei dem 80 Polizisten und 10 Passanten z.T. schwer verletzt wurden. CIRA und RIRA haben offenbar ungehinderten Zugang zu Waffen und arbeiten zusammen. Die INLA, die 1998 einen Waffenstillstand erklärt hatte, ist ebenfalls weiterhin aktiv und 2004 durch zwei Angriffe aufgefallen. Sie scheint aber eher tief in kriminelle Machenschaften verstrickt zu sein, vor allem Drogenhandel. Die IRA ist offensichtlich nicht in der Lage oder nicht willens, ihre Konkurrenten von der Fortführung des bewaffneten Kampfes abzuhalten, der nur einem Ziel dient: die Britische Regierung zu Gegenreaktionen zu provozieren und den ohnehin fragilen Friedensprozess zu zerstören.[240]

Ein zentraler Aspekt des »Normalisierungsprogramms« der Britischen Regierung war die seit Beginn der »Troubles« von nationalistischer Seite immer wieder vorgebrachte Forderung nach einer substantiellen *Polizeireform*. Sie sollte zu einem wichtigen Meilenstein des Friedensprozesses werden, denn es gab kaum ein anderes Thema, das in der gespaltenen Gesellschaft Nordirlands so heftige Emotionen auslöste.

Dass die RUC keine »normale« Polizei war, konnte schon der wenig informierte Beobachter von außen erkennen. Es gab keine Polizei in Europa, die sich in

---

237 Siehe das Statement der RIRA vom 28. Januar 2003. http://cain-ulst.ac.uk/othelem/organ/ira/rira280103.htm
238 The Guardian, 21. Oktober 2002. Zum Ausmaß der Bedrohung durch Dissidentengruppen vgl. Chief Constables Annual Report 2002-2003, S. 59 ff.
239 Ebda.
240 The Guardian, 21, Oktober 2002. Chief Constables Annual Report 2002-2003, S.59 ff. Siehe auch: First Report of the Independent Monitoring Commission, London, 20. April 2004, HMSO, HC 516, S. 11 ff.

festungsartigen Polizeistationen verbarrikadieren musste und bestimmte Stadtteile nur mit massivem Sicherheitsaufgebot (gepanzerte Fahrzeuge, Schusswesten, schwere Bewaffnung) betreten konnte. Das GFA widmete dem Thema Polizeidienst (»Policing«) ein eigenes Kapitel. »Policing« sei vor dem Hintergrund der tiefen Gräben in der nordirischen Geschichte ein hochgradig emotionales Thema, das mit Leid und Opfer sowohl in der Zivilbevölkerung als auch im Polizeidienst verbunden sei (303 Polizisten starben, 9000 wurden verletzt, die Polizei war für den Tod von 27 Zivilisten verantwortlich).[241] Es müsse eine neue Polizei geschaffen werden, »*professional, effective and efficient, fair and impartial, free from partisan political control, accountable, both under the law for its actions and to the community it serves; representative of the society it polices, and operates within a coherent criminal justice system, which conforms with human rights norms.*«[242] Das GFA empfahl die Einsetzung einer Unabhängigen Kommission, die am 3. Juni 1998 unter Leitung von *Christopher Francis Patten (geb. 1944)* ihre Arbeit aufnahm. Patten war ein katholischer Konservativer, der sich als »Junior Minister« für Nordirland zwischen 1983 und 1985 erste Kenntnisse über die Lage in der Unruheprovinz erworben hatte. 1992 wurde er Gouverneur Großbritanniens in Hongkong und organisierte 1997 die Übergabe der Provinz an die Volksrepublik China. Pattens Kommission vertiefte sich in wissenschaftliche Studien und Meinungsumfragen zur RUC und organisierte über 30 öffentliche Anhörungen, an denen rund 10.000 Menschen teilnahmen. Es war nicht die Aufgabe der Kommission, *Beschwerden* über das Verhalten der RUC nachzugehen oder *Vergangenheitsbewältigung* zu betreiben, obwohl in vielen Anhörungen die konfliktreiche und leidvolle Geschichte angesprochen wurde. Die Meinungen über die Reorganisation der Polizei gingen naturgemäß weit auseinander. Familienangehörige von Polizisten, die zu Tode gekommen oder verletzt worden waren, sprachen sich für die Beibehaltung der RUC aus und fanden Fürsprecher in der DUP, die überhaupt nichts an der ehrwürdigen RUC verändern wollte. Dagegen standen Menschen, vor allem aus dem nationalistischen Lager, die der Polizei massive Menschenrechtsverletzungen vorwarfen und mit Sinn Féin für eine Auflösung der Polizei plädierten. »*For every call of 'Disband the RUC' there was at least one claiming that the RUC was the best police force in the world.*«[243] Am 9. September 1999 veröffentlichte die Patten-Kommission ihren Bericht. Sie hatte eine Vision. Aus einer parteiischen, politisierten protestantischen Polizei sollte eine »normale« Polizei werden, den Menschenrechten verpflichtet, unparteiisch, unabhängig von der Politik, Nationalisten und Unionisten gleichermaßen verantwortlich und von ihnen als Partner akzeptiert. Die neue Polizei sollte repräsentativ für die Gesellschaft sein, zu deren Schutz sie da war. Besonderes Gewicht legte die Kommission auf eine bürgernahe Arbeit (»*community policing*«).

---

241 MCKITTRICK; Lost Lives, S. 1503.
242 GFA, Policing and Justice, para.2. Siehe auch Annex A zur Unabhängigen Kommission.
243 BRICE DICKSON; Policing and human rights after the conflict. In: A farewell to arms, S. 106.

Von diesen Prinzipien geleitet gab die Kommission 175 Empfehlungen. Die wichtigsten waren:
- Die alte RUC sollte nicht aufgelöst werden, aber einen neuen Namen (»*Northern Ireland Police Service*«) bekommen. Ein neues Emblem sollte geschaffen werden und der »Union Jack« nicht mehr – ausgenommen Gedenkfeiern – von den Polizeistationen wehen (para. 17.6). Zum Diensteintritt sollten die jungen Polizisten ein Gelöbnis auf Menschenrechte und Gleichbehandlung ablegen und somit den Neuanfang symbolisieren: *"I hereby do solemnly and sincerely and truly declare and affirm that I will faithfully discharge the duties of the office of constable, and that in so doing I will act with fairness, integrity, diligence and impartiality, uphold fundamental human rights and accord equal respect to all individuals and to their traditions and beliefs"* (para. 4.7). Die seit 1836 geltende Eidesformel hatte noch eine Loyalitätsadresse an »Ihre Majestät die Königin von England« enthalten.[244] Die Aufstellung eines Verhaltenskodex (»*Code of Ethics*«) im Einklang mit der Europäischen Menschenrechtskonvention wurde angekündigt (para.4.8).
- Veränderungen in Stärke und Zusammensetzung der Polizei: Absenkung der gegenwärtigen Präsenzstärke auf 7.500 Polizisten, Abschaffung der Vollzeit-Polizeireserve und Aufstockung der Teilzeit Reserve auf 2.500 Mann. Der Anteil katholischer Polizisten (von gegenwärtig 8%) sollte in einem Zehn-Jahres-Zeitraum auf bis zu 33% angehoben werden (para. 14.9,10). Um dies zu erreichen sollten die *Rekrutierung von neuen Polizisten im Verhältnis 50:50 erfolgen* (para. 15.10). Auch sollten mehr Zivilisten angestellt werden (»Civilianisation«, para. 10.22).
- Einrichtung eines unabhängigen Polizeikontrollgremiums (»*Policing Board*«, PB), als Bindeglied zwischen Politik, Gesellschaft und Polizei zur Planung, Steuerung und Kontrolle der gesamten Polizeitätigkeit: »*The statutory primary function of the Policing Board should be to hold the Chief Constable and the police service publicly to account*« (para. 6.3). Das Polizeikontrollgremium ersetzte die alte kraftlose »Police Authority« und sollte aus 19 Personen bestehen, 10 aus der Assembly nach D'Hondt System gewählt, neun vom Nordirlandminister ernannt, aus Wirtschaft, Rechtsprechung und zivilgesellschaftlichen Organisationen (para. 6.2. ff.). Das Kontrollgremium hatte nach den Vorstellungen der Patten-Kommission recht weitgehende Kompetenzen, u.a. die Aufstellung eines mittelfristigen Perspektivplans für die Polizei (»*Policing Plan*«) und die Ernennung aller leitenden Polizeioffiziere. Allerdings hatte der Nordirlandminister das letzte Wort.
- Das Amt eines »*Police Ombudsman*« sollte in das neue Polizeisystem integriert und aufgewertet werden. Der Ombudsmann sollte eng mit dem »Policing Board« kooperieren. Er (tatsächlich war es eine »Sie«, die Rechtsanwältin *Nuala*

---

244 RYDER, RUC, S. 496.

O'Loan) war nicht nur für Beschwerden zuständig. Nuala O'Loan konnte auch eigene Untersuchungen und Recherchen anstellen ohne dass konkrete Beschwerden eingegangen waren.
- Ergänzend sollten auf Bezirksebene »*District Policing Partnership Boards (DPPBs)*« geschaffen werden. Sie waren als Ausschüsse der Bezirksräte konzipiert mit 15-17 Mitgliedern. Sie sollten eine beratende und kontrollierende Funktion in allen Polizeiangelegenheiten haben und mit den Bezirkskommandanten der Polizei zusammenarbeiten (para. 6.26).
- Schließung der drei (in nationalistischen Kreisen als »Verhörzentren« berüchtigten) Polizeikasernen Castlereagh, Gough barracks und Strand Road (para. 8.15).
- Eine effektivere, »schlankere« Kommandostruktur mit Polizeichefs für die 26 Bezirke (»*Superintendents*«) und größerer Verantwortung. Belfast sollte in vier Polizeidistrikte (Nord, Süd, Ost, West) eingeteilt werden (para. 12.4 ff.).
- Eingliederung der Spezialeinheiten (»Special Branch«) in die normalen Polizeistrukturen (para. 12.12, 15).
- Überprüfung von Ausrüstung und Bewaffnung der Polizei bei Einsätzen zur Wiederherstellung der öffentlichen Ordnung (z.B. Alternativen zur Verwendung von Plastikgeschossen, para. 9.15, 16).
- Die praktische Umsetzung der Empfehlungen sollte ein Beauftragter (»*oversight commissioner*«) regelmäßig prüfen (para.19.4).

Politik, Verwaltung und Gesellschaft, insbesondere die Parteivorsitzenden, Bezirksräte, Bischöfe und Priester, Lehrer und Sportvereine wurden aufgerufen, die Rekrutierung von katholischen Anwärtern für den Polizeidienst zu fördern und positiv zu begleiten. Es dürfe keine Einschüchterung und Behinderung von potentiellen Rekruten geben. Insbesondere die »Gaelic Athlethic Association« wurde aufgefordert, ihre Satzung zu ändern, die in Artikel 21 festlegte, dass kein Angehöriger der Polizei Mitglied werden dürfe (para. 15.2). Ob die Vision des Reportes, eine den Menschenrechten verpflichtete, bürgernahe, verantwortliche, durch vielfältige »checks und balances« politisch und zivilgesellschaftlich kontrollierte Polizei zu schaffen, tatsächlich umgesetzt werden konnte, hing von einer Reihe von Faktoren ab. Patten hatte eine Polizei vor Augen, die in Friedenszeiten »normale« Polizeitätigkeit versah, deshalb auch sein Vorschlag, die Präsenzstärke der Polizei zu vermindern. Doch die Verhältnisse waren nicht so. Die Sicherheitslage war immer noch sehr prekär. Ferner musste die Bereitschaft der alten RUC gegeben sein, sich zu verändern und schließlich der Wille der politischen Parteien und gesellschaftlichen Gruppen diesen Prozess durch Mitwirkung in den von Patten vorgeschlagenen Gremien aktiv zu befördern. Diese Erfolgsvoraussetzungen waren nur teilweise vorhanden. Die Reaktionen der Parteien auf den Report waren überaus kontrovers und nicht gerade ermutigend. Wie erwartet, erschallte aus Paisleys DUP-Hauptquartier der »Lundy-Vorwurf« an Patten, garniert mit den bekannten Invektiven. Pattens Report sei ein Programm der »ethnischen Säuberung« von

Protestanten und des »appeasement« von Terroristen. Die Umbenennung der RUC, das neue Emblem, das neue Gelöbnis und die Verpflichtung, 50% Katholiken als Rekruten zu akzeptieren, sei der Abgesang auf das britische Ulster. Auf Bezirksebene würden bald ehemalige Terroristen triumphierend als »Partner« der Polizei auftreten. Diese gravierenden Bedenken zielten auf die Empfehlungen der Patten-Kommission, dass auch Rekruten mit geringen Vorstrafen (allerdings nicht mit terroristischem Hintergrund!) akzeptiert werden sollten und eine republikanische Orientierung kein Ausschlussgrund sei (para. 15.13). Die UUP beklagte neben der Namensänderung, den kalten, geschäftsmäßigen Ton des Berichts, der die Leistung, Leiden und Opfer der RUC nicht gebührend würdige und stattdessen schwere Vorwürfe an die vermeintlich »militaristische« und wenig »kundenorientierte« Polizei erhebe (so z.B. in para. 17.2). Die Eliminierung des alten Namens RUC sei völlig unangemessen und ein Affront gegen die Polizei und ihre Angehörigen.[245] Die »Police Federation« verlangte die Beibehaltung des alten Namens und brachte immerhin 300.000 Unterschriften für eine Petition zusammen, die dem Britischen Premierminister übergeben wurde. Die SDLP forderte die ungeschmälerte und vollständige Umsetzung des Patten-Reports und insistierte auf einem Symbol für die neue Polizei, dass in besonderer Weise ihre Neutralität zum Ausdruck bringen sollte. Sinn Féin kritisierte, dass die RUC nicht »aufgelöst«, sondern lediglich »umbenannt« worden sei und setzte ihre Kampagne für die Abschaffung der RUC fort. Abgesehen von der ungerechten und überzogenen Kritik an Pattens Bericht, muss aber festgehalten werden, dass er einige Schwächen und problematische Empfehlungen enthielt. So gab es z.B. einen deutlichen Widerspruch zwischen dem angestrebten Ziel einer »Normalisierung« und »Entpolitisierung« der Polizei und den Maßnahmen, eine gesellschaftliche Kontrolle der Polizei zu institutionalisieren (»Policing Board«, DPPs) sowie den *affirmative action* Verfahren zur Erhöhung der Zahl von katholischen Polizeibeamten. Wie bei manchen »Anti-Diskriminierungs- und Multikulturalismuspolitiken«, bestand auch hier die Gefahr, dass aktive Zielgruppenförderung nach ethnischen und religiösen Merkmalen individuelle Chancengleichheit gefährdete.[246] Ferner war die Bitterkeit vieler Polizisten und der Ärger unionistischer Politiker verständlich, denn der Patten Report fegte recht kaltschnäuzig über die Traditionen und die RUC Kultur hinweg und verkündigte eine neue Ethik, die neuer Institutionen bedürfe (z.B. ein anderes Trainingszentrum). Die Leistung der RUC, die seit Beginn der »Troubles« die Hauptlast des Anti-Terror-Kampfes getragen hatte, wurde nur en passant angesprochen.

Die Britische Regierung nahm die Empfehlungen in ihrem Polizeigesetz für Nordirland »*Police (Northern Ireland) Act 2000*« weitgehend auf. Es musste ihr

---

245 Der katholische Priester Denis Faul hatte den interessanten Kompromissvorschlag gemacht, die Polizei künftig »The RUC: Northern Ireland's Police Service« zu nennen.
246 Siehe dazu CLIVE WALKER, The Patten Report and Post-Sovereignty Policing in Northern Ireland. In: WILFORD, Belfast Agreement, S. 152 ff.

daran gelegen sein, den Friedensprozess nicht durch endlose Kontroversen über die Polizeireform zusätzlich zu belasten. Einerseits war die unionistische Kritik am Patten-Report Ernst zu nehmen, denn man brauchte Trimble und seine Freunde in der Regionalregierung. Andererseits durfte es keine substantiellen Konzessionen geben, denn dann drohte der Protest der SDLP, die auf der umgehenden und vollständigen Umsetzung des Patten-Reports bestand. Nordirlandminister Mandelson verlegte sich auf symbolische Politik, um die Unionisten zu besänftigen. Er fand freundliche Worte für die RUC, würdigte ausdrücklich die »*sacrifices of the past*« und erklärte, dass die (pro-katholische) Rekrutierungspolitik nicht zu Lasten der Qualität der Polizei gehen dürfe. Es sei auch ausgeschlossen, dass Ex-Terroristen in den Polizeidienst aufgenommen würden. Die Umsetzung des Reports stehe generell unter dem Vorbehalt sicherheitspolitischer Fortschritte. In der Frage der Namensänderung blieb er hart.[247] Nach 77 Jahren verschwand der Name der altehrwürdigen RUC. Die Polizei hieß künftig »*Police Service of Northern Ireland*« *(PSNI)*. Es tröstete die Verteidiger der alten Polizei kaum, dass die Queen der RUC am 12. April 2000 das »*George Cross*«, die höchste zivile Auszeichnung für Mut und Tapferkeit, verlieh. Ob mit der Namensänderung auch der Geist der Reform siegen und die Empfehlungen rasch umgesetzt wurden, musste sich zeigen. Es kam entscheidend auf den Friedensprozess und die Verbesserung der Sicherheitslage an. Nach den ersten stürmischen Protesten bemühte sich Trimble, mit einer Verzögerungstaktik der Britischen Regierung noch Konzessionen zu entreißen, doch vergeblich. Auch die SDLP gab ihre Bedenken auf und die katholischen Bischöfe forderten die jungen Katholiken auf, der neuen Polizei beizutreten. Die GAA strich den Artikel 21 aus ihrer Satzung. Nordirlandminister *John Reid* veröffentlichte am 17. August 2001 einen Plan zur Umsetzung des Patten-Reports und machte Druck für die Besetzung des »Policing Board«.[248] Die Nominierungen fanden schließlich Ende August statt. Trotz ihrer grundsätzlichen Kritik beteiligte sich auch die DUP, aus Furcht, ihre Sitze an andere Parteien zu verlieren. Nur Sinn Féin blieb unerschütterlich beim »Nein« und hat bis heute keine Vertreter in das Aufsichtsgremium entsandt. Im republikanischen Teil Nordirlands bestehen die starken Ressentiments gegen die Polizei fort. Das neue Polizeikontrollgremium nahm am 4. November 2001 die Arbeit auf. Vorsitzender wurde der Protestant *Desmond Rea*, ein emeritierter Wirtschaftswissenschaftler von der Ulster University, ein kompetenter und ausgleichender Akademiker.[249] Entgegen düsteren Prophezeiungen fanden die Mitglieder des Gremiums erstaunlich rasch zu konstruktiver Zusammenarbeit. Sie erzielten im Februar 2002 einen Konsens über das neue Emblem der Polizei und setzten sich über die Empfehlung des Patten-Report hinweg, das Symbol dürfe keine Assoziationen zu Britischen oder Irischen Staat-

---

247 Statement zum Patten-Report im House of Commons, 19. Januar 2000.
248 Northern Ireland Office (ed.), The Community and the Police Service. The Patten Report. Updated Implementation Plan. Belfast, 2001. S. 5 ff.
249 Siehe die Besetzung in: Northern Ireland Policing Board 2001-2002 Annual Report, S. 52 ff.

symbolen haben (para. 17.6). Es verband das St Patrick's Cross (Teil der Flagge der Union) mit der Harfe, dem Symbol der Republik Irland (und Teil des früheren Symbols der RUC) sowie einer irischen Krone plus weiterer Symbole für Tugenden und Werte.

Die Bilanz des »*Oversight Commissioner*«[250] über die Entwicklung der Polizei im Sinne des Patten Reports fiel Ende 2004 insgesamt positiv aus: Die Ziele der Polizeireform seien in hohem Maße erreicht worden. Die nordirische Polizei habe seit 2001 Schritte zur Reform unternommen und zeige das Bemühen zum Abbau ihres früheren militaristischen Images und zu mehr Bürgernähe. Die mangelnde Unterstützung der Polizei in den communities sei gleichwohl eines der gavierendsten Probleme. In allen 26 Bezirken gebe es inzwischen »DPPs«, doch hätten die Bürger wenig Vertrauen zu ihnen, Auch gebe es fortgesetzte Einschüchterungen und Bedrohungen von DPP-Mitgliedern. Politische Bildung (Menschenrechte!) und Training in Bürgernähe seien weiterhin dringend notwendig. Zwar habe die PSNI im Mai 2004 einen »Menschenrechtsplan« formuliert und konkrete Schritte zur Umsetzung angekündigt, gleichwohl gebe es noch keine klaren Erkenntnisse, inwieweit Einstellungen und Verhalten der Polizei sich verändert hätten. Der »Special Branch« sei noch nicht in befriedigendem Maße in die reformierten Poilizeistrukturen eingeordnet worden. Besorgniserregend sei der schlechte Zustand vieler Polizeistationen, obgleich einige neue Stationen errichtet werden konnten.

Die effektive Stärke der PSNI liegt zur Zeit bei 10.000 Mann inklusive der Vollzeit- und Teilzeit-Reserve. Das Ziel der Reduktion der Gesamtstärke auf 7.500 in den nächsten zehn Jahren erscheint realistisch. Die ersten Rekruten nach dem neuen Auswahlsystem (35% waren katholische Bewerber) hatten im April 2002 ihre Ausbildung abgeschlossen und ihren Dienst aufgenommen. Der Anteil katholischer Polizeibeamter beträgt gegenwärtig 11,7%, eine Steigerung um fast 6% seit dem GFA, aber eine, gemessen an den hochfliegenden Plänen, unbefriedigende Entwicklung. Immerhin ist der Anteil der Katholiken bei den zivilen Beschäftigten der Polizei von 12,3% in 1999 auf 14,4% in 2004 gestiegen.[251] Seit 2001 sind rd. 38.000 Bewerbungen eingegangen, davon 36% von Katholiken und 37% von Frauen. Die Polizei ist trotz des eingeleiteten wirklich grundlegenden Wandels noch eine protestantische Polizei. Noch immer fürchten junge Katholiken, wenn sie sich für den Polizeidienst entscheiden, von Paramilitärs eingeschüchtert oder in der eigenen community, Nachbarschaft und Familie ausgegrenzt zu werden. 2003 gaben 72% Katholiken an, sie fürchteten »Einschüchterung« oder gar Angriffe auf sich oder ihre Angehörigen, wenn sie in den Polizeidienst einträten. Rekruten

---

250 Seit 2001 hat der Oversight Commissioner 12 Reports veröffentlicht, die ausführlich Fortschritte und Schwierigkeiten bei der Umsetzung des Patten-Report darstellen und weitere Empfehlungen formulieren. www.oversightcommissioner.org.uk
251 Northern Ireland Policing Board 2002-2003 Annual Report, S. 12. 12th Report of the Oversight Commissioner, 14 December 2004.

berichteten von psychischem Druck und physischen Bedrohungen. Um das erstrebte Ziel von 50% katholischen Rekruten zu erreichen, ist noch viel Überzeugungsarbeit zu leisten. Noch immer werden die Polizeiangelegenheiten Nordirlands von London aus verwaltet und eine Ende ist nicht abzusehen, solange es keine funktionierende Regionalregierung gibt und die Bereitschaft von Sinn Féin aussteht, im »Policing Board« mitzuarbeiten.

In einer tief gespaltenen Gesellschaft mit vielen tragischen Erinnerungen an Gewaltakte von Sicherheitskräften, ist es ein schwieriger und langfristiger Prozess, Vertrauen in die Polizei wiederherzustellen. Meinungsumfragen zeigen, dass über 60% der nordirischen Bevölkerung zwar der Ansicht sind, die Polizei mache ihren »Job« im großen und ganzen zufriedenstellend (18% verneinen das), aber Vertrauen in die Fähigkeiten der Polizei, tatsächlich einen normalen Alltagsservice anzubieten, sind nicht stark ausgeprägt, wie die nachstehende Statistik zeigt.

Vertrauen in die Polizei, einen normalen, »day-to-day service« für alle Menschen in Nordirland anzubieten (Oktober 2003, in %)[252]

	Katholiken	Protestanten	Alle
vollkommnes Vertrauen	7	10	9
viel Vertrauen	20	33	28
ein bisschen	48	38	42
wenig	19	15	17
überhaupt keins	5	3	4
keine Antwort	1	0	1

Diese ernüchternden Daten können aber nicht als Beleg für das Scheitern der Polizeireform betrachtet werden, sie dokumentieren aber die großen Schwierigkeiten der Umsetzung. Der Weg zur »Normalisierung« ist steil und steinig und Rückschläge werden sich nicht vermeiden lassen, weil die Sicherheitslage keineswegs stabil ist.

Eine weitere Vorleistung der Britischen Regierung im Sinne vertrauensbildender Maßnahmen war die im GFA vereinbarte vorzeitige *Entlassung von rund 450 Ex-Terroristen*, die z.T. langjährige Haftstrafen abzusitzen hatten. Das GFA hatte die Britische und Irische Regierung verpflichtet, ein *»accelerated programme for the release of prisoners, included transferred prisoners«* umzusetzen.[253] Die Gefangenen waren in der Geschichte des britisch-irischen Konflikts und in der Innenpolitik der Republik immer ein wichtiger Faktor gewesen. So auch im Friedensprozess. Ihre Meinung zählte im loyalistischen und republikanischen Lager und die politische Bedeutung ihrer Entlassung war von allen Seiten akzeptiert. Die Briten hatten schon 1997 damit begonnen, Gefangene aus englischen in irische Gefängnisse zu

---

252 Omnibus Survey, Northern Ireland Policing Board, October 2003, S. 5.
253 GFA, Prisoners, para.1.

transferieren. Obwohl es bereits deshalb Protest aus unionistischen Kreisen gab, hielten Innenminister Straw und Nordirlandministerin Mowlam an dem Programm als erste vertrauensbildende Maßnahme fest. Die Entlassungen begannen unmittelbar nach Abschluss des GFA und lösten eine hochgradig emotionale und kontroverse Debatte aus. Überlebende von Terroranschlägen und Angehörige von Opfern waren zutiefst empört, wenn die Entlassenen in ihren Wohnvierteln auch noch wie Helden im Triumph empfangen wurden. Der Anblick der jauchzenden Menge, wenn ein wegen mehrfachen Mordes Verurteilter wieder seinen Platz in der community einnahm, war für die vom Terrorismus persönlich Betroffenen bitter und traumatisch. Insbesondere die Entlassung des zu achtmal lebenslänglich verurteilten »Brighton Bombers« *Patrick Magee* im Juni 1999, stieß auf Unverständnis, Wut und heftigen Widerstand.[254] Es musste der Eindruck entstehen, dass die communities ihren »Kämpfern« mehr Aufmerksamkeit und Wertschätzung entgegenbrachten als den Opfern. *Sir Kenneth Bloomfield,* Vorsitzender der im Oktober 1997 eingerichteten *»Northern Ireland Victims Commission«,* hatte bereits in seinem beeindruckenden Opferbericht eine »machtvolle Stimme« für die Opfer gefordert. Es sei völlig inakzeptabel wenn Mittel für die Integration von ehemaligen Terroristen die Aufwendungen für die Opfer überstiegen.[255] Im unionistischen Lager war die Meinung weit verbreitet, dass die Regierung für die Opfer zu wenig tue und durch aufwändige Programme für entlassene Straftäter die Republikaner besänftigen wolle. Hier werde die »Gefangenenhilfe« gegen »Fortschritte in der Entwaffnungfrage« aufgerechnet, so lautete der Vorwurf. Sicherlich mühte sich die Regierung darum, durch rasche Umsetzung der im GFA angekündigten Entlassungen im republikanischen Lager eine günstige Stimmung zu erzeugen, aber sie vernachlässigte die Opfer nicht. Im GFA wurde die Berücksichtigung der Leiden der Opfer als ein *»necessary element of reconciliation«* bezeichnet und das Recht der Opfer auf angemessene Erinnerung unterstrichen.[256] Die Regierung setzte einen Minister für die Opfer ein (*»Minister for Victims«*), schuf eine Verbindungsstelle (*»Victims Liaison Unit«*) und etablierte den *»Northern Ireland Memorial Fund«.* Sie hat bis heute mehr als 18,2 Millionen £ für eine Vielzahl und große Bandbreite von Opferprojekten aufgewendet, von Trauma-Zentren bis zu Versöhnungsgruppen. Dennoch bleibt die Entlassungsfrage im Kontext der Opferproblematik ein höchst sensibles und kontroverses Thema.[257]

Es war den Architekten des GFA durchaus klar, wie schwierig es werden würde, paramilitärische Gruppen in einen politischen Prozess hineinzuziehen, der für sie

---

254 Siehe MOWLAM Momentum, S. 269 ff.
255 We will remember them. Report of the Northern Ireland Victims Commissioner Sir Kenneth Bloomfield. Belfast, 1998. S. 33.
256 GFA, Rights, Safeguards and Equality of Opportunity, para.11 und 12.
257 Siehe Northern Ireland Office, Victims Liaison Units Core Funding Scheme for Victims and Survivor Groups. Equality Impact Assessment. Belfast, 2002. ADAM INGRAM, Many victims and survivors are still silent and hidden. Belfast Telegraph, 22. Februar 2001.

eine große Herausforderung war und andere Kompetenzen und Qualifikationen erforderte als sie für ihren bewaffneten Kampf brauchten. Das galt insbesondere für die loyalistischen Paramilitärs, die erst seit Mitte der siebziger Jahre ernsthaft begonnen hatten, sich mit Politik zu beschäftigen. Die Erfolge der loyalistischen Parteien PUP und UDP waren bescheiden, gleichwohl wurden sie zu wichtigen politischen Faktoren im Ringen um den Friedensprozess. Es muss auch berücksichtigt werden, dass inzwischen eine jüngere Generation von Loyalisten und Republikanern herangewachsen war. Sie waren »Konfliktkinder«, denn sie kannten nichts anderes als politische und wirtschaftliche Unsicherheit, sozialen Abstieg und politisch motivierte Gewalt. Ihre Väter waren »Helden«, die entweder für »God and Ulster« oder »the Republic« ihr Leben, Gesundheit und Freiheit geopfert hatten.[258] Doch nun mischten die »Helden« im politischen Geschäft mit und mussten Kompromisse schließen. Die »Helden« waren, wie MacGinty und Darby treffend schreiben, zu »Händlern« (»*dealers*«) geworden und in den Augen der jungen Eiferer (»*zealots*«) dabei, die Ideale des Loyalismus und Republikanismus zu verraten. Die Spannungen zwischen »dealers« und »zealots« führten schließlich zur Abspaltung von Dissidentengruppen im loyalistischen und republikanischen Lager und eine Fortsetzung des bewaffneten Kampfes.[259]

So bleibt bis heute – trotz der insgesamt positiven Entwicklungen im Blick auf *Gewaltform 1* und schrittweisem Rückgang der *Gewaltform 2* – ein bedenklich hohes Gewaltpotential der *Gewaltform 3, die Gewalt der Paramilitärs und die alltägliche Gewalt in den communities*. Die Gewalt der Paramilitärs prägte den Nordirlandkonflikt entscheidend. Höhepunkt der loyalistischen paramilitärischen Gewalt waren die siebziger Jahre. Die »killer-squads« von UVF (die »Protestant Action Force«) und UDA (die »Ulster Freedom Fighters«) waren die Hauptbeteiligten im »sectarian war« gegen die katholische community und die IRA. Es wird geschätzt, dass die loyalistischen Paramilitärs vom 13. Juli 1973 bis zum 12. Juli 1977 für 40% der Todesfälle politisch motivierter Gewalt verantwortlich waren.[260] Im gewalttätigsten Jahr des Nordirlandkonfliktes 1972 mit fast 500 Toten waren UDA und UVF allein zwischen dem 26. Juni und dem 31. Juli für eine Serie von mindestens 40 Morden verantwortlich.[261] David McKittrick bietet eine (vereinfachte) Tabelle der Verantwortlichen für die Morde von 1969 bis zum Jahre 2001:[262]

---

258 Siehe die dichte Beschreibung der »loyalist Agenda« bei BRUCE, Edge of the Union, S. 98 ff.
259 MacGINTY/DARBY, Guns and Government, S. 94 f.
260 MICHAEL McKEOWN, Two Seven Six Three. Lucan, 1989. S. 41 ff.
261 DILLON/LEHANE, Political Murder in Northern Ireland, S. 53 ff., S. 91 ff.
262 McKITTRICK, Lost Lives, S. 1496. Etwas andere Zahlen bei BRUCE, The Edge of the Union, Appendix. Siehe auch den First Report of the Independent Monitoring Commission (IMC), S. 20. Ergänzungen 2002-2004 nach den Angaben bei http://cain.ulst.ac.uk/issues/violence.htm.

Responsibility for Deaths (Simplified)

Year	Republicans	Loyalists
1969	5	3
1970	22	1
1971	107	22
1972	281	121
1973	137	90
1974	151	131
1975	130	121
1976	161	127
1977	74	28
1978	62	10
1979	104	18
1980	58	14
1981	85	14
1982	85	15
1983	62	12
1984	50	10
1985	48	5
1986	41	17
1987	74	20
1988	69	23
1989	57	19
1990	52	20
1991	53	41
1992	42	41
1993	39	48
1994	27	39
1995	7	2
1996	14	5
1997	5	14
1998	37	17
1999	4	3
2000	5	14
2001	0	4
2002	4	9
2003	3	7
2004	1	3

Die Tabelle zeigt die Explosion sektiererischer Gewalt seit 1972 und den Rückgang seit 1977, insbesondere auf seiten der loyalistischen Paramilitärs. Diese setzten offensichtlich die auf die neue härtere Sicherheitspolitik der Britischen Regierung seit 1976 und nahmen ihre Aktionen stark zurück. Das Bild sollte sich nach dem Anglo-Irischen Abkommen 1985 ändern. Von da an stieg die Zahl der loyalistischen Mordaktionen wieder stark an und erreichte 1993 mit 48 Opfern wieder ein hohes Niveau, was mit dem inzwischen eingeleiteten »Peace Process« zu tun hatte, den die Paramilitärs in dieser Phase als »Ausverkauf Ulsters« wahrnahmen. Die loyalistischen Paramilitärs trugen seit den siebziger Jahren auch untereinander heftige Fehden aus, wobei es nicht um politische Fragen, sondern im wesentlichen um die Abgrenzung ihrer jeweiligen Herrschaftsbereiche im Herzen Belfasts ging. Wer kontrollierte welche illegalen Kneipen und wer trieb von welchem Ladenbesitzer Schutzgelder ein? Der blutige interne Streit hinderte die Loyalisten nicht daran, den Terrorismus gegen die katholische community fortzusetzen und zu verstärken.[263] *1974 bis 1976 waren die blutigsten Jahre sektiererischer Morde im Nordirlandkonflikt.* Die loyalistische Mordstatistik liest sich wie folgt: 1974 = 131, 1975 = 121, 1976 = 127. Das sind insgesamt 379 Mordtaten. IRA, OIRA und Splittergruppen waren im gleichen Zeitraum für insgesamt 442 Morde verantwortlich.[264] Seit Frühjahr 1975 gab es eine dichte Folge von terroristischen Aktionen nach dem bekannten sektiererischen »Angriff-und-Vergeltungs«-Muster.

Düstere Berühmtheit erlangte eine loyalistische Gang in den siebziger Jahren, die nach der Art ihrer Morde die *»Shankill Butchers«* genannt wurden.[265] Ihr Anführer war das UVF Mitglied *Hugh Leonard (»Lenny«) Murphy (1952-1982)*, ein Krimineller, dem das Foltern und Ermorden seiner unschuldigen Opfer besonderen »kick« verschaffte. 19 Katholiken fielen der Gang zwischen 1972 und 1977 zum Opfer. Sieben wurden auf besonders bestialische Weise erst gefoltert und dann ermordet. Die Truppe ging immer nach dem gleichen Muster vor: Mit einem schwarzen Taxi durchstreifte man die Straßen in Nordbelfast, zwischen der Antrim, der Cliftonville und der Crumlin Road. Hier griff die Gang ihre Zufallsopfer auf, zerrte sie ins Taxi, schaffte sie in »protestantisches Territorium«, meist in der Nähe der Shankill Road, folterte sie und schnitt ihnen mit einem Fleischermesser die Kehle durch. Nach den grausigen Leichenfunden ging ein Aufschrei nicht nur durch die katholische community. Selbst militante Loyalisten schienen betroffen. Anders die UVF Führung. Sie kannte Murphy's Brutalität und kriminelle Neigun-

---

263 Zur internen Auseinandersetzung siehe CUSACK/McDONALD, UVF, S.154 ff. BRUCE, Red Hand, S. 124 ff.

264 McKITTRICK, Lost Lives, S.1496. Etwas andere Zahlen bei SUTTON, Index of Deaths, S. 198.

265 Die Geschichte der »Shankill Butchers« erzählt in allen blutigen Details MARTIN DILLON; The Shankill Butchers. A Case Study of Mass Murder. London, 1990. Siehe auch TAYLOR, Loyalists, S. 152 ff. CUSACK/McDONALD, UVF, S. 173 ff. BRUCE, Red Hand, S. 175 ff.

gen, unternahm aber nichts, teils aus Furcht, teils aus Berechnung, denn schließlich erzeugten die »Butchers« genau das, was man selber wollte: Terror in die katholischen Viertel tragen. Murphy wurde 1976 verhaftet, der Rest der elfköpfigen Gang ein Jahr später. Am 20. Februar 1979 wurden die Urteile gesprochen: 42mal lebenslänglich, das waren 2000 Jahre Freiheitsentzug. Richter O'Donnell bezeichnete die verübten Verbrechen als *»so cruel and revoluting as to be beyond the comprehension of any normal human being.«*[266] Am mildesten hatte das Gericht den Gang-Leader selbst behandelt, der bereits im Juli 1982 wieder freikam und prompt seine grausigen Mordaktionen mit einer neuen Gang fortsetzte. Lange konnte er sich seiner Freiheit, weiter zu morden, nicht erfreuen. Zur heimlichen Genugtuung der gesamten katholischen community und stillschweigender Zustimmung der UVF Führung wurde er am 16. November 1982 von der IRA erschossen. Auch Gang-Mitglied Robert »Basher« Bates, 1997 aus der Haft entlassen, fiel der Rache der Angehörigen eines Ermordeten zum Opfer. Murphys Grabstein trägt die Aufschrift: *»Here lies a soldier«*, eine ungeheuerliche Verhöhnung seiner bestialisch ermordeten Opfer. Die UVF trägt erhebliche Mitschuld an der Mordserie ihres Mitglieds und seiner Gang, nicht nur weil ihre eigene sektiererische Ideologie ihn und seine Mordkumpane zu den grausamen Taten aufstachelte, sondern vor allem, weil sie nichts tat, ihn zu stoppen. Das eigentlich Erschreckende an der grauenvollen »Shankill Butchers« Episode ist, dass die Täter nicht einfach perverse Psychopathen waren, wenn auch bei einigen psychische Defekte sicherlich nicht ganz ausgeschlossen werden können. Ihre Biographien zeigten keine außergewöhnlichen Abweichungen von denen anderer protestantischer junger Männer, die im Belfaster Arbeitermilieus aufwuchsen. Gewalt als Grundmuster individueller und kollektiver Selbstbehauptung sowie Kleinkriminalität waren hier nicht unüblich. Auslöser und Legitimation ihrer Morde waren die »Troubles« selbst. Die Explosion der Gewalt in Nordirland seit 1969, erlebten die »Butchers« als eine Art Freibrief zur Anwendung von physischer Gewalt, gerechtfertigt und bemäntelt als »Widerstand« gegen den »Feind«. Und das waren für Murphy & Co. »die« Katholiken im allgemeinen. Alle Gang-Mitglieder hatten Verbindungen zu loyalistischen paramilitärischen Gruppen und lebten in deren Milieu. In UVF und UDA-»drinking clubs« wurden Lieder zur Gitarre gegröhlt, in denen Zeilen wie *»Went down the Falls and got me a Taig and I shot him. And watched the fucking bastard die«* vorkamen. Das Töten von Katholiken gehörte hier zum »normalen«, begrüßenswerten und belohnten Sozialverhalten.[267]

Die Gewalt der IRA gegen die protestantische community stand den loyalistischen Attacken an Brutalität kaum nach. Nach anfänglicher Zurückhaltung schlug die IRA genauso hart zurück. Die IRA wollte, obwohl eingedenk ihrer nicht-sektiererischen Traditionen, die sie bis auf Wolf Tone und die United Irishmen

---

266 DILLON, Shankill Butchers, S. 276.
267 Siehe vor allem die Erklärungsansätze bei BRUCE, Red Hand, S.181 ff.

zurückführte, nicht beiseite stehen. Sie zahlte den Loyalisten ihre willkürlichen Morde an unschuldigen Katholiken mit gleicher Münze heim, indem sie ebenso willkürlich Protestanten ermordete. *»Republicans had to hit back at the Loyalists«*, erklärte ein führender IRA Mann im Rückblick. *»It was as simple as that. They were slaughtering the Nationalists. There was no other way round it.«*[268] Dabei wies die IRA jede sektiererische Orientierung weit von sich. Die Mordtaten an Protestanten wurden in der Regel gar nicht kommentiert oder als ausserhalb der Kommandostruktur der IRA stehende wildgewordene Einzelgänger oder Gruppen abgeschoben. Die Tatsachen sprechen eine andere Sprache.[269]

Die Gewalt hatte seit Beginn des Nordirlandkonfliktes eine fatale Eigendynamik gewonnen und setzte sich auch, wenn auch abgeschwächt, im Friedensprozess fort. Die Waffenstillstandserklärungen haben die Paramilitärs nicht daran gehindert, weiter zu morden. Sie töteten zwischen 1998 und 2004 111 Menschen. 54 gingen auf das Konto republikanischer Paramilitärs (darunter sind die 29 Opfer des Omagh Bombenanschlages), 57 Morde wurden von Loyalisten begangen, darunter 30 Morde an Mitgliedern rivalisierender loyalistischer Gruppen. Seit dem Abschluss des GFA hat die IRA mindestens fünf Männer ermordet, darunter den prominenten Dissidenten Eamon Collins, für den Rest sind die Dissidentengruppen verantwortlich (INLA, »Real IRA« und »Continuity IRA«). In Nordirland haben sich Strukturen einer *»Gewaltökonomie«* entwickelt. Der Konflikt hat für die beteiligten Personen und Gruppen *»inzwischen eine solide finanzielle und wirtschaftliche Basis produziert. Schutzgelderpressung, Benzinschmuggel, Drogengeschäfte und illegaler Zigarettenhandel vollziehen sich in Räumen, die staatliche Institutionen wie die Polizei, Zoll- oder die Steuerbehörden nicht kontrollieren. Hinzu kommen Subventionsbetrug und illegaler Viehhandel über die Grenze zwischen Nordirland und der Republik...«*[270] IRA und loyalistische Paramilitärs profitieren gemeinsam und haben ihre Einflusszonen abgesteckt. Die Gewalt der IRA richtete sich seit 1994 mit besonderer Wucht gegen politische Gegner im republikanischen Lager, vor allem die »Dissidenten«-Gruppen, vermeintliche »Verräter«, Informanten und sogenannte »asoziale Elemente«, d.h. kleine Diebe und Räuber, Drogendealer, »joyrider« (Jugendliche, die Autos stehlen und damit herumfahren) und alle, die der IRA irgendwie unangenehm aufgefallen sind, z.B. wenn jemand einmal Streit mit einem IRA Aktivisten hatte. Sie legitimiert ihre Gewalt auch mit dem vermeintlichen Zusammenbruch von »law & order« in der community, wobei zynischerweise die Regierung und die Sicherheitskräfte dafür verantwortlich gemacht werden, die doch gerade die Zielobjekte terroristischer Gewalt sind. Doch darum geht es offenbar nicht. Nach den Waffenstillständen und dem GFA, das die IRA nur als

---

268 MOLONEY, Secret History, S. 146.
269 DILLON/LEHANE, Political Murder in Northern Ireland, S.75 ff. SUTTON, Bear in mind these dead. Zur Rechtfertigungsstrategie der IRA, SMITH, Fighting for Ireland?, S. 117 ff.
270 MOLTMANN, »Es kann der Frömmste«, S.28.

Waffenstillstandsabkommen im Blick auf die Britische Armee und die RUC verstand, kämpft die IRA um die Absicherung ihres Einflussbereiches in den katholischen Stadtvierteln und ländlichen Regionen und dies mit barbarischen Methoden. »*Auto gestohlen, Ärger mit Nachbarn? In Nordirland nimmt Sinn Féin Beschwerden entgegen. Strafen werden mit Knüppeln und Pistolen vollstreckt*«, so überschrieb ZEIT-Journalist Jochen Bittner seinen beeindruckenden Bericht über die selbsternannte Ordnungsmacht.[271] Die IRA übernahm die Rolle der ethnischen Justiz und Polizei und entschied, wer schuldig war und wer nicht. Die Strafen wurden ohne Schuldspruch direkt vollstreckt. In den siebziger Jahren wurden »Soldatenliebchen« geteert und gefedert, mit den männlichen Delinquenten ging die IRA rustikaler um. Wer der IRA auffiel, bekam »Besuch«, wurde eingeschüchtert oder aufgefordert, Nordirland umgehend zu verlassen. Hunderte solcher »Ausweisungsbefehle« sind bekannt. Wer ihnen nicht Folge leistete, musste mit »Bestrafungsaktionen« rechnen. Wer ohne »Genehmigung« der IRA zurückkehrte, riskierte mindestens brutal zusammengeschlagen zu werden, wenn nicht gar Leib und Leben. Sogenannte »Verräter« wurden bis in die jüngste Zeit auf z.T. bestialische Weise hingerichtet.[272] Die loyalistischen Paramilitärs agierten ähnlich wie IRA, doch richteten sie ihre Attacken in noch stärkerem Maße auf die nationalistische community in den katholischen Stadtvierteln.

Die verfügbaren Statistiken und Studien geben nur ein ungenaues, grobes, gleichwohl deprimierendes, Bild von der fortdauernden Gewalt. Colin Knox und Rachel Monaghan von der University of Ulster haben im Jahre 2000 eine erste systematische Studie zu diesem Thema veröffentlicht, die zeigte, dass die euphemistisch »Bestrafungsaktionen« genannten körperlichen Attacken zum Grundmuster der Gewalt in Nordirland gehören. Von 1973 bis zum Jahre 2000 zählten sie 2303 »*punishment shootings*«. 43% von diesen wurden Loyalisten, 57% Republikanern zugerechnet. Von 1982 bis Ende Juni 2000 gab es 1626 »*punishment beatings*« für die 46% der Loyalisten und 54% der Republikaner verantwortlich waren. Seit 1994 sei eine erhebliche Steigerung der »beatings« zu beobachten.[273]

Dies wird auch von der nachstehenden Polizeistatistik, bzw. einer Berechnung der »*Independent Monitoring Commission*« (IMC) belegt.

---

271 JOCHEN BITTNER, Blutige Justiz der IRA. ZEIT, Nr. 37, 9. September 1999.
272 Siehe die Ermordung von Dissident Eamon Collins am 27. Januar 1999 bei Newry. TOOLIS, Rebel Hearts, S. 372ff. The Guardian, 30. Januar 1999. Vgl. ferner Belfast Telegraph, 28. Januar 1999. DER SPIEGEL, Nr.5, 1. Februar 1999.
273 Der Report erschien 2000 erstmalig unter dem Titel »Informal Justice Systems in Northern Ireland«. Die Autoren haben ihre Studien in vergleichender Perspektive erweitert: COLIN KNOX/RACHEL MONAGHAN, Informal justice in divided societies: Northern Ireland and South Africa. Basingstoke, 2003.

Verletzte infolge paramilitärischer Gewalt 1990/91-2003/04[274]

	»Shootings«			»Assaults«			Alle Opfer
	Alle	Loyalisten	Republikaner	Alle	Loyalisten	Republikaner	
1988/89	154	67	87	68	27	41	222
1990/91	112	61	51	53	18	35	165
1991/92	64	44	20	79	27	52	143
1992/93	139	69	70	56	33	23	195
1993/94	83	59	24	42	37	5	125
1994/95	98	55	43	105	46	59	203
1995/96	6	6	0	246	90	156	252
1996/97	41	37	4	291	125	166	332
1997/98	73	33	40	125	70	55	198
1998/99	73	40	33	172	112	60	245
1999/00	75	53	22	103	70	33	178
2000/01	162	99	63	161	89	72	323
2001/02	190	124	66	112	76	36	302
2002/03	165	110	55	144	94	50	309
2003/2004	149	102	47	149	101	48	298

Die paramilitärische Gewalt zeigte nach 1995/96, den Jahren nach dem (ersten) Waffenstillstand der IRA und der loyalistischen Paramilitärs wieder deutlich aufwärts und stabilisierte sich über die Jahre 2003/2004 auf relativ hohem Niveau. Im ersten und dritten Bericht der »*Independent Monitoring Commission*« (IMC) wird die paramilitärische Gewalt als das Hauptproblem für den Friedensprozess gesehen.[275]

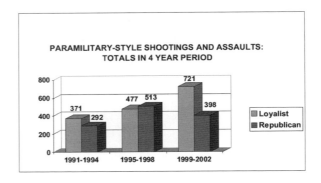

---

274 www.psni.police.uk (statistics). Siehe dort auch die Angaben von 1973 aufwärts. Das Bild wird noch düsterer, wenn man die Dunkelziffer mit berücksichtigt. Viele Fälle werden aus Angst vor Repressalien in der eigenen community nicht angezeigt.
275 First Report of the IMC, S. 20.

Unter »*Shootings*« sind Attacken mit Schusswaffen zu verstehen, insbesondere das berüchtigte »*Knee-Capping*«. Hier werden dem Delinquenten beide Kniescheiben durchschossen. Weitere grausige Formen der Bestrafung sind »*50:50*« und »*Sixpack*«. Bei »50:50« muss sich der Delinquent auf den Boden legen und er wird in den verlängerten Rücken geschossen. Seine Chance, keine Querschnittslähmung davonzutragen, ist »50:50«(!). »Six-Pack« bedeutet, dass der Delinquent in beide Knie, Knöchel und Hüften geschossen wird, sechs Kugeln ingesamt. »*Assaults*« sind »*Beatings*« mit Eisenstangen, Baseballschlägern und nägelbesetzten Knüppeln.

Die grausame Selbstjustiz der »Shootings« und »Beatings« richtete sich in erster Linie gegen die »schwarzen Schafe« in der eigenen community. Bis 1995 überwogen die »Shootings«, wie aus der Polizeitabelle abgelesen werden kann, danach stiegen die »Beatings« explosionsartig an. Es ist kein Zufall, dass 1995/96 die Republikaner mit 156 »assaults« an der Spitze stehen. Nach dem Waffenstillstand der IRA galt es, den Schusswaffengebrauch zurückzufahren, um den Friedensprozess nicht offen zu belasten. So verlegte man sich auf körperliche Attacken mit dem Knüppel oder der Eisenstange. Die Skrupel verschwanden dann bald wieder mit der Frustration über den Friedensprozess und die »gun« kehrte zurück. Besonders betroffen waren junge Menschen männlichen Geschlechts. Liam Kennedy hat für die Jahre 1988 bis 2000 herausgefunden, dass 19% der 636 »Shooting Opfer« der Loyalisten unter 20 Jahren waren, 56% zwischen 20 und 29 Jahren. Die Republikaner, in erster Linie die IRA, attackierten, stärker als die Loyalisten, unter 20jährige. Von ihren 496 Opfern waren 30% unter 20 Jahren und in der Altersgruppe 20-29 Jahre 53%. Die Paramilitärs schreckten auch vor Kindern und Jugendlichen, im Alter zwischen 14 und 17, nicht zurück. Kennedy kommt zu dem deprimierenden Ergebnis, dass sich die Zahl der Attacken gegen junge Menschen seit dem GFA verdoppelt habe. Die Paramilitärs, so Kennedy, »*have not only ignored the Mitchell Principles and the most elementary notions of human justice, they have actually intensified the degree of repression within working class communities.*«[276]

Die nackten Zahlen vermögen kaum das Leiden und die Traumatisierung der jungen Opfer wiederzugeben. Man kann nur mit Grauen ahnen, was ein junges Prügel-Opfer bei einer 15minütigen Gewaltorgie mit Eisenstangen und nägelbesetzten Knüppeln oder einem »knee-capping« erleiden muss. Auch Todesfälle sind in Folge der schweren Mißhandlungen und Schussverletzungen bekannt. Zahlreiche Fälle sind von der 1994 gegründeten, inzwischen wieder aufgelösten, Selbsthilfe-Gruppe »*Families Against Intimidation and Terror*« (FAIT) gesammelt und in die Öffentlichkeit gebracht worden. FAIT berichtete regelmässig von »Verstümme-

---

276 LIAM KENNEDY, They shoot children, don't they? An Analysis of the Age and Gender of Victims of Paramilitary »Punishments« in Northern Ireland. Queen's University, Belfast, August, 2001.

lungs-Attacken« auf Jugendliche und drängte die Politiker in London, Dublin und Stormont etwas zu unternehmen.[277]

Die Politik schien nicht in der Lage und auch nicht willens zu sein, dem Wüten der Paramilitärs Einhalt zu gebieten. Sinn Féin und die PUP, die politischen Repräsentanten der IRA bzw. UVF hatten hier eine besondere Verantwortung, denn sie waren die Verbindungsglieder zu den paramilitärischen Gruppen. Doch es geschah so gut wie nichts, die »Strafaktionen« setzten sich fast unvermindert fort. Ian Paisley brachte das Thema in das Regionalparlament ein. Am 23. Januar 2001 diskutierten die Parlamentarier einen DUP-Antrag des Inhalts, dass das Regionalparlament mit großer Sorge die Studie von Knox und Monaghan über die »punishment beatings« zur Kenntnis nehme, die Untätigkeit der Regierung beklage und verdamme und die Regierung auffordere, die Täter zur Verantwortung zu ziehen.[278] Dieser Antrag löste einen heftigen Streit aus. Für Paisley und die DUP wurden die brutalen Aktionen durch die »appeasement« Politik der Regierung gegenüber den Terroristen gefördert. Die Regierung unternehme aus Furcht, den Friedensprozess zu stören, nichts. Ms. Gildernew, MLA für Sinn Féin, drehte den Spieß um und machte Regierung und Polizei für die »*antisocial elements*« in den communities verantwortlich, richtete scharfe Angriffe an die RUC und verlangte eine neue Polizei. Offensichtlich wollte sie andeuten, dass wenn die Polizei der Kriminalität und der Gewalt nicht Herr werde, den Paramiltärs eine legitime Ordnungsaufgabe zuwachse. Sinn Féins Haltung kann nur als zynisch bezeichnet werden, denn anstatt sich mit den Ursachen der Gewalt zu beschäftigen, diffamierten Repräsentanten der Partei Selbsthilfegruppen wie FAIT als Instrument der Britischen Regierung und beklagten die (sehr bescheidene!) finanzielle Unterstützung der Gruppe mit öffentlichen Mitteln. Ian Paisley junior entgegnete empört, dass gerade jene Parteien, welche die paramilitärische Gewalt stoppen könnten, dies schlicht nicht wollten: »*The parties that could stop it will not do so. They want to blame everyone except their own foot soldiers, and they will not take the measures that they should be taking to switch off violence. The evidence of that is very clear.*«[279] Die SDLP verdammte die paramilitärische Gewalt und verlangte die volle Umsetzung des GFA, allerdings ohne konkrete Vorschläge zu unterbreiten, wie die aktuelle Gewaltwelle gestoppt werden könne. Weitere unionistische Redner wiesen darauf hin, dass den Paramilitärs ein Freibrief ausgestellt würde, wenn die Britische Regierung trotz der gravierenden Vorfälle an der Fiktion festhalte, der Waffenstillstand sei noch intakt. Der Oppositionsführer der Konservativen im Unterhaus, William Hague, hatte schon 1999 die Regierung aufgefordert, wenigstens die vorzeitige

---

277 Die Presse berichtete in den Jahren 1998 bis 2001 noch relativ breit über die »Strafaktionen«, später waren die mit schrecklicher Gleichförmigkeit wiederkehrenden Vorfälle kaum noch eine Zeile wert. Siehe z.B. TIMES, 14. Januar 1999. ROBERT McCARTNEY, Hope of a bright future in NI becoming a nightmare. Irish Times, 12. Januar 1999.
278 AOR, 23. Januar 2001.
279 Ebda.

Entlassung von Ex-Terroristen auszusetzen, solange die Gewalt der Paramilitärs anhalte. Das Dilemma der Regierung lag auf der Hand: Suspendierte sie die Gefangenenentlassung riskierte sie einen Bruch des GFA und ein Ende des Waffenstillstandes. In der Abwägung zwischen der Fortsetzung des fragilen Friedensprozess und einer Rückkehr zur offenen Gewalt, entschied sich die Regierung faktisch dafür, ein bestimmtes Niveau an paramilitärischer Gewalt in Kauf zu nehmen, da diese nicht kurzfristig abzustellen war. Der Friedensprozess sollte in jedem Falle gerettet werden. So hatte Mo Mowlam nach langen Beratungen und schweren Bedenken am 26. August 1999 entschieden, dass der Waffenstillstand noch Bestand habe, obwohl bis zu diesem Zeitpunkt eine erste heftige kontroverse Diskussion um die »Strafaktionen« entbrannt war.[280] Dies blieb die Grundhaltung der Britischen Regierung bis heute. Es war Mo Mowlam und ihren Nachfolgern natürlich klar, dass die fortgesetzte Gewalt eine schwere Hypothek für die Zukunft bildete und schließlich den gesamten Friedensprozess gefährden konnte.

Drei weitere Konfliktfelder inter-kommunaler und intra-kommunaler Gewalt (*Gewaltform 3*) bestimmten die politische Entwicklung und bedrohten den Friedensprozesses:

- Die *Offensive der loyalistischen Paramilitärs* gegen die nationalistische community.
- Die *»marching season«* mit ihrem konfrontativen Höhepunkt in »Drumcree« im Sommer 2000 bis 2002.
- Die *blutige Fehde* zwischen den loyalistischen Paramilitärs mit ihrem Schwerpunkt im Jahr 2000.

Formal galt der Waffenstillstand der UDA und UVF seit Oktober 1994. Am 13. November 1998 schloss sich die loyalistische Dissidentenorganisation »Loyalist Volunteer Force« (LVF) diesem Waffenstillstand an, wohl noch unter Eindruck des Omagh Attentats, der verschärften Gesetzgebung (»Criminal Justice Bill«) und des Drucks aus dem unionistischen Lager. Die Folge war die Abspaltung einer Gruppe, die sich »*Red Hand Defenders*« (RHD) bzw. »*Orange Volunteers*« (OV) nannte und die bald ihre Blutspur durch Nordirland zog. Ihre spektakulärste Mordtat war das Bombenattentat auf die Rechtsanwältin *Rosemary Nelson* am 15. März 1999 und sie ermordeten am 28. September 2001 den Journalisten *Martin O'Hagan*. Er war der erste und einzige Journalist während des Konfliktes, der einem gezielten Mordanschlag zum Opfer fiel. O'Hagan hatte offenbar Recherchen in die mafiöse Welt der loyalistischen Netzwerke angestellt und war den Paramilitärs zu gefährlich geworden. Die RHD waren neben der UDA an vorderster Front an einer ganzen Serie von Angriffen, in vielen Fällen mit *Rohrbomben* (»pipe-bombs«), auf katholische Schulen, Freizeiteinrichtungen, Kirchen und

---

280 MOWLAM, Momentum, S. 269 und 292 f. Diese Entscheidung beschleunigte auch ihren Fall. Das unionistische Lager war empört und verstärkte die Angriffe auf Mowlam. Trimble beschwerte sich bei Blair. »Mo must go« hieß die Parole und wenig später musste sie Peter Mandelson Platz machen. Doch dieser hätte sicherlich nicht anders entschieden.

einzelne Katholiken beteiligt. Die Gewaltorgie begann im Juli 1997 und zog sich weit bis in das Jahr 2002 hinein.[281] Hintergrund dieser Gewaltexplosion war die Frustration in extremistischen loyalistischen Kreisen über das ihrer Meinung nach einseitig die nationalistische Seite begünstigende GFA und die fortgesetzte Gewalt der IRA, der mit Vergeltungsschlägen Einhalt geboten werden sollte. Republikaner schlugen zurück und einige Orange Halls gingen in Flammen auf.

Die Loyalisten nutzten einen intra-kommunalen Konflikt im Sommer 2001 für ihre Kampagne gegen die katholische community. Der Konflikt in Ardoyne war ein für Nordirland typischer Territorialkonflikt. Am 19. Juni 2001 blockierten mehrere Hundert Protestanten den Schulweg katholischer Kinder zur »*Holy Cross Girls' Primary School*«, der durch »ihr« Territorium, den Glenbryn Estate, führte. Begleitet von wüsten Beschimpfungen attackierte ein aufgebrachter Mob Eltern und Kinder mit Flaschen, Steinen, Stangen, Golfbällen und Hundekot. Nach der Sommerpause und gescheiterten Dialogbemühungen von politischen Repräsentanten beider communities, zogen sich die fast täglichen Konfrontationen und der loyalistische Psychoterror bis spät in den November. Die Polizei musste mit einem martialischen Großaufgebot den täglichen Schulweg der Kinder sichern. Weinende, flüchtende Kinder, von ihren Eltern über die Straße gezerrt, hasserfüllte Gesichter von protestantischen Nachbarn, Beschimpfungen (»irischer Abschaum«, »loyalistische Schweine«) und eine Bombe, die in der Nähe der Kinder explodierte, Krawalle und verletzte Polizisten, darüber berichteten die Medien. Nordirland stand plötzlich wieder im Rampenlicht der TV-Crews aus aller Welt.[282] Millionen Fernsehzuschauer wurden Augenzeugen der Jagdszenen in Ardoyne und der ungläubige Beobachter fragte sich, warum solches im »zivilisierten« Großbritannien geschah. Die johlende loyalistische Meute bediente bereitwillig das weitverbreitete Klischee vom »hässlichen Protestanten«, der seine katholischen Nachbarn unterdrückt. Hintergrund des Konflikts war die voranschreitenden Segregation von Protestanten und Katholiken in Nord Belfast. Ardoyne hatte sich in den letzten 30 Jahren stark verändert. Traditionell ein katholischer Bezirk mit einer bedrückenden Gewaltgeschichte (ein Fünftel aller Morde des Konfliktes geschahen hier!), zogen immer mehr junge Familien zu, während die in der protestantischen Enklave Glenbryn lebende protestantische Bevölkerung abnahm. Viele Familien aus der Mittelschicht zogen in die »besseren« Viertel. Die übrig gebliebene und weiter schrumpfende protestantische »working class« fühlte sich von den Katholiken bedroht und verdrängt, denn bald wohnten hier 7000 Katholiken neben ca. 1000 Protestanten. Die Verdrängungsfurcht ist nicht nur eine irrationale Phobie, sie

---

281 Statistik der Attacken bei http://cain.ulst.ac.uk/issues/violence/attacks/pipebomb.htm
282 PETER NONNENMACHER, Die Angst der Kinder vor dem Schulweg. Frankfurter Rundschau, 7. September 2001. Economist, 8. September 2001. Siehe auch den beeindruckenden Film von Esther Schapira »Belfast – die Kinder und der Fluch der Geschichte«, 2003 (in: 3sat »Das Rote Quadrat«). Zusammenfassende, sehr anrührende Darstellung: ANNE CADWALLADER, Holy Cross. The Untold Story. Belfast, 2004.

wird durch häufige konfrontative Erfahrungen auf beiden Seiten genährt. Protestanten behaupten, der Konflikt um den Schulweg sei von Katholiken bewusst provoziert worden. Schon häufig seien Protestanten beschimpft, beleidigt, eingeschüchtert und auch physisch attackiert worden. Als die katholischen Nachbarn auch noch das Anbringen von loyalistischen Fahnen an Laternenpfählen zu verhindern suchten, hätten sich die Protestanten gewehrt und einem katholischen Taxifahrer vor der »Holy Cross« Schule die Scheiben eingeschlagen und mit der Blockade des Schulweges begonnen.

In der Debatte des Regionalparlaments am 10. September 2001 brachte Gerry Kelly von Sinn Féin einen Antrag ein, der den ungehinderten Zugang der katholischen Kinder zu ihrer Schule verlangte. Kelly prangerte in starken Worten die »sektiererische« Blockade der Schule an: »*Catholic children had to pass through a tunnel of bigotry to get to school and receive their education. What has happened on Ardoyne Road is not complicated – it is a clear and simple case of sectarianism in its rawest and most unpalatable form. It is unfortunately, all about "not having a Catholic about the place.«*[283] Der Abgeordnete Alban Maginness von der SDLP brachte es auf den Punkt: »*The Holy Cross Girls' School has become a victim of the collective failure of politicians and the community to respect each other and to live in peace and friendship*«.[284] Unionistische Abgeordnete verurteilten die Gewalt und bedauerten, dass Kinder zur Zielscheibe in einem inter-kommunalen Konflikt geworden seien. Sie unterstrichen das Recht aller Kinder, ungehindert zu ihrer Schule zu gelangen, gleichzeitig attackierten sie Sinn Féin. Die Partei instrumentalisiere den Konflikt für die eigenen politischen Zwecke und versuche, von der IRA Affäre in Kolumbien abzulenken. Die Medien, die jetzt in Scharen über die beklagenswerten Ereignisse berichteten und die Protestanten von Glenbryn als »Monster« dämonisierten, hätten die Leiden der protestantischen Bevölkerung bislang völlig ignoriert, die von ihren katholischen Nachbarn seit Jahren drangsaliert würden. Die hier zu Tage tretende Polarisierung war typisch für die Stimmung in Nordirland. Die Frustration der protestantischen Bevölkerung war sichtlich gewachsen. Das GFA hatte Entwaffnung in Aussicht gestellt, doch wenig war geschehen. Die Polizeireform verlangte harte Kompromisse, Ex-Terroristen waren wieder zurück in ihren communities und mit Martin McGuinness saß ein mutmaßliches Mitglied der IRA auf einem Ministersessel. Alles lief irgendwie gut für die Nationalisten. Unionisten schienen auf der Verliererstraße zu sein und Nordirland drohte ein »*cold house*« für *Protestanten* zu werden. Vor diesem Hintergrund brachen sich dann aufgestaute Frustrationen und Wut in einer Gewaltorgie Bahn. Eine Lösung des Konfliktes hatte die Politik nicht anzubieten, nur eine Beruhigung der Lage, indem die Mauer, die beide communities trennte, noch verlängert wurde. Die internationale Aufmerksamkeit, die der Konflikt gefunden hatte, löste eine Welle von

---

283 AOR, 10. September 2001.
284 Ebda.

Solidarität für die betroffenen katholischen Schulkinder aus. Es kamen soviel Spenden zusammen, dass Schulbusse gekauft werden konnten. Nur noch wenige Eltern brachten ihre Kinder nach Ende der heißen Phase des Konflikts zu Fuß zur Schule. Doch es wird keine Ruhe einkehren, Ardoyne bleibt einer der »Problemkieze« in Belfast. Schon im Januar 2002 kam es wieder zu Ausschreitungen und Konfrontationen, die auch auf andere Teile Nordbelfasts übergriffen. Die Kommunikation zwischen den Bewohnern hat, entgegen allen Bemühungen der Kirchen und anderer zivilgesellschaftlicher Initiativen, eher ab- als zugenommen. Ein Funke kann einen neuen Brand auslösen.

Im Sommer 2000 rüstete der »Orange Order« zu einer Neuauflage des Theaterstücks »Letztes Gefecht auf den Höhen von Drumcree«. Innerhalb des Ordens hatten sich seit 1998 tiefe Meinungsverschiedenheiten über den zukünftigen Kurs gezeigt. Nach dem relativ friedlichen Verlauf der Proteste 1999, waren die moderaten Kräfte, die für die Aufnahme von Gesprächen mit der Paradenkommission plädiert hatten, Schritt für Schritt an den Rand gedrängt worden oder hatten resigniert. Der Einfluss der Extremisten um Pattons »Spirit of Drumcree« setzte sich fort, obwohl Patton inzwischen aus dem Orden ausgeschlossen worden war.[285] Die Paradenkommission hatte, wie erwartet, erneut den Marsch durch die Garvaghy Road verboten und dies auch mit der Weigerung des Ordens begründet, direkte Kontakte mit den Anwohnern aufzunehmen. Die »Orangemen« aus Portadown sahen darin eine unverhohlene Kampfansage und Districts Master *Harold Gracey* hielt im Vorfeld des Marsches seine bekannten Brandreden. Er rief alle »Orangemen« und Sympathisanten zu landesweiten Protesten auf. Schon bald darauf kam es zu ersten Protestaktionen in Belfast und Coleraine. Insbesondere der Auftritt von Johnny »Mad Dog« Adair, dem protestantischen Killer aus der Shankill Road, am 4. Juli 2000 auf dem Hügel von Drumcree ließ nichts Gutes erahnen. Adair war wegen mehrfachen Mordes zu 16 Jahren Haft verurteilt worden und im Zuge des Entlassungsprogramms des GFA freigekommen. Er nutzte seine Freiheit sofort dazu, mit einer loyalistischen Schlägertruppe in Drumcree zu erscheinen. Die mit weißen T-Shirts bekleideten Extremisten (Aufschrift: *»UFF-Simply the Best«*) wurden wie Helden empfangen. Moderate »Orangemen« wurden eingeschüchtert oder vertrieben. Es musste dem Orden klar sein, dass er mit seiner schwankenden und unklaren Haltung zu den Gewaltdrohungen der loyalistischen Extremisten, die Kontrolle über den Protest verlor, das Feuer noch anfachte, ja den Extremisten letztlich das Feld überließ. Der Orange Order sei, schrieb die »Times«, zum »Narr der dunklen Kräfte des Loyalismus« geworden und empfahl: *»The sole manner in which the »Orangemen« can escape the ‚Mad Dogs' of Unionism barking at their heels is to march away from the Garvaghy Road and back towards the mainstream.«*[286] Die mahnenden Worte verhallten ebenso wie die Appelle von David

---

285 RYDER/KEARNEY, Drumcree, S. 323.
286 Times, 7. Juli 2000.

Trimble und anderen prominenten Unionisten, darunter auch Gegner des GFA, wie Jeffrey Donaldson. Vom 1. – 13. Juli 2000 kam es zu einem landesweiten Ausbruch von Gewalt, dem schlimmsten seit 1996. Polizei und Armee rückten wieder mit starken Kräften in Portadown ein und blockierten die Garvaghy Road. Das öffentliche Leben kam zeitweise zum Erliegen und die Lage erinnerte fatal an den UWC Streik von 1974. Zwei Zivilisten starben, es gab 330 Angriffe auf Polizei und Armee, 88 Polizisten und zwei Soldaten wurden verletzt, 313 Benzinbomen wurden geworfen, Häuser verwüstet und Autos angesteckt. Es war schwer nach dieser Gewaltorgie wieder zur Normalität zurückzufinden. Der »Orange Order« musste sich fragen, welche Politik er in den nächsten Jahren verfolgen wollte. Die UUP übte offene Kritik am Verhalten des Ordens, Mitglieder verließen ihn (er hatte von ehemals 100.000 in seinen Glanzzeiten Mitte 2001 nur noch 38.000) und die interne erbitterte Debatte setzte sich fort.[287] 2001 und 2002 kam es erneut zu Ausschreitungen, im Jahr 2003 blieb es erstmalig seit 1996 sehr ruhig, 2004 gab es einige kleinere Zusammenstöße. Während es im Juli 2005 in Drumcree und Derry relativ friedlich blieb, kam es im Belfaster Ardoyne-Bezirk am Rande eines Oranier-Orden-Marsches zu heftigen Attacken katholischer Jugendlicher, unterstützt von Mitgliedern der CIRA. Die Ausschreitungen führten zu schweren Sachschäden. 80 verletzte Polizisten waren zu beklagen und zehn Zivilisten.[288]

Die »marching season« 2000 war noch nicht zu Ende, da brach eine *blutige Fehde zwischen den loyalistischen Paramilitärs* aus. Die LVF verbündete sich mit der UDA und ihrer Killer-Truppe, der UFF. Am 19. August 2000 marschierten rd. tausend Anhänger der UDA/UFF und der LVF durch die Shankill Road um neue Wandbemalungen (»murals«) zu feiern, die gerade fertig geworden waren. Da ihnen angeblich der Zugang zu einer Bar verwehrt wurde, kam es zu einem heftigen Zusammenstoß mit ihren Rivalen von der UVF. In den nächsten Wochen folgten Schießereien, Brandstiftungen und Plünderungen. Am 21. August erschoss ein Killerkommando der UVF zwei prominente UDA Mitglieder, Jackie Coulter und Bobby Mahood. Die Morde lösten eine Serie von Vergeltungsschlägen aus. Diese erste heftige Fehde dauerte vier Monate und kostete sieben Loyalisten das Leben.[289] Protestantische Milizen, die Protestanten gegen die IRA zu schützen vorgaben, trieben andere Protestanten aus ihren Häusern. 200 Familien waren betroffen. Die gesamte Shankill Area war in Aufruhr und ein Klima der Angst durchsetzte das Alltagsleben. Was die IRA in dreißig Jahren nicht geschafft hatte, erreichten die loyalistischen Paramilitärs in Tagen. Geschäfte schlossen, das Leben in der Shankill kam zum Erliegen, der Busbetrieb in das Stadtviertel wurde eingestellt. Die blutige innerloyalistische Konfrontation war ein Kampf um die Macht,

---

287 RYDER/KEARNEY, Drumcree, S. 325 ff.
288 Siehe aus Sicht des »Orange Order«: www.orangenet.uk. Belfast Telegraph, 14. Juli 2005.
289 McKITTRICK, Lost Lives, S. 1479 ff.

das Territorium und die illegalen Geschäfte. *Johnny »Mad Dog« Adair* war der unumstrittene Clanchef der Shankill-UDA und kämpfte um seinen Einflussbereich mit brutaler Gewalt. Wer nicht für ihn war, wurde von seinen jungen, zwischen 14 und 25 jährigen, meist arbeitslosen Anhängern vertrieben, die sich in ihren Wohnvierteln zu kleinen Diktatoren aufschwangen. David Ervine, PUP Vorsitzender mit gutem Draht zur UVF, beschrieb treffend die Geisteshaltung dieser Möchtegern Herrscher im Schatten paramilitärischer Machtentfaltung: *»Housing estates, sometimes only small parts of an estate, are being held in the grip of little gangs. The parochial nature of the young thugs is that they rule with amazing pride that which amounts to, in some cases, an area just a few hundred yards square. How pathetic our parochial little alien is.«*[290] Nordirlandminister Mandelson, der zum ersten Mal seit zwei Jahren wieder Truppen zur Wiederherstellung von Sicherheit und Ordnung einsetzen musste, kommentierte erbittert: *»This is about certain individuals trying to assert their personal control over local communities and we are got going to have it. People are sick of this«*.[291] Clanchef Johnny »Mad Dog« Adair wurde wieder verhaftet und damit der Rädelsführer aus dem Verkehr gezogen. Doch die UDA kündigte weitere »Schläge« an und das Morden ging weiter. Erst im Dezember beendeten die rivalisierenden Milizen ihre blutige Konfrontation mit einer gemeinsamen Erklärung, in der sie versprachen, dass sich derartiges nicht wiederholen würde. Doch schon bald wurde klar, dass sie ihre Versprechen nicht halten konnten. Auch im Laufe der nächsten Jahre ging der Kleinkrieg der Milizen weiter, was Nordirlandminister John Reid veranlasste, im Oktober 2001 den Waffenstillstand der UDA/UFF und der LVF für beendet zu erklären. Neue Gewaltausbrüche im Januar 2002, Drohungen von der UDA gegen katholische Lehrer und die Ermordung eines katholischen Postangestellten, lösten immer größer werdende öffentliche Proteste gegen die loyalistischen Paramilitärs aus. Am 18. Januar 2002 gingen mehr als 25.000 Menschen in Belfast, Cookstown, Derry, Enniskillen, Newry, Omagh, und Strabane auf die Straße, um gegen die Gewalt der Paramilitärs zu demonstrieren. Doch die Gewalt blieb weiterhin auf einem relativ hohen Niveau. Im August 2003 forderte die UDA die Regierung auf, ihre Erklärung, dass der Waffenstillstand der UDA nicht mehr bestehe, wieder rückgängig zu machen. Die UDA sei bereit, Rohrbomben zu entsorgen und damit ihren Willen zum Frieden zu demonstrieren. Gespräche zwischen dem Nordirlandminister und der UDA haben stattgefunden, doch ein Ende der Gewalt ist nicht abzusehen.

Nicht nur die paramilitärische Gewalt bedroht den zerbrechlichen Frieden in Nordirland: Das »gewöhnliche Verbrechen« hat seit dem GFA erheblich zugenommen, was für segregierte, von langandauernden gewalttätigen Konflikten geprägten Gesellschaften eine durchaus typische Erscheinung ist, wie das Beispiel

---

290 DAVID ERVINE, My message to the paramilitaries. Belfast Telegraph, 10. Januar 2001.
291 Times, 22. August 2000.

Südafrika zeigt. Die Grenzen zwischen »nomaler« Gewaltkriminalität (Mord, Totschlag, Körperverletzung, Raub etc.) und der paramilitärischen Gewalt sind dabei fließend. Ein Vergleich der Verbrechensraten zwischen 1998/1999 und 2002/2003 zeigt einen erheblichen Anstieg. 1998/1999 wurden 76.644 Verbrechen erfasst, 2002/2003 142.496, das ist eine Steigerung um 86%. 2003/2004 waren es 127.953 erfasste Verbrechen, ein Rückgang gegenüber den Vorjahren um 10,2%. Auffällig war die Zunahme von Wohnungseinbrüchen und Diebstahl (besonders Autodiebstähle) in den Jahren 2003/2004. Die Aufklärungsrate lag bei 27,4%. Obwohl 2004/2005 insgesamt ein leichter Rückgang »gewöhnlicher Kriminalität« (um 17,1%) zu verzeichnen war, bleibt das hohe Niveau besorgniserregend. In einigen Verbrechenskategorien ist auch ein deutlicher Anstieg zu verzeichnen, so z.B. beim Drogenhandel.[292]

3.6. »It's time for acts of completion« – Die Chancen für den Frieden 2002-2005

David Trimble ließ am 23. September 2002 verlauten, er werde ab sofort die unionistischen Minister aus den Gesprächen der Nord-Süd Institutionen zurückziehen. Auch setzte er eine neue »deadline« für die Entwaffnung der IRA. Wenn die IRA nicht bis zum 18. Januar 2003 weitere verifizierbare Schritte unternehme, stehe die Regionalregierung wieder vor dem Kollaps. Es war ihm klar, wie unrealistisch dieser Termin war, doch die Kritiker in den eigenen Reihen ließen ihm keine Ruhe. Zwei Wochen nach seiner Erklärung, am 4. Oktober 2002, es war der Vorabend des Prozesses gegen die drei IRA Aktivisten in Kolumbien, durchsuchte die Polizei die Büros von Sinn Féin in den Stormont Parlamentsgebäuden. Die Polizei fand dabei Disketten, die persönliche Daten von Gefängnispersonal, Armeeoffizieren und Unionisten enthielten. Ein Teil des Materials stammte offenbar aus einem Einbruch in das ehemalige Verhörzentrum Castlereagh. Wie später enthüllt wurde, hatte die Britische Regierung schon seit einem Jahr einen Spion im Stormont-Parlamentsbüro von Sinn Féin vermutet, der angeblich vertrauliches Material an die IRA weitergeleitet hatte. Für die Unionisten war dieser, bald *»Stormontgate«* genannte, Skandal ein weiterer klarer Beleg für die Friedensunfähigkeit der IRA und die Handlangerfunktion Sinn Féins. Sie forderten den sofortigen Ausschluss von Sinn Féin aus der Regierung, anderenfalls würden alle ihre Minister zurücktreten. Schon am 11. Oktober traten die beiden DUP Minister, Peter Robinson und Nigel Dodds, zurück (die noch nie an einer Sitzung der Regierung teilgenommen hatten!). Sinn Féin reagierte teils zerknirscht, teils trotzig. Schließlich, so schäumte Minister McGuinness, habe keiner gefordert, die unionistischen Minister wegen der »collusion«-Vorwürfe aus der Regierung auszuschlie-

---

[292] Report of the Chief Constable 1998/1999 und Annual Reports 2001-2005. Recorded Crime in Northern Ireland 2003/2005, ed. by NISRA. Belfast, 2004.

ßen. Doch das Schicksal der Executive« war erneut besiegelt.[293] Am 14. Oktober 2002 suspendierte Nordirlandminister Reid zum *vierten Mal seit 1998 die Regionalregierung* und die »Assembly«. Er erklärte, dass der Mangel an Vertrauen zwischen den Parteien das grundlegende Problem des Friedensprozesses sei und – unter Anspielung auf die Gewalt der Paramilitärs – die Zeit nun wirklich gekommen sei, »*to face up to the choice between violence and democracy.*« Von der IRA erwartete er neue vertrauensbildende Maßnahmen, am besten ihre Auflösung. Die Suspendierung geschah, anders als in der Vergangenheit, im Einvernehmen zwischen der Britischen und Irischen Regierung. Beide Regierungen bekannten sich zur Umsetzung des GFA, das doch großen Gewinn und spürbare Verbesserungen für die Menschen in Nordirland gebracht habe und äußerten die Hoffnung, Regierung und Parlament so rasch wie möglich wiederherstellen zu können.[294] Das blieb ein frommer Wunsch.

Vier Tage nach der Suspendierung reiste Premierminister Blair nach Belfast und hielt eine fulminante Rede. *Es war die wichtigste Rede des Premier seit seinem ersten Besuch in Nordirland am 16. Mai 1997.*[295] Er war gekommen, um Tacheles zu reden. Freimütig und kritisch zog Blair Bilanz und verteilte Lob und Tadel. Geschickt stellte er die Errungenschaften des GFA den Schwierigkeiten der Umsetzungen gegenüber. »*Northern Ireland is different today*«, erklärte er, »*different and better.*« Der Kern des GFA sei ein Geschäft gewesen: »*In return for equality and justice – in politics, policing, in acceptance of nationalist identity – all parties were to commit exclusively to peace. And for unionism, the right of the people of Northern Ireland to remain part of the UK so long as a majority want to, was enshrined.*« Doch die Umsetzung stocke, weil die Republikaner, der Britischen Regierung misstrauend, an ihren Waffen festhielten und die Unionisten auf die Diskrepanz zwischen der Verpflichtung zur Gewaltlosigkeit und der tatsächlichen Praxis verwiesen: »*So the game began. Negotiation after negotiation, a decommissioning act here, an IRA statement there, progress made but slowly.*« Jetzt, nach vier Jahren Kampf um die Umsetzung des GFA, habe die Britische Regierung den »*crunch point*« erreicht. »*There is no parallel track left. The fork in the road has finally come.*« Blair konfrontierte die Konfliktparteien mit einer klaren Entscheidung: Entweder Rückfall in die Barbarei oder jetzt konsequente Umsetzung des GFA im Geist gegenseitiger Toleranz und Kompromissbereitschaft. Die terroristische Gewalt der IRA werde ein vereinigtes Irland nicht herbeibomben können und sie werde auch nicht als Druckmittel im Umsetzungsprozess des GFA Wirkung zeigen. Die IRA müsse sich entscheiden: »*Would republicanism really take the final step of committing exclusively, Sinn Féin and the IRA, to the peaceful path; or would they wait for the British finally*

---

293 PETER NONNENMACHER, Der Frieden auf Eis. Frankfurter Rundschau, 11. Oktober 2002. Einzelheiten in: NIR, Nr. 13, November 2002. Siehe auch den Kommentar von DUNCAN S. DALTON, Unrealistic, pointless, Pavlovian. Guardian, 11. Oktober 2002.
294 NIO, Suspension of Devolved Government, 14. Oktober 2002.
295 Wortlaut in htttp://www.number-10.gov.uk/print/pages6316.asp

to complete the normalisation of Northern Ireland, the policing and other changes promised, before doing so? ... Whatever commitment to the end we all want to see, of a normalised Northern Ireland, I will make. But we cannot carry on with the IRA half in, half out of this process. Not just because it isn't right any more. It won't work anymore.« Dies war die kaum verhüllte Aufforderung an die IRA, sich aufzulösen. Er vertraue den Parteien und appelliere an sie, jetzt zu handeln. Die überwältigende Mehrheit der Menschen in Nordirland erwarte substantielle Aktionen zur Vollendung des GFA: »*It's time for acts of completion...Unionism to make the institutions secure and stable. Nationalists to act if violence returns. Republicans to make the commitment to exclusively peaceful means. For all of us: an end to tolerance of paramilitary activity in any form.«* Blairs mahnende Worte machten wenig Eindruck. Die Parteien schienen sich erneut in ihren Schützengräben verkrochen zu haben. Gerry Adams bekannte sich zum wiederholten Male zum GFA. Auch nach der von den Unionisten »provozierten« Suspendierung der Regionalregierung bleibe Sinn Féin dem Friedensprozess verpflichtet. Der Waffenstillstand der IRA sei intakt. Und pathetisch fügte er hinzu, er könne sich auch ein Irland ohne die IRA vorstellen. Die IRA verstärkte im Herbst 2002 die ohnehin düstere Stimmung noch durch ihre Erklärung, die Kontakte zur IICD abzubrechen. Sie lasse sich nicht vom Premier oder den Unionisten »Ultimaten« setzen. Das war umso bedauerlicher und bedrohlicher als Ende des Jahres bekannt wurde, über welches Waffenarsenal die IRA noch verfügte. Berichten zufolge, konnte die IRA mit 1200 Kalaschnikovs, 500 Handfeuerwaffen, 50 Maschinengewehren, sieben Raketenwerfern und einer unbekannten Zahl an selbstgebastelten Granatenwerfern und Granaten rd. 1500 »Kämpfer« ausrüsten.[296] Nicht nur Unionisten fragten sich, warum die IRA ein solches Waffenarsenal brauchte, wenn ihr »politischer Arm« stets betonte, ausschließlich friedlichen Mitteln des Konfliktaustrags verpflichtet zu sein. Eine neue Runde der unendlichen Geschichte »Entwaffnung der IRA« stand 2003 bevor.

Meinungsumfragen machten auch deutlich, dass die Menschen in Nordirland in wachsendem Maße mit der Entwicklung unzufrieden waren. Die Zustimmung zum GFA sank seit 1998 stetig, vor allem im unionistischen Lager, wie die BBC in ihrer »Hearts and Minds« Umfrage vom Oktober 2002 ermittelte.

---

296 Belfast Telegraph, 30. Dezember 2002.

Wenn heute wieder ein Referendum stattfände, wie würden Sie abstimmen? (Ja/Nein) [297]

	Referendum 1998	März 1999	Mai 2000	September 2001	Oktober 2002
	%	%	%	%	%
Summe »Ja«	71	68	67,2	67,4	56
Summe »Nein«	28,8	32	32,8	32,6	44
Unionisten »Ja«	55	45,6	42,8	42,3	32,9
Nationalisten »Ja«	96	93	96	95,9	82,2
Unionisten »Nein«	45	54,4	57,2	57,7	67,1
Nationalisten »Nein«	4	6,4	4	4,1	17,8

Die Frustration im unionistischen Lager ließ sich gut ablesen. Nur noch 32,9% stimmten im Oktober 2002 mit »Ja«, aber 67,1% mit »Nein«. Auch im nationalistischen Lager waren die kritischen Stimmen im Vormarsch, insgesamt aber standen die Nationalisten in ihrer großen Mehrheit noch zum Abkommen. Nur noch 41% der Unionisten befürworteten eine Machtteilung mit den Nationalisten, 58% sprachen sich gegen jede Machtteilung aus, gleichgültig ob mit der SDLP oder Sinn Féin. Ähnliche Werte fanden sich im »Northern Irish Life % Times Survey« (NILT), der seit 1998 systematisch die Einstellungen, Meinungen und Verhalten der Nordiren untersuchte. Von 1999 an wuchs im unionistischen Lager die Überzeugung stetig, dass die Nationalisten erheblich mehr vom GFA profitiert hätten als die Unionisten. Bei den Katholiken dagegen überwog die Meinung, beide Seiten hätten gleich viel profitiert, allerdings mit leicht fallender Tendenz, was Frustration auch in nationalistischen Kreisen andeutete.[298] Gerry Adams hatte in einem Interview deutlich gemacht, dass wer immer bei den Unionisten den Ton angebe, mit Sinn Féin zusammenarbeiten müsse, gleichviel wie die Stimmung im unionistischen Lager auch sei. Hier formulierte der Sinn Féin Präsident keine prophetische Erkenntnis, sondern eine durchaus realistische Prognose, denn die BBC Umfrage zeigte, dass die DUP gegenüber Trimbles UUP aufholte und der Tag kommen könnte, an dem die DUP stärkste unionistische Partei sein würde. Auf die Frage: »Welche Partei entspricht Ihren Ansichten am meisten?« antworteten 22,5%, dies sei die UUP, aber bereits 20,5% präferierten die DUP.

So endete das Jahr 2002 mit den nur allzu bekannten Blockaden und der seit dem 24. Oktober amtierende neue Nordirlandminister *Paul Murphy,* ein erfahrener Diplomat, sah sich der Herausforderung gegenüber, das dahin dümpelnde

---

297 BBC-News, UK/Northern Ireland, Hearts & Minds Poll, 17. Oktober 2002. Siehe auch NIR, Nr. 13, November 2002.
298 Northern Ireland Life & Times Survey 1999-2002. http://ark.ac.uk/nilt/Political_Attitudes/GOODFRI.html

Schiff »Friedensprozess« wieder flott zu machen. Im Mai 2003 sollten Wahlen zum Regionalparlament stattfinden und bis dahin hofften Blair und sein Amtskollege Ahern, von der IRA die ersehnte Erklärung zur endgültigen Entwaffnung und ggf. Selbstausflösung zu erhalten. Im März 2003 begannen erneut Allparteiengespräche in Hillsborough Castle zur endgültigen Umsetzung des GFA, die ohne greifbare Ergebnisse blieben. Von den »*acts of completion*«, die Blair so eindrucksvoll eingefordert hatte, war seitens der IRA nichts zu sehen. Gerry Adams stellte dem informellen Ultimatum des Britischen Premier die Forderung nach »*full implementation*« des GFA entgegen.[299] Die jahrzehntelange Fiktion, dass die IRA und Sinn Féin nichts miteinander zu tun hätten und Gerry Adams keine Funktionen in der Terrororganisation besäße, wurde faktisch, wenn auch nicht formal, dementiert. Adams nahm in wachsendem Maße die Rolle des Sprechers der IRA ein. Die IRA mauerte weiter und auch Blairs Taktik, mit internationaler Unterstützung Druck auf die IRA auszuüben, funktionierte nicht. Es kam keine Bewegung in die festgefahrene Situation.

Am 11. April 2003 veröffentlichten Blair und Ahern ein neues Grundsatzdokument, die *»Joint Declaration«* (JD)[300]. Das 22seitige Papier bestand aus neun Sektionen und drei Anhängen, sowie zwei Papieren, die sich mit der Frage flüchtiger Terroristen und der Einrichtung eines Gremiums zur Überprüfung der Umsetzung des GFA befasste. Die JD unterstrich im ersten Teil noch einmal die Prinzipien des GFA von 1998. Verantwortlich für den gegenwärtigen Stillstand seien das gegenseitige Misstrauen von Nationalisten und Unionisten sowie »*the continuing active manifestations of paramilitarism, sectarian violence and disorder*« (para.3). Die Regierungen bekräftigten ihren Willen zur Umsetzung des GFA als das Grundmuster für politischen Fortschritt (»*the template for political progress*«). Die Umsetzung des GFA bedeute in erster Linie die Wiederherstellung der Regionalinstitutionen auf Basis gegenseitigen Vertrauens der Parteien, was allerdings nur gelingen könne, wenn tatsächlich »*the transition from violence to exclusively peaceful and democratic means is being brought to an unambigious and definite conclusion*« (para 7). Die Gewalt der Paramilitärs müsse sofort beendet werden: »*Paramilitarism and sectarian violence .. must be brought to an end, from whichever part of the community they come. We need to see an immediate, full and permanent cessation of all paramilitary activity, including military attacks, training, targeting, intelligence gathering, acquisition or development of arms or weapons, other preparations for terrorist campaigns, punishment beatings and attacks and involvement in riots. Moreover, the practice of exiling must come to an end and the exiled must feel free to return to safety. Similarly, sectarian attacks and intimidation directed at vulnerable communities must cease*« (para. 13). Großen Raum nahm die Ankündigung und Beschreibung von Maß-

---

[299] Siehe Erklärung der IRA vom 9. Januar 2003. http://cain.ulst.ac.uk/events/peace/docs/ira090103.htm
[300] Joint Declaration (JD) by the British and Irish Governments, April 2003.

nahmen zur »Normalisierung« der Sicherheitsarrangements und der Rekonstruktion der Polizei ein (para. 18 – 24, Annex 1). Das Profil von Armee und Polizei sollte entsprechend den Anforderungen für eine friedliche Gesellschaft verändert werden. Die Briten versprachen innerhalb von zwei Jahren die Präsenzstärke der Britischen Armee auf 5000 Mann (verteilt auf 14 Standorte) zu reduzieren, weitere Sicherheits- und Überwachungsanlagen abzubauen, die Begleitung polizeilicher Aktionen durch die Armee einzuschränken und die Teile der geltende Anti-Terrorgesetzgebung aufzuheben, die ausschließlich für Nordirland galten (Annex 1, para. 8-9). Das waren weitere substantielle Konzessionen, von der Hoffnung getragen, die IRA würde jetzt mit einer Erklärung reagieren, dass der Krieg endgültig vorbei sei. Auf Seiten der DUP riefen sie heftige Erregung hervor und auch einige Kommentatoren kritisierten ärgerlich die vermeintliche »appeasement« Politik gegenüber Terroristen.[301]

Doch auch die »Joint Declaration« löste nicht jene »acts of completion« aus, die Tony Blair und Bertie Ahern verlangt hatten. Vor dem Hintergrund der vierjährigen Bemühungen um »Entwaffnung« und tatsächlichen Vorleistungen der Britischen Regierung war eine erneute Erklärung der IRA vom 13. April 2003 enttäuschend.[302] Die IRA versicherte ihre Unterstützung des Friedensprozesses und erklärte zum wiederholten Male, dass ihr Waffenstillstand intakt sei. *»We are resolved to see the complete and final closure of this conflict.«* Die Schuld für den Stillstand schob sie, wie in der Vergangenheit, den Briten und Unionisten zu. Diese müssten erst eine politische Lage schaffen, die es der IRA erlaube *»to definitely set aside arms to further our political objectives.«* Die IRA versicherte, dass sie weder für den Friedensprozess noch die Unionisten eine Gefahr darstelle. Zwar würde sie die unionistischen Wahrnehmungen des Konflikts (*»unionist perceptions«*) nicht voll begreifen, gleichwohl sei sie bereit zuzuhören und zu lernen. Sie entschuldigte sich zudem für die zivilen Opfer einiger IRA Aktionen. Diese rhetorischen Sirenenklänge konnten die Heuchelei der IRA nicht verschleiern. Auch im Jahr 2003 hatte sie ihre grausamen Strafaktionen fortgesetzt. Allein zwischen Januar und ihrer Erklärung im April notierte die Polizei 25 Fälle von »punishment shootings«. Bis auf die Ankündigung, dass der IRA Repräsentant für die IICD den seit Ende Oktober abgebrochenen Kontakt mit der Kommission wieder aufnehmen wolle, stand nichts Konkretes in dem Dokument. Die Erklärung wurde zum Gegenstand eines heftigen Streits zwischen der Britischen Regierung, den Unionisten und Sinn Féin. Blair und die Unionisten verlangten konkrete Antworten und Klarstellungen, Gerry Adams verteidigte die IRA Erklärung als »beispiellos« und »unübertroffen«, vergaß aber auch nicht die leicht verhüllte Drohung, dass es Unsicherheit und Verstimmung in republikanischen Kreisen gäbe. Schließlich

---

301 z.B. Chris Ryder in The Times, 13. April 2003.
302 Die Erklärung ging zunächst nur der Britischen und Irischen Regierung zu und wurde erst am 6. Mai. parallel zu einer weiteren Erklärung der IRA, der Öffentlichkeit bekannt. http://cain.ulst.ac.uk/othelem/organ/ira/ira130403a.htm

enthalte die »Joint Declaration« trotz guter Ansätze zu viele »Bedingungen« für die republikanische Seite.[303]

Tony Blair war nicht mehr bereit, eine »kreative Mehrdeutigkeit« zu akzeptieren und verlangte Klarheit von der IRA, die, trotz einiger nachgeschobener Erläuterungen, letztlich ausblieb. *Blair sagte daraufhin die für Mai in Aussicht genommenen Wahlen zur Assembly ab.* Die große Mehrheit der Bevölkerung hatte sich zwar bald Wahlen und eine Wiederherstellung der Regionalinstitutionen gewünscht, aber auch Verständnis für die Absage geäußert. 78% sprachen sich für ein Ende der Suspendierung unter der Voraussetzung aus, dass die IRA ihre Waffen »ausmustern« und sich selbst auflösen würde. Nur 11% plädierten für eine Fortsetzung von »direct rule«. 61% der Unionisten und 31% der Nationalisten stimmten der Entscheidung der Regierung zu, die Wahlen auf Herbst 2003 zu verschieben. (31% der Unionisten und 56% der Nationalisten waren dagegen).[304] Ahern äußerte sich unter dem Druck von Sinn Féin und republikanischen Straßenprotesten gegen die Verschiebung, blieb aber die Antwort schuldig, welche Alternativen es gegeben hätte. Auch war die Frage angebracht, warum die Irische Regierung ihren Druck auf die IRA im Frühjahr nicht erhöht hatte. Obwohl Gespräche zwischen den Parteien im März und April ohne greifbare Ergebnisse geblieben waren, Parlament und Regierung suspendiert, Sinn Féin mit einer irlandweiten Kampagne *»Democracy Denied«* im Gespräch zu bleiben hoffte, die paramilitärische Gewalt weiter auf relativ hohem Niveau blieb und die »Real IRA« neue »Kämpfer« rekrutierte, ging das Leben in Nordirland weiter. Die Britische und Irische Regierung setzten ihre Gespräche im Rahmen BIIC fort und erörterten politische, wirtschaftliche und kulturelle Fragen, u.a. der Justizreform, der Polizei, der Menschenrechte (»Bill of Rights«) sowie der Schaffung einer unabhängigen Überprüfungskommission. Die Kommission, die auf eine Idee der Alliance Party zurückging, sollte den gesamten Bereich innerer Sicherheit analysieren und bewerten (Paramilitärische Gewalt, Fortschritte im »Normalisierungsprozess« von Armee und Polizei, Beschwerden über die Verletzung des Amtseides von Minister der Regionalregierung). Am 7. April 2004 setzten beide Regierungen die *»Independent Monitoring Commission«* (IMC) ein, deren Ziel es sein sollte *»to promoting the transition to a peaceful society and stable and inclusive devolved government in Northern Ireland.«* Die IMC beschäftigte sich unter der Leitung von vier kompetenten und prominenten Kommissionsmitgliedern in erster Linie mit Fragen der inneren Sicherheit, vor allem mit der Aktivität paramilitärischer Gruppen und Abbau britischer Militärpräsenz.[305]

---

303 Speech by Gerry Adams, Sinn Féin President, at Parliament Buildings, Stormont, 27. April 2003. http://cain.ulst.ac.uk/issues/politics/docs/sf/ga279403.htm
304 NIR, Nr.15, Mai 2003.
305 Der »Independent Monitoring Act« vom 19. Dezember 2003 beschreibt Aufgaben und Verantwortlichkeiten der Kommission. Kommissionsmitglieder sind der ehemalige Vorsitzende der Alliance Party Lord John Alderdice, Dick Kerr, ehemaliger stellvertretender CIA-Direktor,

Der strahlende und heiße Sommer 2003 war der friedlichste seit Jahren. Die »marching season« ging ohne größere Vorfälle vorüber. In Drumcree blieb es ruhig trotz des traditionellen Protestes der sichtlich geschrumpften Aktivisten des »Orange Order«. Die UUP leistete sich ein veritables »Sommertheater« mit internen Auseinandersetzungen um den Kurs der Unionisten. Trimble überstand eine Vertrauensabstimmung in seinem Wahlkreis Upper Bann und es kehrte wieder relative Ruhe ein. Doch er hätte gewarnt sein müssen, denn die DUP mobilisierte die Stimmung im protestantischen Lager gegen den bisherigen Verlauf des Friedensprozesses und veröffentlichte im Juli ein Grundsatzdokument (*»Towards A New Agreement«*), das bereits als Wahlkampfplattform für die im Spätherbst geplanten Wahlen entworfen wurde. In diesem analytisch scharfen und sprachlich sehr geschickt abgefassten Dokument forderte die DUP unverblümt die Eliminierung des GFA. Es habe zu viele grundlegende Webfehler und ein weiteres Herumdoktern wäre vergeblich. Die »Mehrdeutigkeiten« des Abkommens seien ausschließlich zuungusten der unionistischem Seite ausgelegt worden.[306] Die Kritik der DUP richtete sich erster Linie auf:

- Mangelnde Vorkehrungen zum Ausschluss von Sinn Féin Ministern (*»representatives of terrorism«*) aus der Regierung, selbst wenn ein Bruch des Amtseides nachgewiesen würde.
- Keine verantwortliche Regierung. Dies zielte auf die zweifellos schwache Rolle des Parlaments, d.h. seiner Ausschüsse, Minister effektiv zu kontrollieren. Die »Autonomie« der Minister führe dazu, dass ein mit weniger als 25% der Bevölkerung gewählter und nur 17% der Parlamentssitze repräsentierender Minister Entscheidungen treffen könne, welche die gesamte Bevölkerung beträfen. Die Minister seien letztlich nur ihren Parteien verantwortlich.
- Keine effektive Regierung und Verwaltung.
- Keine bzw. geringe Möglichkeiten des Regionalparlaments die »Nord-Süd«- und British-Irischen Institutionen zu kontrollieren. Hier spiegelte sich das seit Gründung der DUP bekundete tiefsitzende Misstrauen gegenüber jeder »Irischen Dimension«.

Es war ein trefflicher Schachzug, vor allem die verfassungspolitischen, Schwachpunkte des Abkommens an den Anfang des Dokumentes zu stellen. Die DUP konnte sicher sein, dass viele Anhänger der UUP diese Kritik teilten, bis weit in die Führungsebene der UUP hinein. Die zentrale Frage der »Entwaffnung« taucht erst gegen Ende des Dokuments auf. Die DUP konnte auch hier mit großer Zustimmung im unionistischen Lager rechnen, wenn sie beklagte, dass im Abkommen kein klares Verfahren für die Entwaffnung beschrieben würde. Sie hatte hier zwei-

---

Joe Brosnan, ehemaliger Staatssekretär im Irischen Justizministerium und John Grieve, einen hohen Beamten der englischen Polizei. Siehe die Website der IMC mit den drei wichtigen Berichten zur Sicherheitslage. http://www.independentmonitoringcommission.org

306 DUP, Towards A New Agreement. A Critical Assessment of the Belfast Agreement Five Years on. Belfast, 2003.

fellos einen wichtigen Kritikpunkt angesprochen, denn weder enthielt das GFA einen Schlusstermin für die Entwaffnung noch gab es einen Sanktionsmechanismus für die Verfehlung der Entwaffnungsverpflichtung. Weitere Kritikpunkte betrafen die »Zerschlagung« der RUC und die Polizeireform (vor allem das Prinzip der 50:50 Rekrutierung), den einseitige Abbau von Sicherheitsanlagen durch die Britische Regierung, die mutmaßlich einseitigen anti-unionistischen Analysen und Vorschlägen der Menschenrechtskommission (»*publicly funded left wing pressure group with statutory powers*«) und schließlich das Programm der vorzeitigen Gefangenenentlassung. Blair habe die Menschen in Nordirland belogen, als er verkündete, dass kein Terrorist entlassen würde, solange die terroristischen Gruppen der Gewalt nicht endgültig entsagt hätten. Das Dokument mit dieser grundstürzenden und teilweise auch berechtigten Kritik, enthielt aber nirgendwo konkrete Alternativvorschläge, sondern blieb hier blumig und bestenfalls prinzipienorientiert. Doch die Kritik saß und die UUP musste sich für den Herbst auf heftige Konfrontationen einrichten.

Im Oktober kehrten die Britische und Irische Regierung zu neuen Verhandlungen zurück, um die Rekonstruktion der Regionalinstitutionen zu erörtern und den Termin für die angekündigten Assemblywahlen festzulegen. Doch entscheidend war, dass sich die Unionisten mit der nationalistischen Seite über die Wiederherstellung einer Regierung einigen mussten. Der Schlüssel lag zweifelsohne bei Sinn Féin, denn wie Blair gegenüber Mark Durkan, dem SDLP Vorsitzenden, einmal offen bekannte: »*You don't have guns.*«[307] Sinn Féin wurde zum Zünglein an der Waage und rückte immer mehr in die Rolle des Hauptvertreters des nationalistischen Lagers. Trimble nahm bilaterale Beziehungen auf und die beiden Parteiführer trafen sich mehr als ein Dutzend Mal, um ihre Meinungsverschiedenheiten über die »Joint Declaration« vom April 2003 auszuräumen und einen Weg zurück zur Regionalregierung zu suchen. Es schien so als hätten sie inzwischen ein Vertrauensverhältnis aufgebaut, eine mehr als bemerkenswerte Entwicklung, denn noch während der Verhandlungen zum GFA 1997/98 hatte Trimble es abgelehnt, Adams auch nur die Hand zu geben. Nach langwierigen Gesprächen und Trimbles Appell an seine zerstrittene Partei, ihm zu folgen, sollte bis zum 21. Oktober 2003 ein »deal« zwischen Unionisten und Sinn Féin, der Britischen und Irischen Regierung unter Dach und Fach sein, der in der Tat einen substantiellen Schritt nach vorne bedeutet hätte:
- Die Wiederherstellung einer stabilen Regionalregierung mit Garantien von Trimble zu einer nachhaltigen Regierungsarbeit ohne bei der geringsten Schwierigkeit auszusteigen.
- Das Versprechen der IRA, zum dritten Mal ein Teil ihrer Waffen zu verschrotten und zugleich den endgültigen Verzicht auf jede weitere militärische Aktion.

---

307 Zit.n. NIR, Nr.17, November 2003, S. 6.

- Sinn Féins Akzeptanz der reformierten Polizei (PSNI) und Mitarbeit im »Policing Board«.
- Schrittweise Übernahme der Regierungsverantwortung für Polizei und Justiz durch die Regionalregierung.

Alles schien klar, die Choreographie für den 21. Oktober war besprochen, ein Wahltermin für den 26. November anberaumt. Gerry Adams hielt am Vormittag eine Rede im Belfaster Balmoral Hotel, in der er die IRA für ihre »Disziplin« lobte und ihre Verpflichtung unterstrich, alles zu tun, um das GFA voll umzusetzen. Mit den Unionisten habe ein direkter und offener Dialog begonnen: *»Sinn Féin is totally committed to establishing an entireley new, democratic and harmonious future with our unionist neighbours.«*[308] Im Anschluss daran veröffentlichte die IRA eine Erklärung, in der sie Adams Rede als Ausdruck ihrer Position bestätigte. Dann sollte der Vorsitzende der IICD, General de Chastelain die dritte Entwaffnungsaktion verkünden, gefolgt von einer erneuten Erklärung der IRA. Im Anschluss daran wurde Trimbles Votum erwartet, er werde aufgrund der erfolgten vertrauensbildenden Maßnahmen seiner Partei die Bildung einer Regierung vorschlagen. Höhepunkt und Abschluss des Tages sollte der gemeinsame Auftritt von Blair und Ahern in Belfast werden, die dem »deal« ihren Segen geben und sich erneut zur Umsetzung des GFA und der »Joint Declaration« verpflichten sollten. Doch es wurde nichts aus der Inszenierung. Als ein sichtlich angegriffener General de Chastelain vor die internationalen Medien trat, schwante manchen kritischen Beobachtern Böses. Der General erklärte in dürren Worten, dass ein dritter Ausmusterungsakt stattgefunden habe. Die IRA habe eine größere Quantität von Waffen außer Dienst gestellt als das letzte Mal. Das Arsenal umfasse leichte, mittlere und schwere Ausrüstung, Munition und Sprengstoff. Es war aber offensichtlich, dass der General kein genaues Verzeichnis der Waffen zu sehen bekommen hatte. Noch schien es Hinweise auf den Lagerort der Waffen gegeben zu haben, von einem »Beweis« der Ausmusterungsaktion, z.B. per Videoaufnahme, ganz abgesehen. Das war für Trimble nicht ausreichend. So machte er in letzter Sekunde, gedrängt von seinen kritischen Kollegen im UUP Vorstand, einen Rückzieher. Die aus London und Dublin herbeigeeilten Premiers Blair und Trimble mussten die geplante Jubelfeier abblasen und übten sich stattdessen in Schadensbegrenzung.

Trotz des Scheiterns der Regierungsbildung wollte die Britische Regierung an dem Wahltermin festhalten. Das Desaster des 21. Oktober hatte gleichwohl die pro-GFA Unionisten deutlich geschwächt, obgleich 82% der Protestanten der Meinung waren, dass Trimble richtig gehandelt habe.[309] Sie standen als diejenigen da, die sich erneut von den Republikanern an der Nase hatten herumführen lassen. Die DUP konnte schadenfroh mit dem Finger auf die UUP zeigen, ihr erneutes

---

308 Keynote address on peace process developments, 21. Oktober 2003. http://www.sinnfein.ie/detail/1666
309 Belfast Telegraph Poll, 12./13. November 2003.

Versagen unterstellen und sich als die unionistische Alternative zur »verbrauchten« UUP darstellen. Viele unionistische Sympathisanten fühlten sich durch die Ereignisse in der Auffassung bestätigt, dass das GFA nicht zu retten sei. Es müsse Neuverhandlungen geben. Sinn Féin hatte sich dagegen im nationalistischen Lager als die treibende Kraft des Fortschritts profiliert und konnte die UUP für die erneute Blockade verantwortlich machen. Was konnten die Wähler von der bevorstehenden Wahl eigentlich erwarten? Immerhin waren 53% der Meinung, es sei richtig gewesen, am Wahltermin festzuhalten. 19% meinten, es sollte solange keine Wahlen geben bis das GFA neuverhandelt sei und 18% waren dafür, die Wahlen ohnehin zu verschieben. Fast 40% der Wähler äußerten also Zweifel über die Sinnhaftigkeit der Wahlen, kein besonders gutes Zeichen. Die Zustimmung zum GFA war bei den Protestanten erheblich geschwunden. 61% verlangten eine Neuverhandlung, während 61% der Katholiken der Ansicht waren, das Abkommen müsse ohne Modifikationen umgesetzt werden. Selbst wenn die IRA erklärte, (was unwahrscheinlich war), sie würde *unter keinen Umständen mehr zu den Waffen greifen*, war die Mehrheit der Protestanten nicht zufrieden. Auch in diesem Falle plädierten noch 55% der Protestanten für Neuverhandlungen. Die Polarisierung pro- oder contra Abkommen hatte sich stabilisiert. Im nationalistischen Lager waren die Befürworter des Abkommens ohne Nachverhandlungen in der klaren Mehrheit, hier war nur die Frage, welche Partei sich als der glaubwürdigere und energischere Verteidiger des Abkommens präsentieren würde und wem der katholische Wähler mehr Kompetenz in der Umsetzung des Abkommens zutraute: Sinn Féin oder SDLP. Auffällig war, dass die Wählerschaft der SDLP von den Führungsqualitäten des Parteivorsitzenden und Spitzenkandidaten Mark Durkan deutlich weniger überzeugt waren als die Sinn Féin Wähler von denen des charismatischen Gerry Adams.[310] Sinn Féin präsentierte sich locker als die Partei der geduldigen und verlässlichen Arbeit zur Durchsetzung des Abkommens, auch gegen Widerstände, verbunden mit dem scharf konturierten Fernziel der Einheit Irlands. Damit konnte sie der SDLP durchaus Wind aus den Segeln nehmen. Das GFA hatte der Grundphilosophie der SDLP entsprochen, sie war seit den 70er Jahren für eine Kooperation beider Traditionen und die irische Dimension bei Aufrechterhaltung des Ziels der Einheit Irlands eingetreten. Sie hatte die entscheidenden Schritte unternommen, um die Republikaner in den Friedensprozess und die Verhandlungen um das GFA einzubringen. Sinn Féin brauchte die SDLP als Türöffner zum Friedensprozess nicht mehr. Die Partei ging selbstbewusst ihren eigenen Weg und setzte ihre reformpolitischen Akzente. Es gab deutliche Hinweise darauf, dass eine junge Wählerschaft das frischere, energischere Erscheinungsbild Sinn Féins präferierte. Sinn Féin profilierte sich als die Partei der Einheit Irlands, konsequent nationalistisch, aber zum Ausgleich mit den Unionisten bereit und die

---

310 52% der Sinn Féin Wähler bescheinigten Adams eine »sehr gute« performance, während nur 22% dasselbe von Durkan sagten. Ebda.

konkreten Sorgen der Menschen Ernst nehmend. In der SDLP machte sich Unruhe breit. Ihr Wahlprogramm löste bei ihrer Klientel keine Begeisterungsstürme aus. Die Partei kam sehr staatsmännisch daher, was vielen jungen Katholiken zu angepasst und wenig risikofreudig erschien. Sinn Féins radikaleres Outfit, mit der Aura des »Revolutionären« umgeben, war für junge Wähler erheblich attraktiver. Dagegen fiel die SDLP als die Partei der Älteren (56,4% der Mitglieder sind über 55 Jahre alt)[311] und des vorsichtigen Pragmatismus erheblich ab. Die SDLP trumpfte mit »grüner Rhetorik« auf, sie trat »100%« für ein vereinigtes Irland unter Beibehaltung der Institutionen des GFA ein und forderte »All-Ireland«-Institutionen in zahlreichen Politikbereichen. Noch in der Amtszeit des neu zu wählenden Parlaments sollte ein Referendum dazu stattfinden.[312] Das war nichts Neues, diese Position hatte die SDLP hinlänglich in den letzten fünf Jahren verdeutlicht. Und es war eine nur populistische Forderung, denn auch die Führungsspitze der Partei wusste genau, dass sich eine deutliche Mehrheit der Bevölkerung gegen die Einheit entscheiden würden. Nach einer Meinungsumfrage kurz vor den Wahlen plädierten 61% für ein Verbleib im United Kingdom und nur 26% für ein vereintes Irland. In der Aufschlüsselung nach Konfessionen war das Ergebnis noch klarer: 93% der Protestanten und immerhin noch 23% der Katholiken wollten im UK bleiben, 57% der Katholiken sprachen sich für ein vereintes Irland aus.[313]

In der protestantischen Wählerschaft ging es um die Konkurrenz der pro-GFA-Unionisten und der DUP, die sich klar gegen das Abkommen und für Neuverhandlungen profiliert hatte. Die UUP vermied in ihrer »*Unionist Charter*«, einem Zehn-Punkte-Programm, eine ausdrückliche Erwähnung des GFA. Sie forderte die Wiederherstellung einer »*inclusive, democratic Assembly*«, die allerdings nur Sinn mache, wenn die republikanische Seite vorher endgültig abgerüstet und ihre »privaten Armeen« abgeschafft habe.[314] Sinn Féin dürfe nur unter dieser Voraussetzung an der Regierung beteiligt werden. Das war eine kraftvolle, aber unrealistische Forderung. Das Bemühen wurde sichtbar, zu zeigen, wie »normal« Nordirland schon unter der Führung der UUP geworden sei und jetzt Gesundheit, Bildung und Kultur im Vordergrund stehen müssten. Fragen der Sicherheit und Ordnung waren in der »Charter« an den Anfang gestellt, rangierten im Wahlprogramm aber erst an fünfter Stelle. Die UUP Führung wusste genau, dass sie die »law & order« Kompetenz in den Augen der Wähler teilweise an die DUP verloren hatte. Sie

---

311 GERARD MURRAY, The Good Friday Agreement: An SDLP Analysis of the Northern Ireland Conflict. In: NEUHEISER/WOLFF, Peace At Last?, S.57.
312 SDLP, Reshaping Government, Rebuilding Public Services. Belfast, 2003.
313 Belfast Telegraph Poll, 12./13. November 2003. Nach einer Meinungsumfrage des »Guardian« vom August 2001 würden immerhin 41% der Briten im »Mutterland« ein vereintes Irland begrüßen, nur 26% möchten Nordirland weiterhin im Verbund des UK halten. Ein großer Teil (33%) antwortete mit »Weiß nicht«, was Beobachter als hohes Maß an Gleichgültigkeit werten. Guardian, 21. August 2001.
314 Ulster Unionist Party Manifesto, The Future not the Past. Belfast, 2003.

forderte gleichwohl populistisch die Abschaffung des Rekrutierungssystems der Polizei auf Basis der 50:50 Formel. Das Leistungsprinzip habe Vorrang vor konfessioneller Quotenregelung. Insgesamt fing das »Manifesto« die Ängste und Befürchtungen in der protestantischen community nur sehr schwach ein, was sich als deutlicher Nachteil gegenüber der DUP erweisen sollte. Die DUP verstand es, dem Wähler ein Schreckensszenario vorzustellen und hämmerte den Menschen ein, welche gravierenden Fehlentwicklungen es seit dem GFA gegeben habe: Zerstörung der RUC, Verminderung der Armee-Präsenz (im Wahlprogramm war von »Rückzug« die Rede), Entlassung von Ex-Terroristen, Sinn Féin-Minister im Amt ohne sichtbare Beweise für eine Entwaffnung der IRA, die Schaffung von gesamtirischen Institutionen zur Vorbereitung der Einheit Irlands, zunehmende Gesetzlosigkeit in der Provinz und anhaltende Verletzungen des Waffenstillstandes durch die IRA und loyalistische Paramilitärs.[315] Angesichts dieser Negativentwicklungen fragte die DUP die nordirischen Wähler, ob sie denn verantworten könnten, Sinn Féin zur stärksten Partei werden zu lassen und zugleich die immer konzessionsbereite Trimble-UUP zu wählen? Die Erzeugung von Untergangs-Stimmung, worin Ian Paisley schon immer einsamer Meister war, zeigte bald Wirkung.

Meinungsforscher sahen ein Kopf an Kopf Rennen zwischen der UUP und der DUP bzw. zwischen SDLP und Sinn Féin voraus, doch das Ergebnis war eindeutig. Die Wähler erkoren die DUP und Sinn Féin zu den stärksten Parteien und damit zu den Hauptvertretern der unionistischen und nationalistischen communities.

Wahlen zur »Assembly« am 26. November 2003

Partei	Stimmen	in %	Sitze	Vergleich zu 1998 in %	in Sitzen
*DUP**	*177.944*	*25,7*	*30*	*+ 7,7*	*+ 10*
Sinn Féin	162.758	23,5	24	+ 5,8	+ 6
UUP*	156.931	22,6	27	- 1,4	+ 1
SDLP	117.547	16,9	18	- 4,9	- 5
Alliance	25.370	3,6	6	- 2,8	0
Independent	19.256	2,7	1	0	0
PUP	8.032	1,1	1	- 1,3	- 1
Women's Coalition	5.785	0,8	0	- 0,7	- 2
UKUP	*5.700*	*0,8*	*1*	*- 3,6*	*0*
Independent Unionists	5.387	0,7	0	0	- 5
United Unionist Coalition	2.705	0,3	0	0	0
Green Party	2.688	0,3	0	+ 0,3	0
Socialist Environmental Alliance	2.394	0,3	0	0	0
Conservative Party	1.604	0,2	0	0	0

---

315 DUP, Fair Deal Manifesto 2003. Belfast, 2003. S. 3.

Worker's Party	1.407	0,2	0	0	0
Northern Ireland Unionist Party	1.350	0,2	0	0	- 4
Independent Nationalists	1.121	0,1	0	0	0
Socialist Party	343	0,0	0	0	0
Independent Labour	162	0,0	0	0	0
Vote for Yourself Party	124	0,0	0	0	0
Ulster Third Way	16	0,0	0	0	0
Summe	692.026	100	108		

Pro-GFA = fett
Contra-GFA = kursiv

*Drei MLAs der UUP, Jeffrey Donaldson, Arlene Foster und Norah Beare, sind inzwischen zur DUP gewechselt. Die Wahlbeteiligung war mit 63,0% etwas niedriger als 1998 (68,8%).

Das Ergebnis, schrieb der Kommentator des »Irish Independent«, sei »*disappointing, disturbing and ominous*«.[316] Enttäuschend, weil die Wähler den moderaten politischen Parteien einen Korb gegeben haben, beunruhigend, weil alle wussten, was auf dem Spiele stand und verhängnisvoll, weil jetzt politischer Stillstand drohe. Die Stimmung war allgemein gedämpft bis düster. Rein rechnerisch hatten die pro-GFA Parteien (Sinn Féin, UUP, SDLP, Alliance, PUP) 70% der Stimmen erreicht, das waren 76 Sitze (ohne den Überraschungskandidaten Kieran Deeny, der als Unabhängiger in West Tyrone einen Sitz ergatterte). Die contra-GFA Parteien (DUP und UKUP) errangen 31 Sitze. Inzwischen verfügt die DUP durch den Wechsel von drei UUP Abgeordneten über 33 Sitze. Nimmt man Robert McCartney von der UKUP dazu, so kann die Contra-GFA Gruppe jetzt jederzeit eine Grundsatzentscheidung erzwingen, die dann »parallelen Konsens« oder »gewichtete Majorität« mit 60% der Sitze (und mit mindestens 40% der Sitze eines Lagers) erfordert. 40% der Sitze sind 24 Stimmen. Die pro-GFA Unionisten haben zur Zeit 25 Sitze (27 UUP minus 3 »Abtrünnige« = 24 plus 1 PUP = 25). Doch was bedeutet eine »pro-GFA« Haltung inhaltlich? In der UUP gibt es massive Kritik am GFA, die sich teilweise mit der aus der DUP deckt. Das Abkommen wird nicht so bleiben können, wie es ist und jeder weitere Schritt zur Umsetzung, wie ihn SDLP und Sinn Féin wollen, wird auf den Widerstand der Unionisten stoßen. Die Positionen liegen weit auseinander, weil sich nichts daran geändert hat, dass beide Seiten mit dem Abkommen diametral entgegengesetzte Fernziele und unterschiedliche mittelfristige Strategien verbinden. Die Nationalisten nutzen es als Instrument des Übergangs, als Sprungbrett für die Einheit Irlands und wehren sich gegen eine Reform. Dagegen will die DUP ein neues Abkommen aushandeln. Die UUP betrachtet es durchaus als Errungenschaft im Sinne einer Befestigung der Union, will aber eine Reform von Regierung (größere Repräsentativität und Verantwortlichkeit) und Regionalparlament. Nordirland bleibt zwischen GFA

---

316 Irish Independent, 30. November 2003.

– Befürwortern und Gegnern polarisiert, wobei der Riss quer durch das unionistische Lager geht. Die »politische Mitte« ist noch schwächer geworden, da die »Women's Coalition« ihre beiden Sitze verlor. Die Alliance Party hat trotz Stimmenrückgang alle ihre sechs Sitze halten können. Die der UVF nahestehende, pro-GFA, PUP verlor einen Sitz (Billy Hutchinson in North Belfast). Nur David Ervine, der charismatische PUP Vorsitzende, konnte, wenn auch mit Stimmenverlusten, seinen Sitz in East Belfast sichern.

Der Sieg der DUP vor ihrem alten Konkurrenten der UUP war fast erwartet worden. Die DUP hatte in den letzten Jahren beharrlich aufgeholt und bei den Europawahlen mit Ian Paisley seit 1979 die Nase vorn. Es gibt keinen Zweifel: *Im unionistischen Lager ist mehrheitlich deutlich gegen das GFA abgestimmt worden.* Die DUP saugte die Sitze der »Independent Unionists«, die sich gegen das Abkommen positioniert hatten, auf. Die UKUP, auch eine Anti-Agreement Partei, verlor einen Sitz in East Antrim gegen starke DUP Konkurrenz und den UUP-Kandidaten Roy Beggs. Schließlich haben denn auch die UUP Kandidaten besonders gut abgeschnitten, die kritisch zum GFA standen und Trimble häufig heftig kritisiert hatten, so z.B. *David Burnside, South Antrim* und *Jeffrey Donaldson, Lagan Valley*. Trimble hat sich in seinem Wahlkreis allerdings behauptet und noch 1,5% zugelegt. Seine Anhänger waren mit ihm zufrieden.

Das gute Ergebnis von Sinn Féin war sensationell und der Einbruch der SDLP ein Desaster: Die radikalen Republikaner wurden zweitstärkste Partei noch vor der UUP, wenn sie auch aufgrund der Besonderheiten des komplizierten Wahlrechtes drei Sitze weniger als die UUP erreichten (24 gegenüber 27). Bei der SDLP hatte man zwar mit 3 Sitzen Verlust gerechnet, aber nicht mit fünf. Die schlechte Wahlbeteiligung war nur *ein* Faktor. Viele Stammwähler der SDLP waren aber zu Hause geblieben, aus Frust über den Verlauf des Friedensprozesses. Sicherlich lag es auch an der geringen Popularität ihres Parteivorsitzenden Mark Durkan, der selbst in der SDLP Wählerschaft nur schwache Positiv-Werte erzielte. Er hatte als First Deputy Minister an der Seite Trimbles zwar gute Arbeit geleistet, doch dies zählte bei den Wählern wenig. Unstreitig hatte Sinn Féin aus dem Lager der SDLP zahlreiche Wähler abziehen und sich als die bessere nationalistische Alternative präsentieren können. Und mit Gerry Adams stand ein ungewöhnlich charismatischer Politiker an der Spitze der Partei. Seine Popularität hat entscheidend zu dem Aufstieg Sinn Féins und dem Wahlsieg beigetragen. Sinn Féin wird von einer wachsenden Zahl Katholiken inzwischen als gemäßigte Partei wahrgenommen, die, ausgehend von dem Grundziel der Wiederherstellung der Einheit Irlands, für eine Übergangszeit zum Kompromiss mit den Unionisten bereit sei. Die enge Verbindung zur IRA stört die Wähler von Sinn Féin offenbar kaum, bzw. vertrauen sie der Sinn Féin Führungsriege, die IRA zur endgültigen Abrüstung und Auflösung überreden zu können.

Nach dem Wahlergebnis war klar, dass es keine Regierungsbildung geben würde, denn die gemeinsame Wahl eines »First Minister« und »Deputy First Minister«

erforderte ja einen »cross-community-support«, d.h. mindestens 65 Stimmen, wobei mindestens 40% der Abgeordneten eines Lagers (= 24 Stimmen) zustimmen mussten. Das war angesichts der Mehrheitsverhältnisse und polarisierten Positionen nicht zu erreichen. So blieb die Assembly suspendiert. Die Britische und Irische Regierung reagierten auf die neue Lage mit der Ankündigung einer Überprüfung (»review«) des GFA, wie sie im Abkommen selbst angedeutet und der »Joint Declaration« vom April 2003 präzisiert worden war.[317] Sie setzten den Parteien eine Frist bis Ostern 2004. Doch erst im Juni kam es zu offiziellen Gesprächen in Lancaster-House. DUP und Sinn Féin verhandelten separat mit Britischen und Irischen Offiziellen über die Konditionen zur Wiederherstellung der Assembly und einer Regionalregierung. Es war von vornherein klar, dass hier weit auseinanderliegende Positionen aufeinandertrafen. Die DUP hatte in einem Positionspapier im Februar 2004 Alternativen zum GFA formuliert, die zeigten, dass die DUP zu pragmatischer Politik fähig war. Eine Wiederherstellung der Regionalregierung unter Einschluss von Sinn Féin könne nur erfolgen, wenn eine vollständige und visuell demonstrierte (*»some visual context«*) Entwaffnung der IRA stattgefunden habe. Die Webfehler des GFA müssten behoben und vor allem eine wirklich verantwortliche Regierung geschaffen werden. Das hieß im Klartext die Abschaffung des lagerübergreifenden Konsens (»cross-community-support«) bei der Wahl der Exekutive und eine freiwillige Koalition der Parteien anstatt der Besetzung der Ministerposten nach dem Proporz der Parteien in der Assembly. Sinn Féin sah keine Veranlassung das GFA mit seiner Machtteilungskomponente zu verändern, insistierte auf substantiellen Demilitarisierungsschritten der Britischen Armee und Übertragung der Zuständigkeit für Polizei und Justiz an Regionalparlament und Regierung. Beobachter vermuteten richtig, worum es Sinn Féin im Kern ging: *»Republicans and nationalists do not like partition and do not want to live in a Northern state. If unionists want republicans' consent to remain in such an arrangement, then republicans must be involved in controlling the security and policing apparatus of the place.«*[318] Im Klartext bedeutete dies den Anspruch von Sinn Féin auf den Posten des Justizministers mit einem DUP Staatssekretär an seiner Seite. Genau dies war für die DUP nicht akzeptabel, jedenfalls nicht solange wie sich die IRA nicht faktisch aufgelöst habe. Die Gespräche endeten ergebnislos und eine nächste Runde sollte im September unter Beteiligung aller Assembly-Parteien stattfinden.

Die *Europawahlen vom 10. Juni 2004* bestätigten eindrucksvoll das Ergebnis der Assembly vom November 2003. Sinn Féin und DUP festigten ihre Positionen als Vertreter ihrer Lager. Wieder hatte der Wähler sich letztlich für ein Zwei-Parteien-System in Nordirland entschieden. Wie fast überall auf dem Kontinent spielten europapolitische Themen kaum eine Rolle und wenn dann fast nur in kritischer Abwehr der großen europäischen Vorhaben: Europäische Verfassung

---

317 GFA, Validation, Implementation and Review, para.8. JD, para. 34.
318 Sunday Business Post, 15. August 2004.

und EU-Erweiterung. Sinn Féin und die DUP sind beide pointiert euroskeptische Parteien. Ihre Kritik an der EU weist durchaus übereinstimmende Positionen auf, gleichwohl ist sie nicht besonders originell, sie wird in Europa von vielen politischen Parteien geteilt: Zentralismus (»federalism«), Bürokratismus, Demokratiedefizit, Verlust »nationaler Identität« zugunsten einer abstrakten »europäischen Identität«. Sinn Féin befürchtete darüber hinaus eine Militarisierung Europas und die Gefährdung der irischen Neutralität. Immerhin beschrieb die Partei ihr Verhältnis zur EU als »*kritisches Engagement*« und befürwortete multilaterale Kooperation.[319] Die DUP – Position läßt sich ohne weiteren Kommentar mit einem abfälligen Zitat ihres Europaabgeordneten, Jim Allister, über die Europäische Verfassung illustrieren: »*Anyone with pride in their own nation and who does not want to see it subsumed into a hideous conglomerate will reject this tawdry Constitution.*«[320]

Europawahlen vom 10. Juni 2004 (First Count Results/Erststimmen)

Name, Partei	Stimmen	in %	Gewinne/Verluste
Jim Allister, DUP	175.761	32,0	+ 3,6%
Bairbre de Brun, Sinn Féin	144.541	26,3	+ 9%
Jim Nicholson, UUP	91.164	16,6	– 1%
Martin Morgan, SDLP	87.559	15,9%	– 12,1 %
John Gilliland, Independent	36.270	6,5%	–
Eamonn McCann, SEA	9.172	1,6%	–
Lindsay Whitcroft, Green	4.810	0,9%	–

Das Ergebnis von Sinn Féin war ebenso sensationell wie das schlechte Resultat des SDLP-Kandidaten dramatisch war. Der Niedergang der SDLP setzte sich fort. Ihr war es nicht geglückt, das Vertrauen im nationalistischen Lager zurückzugewinnen. Ihr Kandidat Martin Morgan, ehemaliger Bürgermeister von Belfast, verlor gegenüber den letzten Europawahlen 12,1% und 1% gegenüber der Assembly-Wahl. Es war für ihn trotz eines mit großem Engagement geführten Wahlkampf nicht möglich, den populären und prominenten Vorgänger John Hume zu ersetzen, Frustriert verließ er inzwischen die Partei und zog sich aus der Politik zurück. Sinn Féin steigerte den Stimmenanteil erheblich und erstmalig zog eine SF-Abgeordnete aus Nordirland in das Europaparlament ein. Auch in der Republik Irland gelang Sinn Féin der Sprung in das Europaparlament. Mary Lou McDonald ist die zweite Parlamentarierin, die SF in Straßburg vertreten wird. Das klägliche Abschneiden der UUP bestätigte den Trend der letzten Jahre. Ihr Kandidat, Jim Nicholson,

---

319 Sinn Féin and the European Union - a discussion document brought to the party´s Ard Fheis in March 2003. http://www.sinnfein.ie/policies/document/150. Siehe auch das Wahlprogramm von SF zur Europawahl http://www.sinnfein.ie/elections/manifesto/38.
320 http://www.dup2win.com/

benötigte Übertragungsstimmen in der zweiten Zählung, um nach Straßburg reisen zu können.

Am 15. September 2004 trafen im malerischen *Leeds Castle bei Maidstone* die Britische und Irische Regierung mit den nordirischen Parteien zusammen, um die politische Blockade seit den Assemblywahlen zu beheben. Zum wiederholten Male beschwor Premier Tony Blair die Parteien, dass jetzt die Zeit der Entscheidung gekommen sei. Es müsse ein Verhandlungsergebnis im Sinne der letzten »Joint Declaration« erzielt werden. Doch die Positionen waren unverändert. Die »major players«, DUP und Sinn Féin, trafen zwar erneut nicht face-to-face aufeinander, signalisierten aber ihre Bereitschaft zu einem »deal« zu kommen. Die DUP vertrat ihre Kritik am GFA wie in ihrem Grundsatzpapier *»Towards A New Agreement«* (siehe weiter oben) formuliert, ergänzt um den Vorschlag, die Assembly von 108 auf 90 Mitglieder zu verkleinern und forderte massiv Neuverhandlungen. Solange Sinn Féin die Verbindung zur IRA nicht vollständig aufgebe und die IRA als Drohpotential endgültig verschwinde, solange werde es keine »Machtteilung« mit der republikanischen Seite geben: *»Sinn Fein has the electoral capacity to play a full part in an Executive but it does not have the democratic character – this can only come if it leaves terrorism behind.«*[321] So berechtigt diese Forderung im Grundsatz war (und ist), so sehr fiel doch auf, dass die DUP von den Loyalisten keineswegs mit gleicher Energie, Entwaffnungsschritte forderte. »Paramilitarismus« sei nur ein Punkt unter anderen bei den Verhandlungen, hieß es lapidar im Vorfeld des Leeds Castle Treffen. Sinn Féin konterte mit den ebenso vertrauten Positionen: Demilitarisierung, d.h. weiterer Abbau der britischen Militärpräsenz bis zum vollständigen Truppenabzug, Übertragung der Verantwortung für Polizei und Justiz an die Regionalregierung, Amnestie für flüchtige IRA-Terroristen und mehr Fortschritt im Blick auf die »equality-agenda«. Gerry Adams erklärte, Sinn Féin könne sich durchaus vorstellen, Ian Paisley als »First Minister« zu wählen, sofern die DUP zur Machtteilung bereit sei. Im Blick auf die Entwaffnungsfrage signalisierte Sinn Féin weiteres Entgegenkommen. Die britischen und irischen Regierungsvertreter ließen die Parteien wissen, dass es Indizien für die Bereitschaft der IRA gebe, bis Ende 2004 substantiell abzurüsten, alle paramilitärischen Aktivitäten einzustellen und sich praktisch aufzulösen *(»melt away«)*. Im Gegenzug müsse eine rasche Umsetzung des GFA erfolgen und der Abbau der britischen Militärpräsenz schneller vorangehen. Sinn Féin betonte die Unantastbarkeit der Grundprinzipien des GFA und erklärte sich bereit, im Falle eines »fair deal«, Mitverantwortung für den Justizapparat und die nordirische Polizei zu übernehmen. Trotz dieser optimistisch stimmenden Ausgangslage, stockten die Verhandlungen bald und wurden schließlich ergebnislos abgebrochen. Ein enttäuschter Tony Blair gab seiner Überzeugung Ausdruck, dass was jetzt zwar ohne Ergebnis diskutiert wurde, gleichwohl *»rea-*

---

321 So der stellvertretende Vorsitzende der DUP, Peter Robinson. Belfast Telegraph, 15. September 2004.

sonable in its substance and historic in its meaning« sei. Aber: »*if agreement cannot be reached, when it is clear that it should be reached, we will find a different way to move this process forward.*«[322] Der drohende Unterton dieser Bemerkung war nicht zu verkennen. Das hieß im Klartext: Wenn die Parteien nach endlosen Verhandlungen und Jahren des Stillstandes doch keine Einigung erreichten, dann könnte die Britische Regierung Dublin zur Mitregierung einladen, eine Horrorvorstellung für die unionistische Seite. Blair und die Irische Regierung waren vergrätzt über die obstinate Haltung der DUP, die trotz der Zugeständnisse von republikanischer Seite, ihr Misstrauen nicht überwinden konnte. Außerdem beharrte die DUP auf einer Revision des GFA im Blick auf die Ministerverantwortlichkeit. Die DUP hatte damit in der Tat einen wunden Punkt getroffen, wobei sie auf einige einsame (und stark klientelorientierte) Entscheidungen der Sinn Féin Minister Bairbre de Brun und Martin McGuinness verweisen konnte. Nicht nur die Unionisten hatten wiederholt die Problematik der fehlenden Ministerverantwortlichkeit der »Executive« angesprochen. Auch die Alliance-Party hatte im Laufe des Jahres Alternativen zu den Regierungsstrukturen unterbreitet. Sie hatte u.a. ein gewichtetes Abstimmungsverfahren für die Assembly jenseits des Zwangs zur Registrierung als »unionist« oder »nationalist« und eine Regierungsbildung als Ergebnis von freien Verhandlungen zwischen den Parteien vorgeschlagen. Sie verband damit die Hoffnung den *»institutionalised sectarianism«* zu überwinden und mehr Demokratie zu wagen.[323] Die DUP sah sich nicht in der Lage, in dem für sie zentralen Punkt der Verantwortlichkeit der Regierung nachzugeben, weil es hier nicht nur um ein unbedeutendes Detailarrangement ging, sondern um ein zentrales demokratisches Element für »good government« im System der Machtteilung. Im Prinzip bewegte sich die DUP schrittweise auf eine Akzeptanz des »power-sharing«- Prinzips zu, daher war die Kritik der nationalistischen Seite überzogen, hier wolle sich die DUP eine Hintertür zur alten Mehrheitsherrschaft des Unionismus offenhalten. Ian Paisley war trotz seines unerschütterlichen religiösen Fundamentalismus Pragmatiker genug, um zu wissen, dass es zu den, sicherlich zu reformierenden Wahl- und Regierungsstrukturen des GFA, keine Alternative gab.[324] Dass er bereits begonnen hatte, über seinen eigenen Schatten zu springen, demonstrierte er, als er am 30. September 2004 an der Spitze einer offiziellen Delegation seiner Partei zu einem Treffen mit Taoiseach Bertie Ahern nach Dublin reiste. Wer sich noch erinnern konnte, rieb sich die Augen. Der 78jährige, der »Onkel Bertie« leutselig die Hand schüttelte, war derselbe Mann, der anlässlich des Besuchs von Premier Séan Le-

---

322 So Blair auf der Pressekonferenz in Leeds Castle, 18. September 2004.
323 Agenda for Democracy. Alliance Party Proposals for the review of the Agreement. 7. Januar 2004. Das Dokument ist eine brilliante Analyse der Schwächen des GFA und zeigt zugleich die Fähigkeit von Alliance zur produktiven Politikgestaltung.
324 Peter Nonnenmacher gibt der DUP die Alleinschuld am Scheitern der Leeds Castle Verhandlungen, eine reichlich überzogene Einschätzung. Frankfurter Rundschau, 20. September 2004.

mass in Belfast 1965 Schneebälle auf sein Dienstfahrzeug geworfen und Gastgeber Premier O'Neill des »Ausverkaufs von Ulster« bezichtigt hatte. Es war derselbe Mann, der O'Neill letztlich aus dem Amt getrieben und Dublin jahrzehntelang als politischen Handlanger der »antichristlichen« römisch-katholischen Kirche verteufelt hatte. Jetzt saßen sich Taioseach Ahern und Paisley mit ihren Delegationen mehrere Stunden freundlich gegenüber und diskutierten über die Entwaffnung der IRA und Nord-Süd Beziehungen. Obgleich das Treffen ohne konkretes Ergebnis blieb, denn die Meinungsverschiedenheiten über die Einschätzung des Angebots der IRA vom September bestanden fort, so trug es doch zum besseren gegenseitigen Verständnis bei. Paisley gab seiner Hoffnung Ausdruck, künftig eine Beziehung gutnachbarlicher Parnerschaft zur Republik zu entwickeln und Ahern versicherte, er habe den Eindruck gewonnen, dass die DUP die fundamentalen Prinzipien des GFA nicht antasten wollte.

Den ganzen Herbst hindurch gab es Gespräche zwischen der Britischen und Irischen Regierung und den nordirischen Parteien über die alten Themen und grundlegenden Streitpunkte. Drei Fragekomplexe standen im Zentrum der Debatten:

- Wie läßt sich die »endgültige« Entwaffnung der IRA verifizieren? Sind bestimmte technischen Arrangements unverzichtbar als Beweis für die Entwaffnung? (Videoaufnahmen, Bilder, öffentliche Vorführung der Waffen?) Welche Bedeutung haben die Berichte und Erklärungen der IICD und der IMC? Zu welchem Zeitpunkt und von wem kann erklärt werden, »*the war is over*«? Bedarf es einer »Testperiode« (wie lange?), um die Ernsthaftigkeit der »endgültigen Entwaffnung« zu prüfen und darf erst dann die Regionalregierung wiederhergestellt und Sinn Féin in die Regierung aufgenommen werden?
- Was sind die »fundamentalen Prinzipien« des GFA? Was verstehen die Parteien unter einer »Reform des GFA«? Welche Arrangements sollten neu durchdacht und geändert werden, etwa im Sinne der Vorschläge der Alliance Party und der Kritik der DUP (Wahl der Exekutive, Abschaffung der »communal registration«, d.h. Registrierung als »nationalist«, »unionist« und »other«, Ministerverantwortlichkeit, Größe der Assembly, mehr Rechte für die Assembly gegenüber der Exekutive etc.)?
- Welche Maßnahmen im Bereich der Justiz- und Polizeireform, der Menschenrechte, der »Gleichheits-Agenda« und Nicht-Diskriminierung in Wirtschaft und Gesellschaft sind unverzichtbar für ein endgültiges umfassendes Abkommen (»comprehensive agreement«)?

In diesen Fragekomplexen gab es zwar Annäherungen, aber auch erhebliche Meinungsverschiedenheiten, wobei sich die Kontroversen auf die »major players«, Sinn Féin und DUP fokussierten. Die SDLP und die UUP sahen zähneknirschend vom Rand des Geschehens zu. Sinn Féin signalisierte, dass an den »fundamentals« des GFA nicht gerüttelt werden dürfe und sie keine Änderung des GFA akzeptieren würden, die den Unionisten ein faktisches Veto über die Entscheidungen von Sinn

Féin Ministern erlaubte (Ministerverantwortlichkeit). Gerry Adams beklagte, dass die DUP von den Republikanern Vorleistungen verlange und erst dann zu direkten Gesprächen mit Sinn Féin bereit sei: »*Firstly, the DUP are demanding that republicans do everything; and that only then will they talk to Sinn Féin. This refusal to talk to Sinn Féin is an attack on the rights of our electorate and a denial of our democratic mandate. It is unacceptable. Secondly, the DUP time-frame for reestablishment of the political institutions – in the context of an agreement – is much too long and is premised on the demand that we be tested! This is undemocratic, offensive and unacceptable.*«[325] Die DUP konterte mit ihren bekannten Positionen und unterstrich ihre Definition von den »fundamentals« des GFA: »*The commitment to exclusively peaceful and democratic means; the guarantee that there will be no constitutional change without consent; and the requirement for cross-community participation in devolved government.*«[326]

Tony Blair und Bertie Ahern machten Druck auf die nordirischen Parteien. Ende November 2004 verdichteten sich Gerüchte über einen kurz bevorstehenden »deal« zwischen der DUP und Sinn Féin über alle strittigen Fragen. Wenn das Abrüstungsproblem gelöst sei, so erklärte Paisley nach einem Gespräch mit Tony Blair in London, stehe einem Eintritt von Sinn Féin in die Regierung nichts im Wege. Von einer Auflösung der IRA als conditio sine qua non war nicht mehr die Rede. Das war eine bemerkenswerte Einlassung von einem Mann, der noch vor kurzem David Trimble und die UUP wegen ihrer Gespräche mit Sinn Féin als »Verräter« gegeißelt hatte. Niemals, hatte er seinerzeit erklärt, würde ein Unionist mit Terroristen am Regierungstisch sitzen. Viele Beobachter rätselten über den Sinneswandel des streitbaren Pastors und selbst seinen Anhängern wurden der Pragmatismus und seine versöhnlichen Töne unheimlich. Wollte der DUP Vorsitzende wirklich eine gemeinsame Regierung mit Sinn Féin? Oder lockte ihn das Amt des »First Minister«, das er, einmal erreicht, vielleicht dazu nutzen wollte, den Republikanern weitere Konzessionen zu entlocken? Glaubte er, durch institutionelle Änderungen der Regierungsstruktur Sinn Féin einbinden zu können oder gar ein unionistisches Veto zu installieren? Letztlich blieben seine Motive undurchsichtig.

Am 8. Dezember 2004 unternahmen die Britische und Irische Regierung zum wiederholten Male den Versuch, in der Verlängerungslinie ihrer »Joint Declaration« vom April 2003 und vor dem Hintergrund der vielen Gespräche seit Juni 2004, die Parteien zu einem finalen Abkommen zu locken. Sie übergaben den Parteien ein Dokument (»*Proposals By The British and Irish Governments For A Comprehensive Agreement*«). Es enthielt eine Grundsatzerklärung, im Anhang B konkrete Vorschläge zur institutionellen Reform des GFA und in den Anhängen

---

325 GERRY ADAMS, Unacceptable change to the basis cannot bring progress. Irish News, 15. Oktober 2004.
326 So der stellvertretende Vorsitzende der DUP, Peter Robinson. Presse Erklärung vom 5. Oktober 2004.

C-F vorgefertigte Erklärungen der IRA, der IICD, der DUP und Sinn Féin. In Annex A formulierten London und Dublin einen ehrgeizigen Zeitplan. Die Dokumente spiegelten nach Auffassung der Britischen und Irischen Regierung den aktuellen Diskussionsstand mit den politischen Parteien wieder. Wenn alle Verhandlungen nach Plan verliefen und wenn die IRA bis Ende Dezember zu 100% abgerüstet und die IICD dies bestätigt habe, dann könne die Suspendierung der Assembly im Februar 2005 aufgehoben werden. Einen Monat später sollte Nordirland wieder eine funktionierende Regionalregierung mit Sinn Féin Ministern am Kabinettstisch haben.

Die Regierung skizzierte eingangs ihre bekannten Grundpositionen im Blick auf die zentralen Themen:
1. Ende aller paramilitärischen Aktivitäten.
2. Vollständige Abrüstung.
3. Stabilität der politischen Institutionen.
4. Akzeptanz und Unterstützung der Polizeireformen von allen gesellschaftlichen Gruppen und politischen Parteien.

Die »fundamentalen Prinzipien« des GFA seien nach wie vor die Grundlage des Friedensprozesses und alle Parteien hätten sich dazu bekannt:

»*The Governments have made clear consistently that they remain committed to the fundamentals of the Agreement reached in 1998, including the need for consent to constitutional change, for absolute commitment to exclusively peaceful and democratic means, for stable inclusive partnership government, for a balanced institutional accommodation of the key relationships within Northern Ireland, between North and South and between these islands and for equality and human rights to be at the heart of the new dispensation in Northern Ireland. None of the parties in the review of the operation of the Agreement conducted this year have dissented from these fundamental elements.*«[327]

Die Regierungen gingen in ihren konkreten Vorschlägen zu *institutionellen Reformen* des GFA in erster Linie auf die Kritik der DUP ein. So wurden neue Verfahrensregeln für die Arbeit der Minister (»*A statutory ministerial code*«, Annex B, para.3) in Aussicht gestellt, der die Verantwortlichkeit der Minister gegenüber der Assembly verstärken sollte. Die Entscheidung eines Ministers konnte künftig auf Antrag von 30 Mitglieder der Assembly der Exekutive zur Prüfung zurücküberwiesen werden, sofern diese im besonderen öffentlichen Interesse lag. (»*Assembly referrals for Executive review*«, Annex B, para.6) An dem Verfahren, die Minister nach dem d'Hondt System (gemäß der Stimmenanteile der Parteien in der Assembly) einzusetzen, d.h. an der Konstruktion der vier-Parteien Zwangskoalition, wurde festgehalten. Allerdings sollte nun die komplette Kabinettsliste in der Form einer »*Executive Declaration*« der Assembly zur Beschlussfassung vorgelegt werden.

---

327 Proposals, para.3.

Mindestens 50% der jeweiligen Lager (»unionist«, »nationalist«, »other«) mussten der »Executive Declaration« zustimmen, das waren 30 Unionisten, 21 Nationalisten und 3 »Other«, d.h. drei Vertreter der Alliance Party. Die *community designation*, also die Registrierung nach den ethnischen, religiös-kulturellen Lagern, sollte weiter fortbestehen, allerdings der Wechsel erschwert werden. Die Executive wurde mit etwas mehr Informationsrechten gegenüber den Nord-Süd Institutionen (NSMC und BIC) ausgestattet. Die vorgeschlagenen »institutionellen Änderungen« waren insgesamt marginal und trugen der geäußerten Kritik (insbesondere von der Alliance) nur bedingt Rechnung.

Die Hauptsorge der Regierungen galt der *Entwaffnungsfrage*, dem schwierigsten Problem der letzten Jahre, denn die IRA hatte wiederholt eine vollständige, verifizierbare Abrüstung angekündigt und drei Abrüstungsaktionen unternommen, doch die mit der Überprüfung beauftragte IICD hatte keine »endgültige« Abrüstung melden können. Die »Proposals« formulierten im Annex C ein Statement zur Entwaffnungsfrage, dem die IRA zustimmen können sollte und präsentierte im Annex D »Elemente« eines Statements der IICD. Im Annex C stellten beide Regierungen fest, was die IRA angeblich akzeptiert habe:

- Die IRA unterstütze ein umfassendes Friedensabkommen, das die Ursachen des Konflikts beseitige (»*removing the causes of conflict*«, para.3).
- Der besondere, ganz Irland betreffende Charakter des Abkommens (»*all-Ireland nature*«, para. 4) und die jetzt anstehende Implementierung »*creates the conditions for the IRA to move into a new mode that reflects its determination to see the transition to a totally peaceful society brought to a successful conclusion. Consistent with this and recognising the need to uphold and not to endanger anyone's personal rights and safety, all IRA volunteers have been given specific instructions not to engage in any activity which might thereby endanger the new agreement.*« Diese Formulierungen sollten ausdrücken, dass die IRA auf *alle* paramilitärischen Aktivitäten verzichte, wirkten aber seltsam blass. Es ist mit Recht gefragt worden, warum die beiden Regierungen nicht einfach den Artikel 13 der »Joint Declaration« vom April 2003 als Element des statements übernommen haben, der wesentlich konkreter die Gesamtheit paramilitärischer Aktivitäten thematisiert hatte (siehe oben).
- Die IRA werde den Prozess der endgültigen Abrüstung in Absprache mit der IICD bis Ende Dezember zu Ende bringen (»*conclude the process to completely and verifiably put all its arms beyond use*«, para. 5). Es sei mit der IICD vereinbart worden, einen katholischen und evangelischen Pfarrer als Zeugen zur Abrüstungsaktion hinzuzuziehen.

Die im Annex D vorgestellten Elemente einer Erklärung der IICD zur Entwaffnungsfrage enthielten zunächst die Ankündigung eines abschließenden Entwaffnungsberichts im Dezember, sodann wurden eine Reihe von praktischen Verfahrensvorschlägen unter dem Stichwort »Transparenz« des Entwaffnungsprozesses formuliert. Und genau hier kam es zum »clash«, der das ganze Unternehmen wieder einmal scheitern ließ. Zusätzlich zu den beiden geistlichen Zeugen, sollte es auch eine Fotodokumentation der Abrüstung geben: »*In addition, the IRA representative has told us that the IRA will have photographs of the weapons and material involved taken by the IICD, in the presence of the independent observers. These photographs will be shown by the IICD to the two Governments and the parties at the time of the final report on IRA decommissioning and will be published at the time the Executive is established.*«[328] Die DUP hätte es gerne so gehabt und im Prinzip auch beide Regierungen, die hier aber noch kompromissbereit blieben, weil die Entwaffnnung nicht an einem technischen Detail, der photographischen Dokumentation der »beyond use« gestellten Waffen, scheitern sollte. Doch das genau geschah. Tony Blair musste in der Pressekonferenz am 8. Dezember 2004 kleinlaut zugeben, dass »*the issue of the photographs has not been agreed.*«[329] Sinn Féin Präsident Gerry Adams äußerte sich umgehend »schockiert« über die Forderung einer Fotodokumentation. Er habe schon von Beginn der Gespräche deutlich gemacht, dass dies eine »Demütigung« der IRA bedeute und nicht akzeptabel sei. Die IRA reagierte umgehend. Sie wiederholte ihre Bereitschaft, bis Ende Dezember endgültig abzurüsten und ein umfassendes Friedensabkommen zu unterstützen. Alle ihre »volunteers« seien angewiesen, den Verhandlungsprozess nicht zu gefährden. Die Forderung nach einer Fotodokumentation ihrer Abrüstungsaktionen wies sie jedoch als »*act of humiliation*« entschieden zurück: »*We restate our commitment to the peace process. But we will not submit to a process of humiliation.*«[330] Keiner weiß bis heute genau, was eigentlich hinter den Kulissen vor sich gegangen war und warum der so herbeigesehnte »deal« letztlich nicht zustande kam. Die Kontroverse um die Fotodokumentation war nur ein Nebenkriegsschauplatz. Es ging um substantiellere Fragen. War die IRA wirklich zur endgültigen Abrüstung bereit? Vielleicht war sie es wirklich im Blick auf ihren »Kriegsgegner«, die Britische Regierung, aber Zweifel sind angebracht, ob sie tatsächlich auf *alle* paramilitärischen Aktionen verzichten wollte, geschweige denn je eine Selbstauflösung erwogen hat. Sie verstand sich noch immer als Verteidiger »der« Katholiken gegen die loyalistischen Paramilitärs. Solange diese nicht abrüsteten und aufhörten, die communities zu terrorisieren, wollte die IRA nicht verschwinden.

3.7. Ende der Gewalt – Gewalt ohne Ende? Ein Ausblick

Am 21. Dezember 2004 überfielen fünf Verbrecherteams die Northern Bank, mitten im Stadtzentrum von Belfast und erbeuteten die ungeheure Summe von 26,5 Millionen £, das waren mehr als 38 Millionen €. Die Kaltblütigkeit und

---

328 Proposals, Annex D, para.5.
329 http://cain.ulst.ac.uk/issues/politics/docs/nio/tbba081204pct.htm
330 Erklärung der IRA vom 9. Dezember 2004. http://cain.ulst.ac.uk/othelem/organ/ira/ira091204.htm

Professionalität der Täter war ohne Beispiel. Sie nahmen zwei Angestellte der Bank und ihre Familien tagelang als Geiseln und räumten – als Müllentsorger getarnt – in aller Ruhe die Bank aus. Sie entkamen unerkannt und ohne verwertbare Spuren zu hinterlassen. Nach ersten Nachforschungen verdächtigte Polizeichef Hugh Orde die IRA: Nur sie sei in der Lage, ein solches Unternehmen professionell zu planen und logistisch umsetzen zu können. Die Britische und Irische Regierung, sonst eher nicht zu raschen Schuldzuweisungen geneigt und wegen des wackligen Friedensprozesses eher vorsichtig im Umgang mit den IRA-Terroristen, schlossen sich überraschend schnell der Einschätzung des Polizeichefs an. Wenig später erhärtete die IMC die These des Polizeichefs. Nach einer eingehenden Untersuchung stellte die IMC in dürren Worten fest, dass die IRA, neben einer Reihe krimineller Aktionen im Jahre 2004 (Diebstähle, begleitet von Entführungen) für den dreisten Bankraub verantwortlich sei: »*We have carefully scrutinised all the material of different kinds that has become available to us since the robbery, which leads us to conclude firmly that it was planned and undertaken by the PIRA.*«[331] Für die Kommission gab es keinen Zweifel, dass Sinn Féin aufgrund der hinlänglich belegten Nähe zur IRA auch für den Raub mit verantwortlich gemacht werden müsse: »*In our view Sinn Féin must bear it's share of responsibility for all the incidents. Some of its senior members, who are also senior members of PIRA, were involved in sanctioning the series of robberies. Sinn Féin cannot be regarded as committed to non-violence and exclusively peaceful and democratic means so long as its links to PIRA remain as they are and PIRA continues to be engaged in violence or other crime.*«[332] Tony Blair und Bertie Ahern erklärten, die kriminelle Aktivität der IRA sei jetzt das einzige Hindernis (»*sole obstacle*«) zum Frieden und bezichtigten Sinn Féin mindestens der Mitwisserschaft. Insbesondere Premier Ahern überraschte durch die Heftigkeit seiner Angriffe auf Adams und Sinn Féin, wohl vor allem deshalb, weil er erwogen hatte, die 1999 verurteilten fünf Mörder des Polizisten Jerry McCabe als Geste guten Willens zu entlassen und sich nun grausam kompromittiert sah.[333] Sinn Féin wies die Beschuldigungen empört zurück und Danny Morrison bemühte sich in einem langen Artikel, Zweifel an der »The-IRA-did-it« These anzumelden, wobei er vor allem auf die vermeintliche Unglaubwürdigkeit der geheimdienstlichen Informationen abhob.[334] In einer Erklärung vom 2. Februar 2005 reagierte die IRA

---

331 Fourth Report of the Independent Monitoring Commission (IMC), London, 10, Februar 2005, HC 308. para. 7.
332 Ebda., para. 14.
333 Vgl. zu dem Fall McKITTRICK, Lost Lives, S. 1393 ff. Nach Verurteilung der Täter hatte Ahern erklärt, diese würden nicht nach den Bestimmungen des GFA frühzeitig entlassen. CHRIS THORNTON, Bertie Ahern and the bank raid. Belfast Telegraph, 24. Januar 2005.
334 FRANK HERRMANN, Von der Armee in die Mafia? Berliner Zeitung, 13. Januar 2005. Siehe auch das ausführliche Statement von Nordirlandminister Paul Murphy vor dem Un-

wie in der Vergangenheit mit Rechtfertigungen der bisherigen Politik, Gegenvorwürfen und fast unverhüllten Drohungen, wieder zur offenen Anwendung von Gewalt zurückzukehren. Ausführlich widmete sich die IRA der Darlegung ihrer Politik seit dem ersten Waffenstillstand 1994 und wiederholte ihre Anklage, die Briten seien für die Aufkündigung des Waffenstillstandes 1996 und die Canary Wharf Bombenattacke selbst verantwortlich. Seit acht Jahren habe die IRA »*a succession of significant and ambitious initiatives*« unternommen, um den Friedensprozess zu retten. Sie sei im Dezember 2004 zur endgültigen Abrüstung bereit gewesen und habe selbst vorgeschlagen, zwei Geistliche als Augenzeugen zur Abrüstungsaktion hinzuzuziehen. Doch die Gegner des Friedensprozesses, »*pro-unionist and anti-republican elements, including the British Government*« hätten die »Demütigung« der IRA gewollt. Während die Kooperation der Britischen Regierung mit den Loyalisten intakt bleibe (Stichwort: »collusion«), würde die IRA einseitig für die Blockade des Friedensprozesses verantwortlich gemacht. Nun sei die Geduld der IRA erschöpft, sie werde alle Vorschläge zur Abrüstung erst einmal zurückziehen (»*We are taking all our proposals off the table*«), die weiteren Entwicklungen beobachten und nach besten Kräften die Rechte der Republikaner und der Sympathisanten der IRA schützen. Das war eine klare Positionierung. Die IRA sollte intakt und kampfbereit bleiben, von endgültiger Abrüstung und Auflösung war nichts mehr zu hören. Gleichwohl wollte die IRA, sofern die Bedingungen dafür vorhanden wären, den Friedensprozess erneut unterstützen.[335] Doch der Druck auf die IRA und Sinn Féin wuchs weiter, nicht zuletzt durch eine grausige Mordtat am 30. Januar.

Der 33jährige gelernte Koch, Gabelstaplerfahrer und Türsteher in einem Nachtclub, *Robert McCartney*, der mit seiner Verlobten und seinen zwei kleinen Söhnen in der kleinen katholischen Enklave Short Strand in East Belfast wohnte, traf im Pub »Maginnes's Bar« einen alten Freund, Brendan Devine. Mit ihm und anderen nahm McCartney noch einen »pint«, bevor er zu einer Geburtstagsparty weiterziehen wollte. Zu diesem Zeitpunkt war der Pub in der Nähe des Stadtzentrums gut gefüllt. Eine größere Gruppe IRA-Männer war dort nach Rückkehr von dem Gedenkmarsch zum »Bloody Sunday« in Derry eingekehrt. Nach kurzer Zeit kam es zu einem Streit mit einem bekannten, hochrangigen IRA-Volunteer aus Short Strand, Gerard »Jock« Davison, mit dem McCartney schon öfter aneinander geraten war. Es ist nicht ganz klar, was den Streit ausgelöst hat, angeblich sollen die Frauen einiger IRA-Mitglieder aus der Gruppe um McCartney »belästigt« worden seien. Nach heftigem Wortwechsel eskalierte der Streit in eine blutige Auseinandersetzung, bei der Davison an der Hand verletzt wurde. Devine traf es schwerer. Er wurde brutal geschlagen, mit Flaschen und einem Messer traktiert.

---

terhaus am 11. Januar 2005. http://cain.ulst.ac.uk/issues/politics/docs/nio/pm110105.htm. DANNY MORRISON, The IRA Did It. In: Andersonstown News, 3. Februar 2005.

335 IRA statement in response to political developments following the »Northern Bank robbery«. 2. Februar 2005. http://cain.ulst.ac.uk/othelem/organ/ira/ira/020205.htm

McCartney schleppte seinen schwer verletzten, blutenden Freund vor die Tür und bemühte sich verzweifelt, Hilfe herbeizurufen. Eine Gruppe IRA-Leute folgte ihm und griff ihn an. Sie schlugen ihn erbarmungslos zusammen, stachen auf ihn ein und schlitzen ihm die Kehle auf. Die unbeschreibliche Grausamkeit ihrer Attacke erinnerte an die »Shankill-Butchers« der siebziger Jahre. Die IRA Schläger ließen McCartney sterbend auf der Straße liegen und kehrten in den Pub zurück. Hier sorgten sie für die Beseitigung aller Spuren und drohten den anwesenden 72 Gästen, darunter zwei junge Sinn Féin Parlaments-Kandidaten (!), mit massiven Konsequenzen, sollte jemand es wagen, über den Vorfall zu reden oder gar die Polizei einzuschalten. Auch wurde das Video aus der Überwachungskamera entfernt. Eine zufällig vorüberfahrender Polizeistreife entdeckte den sterbenden McCartney und den verletzten Devine und riefen die Ambulanz. Doch für McCartney kam jede Hilfe zu spät. Acht Stunden später starb er.[336]

Die furchtbare Mordtat wäre, wie so viele andere in Nordirland, vertuscht und in einem Meer des Schweigens untergegangen, wären da nicht die couragierten fünf Schwestern des Opfers und seine Verlobte gewesen. Wie die meisten Katholiken in Short Strand waren sie gut nationalistisch gesinnt und hatten stets Sinn Féin gewählt. Sie waren über jeden Zweifel erhaben, eine feindselige Haltung gegenüber der republikanischen Bewegung einzunehmen. Doch jetzt wollten sie nicht mehr schweigen. Sie wollten sich nicht mit der Tatsache abfinden, dass die IRA als selbsternannte Schutzmacht der Katholiken in Short Strand glaubte, nach Belieben ihren kriminellen Neigungen nachgehen und das Schweigen der Menschen durch Drohungen erzwingen zu können. Sie schlugen Alarm und gingen an die Öffentlichkeit. Sie wandten sich mit bewegenden Erklärungen auf Postern, die sie in Pubs, Restaurants und dem lokalen »Community Centre« anbrachten sowie über die Medien an die vielen Augenzeugen und forderten sie auf, zur Polizei zu gehen und auszusagen. Die ihnen und allen anderen Mitbewohnern in Short Strand namentlich bekannten Täter aus »angesehenen« republikanischen Familien müssten zur Rechenschaft gezogen werden.[337] Ähnlich wie die »Peace People« in den siebziger Jahren stellten sie sich mit großer Zivilcourage gegen die mächtige IRA. Der Schmerz über den Verlust ihres Robert war so groß, dass sie alles daran setzten, seine Mörder vor Gericht zu sehen. Ihr Mut zog andere mit und Ende Februar demonstrierten in Short Strand fast 500 Menschen öffentlich gegen die IRA. Auf Plakaten stand: »*No More Lies*« Und: »*Evil will triumph if good people do*

---

336 Zum Tathergang und den Folgen vgl. v.a. Suzanne Breens Reportagen in der Sunday Tribune vom 13. Februar 2005. RUTH DUDLEY EDWARDS, Six angry women confront the Provo thugocracy. JIM CUSACK, IRA savages murder Bert McCartney – and taint Sinn Féin with his blood. Irish Independent, 20. Februar 2005. MARTIN ALIOTH, Die lauten Schwestern. Tagesspiegel, 28. Februar 2005. MATTHIAS MATUSSEK, Aufstand der Schwestern. SPIEGEL Nr. 9, 28. Februar 2005.

337 Die Hintergründe arbeitet gänzend heraus: JIM CUSACK, McCartney's killer a part of ‚untouchable IRA first family' of sadists and perverts. Irish Independent, 8. Mai 2005.

nothing.«[338] Die IRA brauchte mehr als vierzehn Tage, um in einer ersten Erklärung zwei Halbwahrheiten zu verbreiten: Die IRA sei an der Ermordung von McCartney nicht beteiligt gewesen, was nur insofern stimmte, als dass die IRA den Mord nicht angeordnet hatte. Gleichwohl waren es bekannte IRA-Mitglieder, »locals« aus Short Strand gewesen, die McCartney ermordet hatten. Ferner solle die McCartney Familie in ihrer Suche nach Wahrheit und Gerechtigkeit nicht behindert werden.[339] Doch wurde sehr schnell klar, was die IRA im Sinne hatte: die interne Regelung des Vorfalls, nicht etwa die reguläre Strafverfolgung durch Polizei und Justiz. Jetzt, da die Organisation eine Beteiligung von IRA-Mitgliedern aus Short Strand nicht mehr bestreiten konnte, wollte man sich nach paramilitärischen Regeln das Problem vom Hals schaffen. Das hatte sie schon immer unter »Gerechtigkeit« verstanden. Drei IRA-Mitglieder wurden nach einem »Militärgerichtsprozess« aus der Organisation ausgeschlossen. Gerry Adams verurteilte den Mord und erklärte, er habe nach einem Treffen mit den Schwestern McCartneys erst sieben dann später weitere fünf vermeintlich involvierte Sinn Féin Mitglieder suspendiert und sie dem Polizei-Ombudsmann angezeigt. Wer etwas auszusagen habe, solle zu einem Rechtsanwalt oder einem Pfarrer gehen. Die Partei konnte sich aber nicht zu einer klaren Aufforderung an alle bekannten Mitwisser durchringen, die Polizei einzuschalten. Diese Haltung, gestützt von Sinn Féin Kommunalpolitikern in Short Strand, löste weitere heftige Kritik und Empörung aus. Der immer lauter werdende Protest der Schwestern fand zunehmend ein gewaltiges internationales Medienecho. Die menschenverachtende Haltung der IRA wurde wenig später erneut eindrucksvoll dokumentiert als die Terrororganisation der Familie McCartney das perverse Angebot machte, die Täter selber zu richten: »*The IRA representatives detailed the outcome of the internal disciplinary proceedings thus far, and stated in clear terms that the IRA was prepared to shoot the people directly involved in the killing of Robert McCartney.*« Und: »*The only interest the IRA has in this case is to see truth and justice achieved.*«[340] Das Maß an Zynismus und menschenfeindlicher Verkommenheit, das sich hier offenbarte, löste zu Recht harsche Reaktionen aus. Hier zeigten sich in aller Brutalität die ideologische Verblendung und die wahnhaften Ideen vom »Recht«, für die »heilige Sache« Irlands über Leichen zu gehen, die seit Gründung der IRA die Politik der Organisation bestimmt hatten. In der Traditionslinie eines tendenziell totalitären Fenianismus präsentiert sich die IRA seit 1919 gleichermaßen als Staatsanwalt, Richter und Henker. Widerspruch wurde nie geduldet, »Verräter« mit dem Tode bestraft. Demokratie und Rechtsstaat sind bis heute im IRA-Vokabular Fremdwörter. Die IRA, so der

---

338 DAVID McKITTRICK, Rally for murdered republican embarasses IRA. The Independent, 28. Februar 2005.
339 Erklärung der IRA vom 16. Februar 2005. http://cain.ulst.ac.uk/othelem/organ/ira/ira160205.htm
340 Erklärung der IRA vom 8. März 2005. http://cain.ulst.ac.uk/othelem/organ/ira/ira080305.htm

Kommentator des »Belfast Telegraph« treffend, *»lives in a parallel universe to the rest of the civilised world.«*[341] Die McCartney Schwestern wiesen das unsittliche Angebot der IRA umgehend zurück und wiederholten ihre Vorwürfe, dass drei bekannte IRA Mitglieder ihren Bruder ermordet hätten und weitere 12 für die Beseitigung der Spuren, Vertuschung und Einschüchterung von Zeugen verantwortlich seien. Sie stellten bitter fest: *»It is now five weeks since Robert was murdered and no one has come forward with substantial evidence. This must be due to ongoing intimidation and fear.«*[342] Das ungeheuerliche Angebot der IRA brachte Sinn Féin in große Erklärungsnot. Die Partei hüllte sich in beredtes Schweigen und musste schockiert zusehen, dass Gerry Adams von der amerikanischen Regierung nicht zu den offiziellen Feiern zum St. Patricks Day im Weißen Haus zugelassen wurde. George W. Bush lud stattdessen die McCartney Schwestern ein und zeigte sich mit ihnen in freundlichem Gespräch. Die Britische Regierung verbot Sinn Féin, Geldsammlungen in der irisch-amerikanischen community zu veranstalten, was der Partei nicht gleichgültig sein konnte, denn seit 1995 hatte Sinn Féin immerhin zwischen 15 und 20 Millionen £ in den USA gesammelt.[343] Selbst der Sinn Féin so freundlich gesonnene Senator Edward Kennedy und der Kongressabgeordnete Peter King sagten ihre Gesprächstermine mit Adams ab. Kennedy stellte unmissverständlich fest: *»Sinn Féin cannot be a fully democratic party with the IRA Albatross round its neck. The time für decisive and final action is long overdue.«*[344] King forderte die Auflösung der IRA. Nordirlandminister Paul Murphy verfügte weitere finanzielle Sanktionen gegen Sinn Féin, sah aber einen völligen Ausschluss Sinn Féins aus dem politischen Prozess für nicht sinnvoll an. Die IRA wiederholte in ihrer traditionellen Osterbotschaft gebetsmühlenartig ihre Halbwahrheiten. Sie toleriere keine Kriminalität in ihren Reihen, sie habe den Mord an McCartney nicht zu verantworten und habe im Blick auf die Beteiligten (die IRA »locals« J.K) zu helfen versucht. Schuld an der politischen Krise sind nach IRA Lesart immer die anderen: die »heuchlerischen Medien«, das »politische Establishment« und die beiden Regierungen.[345] Nach Rückkehr der Schwestern McCartneys aus den USA erwartete sie allerdings ein erheblich kühlerer Empfang, denn die Einschüchterungen der IRA und die Agitation der örtlichen Sinn Organisation zeigte Wir-

---

341 Belfast Telegraph, 9. März 2005. Guardian, 9. März 2005. Irish Independent, 12. März 2005. MARTIN ALIOTH, IRA bietet Mord für Mord an. Tagesspiegel, 10. März 2005.
342 Statement vom 9. März 2005. http://cain.ulst.ac.uk/events/other/2005/mccartney 090305.htm
343 Times, 14. März 2005.
344 Guardian, 15. März 2005. Siehe auch SABINE RENNEFANZ, Die Mörder von Short Strand. Berliner Zeitung, 15. März 2005. MARTIN ALIOTH, Nordirischer Frühling. Tagesspiegel, 18. März 2005. Sam Smyth berichtet von deutlicher Zunahme der Irritationen und Kritik an IRA und Sinn Féin in der 45 Millionen Menschen umfassenden irisch-amerikanischen community. The week that Irish America finally turned ist back on Sinn Féin. Irish Independent, 19. März 2005.
345 Easter Statement, 23. März 2005. http://cain.ulst.ac.uk/othelem/organ/ira/ira230305.htm

kung. Bei einer Flugblattaktion wurden sie wenig später von einer feindseligen Menge beschimpft und attackiert. Die Freunde der IRA hatten sich vom ersten Schock erholt und gingen jetzt zum Gegenangriff über. Doch die Schwestern ließen sich nicht einschüchtern. Auf Einladung des Europäischen Parlaments reisten sie nach Brüssel, stellten ihre Kampagne vor und wurden von der Sozialistischen Fraktion mit Standing Ovations bedacht. Doch noch immer ist gegen die bekannten Mörder keine Anklage erhoben worden.

Jetzt trat Gerry Adams die Flucht nach vorn an. Am 6. April 2005 gab er eine Erklärung ab, die ganz offensichtlich darauf berechnet war, den Druck auf Sinn Féin zu vermindern, Glaubwürdigkeit wiederzulangen und nicht zuletzt eine Botschaft für den Wahlkampf zu den Unterhauswahlen am 5. Mai zu formulieren. Nach einer langen Eloge auf die Standhaftigkeit, Opferbereitschaft, Prinzipienfestigkeit aber auch Flexbilität der IRA im Friedensprozess, kam Adams zur Sache: *»In the past I have defended the right of the IRA to engage in armed struggle. I did so because there was no alternative for those who would not bend the knee, or turn a blind eye to oppression, or for those who wanted a national republic. Now there is an alternative. I have clearly set out my view of what that alternative is. The way forward is by building political support for republican and democratic objectives across Ireland and by winning support for these goals internationally. I want to use this occasion therefore to appeal to the leadership of Oglaigh na hEireann to fully embrace and accept this alternative.«*[346] Das war in eindringlicher Rhetorik die Aufforderung, dem bewaffneten Kampf zu entsagen und auf friedlichem politischem Wege für die Einheit Irlands zu streiten. Adams begab sich hier auf eine schmale Gratwanderung. Er sagte nicht, dass der »Krieg« endgültig vorbei sei und er forderte die IRA auch nicht auf, sich endgültig aufzulösen. Er wusste sehr genau, dass eine solche Forderung ihn sein Amt als Präsident von Sinn Féin kosten konnte. Gleichwohl musste er auch wissen, dass wenn die IRA seinem Appell nicht folgte, dies seinen fast vollständigen Vertrauensverlust in der republikanischen Bewegung nach sich zöge, ganz zu schweigen von den Folgen für seine Rolle als Verhandlungspartner der Britischen und Irischen Regierung sowie die anderen nordirischen Parteien.

Mit Spannung wurden die *Unterhauswahlen am 5. Mai 2005* erwartet. Wie würde Nordirland wählen? Premier Tony Blair, der Nordirland stets zur »Chefsache« erklärt hat, gewann die Unterhauswahlen ein drittes Mal für die Labour Party und stellte einen weiteren Labour-Rekord auf. Gleichwohl musste er erhebliche Stimmeinbußen hinnehmen und seine Mehrheit gegenüber den Konservativen und Liberalen Demokraten schmolz dahin, sicherlich in erster Linie eine Folge seiner Irak-Politik und eines erheblichen persönlichen Vertrauensverlustes. Schon einen Tag später ernannte Blair einen neuen Nordirlandminister, *Peter Hain (geb. 1950),* zuletzt Minister für Wales und »Leader of the House of Commons.«

---

346 Belfast Telegraph, 7. April 2005.

Wahlergebnisse der Unterhauswahlen vom 5. Mai 2005 (UK ohne Nordirland)

Partei	Stimmen in %	Sitze	Gewinn (zu 2001	Verlust (zu 2001)
Labour	35,2	356	0	- 47
Konservative	32,3	197	+ 36	- 3
Liberale	22,0	62	+ 16	- 5

Wahlergebnisse der Unterhauswahlen vom 5. Mai 2005 in Nordirland

Wahlberechtigte: 1.139.993
Abgegebene Stimmen: 717.502
Wahlbeteiligung: 62,9%

Partei	Sitze	Stimmen	in %
Democratic Unionist Party (DUP)	9	241.856	33,7
Sinn Féin (SF)	5	174.530	24,3
Ulster Unionist Party (UUP)	1	127.314	17,7
Social Democratic and Labour Party (SDLP)	3	125.626	17,5
Alliance Party (APNI)	0	28.291	3,9
Conservative Party (CP)	0	2718	0,38
Worker's Party (WP)	0	1669	0,23
Socialist Environmental Party (SEA)	0	1649	0,23
Vote For Yourself Rainbow Deam Ticket	0	890	0,12
3 Independent Candidates	0	12.959	1,81

Gewonnene Sitze/Wahlkreise im Vergleich zu 2001

Partei	Wahlen 2005	Wahlen 2001
DUP	(9) **East Antrim**, North Antrim, **South Antrim**, East Belfast, **Lagan Valley**, East Londonderry, Strangford, **Upper Bann**	(5) East Belfast, North Belfast, North Antrim, East Londonderry, Strangford
SF	(5) West Belfast, Fermanagh and South Tyrone, Mid Ulster, West Tyrone, **Newry and Armagh**	(4) West Belfast, Fermanagh and South Tyrone, Mid Ulster, West Tyrone
SDLP	(3) South Down, Foyle, **South Belfast**	(3) South Down, Foyle, Newry and Armagh
UUP	(1) North Down	(6) South Belfast, East Antrim, South Antrim, North Down, Lagan Valley, Upper Bann

(Neugewonnene Wahlkreise fett)

Das nicht überraschende Ergebnis stärkte die extremen Parteien in beiden Lagern, denn DUP und Sinn Féin zusammen erreichten fast 60% der Wählerstimmen. Die »Gemäßigten« beider Lager mussten ihre deutliche Niederlage einräumen und die ohnehin marginale politischen Mitte wurde weiter geschwächt, obwohl die kleine lagerübergreifende Alliance Party (APNI) ihre Position trotz leichter Stimmverluste stabilisieren konnte. Die Partei ist aber eher ein wichtiger Faktor im intellektuellen und zivilgesellschaftlichen Diskurs denn in der Parteienkonkurrenz. Der strahlende Sieger war die *DUP*, die vier Sitze hinzugewinnen und die übrigen fünf deutlich verteidigen konnte. Parteivorsitzender *Ian Paisley* triumphierte in seinem Wahlkreis *North Antrim*. Hier konnte er gegenüber 2001 fast fünf Prozent zulegen und gewann mit 54,8 %.

Beklagenswerter Verlierer war die traditionsreiche UUP, die fünf ihrer sechs Sitze verlor, wobei der Verlust des *Wahlkreises Upper Bann* besonders schmerzte. Es war der Wahlkreis des UUP-Vorsitzenden und Friedensnobelpreisträger *David Trimble*, der hier lange Jahre stabile Mehrheiten behaupten konnte. Er verlor mit minus acht Prozentpunkten gegenüber 2001 deutlich gegen David Simpson von der DUP. Am nächsten Morgen zog er die Konsequenzen und trat als Parteichef zurück. Die Zukunft der UUP war jetzt ungewisser denn je, die Partei schien im freien Fall.

Ein Zerfall der Partei in rivalisierende Flügel, ja letztlich ihre Auflösung, war nicht unwahrscheinlich. Doch die UUP meisterte ihre akute Führungskrise rasch. Am 24. Juni 2005 wählte die Partei *Reg Empey,* Trimbles alten Weggefährten, zu seinem Nachfolger. Empey setzte sich im zweiten Wahlgang mit 321 Stimmen (= 52,8%) gegen Mitbewerber Alan McFarland (287 Stimmen = 42,2%) durch. Der 1947 in Belfast geborene Empey hatte seit seiner Studienzeit politisch an der Seite Trimbles gestanden. Mit ihm engagierte er sich in den siebziger Jahren in der rechtspopulistischen Vanguard-Bewegung und stritt mit ihm gegen das AIA 1985. Und auch Trimbles schwierigen Kurs der pragmatischen Kompromisse hatte er stets solidarisch mitgetragen. Trimble ernannte den Wirtschaftsfachmann 1999 zum Minister für Handel und Entwicklung in der kurzlebigen »Executive«. Auf ihn richten sich nun die Hoffnungen der Mitglieder und Wähler der tief zerstrittenen und gedemütigten UUP. Ihm traut man zu, die Rekonstruktion der Partei als wirklich unionistische Volkspartei unter Einschluss von katholischen Befürwortern der Union zu bewerkstelligen. Dies ist eine gigantische Aufgabe, die Empey sicherlich nicht alleine schultern kann. Doch wenn es gelingt, die innere Fraktionierung der Partei aufzubrechen und nach außen Geschlossenheit und klares Profil zu zeigen, sollte der UUP die Erneuerung gelingen.[347]

---

347 iehe die Rücktrittserklärung Trimbles vom 7. Mai 2005. http://www.uup.org/media/media_90_05_05_trimble.htm. PETER NONNENMACHER, Verhasster »Judas« am Ende seines Weges. Frankfurter Rundschau, 9. Mai 2005. Zu Empey siehe MARK DEVENPORT, Profile: Sir Reg Empey. BBC News, 28. Juni 2005. Irish Independent, 25. Juni 2005.

Die Ereignisse im Winter 2004/2005, weder der Bankraub noch der Mord an Robert McCartney, hatten dem »politischen Arm« der IRA, Sinn Féin, nachhaltig geschadet trotz zeitweiliger Glaubwürdigkeitsverluste. Die Partei konnte erneut ein eindrucksvolles Ergebnis mit weiteren Stimmenzuwächsen erzielen. Sie erreichte 24,3% der Stimmen gegenüber 21,7% in 2001 und legte einen Sitz zu (der Wahlkreis Newry und Armagh wurde der SDLP abgenommen). *Gerry Adams* Popularität blieb ungebrochen. Er gewann seinen Wahlkreis in Westbelfast mit 70,5% der Stimmen haushoch gegen seinen Konkurrenten Alex Attwood von der SDLP (14,6%) und legte im Vergleich zu 2001 noch 4,4% zu. Martin McGuinness verlor leicht in Mid Ulster (47,6% gegenüber 51,1% in 2001), behauptete aber den Wahlkreis. Die Wähler von Sinn Féin haben in ihrer Mehrheit sicherlich nicht das Verhalten der Partei in der Bankraub-Affäre oder dem McCartney Mord »belohnt« und sollten nicht als eine Horde unverantwortlicher Extremisten dargestellt werden. Eher ist die Annahme richtig, dass sie Sinn Féin *trotz* dieser kompromittierenden Ereignisse gewählt haben, wohl um Gerry Adams persönlich den Rücken zu stärken und deutlich zu machen, dass sie seine Aufforderung an die IRA, den bewaffneten Kampf aufzugeben, unterstützten. Ihre Entscheidung für Sinn Féin ist auch als erneutes Signal zu werten, die Partei möge für die nationalistische Seite im Friedensprozess eine führende Rolle einnehmen.

Die Politik Sinn Féins wurde nachhaltig durch die historisch *bedeutungsvolle Erklärung der IRA vom 28. Juli 2005 aufgewertet und stabilisiert*. Nach den Turbulenzen des Winters und Adams eindringlichem Appell vom 6. April, den politischen Kampf als die einzige und endgültige Alternative zum bewaffneten Kampf zu akzeptieren, hatte es in den folgenden Monaten heftige Debatten und Auseinandersetzungen in den Entscheidungsgremien der IRA und an der »Basis« gegeben. Die IRA war gefordert, Adams Appell zu beantworten und viele Beobachter erwarteten eine Entscheidung noch im Sommer. Ganz offensichtlich wussten die Regierung in London und Dublin von einer kurz bevorstehenden Erklärung. Einen Tag zuvor wurde auf Anordnung von Nordirlandminister Peter Hain der wegen der grausigen Bombenattacke auf ein Fischgeschäft in der Shankill Road in Belfast (23. Oktober 1993) verurteilte Sean Kelly, zeitlich befristet, entlassen. Kelly hatte seinerzeit eine mehrfach lebenslängliche Haftstrafe erhalten und war dann im Jahre 2000 unter den Bedingungen des Gefangenen – Freilassungsprogramms des GFA freigekommen. Hain hatte ihn wegen vermeintlicher terroristischer Aktivitäten wieder in Haft nehmen lassen. Seine kurzfristige Entlassung deutete auf den Versuch hin, das Adams Lager zu stärken und die IRA zu einer deutlichen Erklärung im Sinne der Adams Linie zu drängen. Schließlich kam die lang erwartete und ersehnte Erklärung. Auf einer an die Presse vermittelten DVD war der ehemalige IRA-Aktivist und frühere Häftling im Maze-Gefängnis Seanna Walsh zu sehen, der mit fast unbeteiligter Stimme eine Erklärung verlas, die wie eine Bombe einschlug und die internationalen Medien kurzzeitig von den Ereignissen in London (terroristische Anschläge islamistischer Extremisten am 7. und 21. Juli) ablenkte.

Vor dem Hintergrund des Verhaltens der IRA in der Bankraub-Affäre vom Winter 2004 und der Ermordung Robert McCartneys im Januar 2005, war die Erklärung in der Tat von »historischer« Bedeutung. Die IRA Führung erklärte, sie habe nach einem beispiellosen intensiven Konsultationsprozess mit IRA Einheiten und »Volunteers« »*formally ordered an end to the armed campaign.*«[348] Das war in aller Klarheit die Aussage, auf die alle gehofft hatten: *Der »Krieg« ist vorbei!* Alle IRA-Einheiten wurden angewiesen, ihre Waffen niederzulegen. Es sei die Pflicht eines jeden »volunteers«, künftig *»to assist the development of purely political and democratic programmes through exclusively peaceful means.«* Das hieß im Klartext: Einzig und allein der politische Kampf, wie er sich in Sinn Féins »peace strategy« ausdrücke, sei künftig das legitime Konzept des republikanischen Kampfes um die Einheit Irlands. Und: *»Volunteers must not engage in any other activities whatsoever.«* Damit konnten eigentlich nur die paramilitärischen und vielfältigen kriminellen Aktivitäten gemeint sein. War das der grundsätzliche Verzicht z.B. auf »punishment beatings«, Schutzgelderpressung und Drogenhandel? So interpretierte es jedenfalls Adams auf Nachfrage. Die IRA ließ gleichwohl keinen Zweifel daran, dass sie den bisherigen bewaffneten Kampf nach wie vor als »legitim« betrachtete: *»We reiterate our view that the armed struggle was entirely legitimate.«* Vergangenheitsbewältigung war nicht angesagt. Die IRA vermied jedes Wort des Bedauerns oder der Reue im Blick auf die Opfer ihrer terroristischen Kampagnen seit 1969 und gedachte stattdessen der *»sacrifices of our patriot dead, those who went to jail. Volunteers, their families and the wider republican base.«* Die zentrale Frage, auf welche Weise die »Niederlegung der Waffen« bzw. der Prozess der Entwaffnung vor sich gehen sollte, wurde unter Verweis auf die bisherige Praxis (Kontakt mit der Independent International Commission on Decommissioning, IICD, Benennung von zwei Zeugen aus den Kirchen) nur sehr knapp beantwortet. Eine Auflösung der IRA wurde nicht in Aussicht gestellt.

Die Britische und Irische Regierung reagierten auf die Erklärung, wie in den vergangenen Jahren, mit einer Mischung aus starker, bisweilen pathetischer Rhetorik und nüchternem Pragmatismus. Seit der Erklärung der IRA vom 6. Mai 2000, ihre Waffen »außer Dienst« zu stellen und den folgenden endlosen Ausweichmanövern und Rückziehern, war man in London und Dublin vorsichtig geworden. Tony Blair und Bertie Ahern ließen aber keinen Zweifel daran, dass sie die Erklärung der IRA für einen qualitativen Fortschritt betrachteten. Blair sprach emphatisch von einem *»step of unparalleled magnitude in the recent history of Northern Ireland«*. Gleichwohl wiesen die beiden Premierminister darauf hin, dass in der Vergangenheit viel Vertrauen verspielt worden sei und es großer Anstrengungen bedürfe, dieses wieder herzustellen. Beide setzten auf die Arbeit der IICD und der Independent Monitoring Commission (ICM), die bis Herbst 2005, bzw. Januar 2006 prüfen sollen, ob die IRA ihren großen Worten vom Ende des bewaffneten

---

348 Wortlaut in http://cain.ulst.ac.uk/othelem/organ/ira/ira280705.htm

Kampfes auch die konkreten Entwaffnungsschritte folgen lasse. Danach werde man entscheiden, ob die »Northern Irish Assembly« und die Regionalregierung wieder ihre Arbeit aufnehmen können. In ähnlicher Weise äußerte sich auch der Nordirlandminister Peter Hain, der darauf drängte, das von der »Joint Declaration« vom April 2003 vorgezeichnete »Normalisierungsprogramm« endlich umzusetzen. Als erste vertrauensbildende Sofortmaßnahme wurde der Abzug von 5000 britischen Soldaten in Aussicht gestellt. Hain forderte Sinn Féin nachdrücklich auf, an der Justizreform und in den Steuerungsinstitutionen der Polizei (»Policing Board«) mitzuwirken. Hains nüchterne Ausführungen machten deutlich, dass es entscheidend darauf ankam, alle, die politischen Parteien und die zivilgesellschaftlichen Institutionen gleichermaßen, zur Mitwirkung am Projekt Frieden und Aussöhnung zu beteiligen. Die IRA habe jetzt mit der notwendiger Klarheit den Weg für die republikanische Seite frei gemacht.[349]

Es war nicht verwunderlich, dass die Erklärung der IRA in unionistischen Kreisen nicht mit Enthusiasmus aufgenommen wurde. Allzu oft war man in den vergangenen Jahren enttäuscht worden. Es überwog eine Haltung der nüchternen Skepsis, auch vom Vorsitzenden der DUP, Ian Paisley, der sich in bemerkenswerter Weise zurückhielt und nicht, wie in der Vergangenheit, sofort von »Betrug« und »Täuschung« sprach. Das gab Hoffnung für die Zukunft.

Die *SDLP* hatte im Wahlkampf nicht so recht deutlich machen können, wofür sie eigentlich stand. Es reichte nicht, sich populistisch als die eigentliche Partei der Einheit Irlands zu empfehlen, diese Rolle wurde glaubwürdiger von Sinn Féin verkörpert. So gab es die erwarteten Stimmverluste (17,5% gegenüber 21,0% in 2001), dennoch konnte die Partei ihre drei Westminster-Sitze halten. Sie gab den Wahlkreis Newry und Armagh an Sinn Féin ab und eroberte stattdessen von der UUP den Wahlkreis South Belfast. Parteivorsitzender Mark Durkan, der viel Kritik an seinem Führungsstil hatte einstecken müssen, gewann den Wahlkreis *Foyle*, den der große Mann der SDLP, Friedensnobelpreisträger John Hume, viele Jahre unangefochten gehalten hatte. Mitchel McLaughlin von Sinn Féin, der sich Chancen ausgerechnet hatte, blieb nach einem erbitterten Wahlkampf nur zweiter Sieger. Es wird für die SDLP schwer sein, Sinn Féin aus der Führungsrolle für die nationalistische community zu verdrängen.

Wie soll es weitergehen in Nordirland?

Ich habe am Anfang des Buches den Nordirlandkonflikt als einen langwierigen politischen Konflikt charakterisiert, in dem es um Staatsbürgerschaft (»citizenship«) und Zugehörigkeit (»allegiance«, »belonging«) geht. Der Streit darüber ist

---

349 Prime Ministers Response to the IRA statement. Joint Statement by Bertie Ahern and Tony Blair on the Ending of the IRA Armed Campaign. 28. Juli 2005. http://cain.ulst.ac.uk/issues/politics/docs/ dott/ batb280705.htm PETER HAIN, Better than before is not good enough. Guardian, 29. Juli 2005.

nicht beigelegt. Unionisten und Nationalisten bleiben bei ihren grundlegend gegensätzlichen politischen Zielvorstellungen: Verbleib im Vereinigten Königreich oder Vereinigtes Irland, obwohl sich die Methoden des Konfliktaustrags grundlegend verändert haben. Norman Porter bringt es in seinem nachdenklichen Buch über Versöhnung in Nordirland auf den Punkt: »*..the reality remains that Northern politics is riven by divisions between citizens who want their different identities publicly affirmed and whose sense of belonging is dependent upon this want being satisfied. Unless it can be satisfied, stark divisions will persist. Thus the unavoidable political question that any serious concern with reconciliation must face: how is an inclusive citizen belonging possible?*«[350] Ein Historiker ist kein Prophet und für den Betrachter vom Kontinent ziemt es sich nicht, den streitenden Parteien weise Ratschläge zu geben. Deshalb seien abschließend thesenartig, ohne jeden Anspruch auf Vollständigkeit, *förderliche* und *hinderliche Entwicklungen* genannt, die dem Verfasser für die Beurteilung der Chancen für Frieden und Demokratie in Nordirland wichtig erscheinen. Der Leser möge, je nach politischer Orientierung, ergänzen und selbst entscheiden, wie seine Prognose für die Zukunft ausfällt.[351]

Förderlich:

- Der Friedensprozess konnte deshalb erfolgreich sein, weil es der politische Wille der Britischen und Irischen Regierung war, geduldig, beharrlich sowie kreativ und flexibel auf eine Lösung des Konflikts hinzuarbeiten. Die Bereitschaft zur Kooperation ist bis heute ungebrochen, insbesondere das gute Verhältnis von Taoiseach Bertie Ahern und Premierminister Tony Blair ist eine förderliche Bedingung für weiteren Fortschritt. Die Irische Regierung nimmt ihre Verantwortung sehr ernst, ihren Einfluss auf Sinn Féin geltend zu machen, um eine raschere Umsetzung des Entwaffnungs- und Auflösungsprozesses der IRA zu ermöglichen. Die Britische Regierung hat seit 1998 die Unionisten unablässig zu pragmatischer Politik gedrängt und ihnen Konzessionen (vor allem in der Entwaffnungsfrage) abgerungen.
- Der Friedensprozess war möglich, weil es nach dem Ende des »Kalten Krieges« einen günstigen internationalen und europäischen politischen Kontext gab. Die USA und die EU unterstützten den Friedensprozess und werden sich auch in der Zukunft für Nordirland engagieren. Ein Rückfall Nordirlands in die Barba-

---

350 NORMAN PORTER, The Elusive Quest. Reconciliation in Northern Ireland. Belfast, 2003. S. 179.
351 ichtige Hinweise verdankt der Verfasser Stefan Wolff, der eine kritische Analyse des Friedensprozesses seit 1998 konzeptuell als »post-agreement reconstruction« vornahm. »Post-agreement reconstruction« richtet sich auf drei Felder: »building (political) institutions, economic recovery, and establishing conditions conducive for the development of civil society.« STEFAN WOLFF; Conclusion: The Peace Process since 1998. In: NEUHEISER(WOLFF, Peace as Last?, S. 206, 211, vor allem die Tabelle auf S. 228, die Indikatoren zur Beurteilung pro- und contra auflistet.

rei der siebziger Jahre ist daher sehr unwahrscheinlich. Die Entscheidung des internationalen Nobelpreiskomitees im Dezember 1998, den Friedensnobelpreises an David Trimble und John Hume zu verleihen, hat die Kräfte der Versöhnung und des Ausgleichs in Nordirland gestärkt.

- Das GFA von 1998 ist ein im Konsens der beiden Regierungen sowie von Unionisten und Nationalisten entwickeltes Angebot an die politischen Parteien und gesellschaftlichen Kräfte, den politischen Rahmen für friedlichen Konfliktaustrag zu nutzen. Die überwältigende Mehrheit der Menschen hat das Abkommen in zwei Referenden unterstützt und damit demonstriert, dass sie trotz auseinanderlaufender nationaler Fernziele einen friedlichen Wettstreit vorziehen. Sie haben den bewaffneten Kampf der IRA »delegitimiert« und der Gewalt loyalistischer Paramilitärs eine klare Absage erteilt. Die Sprache des Dialogs hat weitgehend die Sprache der Gewalt abgelöst. Es gibt zur Zeit keine Alternative zum GFA.
- Die Unionisten waren bereit, ihren über 50 Jahre lang verteidigten politischen Alleinvertretungsanspruch auf die Regierung in Ulster aufzugeben und die Macht mit den Nationalisten zu teilen. Sie zeigten, dass sie zur reflektierten politischen Analyse, der Entwicklung von innovativen Politikkonzepten einer *»reconciled society«* und zur praktischen Veränderung der politischen Institutionen und der politischen Kultur in Nordirland fähig sind.[352]
- Unionisten und Nationalisten haben in langen Lernprozessen Gräben überwunden, im GFA die Legitimität ihrer jeweiligen Traditionen und politischen Zielvorstellungen gegenseitig anerkannt und sich auf ausschließliche friedliche Mittel der politischen Auseinandersetzung verpflichtet. Sie haben Ende 1999 eine Regierung gebildet, in der beide Traditionen vertreten waren und demonstriert, dass sie vertrauensvoll zusammenarbeiten und selbstverantwortlich praktische Regierungsarbeit leisten können. Die gemeinsamen Erfahrungen in der parlamentarischen Arbeit haben den Willen zu Kompromiss und Ausgleich entscheidend gestärkt. Es ist zu erwarten, dass sich auch bei den beiden gegenwärtig stärksten Fraktionen, DUP und Sinn Féin, letzten Endes eine pragmatische Haltung durchsetzt und es zu einer weiteren Annäherung kommt an deren Ende die Bildung einer Regionalregierung auf Machtteilungsbasis stehen kann.
- Die SDLP hat seit ihrer Gründung auf die friedliche Konfliktbeilegung durch Machtteilung und »Irische Dimension« hingearbeitet. Das GFA ist entscheidend auch ihr Werk, vor allem das vom langjährigen Parteivorsitzenden *John Hume*. Ihre konzeptionelle Phantasie und praktisch-politische Arbeit sind ein unverzichtbarer Beitrag zum Frieden in Nordirland. Auch wenn sie zur Zeit hinter Sinn Féin in die zweite Reihe getreten ist, bleibt ihr Einfluss in der na-

---

352 Als Beispiel vgl. die ausgezeichnete Analyse der liberal-unionistischen Wissenschaftler-Gruppe, der Cadogan-Group, Picking Up The Pieces, 2003 und PORTERS Buch, The Elusive Quest.

tionalistischen community und einer Fülle zivilgesellschaftlicher Institutionen bedeutsam.
- Sinn Féin hat sich seit den Hungerstreiks 1981 zur stärksten Kraft im nationalistischen Lager entwickelt. Die Partei hat ihre Fähigkeit demonstriert, politische Verantwortung zu übernehmen, obwohl sie an ihren radikalrepublikanischen Idealen festhält. Sie hat sich wiederholt dazu verpflichtet, das Fernziel der Einheit Irlands ausschließlich mit friedlichen Mitteln zu verfolgen. Gerry Adams hat am 6. April 2005 die IRA erneut und unmissverständlich zur Aufgabe des bewaffneten Kampfes aufgefordert und die republikanische Bewegung auf die einzige politischen Alternative, den friedlichen Wettstreit um die Einheit Irlands, festgelegt. Sinn Féin kann langfristig, nicht nur in Nordirland, sondern auch in der Republik Irland zu einer konstruktiven politischen Kraft werden.
- Eine »Friedensökonomie« entwickelt sich. Die wirtschaftlichen Wachstumsraten der Unruheprovinz zeigen nach oben, das Bruttosozialprodukt steigt, obwohl die Produktivität in Nordirland noch immer niedriger ist als im »Mutterland«. Die Arbeitslosenquote liegt mit fallender Tendenz im ersten Quartal 2005 bei 4,8%, die niedrigste Rate seit den sechziger Jahren. Sie liegt unter den Arbeitslosenraten von London (7,1%), North East (6,0), West Midlands (5,6%) und Schottland (5,5%). Der Tourismus boomt (5% Wachstum 2005 gegenüber 2001), die Dienstleistungsindustrie entwickelt sich rasant. Experten prognostizieren für 2005/2006 ein Wirtschaftswachstum von 3-3,5%. Die Britische Regierung hat im Oktober 2004 ein ehrgeiziges Programm für die umfassende wirtschaftliche Rekonstruktion Nordirlands entwickelt.[353]
- Die *Zivilgesellschaft* entwickelt sich. Ungezählte Friedensinitiativen, Versöhnungsgruppen, Selbsthilfegruppen aller Art kümmern sich um die Opfer des Konflikts und arbeiten an besseren Beziehungen zwischen den communities, vor allem in Belfast und Derry. Das *»Civic Forum«*, eine Einrichtung des GFA, hat seine Arbeit erfolgreich aufgenommen. Die Arbeit der *»Central Community Relations Unit«* hat sich seit den neunziger Jahren ausgeweitet und zahlreiche neue Projekte gefördert.
- Ein großer Schritt im Kampf gegen Segregation und Verfeindung der communities war die Entwicklung »integrierter Schulen« seit 1981. Schon in den siebziger Jahren hatte es erste Initiativen von Eltern und Lehrern gegeben, gemeinsame Erziehung und Bildung zu ermöglichen (»All Children Together«, 1974), aber erst im Oktober 1991 konnte die erste integrierte Schule (in Lisnabreeny, Castlereagh Hills) eingerichtet werden. Das Modell erfreute sich rasch großen Zuspruchs, trotz deutlich distanzierter Haltung der katholischen Kirche und

---

[353] Northern Ireland Economic Review, 2003, 2004, 2005. http://www.nics.gov.uk/economic.htm. Vgl. auch Draft Economic Vision. Northern Ireland Department of Finance and Personnel. Draft Priorities and Budget Consultation, Belfast, 2004. Weitere relevante Dokumente: www.pfgbudgetni.gov.uk.

gemischter Resonanz im protestantischen Lager. Die DUP verwarf das Konzept als bloße »Sozialtechnik«. Die Initiatoren ließen sich nicht entmutigen. Heute gibt es in Nordirland 46 integrierte Schulen mit rd. 15.000 Schülern, das sind ca. 4% der Gesamtschülerschaft. Im Schuljahr 2000/2001 mussten die integrierten Schulen weit über 1000 Schüler abweisen, weil es zu wenig Plätze gab. Bis 2008 will der »Northern Ireland Concil für Integrated Education« die Quote der teilnehmenden Schülerinnen und Schüler auf 10% steigern. Die »Integrierten Schulen« und die neuen curricularen Ansätze haben sicherlich dazu beigetragen, der von den Kindern und Jugendlichen tagtäglich erlebten »Kultur der Gewalt« eine »Kultur der gegenseitigen Anerkennung« und des friedlichen Ausgleichs entgegenzustellen. Nach dem GFA sind Bemühungen erkennbar, verstärkt politische Bildung (»citizenship education«) in die Lehrpläne mit einzubeziehen.

- Nordirland erlebte in den Sommern 2003 bis 2005 die relativ ruhigsten Marschsaisons seit vielen Jahren, es kam nur gelegentlich – wie zuletzt am 12. Juli 2005 in Belfast - zu Ausschreitungen. Der »Orange Order« ist bereit, jetzt auch direkt mit der Paraden-Kommission zu reden und ggf. kommt es auch zu direkten Kontakten mit den katholischen Anwohnern der betroffenen Routen. So ist zu hoffen, dass aus den hochgradig emotional aufgeladenen historischen Erinnerungsevents langfristig friedliche unionistische bzw. nationalistische Volksfeste ohne Provokationen und Gewalt werden.

- Seit die IRA 1997 ihren zweiten Waffenstillstand erklärt hat, ist er intakt geblieben. Die IRA hat sich trotz vielfältiger Provokationen loyalistischer Paramilitärs diszipliniert gezeigt. Sie hat wiederholt ihren Friedenswillen erklärt, den Kontakt zur IICD gehalten und mit ihrer *Erklärung vom 28. Juli 2005 das endgültige Ende des bewaffneten Kampfes verkündet.* Insbesondere die Kampfansage des internationalen Terrorismus an die offenen Gesellschaften des Westens seit dem 11. September 2001, haben der IRA deutlich gemacht, dass der Einsatz terroristischer Mittel für das Ziel »nationaler Selbstbestimmung« nicht mehr legitimiert werden kann.

- Die terroristische Gewalt hat sich deutlich vermindert. Starben 1972 497 Menschen, so waren es 1999, nach dem GFA, nur noch sieben und 2005 nur noch zwei. Seit 1999 ist kein Polizist und kein Soldat mehr ums Leben gekommen. Aber der über dreißigjährige Konflikt hat seine tiefen Spuren in Einstellungen und Verhalten der communities hinterlassen. Versöhnung braucht langen Atem und insofern werden die Nordiren mit einem gewissen Maß an inter- und intrakommunaler Gewalt leben müssen. Das Alltagsleben hat sich weitgehend normalisiert, Belfast ist eine boomende Großstadt mit wachsender kultureller Ausstrahlung und der Tourismus kehrt zurück. Findige Unternehmer organisieren »trouble spots« Fahrten durch die protestantischen und katholischen Stadtteile, wo sich Touristen aus aller Welt bei matialischen Geschich-

ten über den Konflikt (entweder in unionistischer oder nationalistischer Version) gruseln können.
- Wichtige Teile des GFA sind auf dem Wege der Umsetzung, wenn auch mit Schwierigkeiten, z.B. die Polizeireform. Die ehemalige RUC wird schrittweise in eine »normale Polizei«, die allen Bürgern verpflichtet ist, umgewandelt. 80% der katholischen Bewerber für den Polizeidienst wurden inzwischen.[354] Eine umfassende Justizreform ist auf dem Weg. Die Menschenrechtskommission ist dabei, eine »Bill of Rights« zu erarbeiten und wird darin von der großen Mehrheit der Bevölkerung in Nordirland unterstützt.[355] die »Equality Commission« hat eine Fülle von Vorschlägen zur Gleichheit im gesellschaftlichen Leben Nordirlands vorgelegt. Sie kann befriedigt ein Anwachsen der Beschäftigung von Katholiken sowohl im Öffentlichen Dienst als auch in der Privatwirtschaft konstatieren. Die gesamtirischen Institutionen haben sich bewährt und verstärken die Bereitschaft zur grenzüberschreitenden Kooperation.
- Die Britische Armee ist deutlich reduziert worden. Weitere Maßnahmen zur »Demilitarisierung« sind durch Abbau von Überwachungs- und Sicherungsanlagen, Verzicht auf militärische Begleitung von Polizeieinsätzen und Schließung von Militärstützpunkten umgesetzt worden.

Hinderlich:
- Die institutionellen Arrangements des GFA weisen Mängel auf. So führt z.B. das Besetzungsverfahren der Regierung (»Executive Committee«) nach dem Stärkeverhältnis der Parteien im Parlament zur Verewigung einer unfreiwilligen großen Vier-Parteien Koalition, was Unbeweglichkeit und Doktrinarismus fördert. Die Regierung ist keine verantwortliche Regierung nach europäischen Standards. Die Parteien haben die Mechanismen des GFA weniger zur Kooperation, denn zur Vertretung ihrer eigenen Interessen und Behauptung nationalistischer und unionistischer Identitäten ausgenutzt. Man könnte überspitzt sagen, dass die Parteien noch nicht »reif« für das GFA waren: *»Es wächst eher der Verdacht, dass die mit dem Belfast-Abkommen initiierten Verfahren einer Demokratie nur geeignet sind, tradierte Frontstellungen aufrecht zu erhalten und die Fortführung von Auseinandersetzungen zu nähren.«*[356] Das Misstrauen der Partei-

---

354 GERALDINE MULHOLLAND, 80% of Catholic applicants join PSNI. Belfast Telegraph, 23. März 2005.
355 5% der Protestanten und 73% der Katholiken unterstützen die Verabschiedung einer »Bill of Rights«, wobei sie besonderen Wert auf soziale und wirtschaftliche Rechte legen. Vgl. die Meinungsumfrage der Northern Ireland Human Rights Commission vom Februar 2004. http://www.nihre.irg.index.htm
356 Siehe v.a. MOLTMANN; »Es kann der Frömmste...«, S. 47. Siehe auch Cadogan-Group, Picking Up The Pieces, S.20. Stefan Wolff merkte treffend an: ...»the fundamental conflict between the proponents of the two competing visions of national belonging is far from over; (some of) the conflict parties have merely agreed on a new framework in which they

en gegeneinander überwiegt die zarten Ansätze von Vertrauen, die der Friedensprozess entwickelt hat.
- Das große Engagement und die Kooperation der Britischen und Irischen Regierung und z.T. auch der USA im Konfliktmanagement, hat bei den Parteien Risikoscheu, geringe Frustrationstoleranz und Verantwortungslosigkeit befördert. Der Leidensdruck, sich einigen zu müssen, war nicht hoch genug, um David Trimble, Ian Paisley, John Hume, Mark Durkan und Gerry Adams davon abzuhalten, oft übereilt die Nähe ihrer »Schutzmächte« in London, Dublin oder Washington zu suchen, darauf hoffend, dass »Uncle Bertie«, »Daddy Tony«, »Good Old Bill« oder »George W.« die nächste Krise bewältigen. Zugleich waren die Regierungen stets bequeme Sündenböcke, um Fehlentwicklungen einzuklagen und auch von eigenem Versagen abzulenken.
- Die wirtschaftliche Erholung der Provinz, ein »key factor« für die Rekonstruktion des vom 30jährigen Konflikt gezeichneten Landes, geht sehr langsam voran. Die Produktivität liegt immer noch um rd. 15% unter der des übrigen Großbritannien und das Einkommensniveau ist deutlich niedriger. Die Zahl der wirtschaftlich Inaktiven, insbesondere in den jüngeren Jahrgängen, ist besorgniserregend hoch. Das Armutsrisiko für Alleinerziehende, kinderreiche Familien und Menschen mit Behinderungen ist hoch und die dauerhafte Abhängigkeit von Sozialleistungen ein großes Problem. Das Qualifikationsniveau der Beschäftigten entspricht weitgehend nicht den Herausforderungen einer modernen Industrie- und Dienstleistungsgesellschaft. Ob Nordirland im harten Wettbewerb des globalisierten Kapitalismus wird mithalten können, ist eine mehr als besorgte Frage.[357]
- Die in über 30 Jahren Konflikt gewachsene Entfremdung weiter Teile der nordirischen Protestanten vom »Mutterland« (von der nationalistischen Seite gar nicht zu reden) ist keineswegs überwunden, trotz des großen Engagements der Britischen Regierung im Friedensprozess. Insbesondere die DUP verstärkt die regierungskritische Haltung und hält Wahrnehmungen von »Im-Stich-Gelassensein« und »Verrat« aufrecht. Umgekehrt reagieren die Briten im »Mutterland« überwiegend mit Indifferenz auf den Nordirlandkonflikt und der Anteil derer wächst, die eine Vereinigung Irlands als finale Konfliktlösung präferieren.[358]

---

want to pursue these distinct visions.« STEFAN WOLFF, Conclusion: the peace process since 1998. In: JÖRG NEUHEISER/STEFAN WOLFF (eds.), Peace at Last? The impact of the Good Friday Agreement on Northern Ireland. New York, 2002. S. 205.

357 Priorities and Budget 2005-08. Department of Finance and Personnel. Belfast, Dezember, 2004. Im Programm werden drei Grundziele genannt: »Economic Competitiveness - to make Northern Ireland a more competitive and productive region. Building Equality and Community Cohesion - to increase opportunity for all and ensure stronger communities. Better Public Services – to ensure excellent and efficient public services for all.«

358 Siehe Anmerkung 313.

- Die UUP und damit die unionistischen pro-GFA Kräfte befinden sich nach drei verheerenden Wahlniederlagen (»Assembly«, 2003, Europawahlen, 2004 und Unterhauswahlen, 2005) in freiem Fall. Es ist David Trimble und seinen Anhängern nicht gelungen, die unionistischen Wähler davon zu überzeugen, dass es trotz aller Schwierigkeiten bei der Umsetzung des GFA und geforderter notwendiger Revisionen im Blick auf die institutionellen Arrangements zur Zeit keine glaubwürdige Alternative dazu gibt. Die UUP war im Kern davon selbst nicht überzeugt und eine in Selbstzweifel befangene Partei konnte dem Wähler nicht glaubwürdig gegenübertreten. Die tiefe Frustration über die Unzulänglichkeiten des 1998 so enthusiastisch angenommenen GFA und den politischen Stillstand konnte die DUP mit kraftvollem Populismus (z.B. mit dem gegen Sinn Féin gerichteten Slogan, »Keep Unionism No.1«) für sich nutzen und die Mehrheit der unionistischen Wähler überzeugen. Die DUP formulierte eine klare Alternative, wenn sich das GFA als nicht revisionsfähig und die politischen Blockaden als nicht behebbar erweisen sollten: *Fortsetzung von »Direct Rule«, aber mit mehr Mitverantwortung der »Provinz«.* Dies erschien der deutlichen Mehrheit der Wähler erheblich sicherer zu sein als eine unsichere Zukunft auf Basis des GFA. Einer Mehrheit vom GFA enttäuschten Protestanten (66%) ist es inzwischen gleichgültig, ob sie eine eigene Regionalregierung bekommen oder nicht und 50% Katholiken sehen es genauso.[359] Aber nur eine Minderheit von Protestanten befürwortet eine Rückkehr zum alten majoritären Stormont System. Die nordirischen Wähler haben die radikalsten Vertreter unionistischer und nationalistischer Interessen mit deutlichen und komfortablen Mehrheiten ausgestattet. Sinn Féin versteht unter »Frieden schaffen« und »Gleichheit« Demilitarisierung, republikanische Kontrolle der Polizei, irgendwann Abzug der Briten und Vorbereitung der Einheit Irlands. Sinn Féin hält an ihrem republikanischen Fernziel der Einheit Irlands unverrückbar fest und fordert die volle Umsetzung des Abkommens als Zwischenschritt zur Einheit. Die Irische Regierung wird aufgefordert, eine operative Politik zur Wiederherstellung der Einheit Irlands zu entwickeln: *»There is a political onus and national responsibility on the Irish Government to formulate and implement a strategy to promote and achieve the national and democratic objectives of national self-determination, Irish territorial reunification, political independence, sovereignty, and national reconciliation.«*[360] Dagegen steht die DUP, die Nordirland fest im Verbund des United Kingdom halten will und eine Beteiligung von Sinn Féin an der Regierung erst akzeptieren wird, wenn sich die IRA endgültig aufgelöst hat. Doch damit ist auch nach der Erklärung vom 28. Juli 2005 genauso wenig zu rechnen, wie mit dem Verschwinden der loyalistischen Paramilitärs. Die triumphalistischen Gesten und die pointiert protestantische Rhetorik der DUP

---

359 Economist, 11. Dezember 2004.
360 Vgl. das Sinn Féin Discussion Paper: Green Paper on Irish Unity. Belfast, 2005, para.1.

nach ihren beeindruckenden Wahlgewinnen bei den Unterhauswahlen 2005 lassen nichts Gutes erahnen. Es ist größte Skepsis angebracht, mit einer baldigen Regierungsbildung zu rechnen. London wird Nordirland noch lange »direkt« regieren, was die Fähigkeit der Parteien zu eigenverantwortlichem Handeln, zu Kooperation und Kompromiss nicht gerade befördern wird.

- Die SDLP als der nationalistische Architekt des GFA ist schwer angeschlagen. Die Partei befindet sich seit spätestens November 2003 in einer tiefen Krise, Während sich Konkurrent Sinn Féin erfolgreich als gesamtirische Partei profilieren konnte, bei den Europawahlen gar zwei Sitze in Straßburg gewann und bei der Unterhauswahl im Mai 2005 erneut zulegen konnte, ist die SDLP eine auf Nordirland beschränkte Partei, die ihre große Zeit (und im unbestreitbaren Erfolge) mit John Hume hinter sich zu haben scheint. Der fortschreitende Stimmenverlust des moderaten Nationalismus schwächt das gesamte politische System Nordirlands.
- Die Stärkung, bzw. Rekonstruktion community-übergreifender *zivilgesellschaftlicher Strukturen* ist zäh, zu langsam und von ständigen Rückschlägen begleitet. Die *Segregation der communities* setzt sich in alarmierender Weise fort. Die Lebensräume sind sichtbar markiert und abgegrenzt. Die Zahl derer, die nur mit Menschen ihrer eigenen Religion zusammenleben möchten, stieg von 14% im Jahre 1996 auf 23% im Jahre 1999. Im gleichen Zeitraum fiel die Zahl der Befürworter von »mixed« Nachbarschaften von 82 auf 73%.[361] Protestanten und Katholiken leben in »ihren« Stadtteilen, im katholischen Ardoyne oder protestantischen Shankill. Sie heiraten in der Regel innerhalb ihrer »Konfession«, »gemischte Ehen« sind selten. Heute haben 91% der Katholiken Partner der eigenen Konfession, 72% der Presbyterianer und 68% der Anglikaner. Eine Mehrheit von 51% hält gemischte Ehen im eigenen Familienverband für problematisch, 43% würde es nichts ausmachen.[362] Ihre Kinder nehmen von klein auf die Segregation in »protestantisch« und »katholisch« wahr, obwohl ihre Eltern oft selbst nicht erklären können, worin die Unterschiede liegen und warum sie »Protestanten« bzw. »Katholiken« nicht trauen sollten. In Belfast trennen hohe stacheldrahtbewehrte Mauern aus Stahl und Beton viele protestantische und katholische Wohnviertel. Diese (inzwischen 37) *»peace lines«* genannten, aber an die Berliner Mauer 1961-1989 gemahnende Bauwerke, machen Belfast *»zur meistgeteilten und am zornigsten eingemauerten Stadt*

---

361 JOHN HUGHES/CAITLIN DONNELLY, Ten Years of Social Attitudes to Community Relations in Northern Ireland. In: Social Attidudes in Northern Ireland. The Eigth Report. Edited by ANNE MARIE GRAY et al., London/Sterling, Virginia, 2002, S.44. JOANNE HUGHES, Attitudes to community relations in Northern Ireland: grounds for optimism? www.ark.ac.uk .
362 JOHN D. BREWER, Are there any Christians in Northern Ireland? In: Social Attidudes in Northern Ireland. The Eigth Report, S. 36.

Europas.«[363] Im Schatten der »peace lines«, an den Schnittstellen (»interfaces«) von katholischen und protestantischen Wohnvierteln, breiten sich Tristesse, Armut und Verslummung aus. Die sozialen Brennpunkte sind Orte regelmäßiger gewalttätiger Auseinandersetzungen.[364] Die Stimmung zwischen den communities ist gereizt, man betrachtet sich mit Misstrauen, Furcht und Feindseligkeit. Jede Gruppe sieht sich als Opfer der anderen. Die geringste Provokation kann Gewalteruptionen auslösen (Beispiel: die »Holy Cross« Auseinandersetzungen). Die Protestanten sind mehrheitlich der Meinung, dass ihre kulturellen Traditionen gering geschätzt, marginalisiert und verdrängt werden (z.B. Auflösung der RUC, Verhinderung von Märschen des »Orange Order«, Förderung der Irischen Sprache und Kultur). Dagegen treten die Katholiken, begünstigt durch die inzwischen angelaufenen Gleichstellungsprogramme und auch den politischen Erfolg Sinn Féins, immer selbstbewusster auf. Die Politik hat offenbar geringe Phantasie und Mittel, um Entfremdung, feindselige Wahrnehmungen und Segregation beider Bevölkerungsteile aufzuhalten, trotz einer Fülle von »community relations« Programmen. Das alte Übel des *»sectarianism«* ist nicht beseitigt. Das Vertrauen in die Institutionen des Staates ist nach 35jährigem Konflikt immer noch nachhaltig erschüttert, der Friedensprozess hat dieses »Systemvertrauen« bislang noch nicht wiederherstellen können.[365] Wir wissen aus Ergebnissen der empirischen politischen Kulturforschung, dass, wenn Demokratie funktionieren soll, es nicht nur der (selbstverständlichen) Akzeptanz von Menschenrechten und demokratischen Verfahren bedarf, sondern ein »staatsbürgerliche Orientierungen« und demokratischen Grundwerte aktiv gelebt werden müssen. Diese Orientierungen können z.B. beschrieben werden als *»Vertrauen in die Mitbürger; ausreichende Kenntnisse sowie emotionale und wertgebundene Zustimmung im Hinblick auf das politische Gesamtsystem... aktive Toleranz; Fähigkeit zur emotional stabilen Verbindung von Konflikten in Sachfragen mit Übereinstimmung in demokratischen Grundüberzeugungen; emotionale Fähigkeit zur Trennung von politischer Differenz und menschlicher Anerkennung.«*[366] An diesem Werteminimum fehlt es den meisten der politischen Akteure in Nordirland.

---

363 WOLF ALEXANDER HANISCH, Sieh mal, die Front! In: DIE ZEIT, 23. Januar 2003.
364 Zu geographischer Lage und sozialer Situation am Rande der »interfaces« siehe BRENDAN MURTAGH, The Politics of Territory. Policy and Segregation in Northern Ireland.Basingstoke, 2002. S. 48 ff. Siehe auch das ernüchternde Konsultationspapier des NIO vom Januar 2003. Community Relations Unit, OFMDFM, A Shared Future. A Consultation Paper on Improving Relations in Northern Ireland. Belfast, 2003.
365 Vgl. zum Begriff des »Systemvertrauens« GERT-JOACHIM GLAEßNER, Sicherheit in Freiheit. Die Schutzfunktion des demokratischen Staates und die Freiheit seiner Bürger. Opladen, 2003. S. 24 ff.
366 THOMAS MEYER, Identitätspolitik. Vom Missbrauch kultureller Unterschiede. Frankfurt/Main, 2002. S. 199. Derselbe, Theorie der Sozialen Demokratie. Wiesbaden, 2005. S. 232 ff., S. 449 ff. Vgl. auch die Liste von »Bürgertugenden« bei WILLIAM A. GALSTON;

- Die IRA hat seit dem Jahr 2000 trotz ermüdender Ankündigungen, Rückzügen und neuen Verlautbarungen ihre Waffen noch immer nicht »außer Dienst« (»beyond use«) gestellt. Daran ändert auch die historische Erklärung vom 28. Juli 2005 nichts. Sie hat die Britische Regierung und die Unionisten seit fünf Jahren mit der Drohung, die Waffen wieder aufzunehmen, zu einer Konzession nach der anderen gedrängt. Die IRA hat sich nicht aufgelöst. Keiner kennt den genauen Umfang und die Standorte ihrer gewaltigen Waffenarsenale. Sie hält unbeirrt an der historischen Legitimität ihres bewaffneten Kampfes im Sinne der fenianischen Traditionen – stellvertretend für »das« irische Volk (!) – fest. Sie ist nicht bereit, ihre terroristische Vergangenheit kritisch aufzuarbeiten. Es ist zur Zeit offen, ob sie ihre Organisation nicht im Geheimen intakt halten will. Sie hat ihre Existenz mit kriminellen Aktivitäten, wie z.B. Einbrüchen, Bankraub, Drogenhandel, Schmuggel von Diesel, Zigaretten und CD Raubkopien, Betrug, Schutzgelderpressung und in zunehmendem Maße auch legalen Geschäften (wie z.B. Pubs, Restaurants, Nachtclubs, Mietwohnungen und diversen Einzelhandelsgeschäften) finanziert. Ihr Jahresumsatz wurde von seriösen Beobachtern auf rd. 30 Millionen £ geschätzt, Geld, das vermutlich auch in die Wahlkampfkassen von Sinn Féin floss. Wird sie davon lassen? Oder bedeutet die Erklärung vom 28. Juli 2005 lediglich, dass sie den bewaffneten Kampf zugunsten des Kampfes für ein *»all-Ireland criminal empire«* aufgegeben hat?[367]
- Sinn Féin hat sich stets als eigenständige politische Partei zu profilieren gesucht, die angeblich mit der IRA »nichts zu tun habe«. Keiner hat der Partei diese Behauptung je geglaubt. Diese Vernebelungstaktik löste sich spätestens im Herbst 2003 auf, denn Gerry Adams trat relativ unverhüllt als Sprecher der IRA in Erscheinung. Auch für Premier Bertie Ahern war die enge Verbindung von Sinn Féin und der IRA völlig klar: So erklärte er im irischen Parlament: *»I have made it clear that Sinn Féin and the IRA are two sides of the same coin.«*[368] Sein Justizminister Michael McDowell ergänzte, dass für ihn IRA und Sinn Féin *»a single entity«* bildeten. Gerry Adams und Martin McGuinness seien Mitglieder des IRA »Army Council«. IRA Veteran John Kelly bezeichnete IRA und Sinn Féin als *»seamless political cloth«*. Es passe den Sinn Féin Politikern in feinen Anzügen gut, die »harten Jungs« auf der Straße zu wissen, Dissidenten in ihre Schranken zu weisen und das GFA mit den für die republikanische Seite erreichten Positionen zu überwachen.[369] Die Drohung mit den »guns«, um po-

---

Liberal Purposes: Goods, Virtues and Diversity in the Liberal State. Cambridge, 1991. S. 221 ff.
367 So der Kommentator des »Irish Independent«, 6. März 2005. Schätzungen zufolge erzielt die IRA mit ihren »legalen« Geschäften rund 30 Millionen £ Umsatz pro Jahr. SUZANNE BREEN, Crime pays für IRA. Village, 1. Januar 2004.
368 Belfast Telegraph, 28. Januar 2004.
369 JONATHAN FREEDLAND, After McCartney. The Sinn Féin leadership must finally deliver up the IRA hardmen or risk splitting republicanism. Guardian, 16. März 2005.

litische Konzessionen zu erpressen und politischen Entscheidungen Sinn Féins Nachdruck zu verleihen, hat sich bis heute als das entscheidende Hindernis für Fortschritte im Friedensprozess erwiesen. Nach der Erklärung vom 28. Juli hat die IRA jetzt die Wahl: Entweder etabliert sie sich als mafiöse Organisation oder sie löst sich auf und ihre »volunteers« finden den Weg in das zivile Leben zurück.

- Die republikanischen Dissidentengruppen (RIRA, CIRA) halten sich nicht an die Erklärung der IRA vom 28. Juli, sondern bomben weiter. Auch sie verfügen offensichtlich über beträchtliche Waffenmengen und die entsprechende Logistik, sie auch einzusetzen. Die IRA scheint nicht in der Lage zu sein, den Zugriff der Dissidenten auf Waffenarsenale zu verhindern. So setzen winzige Gruppen unbelehrbarer Fanatiker den Terror in Nordirland und auch in England fort. Der massive Truppenabbau, die »Entmilitarisierung« der Polizei und der damit verbundene Sicherheitsabbau wird die Dissidentengruppen ermutigen, ihre Kampagne auszuweiten. Die daraufhin zu erwartende Verstärkung der Sicherheitsvorkehrungen, Aufstockung der Truppen etc. wird dann auf den Protest der republikanischen Bewegung stoßen, die eine Verletzung des GFA einklagen wird. In der Konsequenz ist eine Verhärtung der politischen Fronten zwischen Unionisten und Nationalisten anzunehmmen – mit unkalkulierbaren Folgen für den Friedensprozess.

- Das inter-kommunale und intra-kommunale Gewaltniveau liegt weiterhin sehr hoch. Die Gewalt der IRA und die Gewalt der loyalistischen Paramilitärs, die sich gegen die eigenen communities richtet, hat nicht aufgehört. »Punishment shootings« und »beatings« sind weiter an der Tagesordnung. Die politischen Flügel der Paramilitärs, Sinn Féin und PUP respektive, scheinen nicht in der Lage zu sein, mäßigend auf ihre militanten Gruppen einzuwirken. Sinn Féin erweist sich in dieser Hinsicht trotz beeindruckender Stimmengewinne seit Ende der achtziger Jahre letztlich als kaum politikfähig. Bis auf eine Fülle glänzender Rhetorik, verpackt in programmatische Erklärungen, hat die Partei wenig konkrete Politiken zu bieten. Ihre fünf im Mai 2005 bei den Wahlen zum Unterhaus gewonnenen Sitze wird sie nicht einnehmen, weil sie immer noch dem dogmatischen Prinzip des Mandatsverzichts für das britische Unterhaus folgt. Wofür haben ihre Wähler eigentlich ihre Stimme abgegeben? 70% der *Wähler* von Sinn Féin sind für die vollständige Entwaffnung der IRA, 60% plädieren für die endgültige Auflösung der Organisation. Das sehen die *Mitglieder* der Partei allerdings ganz anders.[370] Sinn Féin muss sich entscheiden: Entweder gelingt es der Partei, die IRA zur endgültigen Selbstauflösung zu überreden und somit in der republikanischen Bewegung tatsächlich die Achtung von Menschenrechten und die Akzeptanz ausschließlich friedlicher, de-

---

370 STEVEN KING, Are we on the verge on a new political Ice Age? Belfast Telegraph, 12. März 2005.

mokratischer Mittel durchzusetzen oder sie bleibt in der ambivalenten Haltung von konstruktiv-politischer Außendarstellung und stillschweigender Duldung der intra-kommunalen Gewalt der IRA und ihrer kriminellen Aktivitäten befangen.

Seit vielen Jahren fragen politische Beobachter: Ist die Wiedervereinigung Irlands nur noch eine Frage der Zeit? Werden um 2020 die Katholiken die Mehrheit der Bevölkerung in Nordirland stellen und dann ein vereinigtes Irland herbeiführen? Wird der Nordirlandkonflikt auf diese Weise gelöst? So einfach sollte die Rechnung nicht aufgemacht werden. Die katholische Bevölkerung blieb zwischen 1926 und 1961, auch in ihrer regionalen Verteilung auf die sechs Grafschaften, einigermaßen stabil. Nach Ausbruch des »Troubles« kam es, insbesondere in Derry und Belfast, aber auch ländlichen Regionen, zu Bevölkerungsverschiebungen. Protestanten und Katholiken zogen dahin, wo sie hofften, »on one's own« zu leben, d.h. ohne die ständige Furcht vor Übergriffen durch die »anderen«, und wo sie größere Lebenschancen für ihre Kinder sahen. Der Anteil der *Katholiken* stieg von 35,3% im Jahre 1961 auf 41,5% im Jahre 1991, eine Entwicklung, die sowohl auf die höhere Geburtenrate der Katholiken als auch eine geringere Emigration zurückzuführen ist. Nach der Volkszählung von 2001 sind inzwischen 43,67 % der Nordiren Katholiken und 53,13 % *Protestanten*.[371] Das Wachstum des katholischen Bevölkerungsteils war im unionistischen Lager stets Anlass zur Besorgnis, obwohl sich die katholische Geburtenrate 2001 abgeflacht hat und der protestantischen nahekommt. Die protestantischen »Überfremdungsängste«, die sich aus der Furcht speisen, dass eine mögliche katholische Bevölkerungsmehrheit für ein vereinigtes Irland votieren und die Protestanten zur Minderheit machen würde, erweisen sich, bei Lichte besehen, als unbegründet. Selbst bei rascherem Wachstum des katholischen Bevölkerungsteils würde es lange dauern, bis die herangewachsenen Katholiken im Wahlalter sind und politisch mitentscheiden dürften. Und selbst dann wäre ja nicht sicher, ob sie sich im Sinne der nationalistischen Parteien entscheiden würden. Die Unionisten hätten es schließlich auch selbst in der Hand, die wachsende katholische Minorität von den Vorzügen des Verbleibs im United Kingdom zu überzeugen. Doch solche politischen Fakten ändern oft wenig an den *Wahrnehmungen* der Menschen, vor allem, wenn z.B. Protestanten in ihren regionalen und lokalen Alltagswelten die Erfahrung von stetiger katholischer Zuwanderung machen und es zu Alltagskonflikten kommt, die als ethnische, kulturelle und religiöse Verdrängung gedeutet werden (siehe Holy Cross). Wir erleben derartige

---

371 Northern Ireland Statistics & Research Agency (NISRA), Northern Ireland Census 2001. Key Statistics. Belfast, 2002. Tabelle KS07b, S.22. Die Zählung der Protestanten schloss sowohl die großen Kirchen (Presbyterianer, Church of Ireland und Methodisten) sowie kleine christliche und christlich »verwandte« (related) Gruppen ein. Nimmt man nur die drei großen protestantischen Richtungen zusammen, so liegt die Zahl der Protestanten mit 39,5% schon unter dem katholischen Bevölkerungsteil.

Entwicklungen auch in Stadtvierteln deutscher Großstädte z.B. im Verhältnis von Deutschen und türkisch-islamischen Minoritäten.

Wer will eigentlich ein vereinigtes Irland? Für den Norden sind die Meinungsumfragen sehr klar. Die große Mehrheit der Nordiren steht weiterhin zum United Kingdom. 88%-90% der Protestanten sprechen sich konstant über einen langen Zeitraum für die Beibehaltung der Union im Verbund des United Kingdom aus. Weniger als 6% optieren für ein vereinigtes Irland. Auf *katholischer* Seite gab es noch 1989 rd. 32%, die ein Verbleiben Nordirlands in der Union mit Großbritannien befürworteten. Seit Mitte der neunziger Jahre hat sich das deutlich verändert, nur noch etwas mehr als 20% sprechen sich dafür aus, mehr als 60% treten für ein vereinigtes Irland ein. Sicherlich hat der wirtschaftliche Aufschwung in der Republik und die politischen Verhandlungsfortschritte zwischen der Britischen und Irischen Regierung zu diesem Meinungsumschwung beigetragen. Aber in der Republik Irland hält sich die Begeisterung mit den katholischen Schwestern und Brüdern aus dem Norden wiedervereinigt zu werden, in Grenzen. Zur Zeit votieren nur 55% der Katholiken für ein vereinigtes Irland. Wie John Murphy vermutet, würde die Zahl weiter sinken, würden die Kosten für die Einheit (vor allem die Ausgaben für innere Sicherheit) einmal hochgerechnet.[372] Nehmen wir eine Zuordnung nach politischen Blockkategorien vor, so ergibt sich für das Jahr 2003, dass 74% der Protestanten im »Unionismus« und 63% der Katholiken im »Nationalismus« ihre politische Heimat finden.[373] Ob es in absehbarer Zeit ein vereintes Irland geben wird, steht dahin und diese Frage ist auch für die Katholiken im Norden nicht die dringlichste im politischen Diskurs. Für die deutliche Mehrheit steht die Rekonstruktion ihrer vom Konflikt beschädigten Gesellschaft, die Schaffung von Frieden, Gerechtigkeit und wirtschaftlichem Fortschritt im Vordergrund.

In der größer werdenden europäischen Wertegemeinschaft sollte die Frage nicht entscheidend sein, welche Grenzen ein Staat hat, sondern welche politischen, wirtschaftlichen und sozialen Arrangements auf nationaler und EU-Ebene den Menschen dienen. Es geht doch in erster Linie darum, die Freiheit, das Leben selbst zu gestalten, zu garantieren. Es geht um Gerechtigkeit, Chancengleichheit, Arbeit und soziale Sicherheit, Gesundheit, eine intakte Umwelt, kulturelle Selbstbestimmung und die Schaffung von Verhältnissen, in denen communities in Frieden, frei von Gewalt, Angst, Einschüchterung und Bevormundung in guter Nachbarschaft leben können. Auf diese Ziele sollten sich alle politischen Anstrengungen richten. Darüber sollte der produktive und friedliche Wettstreit zwischen

---

372 Social Attitudes in Northern Ireland. The Fifth Report. Edited by RICHARD BREENE, PAULA DEVINE and LIZANNE DOWDS. Belfast, 1996. www.cain.ulst.ac. JOHN MURPHY, Who really wants and needs a united Ireland? Irish Independent, 27. März 2005.

373 JOHN D. BREWER, Are There Any Christians in Northern Ireland? In: Social Attitudes in Northern Ireland. The Eighth Report. Edited by ANN MARIE GRAY et al., London/Sterling, Virginia, 2002. S. 28.

Nationalisten und Unionisten entbrennen und Konflikte im Dialog ausgetragen werden. Es ist am Ende vielleicht nicht so wichtig, welches nationale Etikett ein Gemeinwesen trägt.

Chronologie

11. Januar 1988	John Hume und Gerry Adams nehmen Gespräche auf. Beginn des »Friedensprozesses«.
17. Mai 1990	John Stevens stellt in seinem Bericht fest, dass es geheime Zusammenarbeit zwischen den Sicherheitskräften und loyalistischen Paramilitärs gegeben habe.
9. November 1990	Nordirlandminister Peter Brooke erklärt, England habe »no selfish interests« in Nordirland. Brooke erfindet die »Strand 1-3« Formel.
27. November 1990	**John Major löst Margaret Thatcher als Parteivorsitzende der Konservativen ab und wird Premierminister.**
30. April 1991	Parteiengespräche (»Inter-Party-Talks«) beginnen. Sie enden ergebnislos am 3. Juli 1991.
9. April 1992	John Major gewinnt die Unterhauswahlen knapp vor Labour.
29. April 1992	Nordirlandminister Patrick Mayhew setzt die »Inter-Party-Talks« fort. Auch diese enden am 10. November 1992 ergebnislos.
10. August 1992	Mayhew verbietet die UDA nachdem die Gewalt der Paramilitärs im Sommer einen neuen Höhepunkt erreicht.
10. April 1993	Die Geheimgespräche von Adams und Hume werden bekannt. Beide erklären später ihre Absicht, die Gespräche fortzusetzen.
28. November 1993	Der »Observer« enthüllt die Geheimgespräche der Britischen Regierung mit der IRA.
15. Dezember 1993	**»Joint Declaration« (JD): Die Britische und die Irische Regierung (John Major und Albert Reynolds) verabreden einen Friedenprozess.**
29. Januar 1994	Gerry Adams erhält auf Intervention von Präsident Clinton ein Visum für die USA.
13. Juni 1994	Europawahlen: Erneut liegt Ian Paisley, DUP, vorn.
31. August 1994	**Die IRA erklärt ihren (ersten) Waffenstillstand.**
13. Oktober 1994	Die Loyalisten ziehen nach: Das CLMC erklärt einen befristeten Waffenstillstand.
28.Oktober 1994	Taoiseach Reynolds eröffnet das »Forum for Peace and Reconciliation« in Dublin.
22. Februar 1995	»Joint Framework Documents« (FD) von der Britischen und Irischen Regierung veröffentlicht zur Umsetzung der JD.
10. Juli 1995	Schwere Krawalle in Drumcree im Zusammenhang mit dem traditionellen »Orange Order« Marsch (»Drumcree Eins«).
8. September 1995	David Trimble wird zum Parteivorsitzenden der UUP gewählt.
29. November 1995	Präsident Bill Clinton besucht Nordirland und unterstützt den Friedensprozess.
24. Januar 1996	Senator George Mitchell legt seinen Bericht vor und formuliert sechs Prinzipien zur Teilnahme der Parteien an Friedensgesprächen (»Mitchell-Prinzipien«).

9. Februar 1996	Die IRA beendet den Waffenstillstand mit ihrem Bombenattentat nahe der Canary Wharf in London.
30. Mai 1996	Wahlen zum »Northern Ireland Forum.«
10. Juni 1996	Eröffnung von All-Parteiengesprächen. Sinn Féin bleibt ausgeschlossen.
9. Juli 1996	Schwere Ausschreitungen in Drumcree (»Drumcree Zwei«).
1. Mai 1997	**Labour gewinnt die Unterhauswahlen. Tony Blair wird Premierminister.**
25. Juni 1997	Tony Blair bietet Sinn Féin Beteiligung an den All-Parteien Gesprächen unter bestimmten Bedingungen an.
6. Juli 1997	Heftige Krawalle und Gewalttätigkeiten in Drumcree (»Drumcree Drei«).
20. Juli 1997	**Die IRA verkündet ihren zweiten Waffenstillstand.**
17. September 1997	Fortsetzung der All-Parteien Gespräche unter Einschluss Sinn Féins.
29. Dezember 1997	Die Ermordung des LVF-Führers Billy Wright im Maze Gefängnis durch die INLA löst loyalistische Vergeltungsschläge aus. Schwere Krise des Friedensprozesses.
10. April 1998	**»Good Friday Agreement« (GFA) beschlossen.**
22. Mai 1998	**Zwei Referenden in Nordirland und der Republik Irland ergeben eine deutliche Mehrheit für das GFA.**
25. Juni 1998	**Wahlen zum nordirischen Regionalparlament (»Northern Ireland Assembly«).**
1. Juli 1998	David Trimble (UUP) wird zum »First Minister« und Seamus Mallon (SDLP) zum »First Deputy Minister« der (noch nicht mit der Regierungsverantwortung betrauten) »Shadow Executive« gewählt.
5.-13. Juli 1998	Bürgerkriegsartige Krawalle in Drumcree (»Drumcree Vier«) In Ballymoney zünden Loyalisten das Haus einer katholischen Familie an. Drei kleine Kinder sterben.
15. August 1998	**Die »Real IRA« verübt einen Bombenanschlag in Omagh. Es ist der schwerste Anschlag des ganzen Nordirlandkonfliktes. 29 Menschen sterben.**
10. Dezember 1998	UUP Vorsitzender David Trimble und SDLP Chef John Hume erhalten den Friedensnobelpreis.
15. Juli 1999	Die Unionisten verhindern die Regierungsbildung.
5. September 1999	»Mitchell-Review« (bis 15. November).
9. September 1999	»Patten-Report« zur Polizeireform veröffentlicht.
29. November 1999	**Bildung der ersten Regionalregierung (»Executive«) Nordirlands nach dem Scheitern des »Power Sharing« Experiments 1973/74.**
11. Februar 2000	Nordirlandminister Mandelson suspendiert Regierung und Parlament. »Terrorism Act« verabschiedet.
6. Mai 2000	Die IRA kündigt substantielle Entwaffnungsschritte an: Sie werde ihre Waffen vollständig und nachprüfbar »außer Dienst« stellen.
30. Mai 2000	Regierung und Parlament wieder eingesetzt.
1.-13. Juli 2000	Landesweite Unruhen im Zusammenhang mit dem Orange Order Marsch (»Drumcree Fünf«).
12. August 2000	Beginn der blutigen internen Auseinandersetzungen im loyalistischen Lager. Fehde UDA – UVF (»turf war«).

7. Juni 2001	Tony Blair gewinnt die Unterhauswahlen. In Nordirland wird das Lager der GFA Gegner gestärkt.
19. Juni 2001	Beginn des Konfliktes um die »Holy Cross Girl's Primary School«.
1. Juli 2001	**Trimble tritt als »First Minister« zurück. Assembly und Executive werden einen Tag später erneut suspendiert.**
11. August 2001	In Kolumbien werden drei IRA-Aktivisten verhaftet.
23.Oktober 2001	Die IICD erklärt, die IRA habe eine »bedeutende Menge Waffen« vernichtet.
6. November 2001	Neubildung der Regionalregierung. David Trimble wird »First Minister«, Mark Durkan, SDLP »First Deputy Minister«.
18. Januar 2002	25.000 Menschen demonstrieren in Belfast gegen die anhaltende Gewalt der Paramiltärs.
8. März 2002	Die IRA mustert weitere Waffen aus.
23. September 2002	Neue Regierungskrise. Trimble droht mit Rückzug der unionistischen Minister wegen »Stormontgate«.
14. Oktober 2002	Nordirlandminister Reid suspendiert zum vierten Mal Regierung und Parlament.
18. Oktober 2002	Tony Blairs »acts of completion« – Rede in Belfast.
11. April 2003	**»Joint Declaration« der Britischen und Irischen Regierung.**
21. Oktober 2003	Ein erneuter Versuch zur Regierungsbildung scheitert im letzten Moment an den Unionisten.
26. November 2003	**Wahlen zum Regionalparlament. DUP und Sinn Féin werden stärkste Parteien. Nach einigem Zögern kündigen die Britische und Irische Regierung eine Überprüfung (»review«) des GFA an.**
3. Februar 2004	Die Überprüfung (»review«) des GFA beginnt.
Juni 2004	Lancaster-House Gespräche: Getrennte Gespräche über die Zukunft des GFA zwischen DUP, SF, britischen und irischen Regierungsbeamten.
15.-18. September 2004	Gespräche in Leeds Castle bei Maidstone über die Zukunft des GFA mit den nordirischen Parteien und der Britischen und Irischen Regierung. Eine Einigung über die strittigen Punkte kann nicht erzielt werden.
18. Dezember 2004	Die Britische und Irische Regierung legen »Proposals For A Comprehensive Agreement« vor. Eine Vereinbarung kommt nicht zustande, weil die DUP auf einer Foto-Dokumentation der Abrüstungsaktionen der IRA beharrt und die IRA sich verweigert.
21. Dezember 2004	Bankraub in Belfast. Die »Northern Bank« in Belfast wird überfallen. Die Täter erbeuten ca. 26,5 Millionen £ (ca. 38 Millionen €). Die Polizei verdächtigt die IRA, London und Dublin schließen sich dieser Einschätzung an. Erneute Krise des Friedensprozesses.
30. Januar 2005	Nach einem Streit in einer Bar in Belfast wird der Katholik Robert McCartney ermordet. Die Täter sind bekannte IRA Mitglieder, doch sie werden nicht zur Rechenschaft gezogen. Die Schwestern des Opfers entfachen eine medienwirksame Öffentlichkeitskampagne. Massive Kritik an den kriminellen Machenschaften der IRA und der Politik Sinn Féins.
2. Februar 2005	Die IRA zieht ihre Abrüstungsvorschläge vom Dezember 2004 zurück.

6. April 2005	Gerry Adams ruft die IRA auf, dem bewaffneten Kampf endgültig zu entsagen.
5. Mai 2005	**Unterhauswahlen.** Tony Blair gewinnt zum dritten Mal seit 1997, doch seine Mehrheit schrumpft. DUP und Sinn Féin stärken ihre Positionen, die UUP erleidet eine weitere schwere Niederlage. David Trimble verliert seinen Sitz im Wahlkreis Upper Bann und tritt als Vorsitzender der UUP zurück. Tony Blair ernennt *Peter Hain, MP*, zum neuen Nordirlandminister.
24. Juni 2005	Reg Empey wird zum neuen Vorsitzenden der UUP gewählt.
12. Juli 2005	Im katholischen Ardoyne Bezirk in Belfast kommt es anlässlich eines Marsches des Oranier-Ordens zu schwere Ausschreitungen, die von der CIRA angeheizt werden.
28. Juli 2005	**Die IRA erklärt den bewaffneten Kampf für beendet.**

Abkürzungsverzeichnis

AIA	Anglo-Irish Agreement
ANIA	Americans For A New Irish Agenda
APNI	Alliance Party of Northern Ireland
AOR	Assembly Official Reports
ASU	Active Service Unit
BIC	British-Irish Council
BIIC	British-Irish Intergovernmental Conference
BSU	Bessbrook Support Unit
CCC	Corrymeela Community Centre
CCDC	Central Citizens' Defence Committee
CCRU	Central Community Relations Unit
CDP	Campaign For A Devolved Parliament
CDU	Campaign for Democracy in Ulster
CEC	Campaign for Equal Citizenship
CLF	Commander Land Forces
CIRA	Continuity IRA
CLMC	Combined Loyalist Military Command
Co.	County
COP	Close Observation Platoon
CRC	Community Relations Commission
CRP	Campaign For A Regional Parliament
CRU	Community Relations Unit
CSJ	Campaign of Social Justice
CT	Converted Terrorist
DCAC	Derry Citizens' Action Committee
DCCC	Derry Citizens' Central Council
DCDA	Derry Citizens' Defence Association
DHAC	Derry Housing Action Committee
DPP	District Policing Partnership Board
DUAC	Derry Unemployment Action Committee
DUP	(Ulster) Democratic Unionist Party
ECHR	European Convention of Human Rights
EG	Europäische Gemeinschaft
EMK	Europäische Menschenrechtskonvention
EMU	Education For Mutual Understanding
EPA	Emergency Provisions (Amendment) Act
EU	Europäische Union
FAIT	Families Against Intimidation and Terror
FD	Framework Documents
FRU	Field Research Unit
GAA	Gaelic Athletics Association

GÁRDA	Polizei der Republik Irland
GFA	Good Friday Agreement (auch »Belfast Agreement«)
GOC	General Officer Commanding
HCL	Homeless Citizens League
HMSU	Headquarters Mobile Support Unit
HOC	House of Commons
ICJP	Irish Commission for Justice and Peace
ICPC	Independent Commission for Police Complaints
IGC	Intergovernmental Conference
IICD	Independent International Commission on Decommissioning
IMB	Independent Monitoring Body
IMC	International Monitoring Commission
INLA	Irish National Liberation Army
IPP	Irish Parliamentary Party
IRA	Irish Republican Army
IRB	Irish Republican Brotherhood
IRSP	Irish Republican Socialist Party
JD	Joint Declaration
JIC	Joint Intelligence Committee
LAW	Loyalist Association of Workers
LOL	Loyal Orange Lodge
LVF	Loyalist Volunteer Force
MRF	Military Reconnaissance Force
MP	Member of Parliament
NDP	National Democratic Party
NGO	Non-Governmental-Organisation
NICRA	Northern Irish Civil Rights Association
NICR	Northern Ireland Community Relations Council
NIFR	Northern Ireland Forum Report
NILP	Northern Ireland Labour Party
NIO	Northern Ireland Office
NIPB	Northern Ireland District Partnership Board
NIR	Northern Ireland Report (Devolution Monitoring Programme)
NIUP	Northern Ireland Unionist Party
NIWC	Northern Ireland Women's Coalition
NORAID	Irish Northern Aid Committee
NP	Nationalist Party (of Northern Ireland)
NUPRG	New Ulster Political Research Group
OC	Officer Commanding
OFMDFM	Office of the First Minister and Deputy First Minister
OIRA	Official Irish Republican Army
OP	Operation Post
OV	Orange Volunteers
para	Paragraph, Abschnitt
PB	Policing Board
PD	People's Democracy

PSNI	Police Service of Northern Ireland
PTA	Prevention of Terrorism Act
PUP	Progressive Unionist Party
QRF	Quick Reaction Force
QUB	Queen's University Belfast
RHC	Red Hand Commando
RHD	Red Hand Defenders
RIC	Royal Irish Constabulary
RIRA	Real IRA
RIR	Royal Irish Regiment
RLP	Republican Labour Party
RSF	Republican Sinn Féin
RUC	Royal Ulster Constabulary
RUCR	Royal Ulster Constabulary Reserve
SACHR	Standing Advisory Commission on Human Rights
SAS	Special Air Service
SB	Special Branch
SDA	Shankill Defence Association
SDLP	Social Democratic and Labour Party
SF	Sinn Féin
SPG	Special Patrol Group
SPU	Special Support Unit
TCG	Tasking and Co-Ordination Group
TD	Abgeordneter des Irischen Parlaments (»Dáil Eireann«)
TUAS	Totally Unarmed Strategy oder Tactical Use of Armed Struggle
UAC	Ulster Army Council
UCDC	Ulster Constitution Defence Committee
UDA	Ulster Defence Association
UDR	Ulster Defence Regiment
UFF	Ulster Freedom Fighters
UKUP	United Kingdom Unionist Party
UPA	Ulster Protestant Action
UPNI	Unionist Party of Northern Ireland
UPV	Ulster Protestant Volunteers
USC	Ulster Special Constabulary
UUAC	United Unionist Action Council
UUAP	United Unionist Assembly Party
UUP	Ulster Unionist Party
UUC	Ulster Unionist Council
UUUC	United Ulster Unionist Council
UWC	Ulster Workers Council
VPP	Volunteer Political Party
VUPP	Vanguard Unionist Progressive Party
VUUP	Vanguard United Unionist Party
WP	Workers Party

Anhang 1

Opfer des Terrorismus in Nordirland (nach Jahr und Status)*

Jahr	Zivilpersonen	Protestanten	Katholiken	RUC	RUCR	UDR/RIR	Armee	Republik. Paramilitärs	Loyalist. Paramilitärs	Andere	Summe
1966	3	1	2	0	0	0	0	0	0	0	3
1967	0	0	0	0	0	0	0	0	0	0	0
1968	0	0	0	0	0	0	0	0	0	0	0
1969	15	6	9	1	0	0	0	2	1	0	19
1970	19	8	10	2	0	0	0	7	0	2	29
1971	94	27	65	11	0	5	44	23	3	2	180
1972	259	77	174	15	2	26	108	74	11	10	497
1973	132	48	80	9	4	8	59	38	13	4	263
1974	206	51	123	12	3	7	45	24	6	33	304
1975	173	62	100	7	4	7	15	31	28	13	267
1976	220	90	125	13	11	16	13	17	13	9	307
1977	55	21	32	8	6	14	15	8	7	5	116
1978	46	25	21	4	6	7	16	7	0	2	88
1979	44	15	22	9	5	10	37	9	2	16	125
1980	45	18	23	3	6	9	11	5	2	9	86
1981	54	18	34	13	8	13	11	16	3	2	118
1982	47	21	25	8	4	7	32	7	5	3	112
1983	28	17	18	9	9	10	5	8	2	9	87
1984	38	7	16	7	2	10	9	12	1	7	71
1985	23	6	16	14	9	4	2	5	0	3	59
1986	34	13	21	10	2	8	4	6	2	0	66
1987	45	29	16	9	7	8	3	26	6	2	106
1988	40	14	26	4	2	12	22	16	4	5	105
1989	38	14	22	7	2	2	24	3	3	4	81
1990	47	18	26	7	5	8	10	6	1	3	84
1991	63	19	42	5	1	8	5	14	7	1	102
1992	64	17	43	3	1	3	4	13	2	5	91
1993	68	20	45	3	1	2	6	3	3	4	90
1994	52	12	40	3	0	2	1	4	8	0	69
1995	8	1	7	0	0	0	0	0	0	3	9
1996	10	1	7	1	0	0	1	7	3	1	22
1997	13	4	8	3	1	0	0	0	3	2	22
1998	52	18	32	1	0	0	0	1	3	0	57
1999	7	1	5	0	0	0	0	0	1	0	7
2000	7	4	3	0	0	0	0	1	11	0	20
2001	8	2	0	0	0	0	0	7	1	4	16
2002	10	6	4	0	0	0	0	0	4	0	14
2003	3	2	2	0	0	0	0	1	5	0	10
2004	3	2	2	0	0	0	0	0	0	0	4
2005*	2	2	1	0	0	0	0	0	1	0	2
Summe	2074	713	1244	200	102	206	503	402	164	160	3708

*Zahlen bis Juli 2005. In vier weiteren Todesfällen ist unklar, ob sie einen terroristischen Hintergrund hatten. Sie sind hier nicht berücksichtigt.
Quelle: Tabelle nach McKITTRICK, Lost Lives, S. 1494, ergänzt durch SUTTON, Index of Deaths und Recherchen auf der CAIN Website: http://cain.ulst.ac.uk/issues/violence/deaths und www.psni.police.uk/deaths_cy-32.doc
Legende:
Die Differenzierung nach »Protestanten« und »Katholiken« bezieht sich ausschließlich auf Zivilpersonen.
RUC = Royal Ulster Constabulary
RUCR = Royal Ulster Constabulary Reserve
UDR/RIR = Ulster Defence Regiment/Royal Irish Regiment (1991 Fusion von RUCR und UDR zum RIR)
Andere = Keine Zuordnung nach den Kategorien möglich

Anhang 2

Regierende Partei Legislaturperiode	Premierminister	Nordirlandminister
Labour Party (Oktober 1964-Juni 1970)	Harold Wilson (1916-1995) (Oktober 1964-Juni 1970)	James Callaghan (geb. 1912) (Innenminister) (1967-Juni 1970)
Conservative Party (18. Juni 1970-28. Februar 1974)	Edward Heath (geb. 1916) (18. Juni 1970-Februar 1974)	Reginald Maudling (1917-1979) (ab Maudling alle Minister Nordirlandminister) (Juni 1970-März 1972) William Whitelaw (1918-1999) (März 1972-November 1973) Francis Pym (geb. 1922) (November 1973-Februar 1974)
Labour Party (28. Februar 1974-Mai 1979) 10. Oktober 1974	Harold Wilson (28. Februar 1974-1976) James Callaghan (1976-Mai 1979)	Merlyn Rees (geb. 1920) (März 1974-September 1976) Roy Mason (geb. 1924) (September 1976-Mai 1979)
Conservative Party (3. Mai 1979-9. Juni 1983)	Margaret Thatcher (geb. 1925) (Mai 1979-November 1990)	Humphrey Atkins (geb. 1922) (Mai 1979-September 1981) James Prior (geb. 1927) (September 1981-September 1934)
Conservative Party (9. Juni 1983-Juni 1987)	Margaret Thatcher (geb. 1925) (Mai 1979-November 1990)	James Prior (geb. 1927((September 1981-September 1934) Douglas Hurd (geb. 1930) (September 1984-September 1935) Tom King (geb.1933) (September 1985-Juli 1989)
Conservative Party (Juni 1987-April 1992) 11. Juni 1987	Margaret Thatcher (geb. 1925) (Mai 1979-November 1990)	Tom King (geb.1933) (September 1985-Juli 1989) Peter Brooke (geb.1934) (Juli 1989-April 1992)
Convervative Party (9. April 1992-Mai 1997)	John Major (geb. 1943) (November 1990-Mai 1997)	Patrick Mayhew (geb.1929) (April 1992-Mai 1997)
Labour Party (1. Mai 1997- 7. Juni 2001)	Anthony (»Tony«) Blair (geb. 1953) (1. Mai 1997-Juni 2001)	Marjorie »Mo« Mowlam (geb.1949) (3. Mai 1997-11. Oktober 1999) Peter Mandelson (geb. 1953) (11. Oktober 1999-24. Januar 2001)
Labour Party (7. Juni 2001-5. Mai 2005)	Anthony (»Tony«) Blair (geb. 1953) (7. Juni 2001-5. Mai 2005)	John Reid (geb. 1947) (24. Januar 2001-24. Oktober 2002) Paul Murphy (geb. 1948) 24. Oktober 2002-6.Mai 2005
Labour Party (5. Mai 2005-	Anthony (»Tony«) Blair (geb. 1953) (5. Mai 2005-)	Peter Hain (geb. 1950) (NM) 6. Mai 2005-

Anhang 3

Die Organisationsstruktur der IRA

General Army Convention
(trat unregelmäßig zusammen, fünfmal seit 1970, 1 Delegierter pro 10 Mitglieder)
wählt
↓

Army Executive
(12 Mitglieder aus der General Headquarter Staff
sowie dem Northern und Southern Command)
wählt
↓

Army Council
(7 Mitglieder, optiert weitere)
ernennt
↓

Chief of Staff

General Headquarter Staff

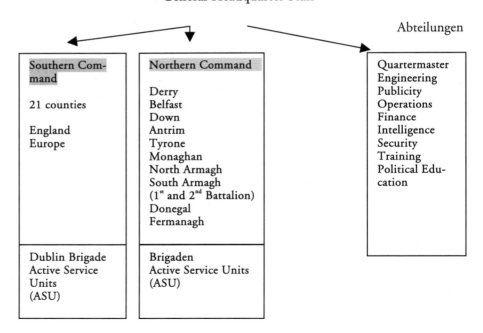

Southern Command	Northern Command	Abteilungen
21 counties	Derry Belfast Down	Quartermaster Engineering Publicity Operations
England Europe	Antrim Tyrone Monaghan North Armagh South Armagh (1ˢᵗ and 2ⁿᵈ Battalion) Donegal Fermanagh	Finance Intelligence Security Training Political Education
Dublin Brigade Active Service Units (ASU)	Brigaden Active Service Units (ASU)	

Anhang 4

Die Verfassung von Nordirland nach dem »Good Friday Agreement« 1998

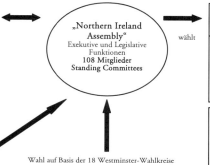

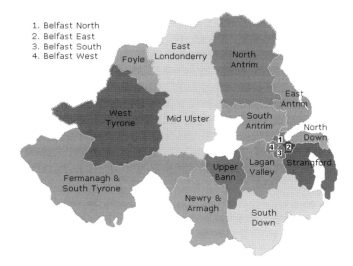

Anhang 5

Irland – Provinzen und Grafschaften.

Literaturverzeichnis

Bibliographien/Handbücher/Nachschlagewerke/Chronologien

BEW, PAUL/GILLESPIE, GORDON: Northern Ireland: A Chronology of the Troubles 1968-1993. Dublin, 1993.
BEW, PAUL/GILLESPIE, GORDON: The Northern Ireland Peace Process 1993- 1996. A Chronology. London, 1996.
CONNOLLY, S.J. (ed.): The Oxford Companion to Irish History. Oxford, 1998.
DARBY, JOHN: Register of Research into the Irish Conflict. Belfast, 1972.
DARBY, JOHN et al. : Register of Research into the Irish Conflict. Coleraine, 1981.
DARBY, JOHN: A Register of Economic and Social Research on Northern Ireland 1980-83, with an Introductory Essay. Social Science Research Council Northern Ireland Panel., 1983.
DEUTSCH, RICHARD/MAGOWAN, VIVIEN: Northern Ireland: 1968-1973: A Chronology of Events. Vol. 1: 1968-1971. Belfast, 1973.
DEUTSCH, RICHARD/MAGOWAN, VIVIEN: Northern Ireland: 1968-1973: A Chronology of Events. Vol. 2: 1972-1973. Belfast, 1974.
DEUTSCH, RICHARD/MAGOWAN, VIVIEN: Northern Ireland: 1968-1974: A Chronology of Events. Vol. 3: 1974. Belfast, 1975.
DEUTSCH, RICHARD: Northern Ireland, 1921-1974. A Select Bibliography. New York, 1975.
DUNNE, SEAMUS/ DAWSON, HELEN: An Alphabetical Listing of Word, Name and Place in Northern Ireland and the Living Language of Conflict. Lewiston/Queenston/Lampeter, 2000.
ELLIOTT, SYDNEY/FLACKES, W.D.: Conflict in Northern Ireland. An Encyclopedia. Santa Barbara/Denver/Oxford, 1999.[4] (In Großbritannien veröffentlicht unter: Northern Ireland: A Political Directory, 1968-1999).
HICKEY, D.J./DOHERTY, J.E.: A Dictionary of Irish History since 1800. Dublin, 1980.
McREDMOND, LOUIS: Modern Irish Lives. Dictionary of 20th-century Irish Biography. Dublin, 1996.
NEWMAN, KATE: Dictionary of Ulster Biography. Belfast, 1993.
PANTON, KENNETH J./COWLARD, KEITH A.: Historical Dictionary of the United Kingdom. Vol. 2: Scotland, Wales, Northern Ireland. London, 1998.
WHYTE, JOHN H.: Interpreting Northern Ireland. Oxford, 1990

Monographien

ABERG, ALF: Irland – Insel des Unfriedens (a.d. Schwedischen). München, 1973.
ADAMS, GERRY: Free Ireland. Towards a Lasting Peace. Dublin, 1995.
ADAMS, GERRY: The Politics of Irish Freedom. Dublin, 1986.
ALCOCK, ANTHONY E.: Understanding Ulster. Lurgan, 1994.[2]
ALEXANDER, YONAH/O'DAY, ALAN (eds.) The Irish Terrorism Experience. Aldershot, 1991.

ALTER, PETER: Die irische Nationalbewegung zwischen Parlament und Revolution. Der konstitutionelle Nationalismus in Irland, 1880-1918. München/Wien, 1971.

ALTER, PETER: Gesellschaft und Demokratie in Nordirland. Stuttgart, 1974 (= Quellen und Arbeitshefte zur Geschichte und Politik).

ALTER, PETER: Wandel und Kontinuität des Nationalismus in Irland. In: HEINRICH-AUGUST WINKLER (Hg.): Nationalismus in der Welt von heute. Göttingen, 1982.

ANCRAM, MICHAEL: Northern Ireland in the United Kingdom. London, 1994.

ANDERSON, DON: 14 May Days: The Inside Story of the Loyalist Strike of 1974. Dublin, 1994.

ANDERSON, JAMES/GOODMAN, JAMES (eds.): Dis/Agreeing Ireland. Contexts, Obstacles, Hopes. London, 1998.

ANDERSON, MALCOM/BORT, EBERHARD (eds.): The Irish Border: History, Politics, Culture. Liverpool, 1999.

ARDAGH, JOHN: Ireland and the Irish. Portrait of a Changing Society. London, 1995.

ARDOYNE COMMEMORATION PROJECT: Ardoyne – The Untold Truth. Belfast, 2002.

ARTHUR, PAUL: The People's Democracy 1968-1973. Belfast, 1974.

ARTHUR, PAUL: Government and Politics of Northern Ireland. London, 1984.[2]

ARTHUR, PAUL/JEFFEREYS, KEITH: Northern Ireland since 1968. Oxford, 1996.[2]

ARTHUR, PAUL: Aspirations and Assertions: Britain, Ireland and the Northern Ireland Problem. London, 1994.

ARTHUR, PAUL: Special Relationships. Britain and the Northern Ireland Problem. Belfast, 2001.

AUGHEY, ARTHUR: Law before Violence. The Protestant Paramilitaries in Ulster Politics. St. Paul, Minnesota, 1984.

AUGHEY, ARTHUR: Under Siege: Ulster Unionism and the Anglo-Irish Agreement. Belfast, 1989.

AUGHEY, ARTHUR/HAINSWORTH, PAUL/TRIMBLE, MARTIN J.: Northern Ireland in the European Community. An Economic and Political Analysis. Belfast, 1989.

AUGHEY, ARTHUR/MORROW, DUNCAN (eds.): Northern Ireland Politics. Belfast, 1996.

BAILLIE, JOHN: Solution for Northern Ireland. A King's Perspective. Sussex, 1994.

BARDON, JONATHAN: A History of Ulster. Belfast, 1993.[2]

BARDON, JONATHAN: Belfast. An Illustrated History. Belfast, 2000.[2]

BARRIT, DENIS P./CARTER, CHARLES F.: The Northern Ireland Problem. A Study in Group Relations. London, 1972.[2]

BARTLETT, THOMAS: The Fall and Rise of the Irish Nation: The Catholic Question, 1690-1830. Dublin, 1992.

BARTON, BRIAN: Brookeborough: The Making of a Prime Minister. Belfast, 1988.

BARTON, BRIAN: Northern Ireland in the Second World War. Belfast, 1995.

BARTON, BRIAN/ROCHE, PATRICK (eds.): Northern Ireland: Policies and Perspectives. Aldershot, 1995.

BARTON, BRIAN: A Pocket History of Ulster. Dublin, 1996.

BARTON, BRIAN: The Blitz. Belfast in the War Years. Belfast, 2000.

BARZILAY, DAVID: The British Army in Ulster. 4 Vls. Belfast, 1973-81.

BEATTIE, GEOFFREY: We are the People: Journeys Through the Heart of Protestant Ulster. London, 1993.

BECKETT, JAMES CAMLIN: The Making of Modern Ireland 1603-1923. London, 1966.

BECKETT, JAMES CAMLIN: Geschichte Irlands. Stuttgart, 1977.²
BELL, GEOFFREY: The Protestants of Ulster. London, 1976.
BELL, GEOFFREY: Troublesome Business. The Labour Party and the Irish Question. London, 1982.
BELL, J. BOWYER: The Gun in Politics: An Analysis of Irish Political Conflict 1916-1986. New Brunswick, N.J., 1987.
BELL, J. BOWYER: The Irish Troubles: A Generation of Violence (1967- 1992). Dublin, 1994.
BELL, J. BOWYER: The Secret Army. The IRA 1916-1979. Dublin, 1997³.
BELL, J. BOWYER: Back To the Future: The Protestants and a United Ireland. Dublin, 1997.
BELL, J. BOWYER: The IRA 1968-2000. Analysis of a Secret Army. London, 2000.
BERESFORD, DAVID: Ten Men Dead. The Story of the 1981 Irish Hunger Strike. London, 1987.
BEW, PAUL/PATTERSON, HENRY: Seán Lemass and the Making of Modern Ireland 1945-1966. Dublin, 1982.
BEW, PAUL/PATTERSON, HENRY: The British State and the Ulster Crisis: From Wilson to Thatcher. London, 1985.
BEW, PAUL: Conflict and Conciliation in Ireland, 1890-1910. Oxford, 1987.
BEW, PAUL/HAZELKORN, ELLEN/PATTERSON, HENRY: The Dynamics of Irish Politics. London,1989.
BEW, PAUL/PETER GIBBON/HENRY PATTERSON: Northern Ireland 1921-1996: Political forces and social classes. London, 1996.²
BEW, PAUL/PATTERSON, HENRY/TEAGUE, PAUL: Northern Ireland between War and Peace. The Political Future of Northern Ireland. London, 1997.
BEW, PAUL: Ideology and the Irish Question: Ulster Unionism and Irish Nationalism 1912-1916. Oxford, 1998².
BIRRELL, DEREK/MURIE, ALAN: Policy and Government in Northern Ireland: Lessons of Devolution. Dublin, 1980.
BISHOP, PATRICK/MALLIE, EAMON: The Provisional IRA. London, 1997¹⁰.
BLACKER, WILLIAM, The Formation of the Orange Order 1795-1798. Belfast, 1994.
BLEAKLEY, DAVID: Peace in Ulster: two states, one people. London, 1995.²
BLEAKLEY, DAVID: Faulkner: Conflict and Consent in Irish politics. Oxford, 1974.
BLOOMFIELD, DAVID: Peacemaking Strategies in Northern Ireland: Building Complementarity in Conflict Management Theory. Basingstoke, 1997.
BLOOMFIELD, DAVID: Political Dialogue in Northern Ireland: Brooke Initiative. London, 1997.
BOULTON, DAVID: The UVF 1966-1973. An Anatomy of Loyalist Rebellion. Dublin, 1974.
BOWEN, DESMOND: The Protestant Crusade in Ireland 1800-1870: A Study of Protestant-Catholic Relations between the Act of Union and Disestablishment. Dublin, 1978.
BOWEN, DESMOND: Paul Cullen and the Shaping of Modern Irish Catholicism. Dublin, 1983.
BOWEN, DESMOND. History and the Shaping of Irish Protestantism. New York/Berlin, 1995.
BOWMAN, JOHN: De Valera and the Ulster Question 1917-1973. Oxford, 1982.
BOYCE, GEORGE D./ ECCLESHALL, R./GEOGHEGAN, V. (eds.): Political Thought in Ireland since the Seventeenth Century. London, 1993.
BOYCE, GEORGE D.: Nationalism in Ireland. London, 1995.³

BOYCE, GEORGE D.: The Irish Question and British Politics 1868-1996. Basingstoke, 1996².

BOYCE, GEORGE D./O'DAY, ALAN: The Making of Modern Irish History. Revisionism and the Revisionist Controversy. London/New York, 1996.

BOYCE, GEORGE D.: Irish Nationalism. 1798 to the present. London, 2000.

BOYD, ANDREW: Brian Faulkner and the Crisis of Ulster Unionism. Tralee, 1972.

BOYD, ANDREW: The Informers. A chilling account of the supergrasses in Northern Ireland. Dublin, 1984.

BOYD, ANDREW: Holy War in Belfast. Belfast, 1987.³

BOYLE, JOHN W.: The Irish Labor Movement in the Nineteenth Century. Washington, D.C., 1988.

BOYLE, KEVIN/HADDEN, TOM: Northern Ireland. The Choice. London, 1994.

BRADLEY, JOHN (ed.): The Two Economies of Ireland. Public Policy, Growth and Employment. Dublin, 1995.

BREUER, MANFRED: Nordirland – eine Konfliktanalyse. Hamburg, 1994.

BREWER, JOHN D./HIGGINS, GARETH I.: Anti-Catholicism in Northern Ireland, 1600-1998. The Mote and the Beam. Basingstoke, 1998.

BREWER, JOHN D./MAGEE, KATHLEEN: Inside the RUC: Routine Policing in a Divided Society. Oxford, 1991.

BROWN, TERENCE: Ireland. A Social and Cultural History, 1922-1985. London, 1985.

BRUCE, STEVE: God Save Ulster: The Religion and Politics of Paisleyism. Oxford, 1986.

BRUCE, STEVE: The Red Hand: Protestant Paramilitaries in Northern Ireland. Oxford, 1992.

BRUCE, STEVE: The Edge of the Union: The Ulster Loyalist Political Vision. Oxford, 1994.

BRYAN, DOMINIC: Orange Parades: The Politics of Ritual Tradition and Control. London, 2000.

BRYSON, LUCY/McCARTNEY, CLEN: Clashing Symbols: A Report on the Use of Flags, Anthems and other National Symbols in Northern Ireland. Belfast, 1994.

BUCKLAND, PATRICK: Irish Unionism 1: The Anglo-Irish and the New Ireland 1885-1922. A Documentary History. Dublin, 1973.

BUCKLAND, PATRICK: Irish Unionism 2: Ulster Unionism and the Origins of Northern Ireland 1886-1922. Dublin, 1973.

BUCKLAND, PATRICK: The Factory of Grievances: Devolved Government in Northern Ireland 1921-1939. Dublin, 1979.

BUCKLAND, PATRICK: A History of Northern Ireland. Dublin, 1981.

BUCKLAND, PATRICK: The Northern Ireland Question 1886-1986. Belfast, 1987.

BUCKLEY, ANTHONY D. (ed.): Symbols in Northern Ireland. Belfast, 1998.

BURGESS, T.P.: A Crisis of Conscience: Moral Ambivalence and Education in Northern Ireland. Aldershot, 1993.

BURTON, FRANK: The Politics of Legitimacy: Struggles in a Belfast Community. London, 1978.

(THE) CADOGAN-GROUP: Northern Limits: Boundaries of the Attainable in Northern Ireland. Belfast, 1992.

(THE) CADOGAN-GROUP: Blurred Vision: Joint Authority and the Northern Ireland Problem. Belfast, 1994.

(THE) CADOGAN-GROUP: Picking Up The Pieces. Northern Ireland after the Belfast Agreement. Belfast, 2003.

CADWALLADER, ANNE: Holy Cross. The Untold Story. Belfast, 2004.

CAMERON-REPORT: Disturbances in Northern Ireland: Report of the Commission appointed by the Governor of Northern Ireland (CMD 532) Belfast: HMSO, 1969.
CAMPBELL, FLANN: The Dissenting Voice: Protestant Democracy in Ulster from Plantation to Partition. Belfast, 1991.
CATTERALL, PETER/McDOUGALL, SEÁN (Eds.): The Northern Ireland Question in British Politics. London, 1996.
CAULFIED, MAX: The Easter Rebellion. Dublin, 1995.
CHRISTIE, KENNETH: Political Protest in Northern Ireland: Continuity and Change. Reading, 1992.
CLARKE, LIAM: Broadening the Battlefield: The H-Blocks and the Rise of Sinn Féin. Dublin, 1987.
CLAYTON, PAMELA: Enemies and Passing Friends. Settlers Ideologies in Twentieth Century Ulster. East Haven, Conn./London, 1996.
COCHRANE, FEARGAL: Unionist Politics & The Politics of Unionism. Cork, 1997.
COLLEY, LINDA: Britons. Forging the Nation 1707-1837. London, 1996[3].
COLLINS, PETER (ed.): Nationalism and Unionism: Conflict in Ireland 1885-1921. Belfast, 1994.
COLLINS, NEIL (ed.): Political issues in Ireland today. Manchester/New York, 1999.
COLLINS, TOM: The Irish Hunger Strike. Dublin, 1986.
CONNOLLY, MICHAEL/LOUGHLIN, S. (eds.): Public Policy in Northern Ireland. Adoption or Adaption. Belfast, 1990.
CONNOLLY, SEÁN J.: Religion, Law and Power: The Making of Protestant Ireland, 1660-1760. Oxford, 1992.
CONNOR, KEN: Ghost Force. The Secret History of the SAS. London, 1998.
CONNOR, KEN: Ghosts: An Illustrated Story of the SAS. London, 2000.
CONROY, JOHN: War as Way of Life: Belfast Diary. Boston, 1995[2].
COOGAN, TIM PAT: On The Blanket – The H-Block Story. Dublin, 1980.
COOGAN, TIM PAT: The I.R.A. London, 1995.[3]
COOGAN, TIM PAT: The Troubles: Oreland's Ordeal 1966-1995 and the Search for Peace. London, 1996.
CORMACK, ROBERT/OSBORNE, ROBERT D. (eds.): Religion, Education and Employment. Aspects of Equal Opportunity in Northern Ireland. Belfast, 1983.
CORMACK, ROBERT/OSBORNE, ROBERT D. (eds.): Discrimination and Public Policy in Northern Ireland. Oxford, 1991.
CORMACK, ROBERT/OSBORNE ROBERT D. (eds.): New Perspectives on the Northern Ireland Conflict. Aldershot, 1994.
COSTELLO, FRANCIS: The Irish Revolution and Its Aftermath, 1916-1923. Dublin, 2002.
COUGHLAN, ANTHONY: Fooled Again? The Anglo-Irish Agreement and After. Cork, 1986.
COULTER, COLIN: Contemporary Northern Irish society: an introduction. London, 1999.
COX, MICHAEL/GUELKE, ADRIAN/STEPHEN, FIONA (eds.): A Farewell To Arms? From 'long war' to long peace in Northern Ireland. Manchester, 2000.
CRAWFORD, COLIN: Defenders or Criminals? Loyalist Prisoners and Criminalisation. Belfast, 1999.
CRAWFORD, ROBERT: Loyal to King Billy: A Portrait of the Ulster Protestants. Dublin, 1987.
CRAWFORD, STEVE: The SAS in Action. London, 1990.
CRAWFORD, STEVE: The SAS at Close Quarters. London, 1993.

CRAWFORD, STEVE: The SAS Encyclopedia. Miami, 1998.
CRONIN, MIKE: A History of Ireland. Basingstoke, 2001.
CRONIN, SEÁN: Irish Nationalism. A History of its Roots and Ideology. Dublin, 1980.
CRONIN, SEÁN: Washington's Irish Policy 1916-1986. Dublin, 1987.
CULLEN, LOUIS MICHAEL. : An Economic History of Ireland since 1660. London, 1987.[2]
CULLEN, BERNARD (ed.): Discrimination Old and New: Aspects of Northern Ireland Today: Proceedings of the Irish Association Conference. Belfast, 1992.
CUNNINGHAM, MICHAEL: British Government Policy in Northern Ireland 1969-2000. Manchester/New York, 2001.
CURRAN, FRANK: Countdown to Disaster. Dublin, 1986.
CUSACK, JIM/ McDONALD, HENRY: UVF. Dublin, 1997.
DALY, CATHAL BRENDAN: The Price of Peace. Belfast, 1991.
DALY, MARY E.: Social and Economic History of Ireland since 1800. Dublin, 1981.
DARBY, JOHN: Conflict in Northern Ireland. The Development of Polarized Community. Dublin, 1976.
DARBY, JOHN: Northern Ireland: Background to the Conflict. Belfast, 1983.
DARBY, JOHN et al. (eds.): Political Violence : Ireland in a Comparative Perspective. Belfast, 1990.
DARBY, JOHN: Scorpions in a Bottle: Ethnic Conflicts in Northern Ireland. London, 1997.
DAVIS, RICHARD: Mirror Hate: the Convergent Ideology of Northern Ireland Paramilitaries 1966-1992. Aldershot, 1994.
DELANTY, GERARD/ O'MAHONY, PATRICK: Rethinking Irish History. Nationalism, Identity and Ideology. Basingstoke, 1998.
DE PAOR, LIAM: Divided Ulster. Middlesex, 1977.[3]
DEVENPORT, MARK: Flash Frames. Twelve Years Reporting Belfast. Belfast, 2000.
DEVLIN, BERNADETTE: Irland: Religionskrieg oder Klassenkampf. Reinbek, 1969.
DEWAR, MICHAEL W./BROWN, JOHN: Orangeism: A New Historical Appreciation. Belfast, 1969[2].
DEWAR, MICHAEL: The British Army in Northern Ireland. London, 1996.[2]
DICKSON, BRICE: The Legal System of Northern Ireland. Belfast, 2001.[4]
DICKSON, BRICE (ed.): Civil Liberties in Northern Ireland. Belfast, 1993.[2]
DILLON, MARTIN/LEHANE, DENIS: Political Murder in Northern Ireland. Harmondsworth, 1973.
DILLON, MARTIN: The Shankill Butchers: A Case Study of Mass Murder. London, 1989.
DILLON, MARTIN: The Dirty War. London, 1991.
DILLON, MARTIN: Stone Cold: The True Story of Michael Stone and the Milltown Massacre. London, 1992.
DILLON, MARTIN: God and the Gun. The Church and Irish Terrorism. London, 1997.
DIXON, PAUL: Northern Ireland. The Politics of War and Peace. Basingstoke, 2001.
DONOHUE, LAURA K.: Counter-Terrorist Law and Emergency Powers in the United Kingdom, 1922-2000. Dublin, 2001.
DOOLEY, BRIAN: Black and Green: Civil Rights Struggles in Northern Ireland & Black America. London, 1998.
DUNLOP, JOHN: A Precarious Belonging: Presbyterians and the Conflict in Ireland. Belfast, 1995.
DUNN, SEAMUS (ed): Facets of the Conflict in Northern Ireland. London, 1995.
ECKERT, NICHOLAS: Fatal Encounter: The Story of the Gibraltar Killings. Dublin, 1999.

EDWARDS, RUTH DUDLEY: The Faithful Tribe. An Intimate Portrait of the Loyal Institutions. London, 1999.
EDWARDS, OWEN DUDLEY: The Sins of our Fathers: the Roots of Conflict in Northern Ireland. Dublin, 1970.
EGAN, BOWES/McCORMACK, VINCENT: Burntollet. Belfast, 1969.
ELLIOT, MARIANNE: The Catholics of Ulster. London, 2000.
ELLIS, PETER BERRESFORD: The Boyne Water. London, 1976.
ELLIS, PETER BERRESFORD: A History of the Irish Working Class. London, 1996.
ELLISON, GRAHAM/ SMYTH, JIM: The Crowned Harp: Policing Northern Ireland. London, 2000.
ELVERT, JÜRGEN (Hg.) Nordirland in Geschichte und Gegenwart - Northern Ireland - Past and Present. Stuttgart, 1994.
ELVERT, JÜRGEN: Geschichte Irlands. München, 1999.[3]
ENGLISH, RICHARD/WALKER, GRAHAM (eds.): Unionism in Modern Ireland: New Perspectives on Politics and Culture. London, 1996.
ENGLISH, RICHARD: Armed Struggle. A History of the IRA. Basingstoke/Oxford, 2003.
EVERDING, U.: Nordirland: Zwischen »Religionskrieg« und regionaler Emanzipation. in: D.GERDES (Hg.), Aufstand der Provinz. Regionalismus in Westeuropa. Frankfurt/Main, 1980. S. 214-234.
EVERSLEY, DAVID: Religion and Employment in Northern Ireland. London, 1989.
FARRELL, MICHAEL: Arming the Protestants: the Formation of the Ulster Special Constabulary and Royal Ulster Constabulary 1920-1927. London, 1983.
FARRELL, MICHAEL: Northern Ireland: The Orange State. London, 1983[3].
FARREN, SÉAN/ MULVIHILL, ROBERT F.: Paths To A Settlement in Northern Ireland. Gerrards Cross, 2000.
FAY, MARIE-THERESE/MORRISSEY, MIKE/SMYTH, MARIE: Northern Ireland's Trouble. The Human Cost. London, 1999.
FEARON, KATE: Women's Work. The Story of the Northern Ireland Women's Coalition. Belfast, 1999.
FELDMAN, ALLEN: Formations of Violence: The Narrative of the Body and Political Terror in Northern Ireland. Chicago, 1991.
FISK, ROBERT: The Point of No Return. The strike which broke the British in Ulster. London, 1975.
FISK, ROBERT: In Time of War. Ireland, Ulster and the Price of Neutrality, 1939-1945. London, 1983.
FITZGIBBONS, CONSTANTINE: Red Hand. The Ulster Colony. London, 1971.
FITZPATRICK, DAVID: The Two Irelands 1912-1939. Oxford/New York, 1998.
FLACKES, W.D: Northern Ireland: A Political Directory, 1968-1993. Belfast, 1994.[2]
FOLEY, CONOR: Legion of the Rearguard: the IRA and the Modern Irish State. London, 1992.
FOLLIS, BRIAN: A State Under Siege. The Establishment of Northern Ireland 1920-1925. Oxford, 1995.
FOSTER, JOHN WILSON (ed.): The Idea of the Union: Statements and Critiques in Support of the Union of Great Britain and Northern Ireland. Vancouver, 1995.
FOSTER, ROBERT FITZROY (ed.): The Oxford History of Ireland. Oxford/New York, 1989.
FOSTER, ROBERT FITZROY.: Modern Ireland 1600-1972. London, 1989.[2]
FRASER, THOMAS G.: Ireland in Conflict, 1922-1998. London, 1999.

FULTON, JOHN: The Tragedy of Belief: Politics and Religion in Northern Ireland. Oxford, 1991.
GAFFIKIN, FRANK/MORISSEY, MIKE: Northern Ireland, the Thatcher Years. London, 1990.
GALLENMÜLLER, DAGMAR: Die »irische Frage«. Frankfurt/Main, 1997.
GALLAGHER, ERIC/WORRALL, STANLEY: Christians in Ulster: 1968-1980. Oxford, 1982.
GALLAGHER, FRANK: The Indivisible Island: The History of the Partition of Ireland. London, 1957.
GALLIHER, JOHN/DE GREGORY, JERRY: Violence in Northern Ireland: Understanding Protestant Perspectives. Dublin, 1985.
GARVIN, TOM: The Evolution of Irish Nationalist Politics. Dublin, 1981.
GARVIN, TOM: Nationalist Revolutionaries in Ireland, 1858-1928. Oxford, 1987.
GARVIN, TOM: 1922: The Birth of Irish Democracy. Dublin, 1996.
GERAGHTY, TONY: The Irish War. The Military History of a Domestic Conflict. London, 1998.
GIBBON, PETER: The Origins of Ulster Unionism: The Formation of Popular Protestant Politics and Ideology in Nineteenth-Century Ireland. Manchester, 1975.
GIFFORD, ANTHONY: Supergrasses: The Use of Accomplice Evidence in Northern Ireland. London, 1984.
GIRVIN, BRIAN/STURM, ROLAND (Hg.): Politics and Society in Contemporary Ireland. Aldershot, 1986.
GOODMAN, JAMES: Nationalism and Transnationalism. The National Conflict in Ireland and the European Union Integration. Aldershot, 1996.
GORDON, DAVID; The O'Neill Years: Unionist Politics 1963-1969. Belfast, 1989.
GRAY, TONY: The Orange Order. London, 1972.[2]
GREER, STEVEN C.: Supergrasses. A Study in Anti-Terrorist Law Enforcement in Northern Ireland. Oxford, 1995.
GROßMANN, ANTON J.J.: Irische Nationalbewegungen 1884-1914. München, 1979.
GUELKE, ADRIAN: Northern Ireland: The International Perspective. Dublin, 1988.
GUELKE, ADRIAN (Ed.): New Perspectives on the Northern Ireland Conflict. Aldershot, 1994.
GUELKE, ADRIAN: The Age of Terrorism and the International Political System. London, 1995.
GUNDELACH, THOMAS: Die irische Unabhängigkeitsbewegung 1916 – 1922. Frankfurt am Main/Bern/ Las Vegas, 1977.
HADDEN, PETER: Troubled Times. The National Question in Ireland. Belfast, 1995.
HADDEN, TOM/BOYLE, KEVIN: The Anglo-Irish Agreement: Commentary, Text and Review. London, 1989.
HADDICK-FLYNN, KEVIN: Orangeism. The Making of a Tradition. London, 1999.
HADFIELD, BRIGID (ed.): Northern Ireland: Politics and the Constitution. Milton Keynes, 1992.
HALL, MICHAEL: The Death of the »Peace Process«? A Survey of Community Perceptions. Newtownabbey, 1997.
HAMACHER, STEPHAN: Moderne politische Lyrik in Nordirland. Die Unruhen von Ulster im Spiegel der Literatur. Frankfurt/Main, 1990.
HAMILL, DESMOND: Pig in the Middle. The Army in Northern Ireland, 1969-1985. London, 1985.

HANLEY, BRIAN: The IRA, 1926-1936. Dublin, 2002.

HARBINSON, JOHN F.: The Ulster Unionist Party 1882-1973. Its Development and Organisation. Belfast, 1973.

HARGIE, OWEN/ DICKSON, DAVID (ed.): Researching the Troubles. Social Sciences Perspectives on the Northern Ireland Conflict. London/Edinburgh, 2003.

HARKNESS, DAVID: Northern Ireland since 1920. Dublin, 1983.

HARMON, M.: Fenians and Fenianism. Naas, 1968.

HARNDEN, TOBY: ‚Bandit Country'. The IRA & South Armagh. London, 1999.

HARRIS, ROSEMARY: Prejudice and Tolerance in Ulster. A Study of Neighbours and ‚Strangers' in a border community. Manchester, 1972.

HARRIS, MARY: The Catholic Church and the Establishment of Northern Ireland. Cork, 1994.

HAYES, JON (ed.): Lessons from Northern Ireland. Belfast, 1990.

HEALY, JAMES B.: Northern Ireland Dilemma. An American Irish imperative. New York, 1989.

HEATH, ANTHONY F./BREEN, RICHARD/WHELAN, CHRISTOPHER T. (eds.): Ireland North and South: Perspectives from Social Science. Oxford, 1999.

HELLE, ANDREAS: Ulster: Die blockierte Nation. Nordirlands Protestanten zwischen britischer Identität und irischem Regionalismus (1868-1922) Frankfurt-Main/New York, 1999.

HENNING, CHRISTOPH: Irland Irrland? Reportagen aus dem nordirischen Bürgerkrieg. Trier, 1978.

HENNESSEY, THOMAS: History of Northern Ireland 1920-1996. London, 1997.

HENNESSEY, THOMAS: Dividing Ireland. World War I and Partition. London, 1998.

HENNESSEY, THOMAS: The Northern Ireland Peace Process: Ending the Troubles? Dublin, 2000.

HEPBURN, A.C.: The Conflict of Nationality in Modern Ireland. London, 1980

HERMLE, REINHARD (Hrsg.): Konflikt und Gewalt. Texte zur Lage in Nordirland 1972-1974. München/Mainz, 1976.

HERMLE, REINHARD: Der Konflikt in Nordirland: Ursachen, Ausbruch und Entwicklung unter besonderer Berücksichtigung des Zeitraums 1963-1972. Eine Fallstudie zum Problem innergesellschaftlicher politischer Gewalt. München, 1979.

HESSLER, HANS-WOLFGANG (Hrsg.): Lokaltermin in Belfast: Die Kirchen im nordirischen Konflikt. Witten, 1972.

HESLINGA, MARCUS WILLEM.: The Irish Border as a Cultural Divide. Assen, 1979.

HESKIN, KEN: Northern Ireland: A psychological analysis. New York, 1980.

HERZ, DIETMAR: Frieden und Stabilität: die Nordirland Politik der Republik Irland 1969-1987. Bochum, 1989.

HEZLET, ARTHUR: The »B„-Specials: A History of the Ulster Special Constabulary.London, 1972.

HICKEY, JOHN: Religion and the Northern Ireland Problem. Dublin, 1987.

HILLYARD, PADDY: Suspect Community: People's Experience of the Prevention of Terrorism Acts in Great Britain. London, 1993.

HIRST, CATHERINE: Religion, politics and violence in nineteenth-century Belfast : the pound and Sandy Row. Dublin, 2001.

HOGAN, GERARD/WALKER, CLIVE: Political Violence and the Law in Ireland. Manchester, 1990.

HOLLAND JACK/PHOENIX, SUSAN: Policing The Shadows. The Secret War Against Terrorism in Northern Ireland. London, 1996.

HOLLAND, JACK/McDONALD, HENRY: INLA: the Inside Story. Dublin, 1994.
HOLLAND, JACK: Hope Against History. The Ulster Conflict. London, 1999.
HOLLAND, JACK: The American Connection: U.S. Guns, Money, and Influence in Northern Ireland. London, 1999.
HOPPEN, K. THEODORE: Ireland since 1800: Conflict and Conformity. London, 1999.[2]
HOWE, LEO: Being Unemployed in Northern Ireland: an Ethnographic Study. Cambridge, 1990.
HOWE, STEPHEN: Ireland and Empire. Colonial Legacies in Irish History and Culture. Oxford, 2000.
HUME, DAVID: The Ulster Unionist Party, 1972-1992: A Political Movement in an Era of Conflict and Change. Lurgan, 1996.
HUME, JOHN: Personal Views. Politics, Peace and Reconciliation in Ireland, Dublin, 1996.
HUTTON, SÉAN/ STEWART, PAUL (eds.): Ireland's Histories: Aspects of State, Society and Ideology. London, 1991.
JACKSON, ALVIN: The Ulster Party. Irish Unionists in the House of Commons, 1884-1911. Oxford, 1989.
JACKSON, ALVIN: Ireland 1798-1998. Oxford, 1999.
JACKSON, ALVIN: Home Rule. An Irish History 1800 – 2000. London, 2003.
JALLAND, PATRICIA: The Liberals and Ireland. The Ulster Question in British Politics to 1914. Aldershot, 1993.[2]
JARMAN, NEIL/ BRYAN, DOMINIC: From Riots to Rights. Nationalist Parades in the North of Ireland. Coleraine, 1998.
JARMAN, NEIL: Material Conflicts. Parades and Visual Displays in Northern Ireland. Oxford, 1997.
JARMAN, NEIL: Politics in Public: Freedom of Assembly and the Right to Protest – A Comparative Analysis. Belfast, 1998.
JARMAN, NEIL: Drawing Back From the Edge: Community Based Response to Violence in North Belfast. Belfast, 1999.
JEFFERY, KEITH (ed.): The Divided Province: The Troubles in Northern Ireland 1969-1985. London, 1985.
JENKINS, RICHARD: The Sectarian Divide in Northern Ireland Today. London, 1986.
JENNINGS, ANTHONY (ed.): Justice Under Fire: The Abuse of Civil Liberties in Northern Ireland. London, 1990.
JONES, DAVID R.: The Orange Citadel: a History of Orangeism in Portadown district. Portadown, 1996.
JORDAN, GLENN: Not of this world? Evangelical Protestants in Northern Ireland. Belfast, 2001.
KEARNEY, RICHARD: Postnationalist Ireland: Politics, Culture, Philosophy. London/New York, 1997.
KEARNEY, RICHARD (ed.): Across the Frontiers: Ireland in the 1990s. Dublin, 1998.
KEE, ROBERT: Ireland. A History. London: Weidenfeld & Nicholson, 1980.
KEE, ROBERT: The Green Flag. 3 Vls. London, 1972.
KEENAN, DESMOND: The Catholic Church in Nineteenth-Century Ireland. Dublin, 1983.
KELLER, THORSTEN: »Reporting the Troubles«: Irish News und Belfast Telegraph – zwei Tageszeitungen im Nordirland-Konflikt. Dipl. Arbeit., Universität Dortmund, 1994.
KELLEY, KEVIN J.: The Longest War. Northern Ireland and the IRA. Westport, Conn., 1988.
KELLY, HENRY: How Stormont Fell. Dublin, 1972.

KENEALLY, THOMAS: The Great Shame. The Story of the Irish in the Old World and New. London, 1999.
KENNEDY, DENNIS: The Widening Gulf: Northern Attitudes to the Independent Irish State 1919-1949. Belfast, 1988.
KENNEDY, LIAM/OLLERENSHAW, PHILIP (eds.): An Economic History of Ulster, 1820-1940. Manchester, 1985.
KENNEDY-PIPE, CAROLINE: The Origins of the Present Troubles in Northern Ireland since 1968. London, 1997.
KENNY, ANTHONY: The Road to Hillsborough. The Shaping of the Anglo-Irish Agreement. Oxford, 1986.
KEOGH, DERMOT/ HALTZEL, MICHAEL H. (eds.): Northern Ireland and the Politics of Reconciliation. Cambridge, 1993.
KEOGH, DERMOT: Twentieth-Century Ireland. Nation and State. Dublin, 1994.
KERR, ADRIAN: Perceptions. Cultures in Conflict. Derry, 1996.
KIRSCH, HANS-CHRISTIAN: Rebellen in Dublin. Frankfurt/Main, 1981.
KOCKEL, ULRICH: Regions, borders and European integration: ethnic nationalism in Euskadi, Schleswig and Ulster. Liverpool, 1991.
KRÄMER, GEORG: Mord und Terror: britischer Imperialismus; Nordirland. Frankfurt/Main, 1972.
KROMBACH, UWE (Hrsg.): Revolution in Nordirland? Vom Religionskrieg zur Organisierung des Klassenkampfes. München, 1972.
KRUSE, CHRISTIANE: Der Nordirlandkonflikt im Focus journalistischer Schemata Eine Analyse der Berichterstattung ausländischer Tageszeitungen unterschiedlicher Distanz. Münster, 1993.
KÜBLER, BETTINA: Der Nordirlandkonflikt: Keine Chance für den Frieden? Voraussetzungen für eine politische Lösung. München, 1991.
LAFFAN, MICHAEL: The Partition of Ireland 1911-1925. Dublin, 1987².
LAFFAN, MICHAEL: The Resurrection of Ireland: The Sinn Féin Party, 1916-1923. Cambridge, 1999.
LAMBKIN, BRIAN: Opposite Religions Still?: Interpreting Northern Ireland After the Conflict. Aldershot, 1996.
LEE, JOSEPH J.: Ireland, 1912-1985. Politics and Society. Cambridge, 1989.
LENNON, BRIAN: After the Ceasefires: Catholics & the Future of Northern Ireland. Dublin, 1997.
LÖBLER, FRANK: Ulster zwischen Bürgerkrieg und Binnenmarkt: politische Lösungsansätze, Akteursinteressen und Grenzen einer europäischen Lösung im Nordirland-Konflikt. Hagen, 1992.
LONGFORD, EARL OF/McHARDY, ANNE: Ulster. London, 1981.
LOTZ-HEUMANN, UTE: Die doppelte Konfessionalisierung in Irland. Konflikt und Koexistenz im 16. und in der ersten Hälfte des 17. Jahrhunderts. Tübingen, 2000.
LOUGHLIN, JAMES: Gladstone, Home Rule and the Ulster Question 1882-93. Dublin, 1986.
LOUGHLIN, JAMES: Ulster Unionism and British National Identity since 1885. London, 1995.
LOUGHLIN, JAMES: The Ulster Question since 1945. Dublin, 1998.
LYDON, JAMES: The Making of Ireland. From ancient times to the present. London/New York, 1998.

LYNN, BRENDAN: Holding the Ground. The Nationalist Party in Northern Ireland: 1945-1972. Aldershot, 1997.
LYONS, FRANCIS STEWART LELAND: The Irish Parliamentary Party, 1890-1910. London, 1951.
LYONS, FRANCIS STEWART LELAND: Culture and Anarchy in Ireland 1890-1939. Oxford, 1982.
LYONS, FRANCIS STEWART LELAND: Ireland Since the Famine. London, 1985.[2]
MacDONALD, MICHAEL: Children of Wrath: Political Violence in Northern Ireland. Cambridge, 1986.
MacDONALD, PETER: The SAS in Action. London, 1990.
MacGINTY, ROGER/ DARBY, JOHN: Guns and Government. The Management of the Northern Ireland Peace Process. Basingstoke, 2002.
MAGUIRE, MAIREAD CORRIGAN: The Vision of Peace. Faith and Hope in Northern Ireland. New York, 1999.
MALLIE, EAMONN/ McKITTRICK, DAVID: The Fight For Peace. The Secret Story behind the Irish Peace Process. London, 1996.
MALLIE, EAMONN/ McKITTRICK, DAVID: Endgame in Ireland. London, 2001.
MANSERGH, NICHOLAS: The Irish Question 1840-1921. London, 1975.[3]
MANSERGH, NICHOLAS: The Unresolved Question: The Anglo-Irish Settlement and its Undoing, 1912-1972. London, 1991.
MAURER, MICHAEL: Kleine Geschichte Irlands. Stuttgart, 1998.
McALLISTER, IAN: The Northern Ireland Social Democratic and Labour Party. Political Opposition in a Divided Society. London/Basingstoke, 1977.
McARDLE, PATSY: The Secret War: An Account of the Sinister Activities along the Border. Dublin, 1984.
McAULEY, JAMES: The Politics of Identity. A Loyalist Community in Belfast. Aldershot, 1994.
McBRIDE, IAN: The siege of Derry in Ulster Protestant mythology. Dublin, 1997.
McBRIDE, IAN: Protestantism and national identity: Britain and Ireland, 1650-1850. Cambridge, 1998.
McBRIDE, IAN (ed.): History and Memory in Modern Ireland. Cambridge, 2001.
McBRIDE, I.R.: Scripture Politics. Ulster Presbyterians and Irish Radicals in the late Eighteenth Century. Oxford, 1998.
McCALL, CATHAL: Identity in Northern Ireland. Communities, Politics and Change. Basingstoke/London, 1998.
McCANN, EAMONN: War and an Irish Town. London/Boulder, 1993.[3]
McCANN, EAMONN: Bloody Sunday in Derry: What Really Happened. Brandon, 1992.
McCANN, EAMONN: Dear God: the price of religion in Ireland. London, 1999.
McCARTNEY, CLEM/ BRYSON, LUCY: Clashing Symbols? A Report on the Use of Flags, Anthems and other National Symbols. Belfast, 1994.
McCARTNEY, ROBERT: Reflections on Liberty, Democracy and the Union. Bethesda, MD, 2001.
McCLEAN, RAYMOND: The Road to Bloody Sunday. Londonderry, 1997.[2]
McDANIEL, DENZIL: Enniskillen. The Remembrance Sunday Bombing. Dublin, 1997.
McELRATH, KAREN: Unsafe Haven: The United States, the IRA and Political Prisoners. London, 2000.
McELROY, GERALD: The Catholic Church and the Northern Ireland Crisis, 1969-86. Dublin, 1991.

McGARRY, JOHN/ O'LEARY, BRENDAN (eds.): The Future of Northern Ireland. Oxford, 1990.
McGARRY, JOHN/ O'LEARY, BRENDAN: Explaining Northern Ireland: Broken Images. Oxford, 1995.
McGARRY, JOHN/ O'LEARY, BRENDAN: Policing Northern Ireland: Proposals for a new start. Belfast, 1999.
McGRATH, MICHAEL: The Catholic Church and Catholic Schools in Northern Ireland: The Price of Faith. Dublin, 2000.
McILHATTON, JAMES: The Ulster Emigrants. London, 1992.
McINTOSH, GILLIAN: The Force of Culture: Unionist Identities in Twentieth Century Ireland. Cork, 1999.
McKAY, SUSAN: Northern Protestants. An Unsettled People. Belfast, 2000.
McKEOWN, LAURENCE: Out of Time. Irish Republican Prisoners. Long Kesh 1972-2000. Belfast, 2001.
McKITTRICK, DAVID: Endgame - The Search for Peace in Northern Ireland. Belfast, 1994.
McKITTRICK, DAVID: The Nervous Peace. Belfast, 1996.
McKITTRICK, DAVID/ KELTERS, SEAMUS/ FEENEY, BRIAN (eds.): Lost Lives. The Stories of the men, women and children who died as a result of the Northern Ireland Troubles. Belfast, 1999.
McKITTRICK, DAVID/ McVEA, DAVID: Making sense of the Troubles. Belfast, 2000.
McLAUGHLIN, JIM: Ulster Unionist Hegemony and Regional Industrial Policy in Northern Ireland 1945-1972. Syracuse, N.Y., 1983.
McLEAN, RAYMOND: The Road to Bloody Sunday. Dublin, 1983.
McMICHAEL, GARY: An Ulster Voice: In Search of Common Ground in Northern Ireland. Niwot, Colorado, 1999.
McMILLEN, LIAM: The Role of the IRA 1962 – 1967. Dublin, 1976.
McNAMEE, PETER/ LOVETT, TOM: Working Class Community in Northern Ireland. Belfast, 1992.[2]
McNAMEE, PETER: Northern Ireland, the two traditions. Belfast, 1987.
McPHILEMY, SEN: The Committee: Political Assassination in Northern Ireland. Niwot, Colorado, 1998.
McWILLIAMS, MONICA: Bringing it Out into the Open. Domestic Violence in Northern Ireland. Belfast, 1993.
METSCHER, PRISCILLA: Republicanism and Socialism in Ireland. Frankfurt/Main-Bern-New York, 1986.
MILLER, DAVID W.: Church, State and Nation in Ireland 1898-1921. Dublin, 1973.
MILLER, DAVID W.: Queen's Rebels: Ulster Loyalism in Historical Perspective. Dublin/New York, 1978.
MILLER, DAVID (ed.): Rethinking Northern Ireland. Culture, Ideology, Colonialism. London/New York, 1998.
MITCHELL, GEORGE: Making Peace: The Inside Story of the Making of the Good Friday Agreement. London, 1999.
MITCHELL, PAUL/ WILFORD, RICK (eds.): Politics in Northern Ireland. Boulder/Oxford, 1999.
MOLTMANN, BERNHARD: Nordirland: Vom Wagnis eines neuen Gesellschafts- und Herrschaftsvertrages oder Wie Thomas Hobbes und John Locke jüngst Stormont Castle besuchten. HSFK-Report 7/1998. Frankfurt am Main: HSFK, 1998.

MOLTMANN, BERNHARD: »Nordirland: Von den Schwierigkeiten, einen Konflikt zu beenden«. In: Friedensgutachten 1998. Hrsgg. von Reinhard Mutz, Bruno Schoch und Friedhelm Solms. Münster, 1998. 36-48.

MOKYR, JOEL: Why Ireland Starved: A Quantitative and Analytical History of the Irish Economy 1800-1850. London, 1983.

MOODY, THEODORE WILLIAM/BECKETT, JOHN (eds.): Ulster since 1800. London, 1954/57.

MOODY, THEODORE WILLIAM: The Fenian Movement. Cork, 1968.

MOODY, THEODORE WILLIAM: The Ulster Question 1603-1973. Dublin, 1973.[3]

MORGAN, AUSTEN.: Labour and Partition: The Belfast Working Class 1905-1923. London, 1991.

MORGAN, AUSTEN: The Belfast Agreement: A Practical Legal Analysis. London, 2000.

MORRISON, DANNY: Troubles. Eine politische Einführung in die Geschichte Nordirlands. Münster, 1997.

MORROGH, MICHAEL Mac CARTHY, The Irish Century. London, 1998.

MORROW, DUNCAN/BIRRELL, DEREK/: The Churches and Inter-Community Relationships. Coleraine, 1991.

MOXON-BROWNE, EDWARD: Nation, Class and Creed in Northern Ireland. Aldershot, 1983.

MULHOLLAND, MARC: Northern Ireland at the Crossroads. Ulster Unionism in the O'Neill Years, 1960-1969. Belfast, 1997.

MULLAN, DON: Bloody Sunday: Massacre in Northern Ireland. The Eyewitness Accounts. Cornell University Press, 1997.

MULTHAUPT, WULF FRIEDRICH: Die Irisch-Republikanische Armee. Von der Guerilla-Freiheitsarmee zur modernen Untergrundorganisation. Bonn: Diss, 1988.

MUNCK, RONNIE: The Irish Economy: Results and Prospect. London, 1993.

MURPHY, BRIAN: Patrick Pearse and the Lost Republican Ideal. Dublin, 1991

MURPHY, DEVLA: A Place Apart. London, 1979.

MURPHY, JOHN A.: Ireland in the Twentieth Century. Dublin, 1975. (= The Gill History of Ireland, Bd. 11)

MURRAY, DOMINIC: Worlds Apart: Segregated Schools in Northern Ireland. Belfast, 1985.

MURRAY, RAYMOND: The SAS in Ireland. Dublin, 1991.

MURRAY, RAYMOND: State Violence. Northern Ireland 1969-1997. Dublin, 1998.

MURRAY, DOMINIC (ed.): Protestant Perceptions of the Peace Process in Northern Ireland. Limerick, 2000.

MURTAGH, BRENDAN: A Study of Belfast's Peacelines. University of Ulster, Coleraine,1995.

MURTAGH, BRENDAN: Community & Conflict in Rural Ulster. Summary Report. University of Ulster, Coleraine,1997.

MURTAGH, BRENDAN: The Politics of territory – Policy and Segregation in Northern Ireland. Basingstoke, 2001.

NELSON, SARAH: Ulster's Uncertain Defenders: Protestant Political, Paramilitary and Community Groups and the Northern Ireland Conflict. Belfast, 1984.

NEUHEISER, JÖRG/ WOLFF, STEFAN (eds.): Peace at Last? The Impact of the Good Friday Agreement on Northern Ireland. Oxford, 2003.

NEUMANN, PETER: IRA. Langer Weg zum Frieden. Hamburg, 1999.

NÍ AOLÁIN, FIONNULA: The Politics of Power: Conflict Management and State Violence in Northern Ireland. Belfast, 1999.

O'BRIEN, BRENDAN: The Long War. The IRA and Sinn Féin, 1985 to Today. Dublin, 1999.[3]
O'BRIEN, BRENDAN: Pocket History of the IRA: from 1916 onwards. Dublin, 2000.
O'BRIEN, CONOR CRUISE: States of Ireland. St. Albans, 1974.
O'BRIEN, CONOR CRUISE: Ancestral Voices. Religion and Nationalism in Ireland. Dublin, 1994.
Ó'CEALLAIGH, DALTÚN: The Northern Irish Crisis: Multi-Party Talks & Models for a Resettlement. Dublin, 1997.
Ó'CEALLAIGH, DALTÚN (ed.): New Perspectives on Ireland. Dublin, 1998.
O'CLERY, CONOR: The Greening of the White House, the Inside Story of How America Tried To Bring Peace to Ireland. Dublin, 1996
O'CONNOR, EMMET: A Labour History of Ireland 1824-1960. Dublin, 1992.
O'CONNOR, FRANK: The Big Fellow. Dublin, 1979.
O'CONNOR, FIONNUALA: In Search of a State: Catholics in Northern Ireland. Belfast, 1993.
O'CONNOR, FIONNUALA: Breaking The Bonds. Making Peace in Northern Ireland. Edingburgh and London, 2002.
O'DAY ALAN/YONAH, ALEXANDER (eds.): Terrorism in Ireland. London/New York, 1984.
O'DAY, ALAN (ed.): Dimensions of Irish Terrorism. Aldershot, 1993.
O'DAY, ALAN (ed.): Terrorism's Laboratory. The Case of Northern Ireland. Aldershot, 1995.
O'DAY, ALAN (ed.): Political Violence in Northern Ireland: Conflict & Conflict Resolution. London, 1997.
O'DAY, ALAN: Irish Home Rule 1867-1921. Manchester, 1998.
O'DOCHARTAIGH, NIALL.C.: From Civil Rights to Armalites. Cork, 1997.
O'DOHERTY, MALACHI: The Trouble with Guns: Republican Strategy and the Provisional IRA. Belfast, 1998.
O'DOWD, LIAM: Northern Ireland. Between Civil Rights and Civil War. London, 1980.
O'DOWD, LIAM: Constituting Division, Impeding Agreement. The Neglected Role of British Nationalism in Northern Ireland. In: ANDERSON, J./GOODMAN, J. (eds.): Dis/Agreeing Ireland: Contexts, Obstacles and Hopes. London, 1999.
O'DOWD, LIAM: British Nationalism and the Northern Ireland ‚Peace Process'. In: BREHONY, K.J./RASSOOL, W. (eds.): Nationalisms Old and New. London, 1999.
O'GRADA, CORMAC.: Ireland: A New Economic History 1780-1939. Oxford, 1994.
O'GRADA, CORMAC.: A Rocky Road: The Irish Economy since the 1920s. Manchester, 1997.
O'HALLORAN, CLARE: Partition and the Limits of Irish Nationalism. Dublin, 1987.
O'HALPIN, EUNAN: Defending Ireland: The Irish State and it's Enemies since 1922 Oxford, 1999.
O'LEARY, BRENDAN/McGARRY, JOHN: The Politics of Antagonism: Understanding Northern Ireland. London, 1993.
O'LEARY, BRENDAN: Northern Ireland: Sharing Authority. London: IPPR, 1993.
O'LEARY, CORNELIUS/ ELLIOTT, SYDNEY/ WILFORD, RICK: The Northern Ireland Assembly 1982-1986: A Constitutional Experiment. London, 1988.
O'MALLEY, PADRAIG: Biting at the Grave. The Irish Hunger Strikes and the Politics of Despair. Belfast, 1990.
O'MALLEY, PADRAIG: Northern Ireland: Questions of Nuance. Belfast, 1990.
O'MALLEY, PADRAIG: The Uncivil Wars. Ireland Today. Belfast, 1983.

O'NEILL, TERENCE: Ulster at the Crossroads. London, 1969.
O'RAWE, RICHARD: Blanketmen. An Untold Story of the H-Block Hunger Strikes. Dublin, 2005.
OSBORNE, ROBERT D. (ed.): Education and Policy in Northern Ireland. Belfast, 1987.
OTT, INGEBORG: Mit dem Herzen sehen: Ein Jahr Friedensarbeit in Nordirland. Frankfurt am Main, 1985.
OTT, FRANK: Der Nordirlandkonflikt. München, 2005.
OWEN, ARWEL E.: The Anglo-Irish agreement: the first three years. Cardiff 1994.
PARKER, TONY: May the Lord in His Mercy Be Kind To Belfast. London, 1994.
PARKINSON, ALAN F.: Ulster Loyalism and the British Media. Dublin, 1998.
PATTERSON, HENRY: Class Conflict and Sectarianism: The Protestant Working Class and the Belfast Labour Movement 1868-1920. Belfast, 1980.
PATTERSON, HENRY: The Politics of Illusion: A Political History of the IRA London, 1997.[2]
PEARCE, EDWARD: Lines of Most Resistance. The Lords, The Tories and Ireland, 1886-1914. London, 1999.
PERCIVAL, JOHN: The Great Famine: Ireland's Potato Famine 1845-1851. TV Books Inc., 1996.
PHILPIN, C.H.E (ed.): Nationalism and Popular Protest in Ireland. Cambridge, 1987.
PHOENIX, EAMONN: Northern Nationalism: Nationalist Politics, Partition and the Catholic Minority in Northern Ireland 1890-1940. Belfast, 1994.
POLLAK, ANDY (ed.): A Citizen's Inquiry: The Opsahl Report on Northern Ireland. Dublin, 1993.
PORTER, NORMAN: Rethinking Unionism. An Alternative Vision for Northern Ireland. Belfast, 1996.
PORTER, NORMAN (ed.): The Republican Ideal: Current Perspectives. Belfast, 1998.
PORTER, NORMAN, The Elusive Quest. Reconciliation in Northern Ireland. Belfast, 2003.
PRINGLE, DENNIS GRAHAM: Two Nations? A Political Geographical Analysis of the National Conflict in Ireland. Letchworth, 1985.
PRINGLE, PETER/ JACOBSON, PHILIP: Those Are Real Bullets, Aren't They? Bloody Sunday, Derry, 30 January 1972. London, 2000.
PROBERT, BELINDA: Beyond Orange and Green: The Political Economy of the Northern Ireland Crisis. London, 1978.
PURDIE, BOB: Politics in the Streets. The Origins of the Civil Rights Movement. Belfast, 1990.
QUINN, DERMOTT: Understanding Northern Ireland. Manchester, 1993.
RAATZ, HANS: Der Nordirland-Konflikt und die britische Nordirland Politik seit 1968. Stuttgart, 1990
RAFFERTY, OLIVER P.: Catholicism in Ulster 1603-1983: An Interpretative History. London, 1993.
RAMSAY, JACK: SAS. The Soldier's Story. London, 1996.
RAPP, MICHAEL: Nordirland am Scheideweg? Britische Direktherrschaft, anglo-irische Dimension und internationale Verflechtung. München, 1987.
RASS, HANS-HEINRICH: Nord-Irland: Konflikt ohne Ende? Berlin, 1972.
RICHARDSON, NORMAN (ed.): A Tapestry of Beliefs: Christian Traditions in Northern Ireland. Belfast, 1998.
RIDD, ROSEMARY/CALLAWAY, HELEN (eds.): Caught up in the Conflict: Women's Responses to Political Strife. London, 1986.

ROBINSON, PHILIP S.: The Plantation of Ulster. British Settlement in an Irish Landscape 1600-1670. Reprint. Belfast: Ulster Historical Foundation, 1994.
ROBSON, TERRY: The State and Community Action. London, 2000.
ROCHE, PATRICK/BARTON, BRIAN (eds.): The Northern Ireland Question: Myth and Reality. Aldershot, 1991.
ROCHE, PATRICK/BARTON, BRIAN (eds.): The Northern Ireland Question: Perspectives and Policies. Aldershot, 1994.
ROCHE, PATRICK J./BARTON BRIAN (eds.): The Northern Ireland Question: Nationalism, Unionism and Partition. Aldershot, 1999.
ROLSTON, BILL: Politics and Painting: murals and conflict in Northern Ireland. Rutherford, 1991.
ROLSTON, BILL: The Media and Northern Ireland. Covering the Troubles. Basingstoke, 1991.
ROLSTON, BILL/ MILLER, DAVID (eds.): War and Words: The Northern Ireland Media Reader. Belfast, 1996.
ROLSTON, BILL: Unfinished Business. State Killings and the Quest for Truth. Belfast, 2000.
ROSE, PETER: How the Troubles Came to Northern Ireland. Basingstoke, 1999.
ROSE, RICHARD: Governing without Consensus: An Irish Perspective. London, 1971.
ROSE, RICHARD: Northern Ireland. A Time of Choice. Basingstoke, 1976.
ROSENBLATT, ROGER: Kinder des Krieges – Children of War. Gespräche mit Kindern aus Nordirland, Israel, Libanon, Kambodscha und Vietnam. Hamburg, 1984.
ROWAN, BRIAN: Behind The Lines: The Story of the IRA and Loyalist Ceasefires. Belfast, 1995.
ROWTHORNE, BOB/WAYNE, NAOMI: Northern Ireland. The Political Economy of Conflict. Cambridge, 1988.
RUANE, JOSEPH/TODD, JENNIFER: The Dynamics of Conflict in Northern Ireland. Power, Conflict and Emancipation. Cambridge, 1997.
RUANE, JOSEPH/TODD, JENNIFER (eds.): After the Good Friday Agreement: analysing political change in Northern Ireland. Dublin, 1999.
RUANE, JOSEPH/TODD, JENNIFER: After the Good Friday Agreement. Analysing Political Change in Northern Ireland. Dublin, 2000.
RUMPF, ERHARD: Nationalismus und Sozialismus in Irland. Meisenheim a.H., 1959.
RYDER, CHRIS: The Ulster Defence Regiment: An Instrument of Peace? London, 1991.
RYDER, CHRIS: The RUC: A Force under Fire. London, 2000.[4]
RYDER, CHRIS/ KEARNEY, VINCENT: Drumcree. The Orange Order's Last Stand. London, 2002.
SANTINO, JACK: Signs of War and Peace. Social Conflict and the Use of Public Symbols in Northern Ireland. New York/Basingstoke, 2001.
SCHAFFMANN, CHRISTA: Nordirland. Probleme, Fakten, Hintergründe. Berlin, 1982.
SCHNEIDER, JÜRGEN/SOTSCHEK, RALF: Irland. Eine Bibliographie selbständiger deutschsprachiger Publikationen. 16. Jahrhundert bis 1989. Darmstadt, 1988.
SCHRÖDER, DIETER: Irland – Gottes geteilte Insel. München, 1972.
SCHULZE-MARMELING, DIETRICH: Die gescheiterte Modernisierung. Britische Nordirlandpolitik in den 70er und 80er Jahren. Münster, 1986.
SCHULZE-MARMELING, DIETRICH: Republikanismus und Sozialismus in Nordirland: Theorie und Praxis in der nordirischen Krise. Frankfurt/Main, 1986.
SCHULZE-MARMELING, DIETRICH: Die irische Krise: Dritte Welt in Europa. Wien, 1988.

SCHULZE-MARMELING, DIETRICH: Der lange Krieg. Macht und Menschen in Nordirland. Göttingen, 1989.
SCHULZE-MARMELING, DIETRICH (Hrsg.): Nordirland: Geschichte, Landschaft, Kultur, Touren. Göttingen, 1996.
SENIOR, HEREWARD: Orangeism in Ireland and Britain 1795-1836. London, 1966.
SHANNON, MICHAEL O.: Northern Ireland. Oxford, 1991.
SHARROCK, DAVID/DEVENPORT, MARK: Man of War. Man of Peace? The Unauthorised Biography of Gerry Adams. Basingstoke, 1997.
SHEARMAN, HUGH: Northern Ireland: It's History, Resources and People. Belfast, 1946.
SHEEHAN, MAURA: The Unequal Unemployed. Discrimination, Unemployment and State Policy in Northern Ireland. Aldershot, 1999.
SHIRLOW, PETER/McGOVERN, MARK (eds.): Who are ‚The People'. Unionism, Protestantism and Loyalism in Northern Ireland. London, 1997.
SHIVERS, LYNNE/ BOWMAN, DAVID SJ: More than the Troubles. A Common Sense View of the Northern Ireland Conflict. Baltimore, 1984.²
SMITH, DAVID J. /CHAMBERS, GERALD: Inequality in Northern Ireland. Oxford, 1991.
SMITH, MICHAEL L.R.: Fighting For Ireland? The Military Strategy of the Irish Republican Movement. London, 1997².
SMYTH, CLIFFORD: Ian Paisley. Voice of Protestant Ulster. Edinburgh, 1987.
SOTSCHEK, RALF: Ungekürzte Wahrheiten über Irland. Frankfurt am Main, 1996.
STADLER, KLAUS: Nordirland: Analyse eines Bürgerkrieges. München, 1979.
STEVENSON, JONATHAN: »We Wrecked This Place«: Contemplating an End to the Northern Irish Troubles. New York, 1996.
STEWART, ANTHONY TERENCE QUINCY: The Narrow Ground: Patterns of Ulster History. Belfast, 1986.
STEWART, ANTHONY TERENCE QUINCY.: The Ulster Crisis. Resistance to Home Rule 1912-1914. Belfast, 1992.
STEWART, ANTHONY TERENCE QUINCY: The Summer Soldiers: the 1798 rebellion in Antrim and Down. Belfast, 1995.
STEWART, ANTHONY TERENCE QUINCY.: The Narrow Ground: Aspects of Ulster 1609-1969. Belfast, 1997.²
STEWART, ANTHONY TERENCE QUINCY: The Narrow Ground: The Roots of Conflict in Ulster. London, 1997.⁴
STEWART, PAUL/ SHIRLOW, PETER (eds.): Northern Ireland between Peace and War? London, 1999. (= Capital and Class Editorial Committee)
SUTTON, MALCOLM: Bear in mind these dead. An Index of Deaths from the Conflict in Ireland 1969-93. Belfast, 1999.²
TAYLOR, PETER: Stalker. The Search for the Truth. London, 1987.
TAYLOR, PETER: Provos. The IRA and Sinn Fein. London, 1997.
TAYLOR, PETER: Loyalists. London, 1999.
TAYLOR, PETER: Brits. The War against the IRA. London, 2001.
TEAGUE, PAUL: Beyond the Rhetoric: Politics, the Economy and Social Policy in Northern Ireland. London, 1987.
TEAGUE, PAUL (ed.): The Economy of Northern Ireland: Perspectives for Structural Change. London, 1993.
THE SUNDAY TIMES INSIGHT TEAM: Ulster. London, 1972.

TIEGER, MANFRED P.: Nordirland. Geschichte und Gegenwart. Basel-Boston-Stuttgart, 1985.
TONGE, JONATHAN: Northern Ireland. Conflict and Change. New Jersey, 2002².
TOOLIS, KEVIN: Rebel Hearts: Journeys within the IRA's soul. London, 2000.²
TOWNSHEND, CHARLES: The British Campaign in Ireland, 1919-1921. Oxford, 1975.
TOWNSHEND, CHARLES: Ireland. The 20th Century. London, 1999.
Ulster After The Ceasefire: Report of an Independent Study Group. London, 1994.
URBAN, MARK: Big Boy's Rule. The SAS and the Secret Struggle against the IRA. London, 1992.
URBAN, MARK: UK Eyes Alpha: The Inside Story of British Intelligence. London, 1996.
URIS, JILL and LEON: Ireland – A Terrible Beauty. London, 1977.
VAN VORIS, W.H.: Violence in Ulster. An Oral Documentary. Amherst, 1975.
VOGT, HERMANN (Hrsg.): Nordirland: Texte zu einem konfessionellen, politischen und sozialen Konflikt. Stuttgart, 1972.
VOGT, HERMANN: Konfessionskrieg in Nordirland? Materialien und Unterrichtsvorschläge zum irischen Konflikt. Stuttgart/München, 1973.
WALDMANN; PETER: Ethnischer Radikalismus. Opladen, 1989.
WALDMANN, PETER: Terrorismus. Provokation der Macht. München, 1998.
WALLACE, MARTIN: Northern Ireland. 50 years of self-government. New Abbot, 1971.
WALLACE, MARTIN.: British Government in Northern Ireland: From Devolution to Direct Rule. Newton Abbot, 1982.
WALKER, BRIAN (ed.): Parliamentary Election Results in Ireland, 1801-1922. Dublin/Belfast, 1978.
WALKER, BRIAN (ed.): Parliamentary Election Results in Ireland, 1918-1992. Dublin/Belfast, 1992.
WALKER, CLIVE: The Prevention of Terrorism in British Law. Manchester, 1992.²
WALLIS, ROY/ BRUCE, STEVE/ TAYLOR, DAVID: Nor Surrender! Paisleyism and the Politics of Ethnic Identity in Northern Ireland. Belfast, 1986.
WALSH, DERMOT: Bloody Sunday and the Rule of Law in Northern Ireland. Dublin, 2000.
WALSH, PAT: From Civil Rights to National War: Northern Ireland Catholic Politics, 1964-74. Belfast, 1989.
WEALE, ADRIAN: Secret Warfare. Special Operations Forces. From the Great Game to the SAS. London, 1997.
WEALE, ADRIAN: The Real SAS. London, 1998.
WEITZER, RONALD J.: Policing under Fire. Ethnic Conflict and Police Community Relations. Albany, 1995.
WHEELER, JAMES SCOTT: Cromwell in Ireland. Dublin, 1999.
WHITE, ROBERT: Provisional Irish Republicans: An Oral and Interpretive History. Westport/Connecticut/London, 1993.
WHYTE, JOHN H.: Church and State in Modern Ireland, 1923-1979. Dublin, 1984.²
WHYTE, JOHN H.: How much discrimination was there under the unionist regime 1921-1968. In: TOM GALLAGHER/O'CONNELL, JAMES (eds.) Contemporary Irish Studies. Manchester, 1983.
WICHERT, SABINE: Northern Ireland since 1945. Harlow/London, 1999².
WILFORD, RICK (ed.): Aspects of the Belfast Agreement. Oxford, 2001.
WILLIAMS, T. DESMOND (ed.): Secret Societies in Ireland. Dublin, 1973.

WILLIAMSON, ARTHUR: Development Partnership in Ireland, North and South: The European Union's Role in Shaping Policy in Ireland's two Jurisdictions, 1990-1997. Coleraine, 1999. (= Centre of Voluntary Action Studies, University of Ulster)
WILSON, ANDREW J.: Irish America and the Ulster Conflict 1968-1995. Belfast, 1995.
WILSON, ROBIN (ed.): Agreeing To Disagree? A Guide to the Northern Ireland Assembly. London, 2001.
WILSON, TOM: Ulster: Conflict and Consent. Oxford, 1989.
WOLFF, STEFAN: Disputed Territories: The Transnational Dynamics of Ethnic Conflict. Oxford, 200.
WRIGHT, FRANK: Northern Ireland. A Comparative Analysis. Dublin, 1987.
WRIGHT, FRANK: Two lands on one Soil. Ulster Politics before Home Rule. Dublin, 1996.
WUHRER, PETER: Sie nennen es Trouble: Reportagen und Geschichten aus einem Krieg. Zürich, 1989.
WUHRER, PETER: Die Trommeln von Drumcree. Nordirland am Rande des Friedens. Zürich, 2000.

Biographien/ Autobiographien

ADAMS, GERRY: Cage Eleven–Erinnerungen an Long Kesh. Cadolzburg, 1995.
ADAMS, GERRY: Before the Dawn. An Autobiography. New York, 1996.
ANDERSON, BRENDAN: Joe Cahill. A Life in the IRA. Dublin, 2002.
ANDERSON, CHRIS: The Billy Boy. The Life and Death of LVF Leader Billy Wright. Edinburgh/London, 2002.
BENN, TONY: Office Without Power – Diaries 1968-72. London, 1988.
BENN, TONY: Against the Tide – Diaries 1973-76. London, 1989.
BEW, PAUL: C.S. Parnell. Dublin, 1980.
BLOOMFIELD, KENNETH: Stormont in Crisis. Belfast, 1994.
BUCKLAND, PATRICK: James Craig, Lord Craigavon. Dublin, 1980.
CAMPBELL, JOHN: Edward Heath: a biography. London, 1993.
CALLAGHAN, JAMES: A House Divided: the Dilemma of Northern Ireland. London, 1973.
CARVER, MICHAEL: Out of Step. Memoirs of a Field Marshal. London, 1989.
CLARKE, LIAM/JOHNSTON, KATHRYN: Martin McGuinness. From Guns to Government. Edinburgh, 2001.
COLLINS, EAMONN: Killing Rage. London, 1998. (Dt. Brennender Hass. Frankfurt/Main, 1997)
COOGAN, TIM PAT: Michael Collins. A Biography. London, 1990.
COOGAN, TIM PAT: De Valera. Long Fellow - Long Shadow. London, 1993.
COOKE, DENNIS: Persecuting Zeal. Portrait of Ian Paisley. Dingle, 1996.
CROSSMAN, RICHARD H.S.: The Diaries of a Cabinet Minister. Vol. III. London, 1977.
DALY, EDWARD: Mister, are you a priest? Dublin, 2000.
DEVLIN, BERNADETTE: The Price of my Soul. London, 1969.
DEVLIN, PADDY: Straight Left. Belfast, 1993.
DOYLE, LYNN: An Ulster Childhood. Belfast, 1985.
DROWER, GEORGE: John Hume Peacemaker. London, 1995.
DUIGNAN, SEÁN: One spin on the merry-go-round. Dublin, 1996.
DWYER, T. RYLE: Michael Collins. Münster, 1997.
EDWARDS, OWEN DUDLEY: Eamon de Valera. Cardiff, 1987.

EDWARDS, RUTH DUDLEY: Patrick Pearse: The Triumph of Failure. London, 1977.
ENGLISH, RICHARD: Ernie O'Malley. Oxford, 1999.
EWART-BIGGS, JANE: Pay, Pack and Follow: Memoirs. Chicago, 1984.
FAULKNER, BRIAN: Memoirs of a Statesman. London, 1978.
FITZGERALD, GARRET: Towards a New Ireland. London, 1972.
FITZGERALD, GARRET: All in a Life: An Autobiography. London, 1992.².
GARLAND, ROY: Gusty Spence. Belfast, 2001.
GILMOUR, RAYMOND: Dead Ground. Infiltrating the IRA. London, 1998.
HAINES, JOAN: Politics of Power. London, 1977.
HAYES, MAURICE: Minority verdict: Experiences of a Catholic public servant. Belfast, 1995.
HEATH, EDWARD: The Course of my Life: My autobiography. London, 1998.
HERMON, JOHN: Holding the Line: an autobiography. Dublin, 1997.
HOWE, GEOFFREY: Conflict of Loyalty. London, 1994.
JACKSON, ALVIN: Sir Edward Carson. Dundalk, 1993.
KEE, ROBERT: The Laurel and the Ivy. London, 1993.
LINDSAY, JOHN (ed.): Brits Speak Out. British Soldiers's Impressions of the Northern Ireland Conflict. Londonderry, 1998.
LYONS, F.S.L: Charles Stewart Parnell. London, 1977.
MAUDLING, REGINALD: Memoirs. London, 1978.
MAJOR, JOHN: The autobiography. London, 2000.²
MASON, ROY: Paying the Price. London, 1999.
McCULLOUGH, ELIZABETH: A Square Peg: An Ulster Childhood. Morristown, NJ, 1999.
McDONALD, HENRY: Trimble. London, 2000.
McDOWELL, R.B.: Crisis and Decline: the Fate of the Southern Unionists. Dublin, 1997.
McGARTLAND, MARTIN: Fifty Dead Men Walking: The True Story of a British Agent Inside the I.R.A. London, 1988.
McGARTLAND, MARTIN: Dead Man Running. The True Story of a Secret Agent's Escape from the IRA. Edinburgh/London, 1998.
McGUIRE, MARIA. To Take Arms. A Year in the Provisional IRA. London, 1973.
McSTIOFÁIN, SEÁN: Memoirs of a Revolutionary. London, 1975.
McVEIGH, JIM: Executed! Tom Williams and the IRA. Belfast, 1999.
MOLONY, ED/POLLAK, ANDY: Paisley. Dublin, 1994.²
MORGAN, AUSTEN: Harold Wilson. London, 1992.
MURRAY, GERARD: John Hume and the SDLP. Impact and Survival in Northern Ireland. Dublin, 1998.
NEEDHAM, RICHARD: Battling for Peace. Belfast, 1998.
O'BRIEN, CONOR CRUISE: Memoir. My Life and Themes. Dublin/London, 1998.
O'CALLAGHAN, SEÁN: The Informer. London, 1999.
O'NEILL, TERENCE: The Autobiography of Terence O'Neill, Prime Minister of Northern Ireland, 1963-1969. London, 1972.
O'SULLIVAN, MICHAEL: Seán Lemass: a biography. Dublin, 1994.
PECK, JOHN: Dublin from Downing Street. Dublin, 1978.
PIMLOTT, BEN: Harold Wilson. London, 1992.
PRIOR, JAMES: A Balance of Power. London, 1986.
REES, MERLYN: Northern Ireland: a personal perspective. London, 1985.
RESTORICK, RITA: Death of a Soldier. A Mother's Search for Peace in Northern Ireland. Belfast, 2000.
ROUTLEDGE, PAUL: John Hume. A Biography. London, 1997.

SANDS, BOBBY: Writings from Prison. Boulder, 1997.
SAVAGE, ROBERT: Séan Lemass. Dundalk, 1999.
SHEA, PATRICK: Voices and the Sound of Drums: An Irish Autobiography. Belfast, 1983².
SMYTH, CLIFFORD: Ian Paisley: Voice of Protestant Ulster. Edinburgh, 1987.
STEWART, ANTHONY TERENCE QUINCY: Edward Carson. Belfast, 1997.²
THATCHER, MARGARET: The Downing Street Years. London, 1993.
WHITE, BARRY: John Hume. Statesman of the Troubles. Belfast, 1984.
WHITE, SHANE: Before the Bandits. Derry, 2000.
WHITELAW, WILLIAM: The Whitelaw Memoirs. London, 1989.
WILSON, HAROLD: The Labour Government, 1964-1970: A Personal Record. London, 1971.
WILSON, HAROLD: Final Term: The Labour Government 1974-1976. London, 1979.
WRIGHT, PETER: Spycatcher. Enthüllungen aus dem Secret Service. Frankfurt/Main, 1988.²

Zeitungen/Zeitschriften

An Phoblacht/Republican News
Belfast Telegraph
Belfast News
Belfast Newsletter
The Guardian
The Independent
The Irish News
The Irish Times
Irish Independent
Fortnight
Protestant Telegraph
The Times

Häufig genutzte Webseiten (mit zahlreichen weiteren Links)

http://cain.ulst.ac.uk (CAIN, Conflict Archive on the Internet)
http://www.nio.gov.uk (Northern Ireland Office)
htttp://www.democraticdialogue.org (Democratic Dialogue, nordirischer Think-Tank)
http://www.nuzhound.com (Aktuelle tägliche Nachrichtenübersicht zu Nordirland mit Archiv, ab 1996)
http://www.nisra.gov.uk (Northern Ireland Statistics and Research Agency)
http://www.ni-assembly.gov.uk (Northern Ireland Assembly)
http://www. ark.ac.uk (Wahlen in Großbritannien und Nordirland)
http://www.nihrc.org (Northern Ireland Human Rights Commission)
http://www.nip-policingboard.org.uk (Northern Ireland Policing Board)
http://www.psni.police.uk (Northern Ireland Police Service)
http://www.paradescommission.org (Northern Ireland Parades Commission)
http://www.equalityni.org (Northern Ireland Equality Commission)
http://www.incore.ulst.ac.uk (International Conflict Research, Gemeinsames Projekt der UN und der University of Ulster)

http://www.nicie.org (Northern Ireland Council for Integrated Education)
http://www.irlandinit-hd.de (Irland-Initiative Heidelberg)
htt.://www.community-relations.org.uk (Community Relations Council)
http://www.independentmonitoringcommission.org (Independent Monitoring Commission)

Personenindex

Adair, Johnny »Mad Dog« 317, 376, 438 ff.
Adams, Gerry 130, 140, 148, 162, 216, 220-224, 237, 240, 242 ff., 246 248, 253 f., 270-274, 289, 291, 293, 296-301, 305, 313-316, 319-323, 328, 331 ff., 339, 341, 343 f., 352 f., 356 f., 359, 366, 368-373, 377 f., 389, 391, 399 ff., 403 f., 410 f., 443-446, 449 f., 455 f., 461, 464 f., 468 ff., 473 f., 478, 481, 485, 489, 492
Agnew, Paddy 251
Ahern, Bertie 369 f., 377, 392, 396, 399, 403, 445 ff., 450, 459 ff., 465, 474, 476, 485
Alderdice, John, Lord 373
Alexander VIII., Papst 40
Allen, William »Buddie« 184, 188
Allister, Jim 304, 457
Ancram, Michael 344
Annesley. Hugh 360-364
Arlow, William 217
Attwood, Alex 473
Austin, Joe 220

Ball, Jonathan 320
Barr, Glen 305
Barrett, Dick 72
Barry, Peter 278
Bashir, Ulhaq 356
Beattie, Desmond 149
Beggs, Roy 455
Bell, Ivor 220 f., 254
Bennett, Joseph Charles 166, 184
Bingham, William 397 f.
Black, Christopher 184, 188
Blair, Tony 10, 155, 292 f., 365-369, 373, 377 f., 387, 391 f., 397 f., 400, 403, 410, 413, 442 f., 445 ff., 449 f., 458 f., 461, 464 f., 470, 474, 476, 490 ff., 497
Bloomfield, Ken 135, 310, 315, 425
Boal, Desmond 147
Bono 391
Brooke, Sir Basil 84, 90 f., 98, 291, 310
Brooke, Peter 310 f., 314, 318, 489, 497
Brugha, Cathal 71
Bruton, John 335, 341, 352, 357
Burnside, David 202, 455
Butt, Isaac 52, 95

Cahill, Joe 130 f., 143, 331
Callaghan, James 116, 120, 497
Cameron, Lord 103, 114, 285
Carron, Owen 248, 253, 256
Carson, Edward 58, 61, 334
Casement, Sir Roger 61 f.
Casey, Hugh 373
Chastelain, John de 354, 359, 373, 404, 450
Chichester-Clark, James 32, 116, 119 f., 122, 128, 134-138, 285
Childers, Erskine 71 f.
Churchill, Lord Randolph 57
Churchill, Sir Winston 57, 67
Clinton, Bill 289, 293, 328, 330 f., 352 ff., 357, 391, 396, 398, 406, 489
Close, Seamus 373
Connolly, James 61 f.
Connolly, Niall 412
Collins, Eamon 430
Collins, Michael 64, 66 ff., 70 ff., 76 f., 401
Corrigan, Mairead 287, 295
Cosgrave, William T. 69, 96
Craig, Sir James 75-78, 88, 97 f., 401

Craig, Raymond 397
Craig, William 138, 202, 204 f., 210 f., 215, 285, 350
Crawley, John 228
Cromwell, Oliver 37 ff., 95
Curran, Malachi 373
Currie, Austin 297
Curtis, Robert 136, 285
Cusack, Seamus 149

Daly, Cahal 30, 362
Daly, Edward 235, 239
Davis, Thomas 47, 95
Davison, Gerard »Jock« 466
Davitt, Michael 49
De Brun, Bairbre 457, 459
De Clare, Richard, Earl of Pembroke 33
De Valera, Eamon 62 ff., 67, 71, 78, 88, 96 f., 208, 244, 250
Devine, Michael 246, 248
Devlin, Bernadette 108, 113, 115, 162
Devlin, Joe 86
Devlin, Patrick (»Paddy«) 128, 135, 205, 209
Dillon, Seamus 376
Dodds, Nigel 441
Doherty, Kieran 246, 251
Doherty, Noel 126 f.
Doherty, Pat 411
Donaghy, Damien 153, 161
Donaldson, Jeffrey 348, 378, 396, 404, 408, 439, 455
Drew, Thomas 55
Drumm, Jimmy 222
Duffin, Jack 317
Durkan, Mark 16, 413, 449, 451, 455, 475, 481, 491

Eames, Robin 31, 325, 362
Elisabeth I., Königin von England 34, 94
Emmet, Robert 47, 95
Empey, Reg 202, 373, 472, 492

Ervine, David 304, 373, 394, 440, 455

Farrell, Mairead 180 f.
Farrell, Michael 108
Farren, Sean 297
Flanagan, Hugh 364, 370
Faul, Denis 221, 246
Faulkner, Brian 32, 114, 116, 118, 128, 134, 138 f., 202, 204 f., 207-214
Ferris, Martin 228
Finucane, Patrick 193 f.
Fitt, Gerry 128, 205, 254, 285
Fitzgerald, Garret 231, 257 f., 261 ff., 268, 279, 281, 287 f.
Ford, Robert, General 151, 156

(al-)Ghadafi, Muammar 224 f., 228 f.
Gibney, Jim 241 f.
Gillen, Brian 356
Gillespie, Paddy 317
Gilliland, John 457
Gilmour, Raymond 188 f.
Gladstone, William Ewart 56 f., 95
Goulding, Cathal 130 ff.
Gow, Ian 230, 269
Gracey, Harold 397, 438
Graham, Roland John 368
Griffith, Arthur 51 f., 64, 66, 95

Hague, William 434
Hain, Peter 470, 473, 475, 492, 497
Hanna, Hugh 55
Hannaway, Kevin 220
Hartley, Tom 220, 254, 297, 403
Haughey, Charles 231, 268, 279, 281 f., 287 f., 315 f., 318
Heath, Edward 136 ff., 144, 156, 164, 195, 210, 497
Heinrich II., König von England 33, 94
Heinrich VIII., König von England 34, 94
Hendron, Joe 254, 359, 366
Henry, Sir Denis 85, 95

Herron, Tommy 147
Holkeri, Harri 354, 359
Holroyd, Frederick 176
Howe, Geoffrey 182, 262
Howes, David 183
Hughes, Brendan 216, 238, 390
Hughes, Francis 241, 245 f., 248
Hume, John 108, 111, 128 f., 143, 150 f., 205, 227, 230, 237, 244, 255 ff., 269, 274, 289, 291, 293, 297-301, 311, 315, 318, 320 ff., 326, 328, 330, 332 f., 353, 357, 362, 369, 373, 388, 391, 393, 402 f., 413, 457, 475, 477, 481, 483, 489 f.
Hunt, John 121, 166, 285
Hurson, Martin 246
Hutchinson, Billy 304, 455

Jakob I. (James I.) 35
Jakob II. (James II.) 18, 37-40, 95
Jeffries, John 356
Johannes Paul II. Papst 244
Johnston, David Andrew 368
Johnston, John 153, 161

Keenan, Brian 220 ff.
Kelly, Billy 130
Kelly, Gerry 437
Kennedy, Edward 162, 274, 328, 469
Kerr, Frank 343
King, Peter 469
King, Tom 229, 301, 310, 314 f., 497
King, Trevor 327
Kirkpatrick, Harry 184
Kitson, Frank 171

Lecky, William Edward Hartpole 58
Lemass, Sean 99, 284, 459
Lennon, Danny 295 f.
Lloyd George, David 66 f.
Ludwig XIV. 39
Lundy, Robert 40 f.

Lynch, Jack 123, 144, 162
Lynch, Kevin 246

MacFarlane, Brendan »Bik« 241
MacMurrough, Diarmait 33
MacStiofáin, Sean 131, 162, 285
Magee, Peter 317
Maginness, Alban 437
Maguire, Ann 295
Maguire, Frank 242
Maguire, Noel 242, 255
Major, John 284, 292, 313 f., 316-326, 329, 333 fff., 338 f., 343, 348, 351 f., 355 ff., 359, 364, 366 ff., 489, 497
Mallon, Seamus 297, 362, 373, 380, 394 f., 402, 404, 490
Mandelson, Peter 405, 407 ff., 422, 440, 490, 497
Mansergh, Martin 315
Maria, Königin von England (Gemahlin Wilhelm III. von Oranien) 39
Maskey, Alex 359
Mason, Roy 235, 237, 287, 497
Maudling, Reginald 136, 140, 144, 162, 497
Mayhew, Patrick 291, 310 f., 314, 316, 318 f., 323, 343 f., 348, 352, 361, 489, 497
McAliskey, Bernadette (geb. Devlin) 238, 242
McCreesh, Raymond 241, 246
McDonnell, Joe 245 f.
McElwee, Thomas 246, 248
McGuinness, Frank 356
McGuinness, Martin 140, 150, 157, 161, 220 ff., 254, 271 ff., 290, 293, 298, 300, 323, 332, 341, 344, 352, 359, 366, 368, 370 ff., 377, 389, 399 f., 404 f., 410, 437, 441, 459, 473, 485
McKelvey, Joe 72
McKenna, Brendan 347 ff., 360, 362, 370, 395 f.

McKevitt, Michael 356, 371, 399
McLellan, Pat, Brigadier 151, 155 f.
McCabe, Jerry 465
McCann, Danny 180 f.
McCann, Eamonn 457
McCartney, Raymond 162
McCartney, Robert, Rechtsanwalt 308 f.
McCartney, Robert 349, 373, 390, 400, 454, 466-469, 473 f., 491
McCauley, Martin 412
McCluskey, Conn und Patricia 109
McGeown, Pat 235
McGrady, Eddy 373
McHugh, Susan 320
McKee, Billy 130 f., 187, 217, 221
McLaughlin, Mitchel 297, 403, 475
McMichael, Gary 306, 373, 376
McMichael, John 304, 306
NcNamara, Kevin 366
McNeill, Eoin 69, 80
McSwiney, Terence 237
McWilliams, Monica 373
Mellows, Liam 72
Mitchell, George 293, 353-356, 359, 365, 367, 369, 371 ff., 376 ff., 403, 489
Monaghan, James 412
Molyneaux, James 277, 303, 306 f., 309 f., 323, 325 f., 348-351
Morgan, Martin 457
Morgan, William 114
Morrison, Danny 17, 220 f., 244, 253 f., 287, 297, 465
Mountbatten, Louis Earl 231, 238, 287
Mowlam, Marjorie »Mo« 366 f., 370, 372, 374, 376, 405, 425, 435, 497
Murphy, Hugh Leonhard (»Lenny«) 428 f.
Murphy, Paul 444, 469, 497
Murphy, Tom »Slab« 341

Nairac, Robert 173-176

Neeson, Sean 373
Nelson, Rosemary 193, 435
Nicholson, Jim 402, 457
Nugent, Ciaran 234, 287

Ó Brádaigh, Ruari 131, 217, 221, 253 f., 273
Ó Conaill, Daithy 217, 221, 253, 273
O'Connell, Daniel 48, 95
O'Connor, Rory 73
Ó Fiaich, Tomas 30, 235 f.
Ó Hagan, Martin 435
Ó Hara, Patsy 241, 246
O'More, Rory 36
O'Neill, Hugh 35, 95
O'Neill, Phelim 37
O'Neill, Terence 98-101, 107, 111 f., 114 ff., 118, 126, 128, 138 f., 284 f., 460
Oldfield, Maurice 231
Orde, Hugh 465

Paisley, Ian 22, 24, 26, 31 f., 107, 114, 116, 122, 124-127, 136, 147, 202, 204 f., 208-211, 215, 219, 243, 254, 275, 277, 281, 284 f., 287, 302 ff., 309, 323, 326, 333, 348, 351, 359, 373, 390, 392, 396, 403, 408 ff., 420, 434, 453, 455, 458-461, 472, 475, 481, 489
Patten, Christopher Francis 418-423, 490
Parnell, Charles Stewart 50, 52 f., 95
Parry, Timothy 320
Pearse, Patrick 52, 60 ff., 70, 237
Powell, Enoch 307
Price, Marian 372
Prior, James 247, 257, 261, 287, 457

Quinn, Christine, Jason, Mark, Richard 397 f.

Rea, Desmond 422
Reagan, Ronald 244, 274
Redmond, John E. 59-62
Rees, Merlyn 215-219, 287, 497
Reid, Alec 183, 221, 314
Reid, John 409, 412, 422, 440, 442, 491, 497
Restorick, Stephen 365
Reynolds, Albert 318-325, 328, 330-333, 341, 369, 489
Robinson, Peter 277, 319, 339, 386, 441
Rodgers, Brigid 350, 411
Rose, Paul 110
Russell, Séan 89
Ryan, Patrick 282

Sagar, Pearl 373
Sands, Bernadette 371 f.
Sands, Bobby 239-246, 248 f., 252 f., 255 f., 287, 371
Saulters, Robert 370
Savage, Sean 181
Shea, Patrick 86
Simpson, David 472
Smith, John 365
Smyth, Hugh 373
Smyth, Martin, Reverend 370, 408
Spence, Augustus (»Gusty«) 112, 304, 334, 394
Spring, Dick 322 f.
Stakeknife, alias 189, 193
Stephens, James 50, 95
Stone, Michael 183, 288, 376

Taylor, John 303, 351, 373, 378
Thatcher, Margaret 171, 229 ff., 238 f., 244 f., 247, 249 ff., 255, 261 ff., 269, 275 f., 279, 284, 287 f., 313 f., 489, 497
Townson, Liam Patrick 174 f.
Trimble, David 22, 190, 202, 293, 340, 348-353, 357, 362, 368, 372 f., 378, 387, 390 f., 394-398, 400 ff., 404, 406-409, 411, 413, 422, 439, 441, 444, 448 ff., 453, 455, 461, 472, 477, 481 f., 489 ff.
Twomey, Seamus 130, 217
Tyrie, Andy 147, 350

Ward, Peter 112, 284
Weir, Peter 394
West, Harry 243, 303
White, Jack 145
White, John 373
Whitelaw, William 165, 200, 234, 286, 497
Widgery, Lord Chief Justice 154-157, 161
Wilford, Derek 151, 153, 158, 160
Wilhelm III. von Oranien (»King Billy«) 18, 37, 39 f., 95
Williams, Betty 287, 295
Wilson, Des 221
Wilson, Gordon 320
Wilson, Harold 110, 117-120, 136, 210, 212 f., 285, 497
Wilson, Padraig 391, 404
Wolf Tone, Theobald 47, 209, 222, 281, 429
Wood, Derek 183
Wright, Billy (»King Rat«) 190, 361 f., 370, 375 f., 394 f., 490
Wray, Jim 161 f.
Wyse, Bonaparte 85